谨以此书致先烈

谭嗣同先生一百二十周年忌辰

政协浏阳市委员会
文史协作作品

譚嗣同年谱长编

张维欣 著

岳麓書社・长沙

图书在版编目(CIP)数据

谭嗣同年谱长编/张维欣著. —长沙: 岳麓书社, 2020. 10

ISBN 978-7-5538-1022-5

Ⅰ. ①谭…　Ⅱ. ①张…　Ⅲ. ①谭嗣同(1865—1898)—年谱

Ⅳ. ①B254

中国版本图书馆 CIP 数据核字(2018)第 213210 号

TAN SITONG NIANPU CHANGBIAN

谭嗣同年谱长编

作　　者: 张维欣

责任编辑: 王文西

特邀编辑: 邱建明　张玉亮

责任校对: 舒　舍

封面设计: 风格八号

岳麓书社出版发行

地址: 湖南省长沙市爱民路 47 号

直销电话: 0731-88804152　0731-88885616

邮编: 410006

版次: 2020 年 10 月第 1 版

印次: 2020 年 10 月第 1 次印刷

开本: 640mm×960mm　1/16

印张: 33

字数: 444 千字

书号: ISBN 978-7-5538-1022-5

定价: 80. 00 元

承印: 长沙超峰印刷有限公司

如有印装质量问题, 请与本社印务部联系

电话: 0731-88884129

谭嗣同像

武士装像，摄于光绪二十三年四月，南京利涉桥二我轩照相馆

“竹林七贤”合影，摄于光绪二十二年八月十九日，上海光绘楼相馆，前排左起梁启超、胡惟志、吴嘉瑞、谭嗣同，后排左起汪康年、孙宝瑄、宋恕

湖南时务学堂教习合影，摄于光绪二十四年闰三月，左起叶觉迈、谭嗣同、王史、欧榘甲、熊希龄、韩文举、唐才常、李维格

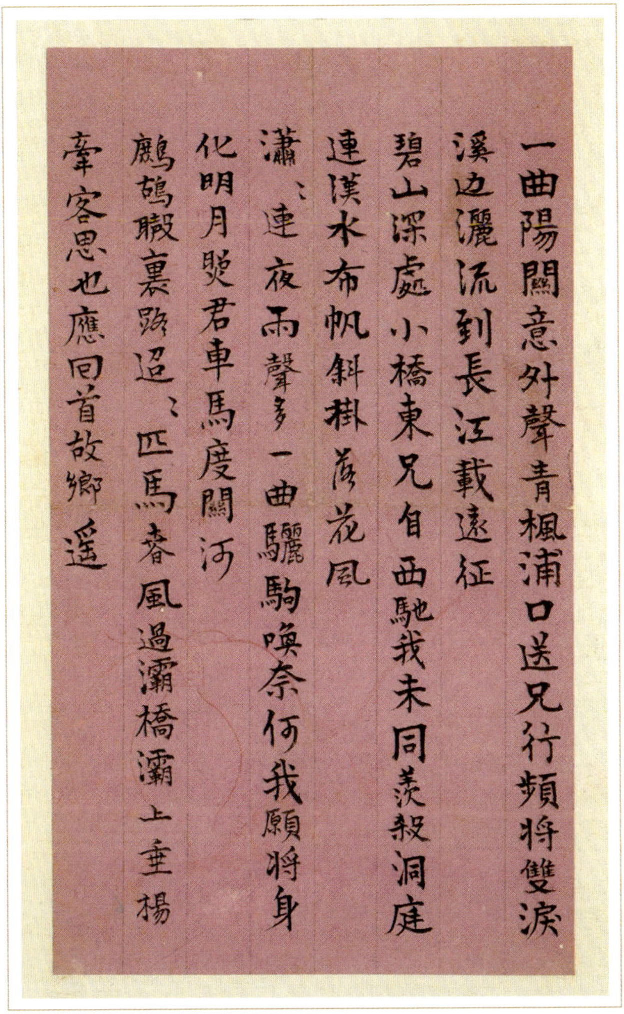

一曲陽關意外聲青楓浦口送兄行頻將雙淚
溪边灑流到長江載遠征
碧山深處小橋東兄自西馳我未同羨殺洞庭
連漢水布帆斜掛落花風
瀟瀟連夜雨聲多一曲驪駒唤奈何我願將身
化明月照君車馬度關河
鷓鴣聲裏路迢迢匹馬春風過灞橋灞上垂楊
牽客思也應回首故鄉遥

十五岁手迹：送别仲兄泗生赴秦陇省父（一）

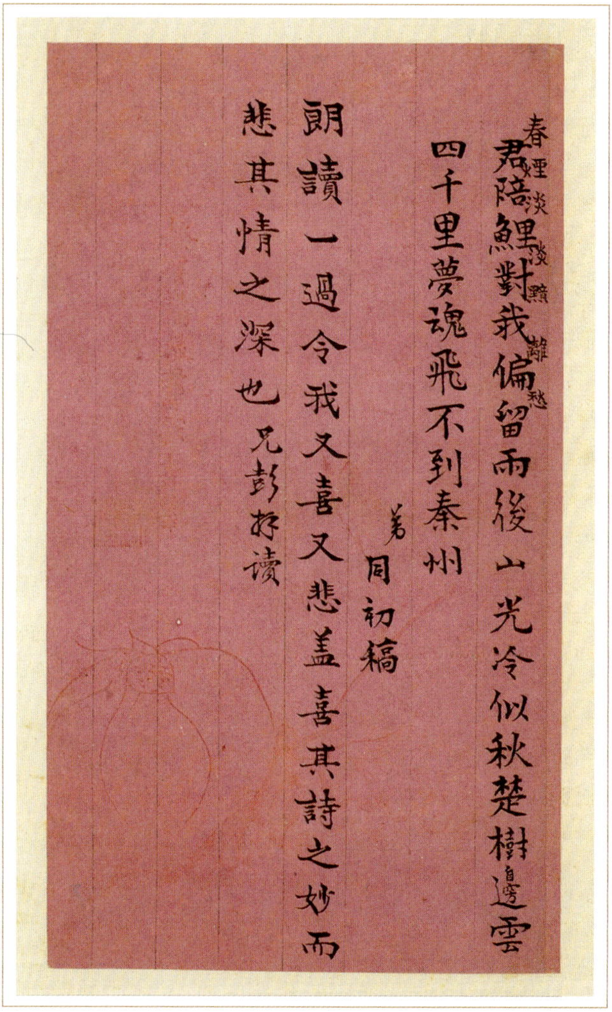

君陪鯉對我偏留雨後山光冷似秋楚樹邊雲
春烟淡淡黯離愁
四千里夢魂飛不到秦州
弟 周初稿
朗讀一過令我又喜又悲蓋喜其詩之妙而悲其情之深也 兄彭拜讀

十五岁手迹：送别仲兄泗生赴秦陇省父（二）

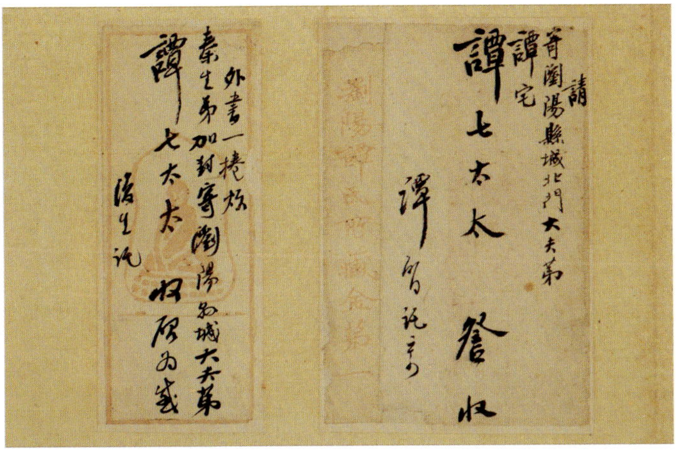

致夫人李闰信封

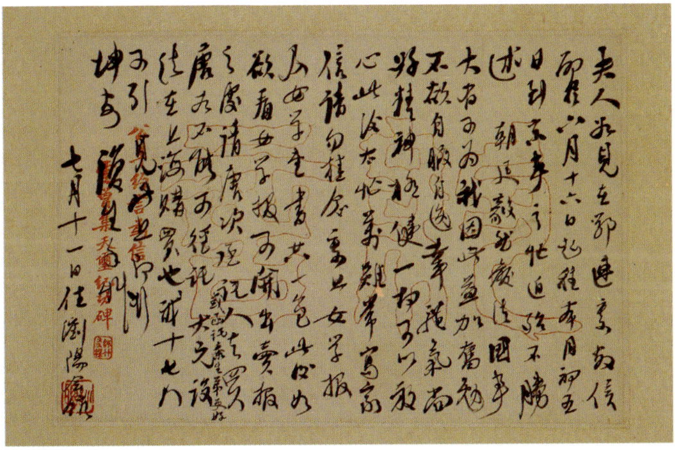

致夫人李闰

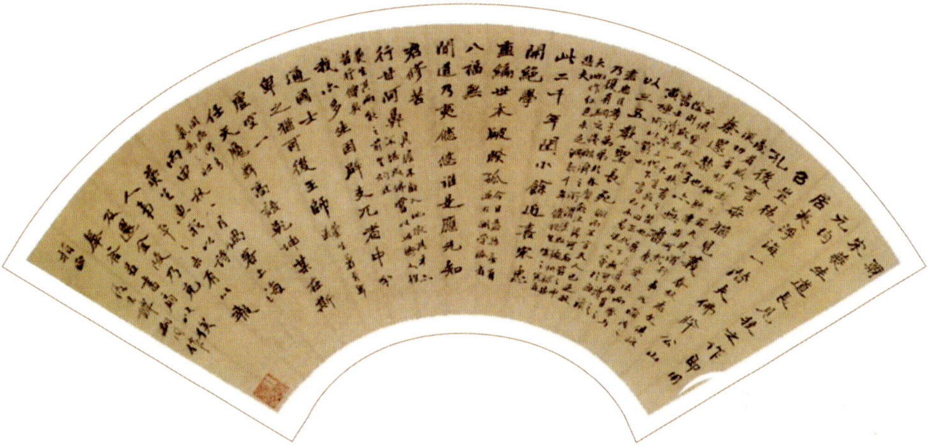

致宋恕扇面：酬宋燕生道长见报之作即用原韵

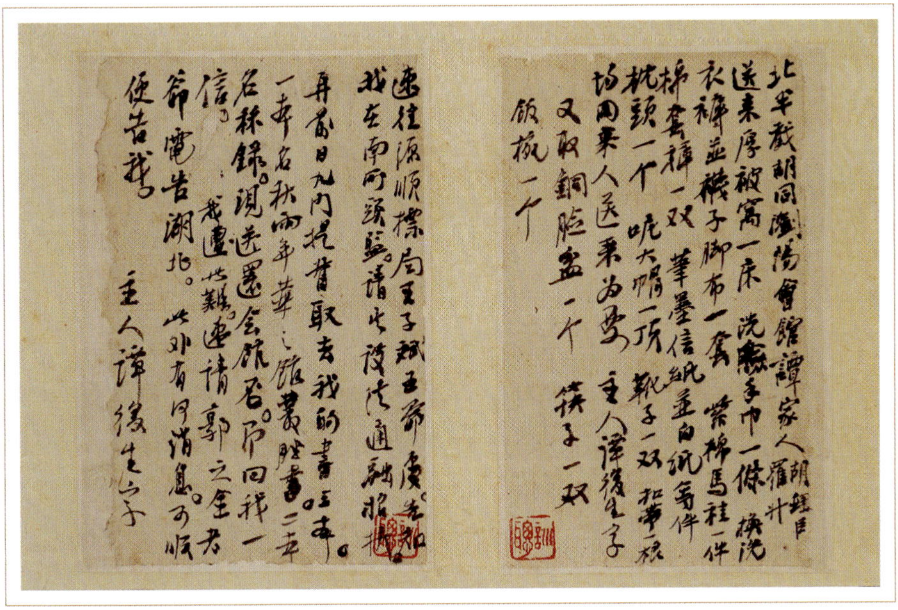

北半截胡同瀏陽會館譚家人羅升、胡理臣：送來厚被窩一床、洗臉手巾一條、換洗衣褲並襪子腳布一套、紫棉馬褂一件、棉套褲一双、筆墨信紙並白紙寫件、枕頭一个、呢大帽一頂、靴子一双、扣帶一根，均同來人送來為要。又取銅臉盆一个、筷子一双、飯碗一个。主人譚復生字

速往源順鏢局王子斌五爺處，告知我在南所頭監，請他設法通融照料。再前日九門提督取去我的書三本。一本名秋雨年華之館叢脞書，二本名稱錄。現送還會館否？即回我一信。我遭此難，速請郭之全老爺電告湖北。此外有何消息，可順便告我。主人譚復生字

狱中遗札：致罗升、胡理臣

浏阳大夫第宅邸

谭嗣同墓

崩霆琴铭

序 言

一百二十年前，湖南浏阳人谭嗣同为探索中华民族救亡图存之路，献出了宝贵生命。两个甲子之后，他的年谱长编得以出版，这是对他最好的纪念。

谭嗣同是戊戌变法中的重要人物，也是处在近代民主进程和时代剧变中的知识分子代表，研究谭嗣同个人，有助于考察晚清知识分子思想裂变中的矛盾与冲突、群体与分化、进步与反复等各种现象。他的生平，是梳理湖南维新运动、戊戌变法等重大历史事件的重要线索；他的思想，代表了危机中近代知识分子的思想转型，是从改良到革命、从旧学到实学、从经世之学到绅权理论的演变，也是近代大乘佛学、今文经学、自然科学三大思想主流的体现；他的精神，则更是感召着此后一代又一代的有志之士，为中华民族的伟大复兴而贡献力量。古人推崇的“立德、立功、立言”之三不朽，在谭嗣同身上都有绝佳的体现。

唯其如此，深入研究谭嗣同的生平和思想仍具现实意义和时代价值。以往研究谭嗣同的学者及其相关成果已有不少，仅年谱类著作，我们所能见到的就有三种：谭氏后裔谭训聪先生的《清谭复生先生嗣同年谱》、杨廷福先生的《谭嗣同年谱》、王夏刚先生的《谭嗣同与晚清社会》附录的年谱部分。这几部著作，为当下研究谭嗣同提供了相当可资借鉴的经验，不少独家信息和史料尤为珍贵。随着对谭嗣同研究的日趋深入，很多新的资料得以发掘，因而写作一部翔实的谭嗣同年谱长编十分必要。且众多近代著名人物皆有年谱长编，而谭嗣同还未曾有，浏阳市政协文史协作项目——青年学者张维欣编著的《谭嗣同年谱长编》适时填补了这一空白。全书三十余万言，将谭嗣同文献史料系日排比，钩稽考订，堪称一部了解和研究谭嗣同这一历史伟人的必备之书。

作者怀着对先烈的虔敬和对学术的赤诚，踏访了甘肃、陕西、湖北、上海、江苏南京及湖南浏阳、长沙等谭嗣同去过的几乎所有地方，走访谭嗣同及其师友的后人，获得了不少宝贵的一手资料。同时，搜集、查阅了以往谭嗣同研究中未曾运用的史料，如夏曾佑、唐煊、缪荃孙等人的日记，黄彰健、杨步伟、黄宾虹、龙永宁、石陶钧等人的回忆录，《盛宣怀未刊信稿》《东瓯三先生集补编》《八指头陀诗文集》《刘善涵集》《夏曾佑集》《申报》《知新报》《点石斋画报》等图书报刊，以及一些稀见海外史料，如日本国立公文书馆所藏的陆军省大日记等。有的材料虽未见稀缺，但为以往研究者所忽略；一些史料单独审视无甚关联，加以整合则顿出新得。

作者并未满足于史料之搜集、考订、裁剪与编纂，而是在此基础上，进行了烦琐严谨的推敲与考订。书中梳理了谭嗣同所有信札的时间、《谭嗣同书简》中欧阳中鹄致谭嗣同信札的时间，以及谭氏挚友唐才常的书信时间；并几乎将谭嗣同所有诗词、文章加以编年，前人成说之不确处再加以甄别按断。附录部分关于谭嗣同生平所参加的学会、报刊、实业、学堂统计以及参与状况，直观而全面，颇具参考价值。

本书用以事系日的方式厘清了很多难以考证或稀见的历史事件，其中不乏独到的观点与见解，我们可以看到的比如有：谭诗及信札系年系日；刘锦棠奏保谭嗣同奏折及始末；耙梳浏阳算学社以及算学馆具体建成过程及始末；谭嗣同与黄宾虹关系考证梳理以及文献谬误证伪；谭嗣同与多位师友结识、交往的具体时间和过程；与谭嗣同相关的古今地点对照以及旧址考证；谭嗣同现存三张照片拍摄时间与地点考订；谭嗣同参与经元善所办女学堂事宜考订；湖南维新运动新旧之争中的具体过程；谭嗣同在时务学堂、南学会中具体任职情况与参与事件；戊戌变法中谭嗣同的具体参与程度；谭嗣同受张之洞委派赴日始末；戊戌政变发生后谭嗣同是否至日本使馆、何时与梁启超诀别等存疑事件；谭嗣同夜访袁世凯实为康有为指派；证伪谭嗣同24日被捕说，证实应为23日；谭嗣同《狱中题壁》诗原始版本考订；戊戌变法失败的具体过程以及新旧矛盾激化当中与谭嗣同相关的情况。这些新见，容或仍可进一步充实、完善乃至商榷，但作者以一己之力，能臻至此，足堪嘉许。

谭嗣同是民族先烈，也是浏阳先贤，继承、发扬的基础是整理与研究。为此，我们乐见其成，付梓出版，并以此纪念谭嗣同殉难一百二十余年。

是为序。

浏阳市政协主席　李家喜

2019年8月

前　言

先生讳嗣同，字复生，号壮飞，又署名东海褰冥氏、华相众生、寥天一阁主人、通眉生等，湖南浏阳人，近代中国杰出的启蒙思想家、政治家、文学家、教育家。清同治四年二月十三日（1865年3月10日）生于北京宣南，清光绪二十四年八月十三日（1898年9月28日）在戊戌政变中殉难，时年33岁。

先生殉难之年为戊戌纪年，今年又逢戊戌年，历经一百二十载之双甲子的今朝，回应与致敬先生的思想与生平，乃我辈所当肩负之责任。为先生编写一部翔实而尽可能准确的《年谱长编》，既有必要，亦当其时。

一

先生生于仕宦之家，在族谱内大排行第七，故被称为“七公子”。父亲谭继洵（1823—1900），字子实，号敬甫。历任户部主事、员外郎、郎中、坐粮厅监督；后由京官外放，补授甘肃巩秦阶道，升任甘肃按察使、布政使，官至湖北巡抚兼署湖广总督。母亲徐五缘（1829—1876），一生勤俭，持家有方，教子称严。

先生虽出身仕宦之家，但少年家庭生活并不温暖。幼年被父妾卢氏所虐，12岁时又因“白喉”瘟疫而遭遇“五日三丧”，母亲、长兄、二姊先后染病身亡，先生本人亦感染瘟疫，所幸昏死三日后竟得苏醒，因此其父为之取字“复生”，意为死而复生。稍长，与其感情最为深厚的仲兄亦病故。先生“创巨痛深”，因而多愁易感，忧思怆然。他后来回忆道：“吾自少至壮，遍遭纲伦之厄，涵泳其苦，殆非生人所能任受。”少时之经历使他体验到封建礼教的虚伪与黑暗，在幼小的心灵里埋下怀疑和反抗的种子，亦酝酿了他而后任侠豪迈的性格与悲天悯人的情怀。

先生自幼接受良好教育，先后师从涂启先、欧阳中鹄、刘人熙等浏阳名儒，研习儒家经典、史部文献、诗词古文等，打下了深厚的学术基础。他最初深受桐城派影响，文章笔法与桐城古文风格极为近似。后见识日渐广博，加之博览群书，逐步摆脱桐城派窠臼，转而喜好魏晋“沉博绝丽”的骈文，文风为之一变。先生在诗歌和散文创作方面都取得了相当的成就，其文曾得到蔡元培、章太炎、胡适等文学大家之赞赏，早年诗文大多见于《寥天一阁文》及《莽苍苍斋诗》集中。在时人孜孜以求科举功名的时代，先生却自幼“薄视时文，不屑为”，对科举制度极为厌恶。后碍于父命，十年内先后五次参加科举考试，却均落榜。

先生志趣高洁，文武兼习，尤善琴剑。梁启超在《谭嗣同传》中称他：“少倜傥有大志，淹通群籍，能文章，好任侠，善剑术。”青年时期曾跟随刘人熙学习琴操，潜心研习古谱乐理，亲自监斫“崩霆”“残雷”二琴，并收藏文天祥“蕉雨琴”，其所撰琴理学说多见于《石菊影庐笔识》及信札之中；又拜王正谊、胡致廷、黄凤岐等武术名家为师，学习剑术，兼擅骑射，故而有“剑胆琴心”之美誉。

自14岁始，先生随父赴甘肃就任，八次往返于秦楚之间，途经湘、鄂、豫、陕、甘、晋、冀、京、沪、江、皖、赣等地，游历无数名山大川，行程“合数都八万余里，引而长之，堪绕地球一周”。在秦陇期间，他驰骋于峭壁悬崖、冰川雪岭之上，斗酒赋诗，抚琴高歌，与胡儿健卒疾呼，与飞鸟猛兽赛跑，于雪地凿冰止渴，在深山中纵马骑射，反映了他与一般书生迥然不同的胸怀志趣，亦体现出“少年盛气，凌厉无前”的任侠风骨，并创作了大量浪漫瑰丽、奔放奇崛的诗词。19 岁，先生于甘肃新疆粮台效力，因在边防案中立功，深得新疆首任巡抚刘锦棠之赏识，被其奏保为候补知府，赏四品顶戴。西北十年，使他眼界开阔，见识增长，也更关心国事民生，发出了“风景不殊，山河顿异；城郭犹是，人民复非”之慨叹。

光绪十六年（1890）春，谭继洵升任湖北巡抚，先生举家移居武汉。此一时期，由于三位老师均对王船山推崇备至，先生较早接触并研习了《船山遗书》，并由此而及《张子正蒙注》《周易内外传》等。随着年纪成熟，先生“不以师说固步自封”的特点愈加突出，思想上表现出越来越强的独立性，如对老师所不推崇的墨家学说，先生却“于墨子之兼相爱、交相利，终身奉行不懈”。

先生博学善思，不仅汇通古今，而又学贯中西。在武昌、南京等地，他广泛阅读江南制造局出版的西方自然科学译著，以及广学会翻译的国外史地政教书籍，努力研习西学知识。《几何原本》《格物致学》《决疑数学》《格致汇编》《化学鉴原》等尤为他所钟爱。先生平生所学，涉及政治、经济、文学、史学、天文、物理、数学、地理、生命科学、测绘、音韵等西学书籍众多门类，是融合今文经学、大乘佛学、自然科学的卓著近代学者。先生于实践亦十分重视，多次进行天文、物理方面的观测和实验，并借此发隐而提出科学假说。先生之学养如此，除他自己见善则迁和勤勉努力外，也有家世、家庭环境、教育、交游阅历、社会时代诸因素，而其中起着主要作用的，则是近代中国所面临的“三千年未有之大变局”。

光绪二十一年（1895），清政府惨败于甲午中日战争，被迫签订《马关条约》。空前严重的民族危机让以先生为代表的中国先进知识分子群体彻底觉醒。他对朝廷的颟顸和无能异常愤慨，与时在武昌两湖书院的唐才常、刘善涵“彻夜不寐，热血盈腔，苦无藉手，泣数行下”，写下“四万万人齐下泪，天涯何处是神州”的感人诗句。决心告别昨日之旧我，面向时代潮流，以崭新姿态去追求全新的学问和生活，“三十以后，新学洒然一变，前后判若两人”。

他自号“壮飞”，宣布与旧学彻底决裂。

先生认为变法必先从算学格致起始，于是决定“小试于一县”。同年闰五月，他在致老师欧阳中鹄一封万言长信中，提出创办算学格致馆的改革主张，以兴算学、格致而科技救国，“不恤首发大难，画此尽变西法之策”。待到国力强盛后，逐步实现在进出口税、商业贸易、文化宗教上的平等，由此而废除不平等条约。欧阳中鹄阅罢十分赞叹，认为“以学论，不当使在弟子之列”，“论事极有见地，任事极有力量”，“才气横绝，足达时变”。后将长信稍加删节，以《兴算学议》为题出版。湖南巡抚陈宝箴阅后亦大加赞赏，“谭复生书粗阅一过，其识度、才气、性情，得未曾有”，并刻印数千本散布于湘省各书院。自此，先生开始闻名于湖湘维新士人之间。时逢浏阳旱灾，先生协助赈灾，同时与欧阳中鹄、唐才常等人共同发起成立“浏阳算学社”，又于两年后正式建成算学馆。唐才常评价道：“湘省直中国之萌芽，浏阳直湘省之萌芽，算学又萌芽之萌芽耳。”算学社开湖南新学之先声，成为湖南维新运动之滥觞，浏阳“可为天下先”。此后，先生便以改革家和启蒙思想家的身份，活跃在中国近代的历史和思想舞台上。

先生追求真理之精神，在近代当属佼佼。光绪二十二年（1896）春，先生奉父命赴京，先后与青年画家黄宾虹、川籍学者吴樵父子、北京《万国公报》主笔梁启超、浙江学者夏曾佑、佛学家吴嘉瑞、翰林院编修徐仁铸等维新人士相识。梁启超盛赞先生：“才识明达，魄力绝伦，所见未有其比，伯里玺之选也。”自北京相识后，梁、谭成为挚友与同志，“促膝对坐一榻中，往复上下，穷天人之奥”，“连舆接席，未尝一日相离也”。途经上海时，先生于格致书室拜访英国翻译家傅兰雅，与其探讨自然科学知识及宗教教理，又见识了化石、计算器、X光片等物，开阔了视野。

六月，先生与佛学大家杨文会相识于南京，于金陵刻经处内从其研习佛学典籍，过从甚密，称“吴雁舟先生嘉瑞为余学佛第一导师，杨仁山先生文会为第二导师”。他曾四度往来于宁、沪之间，与梁启超、汪康年、吴嘉瑞、宋恕、孙宝瑄、缪荃荪、郑孝胥、刘世珩、蒯光典等维新师友创办报刊学会、畅论时政、樽酒谈禅。他为《时务报》撰文、推荐作者，与主编汪康年书信往还不断，最终被聘为《时务报》董理。借助上海这片新天地，先生振聋发聩的维新思想得以不断影响士绅阶层的心灵。是时，一面是令他积郁已久的陈腐世道，一面是渴望听到他发声的崭新世界，在好友启发下，先生开始构思撰写哲学著作《仁学》。端坐于金陵刻经处内，他掩卷长思，遂提笔倾泻扫平他人生和宇宙间一切桎梏之渴望。《仁学》于次年春基本完成，并一举奠定了先生在中国近代史和哲学思想史上的重要地位。

光绪二十三年（1897）二月，先生与杨文会、徐乃昌、茅谦、缪荃孙等人发起成立金陵测量会，旨在测绘地图与天体。他为学会购置天文镜、子午仪、经纬仪、纪限仪等大量科技仪器，并亲自撰写学会章程。又参与创办农学会、上海不缠足会，倡办《矿学报》（未果）、《民听报》（未果）。十月，经元善于上海创办近代第一所女学堂，先生代夫人李闰向女学堂“捐款百金，名标第一”，李闰因而名列中国女学会倡办董事。时值湖南时务学堂于湖南长沙成立，先生又积极参与筹备工作，为学堂购置数学模具、图表、精密仪器等件，并设法为其引进中国第一架大天文望远镜与幻灯片机；又积极延请梁启超、李维格、唐才常、杨自超等出任教习，将自然科学与思想启蒙的光芒洒向闭塞的湘楚之地，启迪年轻的湖湘士子。

光绪二十三年（1897）春，盛宣怀主办的汉阳铁厂急需煤矿，先生与其面商多次，并应邀赴湘请示巡抚陈宝箴、按察使黄遵宪，促成铁厂矿师来湘勘探矿源，致力于将湖南矿务列入中国矿务整体规划当中。同时，陈宝箴亦邀请他辞官返乡参与如火如荼的湖南维新运动。先生出任时务学堂绅董，又任中文分教习，为学生批阅札记，与梁启超、熊希龄、唐才常等人在学堂内传播科技、民主、民权思想，并为招生考试出题、阅卷。授课之余，他还常将王夫之的

《噩梦》《黄书》、黄宗羲的《明夷待访录》等宣扬民主思想、反对封建专制的著作加以按语印制成册，秘密散发，学生们得之而热切拜读。由维新派担纲教师的时务学堂，终也埋下日后革命的火种，培养出了蔡锷、林圭、李炳寰、范源廉等矢志革新的青年学子。

翌年二月，先生发起创设南学会。南学会既是团结各界人士的场所，又是讲学议政之处。活动的重要组织形式为讲演，一般定为七日一讲，由先生主讲天文等，皮锡瑞主讲学术，黄遵宪主讲政教，邹代钧主讲舆地。先生在南学会中先后讲授过天文、物理、生命科学等知识。论及中国情形危急、古今中外学术、民权救国等问题时，慷慨激昂，听者如云，场面盛大，“闻者无不感动”。青年杨昌济常至此听课，并向先生请教各国民主之法则。南学会还设立藏书处，先生将自己500余册书籍捐出，为后来湖南图书馆之建立做出重要贡献。不难想见，南学会的活动起到了宣传民主科学、破除封建思想的重要作用。

同月，先生又与熊希龄、唐才常等创办《湘报》，并担任董事，使之成为宣传维新变法的阵地与喉舌。他在《湘报》发表了《治事十篇》《试行印花税条说》《论电灯之益》等论著，提出了办学会、合群力、改官制、变科举、变法律等具体措施，堪称湖南维新运动的指导性精神纲领。彼时长沙《湘报》与天津《国闻报》、上海《时务报》呈三足鼎立之势，共同为维新运动进行舆论宣传。而时务学堂、南学会、《湘报》等，又堪称湖南维新运动的三面旗帜。先生积极主持或参与其中，发挥了中流砥柱的作用，在近代思想、教育、科技、新闻领域均做出了卓越贡献。梁启超评价：“故湖南全省风气大开，君之功居多。”

此外，先生还与熊希龄等人发起成立了以移风易俗、珍惜时间为目标的“延年会”；与唐才常、黎宗鋆等在浏阳发起组织了“群萌学会”，后更名为浏阳南学分会，这是南学会成立的第一个地方分会；又与黄遵宪、徐仁铸、唐才常等在长沙发起“湖南不缠足会”，倡导革除妇女缠足陋习，致力于构建男女平等；先生还与梁启超成立“一夫一妻世界会”，反对纳妾、嫖娼等封建陋习，又提倡女性受教育、办报之权利。

光绪二十二年（1896）五月，上谕修筑粤汉铁路。初期，本规划取道江西而非湖南，先生等湘籍士人为之力争。先生于《湘报》发表《论湘粤铁路之益》，通过俄国西伯利亚大铁路规划进行分析，从利权、外患、地形、矿产、经济、资源、取材、民风、军事、劳动力等多种角度剖析粤汉铁路取道湖南的九大优势以及带给湖南的十大利好。在各方呼吁和努力下，粤汉铁路最终改经湖南而呼啸南下，长驱岭峤、吞纳沧溟，成为中华大地由北而南的一条最大的通道，对近代湖南的开发和经济等各方面发展贡献甚巨。

随着维新运动的实质推进，遭到湖广总督张之洞和王先谦、叶德辉等湖南地方士绅的攻击，新旧之争日益尖锐。在巨大的内外压力下，维新派阵营的内部矛盾亦开始激化。陈宝箴亦一改先前对维新派的支持态度，转而“设法阻压”。五月，趁先生回浏阳的十多天中，陈宝箴下令调阅时务学堂学生的札记批语。时为陈之幕客的欧阳中鹄亦倒向其一边，批评民权平等之说过于“偏激”，引发了先生及维新派众人的强烈不满，师生关系一度“几将决裂”。面对严峻形势，先生表示：“宁可杀身以成仁，不能曲学而阿世。”“平日互相劝勉者，全在‘杀身灭族’四字，岂临小小利害而变其初心乎！”

光绪二十四年（1898）四月，光绪帝颁布“明定国是”诏书，正式宣布变法。侍读学士徐致靖以“天才卓荦，学识绝伦，忠于爱国，勇于任事”保荐先生，光绪帝当即电召进京觐见。闻讯后，先生陡然有“绝处逢生”之感，认为国事大有可为，决心应诏北上。出发前，欧阳中鹄曾劝勉其“自爱其身，善藏其用”，先生却回复以“此生犹赘，当力疾一行”，早已将生死置之度外。出发前夕，适逢结婚十五周年纪念日，先生遂为夫人李闰题诗“十五年来同学道，养亲抚侄赖君贤”，并约定“生生世世，同住莲花”。又题“后来凭吊意，分付此山川”赠好友程颂万，题“三户亡秦缘敌忾，功成犁扫两昆仑”赠唐才常，以作话别。

先生因感染风寒卧病湖北而致行程耽搁，七月初五日方才抵京，居于浏阳会馆。不久后光绪帝召见内廷，并委任林旭、杨锐、刘光第及先生为军机章京，参与新政。先生代上拟诏书，晓谕士民，申说朝廷实行变法之缘由，此诏被称为“国朝第一诏书”。又力谏开懋勤殿设顾问官，意在效法西方议会制度，以统筹变法全局，遭到慈禧太后之断然拒绝。帝后关系日趋紧张、濒于破裂，新旧纷争势同水火。因阅兵废上之说风传，光绪帝向军机四卿下达密诏，请其设法相救。八月三日，先生夜访法华寺，劝袁世凯起兵诛荣禄，围颐和园，以保护光绪帝，袁却模棱两可，设词推宕。

八月六日，政变发生，慈禧太后宣布训政，囚禁光绪帝，下令逮捕维新党人。康有为在政变前一日已离京出逃。先生劝梁启超避祸日本，自己则不愿出走，李提摩太曾劝说先生至英国使馆避难，被断然拒绝。见证此事的徐仁录曾描述：“谭浏阳侃侃而谈，神态坚定，是一位言必信、行必果、重然诺、明大义的豪杰。”先生将家书文稿托付梁启超保管，慷慨表示：“不有行者，无以图将来；不有死者，无以召后起。程婴、杵臼，月照、西乡，吾与足下分任之。”此语虽百余年后，仍使人读之震悼，闻之饮泣。交代完毕，先生遂与梁洒泪作生死别：“诸事就绪，无所萦怀，长为别矣！”两人“相抱饮泣，三去三回首”。

归至浏阳会馆，先生大开中门，静候捕者。八日清晨捕者至，先生延请其入客厅，神色不变，从容起身，整肃衣冠，并对缉捕者拱手抱拳为礼，随后被缚而去。

先生系狱五日，潇洒无惧，吟咏不辍，高歌慷慨如平日，“意气自若，终日绕行室中，拾取地上煤屑，就粉墙作书。问何为，笑曰：作诗耳”，留下了辉耀千秋的《狱中题壁》诗：“望门投宿邻张俭，忍死须臾待杜根。吾自横刀仰天笑，去留肝胆两昆仑。”（《唐烜日记》）

十三日，在未经任何审讯的情况之下，先生及林旭、刘光第、杨深秀、杨锐、康广仁六人被杀害于菜市口，史称“戊戌六君子”。临刑前，先生对监斩官刚毅说道：“吾有一言！”刚毅躲避不听，却令他北跪谢恩，先生拒不屈从，怒目而视，大声斥责：“有何恩可以谢！”最后高呼：“有心杀贼，无力回天。死得其所，快哉快哉！”神色不变，从容就义，春秋三十有三。其磊落无瑕之品格，英风毅魄之志节，受到当时和后世的热烈称颂。

二

先生辞世九十日后，挚友梁启超将《仁学》率先连载于他所办《清议报》上。与此同时，唐才常主办的《亚东时报》亦刊载《仁学》。1901 年，上海国民报社首次出版《仁学》单行本，随后，清议报社亦将《仁学》全稿校印，并在广告中声称要将此书翻译成外文，“俾文明国见此，应知吾国之大有人也”。此后，日本、中国上海等地频繁重印《仁学》，但依然多次脱销，仁学之风遂席卷海内外。

在清末具有新思想的青年当中，先生是被看作最富有“任侠之气”的人物。他敢于打破封建思想束缚的大无畏精神，成了涌动在民国青年学子中的一股风潮。当时甚至有不少年轻学子自名“慕谭”，表达对先生的仰慕之情。《仁学》也因此得以热烈传扬，被当作是中国之《人权宣言》。这卷仅有五万字的短书，成为在黑暗中指引后来改革和革命者的一轮明月。

梁启超高度评价先生：“其思想为吾人所不能达，其言论为吾人所不敢言。”“盖我支那数十年以来，正如严冬一寒，水泽腹坚，及有今日之事，乃所谓一声春雷，破蛰启户，自此以往，其必有仁人志士，前仆后起，以扶国家之危于累卵者。”

革命派许多人物均对先生表示出极大的尊敬和崇拜。孙中山领导的兴中会将先生视为早期“革命同志”，并盛赞《仁学》一书

“改造中国甚力”；黄兴评价“中国革命湖南最先，戊戌之役有谭嗣同，庚子之役有唐才常”；十九岁的革命宣传家、《革命军》之作者邹容是最为热烈之追随者，他将先生遗像悬挂于座侧，并题诗“赫赫谭君故，湖湘志气衰。惟冀后来者，继起志勿灰”；面对溃烂时局，李大钊亦曾说“湘贤谭复生而生于今日，更不知作若何沉痛之语”；浏阳革命党人焦达峰在起义出师时还供着先生之牌位；陈天华在《猛回头》中称他为“轰轰烈烈为国流血的大豪杰”；吴樾在遗书中大倡“暗杀主义”，即首揭《仁学》中“任侠为仁”思想而大加发挥。

不仅革命派的仁人志士对先生推崇备至，梁漱溟、顾颉刚、钱穆等国学大师亦将《仁学》视如瑰宝，频频荐读。哲学家冯友兰曾评价：“谭嗣同回答了当时时代提出的问题，指明了时代前进的方向，就这两点上说，他不愧为中国历史中的一个大运动的最高理论家，也不愧为中国历史中一个代表时代精神的大哲学家。”钱穆认为先生是近代最早站出来正面与纲常名教交锋之勇士，是“五四运动”创榛辟莽的先驱者：“近世以来，学术思想之路益狭，而纲常名教之缚益严，然未有敢正面对而施呵斥者，有之，自复生始也。”他赞誉先生之呼声是黎明到来前的最强音，他的著作闪烁着非凡的启蒙力度和热度，毫不逊色于“五四”启蒙者的呐喊。

在维新运动当中，先生与康有为、梁启超、严复四人被誉为“戊戌启蒙四大家”。他们当中，康有为专注于从儒学思想里阐发出改革的新义，梁启超更倾向于普及变法的实施步骤，严复侧重于把西方学问移植到中国的土壤中，而在先生笔下，所有这一切被概括为“仁—通”的宇宙总规律，将维新运动中的各类思想作了最高层次的哲学升华。

先生之生命虽短，却是中国学术史、思想史之重要人物。梁启超称其为“晚清思想界之彗星”，“使假以年，则其学将不能测其所至”。

《仁学》较为全面反映了先生之哲学、政治、科学及经济思想。

《仁学》的思想来源相当庞杂，不仅吸收了张载、王船山、黄宗羲之思想，亦包罗儒、道、墨及陆王心学之思想；不仅包含佛教华严宗和唯识宗之学说，亦涉及西方基督教及数学、格致和社会学。先生将此多门众类思想熔于一炉，形成了他独特的思想体系。

《仁学》全书总体逻辑构成为“以太—通—平等”，最终全部指向“仁”。

为说明世界之本质，先生在《仁学》中引进了当时西方流行的“以太”概念。《仁学界说》中有言：“仁以通为第一义。以太也，电也，心力也，皆指出所以通之具。”又“以太也，电也，粗浅之具也，借其名以质心力”。他将“以太”改造为一个本体论概念。在他看来，“以太”是充盈于天地之间、无所不在之介质形式，而正是因为有了此种媒介连接体，使得全世界乃至整个宇宙均处于有形及无形联系当中，“通”之义遂由此而生。

“通”的概念在《仁学》中非常重要。他将“通”看作是解决问题的根本出发点与合理社会体系构建的支点。中外、上下、男女、身心、内外、人我，都为“通”之客体。“通”，可看作是“脑气筋之周布即电线之四达，大脑小脑之盘结即电线之总汇，一有所切，电线即传信于脑，而知为触、为痒、为痛”之全体学概念；亦可以看作是“合八行星与所统之月与小行星与彗星，绕日而疾旋，互相吸引不散去，是为一世界，凡得恒河沙数，成天河之星团，互相吸引不散去，是为一大千世界”之天文学概念；亦可以看作是“数十年来，学士大夫，覃思典籍，极深研几，罔不自谓求仁矣，及语以中外之故，辄曰‘闭关绝市’，曰‘重申海禁’”之政商学概念；亦可以看作是“百千万亿恒河沙数世界，有小众生起一念，我则知之，虽微至雨一滴，能知其数”之佛学概念。遂又提出“通学”“通政”“通教”三通为一体之概念。万事万物相通，彼此观照和感应，方可达到“平等”之状态。抛开表象，“通”则指向“平等”。

“仁以通为第一义”，“通之象为平等”。因此“仁不仁之辨，于其通与塞”，不通不平等即为“麻木不仁”。中外、上下、男女、内外以及人我之间，本为互相贯通、互为平等，然而彼时中国，几乎万无所通，中外不通，上下不通，人我亦不通。此种社会之建构方式病态而不合理，人与人之关系完全违反“仁”之原则，必须加以彻底批判和改造。先生借此而为自己的社会批判理论奠定了哲学基础，从根基上抨击和瓦解了封建社会之建构模式。先生倡导一切皆平等，平等为“仁”之至要，而就“仁”而言，代表封建秩序的“礼”则是其障碍，只有将这种障碍除去，“仁”才能得以实现。因此先生在《仁学》中对礼教展开了全面批判，而这批判的主要对象便是礼的核心：三纲五常。

三纲中的“君臣一伦”首先违背平等精神。其中所蕴含的忠诚观念，侧重的是单方面的责任和绝对的义务。而真正的忠则应指双方面互尽义务和互相作对待的要求。先生痛斥“君统”，指出两千年来“君统”在中国造成了“大盗”与“乡愿”并存的世界。“惟大盗利用乡愿；惟乡愿工媚大盗”，“由是二千年来君臣一伦，大为黑暗否塞，无复人理，沿及今兹，方愈剧矣”。先生由此提出新的“君主”观念：“君也者，为民办事者也；臣也者，助民办事者也，赋税之取于民，所以为办民事之资也。如此而事犹不办，事不办而易其人，亦天下之通义也。”

先生以仁为出发点，不但抨击和否定“君为臣纲”，还驳斥“父为子纲”和“夫为妻纲”之荒谬。庄子的“道通为一”是他借以发挥“仁”之思想的基本观念。世界万物的等别差异均不具备意义，由是而有万物平等之观念。基于此观点，先生引庄子“相忘为上，孝为次焉”之论以推翻三纲思想所强调的孝之观念。龙绂瑞曾于《武溪杂谈录》中记载先生关于父子关系之见解：“守节为宋人谬说。父子天性，色养是应尽之责，无所谓孝。”

“五伦中于人生最无弊而有益，无纤毫之苦，有淡水之乐，其惟朋友乎。所以者何？一曰平等，二曰自由，三曰节宣惟意。总括其意，曰不失自主之权而已。”在强烈抨击三纲五常之后，先生独独把“朋友”一伦从儒家“五伦”中拈出，其原因就在于友谊为五伦中唯一自由平等、自主结成、不受纲常制约之关系。除友谊之外，“君臣、父子、兄弟、夫妇”均为天生而强制形成之关系，并不能因个人意愿而结成或改变。先生的人生价值之实现均与友群有着不可分割之联系。故而，在他的人生体验中，“群”是最为重要之概念，只有“群”之力量才可谓强大，而“群”之组成者即为“五伦”中之“朋友”这一伦。而友朋之间心意相同、志向合一，即可构成朋友这一伦之“通”。

先生之思想，源于他对自己一生中各种处境之感受与回应。他自幼遭遇家庭变故，蒙上死亡阴影，人生之痛苦致使他思考以一己之力破除和避免其他人之痛苦再度发生。这是生命处境之回响。其二为历史处境，先生之思想成熟于十九世纪九十年代，正值传统政治秩序的义理基础开始动摇之时。先生之思想加速了这动摇和崩溃的来临，同时也感受到这秩序崩溃以后在思想上所带来的震撼、混乱和空虚，如同一种预言般的呈现，于是他急切地希望中国建立一个新的、更加健全的政治与社会秩序。

封建传统秩序在人世间布下了天罗地网，倘要体现仁，必得“冲决网罗”，“网罗重重，与虚空而无极；初当冲决利禄之罗网，次冲决俗学若考据、若词章之罗网，次冲决全球群学之罗网，次冲决君主之罗网，次冲决伦常之罗网，次冲决天之罗网，终将冲决佛法之罗网”。当重重网罗都被扫除之后，仁之精神——无私与爱方能“通天地万物人我为一身”。

戊戌变法失败后，先生拒绝出走，决心以死殉难，亦有他深刻的思考与价值观作为支撑。于先生看来，平等之核心在于莫要“妄生分别”，即莫将自己与他人摆在不平等之位置，先己后人，只图满足一己之私而枉顾他人。如若做到“通人我”，方可达到“仁”之境界。而“通人我”之最终，即为“破除自我”。这种“破除”，是将“小我”投入到“大我”中去，而至于这种“投入”的方式是以生抑或是死，则无须过于执着。因为在“大我”当中，死与生都失去其真实性。“小我”之死只是“大我”一部分的死去，“大我”依然活着。死因生而赋予意义，而生因死亦赋予意义，二者相互使对方成立，无法独立存在。“不生不灭，生与灭平等”，需要平等视之的则不仅是人伦关系，更是生与死、存在与消亡的逻辑联系。这种死生互为依存即是“守恒”之关系。这是“大我”中“小我”的不同分工，更是“通人我为一体”的至高境界，同时也是大乘佛学救世则应当“毁灭自我”之表达方式，因而他在而立之年勘破生死，亦不属意外。

《仁学》之“仁”，糅合了墨子摩顶放踵的任侠豪迈、大乘佛学的普救众生与悲天悯人、基督教士冒死犯难的传道精神。然而，先生一生执着追求“仁爱”，终是未能走出“不仁”的十九世纪。他留下一部《仁学》，之后求仁得仁，已是此生无憾。激荡的晚清风云中，他洒尽热血，撕裂了时代的累累疮疤。自先生时代始，否定三纲五常成为一股历史之风潮，日涨月增，终于在五四时期达到反专制礼教的高峰，封建思想基础由此动摇而至于土崩瓦解。先生站在历史潮流之前端，他对旧时代的不妥协与抗议精神，成为瓦解传统社会秩序之前锋。

双甲子前的戊戌年八月十三日下午申时，北京宣南菜市口刑场，先生为新世纪和新时代的到来决绝捐躯，与世长辞，但这不仅是一个烈士对于改革的献身，更是一位哲学家用生命对真理的致敬。

张维欣

2018 年 9 月 28 日

凡　例

一、本长编以先生生平事迹为主线，收录先生及与先生关系紧要的其他人或事件之资料，借以完整展现先生之政治、思想活动脉络，并从先生之角度，尽量完整勾勒戊戌变法之全貌。

二、本长编将先生之著作、书札进行编年整理，借以勾勒先生不同时段思想与学术之发展轨迹，又兼收先生生平交游、师友之资料，旨在包容年谱与学谱之功能，全面展现先生短暂却绚烂的一生。

三、本长编按年月日顺序，逐条纪事，具体日期不详者，系于可定年月之后，或置于适当位置。纪年统用阴历，后附干支及公历纪年，每年于篇首标年号以及干支、谱主年龄。民国后附记民国年份。纪日首标阴历，括注公历。光绪二十四年（1898）之后有关先生牺牲之后事迹亦择要编录置于谱后。

四、同一时间首条事件，标注时间，其余各条均以“同日”“同月”“同季”“同年”等标示，以清眉目。

五、承接上文事件，又具体日期不明时，或与上文事件发生直接关系又不在该日（月、季）条目内，用“△”标示；谱中对某一人物、地点、事件等引申解释时，用“◎”标示。

六、先生之文章、信札均以完成为时间节点收入本书，若无法考订写作完成时间则以发表、出版时间为准；简短言事信札均全文收入，以呈现先生生平活动之要；长篇论理信札则摘其要义进行概述；《仁学》已于前言略作申说，谱文中不加展开。

七、先生题跋、联语、诗词、读书笔记，可判定具体或大致时间者收入，难以判定者均未收入。

八、他人致先生书札存世较少，均引入谱内。

九、本长编引用资料，如系引录原文，概加引号；如原文较长，以楷体单独成段；原文过长，则酌予综述，力求忠于原文意思。所引资料，一律在正文中注明书名、页码，在书后参考文献中详注版本信息。引用报纸标明报名、篇名及出版日期。极个别篇名，因无法查补，暂付阙如。

十、鉴于目前所见各整理本尚存在不足，本长编于谱主集部参考资料主要为浙江古籍出版社 2018 年出版的新编戊戌六君子集之《谭嗣同集》，与学界其他研究著述所参考的中华书局 1981 年版《谭嗣同全集》并非同一版本。

目　录

正　谱

家世概要

谭学琴为先生祖父，育有四子：长子谭继昇，字子煌，号海峤；次子谭继墉，字子朴；三子谭继洵，即先生生父；四子谭继猷，幼殇。

谭继洵，湖南浏阳人，初名继淳，后更名继洵，字子实，号敬甫，又号剑芙。生于道光三年九月二十九日（1823年11月1日），卒于光绪二十六年九月十二日（1900年11月3日）。道光二十九年（1849）己酉科举人，咸丰十年（1860）庚申恩科进士，历任户部主事、员外郎、郎中、坐粮厅监督；后由京官外放，补授甘肃巩秦阶道，升任甘肃按察使、布政使，官至湖北巡抚兼署湖广总督。

先生生母徐五缘，湖南浏阳北乡芦烟洞人，生于道光九年十一月二十五日（1829年12月29日），卒于光绪二年二月初一日（1876年2月25日）。其父徐韶春，国子监生，从九品职衔，朝廷貤赠中宪大夫。其母熊氏，朝廷貤封恭人。

先生嫡出，于父谭继洵谱内行三，于祖父谭学琴谱内行七，称“七公子”。谭学琴谱内，谭继昇长子谭嗣棨称“大公子”，谭继昇次子谭嗣槼称“二公子”，谭继墉长子谭嗣程称“三公子”，谭继昇三子谭嗣棻称“四公子”，谭继洵长子谭嗣贻称“五公子”，谭继洵次子谭嗣彭（后更名谭嗣襄）称“六公子”，谭继洵三子谭嗣同称“七公子”，谭继墉次子谭嗣穆称“九公子”，谭继洵四子谭嗣冏称“十公子”。其余无载。

先生之兄弟姊妹中，同母所生四人：伯兄谭嗣贻，字癸生，生于咸丰三年（1853）；仲兄谭嗣襄，字泗生，生于咸丰七年（1857）；长姊谭嗣怀，生于道光二十九年（1849），适同县宋德康；次姊谭嗣淑，生于咸丰四年（1854），适广西灌阳县唐景崶。异母所生五人：季弟谭嗣冏，字秦生，生于光绪五年（1879）；妹谭嗣茀，生于同治四年（1865）；幼妹谭嗣嘉，生于同治五年（1866），适湘乡刘锦棠三子刘国祉。

同治四年（乙丑，1865年）　出生

二月十三日（公历3月10日）

先生生于北京宣武门外懒眠胡同（今宣武门外烂缦胡同）邸第。先生自撰《三十自纪》记述："同治四年春二月己卯，嗣同生于京师宣武城南懒眠胡同邸第。"（《谭嗣同集》64页）据谭氏族谱载（《谭氏族谱》卷四33页）：

> 谭嗣同，字佛孙，亦字复生，自号壮飞。清花翎江苏补用知府，四品卿衔，军机章京上行走。同治四年乙丑二月十三日卯时生，光绪二十四年戊戌八月十三日申时卒于京师，年三十四。归葬南乡唐家铺对门石山下庄屋上手山嶺，艮山坤向，内志，外碑记、华表。忠孝性成，学贯天人，事实见家传。民国三年阴历甲寅正月初四日奉大总统令交内务部从优议恤，旋由部恳，请明令优予奖恤，在京师建立祠宇，并将事实宣付清史馆立传，以彰崇报。七月二十二日奉大总统令，准如所拟办理。

四月二十日（公历5月14日）

先生妻室望城李闰生。

是年

先生之父谭继洵时年四十三岁，在京任职户部八旗现审处，该处主"平八旗户口田房诤讼"；母徐五缘随侍在京，时年三十七岁；伯兄谭嗣贻时年十三岁，随父在京；仲兄谭嗣襄时年八岁，随父在京；谭继洵侧室卢氏长女谭嗣茀时年生。

先生平生重要师长之中，浏阳欧阳中鹄时年十七岁，浏阳涂启先时年三十二岁，浏阳刘人熙时年二十二岁，石埭杨文会时年二十九岁。

先生平生重要师友及交游人士之中，义宁陈宝箴时年三十五岁，南皮张之洞时年二十九岁，宜兴徐致靖时年二十二岁，茶陵谭钟麟时年四十四岁，浏阳李兴锐时年四十九岁，望城李寿蓉时年四十一岁，江阴缪荃孙时年二十二岁，江阴盛宣怀时年二十二岁，沧

州王正谊时年二十二岁，安化黄凤岐时年十五岁，湘潭释敬安（八指头陀）时年十五岁，镇江茅谦时年十八岁，上元顾云时年十四岁，义宁陈三立时年十三岁，新化邹代钧时年十二岁，浏阳涂儒翯时年十岁，湘乡张通典时年七岁，吴县江标时年六岁，宜兴徐仁铸时年三岁，杭县夏曾佑时年三岁，闽侯郑孝胥时年六岁，浏阳李昌洵时年六岁，浏阳贝允昕时年生，宁乡程颂万时年生，歙县黄宾虹时年生，浏阳刘善浤时年生。

先生交游外籍人士之中，英国翻译家傅兰雅（John Fryer）时年二十七岁，英国传教士李提摩太（Timothy Richard）时年二十一岁，日本外交官林权助（はやしごんすけ）时年六岁，美国传教士李佳白（Gilbert Reid）时年九岁，英国传教医师马尚德（Alexander M. Mackay）时年生。

戊戌之难中其余同志，闻喜杨深秀时年十七岁，富顺刘光第时年七岁，绵竹杨锐时年九岁。

先生其余交游人士中，长沙王先谦时年二十四岁，湘潭叶德辉时年二岁，项城袁世凯时年七岁。

同治五年（丙寅，1866年）　一岁

八月十七日（公历9月25日）

左宗棠任陕甘总督（《清季职官表》364页）。

十二月十九日（公历1867年1月24日）

谭嗣棻长子谭传简生。

是年

谭继洵任职户部井田科，该科主“典八旗土田、内府庄户”，先生随父在京。

同年，同母长姊谭嗣怀卒于京师，年十七岁。

同年，卢氏次女谭嗣嘉出生。

同年，友人达县吴樵生；香山孙文生。

同治六年（丁卯，1867 年）　　二岁

四月初九日（公历 5 月 12 日）

先生“刎颈交”浏阳唐才常（字绂丞）生于浏阳孝义里。

九月二十日（公历 10 月 17 日）

谭继洵以一千二百九十二两白银购置京师宣武城南库堆胡同房屋一所为府邸。据杨德钧《北京浏阳会馆缘起》中载：“是年九月，郡馆又出售与敬甫中丞。”先生亦于《三十自纪》中载：“旋迁库堆胡同，今为浏阳会馆者也。”谭继洵《北京浏阳会馆财产录》中记载此宅的具体位置与规模：“浏阳会馆坐落于北京宣武门外菜市口路南外右四区北半截胡同南头路西，门牌二十号，计房屋大小二十九间。”

是年

谭继洵娶顺天府武清女子王氏为妾。王氏时年 16 岁，为其第二房侧室（《谭继洵集》739 页）。

同年，陕甘总督左宗棠任钦差大臣，督办陕甘军务，率湘军入陕镇压回民起义。

同年，谭嗣同友人浏阳刘善涵生，友人南海康广仁生。

同治七年（戊辰，1868 年）　　三岁

八月初六日（公历 9 月 21 日）

谭继洵侧室王氏病卒于京师，时年十七岁。

是年

谭继洵任职户部捐铜局。

同年，友人浏阳黎尚雯生。

同治八年（己巳，1869 年）　　四岁

夏

在《远遗堂集外文初编自叙》中曾记述此时逸事：“夏雨初

霁，嬉戏阶下，兄适他去，四顾孑然，情不可已，遂嗷嗷以哭。”（《谭嗣同集》103页）

是年

于家中私塾读书，“五岁受书，即审四声，能属对”。谭继洵为先生及仲兄谭嗣襄聘毕莼斋为师，《远遗堂集外文初编自叙》：“五六岁时，居京师宣武城南，与先仲兄俱事毕莼斋师。”谭嗣襄时年十三岁（《谭嗣同集》103页）。

同年，谭继洵任职户部，与曾纪泽、李寿蓉等人交往均在此时。或在此时与李寿蓉订有儿女婚约（《谭继洵集》739页）。

同年，友人长沙毕永年生；友人南陵徐乃昌生。

同治九年（庚午，1870年）　五岁

三月

因办理捐铜局出力，谭继洵奉旨赏加道衔（《谭继洵集》740页）。

五月

天津教案发生。

六月十六日（公历7月14日）

谭继洵将同治六年购买的库堆胡同宅邸转卖于浏阳宾兴会，作为浏阳会馆（《谭继洵集》740页）。谭家从懒眠胡同迁至库堆胡同，入住浏阳会馆。杨德钧《北京浏阳会馆缘起》中载：“清同治九年庚午六月，我邑宾兴会价购谭敬甫中丞第宅所设置也。”《北京浏阳会馆财产录》中亦载此事：“以上房屋两所相连，原为一所，由敬甫先生售出。”刘人熙《浏阳会馆记》中提及：“同治庚午，今甘肃巩秦阶道谭君继洵为部郎，请之县中父老，集赀购宅立县馆宣武门外库堆胡同，几榻庖爨之具悉备，宾至如归焉。”浏阳会馆亦成为浏阳在京人士重要集会的场所。

◎浏阳会馆原是刘崐（韫斋）故宅，刘为谭继洵座师，特以廉价转让之，谭将其移作浏阳会馆。先生侄孙谭恒锐曾回忆：“刘公

韫斋亲手书契，余在浏阳县府教育科见到。时刘为修为责任保管。刘字作馆阁体，可见古人作事之不苟。”（《清谭复生先生嗣同年谱》，《谭嗣同研究资料汇编》8页）

六月二十一日（公历7月19日）

法国对普鲁士宣战，普法战争爆发。战争开始后，法军接连败北。先生曾在《仁学》以及南学会演讲中多次提及普法战争。

是年

师从云南杨先生读书，谭家私塾与内室仅一墙之隔，杨先生夜闻先生之母徐夫人纺车声，于是以其勤劳艰苦而教育他当认真读书。事载于《先妣徐夫人逸事状》（《谭嗣同集》63页）：

> 家塾去内室一垣，塾师云南杨先生，闻纺车轧轧，夜彻于外。嗣同晨入塾，因问汝家婢媪乃尔劬耶，谨以母对，则大惊叹，且曰：“汝父官郎曹十余年，位四品，汝母犹不自暇逸，汝曹嬉游惰学，独无不安于心乎?”是以嗣同兄弟所遇即益华腆，终不敢弛于慆淫非辟，赖先夫人之身教夙焉。

同年，谭继洵任职户部收铜局（《谭继洵集》740页）。

同年，友人凤凰熊希龄生。

另，先生幼年时曾有绰号“七和尚”，其年份待考，谭恒锐记：“公幼年长辈呼为‘七和尚’，因公常作梦，濯足于松根盘石间，清流照影，自顾乃一沙弥。事后举此以语人，人们遂以‘七和尚’称之。”（《清谭复生先生嗣同年谱》，《谭嗣同研究资料汇编》41页）

同治十年（辛未，1871年）　六岁

是年

仲兄谭嗣贻补县学生员，母徐夫人携其归浏阳成婚，娶同县黎玭珍为妻。先生因思念母亲而致疾，事载于《先妣徐夫人逸事状》：“方嗣同七岁时，先夫人挈伯兄南归就婚，置嗣同京师，戒令毋思念。嗣同坚守是言，拜送车前，目泪盈眶，强抑不令出。人问终不

言，然实内念致疾，日羸瘠。”（《谭嗣同集》63页）先生后又于诗《卢沟桥》夹注中载：“七岁时，侍先夫人过此。”

同年，谭继洵任职户部捐输局（《谭继洵集》740页）。

同年，湘军刘锦棠部攻破金积堡，平定宁夏。

同年，光绪帝爱新觉罗·载湉生；长沙杨昌济生。

同治十一年（壬申，1872年）　七岁

十月

谭继洵升任户部山西司员外郎，任职户部军需局。并于同年迎娶其第三房侧室张清吉为妾（《谭继洵集》740页）。

是年

徐夫人携长子谭嗣贻及儿媳由浏阳归京，嗣贻取中书科中书。先生于《先妣徐夫人逸事状》中载：“逾年，先夫人返，垂察情状，又坚不自承。先夫人顾左右笑曰：‘此子倔强能自立，吾死无虑矣！’”（《谭嗣同集》63页）

同年，与伯兄谭嗣贻、仲兄谭嗣襄师从韩荪农，于北京浏阳会馆读书。《城南思旧铭并叙》中载：“往八九岁时，读书京师宣武城南，塾师为大兴韩荪农先生，余伯兄、仲兄咸在焉。”他常同二兄于南下洼、龙泉寺、龙爪槐、陶然亭等宣南名胜游赏（《谭嗣同集》28页）：

> 地绝萧旷，巷无居人，屋二三椽，精洁乏纤尘。后临荒野，曰南下洼。……西山晚晴，翠色照地，雉堞隐然高下，不绝如带，又如去雁横列，霏微天末。……余夜读，闻白杨号风，间杂鬼啸。大恐，往奔两兄，则皆抚慰而呵煦之。然名胜如龙泉寺、龙爪槐、陶然亭、瑶台、枣林，皆参错其间，暇即浼两兄挈以游。伯兄严重不常出，出则健步独往，侪辈皆莫能及。仲兄通侻喜事，履险轻矫，陂池泽薮，靡不探索。

约同年，先生于清明时节同家人至大悲院（今陶然亭公园内慈悲庵），读到高翥《清明日对酒》诗而悲伤不能自已（《谭嗣同集》

29页）：

方余读书城南际，春蛙嗁雨，棠梨作华，哭声殷野，纸灰时时飞入庭院，即知清明时矣。起随家人上冢已，必游于大悲院。院邻义园，其僧与余兄弟久故，导余遍履奥曲。僧墓兆数十顷，众木翳之，昏雅欢啁，弥见虚静。蓬蒿长或蔽人，雉兔窜跃蓬蒿中。归受高菊磵诗，至“日暮狐狸眠冢上，夜归儿女笑灯前”，触其机括，哽噎不复成诵。塾师骇责，究其所以，复不能自列。

◎高翥《清明日对酒》：

南北山头多墓田，清明祭扫各纷然。纸灰飞作白蝴蝶，泪血染成红杜鹃。日落狐狸眠冢上，夜归儿女笑灯前。人生有酒须当醉，一滴何曾到九泉。

约同年，谭嗣同在长辈压力之下苦读，《仲叔四书义自叙》中回忆幼年（《谭嗣同集》22页）：

嗣同兄弟，生用新学之时，舍之无以操业。受书以来，未尝不掊其有用之精力，钵心镂肝，昕夕从事，以蕲一当。嗣同顾好弄，不喜书，冀盖所短，时时诡遁他途，流转滑疑其辞，与当世大人先生辩论枝柱。

……若嗣同兄弟共案，厉呼愤读，力竭声嘶，继以瘖咽涕洟，回顾一镫荧然，几二十年所，犹尚如昨日事。

同年，同母次姊谭嗣淑适广西灌阳进士、翰林院编修唐景崶；卢氏长女谭嗣茀卒于京师，终年八岁；友人攸县龙绂瑞生。

同治十二年（癸酉，1873年）　　八岁

正月二十六日（公历2月23日）

挚友新会梁启超生。

是年

谭继洵任职户部则例馆，京察一等加一级（《谭继洵集》741页）。

同年，友人浏阳黄颖初生。

同治十三年（甲戌，1874 年）　九岁

二月

谭继洵升补户部山东司郎中（《谭继洵集》741 页）。

七月

浏阳学者欧阳中鹄于北京参加会试，未中，又参加优拔贡考试，取一等，以内阁中书用，充本衙门撰文。依官制，内阁中书为正七品，职掌撰拟、翻译（《湖南历代文化世家·浏阳欧阳氏卷》84 页）。欧阳中鹄至京后居于浏阳会馆，谭继洵命先生及仲兄谭嗣襄师从其学，欧阳中鹄《徐夫人墓志铭》曾载："同治甲戌中鹄计偕至京师，时父执同县谭君继洵，字敬甫，以进士官户部员外郎，居浏阳会馆。中鹄往见，主其家。是年七月，中鹄官中书，谭君延教其子嗣襄、嗣同。"欧阳中鹄之孙欧阳予倩在《谭嗣同书简》序言中亦有回忆："谭先生十岁就跟我祖父读书，以后每次回浏阳，在我家里往来很密。"（《谭嗣同集》567 页）

◎欧阳中鹄（1849—1911）字节吾，号瓣姜，湖南浏阳人，同治十二年（1873）癸酉拔贡，举人。1874 年考授内阁中书后，拜访同乡好友谭继洵，谭邀其在家塾任教。欧阳中鹄服膺王夫之之学，善六朝文，先生终身师事之，并称其学问"刚健文明"，"实能出风入雅，振前贤未坠之绪"。在浏阳兴算、赈灾、开矿诸湖南新政方面，二人均有合作。光绪二十四年（1898）春，欧阳中鹄入湖南巡抚陈宝箴幕，因对康有为评价事、调阅时务学堂课卷事以及出题等事，与先生产生误会，关系一度紧张。先生就义后，欧阳中鹄及孙予倩将其生前信札妥善保存，并于 1943 年刊行。

十月

谭继洵奉旨简放坐粮厅监督，翌年遂驻通州（《谭继洵集》741 页）。

是年

友人贵池刘世珩生。

光绪元年（乙亥，1875 年）　十岁

四月二十日（公历 5 月 24 日）

谭嗣贻长子谭传赞生于通州，取字潞生。

是年

谭继洵往北通州监督坐粮厅，全家随往，仍不时来往于京师。《三十自纪》中记述："光绪元年春，随任北通州，犹时往京师。"欧阳中鹄《徐夫人墓志铭》中亦载此事："谭君转本部郎中，旋监督坐粮厅，夫人偕至署。"在任期间，谭继洵办运出力、严防贪污、去其弊端，后因全漕告竣，奉旨加三品衔。谭传赞《敬甫公传》载："自公任监督差，秉明廉之姿，治之以至正无私，由是涓滴归公，举向日积习为之一新。"

同年，清廷任左宗棠以钦差大臣督办新疆军务。

同年，友人福州林旭生；学生湘阴林圭生。

光绪二年（丙子，1876 年）　十一岁

正月、二月

京师爆发白喉病，谭家人多感染此疾。谭嗣淑、徐夫人、谭嗣贻五日内相继病逝，谭家遭遇"五日三丧"。先生亦染上此症，昏迷三日后复苏。《先妣徐夫人逸事状》云："光绪纪元二年春，京师疠疫熛起，暴死喉风者，衡宇相望。城门出丧，或哽咽不时通。"

正月二十七日（公历 2 月 21 日）

谭嗣淑因白喉病逝，终年二十三岁。

二月初一日（公历 2 月 25 日）

徐夫人因前往照看谭嗣淑，不幸被传染，不治身亡，终年四十八岁。谭恒锐曾记："公仲姊唐景崶夫人得喉风，徐太夫人往视疾，染焉，遂卒于浏阳会馆内寝。仲姊、先母四日死，伯兄后母一日死。"（《清谭复生先生嗣同年谱》，《谭嗣同研究资料汇编》6 页）先生于《先妣徐夫人逸事状》引欧阳中鹄所作墓志铭记述："岁丙

子，夫人唐氏女得喉疾，入京师往视，染焉，遂卒于故所居浏阳会馆内寝。是疾也，夫人之女先之，元子继之，前后六日间皆不起，谭君悲不自胜，几成疾。其年九月，归夫人丧于浏阳。”（《谭嗣同集》61~62 页）《浏阳梅花巷谭氏宗亲录》中载：“徐氏，北乡炉烟洞，清太学生韶春之次女，诰封恭人，晋赠正一品夫人。道光九年己丑十一月二十五日寅时生，光绪二年丙子二月初一日卯时卒于京师邸，年四十八。改葬西乡茅坪，与夫合墓向同。生子三，生女二。”

二月初二日（公历 2 月 26 日）

谭嗣贻因白喉病逝，终年二十四岁。欧阳中鹄于《清故直隶州知州谭泗生府君墓志铭并叙》中载其临终遗言：“昔者嗣贻疾革，示诸弟曰：‘其善事父。’又曰：‘岂非天乎！’”

《浏阳梅花巷谭氏宗亲录》中载：

> 嗣贻，字桂孙，亦字癸生。清附贡生，中书科中书，敕授文林郎，以子传赞晋赠荣禄大夫。咸丰三年癸丑二月初八日卯时生，光绪二年丙子二月初二日未时卒于京邸，年二十四。改葬南乡蔡家山，未山丑向兼丁癸，与妻合墓，内志外碑记华表。

三月初五日（公历 3 月 30 日）

先生因染病而气息奄奄，谭继洵因觉其“万无生理”，写下遗嘱，将谭家后事托付于伯兄谭继昇，并在致其信中提到谭家人因白喉之灾而有争夺财产之势，因而不得不采取均分家产的方法：“弟察看家人，各有不相下之意，势恐难共财产，弟将田产银钱，作四股均分：传赞一股，归少奶奶承管；嗣彭一股，伊自承管；嗣同气息奄奄，死生莫卜，将来必为伊立从，亦分一股，归大姨太太承管。”并且，谭继洵已搬离通州署邸，令卢氏照料先生：“弟现与家眷另赁房屋居住，惟大姨太太尚在署照料嗣同。”（《谭继洵集》612 页）

△遭遇家丧之后，欧阳中鹄前来办理殡殓，欧阳予倩曾回忆：

“那年，他的母亲、姊姊、大哥和其他亲属一家五六个人，同时染白喉症，死在北平的浏阳会馆。当时没有人敢去收敛，我祖父毅然带了人去一手把殡殓办妥。”（《谭嗣同集》567 页）

三月至五月

先生因白喉病卧床三月左右尚不见全好，谭继洵在四月十一日致谭继昇信中提及：“幸嗣同于万死之中，幸获一生，现尚辗转床间，未能起立，仅食稀粥、蒸饼，喉间似有物阻，必因溃烂尚未生肉复元也。”（《谭继洵集》613 页）谭继洵因而为先生取字“复生”：“然短死三日，仍更苏，戕其根而弗槁，此棘荆之所以丛恶，大人以是字嗣同复生矣。”（《先妣徐夫人逸事状》，《谭嗣同集》61 页）

九月二十七日（公历 11 月 12 日）

谭继洵令谭嗣襄护送徐夫人、谭嗣贻、谭嗣淑灵柩由京杭运河南下，归葬浏阳。先生于《先仲兄行述》中载谭嗣襄扶灵柩归乡之事，并言及其在此行中表现出卓越出众的能力，安排丧事井然有序。安葬时，前后九棺，皆按身份地位有所区别，时人皆赞叹（《谭嗣同集》106 页）：

> 光绪二年，五日之间，徐夫人及伯兄、仲姊先后亡。兄哀毁逾恒，而部署丧事，有条不紊。是年，护徐夫人丧归，亲属殁京师者六人，皆以归。京师去家几四千里，林麓之阻，江河之险，南北行者咸惴惴。兄以好弄为人轻，皆惧其不胜任。而兄戒惧輴翣有虔，祖荐至家，营葬丰俭，不失其宜。卜兆高爽，时促而事举。前后共葬九棺，久暂有序，厚薄有差，而皆坚实可经久，乡先生翕然称之曰才，而向之轻之者，亦稍稍惊异焉。

△徐夫人去世后，谭继洵以侧室卢氏及长媳黎玳珍主持家事。卢氏经常挑拨谭氏父子之间的关系，使先生不得父欢。唐才质曾从其兄唐才常口中听闻关于卢氏与先生之间事，《戊戌闻见录》中有载（《谭嗣同研究资料汇编》268 页）：

伯兄言：复生失欢于敬帅者，盖敬帅如夫人卢氏间之也。敬帅纳小星四，即卢氏、王氏、张氏、魏氏。卢氏年居长，然明慧多能，且生子，故敬帅甚宠之。泗生黠，与卢氏虚与委蛇，故见容；而复生则狷，遇卢氏辄嘿，而于其矜且横，不能恝置，悁悁之忿，常形于色。是以卢氏甚憎之，哭诉于敬帅，所以抵谗诋者无不至。先是，敬帅闻卢氏言，即召复生诃之，复生不自解，盖服膺恭世子也。

先生于《仁学》中言："吾自少至壮，遍遭纲伦之厄，涵泳其苦，殆非生人所能任受，濒死累矣，而卒不死；由是益轻其生命，以为块然躯壳，除利人之外，复何足惜！"亦可看出先生的少年之代深受庶母之害，少有家庭之温暖。欧阳中鹄多次劝诫先生勿因家庭矛盾而意气用事之言："谭生受厄家庭，毫无生人之趣，尝切戒勿使血气用事，充积至诚，不下数百次（能与子言孝，不能与父言慈），故其心悦诚服，亦步亦趋，视予犹父者二十余年。"（《复艮生书》，《谭嗣同研究资料汇编》250页）梁启超在《谭嗣同传》中亦载："幼丧母，为父妾所虐，备极孤孽苦，故操心危，虑患深，而德慧术智日增长焉。"

△卢氏子女谭嗣嘉、谭嗣冏却与先生关系甚好，唐才质《戊戌闻见录》中载："伯兄又言，卢氏固遇复生薄，然秦生、嘉贞，卢氏所出也，以弗善其母之所为，故常昵复生。"

是年

左宗棠攻占乌鲁木齐，平定天山北路。

光绪三年（丁丑，1877年）　　十二岁

八月初六日（公历9月12日）

谭继洵补授甘肃巩秦阶道，《湖南通志·谭继询传》载："光绪三年由谭钟麟荐于左宗棠，得由京官外放，补授甘肃巩秦阶道，加二品衔。"谭继洵《新授甘肃巩秦阶道谢恩折》云："本月初六日内阁奉上谕：'甘肃巩秦阶道员缺着谭继洵补授。'"且在谭嗣

禀其父谭继昇的信中提及："八月初七日（当为初六日）三叔（谭继洵）简放甘肃巩秦阶道。"

冬

随父回浏阳原籍。沿途先由天津乘船经烟台至上海，再由上海顺长江至洞庭湖，再顺湘江至长沙，陆行至浏阳。此为先生首度归乡，抵浏后居于城北门大夫第。《三十自纪》中载："三年冬，归湖南，取道天津，浮海迳烟台至上海，又易舟仍溯江泛洞庭，溯湘至长沙，陆抵浏阳。"抵长沙后，谭继洵为徐夫人在浏阳修墓，并请欧阳中鹄撰写《徐夫人墓志铭》；拜访湖南学者王闿运；捐产为谭氏宗祠设立义庄，取名"立爱堂"（《谭继洵集》743 页）。

十二月三十日（公历 2 月 1 日）

于除夕夜撰对联两副（《谭嗣同集》649 页）：

> 除夕月无光，点一盏灯替乾坤生色；今朝雷未动，击三通鼓代天地扬威。
>
> 惟将侠气留天地；别有狂名自古今。

由此对联可看出先生自小之志向，故而梁启超亦称他"少倜傥有大志，淹通群籍，能文章，好任侠，善剑术"。

是年

同年，先生与唐才常于浏阳相识并定交，并引其拜师欧阳中鹄，成为同门。二人同床共砚，砥砺学业，从此结为"刎颈交"。"才常于时年十三岁，与随父继洵回浏阳修墓之谭嗣同订交，才常经父亲贤畴同意，与谭嗣同师事由北京回到浏阳的大儒欧阳中鹄。"谭恒辉、谭吟瑞于《嗣同公生平事迹补遗》中载此事（《谭嗣同研究资料汇编》60 页）：

> 一八七七年（光绪三年）嗣同公随同曾祖返回浏阳修葺母墓，在亲友的交往中结识了唐才常，两人一见如故，倾谈甚洽。论年龄他长唐两岁，论戚谊又大唐一辈，可是他和唐却以兄弟相称呼。正好两人均拜欧阳中鹄门下，同窗共砚，砥砺学业，从此结为"刎颈交"。

同年，谭继洵得户部尚书阎敬铭赏识并加以重用。据先生之侄谭传赞《敬甫公传》中载：“寻拜分巡陇南之命，阎文介公管部务，重公廉能，资公谙练，以借冠请。”（《谭嗣同研究资料汇编》92 页）

约是年

谭嗣襄以国子监生充实录馆誊录，议叙通判，并娶同县黎氏之女为妻（《谭继洵集》743 页）。

光绪四年（戊寅，1878 年）　　十三岁

春

先生随父往甘肃赴任。先由浏阳乘船顺浏阳河至长沙，再顺湘江乘船经洞庭湖北至武汉，顺汉江至襄阳，改陆路北上至洛阳，由洛阳经陕州、函谷关、潼关西行至西安，于秋季抵达兰州，最终又回抵秦州（今天水）。此为先生首次入西北。《三十自纪》交代了此次行程：“四年春，赴甘肃，舟至长沙，易舟流湘泛洞庭，流江径湖北，溯汉至襄阳，陆径洛阳入函谷、潼关至陕西。秋，至兰州，陆抵秦州。”（《谭嗣同集》65 页）

夏

途中艰难险阻，异常辛劳，时豫陕大旱后，赤地千里，疫疠踵兴，途中宾从死者二人，厮隶十余人。先生于《刘云田传》中载：“触暑前钒，并日而食。宾从死二人，厮隶死十余人。它仆皆病惫无人状，又时时思逸去，莫肯率作。”途经河南陕州，谭继洵卧病不起，刘云田为其“夜持火走十里市药”，途中“绝气狂奔”，“血濡袜履”。《刘云田传》载（《谭嗣同集》24~25 页）：

> 大人卧疾陕州，一家皆不能兴，资斧行竭，药又不时得。云田日削牍告急戚友，夜持火走十里市药，践死人，大惊，绝气狂奔，踣于地。火熄，以手代目，揣而进，连触死人首，卒市药归。归则血濡袜履，盖踣伤足及践死人血也。而云田亦卒不病。

同季，途经陕西潼关，先生作诗《潼关》（《谭嗣同集》67页）：

终古高云簇此城，秋风吹散马蹄声。河流大野犹嫌束，山入潼关不解平。

同季，谭嗣襄留湘管理田产，送父于襄阳后返，并在襄阳乏车、车夫亡去的艰难时刻及时遣车送谭继洵。欧阳中鹄于《清故直隶州知州谭泗生府君墓志铭并叙》中载："未几，光禄公授甘肃巩秦阶道，嗣襄送至襄阳，任辇道亡，事豫无废。"（《谭继洵集》710页）先生亦于《先仲兄行述》中载（《谭嗣同集》106页）：

四年，光禄公之官甘肃，送于襄阳。时襄阳乏车，载行装皆挽辂，御夫亡去，乃并所载于他车，车迟重，御夫嗟怨不前，俄又亡数人，税车旷野，彷徨无策。远见虚车辚辚然来，方谋僦以任重，至则兄遣也。其谋画周详，而切中机宜，大率类此。归理家政，勤敏异常。

七月二十七日（8月25日）

曾纪泽出任英法公使，李凤苞出任德国公使。

秋

先生随父抵兰州。并于兰州游览庄严寺并作《兰州庄严寺》（《谭嗣同集》67页）：

访僧入孤寺，一径苍苔深。寒磬秋花落，承尘破纸吟。潭光澄夕照，松翠下庭阴。不尽古时意，萧萧雅满林。

同季，病中作《病起》（《谭嗣同集》68页）：

萧斋卧病久，起听咽寒蝉。伫立空阶上，遥看暮树边。万山迎落日，一鸟堕孤烟。秋雨园林好，携筇感逝川。

同季，秋游作《秋日郊外》（《谭嗣同集》68页）：

寒山草犹绿，长薄树全昏。鸿雁迟乡信，牛羊识远村。边风挟沙起，河水拆冰喧。野老去何许，日斜归里门。

同季，游兰州南郊上沟王氏园林，据说园内植松树，引入溥惠渠水，并架设两座木桥，先生游后作《兰州王氏园林五律》（《谭嗣同集》94 页）：

幽居远城市，秋色满南郊。野水双桥合，斜阳一塔高。天教松自籁，人以隐为豪。为睹无怀象，苦吟深悔劳。

冬

先生随父回抵秦州。路过安定（今定西市）时作《冬夜》（《谭嗣同集》68 页）：

班马肃清霜，严城暮色凉。灯青一电瞬，剑碧两龙长。调角急如语，寒星动有芒。遥怜诸将士，雪夜戍氐羌。

《雪夜》或亦作于此时（《谭嗣同集》67 页）：

雪夜独行役，北风吹短莎。冻云侵路断，疲马怯山多。大地白成晓，长溪寒不波。澄清杳难问，关塞屡经过。

同季，谭继洵到任巩秦阶道后，于秦州查禁罂粟、劝栽桑养蚕。《秦州直隶州新志》卷二十一中载有《甘肃巩秦阶道谭继洵劝栽桑养蚕示》与《甘肃巩秦阶道谭继洵查禁罂粟示》。

◎巩秦阶道是甘肃按察使派出的分巡道，负责整饬兵备道、监管茶马屯田等事务，下属一府（巩昌）、二州（秦州、阶州）、十四县，道员驻秦州。秦州“固陇中一大都会”，位于甘肃省南部陕、甘、川、青交界处。此时，历经战乱之后，甘肃地方残破，民众困苦（《谭继洵集》743 页）。

是年

欧阳中鹄入甘肃布政使杨昌濬幕，在其家教读，并与其第二子杨鸿度来往密切（《湖南历代文化世家·浏阳欧阳氏卷》89 页）。

同年，左宗棠率部收复和田，平定新疆。

约是年

谭嗣襄以河南赈济报捐盐运司提举衔。

光绪五年（己卯，1879 年）　　十四岁

闰三月十一日（公历 5 月 1 日）

谭继洵侧室张氏卒，时年二十四岁。

夏

受父之命由秦州启程前往浏阳。《三十自纪》中交代了此次行程，先自秦州取道甘肃徽县，再乘船顺嘉陵江至陕西略阳，改由陆行至汉中，乘船顺汉江经襄阳、武汉至洞庭湖，顺湘江至长沙，陆行至浏阳：“五年夏，归湖南，取道徽县，流嘉陵江至略阳，陆至汉中，流汉至襄阳。易舟仍流汉径湖北，溯江泛洞庭。秋，至长沙，陆抵浏阳。”

五月十二日（公历7月1日）

四川、甘肃发生地震，谭继洵积极筹募资金用以赈灾。谭传赞《敬甫公传》中载：“阶、文地震，荡析离居，首倡千金，绥爰有众。”（《谭嗣同研究资料汇编》93页）

秋

抵达浏阳，师从浏阳涂启先学习诗文。抵浏后，谭嗣襄随即赴秦州随父任，先生送别其于浏阳青枫浦（青枫浦又名“双枫浦”，“枫浦渔樵”为“浏阳八景”之一），作诗《送别仲兄泗生赴秦陇省父》七绝五首寄赠（《谭嗣同集》233~234页）：

一曲《阳关》意外声，青枫浦口送兄行。频将双泪溪边洒，流到长江载远征。

碧山深处小桥东，兄自西驰我未同。羡煞洞庭连汉水，布帆斜挂落花风。

潇潇连夜雨声多，一曲《骊驹》唤奈何。我愿将身化明月，照君车马度关河。

鹧鸪声里路迢迢，匹马春风过灞桥。灞上垂杨牵客思，也应回首故乡遥。

春烟淡淡黯离愁君陪鲤对我偏留，雨后山光冷似秋。楚树边云四千里，梦魂飞不到秦州。

谭嗣襄于文末批注：“朗读一过，令我又喜又悲，盖喜其诗之妙而悲其情之深也。兄彭拜读。”末篇首句原为“君陪鲤对我偏留”。

◎涂启先（1834—1900），字舜臣，居浏阳大围山下，人称“大围先生”。自 1882 年起，担任浏阳上东团总 18 年之久，并于团内建围山书院。他秉承乾嘉朴学遗风，对于文字、训诂都有研究，尤长于史学，考证得失，“识断精审”，曾“为邑志撰人物、食货、名胜等志长编，搜罗宏富，而参校异同，颇便稽考”，涂启先的学术思想，对先生影响颇深。

△跟随涂启先读书期间，先生博闻强记，据谭恒锐回忆：“涂舜丞师指导先公作诗文，据从伯传笈（芸阁）与余言，时值与公同事涂师，公幼年读书，十行俱下，我辈均望莫及。时公方十三岁，年实相若也。”（《清谭复生先生嗣同年谱》，《谭嗣同研究资料汇编》19 页）

十一月一日（公历 12 月 13 日）

谭继洵侧室卢氏之子谭嗣冏生于秦州，取字秦生，于谭继洵支内行四，于宗族内行十，称“十公子”。族谱中载（《浏阳梅花巷谭氏宗亲录》卷四 35 页）：

> 谭嗣冏，字秦生，官名荫晖，清候选主事花翎，同知衔，安徽补用知县署霍山县知县。光绪五年乙卯十一月初一日午时生，宣统二年庚戌九月初三日亥时卒于安徽省寓，年三十二。归葬西乡白沙墩庄屋后山上，庚山甲向兼申寅，内志外碑记华表。

是年

《三十自纪》载：“十五学诗。”后又于致刘善涵信中提及自己学诗门径：“嗣同于韵语，初亦从长吉、飞卿入手，旋转而太白，又转而昌黎，又转而六朝。”（《谭嗣同集》16 页）《莽苍苍斋诗》于本年起存稿。

光绪六年（庚辰，1880 年）　　十五岁

冬

与大伯父谭继昇之次子谭嗣棨晤面。先生在致其大伯父信中言

及此事："伏念在京时与二兄两次聚首后，于庚辰冬再会，亦甚怡怡，讵料去年分袂，顿成死别。"（《谭嗣同集》530 页）

是年

居浏阳，继续师从涂启先学习，为科举考试做准备。涂启先对先生颇有影响，先生后来回忆这段学习生活时曾有言："虽受读瓣姜、大围之门，终暴弃于童蒙无知之日。"

同年，在涂启先的指导下，先生开始攻读《诗》《书》《礼》《易》《春秋》等儒家经典，及《史记》《汉书》《后汉书》等史籍："少受《易》，因及《三礼》，于《春秋》独不喜言例。以为例者史臣之通法，非圣人褒贬之精意所存。"（《谭嗣同集》20 页）对于儒家经典，先生好读《周易》《周礼》和《春秋》，他认为《易》者言变，《礼》者不变，两者都体现在《春秋左传》中。且对西晋杜预的《春秋释例》颇有兴趣。先生十分重视《周礼》，并着重研究《周礼》相关典章制度。就治学途径而言，先生此时仍属于古文经学系统（《谭嗣同集》21 页）：

> 夫《易》，言变者也；《礼》，不变者也。变者，周流六虚，不可为典要，所谓新意变例，归趣非例也。故笔削微显，不惟其文惟其道，圣人之《春秋》以之。不变者，质文损益，万变不离其宗，所谓发凡正例也。故科律严谨，皆足以远示来裔，史臣之例以之。

先生学习经学之时，注意分析章句和音训："自束发治经学，好疏析章句，而不知拘于虚也。"又说："蚤为旧学所溺，或饾饤襞积，役于音训。"他重视清代学术，认为"经学莫盛于国朝，不知史学、道学、经济、辞章以及金石、小学，无不超越前代……故尝论学亦学今学而已"（《谭嗣同集》583、203、89 页）。

在文章方面，涂启先"文法桐城"，"能为桐城古文，义法谨严，操笔立就"。先生从其读书，在一个时期内，也深受桐城派古文的影响，其作文竭力模仿桐城古文的风格，达到了非常相似的地步。《三十自纪》："嗣同少颇为桐城所震，刻意规之数年，久自以为似矣；出示人，亦以为似。”

先生与涂启先之子涂儒翯成为同窗，又成契友，并曾前往东门镇拜访涂氏父子（稿本《父亲涂经俊遗留的先祖资料》74 页）：

舜公与嗣同的另一个老师欧阳中鹄亦相交甚笃，彼此之间意气相投，舜公临终曾遗言要欧阳氏为作墓志铭。

两位老师对其门生之宏图伟业，皆起到了一定赞助作用，尤以其子儒翯与嗣同既属同窗又为兄弟，彼此之间，互称契友。结束学业后，亦常有书信往来，谭亦曾来东门拜访过。

同年，谭继洵在秦州任上为预防民众天花，鼓励当地居民广种牛痘，并以先生作为示范。《秦州直隶州新志续编·职官》中载：“时地方尚不知有牛痘，公设局劝种，民不信之，以己子先之，有从之者奖以彩帛，遣人日往看问，民感其诚，久之始兴。”（《谭继洵集》745 页）

同年，友人茶陵谭延闿生；浏阳唐才常胞弟唐才质生。

约同年，先生作诗《古意》（《谭嗣同集》68～69 页）：

鳞鳞日照鸳鸯瓦，姑射仙人住其下。素手闲调雁柱筝，花雨空向湘弦洒。

六幅秋江曳画缯，珠帘垂地暗香凝。春风不动秋千索，独上红楼弟一层。

光绪七年（辛巳，1881 年）　十六岁

正月二十九日（公历 2 月 27 日）

左宗棠卸任陕甘总督（《清季职官表》364 页）。

△左宗棠在任时，对谭继洵十分重视，并密荐于朝。“左文襄公督陕甘，最重公，尝谓人曰：‘敬甫天性严重，胸中纯是爱民之忱。’故密疏荐公：‘器识宏深，吏畏民怀。’”（《敬甫公传》，《谭嗣同研究资料汇编》93 页）

约是年夏

于浏阳游县城西北之道吾山，并作《道吾山》，山上有“老龙

潭”“潭布泉”“兴华禅寺”等景（《谭嗣同集》69 页）：

夕阳恋高树，薄暮入青峰。古寺云依鹤，空潭月照龙。尘消百尺瀑，心断一声钟。禅意渺何著，啾啾阶下蛩。

秋

赴长沙参加院试，报考生员，未中。《三十自纪》：“七年秋，游长沙，寻归。”

约同季，谭继洵为先生以及谭嗣襄出资报捐监生，以取得参加乡试的资格。

八月二十四日（公历 10 月 16 日）

谭钟麟任陕甘总督（《清季职官表》364 页）。

约十二月（公历 1882 年 1 月）

致大伯父谭继昇一函，据现存残件，约定来年正月十六日偕侄传简同行至甘肃（《谭嗣同集》529 页）：

……矣。侄初非不忆及，特不意其肯远行也。今既肯行，望乞伯父即令其收拾行李，一定明正十六日同行也。今年已毕，万春即令在家过年，至侄起行时再下工亦得。书此，敬请福安！

是年

居浏阳读书。与贝允昕相识。

◎贝允昕（1865—1829），湖南浏阳人，字元徵，刘人熙女婿。历充湖北府署、广东藩署等幕僚。又曾任浏阳文华书院、围山书院山长。先生曾作楹联予贝允昕：“楹联之作，今以为投赠之具。尝赠贝元徵云：‘解字九千三百；坐席五十余重。’兼为跋云：‘五经无双许叔重，说经不穷戴侍中，惟我元徵齐年，泱泱其风。书者潘诵捷，赠者谭嗣同。’”（《石菊影庐笔识·思篇·四五》，《谭嗣同集》169 页）

同年，谭继洵于秦州任上大力提倡种桑养蚕，秦州桑株成林，秦人称其蚕为“谭公蚕”（《谭嗣同研究资料汇编》93 页）。

光绪八年（壬午，1882年）　十七岁

正月十六日（公历3月5日）

由浏阳起程赴甘肃，并于夏季抵达秦州。《三十自纪》中交代此次赴陇，先由浏阳顺浏阳河乘船至长沙，顺湘江经洞庭湖、长江至武汉，溯汉江至襄阳，再溯丹江至河南荆紫关，改陆行入陕，经商洛、西安至秦州（《谭嗣同集》56页）：

八年春，赴甘肃，舟至长沙，易舟流湘泛洞庭，流江径湖北，溯汉至襄阳，又易舟仍溯汉，溯丹至荆紫关，陆径陕西。夏，抵秦州，从行县伏羌。

前往甘肃途中作《江行》（《谭嗣同集》69页）：

野犬吠丛薄，深林知有村。岸荒群动寂，月缺暝烟昏。渔火随星出，云帆挟浪奔。橹声惊断梦，摇曳起江根。

行至江汉附近作《角声》（《谭嗣同集》69页）：

江汉夜滔滔，严城片月高。声随风咽鼓，泪杂酒沾袍。思妇劳人怨，长歌短剑豪。壮怀消不尽，马首向临洮。

△大约在本次途中，先生途经陕西牧护关秦岭韩文公祠，作《秦岭韩文公祠七绝》，本诗亦可能作于1885年或1889年春（《谭嗣同集》95页）：

绿雨笼烟山四围，水田千顷画僧衣。我来亦有家园感，一岭梨花似雪飞。

又作《又五律》（《谭嗣同集》95页）：

登峰望不极，霁色远霏微。古庙留鸱宿，征人逐雁归。碑残论佛骨，钟卧蚀苔衣。何处潮阳界，千山立夕晖。

春夏之间

谭继洵主持安定军事，安定即今甘肃省定西市安定区，地近渭水源，为陇中重地。他在当地招募兵勇500人，由原回民起义首领崔伟率领，以维持治安，先生曾记述（《谭嗣同集》165页）：

大人虑回民滋多，无所系属，且召乱，募强健五百人，召

崔长之，使捕不法者。尝召至左右，与坐语，结以恩信，后平贵德番民之乱，卒得其力。

四月二十六日（公历6月11日）

先生抵达秦州。

四月末

抵达秦州之后，先生致大伯父谭继昇一函（《谭嗣同集》529页）：

大伯父、大伯母大人尊前：

暌违已久，企念殊深，辰维起居万福，至颂至祷。侄于四月二十六日抵秦州，均托福庇，幸获平安。父亲眠食如常，精神犹昔。保保、潞生、秦生等均聪慧可爱，真我家之福也。肃此，敬请福安，并请诸兄大安。

△抵陇之后，先生填词《望海潮》以自题小照，载于《石菊影庐笔识·思篇》第五十篇（《谭嗣同集》172页）：

性不喜词，以其靡也。忆十八岁作《望海潮》词自题小照云："曾经沧海，又来沙漠，四千里外关河。骨相空谈，肠轮自转，回头十八年过。春梦醒来波，对春帆细雨，独自吟哦。惟有瓶花数枝，相伴不须多。　　寒江才脱渔蓑，剩风尘面貌，自看如何。鉴不因人，形还问影，岂缘酒后颜酡。拔剑欲高歌。有几根侠骨，禁得揉搓？忽说此人是我，睁眼细瞧科。"尚觉微有气骨。

约七八月间

谭继洵率员行县伏羌（今甘谷县），先生随行，并于伏羌县令汪丹山处付课。《三十自纪》："夏，抵秦州，从行县伏羌。"上一封于五月初发出的致其大伯父谭继昇之信尚未收到回函，先生又致其一函（《谭嗣同集》530页）：

大伯父、大伯母大人膝下：

自拜别以来，倏经半载，曾于五月初间发一函，谅已达尊览矣。遥想迩来杖履安常，精神如旧，不胜拳拳。父亲亦甚安适，署中均属平安。硕体虽云无恙，但此间秋风多厉，寒暑不时，采薪之患，亦所恒有。侄尚未延师，现拟于伏羌县令汪丹山年丈处付课也。肃此，恭请福安。

七月二十七日（公历9月9日）

谭继昇之次子谭嗣棨过世。

九月二十六日（公历11月6日）

谭继洵由秦州赴兰州，先生随父行。途中，谭继洵偶感风寒。

十月二十三日（公历12月3日）

谭继洵返回秦州道署，先生随行。《三十自纪》：“秋，赴兰州，冬返。”

△旅途中，先生接谭嗣襄函，得知谭嗣棨去世。归兰州后，先生致谭继昇一函（《谭嗣同集》530~531页）：

大伯父、大伯母大人膝下：

久未接信，想仍康健如昔，不胜念念。侄近来一切均幸粒平。九月二十六日从父亲往兰州，于十月二十三日还署。父亲因途中感受风寒，眠食不豫，现已痊矣。惟于旅次接六兄信，知二兄于七月二十七日即世，发函伸读，曷胜於邑。伏念在京时与二兄两次聚首后，于庚辰冬再会，亦甚怡怡，讵料去年分袂，顿成死别。侄于此际，真有不堪回首者矣！夫兄弟无故之时，往往不觉其乐。惟于事后追思，便有许多难得处。况三兄已先亡，不数月，玉树齐摧，更想及当年五兄之去世，兄弟凋零若是，能不肝肠摧绝耶！惟望伯父母大人随处达观，顺时自保，死生前定，悲亦何益？诚能步履如常，宴安犹昔，则区区下怀，亦窃慰矣。肃此，恭请福安。并请大、四兄大人台安。

约是年

与父亲谭继洵产生矛盾，先生有复古之思，用世之志，薄视时文而不屑为。谭继洵查其作业甚为不满，在日记中记载：“七儿好弄，观近作制艺文，不合式。”（《清谭复生先生嗣同年谱》，《谭嗣同研究资料汇编》7 页）又谭延闿在《近代湘贤手札》中载：“复生为李公篁仙年丈婿，少从之鄂，又师瓣姜、蔚庐两先生。有复古之思，用世之志，薄视时文不屑为。敬甫年丈督教之，乃自题课本答曰：‘岂有此理！’吾闻此时年十二，同在兰州也。”（《谭嗣同研究资料汇编》84 页）考谭延闿生于 1880 年，十二岁时应为 1892 年，时先生已至湖北，未在兰州，此事或发生在是年。

约同年，谭继洵之幕僚刘云田任职甘肃安定防军参赞，先生于《刘云田传》中载：“自是客大人幕府前后十有三年，入粟得从九品职，出榷关税，卒乃赞安定防军军事。”

约同年，先生及仲兄谭嗣襄、表兄徐蓉侠、侄子传简皆与刘云田交好：“云田既以行谊为大人所重，而仲兄泗生及嗣同尤昵就云田。中表徐蓉侠，从子传简，亦皆与莫逆。”先生亦载有其戏谑刘云田之趣事（《谭嗣同集》25 页）：

> 云田性独迂缓，短小貌寝，般辟行圈豚，恶豪迈人如寇仇。时时称道村儒腐语规切人，听者唾涕欠伸，犹絮聒不休。而数人者，或数年十数年，日益亲密罔间。聚则给以非理，戏谑百出，又嬲使骑，鞭马奔驰，观其佝偻伏鞍，啼号战栗，以为笑乐。云田则庄色陈论不可，终不以为侮。

先生亦曾至安定军中强使刘云田与其骑马走边塞。根据刘云田参赞安定之时间，此事应发生于是年或翌年：

> 安定防军隶大人部，嗣同间至军，皆櫜鞬帛首以军礼见，设酒馔军乐，陈百戏。嗣同一不顾，独喜强云田并辔走山谷中，时私出近塞。遇西北风大作，沙石击人，如中强弩。明驼咿嚘，与鸣雁嗥狼互答。臂鹰腰弓矢，从百十健儿，与凹目凸鼻黄须雕题诸胡，大呼疾驰，争先逐猛兽。夜则支幕沙上，椎髻箕踞，匊黄羊血，杂雪而咽。拨琵琶，引吭作秦声。或据服匿，群相饮博，欢呼达旦。回顾云田，方蛙坐瞑目。诵《大学章句》。嗣同亦不诧其不合，益乐亲云田。

约同年，先生曾于安定军中拍摄一立于旌旗与兵将之间的照片，后遗失，据谭恒锐回忆（《清谭复生先生嗣同年谱》，《谭嗣同研究资料汇编》7 页）：

是时敬甫公主持安定军事，安定今甘肃省定西县，地近渭水源，陇中重地。余曾见一模糊相片，旌旗行行，百余健儿罗立，公立其中。先祖母言，此乃公少年照片，无法复照。十九年兵燹后，不知浮沉何处。

同年，宝庆蔡艮寅生，后更名蔡锷。

光绪九年（癸未，1883 年）　　十八岁

正月初十日（公历 2 月 17 日）

谭继洵奉命署理甘肃按察使，并于二十四日交卸旧职后，驰抵兰州接篆视事（《谭继洵集》747 页）。

三月初一日（公历 4 月 7 日）

谭继洵升任甘肃按察使（《清季职官表》598 页）。其职责为“掌一省刑名按劾之事，振扬风纪、澄清吏治”，全家由秦州迁往兰州（《谭继洵集》747 页）。

春

先生由秦州赴兰州，与湖北候补道李寿蓉之女李闰成婚。

关于先生的成婚地点，谭恒锐于《清谭复生先生嗣同年谱》中有载：“公奉父命赴鄂，就婚李氏。四月初三日结婚，婚后寻赴甘肃。”（《谭嗣同研究资料汇编》7 页）然而先生于《三十自纪》中却对湖北行程只字未提，只提及“九年春，赴兰州”，似乎谭恒锐的记载存在不确定之处。或存在李闰由湖北前往兰州，先生亦由秦州前来成婚之可能性。待考。

四月初三日（公历 5 月 9 日）

先生与李闰成婚。是时李寿蓉以道员需次（授职后，以资历依次补缺）鄂，他出身进士，工乐府。曾赠先生对联“两卷道书三尺剑；半潭秋水一房山”。“上联言养气，下联言定心，含意至深”，且“李公赠婿联，字作颜体，笔势纵横，非馆阁体书”。此联谭恒

锐保存至民国三十六年（《清谭复生先生嗣同年谱》，《谭嗣同研究资料汇编》8 页）。

据谭氏族谱记载（《浏阳梅花巷谭氏宗亲录》卷四 33 页）：

李氏，闰字闰，亦字颜卿，晚号臾生，长沙清花翎二品顶戴历署湖北汉黄德道、安徽卢滁和道、徽宁池太广兵备道寿蓉之次女，貤封淑人。同治四年乙丑四月二十日子时生，民国十四年殁，寿六十一岁，葬南乡筱水塅石山下，有碑。生子一，择，殇。以嗣襄之子兼祧，炜。

◎李寿蓉（1825—1895），字梦莹，号篁仙，湖南望城人，咸丰六年（1856）进士，授户部主事，后升任湖北候补道，卒于安徽芜湖道署，工诗词，与邓绎、邓辅纶、王闿运、龙汝霖结“兰陵词社”，时称“湘中五子”。

△李闰与先生成婚后，上下人等，无不曰贤，谭传炜儿媳刘萍君曾回忆（《谭嗣同研究资料汇编》96 页）：

1883 年来归嗣同公后，也带来了她那完整的“不逾矩”的作风，在我们的家庭中产生了当时标准的示范作用。上下人等，无不曰贤。据说有一次先曾祖继洵公与亲家篁仙公见面，劈头一句话就是：“你的女儿是个好女儿，我的儿媳也算是个好儿媳！”二人拊掌大笑。

四月十六日（公历 5 月 22 日）

谭继洵奉旨“着来见”，接旨后由甘肃起程赴京陛见（《谭继洵集》747 页）。

八月二十九日（公历 9 月 29 日）

谭继洵抵京，于九月一日陛见，述职并接手甘肃按察使之新职，二十二日请训（清制，三品以上外放官员赴任时向皇帝辞行称请训），十月四日离京返陇（《谭继洵集》747 页）。

十一月十三日（公历 12 月 12 日）

谭继洵抵达甘肃。

△谭继洵抵陇之后，先生致谭继昇一函，交代其父赴京之事

（《谭嗣同集》531 页）：

大伯父、大伯母大人膝下：

久未接来训，想念殊深。父亲于八月廿九日抵京，九月初一日陛见，廿二日请训，十月初四日出京，十一月十三日抵陇，越二日接印。计往来四阅月。虽柳雪驰驱，道途寒暑，而犹平安无恙，精力有加也。同行若黄秉钧、谨余等均顺适。署中一切均好，知关慈念，肃禀，恭请福安。

光绪十年（甲申，1884 年）　　十九岁

正月下旬

谭继洵命先生及谭嗣襄入设在兰州的新疆甘肃总粮台谋职，新疆钦差大臣刘锦棠于八月允以疏荐。先生后于《挽刘襄勤公》注中载："昔巡抚新疆时，余兄弟皆蒙其疏荐。"梁启超《谭嗣同传》中亦载："弱冠从军新疆，游巡抚刘公锦棠幕府。刘大奇其才，将荐之于朝；会刘以养亲去官，不果。"谭继洵将卢氏次女谭嗣嘉嫁于刘锦棠三子刘国祉为妻，刘时任新疆疏附县知县（《谭继洵集》747 页）。

四月二十八日（公历 5 月 22 日）

张之洞任两广总督（《清季职官表》376 页）。

七月初三日（公历 8 月 23 日）

中法马江海战爆发。开战不到 30 分钟，因未做任何军事准备，且装备落后、火力处于劣势，福建水师扬武、济安、飞云、福星、福胜、建胜、振威、永保、琛航 9 舰被击毁，伏波、艺新两舰自沉，运输船多艘沉没，官兵殉国 760 人，福建水师几乎全军覆没。

十月初二日（公历 11 月 19 日）

刘锦棠任首任甘肃新疆巡抚（《清季职官表》488 页）。

同日，谭继洵升任甘肃布政使（《清季职官表》533 页）。谭钟麟时任陕甘总督，二人同驻兰州，交往较多。

△到任后，谭继洵重修布政使署中的牡丹园，其名为"憩园"。

先生撰写多副楹联，遍贴园中。《石菊影庐笔识·思篇》第四十二篇中载（《谭嗣同全集》167~168 页）：

甘肃布政使署多鸽，《池上草堂笔记》纪其灵异，皆不诬。岁出帑百余金，酬其守库之劳。大堂左右为外库，二堂则内库也。故无二堂，大人重修内库，因辟其中为二堂，而气象一新。亦可见蓄藏不及曩年，而库可减也。甘肃故产牡丹，而以署中所植为冠，凡百数十本，本著花以百计，高或过屋。林亭之胜，夐绝一时。园名曰憩，盖取分陕之义。尝撰联语，遍帖园中。今所记者，四照厅曰："人影镜中，被一片花光围住；霜华秋后，看四山岚翠飞来。"天香亭曰："鸠妇雨添三月翠；鼠姑风裹一亭香。"夕佳楼曰："夕阳山色横危槛；夜雨河声上小楼。"

八月二十二日（公历 10 月 10 日）

首任甘肃新疆巡抚刘锦棠上《酌保关外诸军出力人员折》（《刘锦棠奏稿校证》542 页），奏保先生以知府补用，谭嗣襄以直隶州知州用。

钦差大臣督办新疆军务兵部右侍郎二等男臣刘锦棠跪奏，为遵旨酌保关外湘楚嵩武皖蜀诸军异常出力之文武员弁，其各项差使出力人员一并酌保，谨分缮清单，恭折仰祈圣鉴事。窃臣于上年五月以新疆大定，伊犁收还，诸军防戍六年，历著劳绩，无异战功，奏恳天恩优奖，奉到谕旨：准其择尤酌保，毋许冒滥。钦此。跪聆之余，伏见圣朝廑念边军，有劳必录，纶音下逮，罔不浃髓沦肌。溯自全疆初复，游匪零星出没。各军分防要隘，闻警驰往搜捕，不论昕宵，无分远迩，炎热薰蒸，风雪饕扑。每株守以免疏虞，既常著有擒剿之勋，实尤苦于当场之战。嗣是残氛悉殄，伊犁未即交还，重烦睿虑。斯时臣等激励军士，整队严备，防汛辽阔，巡缉既未可稍懈，而练习之勤，夜以继日，寒燠无间，翕然振兴。俄人洞悉其情，隐有所惮。在诸军之奔命绝徼，气早奋于战之先；若强邻之震慑天威，效俘收于战之后。是其忠勇足嘉，正值收复名城，归还瓯脱，得以亲其役而逢其盛，情势固大异于平时者也。臣前声请比照战功奖叙，诚以西域从戎，寒苦固已倍蓰内地，又当大难甫平，防剿时有斩获，俾归义安，伊城既复，靖邻固圉，时阅六年，较之从前晋防三年请奖一次，不独久暂攸殊，亦且劳逸迥判。更有进者，此次统归疆宇，成熙代中兴之全功，为千载一时之良会。诸军幸际昌期，其待泽之殷，固又异于平时者也。若不从优请奖，竟与寻常劳绩靡所区分，则无以作其锐气，而边臣激劝之术亦有所穷，转非朝廷慎重名器之意。综计诸军文武员弁、兵丁，忍受皲瘃于冰天，备尝艰险于沙漠，历年既久，劳绩异常。兹谨遵旨择尤酌保，按其劳资，厘定阶职。虽系比照战功，未敢稍涉冒滥。其各项差使人员，经营庶务，久役辛勤，因以凑赴事机，未便令其向隅，特一并遵保，谨分缮清单，恭呈御览。伏恳圣慈，免其分别注考，恩准奖励，以示优异。前准部咨：各军人员，均先行咨部立案。又，有省分人员，不准在他省列保各等因。臣查此次所保人员，均系立功在前、部章在后，外省人员向在边疆效力，自应一体列奖，方昭公允，合并声明。其后路各台局并各省关应奖人员，臣已会同陕甘督臣谭锺麟，另折开单，吁恳恩施。除蓝翎千总以下各弁照例咨部注册外，是否有当，谨会同帮办军务伊犁将军臣金顺、帮办军务广东陆路提督臣张曜，恭折具陈。伏乞皇太后、皇上圣鉴训示施行。谨奏。

此折随附清单二份，其一为“酌保关外湘楚嵩武皖蜀诸军异常出力之文武员弁”，其二为“酌保关外各局尤为出力文武员弁”，其中有“浙江补用同知谭嗣同，请俟补缺后，以知府仍留原省，归候补班前补用，先换顶戴”之条目。

十月初四日（公历 11 月 21 日）

因刘锦棠之奏报，上谕先生“以知府仍留原省”，自此而有了“候补知府”的头衔，然而对于上谕中先生原先之“补用同知”头衔，尚不明确为何时获得（《光绪朝上谕档》第十册333页）：

光绪十年十月初四日，内阁奉上谕：刘锦棠奏，遵保关外各军出力员弁开单请奖一折。新疆底定以来，经刘锦棠督饬各军，分防要隘，搜捕余匪，驰驱于冰天沙漠之中，阅时六载，实属懋著勤劳。刘锦棠着交部从优议叙。在事出力员弁，亦均不避艰险，异常出力，自应量予鼓励，以昭激劝。

……

通判谭嗣襄，着俟补缺后，以直隶州知州遇缺尽先补用。

同知谭嗣同，着俟补缺后，以知府仍留原省，归候补班前补用，先换顶戴。

……

对于此次保荐，在先生履历档案里有两份不同的记载。光绪二十二年四月十八日引见履历记载："光绪十年十月，因新疆边防案内出力奏保，俟补缺后以知府仍留原省，归候补班前先补用，先换顶戴。"（《中国第一历史档案馆藏清代官员履历档案全编》第五册，第698页）在光绪二十四年的引见履历里，则明确提出由刘锦棠奏保："光绪十年，因在甘肃新疆粮台效力，经前新疆巡抚刘锦棠奏保，奉旨俟补缺后以知府仍留原省，归候补班前补用，先换顶戴。"（《中国第一历史档案馆藏清代官员履历档案全编》第五册，第479页）上述两种记载，一为在新疆边防案内出力，一为在甘肃新疆粮台效力，应分别为此次保荐的笼统与详细说法。

是年

开始学文："十五学诗，二十学文。"先生对于辞章之学十分重视，并在文学上下过很大功夫。

光绪十一年（乙酉，1885年）　　二十岁

春

由甘肃归湖南，于夏抵浏阳。《三十自纪》中交代了本次行程："十一年春，归湖南，径陕西至龙驹寨，流丹径淅川，流汉至襄阳，

易舟仍流汉至湖北，又易舟溯江泛洞庭，溯资至益阳，又易舟流资溯湘至长沙。夏，陆抵浏阳。”（《谭嗣同集》65页）

途中经陇山而作《陇山道中五律》，陇山即指六盘山，山体南北走向，是陕北与陇西之界山，由甘肃至陕西境内必须翻越陇山（《谭嗣同集》95页）：

大壑宵飞雨，征轮晓碾霜。云痕渡水湿，草色上衣凉。浅麦远逾碧，新林微带黄。金城重回首，归路忆他乡。

约二月（或三月）三十日

抵西安小住几日，致信松舟并购得羁勒等件一并带予。松舟此人不可考，应为甘肃某浏阳籍地方官，曾在先生途经其辖地时予以照拂。此信亦有可能作于1888年夏秋归乡途中。《湖南省博物馆藏近现代名人手札》中藏此原稿（《谭嗣同集》639页）：

松舟乡先生大人左右：

前过棠阴，诸承关爱，解衣衣我，推食食我，大有豪士重一诺之风。春风风人，夏雨雨人，岂惟行子上百年之颂。虽投桃原不期报，而立身讵不可食言。三舍退避，期诸异日；寸心洄溯，切于此时。

别后于三十日抵青门小住数日，即当束装东下，前闻欲购羁勒等件，兹得一副，命差弁带呈，乞哂收为幸。岂同赠策之绕朝，藉祝着鞭之祖逖。云程驰骋，君殆从此远矣。纸滑墨滞，笔秃手生，故拉杂不复成字。敬叩

道安不庄。

谭嗣同顿首

由西安灞桥至蓝田途中，作《怪石歌七古》（《谭嗣同集》98页）：

神人绿章宵驰奏，平明谪下苍龙宿。贾地屹然贲奇兽，历万万劫犹未宥。如何剥落商山右，无有鬼物为留守。谁其知者吊荒堠，敲火砺角亘白昼。似此英姿天所富，沦没蒿莱不见售。我来幽谷昏黄候，睹之不敢摄衣就。疑是战士披甲胄，又

疑河朔横行寇。若非山魈出世宙，定类木客鼻嗅嗅。北溟大鸟濡其咮，南华真人短其脰。或者骅骝逸内厩，昆明石鲸逃禁囿。不然天竺亡灵鹫，月黑深林啸猿狖。心折神骇莫敢嗽，樵乃诏余此石瘤。急趋往视颠且仆，抚摩叹嗟信良遘。石兮石兮何痀偻，女萝纷披带青绶。我与子兮今邂逅，殊胜弯弓命鏃鍭。手持木杵宣大叩，雷雨夜鸣狮怒吼。怪哉补天女娲后，此石不炼绝悠谬。地不载兮天不覆，古有樗材石其又。自我钦之若危岫，浊酒以酹歌以侑。石其正我谬，石其歆吾酬。其首秀而瘦，其腹漏而透。其貌陋而绉，其气厚而茂。其肤绣而籀，其纪旧而寿。天孙遇之支机授，浮丘遇之纳诸袖。精卫遇之翼为覆，初平遇之叱以咒。苏髯供佛重金购，米颠再拜祈灵佑。今虽弃躅侧清溜，嵚崎磊砢世罕觏。幸而逢我味同臭，我其携尔返岩窦。八九云梦谁共究，高枕江流含尔漱。

又经陕西蓝田碧天洞，作《碧天洞五古》（《谭嗣同集》97页）：

远树小于拳，数峰伸似掌。一峰起其前，浓绿秋自上。扪萝慄巉岩，欲往不得往。我非慕仙者，随遇寄清赏。颓曜薄虞渊，征鸟厉高敞。振衣踏残雪，樵唱逸幽响。

过商洛之后，途经蓝桥，作《蓝桥七绝》（《谭嗣同集》99页）：

湘西云树接秦西，次弟名山入马蹄。自笑琼浆无分饮，蓝桥薄酒醉如泥。

途经陕西武关，作《武关七绝》（《谭嗣同集》98~99页）：

横空绝磴晓青苍，楚水秦山古战场。我亦湘中旧词客，忍听父老说怀王。

二月初七日（公历3月23日）

冯子材率军于广西镇南关击败法军，取得重大胜利，史称镇南关大捷。

四月二十七日（公历6月9日）

《中法会订越南条约》在天津签订（即《越南条款》或《中法

新约》，又称《李巴条约》）。共十款，主要内容谓：清政府承认法国对越南的保护权，承认法国与越南订立的条约；中越陆路交界开放贸易，中国边界内开辟两个通商口岸，“所运货物，进出云南、广西边界应纳各税，照现在通商税则较减”；日后中国修筑铁路，“应向法国业者之人商办”。

八月初八日（公历 9 月 16 日）

于长沙的湖南贡院第一次参加乡试。

八月十六日（公历 9 月 24 日）

结束本次乡试，未中，本次乡试主考官为陈琇莹、谢隽杭。

九月初五日（公历 10 月 12 日）

刘铭传任首任台湾巡抚（《清季职官表》419 页）。

冬

返甘肃。先由浏阳陆行至长沙，经洞阳枫浆桥夜宿，晨作《枫浆桥晓发五律》，桥为四曲拱桥，始建于 1763 年（《谭嗣同全集》83 页）：

桥上一回首，晓风侵骨寒。送人意无尽，惟有故乡山。野水晴云薄，荒村缺月弯。役车休未得，岁暮意阑珊。

再顺湘江至洞庭湖，顺长江乘船至武汉，溯汉江乘船至襄阳，溯汉江、丹江乘船至河南荆紫关，再改陆行至陕西，最终于来年春天抵达甘肃兰州，《三十自纪》中载：“冬，赴甘肃，陆至长沙，流湘泛洞庭，流江径湖北，溯汉至襄阳，易舟仍溯汉，溯丹至荆紫关，陆径陕西。十二年春，抵兰州。”

十二月末

于旅途中作《夜泊》（《谭嗣同集》69 页）：

系缆北风劲，五更荒岸舟。戍楼孤角语，残腊异乡愁。月晕山如睡，霜寒江不流。窅然万物静，而我独何求。

途经甘肃会宁白草塬作《白草原五律》，此行或与陈焕奎同行（《谭嗣同集》94 页）：

白草原头路，萧萧树两行。远天连雪暗，落日入沙黄。石立人形瘦，河流衣带长。不堪戎马后，把酒唱《伊》《凉》。

又在会宁县看到残句“最是凄凉乡梦醒，卧听老马啮残刍”，但对其作者不得而知（《谭嗣同集》169页）。

约是年

与诗人李景豫相识，并于《石菊影庐笔识·思篇》第四十八篇中记载李诗十篇：《题谢宣城诗后》《武连驿阻雨寄怀成都李湘石张蓟云》《彰德怀古》《夕阳亭》《栈道杂诗》《花蕊夫人曲》《村居赠王山人迟士》《候马亭》《嘉州晓发》《艮岳》及赠先生五言长篇之残句（《谭嗣同全集》170~171页）。谭恒锐记：“公居甘肃时，与狄道（甘肃临潭县）李景豫（榕石）交厚。李君工篆隶楷法，且通绘事，诗文均佳，惜早卒，诗文多佚。公集存李公诗十一首，载《石菊影庐笔识》中。”（《谭嗣同研究资料汇编》8页）

光绪十二年（丙戌，1886年）　二十一岁

春

前往兰州途中，《别兰州》于此时或作（《谭嗣同集》70页）：

前度别皋兰，驱车今又还。两行出塞柳，一带赴城山。壮士事戎马，侯封入汉关。十年独何似，转徙愧兵间。

抵兰州后，居布政使署。

六月十一日（公历7月12日）（族谱记载为六月十四日）

伯父谭继昇卒于浏阳，享年七十一岁。先生八年后为其撰写《海峤府君家传》（《谭嗣同集》47页），并在其中言及抵御太平军带兵防城之事：

洪秀全犯长沙，分党疾窜浏阳，夜抵城西北二十里之蕉溪岭下。官民汹惧，不知所为，府君遣卒遍张镫岭上，熊熊林谷，光焰彗天，杂以金鼓阗聒，贼大震，即夜遁去。府君管带威镇营，既禀一不入己，息而取赢，得田二十余亩，出以佐防守费。

秋

游兰州小西湖，并作《兰州小西湖》，现留残句：“黄水挟秋

喧树杪，青山劝酒落尊前。”（《谭嗣同集》172 页）

同季，于憩园作七言绝句《甘肃布政使署憩园秋日七绝》（《谭嗣同集》99 页）。亦可能作于翌年：

小楼人影倚高空，目尽疏林夕照中。为问西风竟何著，轻轻吹上雁来红。

同季，于憩园作《憩园雨五律》第一首（《谭嗣同集》100 页）：

淅沥彻今夕，哀弦谁独弹。响泉当石咽，暗雨逼镫寒。秋气悬孤树，河声下万滩。拂窗惊客话，短竹两三竿。

同季，作《马鸣七绝》（《谭嗣同集》101 页）：

边城苜蓿自秋深，何事长随画角鸣。差胜排班三品料，玉阶春曙悄无声。

约是年冬

带一骑兵，冒隆冬风雪，骑马驰骋河西走廊一千六百里。先生在致沈兆祉信中提及此事（《谭嗣同集》6 页）：

嗣同弱娴技击，身手尚便，长弄弧矢，尤乐驰骋。往客河西，尝于隆冬朔雪，挟一骑兵，间道疾驰，凡七昼夜，行千六百里。岩谷阻深，都无人迹，载饥载渴，斧冰作糜。比达，髀肉狼藉，濡染裈裆。此同辈所目骇神战，而嗣同殊不觉。

并作《马上作》（《谭嗣同集》70 页）：

少有驰驱志，愁看髀肉生。一鞭冲暮霭，积雪乱微晴。冻雀迎风堕，馋狼尾客行。休论羁泊苦，马亦困长征。

是年

唐才常初试童子试，以县、府、道三试冠军入评，俗称小三元及第。有清二百余年，其为第一人。

约是年

旧友陈焕奎去世，陈为武陵人，字星五，在甘肃陇南游幕。先生为作《哭武陵陈星五焕奎七绝》三首（《谭嗣同集》99 ~ 100 页）：

和门长揖将军客，画舫追随一笛横。座上顿增知遇感，江南苏柳动公卿。

霜华满地小园空，一枕河声惨不东。却忆去年风雨里，秋窗摘阮夜灯红。

萧萧白草欲黄昏，柿叶摇风泪有痕。肠断依稀旧游处，虫声满地此招魂。

光绪十三年（丁亥，1887 年）　　二十二岁

三月

居于甘肃布政使署中。谭恒锐记（《清谭复生先生嗣同年谱》，《谭嗣同研究资料汇编》9 页）：

公居兰州藩署。公在兰州，以甲申、丙戌、丁亥三年为久。藩署本明代肃王府，府后园名憩园，取分陕之意。园中牡丹特盛，高者达屋檐，盖屋多平房，故能如此。公夫妇居凿申轩，时作吟韵，公《憩园》诗有“秋气悬孤树，河声下万滩”句。时河水经兰州城，水流渐渐转向西北，滩滩相续，西北之伟大景物也。又记布政署中灵鸽事，飞禽有灵性，能保库藏银两。

于憩园作《憩园雨五律》第二首及第三首（《谭嗣同集》100~101 页）：

憩园三月雨，四壁长苔衣。积水循阶上，低云入户飞。钟鸣龙欲吼，屋漏鼠常饥。一发青山外，层阴送夕晖。

深林初过雨，宛宛碧苔新。依岸残云湿，平桥一水春。看山浓似黛，种竹短于人。好续《齐民术》，桑麻万绿匀。

秋

先生于兰州作《秋夜》，黄河位于兰州城北，故有“城北涌惊涛”句（《谭嗣同集》70 页）：

何来风万壑，城北涌惊涛。众籁当秋爽，孤吟入夜豪。寒中鸡口噤，雨背雁声高。无梦欲忘晓，诗肠转桔槔。

又作《老马》（《谭嗣同集》70页）：

败枥铜声瘦，危崖铁色高。防秋千里志，顾影十年劳。厮养封俱贵，牛羊气自豪。咸阳原上骨，谁是九方皋。

约是年冬

作《西域引》（《谭嗣同集》71页）：

将军夜战战北庭，横绝大漠回奔星，雪花如掌吹血腥。边风冽冽沉悲角，冻鼓咽断貔貅跃，堕指裂肤金甲薄。云阴月黑单于逃，惊沙锵击苍龙刀，野眠未一辞征袍。欲晓不晓鬼车叫，风中僵立挥大纛，又促衔枚赴征调。

又作《画兰》（《谭嗣同集》71页）：

雁声吹梦下江皋，楚竹湘舲起暮涛。帝子不来山鬼哭，一天风雨写《离骚》。

作《夜成》（《谭嗣同集》72页）：

苦月霜林微有阴，镫寒欲雪夜钟深。此时危坐管宁榻，抱膝乃为《梁父吟》。斗酒纵横天下事，名山风雨百年心。摊书兀兀了无睡，起听五更孤角沉。

是年

唐才常肄业于岳麓书院，兼在校经书院附课。

同年，欧阳中鹄充会典馆协修，而此时刘人熙亦为会典馆修。两人朝夕与共，诗酒流连（《湖南历代文化世家·浏阳欧阳氏卷》91页）。

光绪十四年（戊子，1888年）　　二十三岁

春

作《赠入塞人》（《谭嗣同集》72页）：

一骑龙沙道路开，王庭风雨会群才。笔携上国文光去，剑带单于颈血来。柳外家山陶令宅，梦中秋色李陵台。归舟未忘铙歌兴，更谱防边画角哀。

二月二十五日（公历4月6日）

谭钟麟卸任陕甘总督，杨昌浚接任（《清季职官表》364页）。

四月

至陕甘总督署并登拂云楼，见原肃王府碧血碑与景廉诗作《登拂云楼》，遂作步韵诗《和景秋坪侍郎甘肃总督署拂云楼诗二篇》。根据手迹，信末题"光绪十四年四月，时随侍甘藩署憩园之乐寿堂，浏阳复生谭嗣同"。诗中白塔为黄河对岸明慈恩寺塔。时陕甘总督谭钟麟以目疾开缺回籍养病（《谭嗣同集》72~73页）：

作赋豪情脱帻投，不关王粲感登楼。烟消大漠群山出，河入长天落日浮。白塔无俦飞鸟迥，苍梧有泪断碑愁。碧血碑在楼下，肃妃殉难于此。惊心梁苑风流尽，欲把兴亡数到头。楼本肃藩后苑。

金城置郡几星霜，汉代穷兵拓战场。岂料一时雄武略，遂令千载重边防。西人转饷疲东国，甘肃军饷，岁四百八十万，皆仰给东南诸省。时总督为家云觐年伯，方请假归里，是以有取于谭大夫小东之义。南仲何年罢朔方。未必儒生解忧乐，登临偏易起旁皇。

◎景廉（1823—1885），字秋坪，曾任工部侍郎，咸丰八年授伊犁参赞大臣。于同治六年游于陕甘总督署节园，作《碧血碑诗》与《登拂云楼》。

夏

与谭嗣襄启程由甘肃归湖南。《三十自纪》中交代了此次行程："十四年夏，归湖南，径陕西至龙驹寨，流丹径淅川，流汉至老河口，易舟仍流汉至沙洋，又易舟至荆州，又易舟溯江，出太平口泛洞庭，流资溯湘至长沙，陆抵浏阳。秋赴长沙，寻归。"

约于是年途中，先生途经彬州并作诗《陕西道中二篇》（《谭嗣同集》73页）：

曾闻剥枣旧风流，八月寒蜚四野秋。翻恨此行行太早，枣花香里过豳州。

虎视龙兴竟若何，千秋劫急感山河。终南巨刃摩天起，怪底关中战伐多。

同季，经陕西途中曾游西岳华山。光绪十七年（1891）所作

《晨登衡岳祝融峰二篇》中载此行。其中“白帝高寻”指登华山事。由“三年得此游”可知光绪十七年之三年前即光绪十四年（1888）曾作华山游（《谭嗣同集》89页）：

白帝高寻后，三年得此游。芒鞋能几两，踏破万山秋。独立乾坤迥，坐观江海流。朱陵有遗洞，怀古一搜求。

约同季，途经固原泾源县曾在瓦亭驿读到题壁诗：“满树秋声黄叶里，有人残梦到江南”，并表示“诗皆佳，惜不得其姓名”（《谭嗣同集》169~170页）。

秋

途经洞庭湖，作《洞庭夜泊》（《谭嗣同集》74页）：

船向镜中泊，水于天外浮。湖光千顷月，雁影一绳秋。帝子遗清泪，湘累赋远游。汀洲芳草歇，何处寄离忧？

先生由浏阳抵长沙，准备参加湖南乡试。

约在长沙期间，先生或前往拜访龙湛霖、龙璋、龙绂瑞等人，并游通泰街蜕园，作《蜕园》（《谭嗣同集》73页）：

水晶楼阁倚寒玉，竹翠抽空远天绿。湘波湿影芙蓉魂，千年败草萎平麓。扁舟卧听瘦龙吼，幽花潜向诗鬼哭。昔日繁华余柳枝，水底倒挂黄金丝。

◎蜕园，清代长沙著名苏式园林，遗址位于今长沙开福区黄兴北路西侧泰安里周南中学校园内，为周达武旧居。

又于长沙作诗《秋热五律》（《谭嗣同集》101页）：

长沙号卑湿，淫雨况连宵。千嶂晓忽霁，朝阳秋益骄。残蝉带暑咽，梦鸟随枝摇。一洗郁蒸气，乘风借海潮。

又于长沙作诗《桂花五律》（《谭嗣同集》101页）：

湘上野烟轻，芙蓉落晚晴。桂花秋一苑，凉露夜三更。香满随云散，人归趁月明。谁知小山意，惆怅遍江城。

同季，先生作诗《随意》（《谭嗣同集》74页）：

随意入深壑，山空太古春。幽居在何许，红叶自为邻。村吠当门犬，桥通隔岸人。桃源亦尘境，不必有秦民。

又听闻友人讲述泛舟衡阳途中遇大风浪事，并作《儿缆船并叙》（《谭嗣同集》74页）：

友人泛舟衡阳，遇风，舟濒覆。船上儿甫十龄，曳舟入港，风引舟退，连曳儿仆，儿啼号不释缆，卒曳入港，儿两掌骨见焉。

北风蓬蓬，大浪雷吼，小儿曳缆逆风走。惶惶船中人，生死在儿手。缆倒曳儿儿屡仆，持缆愈力缆縻肉。儿肉附缆去，儿掌惟见骨。掌见骨，儿莫哭，儿掌有白骨，江心无白骨。

又作《三鸳鸯篇》（《谭嗣同集》75页）：

辘轳鸣，秋风晚，寒日荒荒下秋苑。辘轳鸣，井水寒，三更络纬啼井阑。鸳鸯憔悴不成双，两雌一雄鸣锵锵。哀鸣声何长，飞飞入银塘。银塘浅，翠带结。塘水枯，带不绝。愁魂夜啸缺月低，惊起城头乌磔磔。城头乌，朝朝饮水鸳鸯湖。曾见莲底鸳鸯日来往，忘却罗敷犹有夫。夫怒啄雄，雄去何栖。翩然归来，闷此幽闺。幽闺匿迹那可久，花里秦宫君知否，不如万古一邱长偕三白首。幽闺人去镫光寂，照见罗帏泪痕湿。同穴居然愿不虚，岁岁春风土花碧。并蒂不必莲，连理不必木。莲可折，木可斸，痴骨千年同一束。

八月初一日（公历9月6日）

谭嗣襄之子谭传炜生于浏阳，取字淮生。其子谭恒锐为《清谭复生先生嗣同年谱》作者。先生于《先妣徐夫人逸事状》中记述："传炜，光禄寺署正衔，嗣襄出。"《谭氏族谱》载："传炜，字襄仙，亦字淮生，号斐盦，清附生光禄寺署正衔分省补用知县，上海私立民国法律学校毕业员。光绪十四年戊子八月初一日寅时生，兼祧嗣同为子。据云民国八年（1919）春殁，年三十一，葬未详。"谭恒锐记（《清谭复生先生嗣同年谱》，《谭嗣同研究资料汇编》10页）：

是年八月初一日，先父传炜生于浏阳八仙桥天井坡老屋。老屋为先高祖学琴公晚年所置产业，在深山之中，形略如天井。高祖三子继昇、继墉、继洵同居其中。三子未析产分居前，人丁繁衍，且深山地多虎豹，傍晚闭门。余曾两度入山，最后一次，侧屋多坍塌，不似第一次所见情形。

先父传炜，小字淮生，日后自易字曰怀仙，清光绪甲申三十年秀才。入民国毕业上海法政大学别科（校长伍廷芳）。曾一度任湖南省长公署谘议官（刘人熙署名委任），年仅三十岁，早卒。

八月初八日（公历9月13日）

与谭嗣襄于湖南贡院第二次参加乡试。

八月十六日（公历9月21日）

结束本次乡试，未中。本次乡试主考官为陈懋侯、冯煦。

△秋试之后，先生同谭嗣襄拜访涂启先于长沙杨氏馆舍，涂启先《谭泗生哀辞》："光绪十四年，谭子泗生与其弟复生应秋试，均不售。复生将回侍亲于甘藩，泗生则谋北上博一官，谒余于长沙杨氏馆，谈移晷，惘惘若不忍别。"（《谭继洵集》711页）

冬

因三次乡试不第，谭嗣襄欲自谋出路，渡海投靠台湾道唐景崧。先生之姊谭嗣淑曾为唐景崧弟唐景葑之妻，唐景崧、唐景崇、唐景葑三兄弟为广西桂林灌阳县著名"同胞三翰林"。先生与仲兄拜别于汉口，随后即归甘肃。时同舟溯江，风浪大作，兄弟二人泰然自若，并口占成诗，此乃先生与仲兄最后一见。先生于《石菊影庐笔识·思篇》第五十一篇中载（《谭嗣同集》172~173页）：

先仲兄之去海上，嗣同亦西出塞，为别于汉口。同舟涉江，风大作，冻雨横飞。浪高于舟数尺，时时跃入舟，衣履皆濡。舟人失色，兄弟相视而笑。嗣同遂口占二诗，其一曰："波揉浪簸一舟轻，呼吸之间辨死生。十二年来无此险，布帆重挂武昌城。"谓十二年前，从瓣姜师渡此遇厉风也。其二曰："白浪舡头聒旱雷，逆风犹自片帆开。他年击楫浑闲事，曾向中流炼胆来。"仲兄为击节赏叹。语音未绝，遂已泊岸。相与从容拂衣而去，见者诧为异人。及别，又为诗曰：“燕燕归飞影不双，秋心零落倚船窗。波声和梦初离枕，山色迎人欲渡江。泪到思亲难辨点，诗因久客渐无腔。填胸孤愤谁堪语，呜咽寒流石自淙。”又曰：“茫茫天地复何之，怅望西风泪欲丝。悲愤情深貂拌肉，功名心折豹留皮。一朝马革孤还日，绝胜牛衣对泣时。各有桑蓬千里志，不劳辛苦寄相思。”时方同卜，有牛衣对泣之语，故云。呜呼！马革裹尸，嗣同以之自兆，而应乃在兄，所谓诗谶耶？可云悲矣！

同季，谭嗣襄至台湾，唐景崧进之于布政使沈应奎，沈又进之于台湾巡抚刘铭传，刘遂委谭嗣襄以凤山县盐権。《先仲兄行述》中载其至台湾状况：“三就乡试不第，十有四年，试罢，发愤出游。初欲上京师谒选，因乏资，折而至台湾。台湾道唐景崧，戚属也。以兄进于布政使沈应奎，沈进于巡抚刘铭传，刘一见奇之，与纵论时事，移晷乃退。明日，即委権凤山县盐税。”欧阳中鹄于《清故直隶州知州谭泗生府君墓志铭并叙》中亦载：“兴革数月，刘公日能，宜荐于朝，而以改委台南府盐务为信。”（《谭继洵集》709页）

同季，拜别仲兄之后，作《别后怀仲兄》，其中有“沧江莽莽孤舟泊，一夜怀人听雨眠”句（《石菊影庐笔识·思篇》五一，《谭嗣同集》173页）。先生赴甘肃，行程与乙酉年相同：由武汉顺汉江乘船至襄阳，顺丹江、汉江乘船至河南荆紫关，再改陆行至陕西，最终抵达甘肃兰州。《三十自纪》中载：“冬，赴甘肃，同十一年。十五年春，抵兰州。”

同季，途中作《溯汉》（《谭嗣同集》75页）：

汉水落天上，飞桡下急滩。嗟予溯流者，终日半程难。前度此行役，孤舟迫岁阑。岂期境重历，风雪更漫漫。

十二月二十九日（公历1889年1月30日）

于除夕之夜宿于陕西商州，作诗《除夕商州寄仲兄》（《谭嗣同集》92页）：

风樯抗手别家园，家有贤兄感鹡原。兄曰嗟予弟行役，不知今夜宿何村。

光绪十五年（己丑，1889年）　　二十四岁

春

抵兰州，从子谭传简随行。途中路过陕西秦岭牧护关，先生游韩文公祠并作七古《秦岭》（《谭嗣同集》76页）：

秦山奔放竞东走，大气莽莽青嵯峨。至此一束截然止，狂澜欲倒回其波。百二奇险一岭扼，如马注坂勒于坡。蓝水在右丹水左，中分星野凌天河。唐昌黎伯伯曰愈，雪中偃蹇曾经过。于今破庙几千载，岁时尊俎祠岩阿。关中之游已四度，往来登此常悲歌。仰公遗像慕厥德，谓钝可厉顽可磨。由汉迄唐道谁寄，董生与公余无它。公之文章若云汉，昭回天地光羲娥。文生于道道乃本，后有作者皆枝柯。惟文惟道日趋下，赖公崛起蠲沉疴。我昔刻厉蹑前躅，百追不及理则何。才疏力薄固应尔，应令有得必坎坷。观公所造岂不善，犹然举世相讥诃。是知白璧不可为，使我奇气难英多。便欲从军弃文事，请缨转战肠堪拖。誓向沙场为鬼雄，庶展怀抱无蹉跎。生平渴慕矍铄翁，马革一语心渐摩。非曰发肤有弗爱，涓埃求补邦之讹。班超素恶文墨吏，良以无益徒烦苛。谨再拜公与公别，束卷不复事吟哦。短衣长剑入秦去，乱峰汹涌森如戈。

翻越六盘山时，作《陇山》（《谭嗣同集》77页）：

古来形家者流谈山水，云皆源于西北委于东。三条飞舞趋大海，山筋水脉交相通。我谓水之流兮始分而终合，夫岂山之峙兮愈岐而愈弱。吁嗟乎！水则东入不极之沧溟，山则西出无边之沙漠。错互乾坤萃两隅，气象纵横浩寥霩。昔我持此言，密默不敢论。足迹遍陇右，了了识本原。陇右之山崛然起，号召峰峦俱至此。东南培塿小于拳，杂沓西行万余里。渐行渐巨化为一，恍若朝宗汇群水。其上宽广不可计，肉张骨大状殊异。欲断不断势相蹙，谁信人间犹有地。譬如亡秦以上之文

章，鼓荡寥天仗真气。不复矜言小波磔，横空一往茫无际。策我马，曳我裳，天风终古吹琅琅。何当直上昆仑巅，旷观天下名山万叠来苍茫。山苍茫，有终止。吁嗟乎！山之终兮水之始。

路遇押送军粮者，作《六盘山转饷谣》（《谭嗣同集》77页）：

马足蹩，车轴折，人蹉跌，山岌嶪，朔雁一声天雨雪。舆夫舆夫尔勿嗔，官仅用尔力，尔胡不肯竭？尔不思车中累累物，东南万户之膏血。呜呼！车中累累物，东南万户之膏血。

三月初三日（公历4月2日）

作《上巳怀仲兄》，其中有“江湖归梦消长夜，风雨离愁了一春”句（《石菊影庐笔识·思篇》五一，《谭嗣同集》173页）。

三月

于兰州藩署憩园中作《憩园杂诗》四首（《谭嗣同集》643页）：

小池冰泮后，绿意满阑杆。春草藏鱼浅，斜阳渡水寒。雨鸣泉响断，风暖藓痕干。日涉偏成趣，诗情付钓竿。

深林初过雨，宛宛碧苔新。依岸残雪湿，平桥一水春。看山浓似黛，种竹短于人。回首田家乐，桑麻万丝匀。

岂道居城市，偏饶物外情。野烟流水暗，斜照乱山明。树密遮亭角，花繁沸鸟声。绿荫三月好，但祝荫群生。

万木排空起，岿然见古台。乱云循级上，斜月射窗来。暮霭千峰锁，春风一笛催。烦杂此俱涤，胜境拟蓬莱。

诗后署：“光绪十五年春三月，时随侍甘藩署之乐寿堂，浏阳复生谭嗣同。”

约同季，谭嗣襄至台湾后致书先生。先生收到后作《得仲兄台湾书感赋五律》（《谭嗣同集》102页）：

少小思年长，年增但益悲。我年今廿五，四顾竟安之。无命愁相慰，非才愧所知。犹疑沧海客，栖息已高枝。

又：

连遇荆南刖，仍空冀北群。十年赓塞曲，今日逐燕云。飘荡嗟如我，蜚腾时望君。谁知万里外，踪迹困尘氛。

又《寄仲兄台湾》（《谭嗣同集》78页）：

孤悬沧海外，洲岛一螺轻。狂飓宵移屋，妖雰昼满城。依人王粲恨，采药仲雍行。所愿持忠信，风波险亦平。

约三月

受父之命，准备赴京拜师、参加科考，谭传简随行，先生于是月启程。临行前作《别意》（《谭嗣同集》80页）：

志士叹水逝，行子悲风寒。风寒犹得暖，水逝不复还。况我别同志，遥遥千里间。揽袪泣将别，芳草青且歇。修涂浩渺漫，形分肠断绝。何以压轻装，鲛绡缝云裳。何以壮行色，宝剑丁香结。何以表劳思，东海珊瑚枝。何以慰辽远，勤修惜日短。坠欢无续时，嘉会强相期。为君歌，为君舞，君第行，毋自苦。

同季，赴京前于甘肃安定与刘云田话别，刘“立马前，泣不可仰视”。此为先生与之最后一面，《刘云田传》中载（《谭嗣同集》25页）：

云田殁前一年，嗣同战艺走京师，以传简从，别云田安定，话往年道中事，云田感念畴昔，悲不自胜。及行，云田送上马，立马前泣，不可仰视。嗣同大怪，寻常别耳，云田不当若此。

同季，先生启程赴京，由定西出发，越崆峒山，过陇山，出平凉，至泾川，再至陕西，过临潼，再过潼关渡河进入山西，出山西进入河北井陉关，由卢沟桥过宛平城，并于夏季抵达京师。《三十自纪》中交代了此次进京行程：“寻上京师，径陕西，出潼关。渡河径山西，夏抵京师。”

同季，赴京途中途经平凉，游崆峒山，正值桃花盛开，遂作诗《崆峒》（《谭嗣同集》78页）：

斗星高被众峰吞，莽荡山河剑气昏。隔断尘寰云似海，划开天路岭为门。松挐霄汉来龙斗，石负苔衣挟兽奔。四望桃花红满谷，不应仍问武陵源。

出平凉，由官道前往泾川，于途中作诗《自平凉柳湖至泾州道中》（柳湖位于官道侧畔）（《谭嗣同集》78 页）：

春风送客出湖亭，官道迢遥接杳冥。百里平原经雨绿，两行高柳束天青。蛙声鸟语随鞭影，水态山容足性灵。为访瑶池歌舞地，飘零《黄竹》不堪听。瑶池，俗传在泾州城外。

途经陕西彬县，作《邠州七绝》（《谭嗣同集》102 页）：

棠梨树下鸟呼风，桃李蹊边白复红。一百里间春似海，孤城掩映万花中。

途经陕西新筑镇，谒韩信墓，作《淮阴侯墓》（《谭嗣同集》79 页）：

得葬汉家土，于君已厚恩。黥彭俱化醢，暴露莽秋原。

过陕西临潼，并赴骊山一游，作《骊山温泉》（《谭嗣同集》78~79 页）：

周王烽燧燎于原，楚炬飞腾牧火昏。遗恨千年消不尽，至今山下水犹温。

由潼关渡黄河进入山西，作《出潼关渡河》（《谭嗣同集》79 页）：

平原莽千里，到此忽嵯峨。关险山争势，途危石坠窝。崤函罗半壁，秦晋界长河。为趁斜阳渡，高吟《击楫歌》。

出山西进入河北，过井陉关，作《井陉关》（《谭嗣同集》79 页）：

平生慷慨悲歌士，今日驱车燕赵间。无限苍茫怀古意，题诗独上井陉关。

过永定河进入北京，于卢沟桥作《卢沟桥》（《谭嗣同集》79 页）：

河流固无定，人亦困征鞍。残月照千古，客心终不寒。山形依督亢，天影接桑干。为有皋鱼恨，重来泪欲弹。七岁时，侍先夫人过此。

夏

浏阳学者刘人熙著成《琴旨申邱》。

四月十八日（公历 5 月 17 日）

谭嗣贻之子谭传赞聘龙璋之次女为妻，是日纳采。龙璋于湖广会馆设宴，正逢先生亦进京，此次宴会上，先生与工部主事、浏阳学者刘人熙首次相见。《刘人熙未刊日记稿本》载：“谭敬甫方伯之冢孙聘龙砚仙舍人之女为室，是日纳采，仆与唐次谋太史掌判，砚仙设宴湖广馆，适方伯之子佛生亦至京。”（《谭继洵集》675 页）

△龙璋之孙女龙永宁在《嫁入名门的五个女儿》中载（《从绅士到革命家：我的祖父龙璋》67 页）：

> 陶纯炘生了五个女儿，大女儿出生不久即夭折，因此我们就称她的二女儿为“大姑妈”，这位大姑妈自幼即许配浏阳谭家，姑父叫谭传赞，是我国著名启蒙思想家谭嗣同的侄儿，湖北巡抚谭继洵的长孙。龙、谭两家几代世交，因而结为亲家。

四月二十日（公历 5 月 19 日）

先生宴请刘人熙，《刘人熙未刊日记稿本》载：“佛生宴次谋及仆，同县五孝廉与事。”（《谭继洵集》675 页）此次宴请应为拜师宴，之后，先生拜刘人熙为师，并跟从其学习。

五月初三日（公历 6 月 1 日）

初识先生不久，刘人熙即在日记中赞叹：“谭复生，少年振奇人也。”（《谭继洵集》675 页）

五月

师从刘人熙期间，先生对其所著《琴旨申邱》十分感兴趣：“观其答刘淞芙书及各体诗，于鄙人所作，独有神契于《琴旨申邱》。他人所略而不道者，生独津津有味言之。”刘人熙对先生评价甚高：“谭生好学深思，有不可一世之气，从余游京师，余甚异之。”（《萧汝霖〈浏阳烈士传〉序》，《浏阳烈士传》）

先生师从刘人熙学习琴曲，批判今人操琴谱曲习俗，浏阳琴家邱之稑作《律音汇考》，刘人熙在此基础上作《琴旨申邱》，先生对此十分推崇：

同县邱穀士先生之稑幽求钟律，钩索元音，从古乐久废之余，独传候气定律之法。殆由天授，非第人力。由是吾乡之乐有声天下。先生著有《律音汇考》，已邀乙览。刘蔚庐师复作《琴旨申邱》，发明奥窔，其道益显。而嗣同微有憾者，诸器具备，独阙比竹之管，好学博闻之士，所当补其漏略者也。（《石菊影庐笔识·思篇》二二，《谭嗣同集》155 页）

衡阳王子亦以为今之琴操，淫声也，故曲终有泛音。刘蔚庐师亦以为取音当取七徽以下宽和正大之音，七徽以上发音尖促凄厉，不宜频用。嗣同阅谱不下数十种，无不兼有此病。尤可笑者，写指法惰用全字，谬为减省，至并数字为一，此不知始自何代。然观近刻《古逸丛书》影唐本《碣石调幽兰》，尚皆字字正书，无妄减妄并者。指法之名，亦多与今异，可知今所传果皆虚造，非风雅之遗也。且不惟谱为然，蔚庐师援证古书，独探往制，乃知今之琴亦非古之琴，今之弦亦非古之弦，说详《琴旨申邱》。（《石菊影庐笔识·思篇》二五，《谭嗣同集》156~157 页）

先生爱好音乐，能歌南北昆曲，刘人熙曾偕其于浏阳会馆共奏乐章（《琴旨申邱》6 页）：

谭知府嗣同自甘肃来京师，雅好音乐，善南北昆曲，能歌乐章。黎知县先沄，县局二丁之教习也，引商刻羽，华妙绝伦。一日，余同门人携埙篪、箫管，会于宣武城南之县馆，习乐章酣鬯之际，复举原道二语，且赞声字谱之妙。

同月，在刘人熙的勉励之下，先生开始探索尽性知天之学。然而对于永嘉之学，刘人熙则讥其“浅中弱植”。先生得闻永嘉学派的不足后，“由永嘉返濂洛”，开始接触张载、王夫之等人的学说，阅读《四书训义》《周易内外传》《张子正蒙传》。然而先生对永嘉学派的态度后有所改变。在后期致唐才常的信中，他提到自己以往尊师说，未研究永嘉学说，后来遭逢世患，则于师训有所质疑（《谭嗣同集》584页）：

来书盛称永嘉，以为可资经世，善哉言乎。往者嗣同请业蔚庐，勉以尽性知天之学，而于永嘉则讥其浅中弱植，用是遂束阁焉。后以遭逢世患，深知揖让不可以退萑符，空言不可以弭祸乱，则于师训窃有疑焉。夫浙东诸儒，伤社稷阽危，蒸民涂炭，乃蹶然而起，不顾瞀儒曲士之訾短，极言空谈道德性命无补于事，而以崇功利为天下倡。揆其意，盖欲外御胡虏、内除秕政耳。使其道行，则偏安之宋，庶有豸乎。今之时势，不变法则必步宋之后尘，故嗣同于来书之盛称永嘉，深为叹服，亦见足下与我同心也。

△先生此时学术倾向，从喜谈经世之略到注重内修，治学重点由“治人”向“自治”转变，并受到王信余、涂儒翯、贝允昕等好友影响，他在致刘人熙信中言及（《谭嗣同集》159~160页）：

惟奖掖曲加，几于逢人说项，循名课实，赧然无以自容。窃以为易为人所称道，必其人之致饰于外，抚躬省责，益用蠡没。迩为学专主《船山遗书》，辅以广览博取，又得贤师友如瓣姜师之刚健文明，王信余之笃实辉光，涂质初之质直，贝元徵之温纯，而又推元徵足医嗣同之偏弊……

嗣同蚤岁瞀瞀，不自揣量，喜谈经世略，乃正其不能自治喜怒哀乐之见端，苟不自治，何暇治人？苟欲自治，又何暇言治人？即欲治人，亦本诸喜怒哀乐而已矣。

刘人熙回信，首先对他“为学日有新功”表示欣慰；对其在学习中产生的疑惑亦表理解，认为是“用功人必有之疑”。但对信中的具体见解则不无批评，指出其“不免有牵合笼统之弊”，“故不免支蔓”，告诫他“要归于得邹鲁之本义而止”。复信并谓“足下英气已敛，正是由永嘉返濂洛途径”，最后表示“所望后来之秀，振兴而光大之，则人心风俗之福也”，对他寄予厚望（《刘人熙集》284页）：

得书，知为学日有新功，所言皆切己躬之实，甚慰期望。所言师友之盛，足见取益宏多，此即亭林先生广师之意。末学詹詹自以为足，其量之广狭浅深为何如也。足下才气横溢，瞻视不凡。前与瓣姜先生书，谓似陈同甫，非徒誉也，亦所以进之耳。

……足下英气已敛，正是由永嘉返濂洛途径，岂如曹蜍李志奄奄如泉下人哉！则非退而进也决矣。鄙人向学既晚，功力又疏，五十无闻，斯不足畏。所望后来之秀，振兴而光大之，则人心风俗之福也。秋风新凉，努力自爱。

同月，从师刘人熙期间，先生因好读《墨子》而被刘斥为异端，然而先生于墨家兼爱之观念始终身体力行，并将《墨子》作为启发自己平等意识的早期思想来源（《谭嗣同研究资料汇编》268~269页）：

伯兄言：复生好读《墨子》，蔚庐以为异端，尝引其书之盭孔孟旨者诲之。予谓韩昌黎读《墨子》，称孔墨必相用，其论甚辨，蔚庐何与之异趣邪？伯兄曰：昌黎之学虽不醇，然其读《墨子》，则殊有见地，宋儒非之，其道异也。蔚庐景仰宋儒，于纲常拳拳服膺，则其抵排墨子也亦宜。伯兄又言，蔚庐虽训迪复生毋惑于墨子之诐辞，然复生于墨子之兼相爱交相利，终身奉行不懈，此非不尊师说，盖见仁见智，不宜以师说自封也，矧墨子之兼相爱交相利，乃嫉诸侯卿大夫之相亏自利而发，此与晚近泰西所倡之平等、均利，若合符节，岂可视为诐辞而辟之邪！复生常言墨经邃于格致，欲阐而力不逮，斯不能无憾。

同月，在京期间，与王信余、陈长櫺、贝允昕等浏阳举人相伴为友。《报刘淞芙书一》载（《谭嗣同集》11~12页）：

既而薄上京师，请业蔚庐，始识永康之浅中弱植，俶睹横渠之深思果力，闻衡阳王子精义之学，缅乡贤朱先生闇然之致，又有王信余、陈曼秋、贝元徵以为友。

约同月，先生携从子传简至宣武城南儿时嬉戏之地，并抒其悲伤，无奈传简并无所动，事载于《城南思旧铭并序》中（《谭嗣同集》28 页）：

自伯兄不禄，韩师旋奄忽即世，余绝迹城南十有五年。后携从子传简入京师，寻所经历，一一示传简，且言余之悲。传简都不省，意颇怅恨，以为非仲兄无足以语此。

先生亦于《远遗堂集外文·自叙》中载此事："仲兄撤瑟之岁，以应试挈从子传简至京师，览童年之遗迹，怅岁月其不淹，以今准昔，喟焉远想。忆夫烟雨在帘，蛙声夜噪，或败叶窸窣，霜钟动宇，然镫共读，意接神亲。"（《谭嗣同集》103 页）

五月初五日（公历 6 月 3 日）

谭嗣襄病逝于台南府安平县蓬壶书院，终年三十三岁，濒死亦不忘致信嘱托先生归还文徵明画于友人，信中言："吾一病不起，岂非天乎？愿汝善事父，以慰我九原之心。吾别无长物，惟文徵明画，为友人物，当畀还。吾负累已偿，有质剂可证。"且至死犹移居以防累人，先生于《先仲兄行述》中载（《谭嗣同集》108 页）：

既而欲移居，挽之不可，盖不欲殁于官廨，以身累人也。殁之日，犹与宾从笑谈，怡然自得。卓午，移居蓬壶书院，逾时而殁。时十有五年五月庚戌也，年三十有三。

同月，噩耗传来，先生异常痛苦，于《远遗堂集外文初编·自叙》中言（《谭嗣同集》103 页）：

追溯所及，方怦怦于中，而兄之讣至矣！创巨痛深，瞢不省事，哭踊略定，则志赢形索，清刻至骨，自顾宛五六岁孺子也。于时苍然之感，不可以解。当其幽思潜抽，莫可告语，道逢林叟耕夫，辄欲流涕，引与话旧。睹禾黍布陇，废冢断碑，以及坏牖蛛丝，皆若与我有一日之好。使得见曩之童仆，且将视为肺附，而不能一日离。

《谭氏族谱》有载：谭嗣襄，原名嗣彭，字泗荪，亦字泗生。清实录馆议叙通判，台湾补用直隶州知州，诰授奉直大夫。咸丰七年丁巳九月十三日申时生，光绪十五年己丑五月五日酉时卒于台湾，年三十三，葬南乡冷水井，艮山坤向，内老外碑记华表。

同月，先生因仲兄去世而放弃乡试，携从子传简星夜南奔，打算赴台湾迎回仲兄灵柩，并取道宣武城南南下洼。目睹昔日景物，误以为昔而生伤感，于《城南思旧铭并叙》中言："而仲兄竟殁。素车星奔，取道南下洼。佛寺梵呗，钟磬朗澈，参以目所睹，瞿然大惊，谓是畴昔，徐悟其非，一恸几绝。"（《谭嗣同集》28 页）

同月，先生抵上海，并接唐景崧电告，得知仲兄灵柩已运往上海，随即于上海迎榇。"方余之遭仲兄忧，偕从子传简困顿海上也，眄云水之混茫，夕营魂而九逝，心诵《南华》，用深感乎方生方死、方死方生之言。"（《石菊影庐笔识·思篇》二〇，《谭嗣同集》154 页）此次行程与丁丑年相同，先由天津乘船经烟台至上海，再由上海顺长江至洞庭湖，再顺湘江至长沙，陆行至浏阳。他在《三十自纪》中交代此次行程："寻归湖南，同三年。秋，抵浏阳。"（《谭嗣同集》65 页）

七月十二日（公历 8 月 8 日）

张之洞卸任两广总督，调任湖广总督（《清季职官表》373 页）。

秋

抵浏阳。

约同季，因怀思仲兄，于浏阳作《到家七绝》（《谭嗣同集》96 页）：

孤岭破烟石径微，湾头细雨鸬鹚飞。有人日暮倚门望，应念归人归未归。

别来三见流火星，秋风猿鹤哀前汀。谁知骨肉半人鬼，惟有乱山终古青。

约同季，居于祖地天井坡，并作《山居五律》（《谭嗣同集》96 页）：

云生秋谷雨，树拂晓河星。自欲辟佳境，因之上草亭。虚怜一室白，坐拥万山青。为觅松根史，携锄种茯苓。

十二月初一日（公历 12 月 22 日）

谭继洵升任湖北巡抚，并向朝廷递呈谢恩折。

是月

谭继洵在甘肃重刊浏阳学者朱文炑遗著《慎甫先生四种》。先生在《石菊影庐笔识·思篇》第四十篇中记述（《谭嗣同集》166~167 页）：

浏阳山谷幽邃，士习简朴。宗姚江者为陶氏浔霍，有批点《王阳明集》行世。宗紫阳者，则朱氏文炑最著，著有《慎甫遗集》，大人为重刊于甘肃。及巡抚湖北，访知其墓，为埤土树石。

约十一月、十二月间

子谭传择生于兰州，取字兰生。谭训聪载："公子传铎（兰生）生于兰州，越年殇。"传铎有误，应为传择（《清谭复生先生嗣同年谱》，《谭嗣同研究资料汇编》11 页）。

冬

先生整理其十五岁至二十五岁之诗为一卷。

约是年

撰写《治言》（《谭嗣同集》507~513 页）。《治言》为其现存最早之文章，他在光绪二十一年，即乙未年（1895）七月的《报贝元徵》中谓《治言》一文写于十年前，当指光绪十一年，即乙酉年（1885），据此，写作此文时年龄当为二十一岁。但文中提及"闻之吾师蔚庐先生曰"，"蔚庐先生"即刘人熙。按照刘人熙日记所载，先生与其相识于本年四月十八日，故而先生"十年之前，作《治言》一篇"应为笔误，若以最近的日期来计算，或可能作于是年。先生在乙未年《报贝元徵》中将此文一并呈览于贝允昕，并在文前添加跋语："此嗣同最少作，于中外是非得失，全未缕悉，妄率胸臆，务为尊己卑人一切迂疏虚骄之论，今知悔矣，附此所以旌吾过，亦冀谈者比而观之，引为戒焉。"（《谭嗣同集》507~508

页）《治言》全篇充满了先生对世界局势的看法和对中国遭受外侮的担忧，但在此时他尚将中国视为“礼仪之邦”，其探讨的主题依然是中国作为一个传统国家应当如何应对外国侵略，他认为传统的应对之方有“和、战、守”三种。他此时思想还停留在传统儒家的道德层面，特别是《大学》所谓的“修身、齐家、治国、平天下”之道。

就世界观而言，该文反映了保守派士大夫的心态。他认为世界可以分成三个区。首先是中国，也就是“华夏之国”：

> 赤道以北，适居三百六十经度之中，西至于流沙，东南至于海，北不尽兴安岭，八荒风雨之所和会，圣贤帝王之所爰宅，而经纬、风教、礼俗于以敦，而三纲五常于以备也。是足以特为一区，曰华夏之国。（《谭嗣同集》509页）

其次一区是“夷狄之国”：

> 东朝鲜，西回、藏，洎越南、缅甸之遗民，犹艴面内向，潜震先王之声灵，以服教而畏神者，咸隶焉。由是而东起日本以北，迤俄罗斯而西，折而南，而土耳其，而西印度，西北逾地中海，而布路亚，而西班牙，而德、法、英诸国。又西逾海而北亚美利加，其壤地不同，同于法治，其风俗不同，同于艺术。其禀于天而章于用，为人所以生，而国所以立，而上下之所以相援系。视华夏则偏而不全，略而不详，视禽兽则偏而固，为全之偏，略而固，为详之略，是足以为一区，曰夷狄之国，而北之瑞典群岛，南之荷兰岛咸隶焉。（《谭嗣同集》509页）

再一区是“禽兽之国”：

> 由是而南，起阿非利加，西至南亚美利加，又西至澳大利亚，则有皆榛莽未辟之国也，又皆出夷狄下。是宜自为一区，曰禽兽之国。而近南极之郡岛咸隶焉。（《谭嗣同集》509页）

最后得出结论：“立乎华夏而言，自东而北而西，或左或右或后，三方环以拱者，皆夷狄也。其南空阔泱漭，而落落以肴列于前者，皆禽兽也。此地之三区也。”（《谭嗣同集》509页）此文代表了一种以我族为中心的世界观。由这种世界观出发，先生当时对世界局势的认知还停留在非常保守的层面。他认为当时世界局势的最大隐患是“夷狄率禽兽以凭陵乎华夏”。不过他却认为这种情势并不足畏，还对当时因局势险恶而感到忧虑的人加以讥笑：

> 且世之自命通人而大惑不解者，见外洋舟车之利，火器之精，刿心钵目，震掉失图，谓今之天下，虽孔子不治。噫！是何言欤？自开辟以来，事会之变，日新月异，不可纪极。子张问十世，而孔子答以百世可知，岂为是凿空之论，以疑罔后学哉？今之中国，犹昔之中国也；今之夷狄之情，犹昔之夷狄之情也。立中国之道，得夷狄之情，而驾驭柔服之，方因事会以为变通，而道之不可变者，虽百世而如操左券。（《谭嗣同集》513页）

因此他认为应对外族的入侵，要依靠中国的“道”来制之，而这个“道”即为三纲五常：

> 故夷狄之富，不足以我虚；夷狄之强，不足以我孤；夷狄之愤盈而暴兴，不足以我徂；夷狄之阴狡而亟肆，不足以我图。惟其出一令而举国奉之若神明，立一法而举国循之若准绳，君与民而相联若项领，名与实而相副若形影，先王之言治，曰“道一而风同”。道非道而固一，风非风而固同，斯其忠质之效，而崛起强立，足以一振者矣。（《谭嗣同集》510页）

在文章的结尾，他甚至得出这样的结论：“夫言治至于意诚，治乃可以不言矣。夫圣人固曰：‘意诚而心正，心正而修身，身修而家齐，家齐而国治，国治而天下平。’”（《谭嗣同集》513页）

张灏在《烈士精神与批判意识》中评价先生此时“这种言论和心态，实与晚清守旧分子如倭仁和徐桐之辈不相上下”（《烈士精神与批判意识》46页）。《治言》是先生思想最保守阶段时所作之文，其后来激进的挑战伦常的思想正是逐步推翻此种思想而形成，这是先生由保守到改革的第一步。

同年，欧阳中鹄之孙欧阳予倩生。

光绪十六年（庚寅，1890年）　　二十五岁

二月

先生送谭嗣襄灵柩归葬浏阳。《先仲兄行述》中载："叔弟嗣同以丧归葬于冷水井之原。"（《谭嗣同集》108页）欧阳中鹄于《清故直隶州知州谭泗生府君墓志铭并叙》中亦载："逾年二月壬午，窀穸十四都冷水井之原，艮首坤止为茔，礼也。"（《谭嗣同集》110页）先生题"恨血千年，秋后愁闻唱诗鬼；空山片石，苍然如待表阡人"（《谭嗣同集》118页）于其墓前石柱，并作挽联悼念仲兄（《谭嗣同集》648~649页）：

空回首三十三年，盖世才华，都被艰难磨折尽，为君略计较大端，以妙理启深思，君善于学，以滑稽演文理，君善于词，属怵目惊心，处家庭非常之变，君又善于行权，卒至窜身孤岛，委命穷乡，倘泉壤有灵，应悔壮游万里，吞声怕念家山，寂寞琴书，藐藐遗孤尚文褓；

莽伤心五月五日，蓬瀛风色，竟教噩耗远飞来，顾我犹深隐痛，当平居失弟道，我负其生，当含殓未躬亲，我负其死，值盘根错节，非缓急可恃之才，我尤负其期望，徒然翘首天涯，羁留沪上，忆汉阳语谶，真成一别千秋，衔石谁填恨海，苍茫烟水，飘飘何处著冤魂。

并作《残魂曲》悼念仲兄（《谭嗣同集》80页）：

漆镫昼瞑白玉釭，殡宫长掩金扉双。深夜怪鸱作人语，白杨萧萧苦月黄。残魂悄立冷露坠，酸风掐脸吹红泪。山萤一点照青磷，翁仲稳藉莓苔睡。秋花贯草覆虫声，鬼车魆魆人不行。梦烟愁雾织幽径，惨歌啼怨凄寒更。人生穷达空悲慕，金碗荒凉同古墓。君不见深林哀唱鲍家诗，晓来魂气迷江树。

又撰文《先仲兄行述》以此悼念仲兄。

谭嗣襄生前曾与先生讨论兵法，先生承其意而作兵法之文，载于《石菊影庐笔识·思篇》第三十八篇："先仲兄喜论兵，嗣同承其意为《兵制论》，属草未卒，而罹原隰之痛，委废篋衍，不复省视。每一检校，辄摧怆不容精思。"（《谭嗣同集》164页）

李寿蓉作《谭泗荪别驾》悼谭嗣襄（《李寿蓉集》500页）：

敬甫中丞亲家子，中丞时开藩甘肃。

海东盐荚，新试才华，遽沦淡水羁魂，万里漂零无限恨；办理台湾盐务局，近淡水溪。

江上石榴，黯销颜色，为念陇山亲舍，九原凄切竟何归。灵榇将归葬湘山，以五月过鄂。

因仲兄谭嗣襄亡故，先生与其父隔阂逐渐消除，关系转好，唐才常弟唐才质于《戊戌闻见录》中载："后泗生卒，敬帅怆然不怡者久，以是慈于复生，不复苛切矣。"（《谭嗣同研究资料汇编》268页）

春

赴湖北，途经岳阳，游览岳阳楼，作《湘水五律》（《谭嗣同集》95页）：

天地莽空阔，飘然此一舟。野烟因树起，远水入山流。影事悲今日，临风忆昔游。乐忧都在眼，闲话且登楼。

又作《岳阳楼五律》（《谭嗣同集》96页）：

放棹洞庭湖，湖空天欲无。登楼望落日，暧暧远邨孤。水气昏渔浦，南风长嫩蒲。君山渺何许？青入《十眉图》。

同季，先生居于汉口董家巷岳父李寿蓉家中，为父亲即赴湖北巡抚任而布置。《三十自纪》："十六年春，赴湖北，舟至长沙，易舟流湘泛洞庭，流江抵湖北。夏，归湖南。秋返，赴安徽，流江径九江抵安徽，寻返。"（《谭嗣同集》65页）谭恒锐记："春，敬甫公由甘肃之鄂抚任。公先期由浏阳县启程，舟行至长沙，易舟泛湘浮江抵汉。时公外舅李公篁仙适署汉黄德道，公寓署中，预为布置一切，恭迎老父。夏，又归湖南，秋返鄂。寻又赴安徽，经九江抵安庆，小住即返鄂。"（《清谭复生先生嗣同年谱》，《谭嗣同研究资

料汇编》11 页)

三月

谭嗣襄去世之后，先生悲伤不已，回顾亲友纷纷离世之变故，作诗《湘痕词八篇》，据谭恒锐记，此“为送先仲父下窆时作”，其叙曰（《谭嗣同集》81 页）：

悲夫！人困吁天，岂不信哉？余以降大功之丧，辍业有间。既终丧，乃定十有五岁至二十有五岁十年之诗为一卷。此十年中，时往事易，枨感遂深。少更多难，五日三丧。惟亲与故，岁以凋谢。营营四方，幽忧自轸。加以薄俗沴气，隐患潜滋。迂学孤往，良独怅然！夫内顾诸家既如此，外顾诸世又如彼，故发音鲜宣平之奏，摛辞有拂郁之嗟。客岁之夏，仲兄泗生，告终海外，同母五人，偶影坐吊。尝自念阅世既深，机趣渺邈。独兹艺事，降鉴自天。圜则九重，亦劳人瘁士所不默也。生于骚国，流连往躅，水绝山崩，靡可拟似。成挽歌八章，命曰《湘痕词》。时光绪十有六年春三月。

约同月，又作《古别离》（《谭嗣同集》82~83 页）：

浮生莫远离，远离不如死。死时犹得执手啼，远离徒为耳。原何高？隰何卑？高者绿缛卑涂泥，西云驾雨东云曦。惊蓬卷天起，坠羽沦渊池。痛楚与欢乐，迢迢两不知。张筵会良辰，撤瑟亦兹期。谁谓精神通，山川莫闲之。

同月，于湖北江夏获文天祥蕉雨琴并作《文信国公蕉雨琴记》，上钤“勇猛精进”阳文与“芬芳悱恻”阴文两印（《谭嗣同集》644~645 页）：

蕉雨者，宋文信国公之琴名也。公运厄阳九，空谷汍澜，感时务之变迁，独仿佛以伸旦。慨命声乐，用写抽思。故其铭曰：“海沉沉，天寂寂。芭蕉雨，声和激。孤臣泪，不敢泣。”呜呼！此可以观公之用心矣。

当夫天人交迫之会，国都已墟，宗社已屋，然后缠绵旧君，怆怀遗泽，行歌且谣，凄矣其悲。中人之才，类能勉之，不必贤哲。夫贤哲不必于事之已去也，而疆理如故。文武安嬉，贤哲独恻恻焉以致其忧，拳拳焉以策其效，亡国之音，于焉尽泄。有宋之末，国不国矣，岂待贤哲而后明哉？然而尊荣于庙堂之上，君自若也；欣娱于声色之中，相自若也。独配独情，曾不少见，亦何异乎天下后世之折心于公也。

公之自署款曰："咸淳癸酉宋瑞铭于赣州。"考癸酉之岁，襄阳告陨，师丧国辱，发辞哀思，不亦宜哉。公之提刑赣州也，据《年谱》乃在甲戌，此云癸酉，或前一岁尝至赣州欤？琴长三尺七寸，阔六寸，断纹细碎如毛，世称牛毛纹者也。底篆"蕉雨"二字，铭用行书，凡五行，书法劲秀。印章二：一曰"文天祥印"；一曰"文山氏"。腹镌行书二行，曰"宝祐二年甲寅九月，庐陵山人剖腹重修"。案宝祐在咸淳之前，庐陵山人盖公之自号；其曰重修，则此琴之先于公已数十百年，及今当八九百年矣。夫以八九百年之久，亦何物之能存，矧为槁木乎！然余以为存，不在琴也。

余尝蓄赵松雪琴一，制差小，音亦远逊，以视斯琴，其为物同，余不甚珍惜。故物之无所藉以存，固不能存，即存亦与不存等。国朝吴锡麒诗集，有咏信国琴诗，其琴与此异，分久必合，愿以俟之。吴有诗以纪其事，余兴会萧然，无可置喙，咏歌以表章之，世必有卓尔大雅之君子。

光绪十有六年春三月，获兹琴于江夏，因为之记，以志余之幸。

浏阳谭嗣同复生父撰兼书

先生对蕉雨琴甚为爱惜，为其制作白绫琴囊，时常悬挂于室中，彭传彭《记谭嗣同先烈所藏宋文信国公蕉雨琴》中载（《谭嗣同研究资料汇编》503页）：

当清光绪之际，此琴为吾县谭嗣同先烈所得。其所得之来历，已不可考。相传谭氏得此琴后，用白绫制一琴囊，并亲笔书题词于上（予未见琴囊，不知其题词之语）。此可见其为谭氏甚所珍爱之物。其时谭氏为官僚世族之贵公子，声名藉甚，交游公卿间，且足迹遍海内。而此琴在其手中，当已为名流所鉴赏，确为信国公之遗物无疑。

据说谭氏在漫游西土及黄河两岸、大江南北各地时，常置此琴于行箧中。吾家与谭家有姻故，曾闻其前辈一姻母言，谭氏在最后回浏阳时，携此琴回家，尝见其悬挂室中，而其白绫琴囊则已凋敝呈旧色矣。戊戌政变，谭氏就义后，琴为谭家世传家宝。

△先生敬佩文天祥，认为其“君降臣不降”的气节十分可贵，谭恒辉记述（《谭嗣同研究资料汇编》61页）：

我们在幼年时听李夫人说《岳飞传》，她说：“你们爷爷说文天祥和岳飞比较，有过之而无不及。”我们问：“为什么？”她说：“你们爷爷最钦佩文天祥所说的‘君降臣不降’的那句话。”她还说：“你爷爷认为文天祥不是忠于帝王一姓的忠臣，而是捍卫国家民族的志士。”在那中原板荡，危急存亡的紧要关头，文天祥知难而进，以百折不回的精神抗击蒙古铁骑，是何等的气魄！实非常人所能企及。当南宋朝臣对和、战问题犹豫不决时，只有文天祥力主抗击到底，表现了“臣不降”的高昂气概，不像岳飞那样局限于为宋王朝尽“愚忠”。

△除蕉雨琴外，先生还曾收藏文天祥亲笔横轴，谭恒辉记述：“恒辉在二十年代末，亲眼见到珍藏于北平烂缦胡同湖南会馆的一幅文天祥的‘牙床墨’横轴，据说是文天祥的绝笔。”（《谭嗣同研究资料汇编》62页）

先生还曾在醴陵张氏处得见文天祥一方“日月星辰砚”，并作《文信国日月星辰砚歌并叙》（《谭嗣同集》83~84页）：

砚藏醴陵张氏，长五寸，广半之，博又半之。质细腻微白，圆晕径寸。黑白周数重，中微黄，又中则纯白，圆匀朗润，皎若秋阳。星二，一径分，一半之。背晕益大，黑白纷错，宛然大地山河影。太极图一，径二分，赤白各半。余类云霞类沫者，乍隐乍见，莫得名目。右侧镌铭曰："瑞石成文，星辰日月，不磷不缁，始终坚白。"末署"文天祥识"。昔杨铁崖以七客名寮，玉带生居其一，吾不知视此奚若？而铁崖不矜细行，厥号文妖。张氏宝此砚，尤愿有以副此硕也。余旧蓄信国蕉雨琴，亦旷代罕觏，行出相质，而诗以先焉。

天地既以其正气为河岳、为星日，复以余气为日月星辰之怪石。河岳精灵钟伟人，伟人既生石亦出。吁嗟乎！石不自今日而始，石亦不自今日而终。信国与之亦偶逢，遂令千载见者怀清风。当年喋血戎马中，与尔坚白之质相磨砻。方谓事定策尔功，天枢一绝徒相从。天枢绝，坤维裂，潮无信，海水竭，御舟覆，崖山蹶。丰隆伐鼓呼列缺，云师狂奔风烈烈。双轮碎碾蔚蓝屑，万星尽向沧溟灭。竹如意断冬青歇，叠山之外谁见节。斯时日月星辰安在哉？赖此片石独留不夜之星辰、长明之日月。

同月，刘云田卒于甘肃安定军中，终年三十七岁。《刘云田传》中载："十有六年，大人巡抚湖北，云田以疾不能从。三月，殁于安定军中，年三十有七。"（《谭嗣同集》25页）

同月，谭继洵赴京引见，得光绪帝二次召见。训诲周详。陛辞后束装起程，由天津航海至沪，溯江而上。并于四月十八日抵武汉。

四月初七日（公历5月25日）

谭传简卒，时年二十五岁（《浏阳市梅花巷谭氏宗亲录》36页）。先生于《刘云田传》中言："悠悠昊天，别几何时，仲兄先云田一年死，传简后云田一月死。"（《谭嗣同集》25页）谭训聪《清谭复生先生嗣同年谱》中载传简于1889年冬病殁浏阳，此说不确。传简弥留之际，曾持其父谭嗣棻遗像请先生题句，未果。传简病逝，先生作《先从兄馥峰遗像赞并叙》（《谭嗣同集》118页）：

光绪十有五年冬，从子传简病且死，出其父遗像丐一言，人事卒卒，未即以为，而传简殁。乃撺掇百十字，为延陵之剑。从兄名嗣莱，县学增生，沉默强识，能属文，父子皆以忧患促年，尤可悲云。

吾门不幸耶，何以有君？吾门幸耶，君何以不存？超忽厌世，若无足群。谓天盖高，呼之则闻。谓君盖幽，有煜其文。令誉不忘，则庶几乎睇此，不犹愈于抚遗编而穆然以长勤。

四月十八日（公历6月5日）

谭继洵抵达湖北武汉。

四月二十日（公历6月7日）

谭继洵正式就任湖北巡抚一职，并向朝廷递呈《恭报接印任事日期叩谢天恩折》，他在折中言："窃臣钦奉谕旨补授湖北巡抚，当经具折谢恩、吁恳入都陛见，奉旨：'着来见。'钦此。"此时，谭继洵与湖广总督张之洞督抚同城，同驻武昌。张、谭二人颇异趣，论事每相左。开府之时，先生于巡抚署（位于今武昌胭脂坪附近）结识多为名士，并与王信余、吴小珊、张憩云、涂儒翯、贝允昕等相伴为友，《石菊影庐笔识·思篇》第四十一篇中载（《谭嗣同集》167页）：

家大人开府湖北，宾从文谳，盛极一时。瓣姜师外，若王君信余、吴君小珊、张君憩云、涂君质初、贝君元徵，方诸芝兰，吾臭味也。诗文旨趣，尤与吴君合，因集王氏字二十有二名，属憩云书以赠，志嘉会，兼示勐巩云。

△先生曾为王信余赠吴小珊之菊花石砚题写砚铭（《谭嗣同集》114页）：

谓其顽而又觚，谓其逸不隐而文以华。墨之墨之当其无。汤汤者浏，曰惟厥家。噫！信余不余畀，而以媵于吴。砚为王信余所赠。

△到任后，谭继洵延聘欧阳中鹄入幕，继续教读先生（《湖南历代文化世家·浏阳欧阳氏卷》95页）。

约四月

致函欧阳中鹄（《谭嗣同集》532页）：

里门常亲训诲，嗣在省复侍起居，藉慰数年来仰止，欢喜无量！别后奉赐翰，敬谨读悉，伏维福履绥愉，凡百亨吉，式符臆祝。

近时风气，凡认真办事，不肯苟同流俗者，人窃非之。德至谤兴，道高毁来，古今同慨，而于先生何疑焉，惟大度处之可也。刘艮翁两信均已先后加封递去。鄂署一切如旧，堂上康健，堪以告慰。

夏

《三十自纪》："夏，归湖南。"（《谭嗣同集》65 页）

同季，在浏阳期间，应两江总督李兴锐侄李昌洵邀往浏阳古港镇筱墅垅李家度暑，据李家塾师回忆，先生"一目十行，博览强记"，谭恒辉、谭吟瑞于《嗣同公生平事迹补遗》中记述（《谭嗣同研究资料汇编》59~60 页）：

据我家老人告诉我：嗣同公在八股文上面也曾下过功夫，他于光绪十六年回到浏阳家里，除继续攻读儒家典籍外，还潜心钻研八股制艺。他听说李兴锐（字勉林，浏阳人，官至两江总督）家藏书多，就应其侄李昌洵（字正则）的邀约，于那年夏天去浏阳古港筱墅垅李家度暑，在不到四十天的时间里读完一部《知不足斋丛书》（共三十卷）。据恒辉亲自听到当时目睹的卜秋芙（李家塾师）先生说："我以为他（指嗣同公）看书是走马观花，但经过交谈，才知道他真是一目十行，博览强记。"

谭恒锐亦有记载（《清谭复生先生嗣同年谱》，《谭嗣同研究资料汇编》19 页）：

吾邑老宿卜鉴（心湖）亦为余言：伊曾任教小水陇李氏（李勤恪公兴锐第），一日公至李氏登楼观书，速良惊人。事后举其所观者相询，先公一一举其要点相答，其记忆力可佩。此乃少年时事。

约同季，作《刘云田传》。

五月十七日（公历7月3日）

谭继洵与刘人熙发生龃龉，《刘人熙未刊日记稿本》中载（《谭继洵集》676页）：

> 余与某中丞同乡，故旧卅年，其子又余徒也。当摄鄂抚时，以书贺之，告以身所经湖北榷厘之害一启，以便可兴革者。末曰："至于更相进贤退不肖，不为长者家儿所用，此在宪台自有权衡，非末吏所敢赞词。"亦可谓恭而有礼。昨接铁珊书，言彼甫见书，大怒曰："他教训我，我何用他教训！"则甚矣，形之以颜色，拒人千里之外矣。昔也我犹不敢以不肖待人，今而后知道此人不可与言者，吾失言矣。

五月十八日（公历7月4日）

谭继洵以与湖北汉黄德道候补道李寿蓉为姻亲，上《道员李寿蓉与臣姻亲例应回避折》。因而李寿蓉改派安徽，任安庐滁和道。安庐滁和道驻安庆府，领安庆府、庐州府、滁州、和州（《谭继洵集》4页）。

七月底

谭继洵欲延请涂启先入幕府主章奏，因其病未果；复请欧阳中鹄抵鄂担任幕僚（《谭继洵集》751页）。

八月

先生以雷劈倒之梧桐树残干制成崩霆、残雷二琴，谭恒辉记述："夏天的一个雷雨交加的清晨，浏阳县城北门正街'大夫第'宅院里两棵高约六丈的梧桐树，被暴雷劈倒了一棵。嗣同公就利用它的残干，先后制成两把七弦琴：一名'残雷'，一名'崩霆'（遭暴雷劈崩的意思）。"（《谭嗣同研究资料汇编》57页）

◎"崩霆"琴为仲尼式，琴面为桐木斫，琴底为梓木斫，冠角、岳山、承露为红木所制。牛角雁足，象牙琴轸，蚌徽。无断纹，黑色亮漆。龙池、凤沼为长方形，贴红木、檀木双边。琴身通长117.5厘米，琴额宽16厘米，琴肩宽18厘米，琴尾宽12.7厘米。琴背面龙池之上刻魏碑体"崩霆"二字，其下刻有题款二十三字："雷经其始，我竟其工，是皆有益于琴，而无益于桐。谭嗣同作。"龙池内侧有腹款："浏阳谭嗣同复生甫监制。霹雳琴第一光绪十六年庚寅仲秋。"现藏于湖南省博物馆。

◎"残雷"琴为落霞式，琴面为桐木斫，纹理清晰。黑色光漆，蚌钿徽，牛角轸。岳山内雕有梅花，龙池、凤沼均作圆形。龙焦尾雕灵芝云纹，尾托作藤蔓纹，左右对称。琴身通长 120 厘米，琴肩宽 18. 9 厘米，琴尾宽 12 厘米。琴背面龙池之上刻魏碑体"残雷"二字，其下刻有行楷三十五字："破天一声挥大斧，干断柯折皮骨腐。纵作良材遇已苦，遇已苦，呜咽哀鸣莽终古。谭嗣同作。"均填以石绿。铭文左下方刻长方形朱文印，篆"壮飞"二字。腹款刻"霹雳琴光绪十六年浏阳谭嗣同复生甫监制"二十字。现藏于故宫博物院。

先生对"崩霆琴"十分珍爱，谭恒辉、谭吟瑞曾听李闰回忆往事（《谭嗣同研究资料汇编》58 页）：

> 嗣同公会制琴，也善于抚琴，对琴谱之学颇有研究。曾经听李夫人说过，"崩霆"琴是嗣同公生前最珍爱之物，它和"凤矩"剑一样，总是将其带在身边；当夜深人静，万籁俱寂的时候，他不是弹"崩霆"琴，就是舞"凤矩"剑。

秋

偕妻李闰由安徽九江至安庆，看望岳父李寿蓉。小住之后返回湖北。《三十自纪》中载："秋返，赴安徽，流江径九江抵安徽，寻返。"（《谭嗣同集》65 页）

同季，于安庆作《安庆大观亭》（《谭嗣同集》84 页）：

> 漠漠秋潮送夕晖，片云斜趁水天飞。远山如画月将上，野店初镫人欲稀。异代忠魂应有泪，元余忠宣公墓在亭下。十年血战感无衣。咸丰间，安徽乱最久。霜严露冷犹常事，劫火烧残草不肥。

约同季，作《武昌夜泊二篇》（《谭嗣同集》84 页）：

> 秋老夜苍苍，鸡鸣天雨霜。星河千里白，鼓角一城凉。镫

炫新番舶，礴啼旧战场。青山终不改，人事费兴亡。

武汉烽销日，舟因览胜停。江空能受月，树远不藏星。露草逼蛩语，霜花凋雁翎。但忧悬磬室，兵气寓无形。

冬

归鄂后，居于巡抚署内。因怀思仲兄谭嗣襄，每日黄昏登临巡抚署内胭脂山上六虚亭：“及今居湖北巡抚署，日夕登六虚亭，望江水卷风，峭帆出没，辄隐然于中，凝立不能下。寥寥天壤，一死一生，魂魄有知，犹当聚此尔。”（《石菊影庐笔识·思篇》五一，《谭嗣同集》173页）

同季，先生根据当时国际局势，通过武昌地域分析，指出湖南、四川、云贵等省为中国根本重地，并作《记洪山形势》，其中有言：“然论武昌于今日，又非天下所必重。古之重武昌者，以其挈长江之要领也；今则中外互市，轮舟上下，而长江尽失其险。长江尽失其险，则武昌者，主固无以御客，即客得之亦不能一日守。故武昌譬则斗也，而其柄不在此。将欲操其柄以斟酌海内，挹注八荒，必先以河南、陕西、四川、云贵、湖南、江西为根本，而以武昌为门户，合势并力，以临驭长江之下流，然后东北诸行省恃以益重。”（《谭嗣同集》24页）黄彰健在《戊戌变法史研究》中评价：“在对日抗战时，彰健读谭氏此文，即深佩谭氏眼光远大。”（《戊戌变法史研究》381页）

先生亦诗《览武汉形势》（《谭嗣同集》85页）：

黄沙卷日堕荒荒，一鸟随云度莽苍。山入空城盘地起，江横旷野竟天长。东南形胜雄吴楚，今古人才感栋梁。远略未因愁病减，角声吹彻满林霜。

同季，游洪山宝通寺，作《登洪山宝通寺塔》（《谭嗣同集》84页）：

颓乌西堕风忽忽，吹瘦千峰撑病骨。半规江影卧雕弓，郊原冷云结空绿。楚尾吴头入尘壒，一铃天上悬孤籁。凭栏俯见寒鸦背，余晖驮出秋城外。

十月十六日（公历 11 月 27 日）

陈宝箴出任湖北按察使，其子陈三立随任，谭嗣同后与之结识（《清季职官表》587 页）。

十月三十日（公历 12 月 11 日）

《刘人熙未刊日记稿本》中载："复节吾书、谭嗣同书、贝婿书。"

是年

谭嗣同之子传择殇。谭嗣同于《先妣徐夫人逸事状》中载："传择，殇，嗣同出。"（《谭嗣同集》62 页）

同年，谭嗣同居于湖北巡抚署中，开始创作自己的读书笔记和心得《石菊影庐笔识》，该作分为《学篇》和《思篇》，约于光绪二十年（1894）完成。

同年，谭继洵筹款设立蚕桑局，鼓励种桑养蚕缫丝，先后发放桑苗一千万株，成活数达十之六七。

同年，谭继洵于武昌城东洪山之南原访得浏阳学者朱文炑（慎甫）之墓，代为修缮之（《谭继洵集》751 页）。

同年，先生于武昌广泛阅读江南制造局出版的西方自然科学译著及广学会翻译的国外史地政教书籍，努力追求科学真理，其思想转变在读书笔记《石菊影庐笔识》中多有体现。

光绪十七年（辛卯，1891 年）　　二十六岁

二月十三日（公历 3 月 22 日）

作《画像赞》（《谭嗣同集》117 页）：

> 噫！此为谁？崿崿其骨，棱棱其威。李长吉通眉，汝亦通眉。于是生有二十七年矣，幸绯衣使者之不汝追。天使将下，上帝曰咨。其文多恨与制违，然能独往难可非。放之人世称天累，海枯石烂孤鸾飞。

春

游乌柏寺、白蛮祠，作《武昌踏青词》（《谭嗣同集》86 页）：

陌上春风骢马嘶，鄂君画舸共逶迤。江山和淑归裙屐，荆楚嬉游属岁时。觅径雨迷乌舅寺，耕烟梦绕白蛮祠。余里中祠名。偏于嫩绿残红外，宿草茫茫一怆思。从子传简亡一年矣。

◎“乌舅寺”，据 1864 年《武汉城镇合图》所示，本名“乌桕寺”，在湖北巡抚署及胭脂山北侧。

四月

湖广总督张之洞在武昌经心书院旧址建两湖书院，同时另建经心书院于胭脂山麓，课经古之学。两湖书院分习经学、史学、地舆学、算学四门，专选两省才识出群、志行不苟的秀才入学肄业，每省员额 100 名。当时聚于书院的名流学者人才济济，如江阴金石、目录学家缪荃孙，无锡数学、物理学家徐建寅，无锡数学兼翻译家华蘅芳，武进元史学专家屠敬，归安音韵、地理学家钱恂，宜都历史、地理、金石学家杨守敬，新化舆地学家邹代钧。后来“戊戌六君子”之一的杨锐亦在此任史学教习。杭州汪康年应张之洞之招，为其孙授课，兼书院史学教习，又在自强书院任编辑。

△刘善涵于是年考入书院学习，他在《张文襄公逸事》中描述两湖书院（《蛰云雷斋诗文集》152 页）：

> 两湖书院前后凿两湖，南士居前湖，北士居后湖，各百人，讲堂踞于其中，巍楼杰阁，气象雄伟，或谓仿武英殿制度为之，此虽为谤者之言不足信，然殿阁罘罳阶陛黼扆之属毕具，古诸侯视学之地，未尝有此也。堂之上进为官厅，四周嵌以玻璃，表里洞澈。再进为楚学祠，堂之东曰经学史学分教处，绕湖复道以行，则提调厅也。堂之西为文学理学分教处，又西则南北书库、商学斋、管书委员厅在焉。

七月五日（公历 8 月 9 日）

《刘人熙未刊日记稿本》：“得节吾、谭生书。”

七月十六日（公历 8 月 20 日）

《刘人熙未刊日记稿本》：“驿发复节吾、谭生、贝婿书。”

七月

康有为所撰《新学伪经考》付梓，该书对廖平所著《今古学考》多所袭取。

八月初八日（公历 9 月 10 日）

由湖北至湖南，并于长沙的湖南贡院第三次参加乡试。同行者唐才常。

八月十六日（公历 9 月 18 日）

是日结束本次乡试，未中。本次乡试主考官为王锡蕃、丁立钧。

秋

试罢，与友人同游衡岳。《三十自纪》中载：“十七年秋，归湖南，抵长沙，游衡岳，冬返。”（《谭嗣同集》65 页）先生游衡山祝融峰及衡阳朱陵洞，并作《晨登衡岳祝融峰二篇》（《谭嗣同集》88~89 页）：

身高殊不觉，四顾乃无峰。但有浮云度，时时一荡胸。地沉星尽没，天跃日初镕。半勺洞庭水，秋寒欲起龙。

白帝高寻后，三年得此游。芒鞋能几两，踏破万山秋。独立乾坤迥，坐观江海流。朱陵有遗洞，怀古一搜求。

又作《潇湘晚景图二篇》（《谭嗣同集》85 页）：

袅袅箫声袅袅风，潇湘水绿楚天空。向人指点山深处，家在兰烟竹雨中。

我所思兮隔野烟，画中情绪最凄然。悬知一叶扁舟上，凉月满湖秋梦圆。

九月十三日（公历 10 月 15 日）

谭继洵于巡抚署举行“鹿鸣宴”，《点石斋画报》绘其具体情况，并附注“鄂署谭中丞于九月十三日举行辛卯科鹿鸣宴……”

十月（公历 11 月）

由湖南返回湖北。

十月二十一日（公历 11 月 22 日）

先生于巡抚署接待四川学政瞿鸿禨。《使闽日记》：“赴谭敬丈饮。敬丈方病，福生世兄作主人。”（《陈三立年谱长编》247 页）

秋末

唐才常完成岳麓书院、校经书院课程。

十一月二十四日（公历12月24日）

唐景崧任福建台湾布政使（《清季职官表》549页）。

十一月

收集先仲兄谭嗣襄遗作及其墓志铭、悼辞等编成《远遗堂集外文初编》，并作叙，叙中言及自己平生两次“苍然之感”，并表达了对仲兄的深切思念（《谭嗣同集》103页）：

> 叙曰：夫忧伤之中人，有飘忽冲荡，缠沉盘蛰，挟山岳之势，挈烈风雷雨之暴，举血气心知所能胜以干事者，猝不能当其一击。气息茀然，若存若亡，抗之则无上，按之则无下。其来也不得其绪，而引之则不可究极，合而为苍然之感，吾平生遘其二焉。五六岁时，居京师宣武城南，与先仲兄俱事毕莼斋师。夏雨初霁，嬉戏阶下，兄适他去，四顾孑然，情不可已，遂嗷嗷以哭，此其一也。后遭死生离异之感，辄一形焉。仲兄撤瑟之岁，以应试挈从子传简至京师，览童年之遗迹，怅岁月其不淹，以今准昔，喟焉远想。忆夫烟雨在帘，蛙声夜噪，或败叶窸窣，霜钟动宇，然镫共读，意接神亲，追溯所及，方怦怦于中，而兄之讣至矣！创巨痛深，瞢不省事，哭踊略定，则志隳形索，清刻至骨，自顾宛五六岁孺子也。于时苍然之感，不可以解。当其幽思潜抽，莫可告语，道逢林叟耕夫，辄欲流涕，引与话旧。睹禾黍布陇，废冢断碑，以及坏牖蛛丝，皆若与我有一日之好。使得见曩之童仆，且将视为肺附，而不能一日离。然自恃尚有传简在，未几而传简亦殁。呜呼！机发必先，情极则返，折心之痛，行三年矣。乃克检仲兄遗文手书一通，单辞夺简，莫成卷帙，言行之大，见于行述志名及哀诔之文，无所离丽，命曰《集外文》尔。
>
> 光绪十有七年冬十有一月叙

约同季，作《极蠹歌并叙》（《谭嗣同集》91页）：

先仲兄手书，亦既联为大卷，乃开罪脉望，毁于柔口，生而不阅，死无幸焉。相苦抑何迫耶！《诗》不云乎：“作此好歌，以极反侧。”泫然嗟痛，用有斯篇。

中妍不复实，外美有余貌。笺策甫谿碎，蟫蠹正超趠。害多终可祛，字灭讵堪校。形势斋鸾龙，文采碎圭瑁。嗟尔微齿角，端然坐侵暴。酣豢小人儒，诗礼君子盗。幺麡朋而从，渠魁前以导。躬弱惟馂余，援强乃居奥。蠡测未云深，蚕食转相效。语涩尚吐吞，篇佳益咀噍。至其独工整，卒亦莫椎剽。偶思掇所遗，殊复领其妙。今想作书时，神应先笔到。平生雄千夫，兹事真一豹。犹然妒华藻，况乃见才调。溟鲲抟扶摇，坎蛙横责诮。仙人黄鹄举，下士苍蝇笑。颠贾理亦宜，排挤情可料。惟兹藐蠕蠢，为物仅翘肖。箕舌胡为张，鸱吻谁与噪。精金既焚铄，素纨宛衰耗。妄谓死易欺，盖同犯不较。远有万古期，耻为寸简悼。俯瞰江苍茫，仰观日焜耀。湍流有诡波，健行无私照。金薤署琅函，歌钟勒清庙。永言怀断编，不息咨汝嫶。

十二月初

谭继洵左足生疽，久治不愈，数濒于危，遂请假三月调理治疗。先生衣不解带，侍疾半月，口吮其毒而愈（《谭继洵集》751页）。唐才常亦于翌年五月家书中言及：“男在学署，闻谭中丞患病甚剧，后留心邸报，亦无他故，不知目下已全愈否？邑中有甚新闻否？”（《上父书八》，《唐才常集》490页）谭恒锐记：“光绪十八年敬甫公患足疽，公身不解带侍疾，其他子孙仅白天侍候，入夜归寝。公侍疾半月，病少瘳，老仆杨媪向余言公精神真好，然神采则不如前矣！”（《清谭复生先生嗣同年谱》，《谭嗣同研究资料汇编》28页）

十二月二十三日（公历1892年1月22日）

《刘人熙未刊日记稿本》中载：“发与谭嗣同书，复节吾、信余书。”

是年末

湖广总督张之洞在湖北推行洋务，先后创办了湖北枪炮厂、汉阳铁厂、湖北织布局、湖北纺纱局、大冶铁矿等企业，使武汉成为南方洋务重镇。但张之洞对洋务把持甚严，上述企业自总办以下皆为其一人委派，他人概不得插手。谭继洵深知洋务之重要，但鉴于张之洞防范甚严，而自己“未预其事”，且缺乏这方面知识与经验，故采取了不参与的态度，以避嫌疑。张之洞每约其联衔陈奏洋务新政，“皆谢不敏”（《谭继洵集》751 页）。

光绪十八年（壬辰，1892 年）　　二十七岁

正月十一日（公历 2 月 9 日）

唐才常应四川学政瞿鸿禨之聘，抵成都并往成都府提督学院署谒见瞿鸿禨，任阅卷，兼教读两学徒。

春

谭继昇于浏阳安葬。应谭嗣棨之请，谭继洵在湖北抚署撰《谭公海峤府君墓志铭并序》，称：“兄之视洵如此其笃，而洵之视兄将何以为报也！”（《谭继洵集》752 页）

三月二十六日（公历 4 月 22 日）

谭继洵病愈销假（《谭继洵集》752 页）。

秋

与友人宁乡饶炳勋于巡抚署六虚亭中作诗《湖北巡抚署六虚亭晚眺同饶仙槎作》（《谭嗣同集》91~92 页）：

> 秋云不能高，日暮泊隆栋。平楚翳人踪，暗鸟沸寒哢。好音一何勤，了无片羽羾。寂永未碍喧，觉独乃疑梦。临高意慨慷，收远目纵送。野势浩无极，山形纠相贡。遐心抚四海，莽眇乘飞鞚。

九月二十一日（公历 11 月 10 日）

谭继洵七十寿辰，设宴庆祝，李寿蓉为其作《谭敬甫中丞亲家七十》联：“避节制遵讲，十数年朱邦旧谊；为使君寿辰，重九日

黄花晚香。”此联载于李寿蓉《天影庵联语》之中。谭训聪《清谭复生先生嗣同年谱》中载：“九月初旬，亲朋毕集，敬甫公率亲朋子侄辈于抚署留影，此相片于民国十九年遗失。”（《谭嗣同研究资料汇编》12 页）

十月二十四日（公历 12 月 12 日）

《刘人熙未刊日记稿本》中载：“由河淀邮寄家书，托谭公子寄转浏阳。”（《谭继洵集》676 页）

十二月七日（公历 1893 年 1 月 24 日）

《刘人熙未刊日记稿本》中载：“得谭生嗣同书，知吾弟十一月初六日到汉皋，核甚通也，为之欣慰。”（《谭继洵集》677 页）

约是年

作《鹦鹉洲吊祢正平》（《谭嗣同集》86 页）：

云冥冥兮天压水，黄祖小儿挺剑起。大笑语黄祖，如汝差可喜。丈夫呰窳偷生，固当伏剑断头死。生亦我所欲，死亦贵其所。侧闻汉水之南、湘水之浒，桂旗靡烟赴箫鼓，若有人兮灵均甫。波底喁喁双鬼语，岁岁江蓠哭江渚。江渚去郢城，迢迢复几许。有血不上郢城刀，有骨不污郢城土。郢城有人怒目视，如此头颅不敢取。乃汝黄祖真英雄，尊酒相雠意气何栩栩。蜮者谁，彼魏武。虎者谁，汝黄祖。与其死于蜮，孰若死于虎。鱼腹孤臣泪秋雨，蛾眉谣诼不如汝。谣诼深时骨已销，欲果鱼腹畏鱼吐。

同年，作《公谯》（《谭嗣同集》89 页）：

华月流绮疏，置酒临高台。剑佩拂零露，冠盖纷以来。园木郁茏葱，清晖濯氛埃。文鳞没澄波，驯麋嬉两阶。惊飙下纤云，瑶瑟声为哀。宾从请皆赋，繁音润琼瑰。匪此径寸翰，奚由罄所怀。

同年，作《代大人撰赠奉政大夫任君墓志铭并叙》（《谭嗣同集》26~27 页）。

约同年，与八指头陀释敬安相识。先生曾语其曰：“吾辈此后当以热血相见。”（《八指头陀诗文集》552 页）先生在《论艺绝句六篇》中提及“湘潭诗僧寄禅”，即为释敬安（《谭嗣同集》90 页）：

姜斋微意瓣姜同县欧阳师探，王壬秋邓武冈邓弥之辅纶翩翩靳共骖。更有长沙病齐己，湘潭诗僧寄禅。一时诗思落湖南。论诗于国朝，尤为美不胜收，然皆诗人之诗，无更向上一著者。惟王子之诗，能自达所学，近人欧阳、王、邓，庶可抗颜，即寄禅亦当代之秀也。

光绪十九年（癸巳，1893 年）　　二十八岁

正月

辑哀挽谭嗣襄诗文为《远遗堂集外文续篇》，并于《自叙》中写道（《谭嗣同集》112 页）：

叙曰：《远遗堂集外文初编》，为先仲兄作也。吾之哀吾兄也止此乎？呜呼！难言矣。吾之抒吾哀也，笔焉而中止，与不止而卒毁其草，不知其几。则四五年来独游孑处，仰而叹，俯而悲悯，方今思昔者，心绵之而益孤，遇参之而弥舛，目之而形枯，耳之而声恻，其始也微动，而其究也无穷。所为敛口而啸，哆口而歌，哭非哭，笑非笑，轮囷樛葛，以塞噎于灵台之中，欲笔焉而不能者，又不知其几也。呜呼！难言矣。少勤业诗，然自吾兄之殁，气傻而吟不能长，音啴而举不能数，遂一发其迫于不忍者，于铭赞有韵之文，得若干篇，为《远遗堂集外文续编》，兼以俗所谓挽联者附之。既成，叙其意曰：人之于言也，非一端而已。或近而远，或显而微，或约之入毫发而无余，或扩之弥邱山而不可尽。然其归也，一固一，不一亦一也。方其有所触而兴，游焉处焉，仰焉俯焉，今焉昔焉，心焉遇焉，目焉耳焉，无往而非其所触，不必其啸以歌也，不必其哭以笑也。无以自解于己，益无以授解于人。人之闻其言，或惝恍缪悠，相去甚远，徐而迹之，若有可睹，而卒不得其意之所存。夫意之所存，己且无以得之，又何以为乎人哉？然则余虽久不为诗，而前此而有作，亦若是而已矣。继此而有作，亦

若是而已矣。何也？一固一，不一亦一也。故吾之哀吾兄也，遂止于此。呜呼，难言矣！

△先生将其堂命名为“远遗堂”，将其庐命名为“石菊影庐”，他在《石菊影庐笔识·思篇》第四十一篇中记述（《谭嗣同集》167页）：

县产菊花石，尝铭以为砚，因名庐曰石菊影。又以陶诗“远我遗世情”之言，名堂曰远遗。集《禊帖》字联于壁曰：“人在有情天，得此群山，暂舍事事；生岂无怀世，每当九日，亦自欣欣。”跋曰：“浏阳菊石，温而缜，野而文，复生谓己其影，名石菊影于庐，欲言其意不能。而‘远我遗世情’，柴桑固为我言。复名远遗于堂，欲书其言不能。而修禊事之序，山阴固为我书，甄而录之，用属吴君小珊。”

△先生藏有四方菊花砚，为之命名秋影、瘦梦、瑶华、观澜，并作铭（《谭嗣同集》113页）：

菊花石秋影砚铭：我思故园，西风振壑。花气微醒，秋心零落。郭索郭索，墨声如昨。菊二，备茎叶，水池在叶下，池有半蟹，其半掩于叶，名之曰“秋影”。

菊花石瘦梦砚铭：霜中影，迷离见。梦留痕，石一片。砚制极小，厚才分许，任石形之天然，无取雕琢，觚棱宛转，不可名以方圆，色泽黯澹，有凋敝可怜之意，残菊一，大如指，名之曰“瘦梦”。

菊花石瑶华砚铭：投我以琼英，以丹以黄，以莫不平。文质并茂，光润次玉，名之曰“瑶华”。

菊花石观澜砚铭：落英之泛泛，风行水上涣。文不在兹乎，才士也夫。墨池琢之甚光坦，余任其巉岩矗叠，然序次鳞鳞有波澜奇趣，一花敷浮其上，名之曰“观澜”。

正月二十五日（公历3月13日）

《刘人熙未刊日记稿本》中载：“作家书、欧阳婿书、复生书，三书递寄湖北抚署，托复生代寄浏阳。”（《谭继洵集》677页）

三月十四日（公历4月29日）

《刘人熙未刊日记稿本》中载：“自作家书一函，交谭生寄由

驿发至湖北抚署。”（《谭继洵集》677页）

春

经九江赴芜湖，谒岳丈李寿蓉，并在皖住三天，李寿蓉时任徽宁池太广道，驻芜湖。《三十自纪》“十九年春，赴芜湖，流江径九江、安徽抵芜湖，寻返”（《谭嗣同集》65页）；先生在致其师欧阳中鹄信中言及：“拜辞后，沿途平顺，过皖住三日”；谭恒锐《清谭复生先生年谱》中载：“时李公署徽宁池太广道，驻芜湖。”先生或与李寿蓉同游含山县东关镇濡须坞古战场、芜湖干将池，并在《江行感旧诗》中载：“萧萧芦荻濡须坞，昔日清游此最佳。妄拟猿公同话旧，干将池上渺予怀。”（《谭嗣同集》183页）不久后即返回湖北。

四月十八日（公历6月2日）

谭继洵上奏折请为湖北提倡农桑。先生在《石菊影庐笔识·思篇》第四十三篇中言及其父在省城东北隅开公桑园之事（《谭嗣同集》147页）：

> 湖北公桑园，大人所创。昔官甘肃，日以蚕桑董民，而边地苦寒，民情窳惰，利以不兴。属官复以掩饰希课最，岁殚辄买邻省丝上供，诡言土物，责之愈迫，其遁亦愈巧。膏泽卒不下，究与陈文恭抚陕西时事正相类。今抚湖北，地本宜桑，民苦无所得种，率作兴事，不劳而成。购浙桑遍树郡县。复园于会城东北隅，以养其萌孽，既长则易树所宜土。其曰“公桑”，《祭义》“古者天子诸侯必有公桑”也。棘垣外闭，朴而不陋，小有楼台，可休游屐。欧阳瓣姜师代撰楹帖曰：“美利尽田园，许万家生意平分，微行试辟豳诗地；成功告纁组，有五色天章可织，厥篚新呈荆贡时。”

五月

唐才常由四川返回湖南。

夏

由湖北启程，顺长江走水陆至上海，乘船至烟台，再经天津、通州至北京，准备参加当年秋试。《三十自纪》："夏，上京师，流江径九江、安徽、江苏至上海，易舟浮海，径烟台至天津，又易舟溯潞至北通州，陆抵京师。"（《谭嗣同集》65页）

同季，途经上海时，先生与饶炳勋、李昌洵二人合影，但之后因受谣言攻击。先生于《三人像赞并叙》中提及此事："光绪十有九年，与饶仙槎、李正则同写照于上海。既而焚轮振槁，雨绝于天，旋有议饶甚口者，词连嗣同，恇惧之余，弥用悁悒，遗此戒之云尔。"像赞云："三子并立饶者髯，右者维李左者谭。洸洸之海天所涵，于此取别相北南。既南既北用不咸，相语以目旁有箝。髯乎髯乎尔何谈，平生已矣来可砭。右者闳洫其口缄，左者之铭神则监。"李昌洵为李兴锐之侄。（《谭嗣同集》117页）

八月初八日（公历9月17日）

先生于北京的顺天贡院第四次参加乡试。本次乡试为顺天恩科乡试，因次年十月初十日为慈禧太后六十寿辰而举行。

同日，唐才常与刘善涵在长沙参加秋试，均未中，此次秋试，浏阳学子无一人中榜。

八月十六日（公历9月25日）

结束本次乡试，未中。本次乡试考官为翁同龢、孙毓汶、陈学棻、裕德。

△试罢，在刑部侍郎龙湛霖之子、同门兼姻亲龙绂瑞家寓居两月，本欲过夏再行返回，后被其父催促回到武昌。龙绂瑞《武溪杂谈录》中载此事（《谭嗣同研究资料汇编》86页）：

> 谭复生先生（嗣同）癸巳赴北闱乡试，寓余家者两月，朝夕谈论，有如昆弟，榜发被黜，欲留京过夏，其父促之归，遂回武昌。谭敬甫丈（继洵）老成拘谨，君则发扬蹈厉，不守绳墨，故父子颇异趣，平居辩论锋起，声若洪钟，目上视，能远望，异于常人，于书无所不观，诗文不落寻常蹊径。

龙绂瑞孙女龙永宁在《谭嗣同与我祖父的交谊》中载其祖父与先生之关系（《谭嗣同研究资料汇编》430页）：

谭嗣同烈士与我祖父龙绂瑞（字臾溪）同学，我祖父曾保存了烈士写给他的八封信。我家与谭家本是通家世好，后又结为亲戚，因此，关系颇为密切。我家原籍攸县，毗邻茶陵。谭烈士之父谭继洵（字敬甫）、我曾祖龙湛霖（字楚生）、谭延闿之父谭钟麟（字文卿）及他们的上辈都有世谊。后来谭继洵任湖北巡抚，谭钟麟任两广总督，我曾祖则为刑部侍郎，在宦途上他们更来往频繁。浏阳欧阳中鹄先生（字瓣姜，为戏剧家欧阳予倩之祖父）以举人官内阁中书，工文辞，兼讲义理之学。谭嗣同、唐才常及我祖父皆其及门弟子。同时我的大姑母（龙璋之女）嫁给谭烈士之侄谭传赞（露生），我家与谭家又是姻亲。

并且，《谭嗣同与我祖父的交谊》中亦载：

我小时候听见长辈说，谭烈士常到我家来。他面色颇黑，说话声如洪钟，连内宅的女眷都能听到。她们想看看这位大嗓门的客人，就从门帘缝里偷看，常常看到他激昂慷慨地谈论着，但由于当时女人们不能管外面的事，所以也不记得他讲些什么了。我祖父曾向我们回忆说：癸巳年（1893），我曾祖作京官，家住北京。谭烈士赴北闱乡试，在我家住了两个月，与我祖父朝夕宴谈，有如昆弟。等到榜发，他没有考中，本来想留在我家过夏天。他父亲时在湖北巡抚任上，派人来催促他回去，他才回到武昌。谭嗣同侍父极孝，对兄弟很友爱，但他并非为封建伦理道德所囿。有一天，他和我祖父讨论节孝问题，他说："守节是宋人的谬说。而父子天性，色养是应尽之责，无所谓孝。"他虽然孝顺父亲，但为人发扬蹈厉，不守绳墨，而其父却老成拘谨，思想保守，因此父子异趣。

△在京期间，先生与吴德潚相识，终日对语而并不得知对方姓名，此人为先生后识好友吴樵之父。《吴铁樵传》中载与吴樵相识之情形（《谭嗣同集》202 页）：

嗣同初不识铁樵，亦于京师偶遇之。片言即合，有若夙契。嗣同甚乐铁樵，又钦其父名，因铁樵请见，连不值。既得见，则三年前对语终日而各不知姓名之季清先生也。相与抚掌大笑，剧谈略数万言不得休息。铁樵亦大诧，以为奇遇，以长铁樵一岁，父事季清先生而弟铁樵。过从日密，偶不见，则互相趋。

△先生亦结识同门好友沈兆祉，沈亦为欧阳中鹄弟子，致力于考据学，亦好格致算学，并时时谈西学。他们在京师时，沈治目录学，先生研究纬学，相得甚欢。他于《与唐绂丞书》中言及（《谭嗣同集》210 页）：

南昌沈小沂兆祉，吾瓣姜先生弟子也。于考据学致力颇深，词章绵缈处大似嗣同，亦好格致算学，时时谈西法。往与同学京师，渠治目录，嗣同治纬，相得欢甚。但稍觉其不脱经生气。

先生曾自撰联，沈兆祉十分喜爱："又自撰壁联曰：'云声雁天夕；雨梦蚁堂秋。'沈晓沂绝爱之。以为晶莹凄恻，骨重神寒，但当翦取半江秋水，醮笔书之耳。"（《石菊影庐笔识·思篇》四五，《谭嗣同集》169 页）

秋

先生由北京取道天津，从海道经烟台至上海，又沿长江经江苏、安徽、九江，返回湖北。

同季，途经南京时作《残蟹》（《谭嗣同集》85 页）：

篱落寒深霜满洲，南朝风味忆曾留。雁声凄断吴天雨，菊影描成水国秋。无复文章横一世，空余灯火在孤舟。鱼龙此日同萧瑟，江上芦花又白头。

同季，在途中作致沈兆祉一信，言及自己少年于甘肃驰马之事，并在信中为其推介同县友人贝允昕（《谭嗣同集》6 页）：

又嗣同弱娴技击，身手尚便，长弄弧矢，尤乐驰骋。往客河西，尝于隆冬朔雪，挟一骑兵，闲道疾驰，凡七昼夜，行千六百里。岩谷阻深，都无人迹，载饥载渴，斧冰作糜。比达，髀肉狼藉，濡染裈裆。此同辈所目骇神战，而嗣同殊不觉。今车行未二日，计程才百里，筋骸骫骳，若不自胜。年未三十，颓弛若此，异时傥遂有济耶？足下英年绩学，独秀无双。时时自省，神非完固，灵府噎不得开。愿持之以缓，胜之以不战，徐出而求友以自辅。同县有贝元徵者，足下见后必当有异，此又目不见睫而侈论泰山、臣死药亦不灵者也。日来离忧结轖，魂依左右，口占此书，用致绸缪，宜发为谈，未止此耳。

十月上旬

欧阳中鹄离京抵鄂，在鄂时曾拜访谭继洵、陈宝箴，询以战局。但因先生与唐才常均不在武昌，故未遇。十月十五日，欧阳中鹄乘舟离汉，十一月廿五日返抵浏阳。

十月十三日（公历 11 月 20 日）

抵达湖北武昌，并居于巡抚署中。

十月十九日（公历 11 月 26 日）

致函欧阳中鹄，在信中嘱托其为自己所捐戴花翎办理加级纪录（《上欧阳中鹄一》，《谭嗣同集》532~533 页）：

薄游日下，获展驰慕，训辞深厚，充然在中。侍于君子，自然有益，傥其征欤！拜辞后，沿途平顺，过皖住三日，于十三日抵鄂。家严康健如常，署中均安好。堇如患心疾顷已愈，不日仍赴闽。奉月朔赐书，猥以誉录事深劳擘画，愚意正复如此。加级纪录，虽无足重轻，尚为求之有道，得之合义，视平日不甚切己之顶戴，其荣辱较然矣。今已禀明家严，即恳夫子代办，需费若干，祈开示即照寄。先此叩谢，无任依恋。

△在此之前，先生已捐戴花翎。中国第一历史档案馆藏《清代官员履历档案全编》中亦载其“十九年捐戴花翎”。

十月二十五日（公历 12 月 2 日）

唐才常致函欧阳中鹄，表达了秋试失败后希望得以一枝之栖的愿望：“侄既不得志于有司，本拟再作远游之计，第家祖母年届八旬，不欲令作蜀道游，且明年又值大比之期，仆仆风尘，似于进取之途有碍。然家徒四壁，担石萧然，又不能坐守穷檐，以致缺饔飧之资。辗转思维，无适而可。未审有附近之省，可图一枝之借否？然事无固必，遇有自然，惟老叔少垂神焉可耳。”（《上欧阳中鹄书一》，《唐才常集》517 页）

△接信后，欧阳中鹄遂聘请唐才常为其家塾教读，唐遂成为其孙欧阳予倩之启蒙老师（《唐才常年谱长编》52 页）。

十一月十五日（12 月 22 日）

谭继洵奉命任钦差大臣赴四川查办四川总督刘秉璋案，由张之洞兼署湖北巡抚。行前，谭继洵令先生留在署中管理家政。查案后，刘秉璋被革职（《谭继洵集》753 页）。

约是年冬

作《桃花夫人庙神弦曲三篇》（《谭嗣同集》88 页）：

江城寒食冷烟碧，雨丝罥柳横江织。帝子灵旗千里遥，渚宫玉露蘋花泣。山鬼啼月望桂娥，回风袅袅吹女萝。灵之来兮惨不语，铜鼓一声双燕下。

神乌哑哑樯上啼，靡云小旆垂雌霓。酿恨为酒泪为浆，寡妇丝里弦铜鞮。楚宫阍人何自苦，烧瓦不作鸳鸯泥。残阳独自下章华，汉南草树春萋萋。

纸马旋地风萧骚，幽香一缕初振箫。十二峰头寒暮雨，秋梦不上巫山高。孤鸾映月飞春霭，骑鱼撇波下琼海。天河落处是家乡，山上蘼芜望相采。

十二月三十日（公历 1894 年 2 月 5 日）

友人饶炳勋作《除夕感怀》寄先生，先生读后“觉蓬蓬在腹”，感慨“飞光自抚将三十”，遂作《和仙槎除夕感怀四篇并叙》（《谭嗣同集》92 页）：

旧作除夕诗甚夥，往往风雪羁旅中拉杂命笔，数十首不能休，已而碎其稿，与马矢车尘同朽矣。今见饶君作，不觉蓬蓬在腹，忆《除夕商州寄仲兄》：“风樯抗手别家园，家有贤兄感鹡原。兄曰嗟予弟行役，不知今夜宿何村。”风景不殊，幽明顿隔，鸣邑陈言，所感深焉，亦不自知粗放尔许。

断送古今惟岁月，昏昏腊酒又迎年。谁知羲仲寅宾日，已是共工缺陷天。桐待凤鸣心不死，泽因龙起腹难坚。寒灰自分终销歇，赖有诗兵斗火田。

我辈虫吟真碌碌，高歌《商颂》彼何人。十年醉梦天难醒，一寸芳心镜不尘。挥洒琴尊辞旧岁，安排险阻著孤身。乾坤剑气双龙啸，唤起幽潜共好春。

内顾何曾足肝胆，论交晚乃得髯翁。不观器识才终隐，即较文词势已雄。逃酒人随霜阵北，谈兵心逐海潮东。飞光自抚将三十，山简生来忧患中。

年华世事两迷离，敢道中原鹿死谁。自向冰天炼奇骨，暂教佳句属通眉。无端歌哭因长夜，婪尾阴阳剩此时。有约闻鸡同起舞，灯前转恨漏声迟。

是年

作《城南思旧铭并叙》，文中记其少时于宣武城南之经历。

光绪二十年（甲午，1894年）　　二十九岁

正月

复信沈兆祉，信中言及因谭继洵前往四川，自己虽颇富闲暇，但却缺乏交心论学的朋友。信中也较多地谈及他对天文学的看法，可见此时已接触天文颇深（《谭嗣同集》7~8页）：

近自家大人使蜀，颇富闲暇，忘其专辄，粗欲有事捃拾。而官事转掕，时复与达官往还，哇言尸貌，实违鄙心。署中度岁，薪米要会，性尤不近，论说之友，又终阙如，以此居恒邑邑。内计心力渐顿，便再咿唔一百年，亦不过如是尔尔也。悲夫！

…………

月去地面八十万里有奇，以轮船速率日八百里计之，千日可达。况行于寥霩，非有轮船行水之阻力，抑非若火车轮碾轨

道之相滞，其速当数倍。迨愈近，吸力愈重，行亦愈速，不过数月，已联串如珠。惟牉合之顷，其来势远，则相趋力猛，恐一击两碎。

…………

凡物春夏则涨，秋冬则缩，寒暑燥湿使然也。大者有草木之荣落，江河之涸溢。其实小物亦然。木为凿枘，水之苦不可入；金为牝牡，火之坚不可拔。时辰钟表，不能无差，机轮刚柔有时也；木尺量纸，不能无差，木纸盈朒殊科也。故绘图之家，以纸为尺。然此纸非彼纸，仍不能无差。惟即画其尺于所图之纸，图尺同在一纸，久久如故。其实人身亦然，肌寒而粟缩也，皮暑而泽涨也。然涨缩分度甚微，人遂以为止此耳。

先生此信通过龙绂瑞转寄（《谭嗣同集》626页）：

昨承寄下沈小沂信一函，今作回信，交信局寄。乃该局云，临江不能寄，是必仍由尊处设法转寄，始得达。伏乞将皮面字改正，即转寄为叩。再仍祈将转寄之处示知，以便此后常寄，毋任叩祷，立候回音。

同月，与同乡刘善涵在湖北巡抚署中结识并订交，刘当时正在两湖书院就读。初次见面，先生对其印象极好，“前月在龙君斋头晤语，礼让彬秩，言庄容肃，商榷术艺，而终无一语及世俗事。”于是先生与刘善涵成学术文字之交，并有书信赠馈往复。言及初见刘善涵诗文时，极表赞赏，“今见足下，被褐怀玉，质有其文。蚤受凿楹之书，高视都讲之肆。艺文数通，虽一斑片羽，可由意其深造”，甚至于“一札之投，未尝不反复再四”（《谭嗣同集》14页）。

夏剑钦在《谭嗣同致刘淞芙书札编年辨证》一文中考证二人相识之事：

谭嗣同与刘善涵在龙君斋头的初次“晤语”，是在1893年11月其父谭继洵奉命赴四川查案之后而谭嗣同留守武昌管理家政“居恒邑邑”的度岁之后。据谭嗣同1894年初写给友人沈小沂的信中说："近自家大人使蜀，颇富闲暇，忘其专辄，粗欲有事捃拾。而官事转棙，时复与达官往还，哇言尸貌，实违鄙心。署中度岁，薪米要会，性尤不近，论说之友，又终阙如，以此居恒邑邑。"（《谭嗣同全集·与沈小沂书二》）正是在此缺少论说之友，"居恒邑邑"，"所与处者，类皆盅盉软美，久于官场之俗吏"的情况下，遇到"礼让彬秩，言庄容肃，商榷术艺而终无一语及世俗事"的儒雅君子刘善涵，谭嗣同自然私下认为"大可以觇彼此之志趣学养。自此愈益钦畏，亦愈益爱慕，延企箴警，用萌侈心"（《报刘淞芙书二》）。

而刘善涵作为一个出身儒门、饱读诗书的寒家子弟，能偶然遇到并结识一位出身豪门而桀傲不凡的同邑世家子弟，当然也是一件人生难得的幸事。因而在初相识之后，他以骈文先颁，主动向谭嗣同表示自己的钦敬和爱慕之心，并由此而引发了二人之间较为频繁的书信往来。

◎刘善涵（1867—1920），字淞芙，湖南浏阳人，清末举人。在湖南维新运动中，参与创办算学馆、办矿、创办《湘报》等；借推广新式报纸和刻印书籍以传播西学和新学；又创办浏阳女学堂、不缠足会，倡导男女平等；随熊希龄参与东三省清理财政，历任直隶州知州、财政部盐务署事。

△与刘善涵相识之后，先生延请其至湖北巡抚署中为其侄谭传炜教读，刘善涵之女刘豫璇曾回忆（《谭嗣同研究资料汇编》186页）：

1891年，刘淞芙考入湖北两湖书院。此时，谭嗣同也正在他父亲巡抚署内，两人朝夕晤聚。谭想替他侄儿延名师课读，要求学问渊博而又有新思想、能以新学教学之士，于是聘请了刘淞芙到衙署教他侄儿淮生读书。

正月十一日（公历2月16日）

《申报》7477号载《癸巳科乡试挑取誊录名次单》，应试人员共计140人，先生排名128，孙宝琦亦在其中，排名98。

正月底（公历3月）

先生与刘善涵相识之后，刘以骈文先颁，主动表示自己的钦敬和爱慕之心。先生于是日回刘善涵一信，并赠以旧墨八丸，乌扇一柄，此为先生首次致函刘善涵（《致刘淞芙一》，《谭嗣同集》569~570页）：

相违只尺，邈若山河。盖副介当潜伏之时，豪杰有相趋之戒；益以鄙性疏陋，不识酬酢，深居简出，终用怅然！是以知有叔度同里，北海通家，临邛高文，通德朴学，非一日之知，乃望衡之密，卒未尝执雉请间，屏卫升堂。大惧酣豢薄劣，见嗤哲匠之门；龋齿呻吟，无当偃师之听。然悽悽此心，何日忘矣！

不谓林宗交神，太邱道广，猥以故纸蟫蠹，尚足与于斯文，投之东瀛之画，媵以瑰伟之词。见赠之篇，入元和韩、孟之奥；《瘗玉》之作，突初唐四杰之前。愚以为海内诗派，眉山、江西而后，渐即横流。梅村、新城出，救以清新，后乃流为浮滑。迩者瓣姜先生嗣阮、左之响，白香、湘绮时振王、杨之唱。湖山辉耀，文苑有属。若夫高华凝重，赋丽以则，擎孤掌以障奔流，上飞云而遏细响，四杰不作，舍湘绮其谁与归？佳什深厚，雅近景明《明月》，抱此绝艺，庶几湘绮替人，足以雪前者一县之陋，无任钦服！

…………

嗣同废学久矣，文囿荒芜，欲为报章，迄不得一字。日来宾从公宴，尤无佳兴。谨具旧墨八丸，乌箑一柄，用答厚贶，且勤劼巩。齐桓公之好可永，赵文子之请赋何答也。愿纳其不腆，不督其不逮，幸甚！幸甚！春和日丽，知存养时复似之，惟为学自卫！

夏剑钦在《谭嗣同致刘淞芙书札编年辨证》一文中考证此信写作日期：

综合考察二人初相识的谭致刘书札四通，当以《致刘淞芙》十二通之一为谭答谢刘来书并馈赠诗篇和礼品的第一封信。其关键语，一是开篇的“相违咫尺，邈若山河”，指刘善涵虽自光绪十七年（1891）即已考入两湖书院，与谭府近如咫尺，但三年来都与同乡谭嗣同无缘相见，一直没有往来，好像远隔着高山大河，直到1894年春（疑为正月）才在“龙君斋头晤语”相识。二是谭说自己“不识酬酢，深居简出”，直到现在才“知有叔度同里”，即至今才知道有东汉黄宪（字叔度）一样品学超群的人原来还是自己的浏阳同乡。这些话都是二人初相识后首次复函的明证。于是，谭嗣同不仅也以骈文申酬，且“谨具旧墨八九，乌箑一柄，用答厚贶”，并在信中赞刘“见赠之篇，入元和韩、孟之奥；《瘗玉》之作，突初唐四杰之前”。

二月上旬

先生第二次致信刘善涵，以骈文讲述自己十岁至三十岁的经历与学术。该信是了解先生早期生平经历的一段珍贵文字，作于先生三十生日之前，“三十之年，行见舍去”（《报刘淞芙书一》，《谭嗣同集》11~12页）：

> 嗣同少禀惛惰，长益椎鲁，幸承家训，不即顽废。然而家更多难，弱涕坐零；身役四方，车轮无角。虽受读瓣姜、大围之门，终暴弃于童蒙无知之日。东游江海，中郎之椽竹常携；西极天山，景宗之饿鸱不释。飞土逐肉，掉鞅从禽。目营浩罕所屯，志驰伊吾以北。穹天泱漭，矢音敕勒之川；斗酒纵横，抵掌《游侠》之传。戊己校尉，椎牛相迎；河西少年，擎拳识面。于时方为驰骋不羁之文，讲霸王经世之略。墨翻盾鼻，诡辩澜翻；米聚秦山，奇策纷出。狂瞽不思，言之腾笑。以为遂足以究天人之奥，据上游之势矣。既而薄上京师，请业蔚庐，始识永嘉之浅中弱植，俶睹横渠之深思果力，闻衡阳王子精义之学，缅乡贤朱先生暗然之致，又有王信余、陈曼秋、贝元徵诸君以为友。困而求亨，幡然改图，愧弄戟多少之讥，冀折节

勤学之效。如何不淑，变生海外。原隰悼痛，跄踉来归。基础遂隳，何期云构。自顷以来，精力茶于当年，锋锐顿于一蹶。子桓曾逝者之唏，公干卧幽忧之疾。后得复事瓣姜，续欢王、贝。益以涂君质初，相勖亟勤；他州豪俊，存问不乏。而临觞撤御，都无好怀；发箧未竟，已复忘弃。耀灵急节，蹉跎及今，三十之年，行见舍去。君苗之砚未焚，余子之步终失。亲知雨散，益复无聊。虞思慷寂，不其嗟矣！

先生赞赏刘善涵，并称贝允昕对刘善涵族叔刘瑾先称赞有加，表示曾于往年见过。先生对邓辅纶《白香亭诗》十分推崇，认为"当代作者，殆难相右"，并附一本以赠刘善涵：

足下被褐怀玉，质有其文。蚤受凿楹之书，高视都讲之肆。艺文数通，虽一斑片羽，可由意其深造。同里之彦，实多君子；家公之学，遂有传人。夫何张衡之《四愁》顿释，陈蕃之鄙吝斯固。见《灵光》之赋，为之辍翰；景说士之风，甘于食肉者也。然嗣同至愚，尤伏愿足下恢八纮以贞度，综群说以为郛。博取四部之精，约以一家之旨。不汲汲于浅效，不沾沾于细名。同舍生学有异同，无伤观感。任彼讥诃之来，转资多识之益。笃信不惑，终底大成。他日汝南先贤，襄阳耆旧，与所称同县诸君，后先骖靳，左右齐轶。嗣同不敏，亦将凭轼以观，以丐洪河之余润，而瞻桑梓之殊光，岂不懿欤！岂不懿欤！刘君瑾先，元徵亟称之，曩岁见过，会亲疾在视，不获晤语为怅，然累年天假之缘，终当一识乡闾之贤者，念此用不切切也。属书少作，不骇其丑，勉思效命。附呈《白香亭诗》，此老本原深厚，虎步湘中，当代作者，殆难相右，知拟先睹之也。

二月初九日（公历 3 月 15 日）

先生第三次致信刘善涵，语及前月与之相识之事，"正封函间，又拜来札"，同时收到刘善涵所赠砚台一方，"并惠砚材，凝重朴茂，良非近时所常觏，谢谢"（《报刘淞芙书二》，《谭嗣同集》14

页）。

前月在龙君斋头晤语，礼让彬秩，言庄容肃，商榷术艺，而终无一语及世俗事。窃谓大可以觇彼此之志趣学养。自是愈益钦畏，亦愈益爱慕，延企箴警，用萌修心。故拙诗用涯字韵，一闻足下问难，不觉震掉失图，亟思改易，又恐仓卒不得当，遂胪举所知以闻。尔时实有自见其不雅驯者，非故谬为过谦之辞也。嗣是更愿屏除客气，纯用真率。如有未安，不妨直诃其妄，而在嗣同亦得以尽其恳恳一得之愚。学行千载事，岂厌往复求详。且直言极谏，古先王乞之求之而不时得者。吾侪匹夫，能扶此以相友，所获不既优乎？

先生于信中记述自己少年学诗之经历（《谭嗣同集》16页）：

嗣同于韵语，初亦从长吉、飞卿入手，旋转而太白，又转而昌黎，又转而六朝。近又欲从事玉溪，特苦不能丰腴。大抵能浮而不能沉，能辟而不能翕。拔起千仞，高唱入云，瑕隙尚不易见。迨至转调旋宫，陡然入破，便绷弦欲绝，吹竹欲裂，卒迫下隘，不能自举其声，不得已而强之，则血涌筋粗，百脉腾沸，岌乎无以为继。此中得失，惟自己知之最审，道之最切。

二月二十二日（公历3月28日）

于汉口得一王船山真迹楹帖，并赠予欧阳中鹄。《刘人熙未刊日记稿本》中载："跋王子楹帖'密云松径午，凉雨竹窗秋'：船山先生之在湖南，犹水之洞庭，山之衡岳，吉光片羽，偶落人间，皆足宝贵。谭生嗣同得此于汉皋，献其师欧阳舍人中鹄，余瞻仰赞叹，属薛生家骏精勒传世，公之艺林。光绪甲午后学浏阳刘人熙谨识。"（《谭继洵集》677页）

二月二十七日（公历4月2日）

谭继洵办案归来，回到湖北巡抚署中（《谭继洵集》754页）。

夏

谭继洵在武昌延请英国传教医师马尚德为其长孙谭传赞原配夫

人龙氏进行手术，并秘密帮助谭传赞戒除鸦片。为表感激，湖北巡抚署衙内悬挂有马尚德肖像。邝兆江在《马尚德——谭嗣同熟识的英国传教医师》一文中记述：

1894年夏天，马尚德被请去为“谭抚台的一名李姓近亲的妻子”治病，并替她进行切除一个乳房的手术。两星期后，他又为谭的孙媳妇进行同样的手术。

1894年夏天接受马尚德手术治疗的可推断为传赞的元配龙氏。龙氏康复期间，马尚德还秘密地替传赞戒除鸦片烟的嗜好。传赞对外人的信任和好奇心也日渐增加。半年后，他带同两名湖南同乡到伦教会武昌福音堂参观，并向招待他们的赫立德夫妇表示想一尝英国餐的风味。所以那天他们得以试用刀叉进食，还学会唱一首圣诗，听了一会儿福音证道和看了一些有关英国剑桥、伦敦和中国北京的幻灯片。……不久，谭家有人生病，谭继洵把马尚德请来，这样开始了马尚德和谭家进一步的联系。1895年7月，谭嗣同写信给他的老师欧阳中鹄，称“署中偶延洋医治病”，这位洋医，应指马尚德无疑。当时英国驻汉口领事贾礼士（W. R. Carles）也说，马尚德成了谭家的“家庭医生”，得到谭继洵的好感和信任。另一名在武昌的外人写道：“在巡抚衙署内挂上一幅‘敬爱的医师’的大肖像，凡进入那房间都被带到这幅肖像前，并被告知有关这位备受爱戴的人物充满爱心的言行。”

五月

孙中山通过盛宣怀上书李鸿章，建议清政府仿照西方资本主义制度，兴办学校，培养人才；设立管理农业的机构，发展农业生产；开矿山，修铁路，开办近代工业；实行保护近代工商业的政策等。

约五月十五日（公历6月18日）

致函刘善涵，言及去年邓贞女去世，友人征文，然而先生并未以应。看到所征诗集之后，深觉水准堪忧。后来先生作歌行《邓贞女诗并状》，寄予刘善涵，并嘱托他“勿使外人知之”（《致刘善涵二》，《谭嗣同集》571 页）：

《笔识》草创，撰述复多涂乙，未敢相质。陈君曼秋，才大气充，小试一邑，犹不足露其长也。

去年邓贞女完节之日，嗣同正在都门，友人征文，未有以应。状略二篇皆见之，骈文极善，为曾君重伯所造，洪作论尚佳，叙事全袭古文滥调，庸率可憎。时征诗已盈卷，偶与友人览之，首列某显者之作，发端曰：“下山采蘼芜，上山望故夫。”不觉惊笑，继之以骂，此不惟艺苑之败类，抑亦贞女之罪人，以人为鉴，益瑟缩不敢置喙。今承见督，初不欲为，夜来忽有兴会，遂得歌行一篇，容缓改定奉上。

夏剑钦在《谭嗣同致刘淞芙书札编年辨证》一文中考证此信写作日期：

第四封为《致刘淞芙》十二通之三。理由正如王著《谭嗣同书札编年》所云，信中有“去年邓贞女完节之日，嗣同正在都门，友人征文，未有以应”，“据《三十自纪》，光绪十九年谭嗣同正在都门，此函当写于光绪二十年”。但仍有当申述者：邓贞女，名联姑，死于光绪十九年八月二十日，纪念她的诗文刊于是年十二月，故谭嗣同曰“未有以应”；又信中“《笔识》草创”，指《石菊影庐笔识》草创，“夜来忽有兴会，遂得歌行一篇”，即《莽苍苍斋诗卷第二》之《邓贞女诗并状》。这些都是谭嗣同作于1894年的“三十以前旧学”作品。

附先生所作《邓贞女诗并状》（《谭嗣同集》93 页）：

贞女名联姑，湖南善化县人。字同县龚家惃。家惃夭，贞女夜闻风飒飒户牖间，顷之，帐钩锵然有声。询得实，涕泣持服，父母拟夺之，即卧不食。幽忧昼哭，发为之童。卒归龚氏，行时复有闻如昔声。寻殁，年二十有六。

独茧之幕钩珊瑚，酸风微曳鸣声孤。阴磷四逼灯无华，邓女此夕为贞姑。宛然新妇登帷车，即死地下女有家。吁嗟死非人所无，匪难其竟难其初。临机立断识所趋，果力自策无滞濡。安步缓心气不粗，久且弥厉同须臾。家人不识疑可渝，鬓发凋落中自痛。生者可死死者苏，天孙不渡河为枯。俯视龂龂群小儒，孤持一义相牵拘。礼所未备义以敷，嫁殇之禁胡为乎！先圣平情用永图，整齐贤智不肖愚。至于精诚有独徂，鬼神无力使勿舒。穷今亘古乾坤俱，遑计举世毁与誉。尧舜揖让汤征诛，安有往制供追摹。六月飞霜冰出鱼，天行且以回其途。不信其心尽信书，坐守常例如守株。林中挂剑云赠徐，鬼安用此将非诬。此心既发不可虚，岂以无济生峙躇。况是系属葭中莩，煌煌名义何当辜。处士殉国良艰劬，敢云未仕宜谓迂。夫妇谊不君臣殊，我思夷齐两匹夫。

六月十五日（公历 7 月 17 日）

致陈长樞一信，信中提及自己将于七月初回湖南参加乡试（《谭嗣同集》638 页）：

前奉四月二十七日答教，以无要件，故亦未具复。

辦姜先生久无信来，惟于致家公书中一悉其安好耳。

爪霖已于前月解饷北上，自可暂缓。壬生亦得漕运差事以去。省中无甚新闻。嗣同七月初回籍乡试。知蒙垂注，特以奉闻。且不必更复也。

汤锐在《新发现的谭嗣同书简》一文中，考证先生与陈曼秋相识年份以及写作此信日期：

陈长樞（1864—1906），字曼秋，浏阳南乡人。光绪八年（1882）举人，十二年（1886）进士，十五年选为翰林院庶吉士。散馆改户部主事，光绪十八年（1892）外任湖北宜都知县。

陈长樞与谭嗣同年龄相仿，但命运迥异。陈家境贫苦，然科举顺利，十八岁便中举，走上仕途，而谭出生官宦之家，却厌恶科举，几次乡试都以失败告终。从现存的资料来看，他们应该是在北京认识的。

光绪十五年（1889），谭嗣同到北京应试，跟随刘人熙学习。后来他回忆那段游学时光说：“既而薄上京师，请业蔚庐（刘人熙），始识永康之浅中弱植，俶睹横渠之深思果力，闻衡阳王子精义之学，缅乡贤朱先生暗然之致，又有王信余、陈曼秋、贝元徵以为友。”（《报刘淞芙书一》，《谭嗣同全集》第9页）就特意提到了陈曼秋，可见两人友情甚笃。而陈长檑任宜都知县后，谭嗣同还曾评价“陈君曼秋，才大气充，小试一邑，犹不足露其长也”（《致刘淞芙三》，《全集》481页）。

在这封信中，谭嗣同提到了“七月初回籍乡试”。据记载，光绪十七年（1891）、光绪二十年（1894）谭都曾回湖南参加乡试，所以这封信应写于这两年中的其中一年。信尾有“政安”字样，似应在陈长檑光绪十八年任宜都知县以后，故此信写于光绪二十年的可能性较大。信中“瓣姜”为谭嗣同老师欧阳中鹄。“爪霖”为龙爪霖，“壬生”不详，谭嗣同于其他书信中均有提及，皆谭友人。

…………

光绪《浏阳乡土志》卷四《耆旧·循吏》有陈传，附录于下：

陈长檑，字曼秋，邑南人。父年廉，廪贡生，有学行。长檑生有异禀，四岁时即受书成诵，日数百言。弱冠，领光绪八年乡荐。十一年（锐按：应为十二年）成进士。十五年，廷对，陈时敝，大学时祁隽藻惊叹其言，选庶吉士，散馆，改户部，以家贫亲老请外用，十八年补湖北宜都知县。长檑故豪迈，至官乃刮磨旧习，力自刻厉，日兢兢民事。

约六月十九日（公历7月21日）

致函刘善涵，准备科举考试，并呈上旧作请刘善涵雅正。随信附赠贝允昕于河南陈州伏羲陵蓍草园内所拔取的蓍草一束（《致刘善涵三》，《谭嗣同集》572页）：

科举之文，古今所苦，事会如斯，未得而废，承不弃菲薄，与之商量，以此益思自奋。惟觥觫由人，实所不易。闻友人言：“四家文，近日学者案置一编。”则闱中之光怪陆离，殆有千倍于去年者，即欲诡遇，已不胜轮毂填溢，遂决计不读一文，不立一义，我行我法，成功则天，转觉超然，无所绁绊。

拟出各题，切实光大，亦有旧曾作过者，缓即把笔从事，并呈正之。去年败鳞残甲，略存片段，附上一笑。《洛阳伽蓝记》并缴。外拓本《王子楹联》，蔚庐先生有跋，先生书法大进，深得鲁公心法，笔笔有可玩味，不负此联矣！贝元徵自陈州伏羲陵拔取蓍草一束，学《易》之士，宜不可少，均以奉赠。

《武昌开河记》究竟何指？若近年实无开河之事。嗣同荒陋可笑，但知“信口开河”，不知武昌开河也。

六月二十三日（公历 7 月 25 日）

丰岛海战爆发。中国军舰“济远”“广乙”被击伤，“操江”被日舰“秋津洲”截获，日舰“浪速”击沉“高升”运兵船（《中国近代海军史事编年》470 页）。

七月初一日（公历 8 月 1 日）

中日宣战，甲午战争正式爆发。

△甲午战争爆发后，局势日趋紧张。湖北地当要冲，奉调北上诸军络绎过境，运送军需，沿途照料等事，应接不暇。谭继洵特遴派大员设立湖广营务处，于抚署西首公廊略加修葺为其办公议事之所，以便联络各营及委员妥商须办事宜；后以黄忠浩领武靖营，管营务处。并调集湖北诸军，奉命北上；设法就地筹款，以接济军饷；赶制火器，筹拨军火，紧急委解赴京，“办理军务，极为认真”（《谭继洵集》754 页）。

七月

刘锦棠病逝于湘乡，先生受父命前往湘乡吊唁。此行，先生亦看望了自己同父异母的妹妹谭嗣嘉，见其病重而十分痛心。唐才质《戊戌闻见录》：“嘉贞适湘乡刘氏，病瘵，复生往视其疾，见其瘠甚，泣数行下。”（《谭嗣同研究资料汇编》268 页）《三十自纪》中载：“二十年秋，归湖南，抵长沙，陆赴湘乡，寻流涟，流湘，返长沙，陆抵浏阳，冬。返湖北。”（《谭嗣同集》65 页）

同月，为刘锦棠撰写挽联《挽刘襄勤公》：“西域传是兰台一家之书，县度纪师程，铭石还应迈前古；东汉人行举主三年之服，深知惭荐剡，酒绵何止为情亲。”自注“昔巡抚新疆时，余兄弟皆蒙其疏荐”（《谭嗣同集》118 页）。

同月，顺涟水至湘江，乘船抵达长沙。

八月一日（公历 8 月 31 日）

江标被任命为湖南学政（《清季职官表》471 页）。

同日，龙湛霖被任命为江苏学政（《清季职官表》459 页）。龙湛霖在任期间，新旧之争起，他引入格致新法，购置译书、仪器，分科立规程，以培养西学人才。谭钟麟致函谭继洵，称“龙某老不更事”，表示讥讽（《谭继洵集》755 页）。

八月初八日（公历 9 月 7 日）

于湖南贡院第五次参加乡试。本次乡试考官为柏锦林、蒋式芬。

八月十六日（公历 9 月 15 日）

结束本次乡试，未中，此为先生最后一次参加乡试。考题为“汤有天下，选于众，举伊尹，不仁者远矣”。

△发榜前夕，先生寓于谭延闿家中：“甲午湖南乡试，嗣同寓居其家。揭晓之夕，彼期望急切，绕室回环，至于达旦。是科不售，乃纳粟易官，越四年，遂及于难。是科题为‘汤有天下，选于众’四句。谭君小讲有曰：‘以生人者杀人，不谓之功名，而谓之学问。’主考批云：‘奇思伟论，石破天惊！’”（章士钊《疏〈皇帝魂〉》，《辛亥革命回忆录》第一册，225 页）

谭延闿亦回忆：“复生自命学曹子建碑，此名刺三字，即其手书也。吾自少时相见，皆客坐公言而已。及甲午居吾家月余，乃得闻其志事。戊戌七月别于天津，遂永诀矣！”（《谭嗣同研究资料汇

编》84页）

△先生科考六次，除却1889年因兄谭嗣襄去世而放弃科考外，其余五次均未中，而有三次几乎得中，先生于《仲叔四书义自叙》中言："然年自二十有一至今三十，十年中，六赴南北省试，几获者三，卒坐斥。"（《谭嗣同集》22页）

据谭吟瑞、谭恒辉《嗣同公生平事迹补遗》中载，本次乡试即为一次"不中犹中"之试（《谭嗣同研究资料汇编》59页）：

> 第五次是1894年（光绪二十年），参加湖南乡试。听到家里先辈说，他这次科考还有一段微妙的故事：当时为了防止考试徇私舞弊，考卷是"弥缝"的，即卷而上没有考生的姓名。正副主考官对嗣同公的文卷表示十分赞赏，但正主考认为"文章虽好，锋芒太露"，打算把他取为第二名，而副主考却不同意，并说，要取的话就取第一（即举人第一名称"解元"），否则干脆不取。于是在他俩争执不一的情况下，未予录取。等到揭晓才知是崭露头角的嗣同公，两人都有懊悔之意。尤其正主考官与曾祖继洵公"同年"（同榜考中进士称"同年"或"同科"），他就更难为情了。此事当时传遍长沙，成为人们的笑谈，遂有"不中犹中"的说法。

此次科举失败后，先生决心不再从事时文写作，与科举决裂："嗣同行与新学长辞，不复能俯首下心奉之，因纂辑所为若干，别为一通，仲兄仅乃著录其二，知不欲以此见也。"（《谭嗣同集》22页）

△试罢，由陆路回到浏阳。

八月十六日（公历9月15日）

日本总攻朝鲜平壤，平壤战役爆发。翌日，日军占领平壤（《中国近代海军史事编年》489页）。

八月十八日（公历9月17日）

黄海海战爆发。战斗中，中国舰队重创日舰"比睿""赤城""松岛""西京丸"。"超勇""扬威""致远""经远"沉没，管带黄建勋、林履中、邓世昌、林永升等殉国（《中国近代海军史事编年》490页）。

九月初十日（公历10月8日）

清廷召张之洞入觐，旋署两江总督，谭继洵以湖北巡抚护理湖广总督。朝廷上谕“张之洞着来京陛见，湖广总督着谭继洵暂行兼护”（《谭继洵集》754页）。

九月十五日（公历10月13日）

唐景崧就任台湾巡抚（《清季职官表》419页）。

十月初五日（公历11月2日）

因刘坤一奉命赴山海关督师，张之洞署理两江总督，是日移交湖广总督关防卷宗，谭继洵正式兼护湖广总督，并上《恭报兼护督篆日期叩谢天恩折》（《清季职官表》373页）。谭继洵护理湖广总督期间，衙署间关于甲午战争战事的电报往来频繁，使先生得以具体了解战争的进程及局势，为思想转变提供条件。

十月

欧阳中鹄充武殿试填榜官，但由于其父坟墓被水所侵伤，故而以修祖墓为由请假回浏。当时正值甲午战中，急需任人之际，欧阳中鹄此举遭到众人非议（《湖南历代文化世家·浏阳欧阳氏卷》98页）。

同月，欧阳中鹄路过湖北，曾发变法之论，然而先生此时已经归浏，二人不得见：“中鹄过鄂，曾发变法之论，谓非废今之科举，改习西法不行。彼时复生已归，未与相晤。”欧阳中鹄此番谈话，首次提出了关于变法的设想（《谭嗣同研究资料汇编》231页）。

十月十五日（公历11月12日）

陈宝箴卸任湖北按察使，调直隶布政使（《清季职官表》587页）。

十月二十四日（公历11月21日）

日军攻占旅顺，并对中国和平居民进行了为期四天的旅顺大屠杀。全市幸免于难的仅36人。

十月二十七日（公历 11 月 24 日）

孙中山在檀香山创立兴中会，以推翻清廷为己任，在当地吸纳会员 130 余人。

十一月

于浏阳开始《浏阳谭氏谱》的撰写，并于本年年底前完成。事载于《浏阳谭氏谱叙例》中：“起光绪二十年仲冬，讫岁除，成《浏阳谭氏谱》四卷。”（《谭嗣同集》61 页）在浏期间，先生多作家传、家谱，有《启寰府君家传》《崇安侯壮节公家传》《新宁伯荩臣公家传》《太傅新宁伯庄僖公家传》《新宁伯平蛮公家传》《逸才府君家传》《濬轩府君家传》《熙亭府君家传》《步襄府君家传》《绍泗府君家传》《海峤府君家传》《忠义家传》《节孝家传》。并作《史例自叙》《先妣徐夫人逸事状》。

同月，编《仲叔四书义》，并提出自己编《仲叔四书义》的目的有二，一为与八股文长辞，一为留下八股文考试困厄士人的材料：“后之人幸见新学之废，其心得免于戕贼，端居泛览，或逮兹流，失今无述，将不知前乎此者被毒酷烈若此。上之亦足究识当时取士之具，其间体势不一，各有所至，今昔风气，变迁略备矣。”（《谭嗣同集》22~23 页）

同月，先生在浏期间，曾与欧阳中鹄之子欧阳自耘晤面（《谭嗣同集》17 页）：

> 前日里门时诣尊府笠耕世兄，谂其风气日上，掇皮皆真。秉荀氏之规，有万石之谨，通家厚谊，道款推诚。率尔造门，辄与李膺之燕；外存宾客，辱损马援之贻。事会纷纭，来去仓卒，竟不及一笺言谢，愧悚而已。顷见与黄佩豹书，兼示嗣同，藉审道履休畅为慰。读至“既经展拜新茔，稍遂昊天瞻仰，则此后无论升沉夷险，可以少安于心，听其所遇可矣”，我瞻四方，蹙蹙靡骋，何辞之凄苦而心之仁厚也。

◎欧阳自耘，字笠耕，欧阳中鹄之子，其妻刘倚霞为刘人熙之女。

同月，在欧阳中鹄未能抵浏之前，先生还曾帮其监修祖坟，欧阳予倩在《谭嗣同书简》序言中曾回忆（《谭嗣同集》567页）：

谭先生十岁就跟我祖父读书，以后每次回浏阳，在我家里往来很密。曾为监修我曾祖父母的坟墓，在山上一住好几天。我小的时候常常看见他。当时浏阳士子以为他走过的地方最多，是邑中最能通达中外形势的人，都特别尊重他。

约同月，欧阳予倩曾见到先生习武：

公除精文学外，亦事武功。余在沪上时，一日在辣裴路欧阳予倩家，予倩曾言：公辫有神力，公蹲于地上，令三四人挽其辫，公不为动，公一立起，挽辫者全仆。予倩乃欧阳瓣姜师孙，是时尚幼，亲自见及。又言公死国难时，其祖父闭门掩户垂帘而哭，因恐外人见到，不敢大哭于外庭。公少时居西北有年，爱驰马挽弓，尝与游侠儿游，中年识王正谊，相从练武事，亦理之有（《清谭复生先生嗣同年谱》，《谭嗣同研究资料汇编》32~33页）。

他于文事之暇，喜欢技击，会骑马，会舞剑。我曾见他蹲在地上，叫两个人紧握他的辫根，一翻身站起来，那两个人都跌一跤。他写起字来，喜欢用食指压住笔头。人家觉得他无论什么都有点与众不同；我虽是小孩子，也觉得每次见他时，就不由得引起一种好奇心。总之，他无处不表露才气纵横、不可一世之概。他绝无嗜好，我没有见他吸过烟，打过牌。（《谭嗣同集》567~568页）

◎欧阳予倩（1889—1962），欧阳中鹄之孙，戏剧艺术家，原名欧阳立袁。

同月，致函唐才常，认为“江防废弛”，“今新募之营，专委之贪庸龌龊之武夫”，对时局充满担忧（《上欧阳中鹄书二》，《唐才常集》518页）：

又七丈来函，言及时局艰难，江防废弛，悲愤万万，寝席不安。武昌尤为数省冲要，全无战守之具。外侮甚则内蘖生，傥陪都失守，根本一动，而粗櫌荆棘者，因利乘便，舟中敌国，大可寒心。今新募之营，专委之贪庸龌龊之武夫，彼富贵已足者，则筋酥骨软，不适于用；衣食维艰者，则减粮扣响，惟私是肥。训练之事，一任哨卒所为，罔识君国为何物，不知忠义为何事。如此而欲其上下一心，誓同生死，有是理乎？固非得一坚苦卓绝、清廉仁厚、开诚布公、身亲训练、不避劳险之帅，不足以绥此众也，而一时目中无如老叔者。将来时局如再糜烂，则安石之出，系命苍生，不能不求相助为理，但目下尚无成议耳。

十一月十五日（公历12月11日）

抵武昌。为图生计，唐才常与先生同行。

同日，欧阳中鹄离开武汉，前往浏阳，但并未能与先生及唐才常晤面。

同月，因家庭贫寒，经济负担过重，唐才常托先生谋馆于鄂，先生“平日如空山之云，天半之鹤，清高绝俗，不可稍干以私”，却为此事四处奔波、大力奔走，唐才常感到“清夜自维，深抱不安”，他感激不已，在十二月初七日致欧阳中鹄信中言（《上欧阳中鹄书二》，《唐才常集》518页）：

> 后以老叔江南之荐，不克如愿，而本地又无枝可借，不得已侍复生七丈入鄂谋馆，废课徒之局，以求不可知之事。每一念及，如芒刺在身，不知所措，尚乞老叔格外垂察为幸。方今七丈为侄八面张罗，虽有一二处可图，尚无成说。窃惟七丈平日如空山之云，天半之鹤，清高绝俗，不可稍干以私。今以侄之故，至于各处经营，现身说法，清夜自维，深抱不安。昨已屡恳其从容相机，毋多与俗吏相接，蹈荐人陋习，致生意外之觊觎；即万一无事可就，尚可櫜笔而归，恃老叔见悉之深，于南省谋一安砚之所。而七丈反慰劳勤勤，恐侄或不能安心坐守，静俟有成，侄以此愈增愧奋于无既也。

唐才常又在十二月初七日致其二弟唐才忠信中言及先生为其八

面张罗，感激不已："现今极蒙复生叔祖舅眷注，罗张八面，想必有一处可以栖身。"（《唐才常集》540 页）

同月，两湖书院招生尚有五名额，唐才常与先生商量后决定于初十日投考："顷闻两湖书院课额尚有五名，侄比与七丈熟商，欲得一课以为退步。如课事到手，即附近有不甚丰之馆，皆可勉就。兹已拟于月之初十赴考，不知能补入上舍否？"（《唐才常集》518 页）

十一月二十三日（公历 12 月 19 日）

中日展开缸瓦寨战斗，这是辽南战役的关键一役。清军大败，辽南战局每况愈下。

十二月初六日（公历 1895 年 1 月 1 日）

致函唐才常，称手中羞涩，经过七挪八借，为唐筹到一些钱。唐才常在翌日致其弟唐才中信中言及（《唐才常集》540 页）：

> 又复丈借项已由岳生叔处拨交我家，可去走领。昨接复丈函云："此时手中甚是艰涩，先恃有陈蔓秋还账可借，而蔓秋又告缓不还，此项乃系七扯八挪凑成之数。"如此委曲深情，真感激无地。弟可即以此语禀告父亲，无没复丈之苦衷也。

十二月初十日（公历 1895 年 1 月 5 日）

唐才常参加两湖书院招考，旋被录取。他在致其二弟唐才忠信中言及："拟于本月初十去考两湖书院，以为根本。"

△因名额已满，先生错过两湖书院招考，他怅然若失（《谭嗣同集》587 页）：

> 绂丞幸到早，得取一课。此时书院额已满，无从措手，如何如何！嗣同一生未作过一件快意事，不谓亲友与有连者，亦皆抑塞如此。然而嗣同迂拙之罪，则无所逃也。江天漠漠，惟有遥望长唏而已。

十二月十二日（公历 1895 年 1 月 7 日）

唐才常到江汉关谋职，唐在致其父信中言及（《上父书二十五》，《唐才常集》512 页）：

男于去冬十二月十二到江汉关署，事变不常，东家即于新正初间卸事，似有接署盐道一说，未知确否？

冬

湖南、湖北遭遇水旱灾害，谭继洵力主赈济灾民（《谭继洵集》755页）。

于武昌作《汉上纪事四篇》（《谭嗣同集》87~88页）：

沧海横流日，长城入款年。雁臣皆北向，马市亦南迁。冒顿雄心在，余皇夜语传。耀兵骄未已，江上试投鞭。

微闻夏元昊，少小即凶残。法令轻戎索，威仪辱汉官。行看飞羖攊，岂是召呼韩。帛树休相拟，熙朝礼数宽。

辽儿曾奉使，主父竟窥邻。厚德终归宋，无人莫谓秦。桥门虚入侍，汉室重和亲。转悼南征者，凄凉问水滨。

蹈海闻高义，斯人亦壮哉。岂知宾日地，犹有报韩椎。蕞尔蜻蜓国，居然貙豸才。一声燕市筑，千古尚余哀。

同季，第五次乡试失利后致信刘善涵，在信中极言科举之弊，誓投身有用之学。先生告知刘善涵公羊学与算学该从何处入手，并鼓励刘善涵学习舆地学，"足下若肯任人所难，毅然为有用之学，殆无过舆地者"（《致刘善涵五》，《谭嗣同集》574~575页）：

……近见乡试闱艺，牛鬼神蛇，无奇不有，异学争鸣，足为世道之忧，而缀学之士，自略须检阅简策，非复前者抄袭报章之陋，虽不得肉，实且快意，虽不得仙，亦足以豪。区区之愚，私以文风怪诞为幸，职此故也。

…………

算学但求致用，原非极难。至于钩深索隐，辨析毫毛，则非尽舍去书策，终身尽力于此，不能殚尽其术。学者欲通经术，亦不可不涉其涯涘。甄氏《五经算术》，实多未备。尝欲仿其体例，演《考工记》轮辐三十、盖弓二十八为割圆之说，三十则以六边起算，二十八则以四边起算。终恐运算不密，必多疏失。至于《王制》之封建，以数较之则不合，盖经有误文也。西法易者极易，难者极难。读《几何原本》至五、六卷后，即惛然莫辨涂径，近者侈言测量，实西法之极简易者，苦无仪器，遂末由致力耳。足下精力绝人，如欲究心此道，试先从浅者入手。国朝经师之书，故为简奥，骤不易解，戴东原尤艰晦，《梅氏丛书》至为明显，而入手次第，犹不分明，则莫如上海所刻之《中西算学大成》，先从第十八卷笔算入手，以及于比例、勾股诸术，由勾股而三角，由三角而割圆，深者乃可以渐及。总之，算学及机器，尚非天下至难。有天下之至难令人望而却步者，则舆地是也。

古今沿革不同，名称各异，即《禹贡》一篇，已觉其毕世考之不尽，况上下五千年，纵横三万里，加以中外贯午，华夷互错，测其经纬，著其图象，诸家之言，汗漫无极，竟不识应从何处下手，自问固此生绝望，即同仁诸贤，亦全无通晓者。足下若肯任人所难，毅然为有用之学，殆无过舆地者。今之谈者，率皆为挟策之计，习口头语以欺人耳，其能中外山川形势了然者，未尝见也。

同季，于武昌作《三十自纪》，交代自己三十岁之前行程，累计已达八万里（《谭嗣同集》66页）：

合数都八万余里，引而长之，堪绕地球一周。经大山若朱圉、鸟鼠、崆峒、六盘、太华、终南、霍山、匡庐无算，小水若泾、渭、漆、沮、浐、灞、洮、潼、沣、蓝、伊、洛、涧、瀍、恒、卫、汾、沁、滹沱、无定、沅、澧、蒸、渌无算，形势胜迹益无算。制情偷惰，未付简毕，退缅游乐，难忘于怀。风景不殊，山河顿异；城郭犹是，人民复非。续此以往，仍有前之升峻远览以写忧，浮深纵涉以骋志，哀鸣箫于凌霞，翼叠鼓于华辀者乎？

于《三十自纪》中介绍自己已著成之作（《谭嗣同集》64页）：

今凡有《寥天一阁文》二卷，《莽苍苍斋诗》二卷，《远遗堂集外文初编》一卷，《续编》一卷，《石菊影庐笔识》二卷，《仲叔四书义》一卷，《谥考前编》二卷，《浏阳谭氏谱》四卷，都十五卷。又《纬学》，翼经也；《史例》，书法也；《谥考正编今编》，名典也；《张子正蒙参两篇补注》，天治也；《王志》，私淑船山也；《浏阳三先生弟子箸录》，欧阳、涂、刘也；《思纬壹壹台短书》，甄俗也；《剑经衍葛》，武事也；《楚天凉雨轩怀人录》，思旧也；《寸碧岑楼玩物小记》，耆古也，未成，无卷数。惟《史例》有叙。

同季，先生为自己取号“壮飞”，标志着与旧学的彻底决裂（《谭嗣同集》64页）：

旧所为，遗弃殆尽。续有论著及弃不尽者，部居无所，仍命为集，亦以识不学之陋，后便不复称集。昔侯方域少喜骈文，壮而悔之，以名其堂。嗣同亦既壮，所悔乃在此不在彼。窃意侯氏之骈文特伪体，非然，正尔不容悔也。所谓骈文，非四六排偶之谓，体例气息之谓也，则存乎深观者。既悔其所为，又悔其成集。子云抑有言，雕虫篆刻，壮夫不为。处中外虎争、文无所用之日，丁盛衰互纽、膂力方刚之年，行并其所悔者悔矣，由是自名壮飞。

甲午年为先生思想变迁之分界点。他认为自己三十岁以前，虚耗精力于考据辞章，三十以后则重视西学。先生是年曾于《与唐绂丞书》中言及自己三十之年学术思想之变动（《谭嗣同集》203页）：

三十以前旧学凡六种，兹特其二，余待更刻。三十以后，新学洒然一变，前后判若两人。三十之年，适在甲午，地球全势忽变，嗣同学术更大变，境能生心，心实造境。天谋鬼谋，偶而不奇。故旧学之刻，亦三界中一大收束也。

梁启超亦曾在《谭嗣同传》评价他三十之变：“少年曾为考据笺注金石刻镂诗古文辞之学，亦好谈中国古兵法；三十岁以后，悉弃去，究心泰西天算、格致、政治、历史之学，皆有心得。”（《谭

嗣同集》546页）

十二月

刘善涵劝先生不应丢弃三十岁之前残稿，且代为搜集成《莽苍苍斋诗补遗》。先生遂着手整理旧作，并在《莽苍苍斋诗·补遗》序言中记述（《谭嗣同集》94页）：

> 天发杀机，龙蛇起陆，犹不自惩，而为此无用之呻吟，抑何靡与？三十前之精力，敝于所谓考据辞章，垂垂尽矣！施于世，无一当焉，愤而发箧，毕弃之。刘君淞芙独哀其不自聊，劝令少留，且捃拾残章为补遗，姑从之云尔。光绪二十年十二月也。

另，先生《赠刘淞芙联语》约作于此时，联曰："道行孤乘莽眇鸟；声疑同订盱呼乌。"（《谭嗣同集》194页）

刘善涵亦回赠联曰："鸟官郯子通夷学，蝶梦庄生育火传。"（谭传赞编《秋雨年华之馆丛脞书·兴算学议》12页）

十二月上旬

欧阳中鹄从浏阳致函先生，提出国事紧迫，个人当以如何自处。

十二月十七日（公历1895年1月12日）

致信刘善涵，表达了对清廷内部如此作风十分不满的心情。信中言及刘坤一因与彭玉麟有嫌隙，故而将其二十余年经营的长江数千里炮台全部拆毁重建，费时费力（《致刘善涵四》，《谭嗣同集》573页）：

> 前日奉手书，仅得缴上条陈，匆匆数语，余不及。连日忙废，此心耿耿然。尊诗"牧人"宜易"圉人"，次首亦佳。承代搜残稿，此名士之流落不偶，得足下拂拭而大用之，在施者不期报，而受者亦思自奋矣。惟乞千勿抄录，但于可存之句加圈即足，因尚多应改之处，阅毕掷下为便。
>
> 昨接山海关来电，廿四、初六，宋帅连战牛庄，甚不得手。然则前廿五、六之捷，容有虚饰乎？湘军催赴前敌，枪械

不足，军无斗志。长江上下数千里之炮台，皆彭刚直二十余年所经营，坚牢得地势。刘岘帅与彭公有隙，再莅两江，信曾广照之谀词，将炮台一律折毁更造，糜钱六百万串，既不得地势，又脆窳不足当一击。他日南洋有警，则罪有攸归，宜香帅之怒也。岘帅次又檄调二十五营，江南防守军几为一空。数十年来，大臣专务相难相攻，置天下存亡于不顾。幸日人或不深知，或不能分，若窜南洋，是为不治之症，言之那得不寒心乎？

承惠胡公手札，名贤遗墨，良可宝贵，益叹今日兼顾大局如胡公之少矣。

十二月二十五日（公历 1895 年 1 月 20 日）

第一批进攻山东半岛的日军在荣成湾登陆，下午占领荣成（《中国近代海军史事编年》525 页）。先生曾在致刘善涵信中言及："腊底山东荣成失守，与文登毗连，盖由旅顺斜渡至成山登陆，兵机迅捷，古无比矣。"（《致刘善涵七》，《谭嗣同集》577 页）

十二月二十六日（公历 1895 年 1 月 21 日）

先生回函欧阳中鹄，信中言及在战事进展中饷短械缺，所购武器既少又拙，"湘军枪械皆缺乏，时有电向此间筹借，实无以应之，现赶造抬枪等，以备急用。湘军若接仗，亦必牵率而败。……饷项奇绌，购买外洋枪械，良楛不暇择，又恐日人搜截，两月间仅到小口径三四千"。先生将战事失利、和议受阻的原因归咎于不顾国家实际情况、一力求战的人，"天下有大患，政不在战，而在始事主战之人"，并希望朝廷能够借此改弦更张，进行变革，"则天下有大患，不在于战，而专中于始事主战之人"。并企盼早日和议，以避更大损失，"惟冀天祚我国，使和议速就"（《谭嗣同集》18～20 页）：

夫锋颖者猝猝，滑疑者图耀，赴幾者迅奋，委运者后时，蹈海者狭节，却金者止赎，昌言者亡等，默塞者违实。天元地黄，五角六张，势趋于极，虽造物不能以自纲，则志士仁人之所为长顾而审虑。要必经纬万端，衷于一是，特非事变未至而先设一成格待之之所能皇皇矣。然而有不能不自疑者，东征之师，既挫衄不复可振矣，佩豹前说宋、蒋连大胜者，据胡提督凤柱之电。后接魏午庄密电，则云宋军连战甚不得手。同时同地，而歧异若此，则大胜之说不足信矣。总之，军兴以来，杀伤相当或有之，胜则绝无，何况于大。湘军枪械皆缺乏，时有电向此间筹借，实无以应之。现赶造抬枪等，以备急用。湘军若接仗，亦必牵率而败。吴清帅回津数日，复赴山海关，不知何事，今与宋祝帅同派帮办军务。刘岘帅入京时绕道至津，颇为外间所议。恭邸、翁、李亦复全身倒入，名望顿损。饷项奇绌，购买外洋枪械，良楛不暇择，又恐日人搜截，两月间仅到小口径三四千。张、邵讲和，此间初接总署电，系赴日本之广岛，今仅驻上海，盖日人拒而不纳，遂中道而改路。日人要挟太重，骇人听闻，若不重赂西洋各国，求其居间，和议亦必不成。日人蓄谋十年前，募中国闽、广悍卒至九万余。得朝鲜，即于朝鲜制造船炮；得旅顺，即于旅顺起盖房屋。根深蒂固，豕突鲸吞，决无中止之理。前敌因有和议，请暂停战，彼终不许。盖平、海城失后，牛庄、营口、辽阳一带，时有警信。日人虽不暇扰南洋，而各炮台无一可恃。初为彭刚直所造，费二十年之经营，颇为完固。岘帅与彭公有隙，遂信曾广照之言，一律拆毁重造。岘帅昨一日调南洋防军二十七营北上，江南几为一空。香帅为此二事，大为窘急。若和议不成，更有不堪设想者，辱国羞天下不暇恤矣。则天下有大患，不在于战，而专中于始事主战之人。此正遇事牵制之所以然，前月珍、瑾为东边道失守宜绵缓颊，被阉竖攻发，棍责，死而复苏。命数既降，兼累及其兄，从此嫌怨益深矣。来书云："深夜思之，芒刺在背，可慢惧也。"在某某岂不知如此举止之面，犹隔一箧，不了家事之意，未宣外庭。乃逆抉其隐微，使无复容匿，而忍惭于一逞。亦必深观密计，见夫机之已发，情之已急，言之如此，不言亦如此，是不若明白慷慨，直斥无隐，天下因晓然于是非之所在，庶几大小臣工，一意奉戴，得以改图易虑于人心向背之机。此鱼头参政之对，所以尤捷于鹦母折翼之梦也。其济则天，不济亦何惜以一身为三监藉口之资，盖其深心矣。

嗣同一齐民，何与人家国事，窃恐刈蓍而遗蓍簪，尚不若故剑前鱼之可念。一旦何以处我之问，瞠目而不能答，不知不觉，遂与于不仁之甚，而身长为罪人。悲夫！既不能高飞远走，不在人间，斯贞之与邪，亦止争毫发。反复推求，思所以终身自靖之道，了不可得。鸣毂复闻，纳肝谁属。已矣绕朝之策，徒有士燮之祈，愤激即万万不敢。而细席之言，虑忘于临难；倚楹之叹，转疑于思嫁，又抑郁而谁语乎？若夫运策帷幄，折冲樽俎，何以图恢复，何以靖海氛，中权有寄，六翮顿张，自智勇不世出之事，非鄙心所敢任。惟冀天祚我国，使和议速就，日月朗悬如初，草泽无词可执，则杞人诚愚也。幸甚幸甚。

是年

先生完成《石菊影庐笔识》，该作分为《学篇》和《思篇》，其中《学篇》七十七篇，《思篇》五十四篇。

同年，贝允昕自淮宁致函先生，批评其治学不纯，徒事纷扰，并提出了规劝。先生回函贝允昕，信中剖析了自己的性格，由此可看出，经过北京求学，其思想已发生深刻变化，强调“日新”与精进，“天以新为运，人以新为生。汤以日新为三省，孔以日新为盛德，川上逝者之叹，水哉水哉之取，惟日新故也。未生之天地，今日是也；已生之天地，今日是也，亦日新故也”。与较为守常的贝允昕颇有不同，故而才引发与贝允昕学术之争（《谭嗣同集》3~5页）：

嗣同神形疏放，靡有羁束，恒妄冀不即弃于大雅，时复攻所阙略，饥渴情愊，匪异朝昔，往所酬答，尚未餍其侈心。今闻纷扰之规，恢扩宏义，开通鄙怀，不惜降志自责，宛曲引喻，揽察艾萧，中臣要害，此诚嗣同毕岁营营，期自制而不能者。获足下毅色呵止，为之涤衷易情，识奋勉之攸在，敢不钦登嘉贶，不惭以欣！特虑意久且懈，违谬厥初，和缓逝而疾复萌，电雷收而震遂泥。素丝何常，惟所染之。故欣者今兹，而惭者来日也。乃若足下自状，愚以为降志相诱，非其本怀。何者？足下降质纯一，夙德坚定，似与嗣同微反，而失亦因之。嗣同失既在此，则足下之失宜在彼矣，此对待之说也。且嗣同之失往往不自觉，而足下自能省察如此，此又疏密之辨也。讯病推原，然与，不然与？

…………

早岁之盛强，晚岁已成衰弱；今日之神奇，明日即化腐臭。道限之以无穷，学造之以不已，庸讵有一义之可概、一德之可得乎？常异善岂一而已，择之何云固执？俯仰寻思，因知固执乎此，将以更择乎彼。不能守者固不足以言战，不能进者抑岂能长保不退耶？此拳拳服膺之颜子，必待欲罢不能而后纯；惟恐有闻之仲氏，且闻何足以臧而后进也……

嗣同之纷扰，殆坐欲新而卒不能新，其故由性急而又不乐小成。不乐小成是其所长，性急是其所短。性急则欲速，欲速则躐等，欲速躐等则终无所得。不得已又顾而之它；又无所得，则又它顾；且失且徙，益徙益失。此其弊在不循其序，所以自纷自扰而无底止也。夫不已者日新之本体，循序者日新之实用，颇思以循序自敕，而以不已赠足下，不已则必不主故常而日新矣。墨墨乎株守，岂有一当哉？然在足下自治甚严，自观甚密，觉万一有近似于纷扰者。嗣同至愚极妄，以为乃明之未融，非守之不墙。若夫读书忙乱，少沉潜玩索之味，此病不难医，苟挥斥箸书工文之念，霍然立瘳矣。

同年，谭继洵扩建武昌抚署。“光绪二十年，巡抚谭继洵护督，委中衡挑选标兵充卫队，建营房于辕门内，加购民基，展拓照墙，外修石路，其款由军需局拨用。”（《湖北通志·建置志二·廨署》）

光绪二十一年（乙未，1895 年）　三十岁

正月初十日（公历 2 月 4 日）

唐才常致其父唐寿田一函，言及此时已补入两湖书院内课，并移居书院子字斋三号，在李正则府中教读。刘善涵此时在曾公馆授徒，并常与之见面，“淞芙大约仍在曾公馆授徒，与男时时见面，

大有切磋之益”（《上父书二十五》，《唐才常集》512 页）：

男现在移居两湖书院子字斋第三号。嗣后家信面子，可书寄至鄂省两湖书院子字斋郭大司务转呈唐某某，必无错误。又李正则明府聘男教伊子读，馆金尚未议定，大约不丰；然既有可获百金之书院作底，此馆亦自就得。

他对辽阳战事极为关心，在信中多有论及：

辽阳消息，甚属不佳，奉天危若累卵，不知宋、吴诸帅可能支持否？山东荣成失守，已扼烟台之背，登州亦被围甚急，东抚李秉衡素号知兵，闻已派前法人畏服之丁镇军槐赴援，能了此事与否，尚未可知。且丁军兵力甚单，器械亦寡，仓卒调去，大可寒心！李中堂已经破脸，朝廷内召数次，皆置不理，跋扈之迹，路人皆知。目下虽派刘岘帅节制关内外各军，王夔帅帮办北洋事务，然中外大军，久为合肥所握，刘、王二帅，暮气已乘，恐亦不能如前日左、彭二公之直烛巨奸，不顾身家，绝无附会；天下事变，伊于胡底？今岁冰冻一开，东北必有大举动，可拭目以俟。

正月十六日（公历 2 月 10 日）

北洋海军提督丁汝昌以及北洋海军右翼总兵、定远管带刘步蟾等用水雷将已沉之“定远”炸散，又用鱼雷轰散“靖远”。夜，刘步蟾自杀。十八日丁汝昌、杨用霖亦相继自杀（《中国近代海军史事编年》535 页）。

正月二十三日（公历 2 月 17 日）

日本海军正式占领威海卫，俘获中国军舰“镇远”“济远”“平远”“广丙”“镇东”“镇西”“镇南”“镇北”“镇中”“镇边”。北洋水师全军覆灭，洋务运动彻底破产（《中国近代海军史事编年》536 页）。

正月二十六日（公历 2 月 20 日）

致函张懋畿，信中言及因名额已满，自己无法入两湖书院读书，心情抑郁难平（《谭嗣同集》587 页）。

二月初七日（公历3月3日）

日军以一万二千之兵力进犯牛庄。魏光焘孤军浴血奋战，不敌日军而大败，牛庄沦陷。

二月十一日（公历3月7日）

致函刘善涵、唐才常，托其在两湖书院中查找藏书目录（《谭嗣同集》581~582页）：

> 前托查书籍正不在急。但《唐会要》有否？望先示知。又欲询问数种，已购得否？在南库抑北库，请查院中藏书目录见示，以便经由提调处借也。单另纸。

约正月、二月间

先生与当时正肄业两湖书院的唐才常、刘善涵三人时常聚议，均主张要破除守旧恶习，应自兴算学始，唐才常在《浏阳兴算记》中载（《唐才常集》284页）：

> 谭嗣同忧之曰："浏阳虽蕞尔邑，而户口之繁，百万有奇；物产殷阜，矿质充牣，乃东方之小瑞士也。然而不能开通耳目，扩充智力，虚掷我人物骈罗之区于若有若亡、若存若灭之间，则乌可以为邑矣？又以是觇之他郡他邑，亦无蹶然兴起少异否浏者，则乌可以为国矣？"于是日与才常谋所以变通之，激厉之。恒两人对坐，彻夜不寐，热血盈腔，苦无籍手，泣数行下。不得已欲就一邑，为新中国之萌芽。

先生《浏阳兴算记》中亦载其与时在两湖书院课读的唐才常、刘善涵交往之事（《谭嗣同集》266~267页）：

> 光绪二十一年，湘军与日本战，大溃于牛庄，湖南人始转侧豁寤，其虚骄不可向迩之气亦顿馁矣。嗣同内计，乘此导之，亦千世而一时也。
>
> 浏阳俗贵谨厚，以湘军之盛时犹不得分其末光，则终亦无由渐其恶习。时方侍节湖北，而唐君绂丞、刘君淞芙亦适在两湖书院，因日与往复图议所以导之者，佥谓自算学始。

刘善涵之女刘豫璇在《忆先父二三事》中载（《蛰云雷斋诗文

集》161 页）：

当时清廷腐败，对内压迫人民，对外妥协屈辱，国势岌岌可危，因而一些爱国志士，都义愤填膺，热血沸腾，要求变法维新。先父就是其中的一个。他于一八九一年考入两湖书院肄业，一八九四年，唐才常亦考入该书院。此时谭嗣同居住其父巡抚署中，潜心读书。三人志同道合，过从甚密，相与讨论时政，力图匡济，大有以天下为己任之感。

春

刘善涵为先生作《感怀呈谭复生太守》诗四首，并随书信寄呈诗作和《中东战纪》所载王闿运《游仙诗》五首（《刘善涵集》7~9 页）：

苦费沙抟爱力绵，智珠慧鉴普人天。同洲近辟三千界，合朔难均廿九年。寒暑降升成涨缩，夏殷文质等坤乾。南来双楫呼群渡，我佛犹然况辈贤。

尹姞衣冠雅绝伦，叔孙绵蕝陋遗秦。补天瓅瓅输珉彩，绕日荒荒动地轮。游牧万生栖帝国，文书三尺遁官身。爬梳经义纷无主，痛哭宣尼讫获麟。

帝谛皇煌解未能，款戎无术赂金缯。颠毛惨切思黄种，文物累然困白登。稷下著书犹绕缭，关西仗剑耻棱嶒。平生期许空依傍，到此沉冥一碗灯。

传闻鞑靼古膏肥，何事横生半教讥。岂有残形图乌足，断无歧韵证豨妃。军功浪信天山捷，聘使阴怜突厥微。同我太平谭太守，六街如幂俨征骓。

同季，先生收到诗作后回刘善涵一信，信中言及甲午战争期间的种种传闻，如牛庄战败、荣成失守，以及慈禧太后与光绪帝之间矛盾（《致刘善涵化》，《谭嗣同集》577~578 页）：

题目册披览一过，何惊人乃尔。嗣同劣情，决不任此，拟留一玩，需时可来取。

学业固未能副期望，所处之时尤无意为此。台端暨绂丞兄超然讲肄，为此自是本分，即戎服讲经，无所谓不可，唐六如所谓“狼虎丛中谈道书”者也。

牛庄事亦仅传闻，未见确信，以密电往问，三问而三不答，窘状可掬矣。吴清帅十日内而赴天津，不可解之极！王夔帅帮办北洋，腊底山东荣成失守，与文登毗连，盖由旅顺斜渡至成山登陆，兵机迅捷，古无比矣。和议益不易成，其要挟至无理，且阴有拥立异姓之意。外间议论，极不堪入耳，甚谓先皇遗子寄北洋者，两宫水火，上益岌岌矣。

函到适外出，久之始归，拜读奇作，得未曾有，朗咏再四，可想作家抱负矣。“平生期许空依傍，到此沉冥一碗灯。”静趋空灵，天机充盎，此为入禅学之方便法门。常言足下为具上等根器之再来人，信不诬也。愿葆此灵光，益加策励，他日救度一切众生，殆于不可思议，喜切，祷切。

安御史疏久见之，虽谋篇未工，亦可云“不意永嘉之末，复闻正始之音”者矣。至于以节义见，又岂惟一身之不幸而已乎。

湘绮诗剽风缉雅，哀感顽艳，更复执玩，不忍释手。湘中灵怪之气，笃钟一枝笔。小注尤冷隽有奇致，下一字辄具史体，乃是奇耳。幕中传观殆遍，尚有欲假抄者。按来示云已照录出，则似尊处仍有一本，如无，则可着一力取去也。

令兄处烦于家书致声，江水千回，此心似之，不须宇也。

二月十三日（公历3月9日）

日军攻陷田庄台。此为辽南战役最后一役。

约二月

甲午战事吃紧，刘善涵意欲归湖南避乱，归隐故乡，“昨奉手教，欲归之意”“不求闻达”，先生遂致刘善涵一函，分析其离开湖北的三个原因：侍奉双亲、提高收入、避乱，并劝其留在湖北，“此时南洋安然无恙，毋乃见弹而求鸮炙，见卵而求时夜，太早计矣”，“待到兵临城下，徐徐他去，未为晚也”，劝其切勿归隐，不可曲解刘瑾先“归隐”之真正含义，“不可徒慕节慨之名，随他人为忧喜也”，而当以忧时感世为本业。然而刘善涵并未听劝，约于五月归浏。此信只留前半部分，下篇已佚（《致刘善涵六》，《谭嗣同集》576~577页）：

昨有书答绂丞兄，兼致阁下，计已见之。

昨奉手教，欲归之意，诚不违其情，为侍奉计耶？在家教授，或隔数里、数十里，仍不能晨昏侍侧，则在鄂亦只千里而近，每年仍可归觐也。为谋菽水资耶？此间膏火、馆谷之类，亦当去百金不远，回湘别图，急切何能？即得，徒荒时日，不如旧贯。若在本县，则断不能有此数。为避寇氛耶？则阁下之居此，正曾子居武城之时，待到兵临城下，徐徐他去，未为晚也，亦谁得而议之？此时南洋安然无恙，毋乃见弹而求鸮炙，见卵而求时夜，太早计矣。瑾先隐见之言，殆为他日处隐见间言之，若阁下今日隐，瑾先亦隐，即嗣同亦隐，皆不足言见，即皆非处乎隐见之间。嗣同稍有尽言之责，故不能不忧深虑远，如在切肤，究其实仍隐也。

士君子固贵立节慨然，其中要必有个所以然，不可徒慕节慨之名，随他人为忧喜也。瑾先之言，愚尚以为非切己之学，何则？处阁下、瑾先诸君子之境，但不取科举，即是大隐。此外无事不可，或管幼安之居夷狄，或罗江东之客霸国，皆不失隐字面目。岂必伏处岩穴，反裘负薪，乃足为隐乎？仅“不求闻达”四字，何足为难！若衡阳王子被桂藩之诏，则可云处隐见之间，瑾先所难，殆为指此，要非我辈所得外援也。

天空地阔，岁月宽闲，所无可奈何者天下，所无入不自得者一身，忧与乐正并行不悖，尽许优游啸歌，相缓急而为之去留。今世之士，稍识数字，或全不足言士，莫不忧时感世，忘其本业，此正是习气，不可不知。

嗣同尝喜为危苦恇惧之言，固因偏蔽无识，或亦由所处有不可言之所以然也。

衡阳王子有言：“天下自乱而我自治。”此则（下缺）

三月二十二日（公历 4 月 16 日）

谭钟麟任两广总督（《清季职官表》376 页）。

三月二十三日（公历 4 月 17 日）

清廷与日本明治政府于日本马关（今山口县下关市）签订《马关条约》，中方全权代表为李鸿章、李经方，日方全权代表为伊藤博文、陆奥宗光。《条约》割让中国台湾岛及其附属各岛屿、澎湖列岛与辽东半岛予日本；赔偿日本 2 亿两白银；中国增开沙市、重庆、苏州、杭州为商埠，并允许日本在中国通商口岸投资办厂。

对于《马关条约》之签订，先生感于割地赔款等条目，将会致使普通百姓无从生计，国家社稷穷困不堪。在致欧阳中鹄信中言及：“然割地一层，犹是祸之浅者。和约中通商各条，将兵权利权商务税务一网打尽，随地可造机器，可制土货。又将火轮舟车开矿制造等利一网打尽，将来占尽小民生计，并小民之一衣一食皆当仰之以给，自古取人之国，无此酷毒者！况又令出二万万两之巨款，中国几曾有此财力！”（《谭嗣同集》244 页）

三月二十八日（公历 4 月 22 日）

康有为、梁启超等鼓动广东、湖南应试举人上书，请拒和议。

三月二十九日（公历 4 月 23 日）

俄、德、法三国干涉日本割取中国辽东半岛。三国照会日本外务省，要求其放弃辽东半岛。四月初一日，日本决定向三国让步，但向中国收取赎金 3000 万两（《中国近代海军史事编年》542 页）。

△先生在六月二十六日致欧阳中鹄信中言及俄国干涉日本还辽，又与日本私订密约，各国遂有瓜分中国之议，而利益不均，于是“中国无息肩之日”：“俄代中国争辽、旅，各国有愿与闻者，有不以为然者，要皆各有所见，各有深远之谋。及见俄、日私立密约，外人不知为何事，各国益复恂惧，相与为瓜分中国之议……板荡陵夷，中国无息肩之日，而五大洲之战祸亦从此烈矣。”（《谭嗣同集》534 页）

四月初八日（公历 5 月 2 日）

谭继洵与署理两江总督张之洞、闽浙总督边宝泉、江西巡抚德馨、山东巡抚李秉衡、台湾巡抚唐景崧、广西巡抚张联桂七位督抚联名致电北京总理衙门，主张展期换约，请强国出为排解。是为著名的“七督抚通电”（《谭继洵集》589 页）。

同日，康有为联合各省应试举人一千余人联名上书都察院，要求拒约自强，史称“公车上书”（即《上清帝第二书》）。请求“下诏鼓天下之气”“迁都定天下之本”“练兵强天下之势”“变法成天下之治”，变法之要曰“富民”“养民”“教民”。

四月初九日（公历 5 月 3 日）

唐才常在致其弟唐才中信中言及开设算学馆之想法，并劝慰其弟放弃考据词章、经史子集等旧学，投身新学之中。这是谭唐信函中首次言及算学馆开设之想法（《致唐次丞书三》，《唐才常集》542 页）：

> 兄前致邹君岳生书，谓邑中宜购洋枪，开算学馆，最当今切要之图。弟来函谓势不能行，斯已矣，乃旁注云：“亦不可行。”殊所未解。且犹沾沾于时文，计较好歹。歹者固不足道，好者亦复有何用处？微独时文然，彼经解、词章，纵能追踪许、郑，继武庾、鲍，当兹变乱将起，试问其能执此御侮疆场乎？惟算学一道，小可为日用寻常之便益，大可为机器制造之根源；即至水陆各战，尤恃以为测绘驾驶放炮准头诸法。中国之所以事事见侮外洋者，正坐全不讲求之故。譬如人在井中，不知天之高大，而曰天只一点，且以痛诋西学为事。如张香帅之深谋远虑，创设制造铁政各局，开立算学方言各馆，动斥骂为劳民伤财。兄前亦有此论，今乃自知其非矣。湖南之习气如是，所谓“夏虫不可语冰”者也。弟之云算学不可行者，毋亦类是？又嘱兄此等议论，可不再言。噫！时局至此，犹复有所顾忌，而畏人之不乐闻耶？抑果所见未是，而人将议其后耶？吾不知彼以经解、词章、八股自鸣得意者，又将争胜几时耶？兄之为

此议，亦明知其不能行，而又不能自已于言。此种苦心，非深观时变，多读当今切要之书，鲜不以为缪妄者。但能常持此说，以提醒梦梦不知之人，使有一明白者，以传布众不明白者，即挽回风气之微权。

同月，唐才常亦在致谭嗣桀信中言及开办算学馆之想法，并请其帮忙筹措经费："今宜力筹经费，开一算学堂，多购西人测算、枪炮、舆图等书及洋枪等物，朝夕演习其中。使读书人皆知武备诸事，又可恃以御贼。则人才之奋兴，亦即在此；较之岁费千百金，课一毫无用处之八股、经解、词章，奚啻倍蓰？伏维祖舅德隆望重，四民瞻仰，如能不避怨难，力筹此举，则土匪潜消，将来勃起，输事之人，可以不朽。"（《唐才常集》556页）

同日，康有为中进士。十一日，被召见，授工部主事，未到署。

四月十四日（公历5月8日）

谭继洵致电张之洞，请会同各疆臣合词呼请朝廷定计西幸，以破日本要挟（《谭继洵集》756页）。

四月十七日（公历5月11日）

谭继洵致电张之洞，告知《马关条约》签订后，"湘省士民公愤，无不愿出死力争之"。谭继洵此举，与先生之大力推动不无关系（《谭继洵集》756页）。

四月下旬

先生致信刘善涵，信中言及汪中所作《琴台记》、昆山腔以及湘乡哥老会之事。刘善涵讥讽八指头陀诗作，谭嗣同亦认为"寄禅又何止在彼法中为魔道乎"（《致刘善涵八》，《谭嗣同集》578页）：

天寒不似暮春，厥罚常阴者耶？望课完未？《琴台记》有汪容甫作在前，恐未易突过耳。

乐章中复衬腔，与蔚庐先生言之，因援南北九宫为证，衬腔凡乙字于昆山曲为南曲，和婉雍容，故应胜昔。后夫子著

《琴旨申邱》一卷，遂采用鄙说，今竟重复旧观，易胜欣慰，真有不得进退揖让于其间之叹！命作诗宣扬，思之连夕，无当意者，亦不复强为之矣。斯事体大，终当足下自为之。嗣同得观其成，亦云厚幸。

武冈贼平，而湘乡复有事，虽不燎原，亦未扑灭，尝云湘中非乐土，行且可验。即寄禅外教，治乱何与彼事？乃为嚣嚣不止，亦足为民心不靖之见端。湘人士类皆跳梁跃冶之习，人管、乐而家孙、吴，其气发泄无余，遇事恐不足仗。足下讥寄禅诗，盖亦有见于此。留心世事，何处不勉焉？寄禅又何止在彼法中为魔道乎？良夜未寐，抽毫作此，不能长也。

夏剑钦在《谭嗣同致刘淞芙书札编年辨证》一文中对此信写成时间加以考证：

《编年》据书中“武冈贼平”事和“天寒不似暮春”，推断为当作于光绪二十一年三月（1895 年 4 月）。今按，书中“武冈贼平，而湘乡复有事”，分别指光绪二十年（1894）三四月平定的邵阳武冈、湘乡会党首领彭十五聚党众千余人起事和 1895 年四月十八日（5 月 12 日）湘乡县哥老会首领朱老八（名达聪）等立大营于武冈山门祭旗起事二事（可参见《湖南近 150 年史事日志》，中国文史出版社 1993 年版），则此书作于朱老八起事之 1895 年 5 月无疑。又“天寒不似暮春”，正说的不是暮春三月，因湖南天气春末夏初多寒潮，出了暮春三月还会出现奇异严寒，故农谚阴历四月有“四月八，冻死鸭”之说，这也旁证此书作于是年阴历四月（阳历 5 月），而切非阴历三月。

四月二十三日（公历 5 月 17 日）

唐才常在致其二弟唐才中信中言及张之洞、谭继洵均反对和议，且刘善涵此时为推动兴算已由武昌返回浏阳：

和议一事，督抚中惟张香帅慷慨激昂，不避权要。朝命李经方为北洋大臣，香帅奋力奏参。敬帅其次也。至刘坤一、王文韶、谭钟麟则当遥附肥逆，以赞成和议。国家无人，莫此为甚，宜其削且亡也。……淞兄业已返浏，近事问伊尽知。

四月二十六日（公历5月20日）

因《马关条约》割让台湾予日本，故而台抚缺裁。是日唐景崧卸任台湾巡抚，解职到京（《清季职官表》419页）。

五月

为改革科举、速开风气、广育人材，先生代江苏学政龙湛霖草拟《奏请变通科举先从岁科试起折》，龙湛霖官至江苏学政，主管江苏岁、科两试。先生主张在岁、科、优拔等考试中，除考制艺外，均应兼考西学一门。并且，他将西学分为多种门类，“以算学、重学、天文、测量为一门，外国史事及舆地为一门，万国公法及各国法律、政事、税则等为一门，海、陆兵学为一门，化学为一门，电学为一门，船学为一门，汽机学为一门，农学为一门，矿学为一门，工、商学为一门，医学为一门，水、气、声、光等学为一门，各国语言文字为一门”，必须精通一门，方能考取。先生并不主张骤废制艺，认为考试内容如果不落到实处，仅变革形式是无用的（《谭嗣同集》179页）。

同月，于湖北巡抚署赠其武术老师黄凤岐对联（《谭嗣同集》649页）：

> 曾受双戟单刀，长于葛洪者剑；所谓粗块大脔，奄有陈亮之文。
>
> 稚川仙也，以用兵取通侯；龙川儒也，以谈兵成进士。吾师黄方舟先生，熊经鸟伸与稚川同，龙容虎眉与龙川同，集二川语以赠。乙未五月受业谭嗣同书于武昌节署。

◎黄凤岐，字方舟，湖南安化人，书法家黄自元堂侄。精经史及武术，光绪十四年（1888）中举，二十年中进士。谭继洵幕宾，兼教先生习剑术（《安化县志》）。

△先生作《单刀铭并叙》《双剑铭》（《谭嗣同集》115～116页）或在此时：

单刀铭并叙：余有双剑，一曰麟角，一曰凤距，取抱朴子之论刀盾戟杖曰“知之譬如麟角凤距，何必用之”也。若夫单刀，北方之刿器绝术，亦惟稚川始称之。且自言乃有秘法，其巧入神，由来古矣。铭以自贻。

单刀神者葛稚川，谭复后以千有年。

双剑铭：横绝太空，高倚天穹，矧伊崆峒。蕤宾之铁，蚁鼻有烈，服之有截。

同月，刘善涵未听先生劝告，归浏而去。唐才常在五月八日家书中言及“淞芙既归，大人想必见之，一切情形，淞芙必尽言之也”（《唐才常集》515 页）。

五月初六日（公历 5 月 29 日）

康有为上《上清帝第三书》，言变法步骤，光绪帝阅后表示赞许。

五月初八日（公历 5 月 31 日）

唐才常在致其父信中言及与先生颇多往来，且大受裨益：“且时与复生七丈往来，多蒙教益，所裨身心者不浅。”又在信中言及陈宝箴之子陈三立多次示意先生嘱其往见，而唐守“无故不见”之义，不肯先行投刺（《上父书二十六》，《唐才常集》514 页）：

鄂中诸大吏，颇有器重男者。陈右铭方伯之子伯严主政，屡示意复丈，欲男往谒，男终守无故不见之义，不肯先行投刺。盖士生今日，不能有所表见，惟矜持名节，或可自永于天地间。至于穷通得失，唯天所命，天亦断无饿死士人之理。如必效当世奔走承令者，洪涊依阿，以求一啖饭所，则得错杂于宦场中久矣；然则男亦甘为清苦迂阔而已。

唐亦谈及茶务大有起色，且谭继洵办理军务甚为认真：“鄂中甚是安谧，茶务亦大有起色，是好消息。谭中丞精神、才力，较前更旺。办理军务，极为认真。男南旋当在岁考时候。”（《唐才常集》515 页）

五月十四日（公历 6 月 6 日）

正在天津道李兴锐家教读的贝允昕复信先生，对变法主张颇不以为然。贝允昕将变法与洋务相联系，以卫道为理由反对变法，提出“将讲洋务之术尚未精，必变法以图治欤？抑中国圣人之道固有未可尽弃者欤”（《谭嗣同集》470页），又以败坏人才为理由否定洋务，认为“数十年来士大夫争讲洋务，绝无成效，反驱天下人才，尽入于顽钝贪诈”（《谭嗣同集》476页）。

五月十五日（公历6月7日）

日军侵占台北，台湾人民开展抵抗武装斗争。

五月二十三日（公历6月15日）

欧阳中鹄致先生一信，痛论时局，表达对《马关条约》签订之不满，又辞去两广总督谭钟麟聘请；并言及听刘善涵所说自己于湖北遭到非议（《谭嗣同研究资料汇编》224页）：

> 东事作如此了结，开辟以来未有奇怪，闻之使人气结。天下事至此，已无可再言。然使天下事果如此便了，则自古迄今，无可亡之国，治天下亦太容易。庄生云：“哀莫大于心死，而身死次之。”心死矣，虽有和缓，无从举衮衮诸公方寸无血者而医之也。
>
> 上尊公一书，请代呈寄。刘先生一书，请阅后封固，用官封发交河东河道总督部堂许开折，必可无误。此函中言二十年来□□之道，充塞天地。语似激烈，实则平恕之至。其关涉□□之处，不敢□□而言，所以存居下之礼。春秋之义，责备贤者，乃胥天下无可责备之人。人材之衰，可谓亘古罕见。其间论及吾弟者，答来书语也。
>
> 顾通政，张上斋，文学士不得其言则去，尚属有人之心。乃内外二品以上，无引吭一鸣，援引大臣古义，直请罢黜以激励朝廷者，岂自度于时，有为委蛇以济时变耶！介于石不终日，鄙浅之见，殊觉不尔，是殆非迂拘者所能知也。刘先生、王舍人拟携手同行，风义可想，然不识何以自存？
>
> 刘淞芙秀才从鄂归，谓去岁鄙人南旋，鄂中窃窃非议，后辞云觐宫保厚聘，则又以为后凋松柏。其实鄙人乞假，本为改

葬，即无此层，于孟子所谓无言责官守进退余裕，初不稍诡于义。云觐宫保之聘，既以礼来，欲就则就，就既未为枉道，不欲就则辞，辞亦并非高节。大人者言不必信，行不必果，惟义所在，固未能以一孔之见语之。

同日，欧阳中鹄亦致谭继洵一函，并请先生代为转寄："上尊公一书，请代呈寄。"信中表达对谭继洵请求朝廷变法之奏疏之肯定："前奉复教，并从辛畲兄处恭读大疏，忠谋硕画，剀切详明，指陈害端，烛照数计，曷胜佩服。"并对朝政局势以及朝中官员十分担忧和失望："乃当轴诸公，褎如充耳，谋之其臧，则具是违。以北洋妄加恫喝，竟不能稍忍须臾，举天下社稷徇一人之私，人其有心，不解何以至此。自来有国之患，莫大于弃民，今弃之惟恐不速，四海之内，谁不解体？台湾百姓痛切剥肤，不能不拥巡抚为自主之国。唐薇卿劫留视事，为民救死，亦复名正言顺。初七胜仗，所获多系淮勇，其为谁何之奸显然，不知梦梦者何词代为解免。惟倭以全力搏兔，台民既外无救援，兵力、财力不审能久支否？比来外间谣言，谓和约尚有未明发两条，恐动天下之怒。又谓根本之地日益孤危，未敢形诸言语，岂故甚其词耶？抑果有因也。大厦将倾，江河日下，非一手一足所能为烈，其奈之何耶？"他自身亦因和议而痛心疾首："中鹄本无宦情，自闻和议，愤恨欲死，此心更如槁木死灰。"该信自署"五月二十二日"（《谭嗣同研究资料汇编》222 页）。

△同日前后，欧阳中鹄在致刘人熙信中言及："谭生才气横绝，足达时变，然于大处卓然不肯苟且以竞于世。非分之荣，视若浼己，嫉俗愤时，为吾道御侮之选，而卒不能自申其志。"（《谭嗣同研究资料汇编》219 页）

闰五月初

经历甲午战败，先生的思想发生巨大转变，"经此创巨痛深，乃始屏弃一切，专精致思。当馈而忘食，既寝而累兴，绕屋彷徨，未知所出。既忧性分中之民物，复念灾患来于切肤。虽躁心久定，而幽怀转结”，并且“详考数十年之世变，而切究其事理，远验之故籍，近咨之深识之士”。先生遂致欧阳中鹄一长信，信中言及创办算学社之想法，详细阐述了自己对甲午战争后中国形势的看法，并请在浏阳废经课，兼分南台书院膏火，以兴算学、格致，“不恤首发大难，画此尽变西法之策”。此为先生最早变法思想之阐述。

首先，他表达了对《马关条约》签订的极度不满，割台使得台湾民众“腐心切齿”，颠沛流离，清廷当局残酷无情，“开辟以来，无忍心如此者”（《谭嗣同集》241~242页）：

及睹和议条款，竟忍以四百兆人民之身家性命，一举而弃之。满汉之见，至今未化，故视为傥来之物，图自全而已，他非所恤，岂二百五十年之竭力供上，遂无一点好处耶？宜乎台湾之民闻见弃之信腐心切齿，以为恩断义绝，开辟以来无忍心如此者。……近日大官富商之家属，多流寓上海租界请保护。甚至流离颠沛，反面事仇，奉天七州县，倭允还我。而民间有号泣留倭者，且言倭一去则官又来虐我矣。从而迁者数百户。无告之民，其惨痛乃尔乎！亦将何词以责之？鱼趋渊，雀趋丛，是岂鱼与雀之罪也哉！

尤其条约中涉及的割地赔款等条目，将会致使民不聊生，普通百姓无从生计，国家将穷困不堪（《谭嗣同集》244页）：

然割地一层，犹是祸之浅者。和约中通商各条，将兵权利权商务税务一网打尽，随地可造机器，可制土货。又将火轮舟车开矿制造等利一网打尽，将来占尽小民生计，并小民之一衣一食皆当仰之以给，自古取人之国，无此酷毒者。况又令出二万万两之巨款，中国几曾有此财力？国家岁入七千万两，仍复散之于下，初非长往不返。西洋各国岁获中国之利八千万两，然丝茶盛时可抵去三千万两，余五千万两尚亦有货在中国，然已困穷不堪矣。今无端弃掷此数倍之款，即括尽小民脂膏，下至妇女之簪环首饰，犹难取办此数。

因在湖北巡抚署中，往来战讯、电报多有得见，先生对于清廷内部官员以及军队统领欺压兵卒、克扣军饷亦有所耳闻，并感到愤慨，因而论及中国军队与日本军队战斗力之天差地别，实乃出于此层原因（《谭嗣同集》242~243页）：

诸将待士卒，无不刻谿者。自宋祝帅、魏午庄、李健斋外，虽宿将皆侵扣军饷。去冬蒙朝廷赏颁军士羊皮袄一件，及诸将发交，至扣抵饷银五六两之多。军士赴钦差处诉冤，刘岘帅置之不理。营务处冯莘垞之流转复助纣为虐，百端抑勒。

余虎恩至不令勇丁出营买柴菜，防其控告也。丁槐夙有威名，此次刻扣尤甚。纵兵焚掠其营务处，至为叛兵所杀。李鉴帅初则盼之不来，终则推之不去，大为所苦。甚至自货其精枪快炮供京僚帅府之应酬。董福祥手定新疆，人人称为名将者，且有“总办军务处及军机处需索太多，亏累无从填补”之语，此外更无论矣。军士遂仰倭兵如神仙中人，恨不为所用，以免此冻饿困苦。倭人召募闽广健卒几九万人，故战死者率皆中国人，真倭人阵亡者，自去年至停战，才六百余人而已。无怪战无不胜、攻无不取也。又凡中国购买外洋军械，出使大臣从而分成，及兑价时，经手人又要分成。故吴清帅军有西人已运到枪炮，因扣价太多，不肯发药弹之事。此时西人视中国官吏比于禽兽：故有“文官三只手，武官四只脚”之谑。又以“秽、贿、讳”三字批评中国，一切吏治军政移无不识破。署中偶延洋医治病，及间至汉口洋行晤西人之晓华语者，辄故作哀怜慰勉之词来相戏嬲，令人愧怍，无地自容。**君以民为天，民心之涣萃，天心之去留也**。往年威海冰胶，不能进船。去冬严寒胜往年，而倭进攻时，独不合冻。倭固万无蒙天祐之理，而以我之所为，又岂能望有偏祐哉！

反割台战役当中，日本“兵不血刃”即占领台北府，中国七日而失基隆，而三国干涉还辽却要中国加偿军费一万万两白银，先生对此深感痛心疾首（《谭嗣同集》243页）：

台湾苦战三昼夜，仅乃一胜，倭兵复进，遂不可支。鸡笼、沪尾诸险要尽失，可俯瞰省会，万无可守之理，军民扰乱，自相焚杀，死者阗阓，抚署亦毁。唐薇卿率各官逃走，已登舟矣，复被民兵捉去，幸其家眷辎重前已内渡，仍得遁归，现在南京住家，原品休致，为南面王才数日耳，忠非忠，奸非奸，竟无词以品题之。然倭人遂不血刃而得台北府。并各省前所助所捐之饷械，及张香帅近所助之新式后膛精枪数千，枪弹数百万，现银五十万，一齐送之倭人。计初七开战，至十三失鸡笼，仅七日。国朝两次平台湾皆止七日，抑何报应之巧耶？倭现分兵徇近县，一面攻台南府，刘永福仍困守台南，然决不能久持。且电线久断，无从问讯，但望其能一死，死固无益，因军兴以来，统领死者止左、戴二人，或得以此遮羞耳。杨岐珍见鸡笼之败，事不可为，即率所部内渡，自回福建提台之任，其余湘、淮各勇，多由倭人遣回。隶湘者已渐次抵鄂，闻有千余人，而到者寥寥，盖逃散沿江为匪矣。鄂中正为此大费经营，接应不暇。而李经方派充交割之使，即坐倭之兵舰往台，见倭已得手，径将文书交清，绝不一登岸，别附他国轮船而回，脱卸之巧，毫不费力。

而中国向列强借贷，其利息之重、主权之尽丧，将会使得“生死命脉”而“尽授之于人”（《谭嗣同集》244页）：

闻京城特设一借贷衙门，以恭邸主其事，佐之者宰相尚书也。俄国允借一万万两，余向各国分借，皆由俄国作保，将以满洲借令修筑铁路酬其劳绩。其取息之重自不待言，且恐不能无抵押之事。总之，中国之生死命脉，惟恐不尽授之于人。非惟国也，将合含生之类无一家一人之不亡。

为解决危机，先生表示西迁之请不失为一个防患未然的办法。中国面临亡国灭种，“养生送死之利权一操之外人，可使四百兆黄种之民胥为白种之奴役”（《谭嗣同集》244~245页）：

此间是以有西迁之请，最为曲突徙薪之法，而迂儒大以为非，可见中国求一明白人不可得矣。又七督抚请俄、德居间，暂缓换约，实亦万不得已之策。而全权怒其异己而阻挠和局也，遂以引狼入室奏参张香帅，其肆无忌惮，闻之发指。由是香帅雇用俄国兵舰，以壮声势，兼教练中国水军之举，遂已成而复罢。既而我不联络英，而英与倭合；我不联络俄，而俄又将与倭合。而迂儒又以七督抚之禀为非，坐视全权挟一倭以制天下之死命。不能出一谋、画一策，转以与全权忤者为不然，是诚设淫辞而助之攻，适足为全权吠声之犬而已。被发左衽，更无待论。发久被矣，此后但须剪发耳。而祸更有烈于此者，中国不变法以期振作，使外洋入而代为变之，则养生送死之利权一操之外人，可使四百兆黄种之民胥为白种之奴役，即胥化为日本之虾夷、美利坚之红皮土番、印度阿非利加之黑奴。

先生对平时“溺于考据词章”的“自命不凡之士”表示质疑，认为其夜郎自大的空谈学风和所谓“道德文章”将使国将不国，烧教堂、打洋人、阻开矿、毁电线之人都堪称“亡国之士、亡国之民”，且中国目前的人心、风俗、政治、法度，“无一可比数于夷狄”，所以如若不变法，则西迁亦无甚大用（《谭嗣同集》245~247页）：

独怪博学工文、平日自命不凡之士，犹复不知此时为何时、所当为者为何事。溺于考据词章而怙以虚骄，初不辨为某洲某国，概目之曰洋人。动辄夜郎自大，而欲恃其一时之意气，尽驱彼于海外，而闭关绝市，竟若经数十年贤士大夫无术以处之者，彼一出而旦夕可定。及见有识者讲求实学，力挽时局，又恶其形己虚而乘己短也，从而媢之疾之，诋之为异端，訾之为用夷变夏，然则便当高坐拱手以待诛戮耶？窃谓古有亡国之君、亡国之臣，今则有亡国之士、亡国之民，骛空谈而无实济，而又坚持一不变法之说，以议论为经济，以虚骄为气节，及责以艰巨，又未尝不循循然去之，此亡国之士也。烧教堂，打洋人，明知无益，而快于一逞。于是惑风水而阻开矿、毁电线，周汉之流又从而煽摇之。……陈长镞能上书言："与洋人战不当用枪炮，当一切弃置而专用气。"然观其文采则美甚，书法则佳甚，中国之名士大抵如此矣。夫洋枪洋炮之利，在西人犹其余事，然亦万无徒手可御之理。……且即以炮论之，其最大之克虏伯，能击五六十里，而开花可洞铁尺许者，可使万人同死于一炮。虽断无万人骈肩累足以待炮之理，而其力量所及，要不可不知。由此以推，彼不过发数万炮，而我四百兆之黄种可以无噍类，犹谓气足以敌之乎？况彼之法度政令，工艺器用，有十倍精于此者，初不必尽用蛮攻蛮打而自可从容以取我乎？使我而为西人，决无不瓜分中国者。况倭已得险要，已得命脉，已具席卷囊括之势，独不虑天与不取反受其殃乎？有可幸者，或各国牵制，恐碍商务不即发耳。悲夫！会见中国所谓道德文章，学问经济，圣贤名士，一齐化为洋奴而已矣。岂不痛哉！岂不痛哉！

先生强调了变法的重要性，"开风气，育人才"，并希望甲午战败可以一扫湘人虚骄之气，使其奋发图强（《谭嗣同集》247 页）：

然苟变法，犹可以开风气、育人才，备他日偏安割据之用，留黄种之民于一线耳。独惜夫前此之宽闲岁月，不计此、不为此，及见倭之变法而盛，犹不思效法，反诋之、议之、笑之、咒之。初通商之不变，尚曰不习夷情也。庚申可变矣，乙酉可变矣，而决不变。至乎今日，奄奄一息，忽不度德、不量力，而与能变法之倭战，如泰山压鸡子，如腐肉齿利剑，岂有一幸乎？初闻湘军之见敌即溃也，心虽哀之，未尝不窃喜吾湘人虚骄之气从此可少止矣，久之而骄如故。

先生认为，中国海军装备差，军队素质低，且船政局"工惰器窳"，政府搜刮民脂民膏、苛捐杂税，而仍然不足以抵销败仗。打仗必须有军事基础，如若不顾实际情形而一味主战，而战败后又一味求和、不负担责任、逍遥法外，则尤为罪孽深重（《谭嗣同集》248~249 页）：

去年主战之翁同龢辈，不揆所以可战之人心风俗与能战之饷与械，又不筹战胜何以善后、战败何以结局，瞢然侥幸于一胜。偶有一二深识之士出而阻之，即嗤为怯懦，甚则诋为汉奸。……训讨操练既属虚文，风涛沙线尤非素习，一泛沧溟即晕眩呕哕，不能行立。窃恐东西南北之莫辨，不识长崎、横滨之何在，将举踵而却行，适幽燕而南其趾，其能与履险如夷习惯自然之悍敌争旦夕之命于洪涛骇浪中乎？虽海军率雇西人驾驶，其竭诚忠事与否已不可信，而战之一事又岂可责之一二驾驶之人乎？故我之海军，仅能依违近港，虚张声势，初不意真有战事。迨迫以军法，使当大敌，将士环向而泣，至有宵遁者，其不战而溃，不待智者知之矣。然海军之不可用，犹曰中国所短也；中国所长莫如陆军，而奉天败，高丽败，山东败，澎湖又败；旗军败，淮军败，豫军、东军、各省杂募就地召募之军无不败，即威名赫耀之湘军亦败，且较诸军尤为大败。……司农告匮，外库搜括无遗，下而劝捐勒捐，房捐商捐，加税加厘，息借洋款，息借民财，名目杂出，剔脂钻髓。且陕、甘、云、贵之协饷，以及廉若俸与应支之款，概支吾而不发，卷天下所有，曾不能供前敌之一败，而添购军械之款尚无所从出。……福建船政局有名无实，从不能造战舰，上海、金陵、天津各机器局工惰器窳，造枪炮甚迟，且非新式快利之器，湖北枪炮厂建造又未毕工，而各局之通患则曰缺费，于是赤手空拳，坐以待毙。向之主战者，乃始目瞠舌挢，神丧胆落，不敢出一语，偶蒙顾问，惟顿首流涕，君臣相持嚎哭而已。而和之势遂不至摇尾乞怜哀鸣缓死不止。愚以为孟浪主战之臣，以人家国为侥幸，事败则置之不理，而逍遥事外，其罪尤加全权一等矣。京城为之语曰：“宰相合肥天下瘦，司农常熟世间荒。”亦可云恰切。

先生对张之洞、李鸿章通晓洋务表示认可，认为现在官员不通时局，于科技、外交均无可用之人，沉迷空谈，以办洋务为耻。他亦抨击了抵制洋务的王闿运，指明中国落后如此，实为守旧官员之过（《谭嗣同集》249~251 页）：

今之衮衮诸公，尤能力顾大局，不分畛域，又能通权达变、讲求实济者，要惟张香帅一人。……香帅尝叹曰："无怪乎合肥之得志也。遍观中外大小臣工，学问非不好，品行非不好，即心术亦未必都不好，然问以大小炮数百种，后膛精枪亦数百种，形式若何，运用若何，某宜水，某宜陆，某利攻，某利守，某利山林，某利平地，其左右前后之炮界何在，昂度低度若何，平线若何，抛物线若何，速率若何，热度若何，远近击力若何，以及水雷旱雷炮台地营一切攻守之具，无一人能知，且并其名亦不能辨。又况西人政事法度之美备，有十倍精于此者。某国当与，某国当拒，某国善良，某国凶狡，吾之联之而备之者其道何在，宜更无一人知之矣。稍知之者，惟一合肥。国家不用之而谁用乎？"香帅之言明白如此。而近日又有一种议论，谓今日之祸皆由数十年之讲洋务。冤乎！中国虚度此数十年，何曾有洋务？亦岂有能讲之者？虽有轮船、电线、枪炮等物，皆为洋务之枝叶，且犹不能精，徒奉行故事、虚糜帑项而已。惩末流之失，遂谓创始者之非，何异因噎废食、惩羹吹虀乎？且惟数十年士君子徒尚空谈，清流养望，以办洋务为降志辱身，攻击不遗余力，稍知愧耻者，至不敢与办洋务者通往来。……昨见王壬秋上合肥书，痛诋洋务，兼及曾、左，然为合肥画计，则劝其率铁甲船直攻日本，是诚奇计矣，然铁甲船独非洋务乎？且不知测天以辨经纬，能航海乎？不知测地以定方向，能计里乎？不解机器何以行船？不通算学何以开炮？不熟公法不能悬旗，不晓西洋语言不能答邻舟之问，是则铁甲船尤诸洋务之所荟萃。是则中国之名士未尝不知洋务之有用，特己所不知不能，恐一讲洋务，即失其所以为名士之具，不得不忍心詈之耳。且凡詈洋务者，能不衣洋布用洋物乎？抑日用之而不知遂忘之耶？吾仰彼之物以为用，使彼日耗吾之民财，何如皆自制造而自用之，又兼造彼所需用者以相抵御，以留吾民之脂膏耶？即如洋钱一宗，东南各省通行，西人获利无算，中国何以不早仿造？始以为资本太重耳。今湖北建银元局，购置机器，止费数万金，是亦何难？乃至今始有广东、湖北二局。中国举事着着落后，是以陵迟至有今日，而所谓士者犹坚持旧说，不思变计，又从而媢之诋之。呜呼！亡之犹晚矣。

先生认为，改变科举制度是变法之关键所在，要改变考试内容，考何种科目即测试何种能力，将学校与科举相结合，由学校来培养专门人才，再从学校中选拔人才。且提倡全民读书，则儿童可得母教，少时即可通晓时务物理。由此，先生提出算学可为一切学科之基础，故而倡办算学格致馆（《谭嗣同集》251~253页）：

故议变法必先从士始，从士始则必先变科举，使人人自占一门，争自奋于实学，然后人材不可胜用，人材多而天下始有可为矣，舍此更无出身之路，斯浮议亦不攻自破。故变法者非他，务使人人克尽其职，不为坐食之游民而已。考理学、文学者使官礼部，考算学、理财者使官户部，考兵学者使官兵部，考律学者使官刑部，考机器者使掌机局，考测量者使绘舆图，考轮船者使航江海，考枪炮者使备战守，考公法者使充使臣，考医学者使为医官，考农桑者使为农官，考商务者使为通商之官。善夫西人学校科举之合为一也，有择官选士之意焉。其成材者升于大书院，各有专门之学以待录用。投考者即于大书院由院长考之，不拘人数，求考即考，一二人可也，百十人可也；不拘时日，随到随考，今日可也，明日可也。所考者又皆有实验：如考算学即令运算，考船学即令驾船，考医学即令治病，考律学即令决狱，考机器即令制器，考天文测量即令运用仪器。中式即面予凭单，差其等第，如中国举人、进士之类，其有殊尤，立即拔用，余俟录用或再考。考每一国大小公私书院，或数万、或数十万。又有五家连坐之法，一人不读书五家皆坐罪，故农夫走卒无不读书识字。又有女学校，故妇女无不读书识字。由是小儿得力于母教，方七八岁即知地为球体，月为地之行星，地为日之行星，地自转而成昼夜，地绕日而有寒暑。地凡几洲，凡几国，某国与我亲，某国与我疏，及其大小强弱，均已晓其大概。至于品行心术，固无法以考验，而实即寓于诸学之中，苟其不端，亦决无能善其事而不败露者。况满街有警察官吏以举刺之，到处有议院以评论之，又有浓赏厚刑以驱其后，复何忧其不得人哉？中国之考八股，于品行心术又有何干涉？不惟八股也，策论亦八股也，经学辞章皆八股也；即考算学而不讲实用，犹八股也。故必变科举而后可造就人才，而后可变一切之法矣。此间拟上变法之奏，尚未决定，若不变科举，直不如不变。……故与唐绂丞、刘淞芙有于本县设立算学格致馆之议，诚不忍数千年之圣教，四百兆之黄种，一旦斩焉俱尽，而无术以卫之耳。

先生运用王船山的道器观，重新解释道器关系，认为器决定道，道从属于器，得出了“器体道用”和“道随器变”的结论。他反对空谈抽象之“道”，认为“道无所寓之器，则道非道矣。”在他看来，变法就是改变道以适应器，也就是寻找新的御器之道。先生以王船山“道不离器”“无其器则无其道”抨击保守派“天不变道亦不变”之论点，点明变法实为迫在眉睫，且变法亦符合儒家“圣人之道”，“西人之体国经野、法度政事无不与‘周礼’合”，如此尚可如同欧洲各国一般强其本质，永保太平无事（《谭嗣同集》253~255页）：

岁取中国八千万，视国家所入犹赢一千万，且无国家之费用，是商务一端已远胜于作中国之皇帝；况和约遍地可通商免厘，可造机器，可制土货，各国必援利益均沾之说，一体照办耶？迨至膏血竭尽，四百兆之人民僵仆颠连，自不能逃其掌握。陈伯严之言曰：“国亡久矣，士大夫犹冥然无知，动即引八股家之言，天不变道亦不变，不知道尚安在，遑言变不变耶？”窃疑今人所谓道，不依于器，特遁于空虚而已矣。故衡阳王子有“道不离器”之说，曰：“无其器则无其道，无弓矢则无射之道，无车马则无御之道。洪荒无揖让之道，唐、虞无吊伐之道，汉、唐无今日之道，则今日无他年之道者多矣。”又曰：“道之可有而且无者多矣，故无其器则无其道。”诚然之言也。……故变法者，器既变矣，道之且无者不能终无，道之可有者自须亟有也。至于可知于百世之后者，虽西人亦不能变也。昧者辄诋西人无伦常，无伦常则不相爱不相育，彼吞此噬，人类灭久矣，安能至今日转富强乎？夫伦常不自天降，不自地出，人人性分中所自有者也。使无伦常而犹有今日之富强，则圣人之设教为由外铄，我如骈拇枝指矣，而彼此有见为异者，特风俗所囿节文之有详略耳。又万国公法为西人仁至义尽之书，惜中国自己求亡，为外洋所不齿，曾不足列于公法，非公法不可恃也。欧洲百里之国甚多，如瑞士国，国势甚盛，众国公同保护，永为兵戈不到之国，享太平之福六百年矣。三代之盛何以加此？尤奇者，摩奈哥止三里之国，岁入可万余元，居然列于盟会，为自主之国，非公法之力能如是乎？何得谓彼无伦常乎？而昧者又以圣人之道私为中国所独有，是又以尊圣人者小圣人矣。圣人之道无所不包，岂仅行于中国而已哉？观西人之体国经野，法度政事无不与“周礼”合。

先生主张筹集变法资金以广开学校、大开议院、操练海军、兴办商务、开矿脱贫，各个行业均有专门之学与专门之官，“是以矿务、商务，力与争盛，即为下手处”（《谭嗣同集》256~257页）：

于是广兴学校，无一乡一村不有学校；大开议院，有一官一邑即有议院。募新加坡及新旧金山之华民以练海军，无事则令运载货物往外洋贸易，既可获利，又得熟习航海。尽开中国所有之矿以裕财源，兼以兵法部勒矿夫，有事则每矿皆有兵。多修铁路、多造浅水轮船以兴商务，以练陆军，以通漕运，以便赈济。商务则立商部、集商会，通力合作以收回利权。陆军则召募与抽丁，要须并举。其练之也，站炮台，挖地营，今日征调往某处，明日又易一处，无事如临大敌，彼出此归，不使

> 游惰，而有铁路亦自不甚劳苦，此德国之练法也。战兵专立将帅，守兵则隶于守令，以符汉制，兼可不用差役。枪兵尚勇力，炮兵则必通算学，又有所谓工兵专为筑垒浚濠制器之用，此西国之通制也。改官制而设乡官，废书吏而用士人，改订刑律使简而易晓，因以扫除繁冗之簿书。改订税厘章程，出口免税厘，以夺外洋之利；入口重征之，以杜漏卮之渐。土货则于出产之地一征之而不问所之，以归简易而塞弊窦。讲求种植以裨农政，讲求畜牧以蕃马政，皆有专门之学，皆有专设之官。而由种植以推，则材木不可胜用；由畜牧以推，则牛羊之毛可为呢为褐。兴女学以课妇职，用机器以溥蚕桑。女学成则一家多数人之用。蚕桑不用机器，所以不如外洋。日本能以显微镜辨别蚕种，故无病蚕，出丝多而好，中国之大利半为所夺，此受患于无形者也。凡利必兴，凡害必除。西人之所有，吾无不能造，又无不精，如此十年，少可以自立矣。既足自立，则无须保护而人自不敢轻视。

等到国力强盛后，可以以不平等条约中的条款反要求对方国，逐步实现在进出口税、商业贸易、文化宗教上的平等，进而废除不平等条约（《谭嗣同集》257～258 页）：

> 每逢换约之年，渐改订约章中之大有损者，援万国公法止许海口及边地通商，不得阑入腹地。今无论东西大小各国皆如此，独中国任人入腹地耳。如不见许，即我通商于彼国之兵轮亦当阑入彼之腹地，此出洋贸易之船所以万不可少，所谓即以其人之道还治其人之身也。又援各国之例，加重洋货进口之税；如不见许，既我往彼国之货，应照我国进口之税，视他国而独轻矣。……但使一国能改订约章，余俱可议改矣。如此始可言强，始可谓之曰国，而礼乐可徐兴矣。

最后，先生主张在浏阳设立算学格致馆，召集聪颖弟子肄业其中，研习各种时务学问，在算学作为基础学科的基础上，要求学生广阅各类时报，熟悉中外民情与国情，学习天文地理等科学知识，兼习中国传统学科，并七日一休（《谭嗣同集》262~263页）：

夫子去年在鄂曾发变法之论，伏望先小试于一县，邀集绅士讲明今日之时势与救败之道，设立算学格致馆，招集聪颖子弟肄业其中。此日之衔石填海，他日未必不收人材蔚起之效。算学为中国所本有……格致之理，杂见于古子书中……谅亦不能以奇技淫巧见阻。而尤要者，除购读译出诸西书外，宜广阅各种新闻纸，如《申报》《沪报》《汉报》《万国公报》之属，公置数分，凡谕旨、告示、奏疏与各省时事、外国政事与论说之可见施行者，与中外之民情嗜好，均令生徒分类摘抄。其专治商务者，物价低昂、银钱贵贱与出进口货之畅滞多寡，应令列为年月比较简明表……治天算者，各国各省极寒极热之度分异同与其星气之变，均应抄录。治医学者，各处风土所宜与其瘟疫札疠与药材产销之地与其价，均应抄录。自能长人学业，益人神智……又严立课程，循名责实，每人止占一门，而皆从算学入手。每日工课尽可从多，不使暇逸。七日一休沐，以节其劳而畅其机……兼读中国书时，得文之以礼乐。如夫子就近教导，品行心术自不至违背。来谕所云："守先待后，皆有分任之责。"果立不朽之业，功亦不亚微管，嗣同所云雍雍一堂，王者必来取法，皆将于是乎在。盖作育人才，实贞下赖以起元、剥后得以来复也，舍此更无他法矣。

△甲午战败以及《马关条约》的签订是先生思想学术发展过程最为重要的转折点。在此之前，先生的思想虽然已包含许多新的因素，但在整体上仍未冲决旧学的范畴。甲午战败对于近代知识分子群体造成思想之刺激，先生在时代潮流的推动下，运用"器体道用"的学说，成功地解决了其思想中原有的"变与不变"的矛盾，从思想学术上论证了变法的必要性，从而完成了由旧学到新学的彻底蜕变。从此时起，变法成为先生思想中压倒一切的主题，正式步入了"维新变法之学"时期。

是月，唐才常、刘善涵具禀谭继洵，请于浏阳建立格致书院，购置书籍仪器，先导之算学，再及其他；但经费困难，婉请捐廉以为倡导，谭继洵“深韪是言，慨然允许”（《唐才常集》522页）。

是月，谭继洵拟疏请变法，请求变革科举，其稿由先生草拟，“顷闻敬甫中丞拟疏请变法，意盖出自复生”，属稿已定，既而“守老氏之宝，不欲为天下先，迟回未发”（《谭继洵集》756页）。

闰五月初八日（公历6月30日）

康有为上《上清帝第四书》，正式提出“设议院以通下情”之政治主张。

闰五月初十日（公历7月2日）

唐才常从先生处看到欧阳中鹄五月二十三日来函，感慨于时局，“昨于七丈处恭读手书，忧愤之衷，一字一泪，循环反复，泣下沾襟”。他亦表示中国非变法不能自救：“事已至此，中国犹获幸存，必当变科目以求实在。如再不变法，亦万无复存之理。帖括之运，行之数百年，至此亦可以已矣。”并应先生兴算学馆之建议，上书敦请欧阳中鹄主持其事，先生亦十分赞同之（《上欧阳中鹄书三》，《唐才常集》519~522页）：

> 受业曾具禀敬帅前，请于我邑建立格致书院，先筹二三百金，购齐上海格致书院翻绎诸书及纪限仪小机器数种，以为士人观摩。先导之以算学，徐进以舆地、兵法、制器诸学。但经费难筹。但于禀中婉请中丞捐廉以为之倡，余或将每年经课改归此处，或将南台膏火，酌拨其半。中丞深韪是言，慨然允许。惟深虑我邑未明事理，或如省城虚憍之气，动起相持，议必至于中废，且董事难得其人，在在俱形棘手。意欲吾夫子起任其责，而恐为贫而仕，不能暂羁马足。七丈一闻此说，更觉怦然不可遏抑，谓吾夫子素以经纶天下为心，艰巨不辞，劳怨不避，况事之发端虽小，而能使吾邑人讲求大局，研究实际，为将来干城腹心之用，夫子必乐于从事，不以是为戆言。至一切草创章程，吾夫子通达事体，了然中外强弱之本，自能斟酌万全，于变法之中，寓救时之策，我辈惟祷祝求之而已。

闰五月十三日（公历 7 月 5 日）

光绪帝明发上谕要求各省选拔时务人才（《戊戌变法文献资料系日》92 页）：

为政之要，首在得人。前谕中外臣工保荐人才，业经次第擢用。当兹时事多艰，尤应遴拔真才，藉资干济。着各部院堂官及各直省将军、督抚等于平日真知灼见、器识闳通、才猷卓越、究心时务、体用兼备者胪列事实，专折保奏；其有奇才异能，精于天文、地舆、算法、格致、制造诸学，必试有明效，不涉空谈，各举专长，俾资节取。该大臣等当念以人事君之意，一秉大公，详加考核，倘或苟且塞责、谬采虚声，甚至援引私人、瞻徇情面，滥保之咎例有专条，定惟原保之人是问。

△先生闻此上谕十分振奋，“不禁跃如”，认为其中以广西按察使胡燏棻一折“最为切实”。

闰五月十五日（公历 7 月 7 日）

欧阳中鹄收到先生月初所撰长信，予以很高评价，并又见到本月十三日选拔时务人才的上谕后，决心“拟将县中书院改习格致诸学，而姑以算学为入手之始”（《谭嗣同研究资料汇编》474 页）：

嗣同立身有本末，不肯苟且以徇于世，而天挺异才，阅历时变，怀纵横八荒之心，具上下千古之概，一闻鄙言，遂乃畅发厥旨。观所论列，盖原本乎管子，酌取乎申、韩，而仍归宿乎周公、孔子之道。所谓变法适以复古者，于是乎在也。

此书到于闰月之望（1895 年 7 月 7 日），已勤勤恳恳，请以变化之实，先试于一县。心虽善其所言，因恐道与时违，所学非所用，不能如时文足以干禄，舍其旧而新是谋，必致信从者少，沮尼者多，犹豫未敢遽发。伏读闰月十三日上谕，又闻下变法诸疏议奏，如自汉口修铁路达京师，及湘省用小轮拖带商船，皆已请行。则知科举之道：亦必有不由其旧者。因拟将县中书院改习格致诸学，而姑以算学为入手之始。

欧阳中鹄阅罢先生来函后感慨万千，对其观点十分赞同，并表示他的思想已然青出于蓝，“以学论，不当使在弟子之列”（《谭嗣同研究资料汇编》236页）：

幽居徬徨，潸焉啜泣。以书抵谭生嗣同，嗣同遂畅发变法之旨，请先试于一县。其书逾万言，观所论列，皆有实际，并非过为高论，及拾取牙后慧，徒以空文恣肆，逞其笔锋，即于吾道之藩篱，亦复护卫严谨。自顾空疏，腼然汗下。以年论，则一日之长，以学论，不当使在弟子之列。初恐骇人听闻，犹豫未敢遽发，继思竟秘不宣，又似有周公之才之吝。

六月

唐才常为推动兴算由武昌返回浏阳，与刘善涵就算学馆事，“唐、刘归述于县人，皆莫之应”，赞成者只有少数人（《谭嗣同集》267页）。

同月，法国索取云南普洱、蒙自边界猛乌乌得土司之地，据《清德宗实录》中载（《戊戌变法史研究》805页）：

光绪二十一年六月甲戌，谕军机大臣等：都察院代奏，云南京官编修陈荣昌等呈称，近闻与法国换约，有割普洱、蒙自边地，及允其开办锡厂，又必图利于茶山等语。着总理各国事务衙门，查明具奏。寻奏：普洱、蒙自边地，当系指猛乌乌得土司之地而言。当日议定界约，业经陈明在案。至此次约内，并无开锡矿之语。报闻。

为此，先生作《法人无故索滇边乌乌地竟界之或为之谣》（《谭嗣同集》180页）：

法人来索地，华人去任天。莫黑匪乌乌乌地，问谁能虫虫虫天。

同月，沙市、武汉及湖南帮会纠众械斗，聚众至万数，湖北抚署派数营兵勇始得弹压解散。谭继洵上折具奏：“本年闰五月二十九日，汉帮悦来店与武帮两全馆因口角细故起衅争殴，两帮各不相下，遂于初三日聚众械斗，经荆宜施道周懋琦督同荆州府县城守营弹压各散，责令会首出结限缴器械。至初六日，两帮复纠众互斗，致伤人命，街市因之停贸。”（《谭继洵集》355页）先生在本月二十六日致欧阳中鹄信中亦言及此次械斗持续二十余日，死者二三百人，为“未有之奇灾也”，并在上折具奏时，“此事不能不具奏，而弥缝掩饰，措词极难”（《谭嗣同集》533～534页）：

> 沙市、武汉两帮因口角没紧要事，至于纠众械斗，又误伤一湖南人，湖南帮从之而起，三帮斗至二十日之久，聚众至万数，官民皇避无所，匪徒乘势焚劫，死者无数。此间派两营前往尚不敷弹压，又添派营勇始得解散，死尸悉已抛弃江中，无从查点，可知者大约有二三百人。此诚未有之奇灾也。此事不能不具奏，而弥缝掩饰，措词极难。

六月初十日（公历7月31日）

欧阳中鹄在致陈荇畇信中言及，谭继洵上疏请求朝廷变法，“意盖出自复生”，表示将先生致其长信稍加删节，刊为《兴算学议》广为散发，并计划“将南台书院课额划出一半，改习西学”（《谭嗣同研究资料汇编》231～232页）：

> 谭复生谓孟浪主战者，罪浮全权一等，并非苛论。孟子曰：“由今之道，无变今之俗，虽与之天下，不能一朝居。”□□过鄂，曾发变法之论，谓非废今之科举，改习西法不行。彼时复生已归，未与相晤。顷闻敬甫中丞拟疏请变法，意盖出自复生。复生天挺异才，通知世变，起而救时，得管子申韩之法，方之近人，殆曾惠敏之匹而精锐殊甚。昨复□□书，申言法不可不变，洋洋万数千言，皆持之有故。请□□先试于一县，此事迂儒必骇怪，难与虑始。然欲作育人材，起救时变，则亦不能竟畏其难，避庸庸者之谤讪。现拟将复生书稍加删节，用聚珍板刷印，俾阅者知为当务之急。然后将南台书院课额划出一半，改习西学。

六月中下旬（公历8月初）

欧阳中鹄将先生长信以及自己所拟跋语派专人送达涂启先处，特地征求其意见。

六月二十六日（公历 8 月 16 日）

先生致函欧阳中鹄，信中言及文廷式在江西亦倡议开设格致书院；在主张变法的奏折中，以广西按察使胡燏棻最为切实可行；信中称“唐绂丞、刘淞芙皆通才”，请欧阳就近与之商议，大力推动算学馆的筹建；并附寄自己起草《浏阳算学馆章程》一通，约四千言；信中亦言及湖北欲修筑铁路，然而因水患而无从下手，并表明“修路尤应以治河及讲求水利为主”（《致欧阳中鹄三》，《谭嗣同集》533 页）：

（前缺）论亦难划一，唐绂丞、刘淞芙皆通才，似可与议。顷闻江西亦议开格致书院，以文学士廷式为之倡也。变法之谕尚未复奏，就中发下各疏，以胡云梅按察一折为最切实。湖北大约以开办铁路自任，现正委员四出，踏勘形势。而黄梅、孝感、德安、安陆等府县被水，一片汪洋，苦于无从下手；即令水退再议修筑，他日水至，又将奈何？不惟湖北为然也，倘修至河南、山东、直隶境内，猝遭黄水浸灌，又将奈何？此修路尤应以治河及讲求水利为主。中国政事废弛太久，办事者处处皆成荆棘。即如顺直水灾，年年如此，竟成应有之常例。两湖偶被水旱，其势已岌岌可危，即不为铁路起见，亦岂当任其如此而不为之计耶？然则虽变法难期有效，以无能行法之人也。

信中亦言及俄国干涉日本还辽，又与日本私订密约，各国遂有瓜分中国之议，而利益不均，“中国无息肩之日，而五大洲之战祸亦从此烈矣”（《谭嗣同集》534 页）：

故前日俄代中国争辽、旅，各国有愿与闻者，有不以为然者，要皆各有所见，各有深远之谋。及见俄、日私立密约，外人不知为何事，各国益复恟惧，相与为瓜分中国之议，以合力抵御俄、日，而彼此又不免猜忌，搭配地段极难停匀云云。案从前土耳其之削弱，亦因闹教起事，俄人首兴问罪之师，英、法、德、奥又从而抑勒之，遂至今不能复振。今遇教案四起，各国得以有词，板荡陵夷，中国无息肩之日，而五大洲之战祸亦从此烈矣。辽、旅既未见还，台湾尚差能枝柱。二万万之兵费几于告贷无门，如再有他变，岂堪设想！

七月

先生回复贝允昕本年五月十四日来信，在信中将数年前所作《治言》一并呈览于贝允昕，并在文前添加跋语。此信末尾署日期为“甲午秋七月”实为笔误，应为乙未年七月所作（《谭嗣同集》507 页）：

第一，从以王夫之的道器观解释“无其器则无其道”的观点，并利用道器关系阐释了变法的必要性。他认为道离不开器，道并非空言，必须有所附着才能够显现。他认为学者不认真思考，误解了道器关系，“自学者不审，误以道为体，道始迷离倘恍，若一幻物，虚悬于空漠无朕之际”。

第二，认为“道非圣人所独有，尤非中国所私有也”，无论是饮食、衣冠，还是法度、政令、商贸，中西皆兼备。且伦常是维系社会关系的重要基础，西方亦是存在伦常的，“无一息之或离，无一人之不然，其有节文之小异，或立法之相去甚远，要皆不妨各因其风俗，使捷于知而便于行，未有一举伦常而无之者”。

第三，谈及自己熟识的英国医师马尚德，其“言及其母，则然有孺慕之色，三数日一寄书，言琐屑事甚备，下至日所食之蔬果，无不奉告惟谨，又不时电问安否”，并对西方伦常之道甚为称道，认为其不尚虚礼，能使家庭和睦，少有争诉，社会安定，少有欺诈。言及西方具体礼仪，实则与中国相通：“彼之免冠，吾之半跪也；彼之握手，吾之长揖也；彼之画数，吾之顶戴也；彼之宝星，吾之翎枝也。”然而“吾笑彼冠服简陋，彼即诘吾之发辫何为者，无以答也”，且国人迷信愚昧，“乡曲之牛鬼蛇神，一木一石，一藤一井，皆虔而祀之，祷而祈之，又何谓也！”

第四，认为变法即所以复古。他指出当时所谓儒术并非真儒术，变法之目标在于恢复真儒术。“夫法之当变，非谓变古法，直变去今之以非乱是，以伪乱真之法，蕲渐复于古耳。”如果认为西法皆源于中国，则中国应尽快变革，以收回我们固有的权利。“中国尤亟宜效法之，以收回吾所固有而复于古矣”，他认为变法图治，“正所以不忍尽弃圣人之道，思以卫而存之也”。

第五，针对贝允昕提出的变法无效之观点，先生驳以“第就所见之轮船已耳，电线已耳，火车已耳，枪炮、水雷及织布、炼铁诸机器已耳”，这些均是洋务之枝叶，而根本在于“法度政令之美备”。

第六，指出中国有亡国之士，有亡国之民。士人沉溺清流空谈、考据辞章，矜夸自满，以议论为经济，以意气为志节，嫉妒讨论实学挽救危局者，认为其为异端邪说，一旦国家有难，则拱手瞠目，无能为力。亡国之民则是毁教堂、打洋人、阻矿务、阻电线。并提及张之洞曾言李鸿章之所以受到重用，在于其精通洋务。

第七，提出变衣冠为洋务根本之一端，并对改变科举制度提出了自己的看法。他认为变衣冠可以“神其鼓舞之妙用，而昭其大信。一新士民观听，俾晓然共喻于法之决于一变，渐摩濡染，久久自将合为同心同德，以舍旧而新是图，进变他法，始自易于听从，乐于效用，民志于以定，谤议于以平也”。

第八，提出变法之具体举措，可以减少土地的价格，请归英、俄保护十年。至于保护之说，只是让其出一空头保证，使我国借机吓唬他国，使之不干扰变法活动。购买领土，不必用现银，可以实物相抵，如“铁甲船、快船、碰船、雷艇、水雷、精枪、快炮、商船、火车，造铁路之钢条木板及应用诸机器”，均可作抵押。其次迁都中原，与天下更始。取消满汉之分，广兴学校，大开议院，慎科举，改官制，设立海军、陆军两部，尽开中国所有之矿，多修铁路，多造浅水轮船。商务则设商部，集商会，立商总，开公司，招民股，兴保险，建官银行。精求工艺制造，以收回利权。

第九，他认为中国有屡去而不能去的弊端，为漕务及河务，兴修铁路则是解决此弊端之良策；中国有屡兴而不能兴的利源，为铸钱和钞票，可以设立官银行来解决。“随设官银行，视国家入银若干，始出钞若干，止求便民，毫无营利之心。”通过兴利除害，坚持十年，少可自立，则每逢换约之年，修改条约中有损于中国的部分，“援万国公法，止许海口及边口通商，不得阑入腹地”，“援照各国之例，加重洋货进口之税”，逐渐将利权操控在本国之手。

第十，总结出四条变法具体措施：一曰筹变法之费，严格限制在祀典之列的寺观庙宇的花销，以供议院学堂乡塾的开销；二曰利变法之用，利用电力、海潮、地热、太阳能以供机器之用，“就沿海潮头极大之地，遍立极大之机厂，以取受其力，距海远者，则用电线传力之法，而力无不达”；三曰严变法之卫，利用气学电学制造武器，专设一学，孜孜制造，力争超过西方；四曰求变法之才，变学校变科举是求才之举，但在创办之始，需要有人担负责任，莫如责成各府州县之绅首，如能倡议废除寺观，或集股开矿，或置办机器，即加以重用，令入议院充议员，并由官府资助、保护，以竟其事业。

约同季，湖北宜都县知县陈长檑对先生之变法提议大肆攻击。他致函欧阳中鹄，企图对兴算一事百般阻拦，欧阳中鹄致江苏学政龙湛霖书信中言及此事（《谭嗣同研究资料汇编》245~246页）：

> 当此书未出时，陈曼秋一闻此论，以信抵□□力争，诋斥不遗余力。然通计三千余言，不过圣贤门面语，其意欲尽弃西学，如枪炮之类皆不用。细按之，则无一言及于实际（杨生汉檑辞翁尚书出京时，尚书语以须极力讲求致用之学。自悔从前专好文采，至今日而学非所用。曼秋信将魏默深曾左沈诸公一笔抹杀。亦不当其事，不知其难耳）。县中人闻所未闻，已极骇怪。又经曼秋信，另录稿流传，遂群然左袒，众论欢哗。

先生《浏阳兴算记》亦载此事，其中“县人某”即陈长檑（《谭嗣同集》273页）：

> 师汇前书并刊为《兴算学议》。议径改南台书院为算学馆。事垂就而阻者大起，县人某以工制艺取甲科，廷对时虑无以胜人，则故为抵斥洋务之词以自旌异而投好尚，竟以得进。时方

目不谈洋务为正人，益挟以骄视当世，至是恶夺其所挟，首起出死力排击。

同月，欧阳中鹄为先生《兴算学议》撰《书〈兴算学议〉后》，并在此提及："因将嗣同此书，用活字板刷出，并以鄙意，加批于眉端，俾用传观，知非冒昧。"（《谭嗣同集》286~289页）。

同月，湖南学政江标抵达浏阳主持岁考，先生与罗棠为首，唐才常、刘善涵、涂儒翯策划，向江标递交了由刘善涵起草的《上江标学院书》，申请将南台书院永远改为算学馆，以南台书院经费作为算学馆经费。先生迫于父命，未在此呈文上署名，但却参与了此次上书行为之策划："嗣同归而谋诸唐、刘及涂君质初、罗君召甘诸有志之士，令禀请学院江建霞编修。禀为刘君所为。"（《谭嗣同集》273页）刘善涵《上江标学院书》云（《谭嗣同集》275~276页）：

> 生等拟请将该书院永远肄算，径改为算学馆名目，其岁费千余缗之资，即改归授算经费。现在邑绅欧阳节吾中书中鹄、涂舜臣优贡启先，均不避劳怨，力主其议，并商请浏阳县知县唐令会同办理。而同县护湖广总督湖北巡抚谭敬甫中丞之子嗣同知府、山东登莱青道李勉林观察之子元恺知县，自愿捐购西书，踊跃乐成，尤可概见。
>
> ……为此仰恳饬谕浏阳县知县立案，准将南台书院永远改为算学馆，并会同公正明白绅耆，细定章程，妥为办理。行见观感则效，萌芽长成，立格致之根源，为湘省之先导，其有造于士类者，诚莫大之惠也。

同月，江标立即批示同意，并札示浏阳知县立案，其批词为（《谭嗣同集》276页）：

> 据禀，浏阳城乡五书院旧皆专课时文，近拟将南台书院永远改为算学馆，与四书院文课相辅而行，业有专长，学求实用，振今稽古，事创功先，循览禀词，实深嘉尚！当即札饬浏阳县知县立案，准将南台书院改为算学馆，并会同公正明白绅

者，董理经费，细定章程，妥为办理。本院事事核实，乐观厥成。若或有名无实，徒事更张，既失育才养士之心，必开立异矜奇之诮。尚望不避艰难，力求振作，当仁不让，后效无穷，本院有厚盼焉。

同月，浏阳知县借故拖延，未予照办。当时正值岁考，守旧考生闻讯大哗，《兴算学议》出版后，反对者“渐觉意解”，但“其坚持不可者，仍居五分之二”，欧阳中鹄记述（《谭嗣同研究资料汇编》480 页）：

当此书初刻成时，同县秀才十余人具禀学使，径请改南台书院为格致馆，学使批准下县。于时士论沸腾，大加骇怪，及读《兴算学议》，渐觉意解。其坚持不可者，仍居五分之二。鄙意虑更张为难，以书院听之县官，而先行立社，已得乐从者十余人。

唐才常《浏阳兴算记》中亦言及“县官未即应也”（《唐才常集》285 页）：

元和学使江公按临是邦。才常乃纠同人刘善涵、涂儒翯、罗棠等，首以改革南台书院章程请。江公瞿然曰：“久矣夫，余之辍食弃餐，抚剑东向，欲求振刷于是邦也。不图义声首唱，与余耿耿之心相符契者，有浏人士也！”急檄下县官行无怠，县官未即应也。

同月，守旧考生“至诋浏阳为妖异，相戒毋染浏阳之逋毒”，且“士论沸腾，大加骇怪”。于是学政江标则在试卷中择取言时务之考生，于是应试者不得不纷纷“购新书读之”，继而风气渐开。先生在《浏阳兴算记》中记述（《谭嗣同集》276 页）：

案是时正值岁试，多士云集。批出，而众论大哗，至诋浏阳为妖异，相戒毋染浏阳之逋毒。学院则益搜取试卷中之言时务者，拔为前列，以为之招。嗣是每试必如此，其持迂谈者弃勿录，凡应试者不得不稍购新书读之。湘乡改东山书院之举，又继之以起，趋尚亦渐变矣。而尤厚爱浏阳，时时向人称道。

七月初七日（公历8月26日）

欧阳中鹄致函涂启先，信中言及在先生推动和影响下，谭继洵已拟好奏请朝廷变法之奏稿，但却“守老氏之宝，不欲为天下先，迟回未发”。又言及《兴算学议》乃为先生原信删除十分之二并自加跋语所成，且以聚珍板印刷，亦言及先生迫于父命不便显名，该书约于本月在长沙问世，书名为欧阳中鹄亲题（《湖南历史资料》1959年第3期135页）：

鄂中中丞初见及此，拟上变法疏，属稿已定。唐生才常、刘淞芙秀才善涵，肄业两湖书院，请先试于一县，中丞允之。其子门人嗣同具函复鄙人，洋洋万数千言，乞速起任其事。已而中丞守老氏之宝，不欲为天下先，迟回未发。会奉闰月十三日上谕，令保举天文、地舆、算学、格致诸人才，又先后陈请变法疏十余件，交内外大臣议奏。科举之不能由旧，盖在意中。鄙人遂决意将县中书院，改习格致，而先从算学入手。

昨嗣同复以书抵南台首事邹君岳生，言其尊人意非有异，但不欲首发难端。又告其兄惺余司马（即嗣棨）：所需各书，已由鄂中购办。事有端倪，理无中止。惟骤改旧章，殊骇观听。必人人与言，又苦无此喉舌。嗣同虽压于父命，不欲题名，而其前书所言，最为剀切详尽，不得已为删去十分之二，再以鄙意加批加跋，用活字板刷出，俾阅者了然知其必去彼取此。

△关于代谭继洵拟定奏稿，先生在闰五月初致欧阳中鹄长信中亦曾提及：“此间拟上变法之奏，尚未决定，若不变科举，直不如不变。”该奏稿现佚，根据《兴算学议》以及《乙未代龙芝生侍郎奏请变通科举先从岁科试起折》来看，该奏稿应是围绕变科举制度而进行。

七月初九日（公历8月28日）

涂启先回函欧阳中鹄，言及浏阳旱灾，并对创办算学格致馆表示赞成（《湖南历史资料》1959年第3期138页）：

伏秋亢旱，时局日非，寂处无聊，罔知所措。人来奉书，就稔起居佳胜，德闻崇隆，借增欢忭。反复来教及复生书，心所欲言，皆经道出，觉数月来胸中块垒，为之一平。承悉将就邑中开格致馆，先讲算学，此自六艺中应讲之一，不足谓为复法，亦不必以西学为名，使无识者咋为用夷变夏也。

并在信中对先生称赞有加：

谭子将将，为一邑开风气，即为天下开风气，危言笃论，实中肯綮。书中……广兴学校以下二十四行，执事评为均实可行，未为阿好。执事联英、俄入公法之议，较原书尤透快。鄙意窃谓自治之道，必先裁冗官，厚廉奉，简繁文，与谭子诸说相辅，此则变法不仅在时文也。

但对刊布《兴算学议》表示担忧，恐遭守旧派非议，他主张不动声色而创办算学格致馆：

尊意将刊布谭子书，以为木铎，用意良厚。但以用西法改时文为言，迂儒必将唾骂，以异议梗阻。似不若不动声色，聘良师，购书籍，招俊士，习算法，我自视为平平无奇，人亦不能议为变法，俟他日果有废时文之日，诏书一下，而我邑既有应之者，则人人知所趋向。即不能废，而算学列于科举久矣，设馆教习，亦不患无从之者。所谓因势而利导之也。

七月十五日（公历9月3日）

欧阳中鹄为先生《兴算学议》撰《再书〈兴算学议〉后》，言及涂启先已为算学社招募良师、购买书籍（《谭嗣同研究资料汇编》476页）：

舜臣又言不动声色，聘良师，购书籍，招俊士，习算法。此最至平至实办法，果使经费有着，则与书院别出，无妨谋定即行。今既力有不逮，骤起开捐，既茫然不知所谓，而岁值亢旱，又复难望乐输，非划取书院课额，及提礼乐、敬学各公费，不能为无米之炊。故仍将嗣同书刊布，以俟豪杰之士，览观兴起。

七月二十三日（公历9月11日）

欧阳中鹄为先生《兴算学议》撰《三书〈兴算学议〉后》，言及广西按察使胡燏棻请求变法之上疏“事事切实，非徒为空谈可比”；先生向李兴锐之子李昌濬暂借书籍以作算学社之用，李昌濬慷慨捐出（《谭嗣同研究资料汇编》477页）：

顷得胡芸楣廉访燏棻请因时变法疏，约八千言，事事切实，非徒为空谈可比。果能毅然行之，犹虑不能自强，断乎未之有也！

…………

又嗣同寓书淞芙、才常两秀才，属向李勉林观察之子炳南暂借所藏各西书及言洋务各书，炳南即慨许扫数捐出，其踊跃尤为可喜云。

七月二十四日（公历9月12日）

直隶按察使陈宝箴被任命为湖南巡抚（《清季职官表》429页）。

△陈宝箴见到先生所拟《兴算学议》后大加赞赏，并刻印数千本散布于湘省各书院（《谭嗣同集》277页）：

义宁陈公之奉命抚湖南也，道出湖北，邹君沅帆以新政要而说之。及莅湖南，见《兴算学议》大赏叹。致书瓣姜师，有云：“谭复生书粗阅一过，其识度、才气、性情，得未曾有。侍居节府数年，闇然无闻，尤为可敬。惜某失之交臂，为内疚耳！”命印千本，遍散于各书院。

七月二十八日（公历9月16日）

欧阳中鹄为先生《兴算学议》撰《四书〈兴算学议〉后》，书中言及《兴算学议》已经印行（《谭嗣同研究资料汇编》478页）：

《兴算学议》著有成书，业已印行。谭生函及余所加批，均未附录。是书未出时，陈宜都长櫄，在远有闻，未得所以然，驰书力争。实则其探本立论处，如礼义廉耻、国之四维等说，谭生函内，皆已言之，以太直切，均从节删。

约八月十五日（公历 10 月 3 日）

由武昌归浏阳。拟将南台书院改为算学馆的建议，遭到时任湖北宜都县知县浏阳人陈长樞的反对，先生为商议此事而归浏："中秋时，谭生还县会商，咸虑众格，以已约定晏君云卿为山长，遂议招十六人立社，为立足地。"

同月，先生常与唐才常讨论时局、高谈阔论，并向其父唐寿田学习古琴。唐才常胞弟唐才质记述（《湖南历史资料》1958 年第 3 期 103 页）：

> 光绪二十三年，先长兄返归浏阳，兴办算学馆和群萌学会，与谭嗣同联系密切，共同提倡新学，酝酿维新变法。先父寿田公，精于古乐，嗣同常向其学习琴操。琴止以后，嗣同和先长兄即讨论学术，兼及时事，谈到清朝政治腐败，丧权辱国，都感到无限愤慨。每到深夜，犹闻室内高谈雄辩，声情激越。从此他们的友谊更加浓厚，决心为挽救中国而贡献出自己的一切力量。

八月十六日（公历 10 月 4 日）

针对陈长樞之攻讦，欧阳中鹄回函一封，据理驳斥，信中劝告其认清形势"今之天下，非道成以前之天下矣"，阐明学习西方科技的必要性，批评陈氏无视西方政法科技的先进，"夫彼之丝茶，固学于我者也。学于我而精于我，遂以夺我之利。而我乃听彼物之充塞中国，既不能设禁，使民不用；又耻效彼之所为，而终不一学"，并强调指出："苟为民计，恶有循已敝之法，舍作新之道，不急幡然一变者？"并将《兴算学议》寄给陈长樞（《谭嗣同研究资料汇编》238~240 页）。

八月

浏阳遭遇特大旱灾，书院公款皆挪为赈灾款项，原拟用于设立算学馆的经费无法落实。于是，先生与欧阳中鹄、唐才常、涂儒翯等人召集十同志，每人捐款五十缗，邹明沅亦力筹经费，每年可得六百千钱，几人集资设立小型浏阳算学社，聘新化晏孝儒为师，社址在浏阳文庙奎文阁内。待日后再成立算学馆。刘善涵则成立质学社，延请善化王晓夫为山长（《唐才常集》285页）：

适浏旱灾甚，民汹汹，有逃亡者、饿莩者。官绅议括公私款项，尽供赈事，南台膏火，亦取其赢余输之。维时吾师欧阳节吾先生，方以假还县。……及闻改书院事，猝不得就，乃慨然集同志十余人，捐资结社，社于邑之奎文阁，聘新化晏君孝儒为之师。又刻谭嗣同所为《兴算学议》，俾传观远近，用代道人。

按照筹定的六百千钱岁费，谭嗣同拟定《算学社章程》，分为《开创章程八条》和《经常章程五条》，他在章程之后言明，算学的目的在于实践，一年之后，生徒对于算学已经熟练，便可上手学习操作后膛枪炮，并绘图列表，储备知识，亦可以演习行军草图之法（《谭嗣同集》267~273页）：

章程曰：夫非常之原，必核实以期共信；而兴事之始，贵循序以渐扩充。故量力而后不窘于财，用足而后可垂于久。今议立算学格致馆，筹得岁费六百千钱，谨以此为率，议开创、经常章程各若干条，划一于后。

《开创章程八条》：

一曰岁入款项，需人管理，以专责成。……

二曰暂赁房屋以为开馆之地。……

三曰聘请总掌教兼充本馆总理一人，以资表率。……

四曰聘请精通算学者一人，以充分教，岁奉脩金一百千钱，聘金、节敬约以三十千钱为度。……

五曰招集生徒十人，以入馆肄业。……

六曰雇厨役一人、杂役一人，以供使令。……

七曰除上各开销外，尚余十八千钱，以供杂用。

八曰开馆之前，由总理豫计本年应用款项若干，逐条详书数目，悬单馆门。

《经常章程五条》：

一曰总掌教兼总理之职。日间常川在馆，管理教学，稽察大小事件，收发银钱，检阅帐簿。……

二曰算学教师之职。日夜均须在馆，专以算数传授生徒。……

三曰生徒功课。……

四曰厨役、杂役条规。此项人总以在馆肃静、无事不出馆为主。……

五曰休沐日期。除厨役、杂役外，通馆均前后七日中隔六日一休沐。遇房、虚、昴、星四宿值日，即为休沐之期。……

以上各条，亦系按照六百千钱之经费从简试办。生徒初学，不便分析多门，转无归宿。且生徒性所近、情所喜又不知为某门，故专以算学为主，格致则责令看书而已。如生徒于格致中别有心悟，莫辨是否，或应由本馆试验，或作图说，由总理函寄各省专门之家，请其论断。如此试办一年之后，生徒于算学之浅近可见诸施行者，俱已精熟，可将本县所存前后膛各种枪炮借令用测量法施放。某种枪炮速率击力及某度之抛物线若何，即逐种绘图列表，以备他日应用。兼令演习测绘行军草图之法。

浏阳算学社是中国近代史上第一个自然科学团体。先生曾在《浏阳兴算记》中回顾创建算学社之艰辛："夫以一县蕞尔，絜诸地球，奚啻黑子之著面，然谋举一事，乃复崎阻百出，经年而始成。""千回百折，始做到如此地步。"唐才常亦在《浏阳兴算记》中感叹道："且焦精灼神，倾肝沥胆，经年累月，彼可此否，彼否此可，始少有振奋，少有变更。于此见变法自下之难，而始事之人，未有不劳怨交加，千磨百折者也。"自此，浏阳"可为天下先"。浏阳算学社的兴办影响了整个湖南省的风气，乃至扩大到全国。对于算学社所造成的影响，先生在《浏阳兴算记》中描述（《谭嗣同集》276~277 页）：

学院则益搜取试卷中之言时务者，拔为前列，以为之招。

嗣是每试必如此，其持迂谈者弃勿录，凡应试者不得不稍购新书读之。湘乡改东山书院之举，又继之以起，趋尚亦渐变矣。而尤厚爱浏阳，时时向人称道。

其明年，浏阳果大兴算学，考算学洋务，名必在他州县上，至推为一省之冠。省会人士始自惭奋，向学风气由是大开。夫学院非有高爵大权，而上下合志，一引其端，其力遂足以转移全省，此以见中国变法之易也。

唐才常在《浏阳兴算记》中言及："湘省直中国之萌芽，浏阳直湘省之萌芽，算学又萌芽之萌芽耳。"（《唐才常集》286页）

同月，刘善涵"则又别联一小社"，名为质学社，研习物理、化学等学科。

八月二十日（公历10月8日）

为阻止先生继续从事兴算活动，谭继洵派专轮邀请欧阳中鹄前往湖北巡抚署中担任幕宾："而谭敬甫中丞于前月廿后遽行专轮来迎。其书极为恳切，或久或暂，或加修或作幕，或兼差，均惟命，务请即行，而并未言所商为何事。"（《谭嗣同研究资料汇编》246页）

八月二十二日（公历10月10日）

欧阳中鹄回函谭继洵，表示自己现在前往湖北，"实苦不及"，"须九月半间，乃可扁舟出省"。信中并向其汇报算学社建成前后经过（《谭嗣同研究资料汇编》242页）：

因拟于县中创兴算学，导格致先路，储异日有用之人材。顾非常之愿，难与虑始，经营数月，初见端绪。此事□□肇其端，复生畅其旨，舜臣赞其成。上东一团，岁提公费二百缗，余仿公学局面，每来学一人，出钱五十千。现已得十余人，信从者尚复不乏，正与复生商订一切。

他表明浏阳旱灾十分严重：

县中亢旱，为六十年所无，西北两乡尤甚。其实早稻可收六成，晚稻有颗粒无收者，亦有可二三成者，通计可及七成。

而乡间矜持太早，处处阻境，是以人情恇惧。前经各商户设法出境购买，约二万余石。此时河水稍长，可资转运，城中渐就安贴。

并且，在信中对先生大加赞许：

复生操实谨严，令名蔚起。论事极有见地，任事极有力量，实系达艺从政之才。如有机务，可令献谋，以备采择。方之古人，如祁奚之有祁午，非过誉也。

九月

强学会于北京成立。康有为、梁启超、沈增植、陈炽、丁立钧、文廷式、杨锐等列名会籍。因无人邀请，先生并未参加强学会，在其致欧阳中鹄信中言："嗣同于总会、分会均未与闻，已既不求入会，亦无人来邀。"

同月，刘善涵离浏返鄂，为宣传变法主张和新学知识，决意创办《湘报》。

九月初十日（公历10月27日）

欧阳中鹄致函王铁珊，并将《兴算学议》刻本一并寄去两本，并托他转交刘人熙，并特意叮嘱不可让京中大员看到，因为"书中诋斥当道过甚，未便触其忌讳"（《谭嗣同集》292页）：

查西人天文、地舆、制造、光、化、电、重、声、汽诸学，几于各造其极……而无不从算学入手，于是创兴算学之议。谭生嗣同以信畅发厥旨，请先行于敝县。因将其信加批加跋，刻为《兴算学议》，以当家喻户晓。兹附寄二本，一备尊览，一请妥寄蔚庐先生。蔚庐自署许州后，来书二函，敝处无信往，恐不达也，容后当再邮寄。但请弗示都中大位，以书中诋斥当道过甚，未便触其忌讳。

当此书初刻成时，同县秀才十余人具禀学使，径请改南台书院为格致馆，学使批准下县。于时士论沸腾，大加骇怪，及读《兴算学议》，渐觉意解。其坚持不可者，仍居五分之二。鄙意虑更张为难，以书院听之县官，而先行立社，已得乐从者十余人。每人出制钱五十缗，束脩火食均在内。拟俟酌定章程，至黄安或江阴度岁。

九月十二日（公历10月29日）

由浏阳启程前往湖北，并与谭延闿于舟上晤面聚谈，《谭延闿日记》中载：

> 十二日，天曙，展轮至湘阴，下遇长庆小轮，浼其分带，许可，乃分楚宝之二畀之。初吴中丞许借慈航，未及至许，路遇而告之，故长庆竟李代也。行百八十里，至磊石山泊焉。时尚早，未午饭也。饭毕，与子田、辅观四人乘舠登岸游览。复泛舟至楚宝，与谭复生谈。上灯后，复生来舟，谈半时许。

九月十五日（公历11月1日）

乘船于江上遇大风浪，遂决定乘其他船只先行，《谭延闿日记》载："十五日。晨起知昨夜迨今，天忽变色，阴风怒号，浊浪排空，不能跬步行，守风泊故处。饭后，复生遣价，言欲乘只轮先行，约傍晚轮留返。仆乃登鹢首望之，烟水苍茫，风鸣有声。"（《谭延闿日记》第一册6页）

九月二十二日（公历11月8日）

中日在北京订立《辽南条约》，日本交还辽东半岛，中国增付赔款3000万两（《中国近代海军史事编年》548页）。

九月二十五日（公历11月11日）

欧阳中鹄启程前往湖北，准备入谭继洵幕，路过长沙时稍作停留以便与陈宝箴晤谈。

十月初（公历11月）

北京强学书局开局，"先以报事为主"。康有为偕张之洞幕僚梁鼎芬等由宁抵沪，设立上海强学会（《戊戌变法史》466页）。

十月初十日（公历11月26日）

唐才常在致唐才中信中言及算学老师晏壬卿即将到浏之事，并对陈宝箴来湘担任巡抚充满了期待，认为其足以"厚植人才""挽回大局"（《致唐次丞书七》，《唐才常集》549页）：

前属弟将珠算演熟，果践所言否？算学老师晏壬卿先生有腊底到浏之说，果尔，则起馆亦在腊底，不可不早为之备；医学且暂放缓一层，如明年学算之暇，兼能旁及更妙。……

陈佑民中丞到鄂时，即闻浏阳有改书院之举，深以为然，且云省中亦当照办。湖南风气之开，当于是乎在，可喜之至！

惟外间时局日非，中外诸公，绝无振兴气象。国势危如累卵，未可如何。如我湘省得陈佑老力加振刷，厚植人才，则将来挽回大局之人，又未必不出自湖南，拭目俟之可耳。

同日，康有为联合梁鼎芬、黄绍箕等人于创办上海强学会。并起草《上海强学会章程》，决定要办“最要者四事”：“译印图书”“刊布报纸”“开大书藏”“开博物院”，“皆本会开办视款多寡陆续推行”。

十月十一日（公历11月27日）

陈宝箴抵长沙，接见欧阳中鹄，挽留其协助办理湖南赈务。

十月二十三日（公历12月9日）

致信刘善涵，信中约定第二日与罗教士会面（《谭嗣同集》577页）。

接来示，诵悉。马医士言：准明日下午七点钟可与罗教士会晤。届时可先至马处，如马出行医，可径往博文书院或隔壁之福音堂，在何处即于何处晤谈，惟福音堂是其寓处，可先往也。

晏壬卿先生路费，应于何时致送，依嗣同愚见，似可俟明正到县时补送，希与绂丞酌之。又两兄回县度岁，当在何时起程，深愿更于县中一晤也。

顷适奉龙爪鳞兄转来汉口厘局罗君恒年一书，足下馆事，意已应允，但须少缓，亦是实情。他日嗣同行后，可到爪鳞处问信，兼须一见恒年，亦与爪鳞酌行可也。

十月二十八日（公历12月14日）

孙中山在广州发动第一次反清武装起义，起义失败后清朝政府大肆捕杀革命党人，陆皓东、朱贵全、丘四等被杀，程奎光入狱，孙中山、杨衢云等均被悬赏通缉。

十月二十九日（公历 12 月 15 日）

欧阳中鹄返回浏阳。回浏不久后，他即奉陈宝箴之命负责浏阳赈灾，会同涂启先、谭嗣棨等成立“筹济总局”，并担任总办。

十一月初一日（公历 12 月 16 日）

《万国公报》更名为《中外纪闻》，于是日正式出版，双日刊，以梁启超、汪大燮为主笔（《戊戌变法史》466 页）。

十一月初七日（公历 12 月 22 日）

先生于松竹斋定制一墨盒，上绘阴文篆刻山水垂钓图，并题“乙未冬日复生氏制”。背后印文有松竹斋印记，为阴文隶书“松竹”二字。先生本年冬未到过北京，墨盒或由他人代为制作转交。

◎松竹斋，位于北京琉璃厂万源夹道，始建于 1672 年，经营文房四宝等文具，1894 年更名为荣宝斋。

十一月初九日（公历 12 月 24 日）

李闰之乳母高媪卒，享年八十一岁，李闰为其题照诗云：“髫龄失母实堪怜，朝夕相依十六年。问暖嘘寒勤抚恤，追随不异在娘前。”（《谭嗣同研究资料汇编》99 页）先生亦为之作《傅保高媪小照赞并引》（《谭嗣同集》231~232 页）：

> 高媪者，直隶通州人，刘氏女。长适高，生子四，皆夭。夫故无赖，流落不知所在。弟强之嫁，坚不允，出为佣媪，受雇于吾外舅李篁仙先生家。吾外姑宛平王夫人绝敬重之，以所生女三人属其抚养。王夫人寻卒，媪念托孤之谊，爱养诸女如己出，教娴仪则，令习诗礼，出适名族，皆以贤闻。内子李闰，其长也。余二女既嫁而殁。次有子，更属媪，媪即终于其家，所谓善化陈氏者也。年八十有一，时光绪二十一年十一月初九日，从陈氏流寓汉口。
>
> 媪亮节孤励，垂老笃勤。赋性温淑，师保有仪。傅此三媛，克成令德。遭遇艰危，忘己施爱。终始三十年，不以少

倦。卒仍抚陈氏之孤，迄尽形寿。此岂世俗一生一灭之心所堪任者哉？履贞不渝，可谓一节矣。

十一月十二日（公历 12 月 27 日）

吴樵与梁启超于京师强学会中晤面。《汪康年师友书札》中载吴樵致汪康年信："十二日赴强学会议事之约，略坐即去，以无可与言者。伯棠、卓如均枉过，与谈甚洽。伯棠、卓如甚好。卓如以与诸人所论不合，拟辞职矣。"

十一月十三日（公历 12 月 28 日）

俄国沙皇尼古拉二世将于翌年六月举行加冕礼，邀请清廷派要员前往祝贺，签订所谓"防备日本"的《中俄密约》。清廷拟派湖北布政使王之春前往俄国以贺俄皇加冕。谭继询认为这是先生步入官场的绝佳时机，遂请王之春于是日奏报其为随行人员。

十一月中旬

先生从湖北回到湖南，路过长沙时，再次撰写请求饬令浏阳知县改南台书院为算学馆的禀稿，连同算学馆章程一并呈送巡抚陈宝箴与学政江标。此事并未告知欧阳中鹄，却被其子欧阳自耘侦知。于是欧阳中鹄致书陈宝箴请其暂缓批发。陈宝箴本来欲批准将南台书院改为算学馆，但接到欧阳中鹄信后便没有批示。为此，先生对欧阳中鹄的梗阻表示不满（《湖南历史资料》1959 年第 3 期 153 页《截存赈捐余款以银八千两为浏阳算学馆经费呈稿咨湖南学院江》）。

> 谭生复从鄂归，不知有此，道省时，复拟章程禀抚、学两院，冀得速行，并杜中变。而秘不以告，为儿子侦知之。余乃飞书上义宁师，请暂勿批发。既学院文已下，而抚批杳然，谭生乃属邹君元帆密催，复书谓：义宁始以兄为今是，及得贵老师书，又以为昨非。谭生等意甚不满，出以示余曰：师岂不欲事之行，何反相沮邪？余曰：恶有课已请停、忽改习算学者，吾必不用书院款，别筹立算学馆，其少安毋躁。

同月，先生返浏后，见情况紧急，遂留下协助欧阳中鹄办赈济灾，成为其得力助手。欧阳中鹄曾打算请陈宝箴委任先生为“筹济总局”提调。先生并草拟“办赈条陈十二条”（《黎少谷〈浏阳土产表〉叙》，《谭嗣同集》406~409 页）：

时涉秋不雨，农民或以旱灾告，咸不之信，惟深识之士稍稍忧之，而黎君少谷言之独危切。嗣同殊不寤其旨，以谓浏阳田皆再熟，夏既丰获，仅半岁不刈，何至是？且县官报旱，曾不及五分以上，例不得蠲缓，号不成灾。无何，赤贫下户渐有饿死者，丁壮渐有逃亡者，官犹弗省。至冬十月，饥民蜂起求赈，喧哭于县官之堂。西南乡时闻聚众强夺，多者至数千人。事岌岌将乱，官乃始大惶，不知所为。会新抚部义宁陈公莅湘，专注意赈恤，奏委欧阳瓣姜师总办县赈，人心始定。嗣同念有事服劳之义，佐师为理，为办赈条陈十二条：

一曰：县城设立筹赈总局，一切均由总办作主。……

二曰：四乡各设筹赈分局，由总局遴选各本乡绅士为其首领，以下办事诸人，由该首领告知总局指名选派。……

三曰：由官指派富家子弟每家几人入局办事，须年在二十以上者，听候总局及分局酌用。……

四曰：由官清查城乡各公款。……

五曰：由官查明城乡现存谷米共若干，交总局拨用。……

六曰：由官按照粮册，岁收田租在五百石以上者，计亩派捐，或田租不及五百石而别有生计者，仍不得邀免。……

七曰：由被灾之各团各境绅首详查待赈户口，分别极贫、次贫，造册送分局，而汇总于总局。……

八曰：总局出期票，自十千至一千，至五百，至二百，至一百钱止，限光绪二十二年五六月来局兑钱。……

九曰：招集灾民往省转运钱谷等项。……

十曰：开办南乡煤矿，择白煤、油煤两宗，招左近灾民开挖。……

十一曰：淘挖西乡河中金沙。……

十二曰：以上诸务并举，则灾民有业者居多，余老弱妇女则由各本团、本境绅士计口放赈。

约同月，先生与唐才常商榷后，认为矿产为“天地自然之利，亦救荒之上策”，力主开矿，实行“以工代赈”，解决灾民的生活。先生遂与唐才常筹办西乡之金矿及南乡之煤矿，并草拟《保护金厂章程六条》（《谭嗣同集》411~413页）：

浏阳利源，当以矿产为大宗，特官持例禁，民惑风水，未得遍乎。嗣同于赈事，故力主以工代赈，为议曰：世所谓以工代赈，若修筑、建造等类，皆非以工代赈，直是以赈代工耳。以工代赈者，宜令所作之工可持以易钱，还以供赈，流转灌输，无有竭涸，而赈之力乃不忧不继，则惟有开矿足以当之。因共唐君绂丞办西乡之金矿，为拟保护金厂告示曰：

…………

一曰：尔等在淘金之地，必应举一人总管其事，方能使众人聚而不乱。……

二曰：开设金厂尤急宜指定地段，从某处起至某处止，由督办绅士会同总管查明具禀存案。……

三曰：此处既开金厂，距厂一里之内，无许他人再开。……

四曰：厂中人夫概归总管约束，则必须造册编伍，方能纲举目张。……

五曰：每人每日所淘之金，均须报明总管，登记数目。……

六曰：督办绅士准其搭入股分，无论何人皆准入股，但准驳须由督办绅士酌定。

△在赈灾过程中，先生不仅草拟《办赈条陈十二条》及《保护金厂章程六条》，亦拟定《严禁灾民逃荒告示》《晓谕待赈各贫户告示》等文件。先生主张“以工代赈”，“令所作之工可持以易钱，还以供赈，流通灌输，无有竭涸，而赈之力乃不忧不继，则惟

有开矿足以当之，因共唐君绂丞，办西乡之金矿”。开设煤矿，招民采运，“南乡煤矿前既开采，年饥煤不售罢工，待食者以万计，瓣姜师遂请款屯煤，招民采运，一使少谷主之，矿大开，全活无算，而所屯之煤，亦并得善价”。先生还想办法解决钱荒问题，在湖北为浏阳赈灾劝捐、筹款、购粮。

先生与唐才常、黎宗鋆等设立官煤局，对赈灾起了很大的作用。欧阳中鹄在给陈宝箴的信中称：“谭生嗣同归来，系一好帮手。”据《瓣姜未刊函稿》第四册中欧阳中鹄致陈宝箴信中记载：“自设局收煤，日活二万人……金井至离县七十里外，挑夫通夕不彻，售煤得米归，穷民遮于道，或粜数合，多者粜半升，皆曰：‘无此局，吾命早毙矣！’”“函丈称之曰吾儒尚志，曰佛门初地，又悯之曰恭世子，其知复生人微矣。‘天之厄我，如不我克’，复生之谓也，莫非命也！顺受其正，复生所以为复生之谓也，悲夫！”

△浏阳赈灾时，黎尚雯参与欧阳中鹄之救灾机构，并出其储粮救济灾民。先生曾赠黎氏云（《谭嗣同集》653 页）：

一鹗忽翔万云怒，群虬相奋孤剑啼。

◎黎尚雯（1868—1918），浏阳人，号桂荪，与谭嗣同、唐才常交谊甚笃。光绪二十一年（1895）浏阳大旱，黎尚雯参与赈灾。助欧阳中鹄等人办浏阳算学社、不缠足会，次年又协助谭嗣同、唐才常等在长沙创立南学会、时务学堂，办《湘报》。

十一月十六日（公历 12 月 31 日）

邹代钧致信汪康年，表示陈宝箴自从就任湖南巡抚以来，在其子陈三立的辅佐下，与张通典、邹代钧等开明士绅一道，积极推行新政，并且打算联络张之洞、谭继洵一并影响中南大局。

十一月十八日（公历 1896 年 1 月 2 日）

因张之洞回任，谭继洵卸护理湖广总督任（《清季职官表》373 页）。

同日，致函欧阳中鹄，表示已拟好《办赈条陈十二条》。并且，先生与黎宗鋆筹划利用灾民运送南乡煤矿滞销之煤，以工代赈

（《致欧阳中鹄四》，《谭嗣同集》535 页）：

章程草草拟就，暂秘不敢示人，故无与商议者。知曲折详细多所未到，乞裁夺是幸。涂师回信来否尚不可定，但东乡极安贴耳。本城绅士大致如一丘貉，愈商议必愈无成，愈思和衷必愈不和，迟疑不决，何日为止，十万生命岂能枵腹久待耶？况乱一发，更不可为矣。为今之计，止有包揽把持一法，伏祈酌定章程后即与县君言之。如此即办，不如此即不办，如县君不能坚持，势不能不上达帅听矣。

南乡煤矿事已详问罗迪吾，据云："此时渌水上流已涸，须由矿陆运至萍乡界上之江口上船，每船可载千石以内，二百余里至湘潭销售。因陆运远者四十里，近则二三十里，加此脚力，不能取赢。"故渠已挖出之煤，尚存滞二千串钱之谱，无从出售，甚以为苦。嗣同自称将代鄂局采买煤斤，渠即极愿效力。如果办赈之策可行，似可借渠滞而不售之煤，予以明年二三月春水涨时之期票，令灾民运赴江口上船，售钱再挖再运，并邀迪吾同开他矿。物产既丰，米谷自至矣。

银圆一节，中丞已令省城商民通用，想已由鄂局运解来湘，则省城宜有买也。妙在细至半角，值制钱五十文，交易尤为便利，则钱当不至甚荒矣。使发甚急，不暇庄写，伏祈鉴恕。章程似应俟可行时再出以示人，不然徒滋诋议，甚无谓也。

十一月二十日（公历 1896 年 1 月 4 日）

致函欧阳中鹄，表明浏阳乡间有人借着灾荒聚众抢劫掠夺平民，他认为"不刑一人则聚众之风不能少息"（《致欧阳中鹄五》，《谭嗣同集》536 页）：

昨闻绅士请官出示晓谕，乡间遇有痞徒藉荒劫略者，格杀勿论。官自谓官小，无此权力，须抚院出示方可，而又不敢自请于抚院，嫌其教训上司出告示也。意欲夫子或嗣同专函上请，嗣同见来言者不足与辨，遂笑而不答。夫事但当论应办否耳：应办则小官与大官同，不应办则小官无此权力，大官亦无此权力也。况劫略为何等事，即寻常民间，夤夜入人家，尚许格杀勿论，今值聚众，固应大于奸盗，何不可出示之有？如谓事有窒碍，即抚院之告示亦不应出矣。至谓属员不当教上司出告示，请之而已，何教训之有。然则绅士固当教上官出告示耶？此等诿卸，无味已极。

南乡复行聚众，昨日将抵南流桥，县官遣人担钱往散，止其勿来。毫不示以威严，徒博目前之敷衍，则得钱而去，钱尽复聚，阻之适所以召之，又焉有已时耶？嗣同反复思之，不刑一人则聚众之风不能少息，且恐刑者将不止一人，何如及早图之耶？谨拟告示一通，寄呈钧鉴。又户口册几乎不能造，则赈务从何处办起？事无有急于此者。亦拟告示一通，呈上。是否有当，伏候裁夺。

十一月二十八日（公历 1896 年 1 月 12 日）

康有为、徐勤、何树龄创刊《强学报》。

十二月

在浏阳协助办理赈灾将近一个月时间，先生与唐才常“任事勇锐”，深得欧阳中鹄信任，相处极为融洽。欧阳中鹄称：“复生本系世家，又有人望，其才实能办事，煤金两项皆其主持，于中鹄尤重沆瀣一气，拟派充局中提调，极愿自效。”然而此时，谭继洵却来函命先生立即返鄂，随湖北布政使王之春出使俄国。先生“一见此函，犹如冷水浇背，绕室彷徨，毫无生人气”（《瓣姜未刊函稿》，《谭嗣同与晚清士人交往研究》164 页）。

十二月初三日（公历 1896 年 1 月 17 日）

致函欧阳中鹄，信中言及王之春奏调其出洋之事，并表明自己因蔑视王之春之品行，不愿同行，希望通过老师寻求解免之法（《致欧阳中鹄六》，《谭嗣同集》537 页）：

顷又接家信，王方伯奏调嗣同出洋。此公嗣同素轻之，岂愿为所用？况为彼办事不过代笔杀枪等，尤所深耻。但既经出奏，不知有解免之法否？方寸已乱，且痛且愤，明日面陈一切。

△欧阳中鹄因此而感叹：“天生此才，乃令受尽折磨，不能自行其志，百万生灵所关，求其暂助而不可得，诚不知所遇何苦也。”他致函谭继洵，请其改变成命（《瓣姜未刊函稿》，《谭嗣同与晚清士人交往研究》164页）：

局务烦难，肆应支绌！民命攸关，稍纵即逝，欲派复生充提调，收得人之助。顷闻王芍棠方伯奏充使俄参赞，欲即召归，果尔则断我右臂，而中鹄愈成孤子，且煤金两事，皆其所发端，为新任县君及在事所瞩望，一去便无主持，世间求此才不易得，何况一县，如尚未出奏万望垂念乡闾，许留相辅，不胜迫切待命之至！

十二月初六日（公历1896年1月20日）

御史杨崇伊奏参强学会“植党营私”，北京、上海两地强学会相继被封禁。

△清廷封禁强学会，激发了先生的强烈不满。因无人邀请，且认为强学会“名士太多，华而不实”，先生并未参加强学会。但对封禁强学会被封禁一事深感不平，他认为清廷封禁强学会，是为了防止汉人强盛（《致欧阳中鹄八》，《谭嗣同集》540页）：

初立会时，沅帆、伯纯、伯严、穰卿辈嫌其名士太多，华而不实，别立一分会于湖南，章程久经刻出，今并见禁，会中人遽爽然欲退。嗣同于总会、分会均未与闻，己既不求人会，亦无人来邀。

十二月初十日（公历1896年1月24日）

被迫离浏返鄂。途经长沙时，先生拜谒湖南巡抚陈宝箴。欧阳中鹄随即致函陈宝箴，并盛赞他为“天下奇男子”，“才气横绝，为人所不能为”（《瓣姜未刊函稿》，《谭嗣同与晚清士人交往研究》164页）：

复生想已来谒，函丈惜天下奇男子，不使贬辱，真所谓抑扬人才，雕绘士林，令人感泣。复生才气横绝，为人所不能为，在前代近李文饶、张太岳，在国朝近李卫、田文镜。任天下事必日起有功，任乡党事或太刚则折，以辅中鹄，实为相济。……函丈称之曰吾儒尚志，曰佛门初地，又悯之曰恭世子，其知复生入微矣。"天之厄我，如不我克"，复生之谓也，莫非命也！顺受其正，复生所以为复生之谓也，悲夫！

由于欧阳中鹄之介绍，先生的品格才华与学识能力给陈宝箴留下了深刻的印象，此时陈宝箴已产生邀请他在湘襄助新政的想法。

十二月十四日（公历 1896 年 1 月 28 日）

皮锡瑞阅读欧阳中鹄刊布的《兴算学议》，并见先生复欧阳中鹄书。《师伏堂日记》中载：

欧节吾刊《兴算学议》，携归阅之。见其门人谭嗣同复书，言时事极痛切，然废八股可也，尽废一切书以从西学，则无理而势亦不可行。西人且尚中国书，而中国尽弃其学，可乎？欲卖西藏、新疆，以抵二万万之款。予尝谓割地如去人手足，尚可不死，尽括二万万金，如取人膏血净尽，则必死矣。此议可行。

十二月十五日（公历 1896 年 1 月 29 日）

于长沙上船预备前往武汉，十七日开船，致欧阳中鹄一信（《致欧阳中鹄七》，《谭嗣同集》537~538 页）：

十五上船，十七开行，虽有北风，尚不甚大。下午抵金子湾，缘事须泊，明日或可行。沿途米船上溯者极多，皆私载赴下流，经营勇阻截押回者也。先是岳州厘局禀称，米船麇集数百号，势将闯越，力不能阻；闻已与局丁殴打，极凶狂。中丞震怒。而岳州府复为缓颊，且称阻之必激变，力劝放行。中丞愈怒，自称威令不行即指此，谈此事时声色俱愤，自言激变即激变。痛饬府局立派水师持大令而往，违者就地正法，局员不力阻即斩局员。令出，官民悚息，无一船敢不回者。省城骤添米近百万石，米价必渐落。周蕴斋亦言，明年正月米必顿贱。嗣同内计，鄂借二万之款，仍以多易银圆为是。拟易大者三千枚，五角者四千枚，二角者五千枚，一角者五万枚，半角者十万枚，共合大银圆一万六千枚。大者价一千文，余类推，约需银一万二三千两，余以买杂粮。盖湖北杂粮恐亦不多，秋收太歉，则春麦仅供本地之食，犹嫌不足，故鄂赈亦正不容缓。日与沅帆计议，均以银圆较为活动，俟到鄂详察情形办理。沅帆言湖南电线明春举修，并以附陈。

△途经洞庭湖时为风所阻，先生四首以赠两湖书院教习李时敏（《谭嗣同集》230~231页）：

风号水涸格行舟，江海茫茫路阻修。漫拟平原亲舐血，何常栾布往祠头。圣朝未有鸱夷罚，高冢应侔鹦鹉洲。沉痛侧身天地里，只鸡绵酒荐兰羞。

中原击楫几何时，廊庙伊谁发杀机。岂有党人危社稷，竟教清议付诸夷。令名寿考原难并，郭太申屠匪所思。忍绝读书真种子，先生如此我安归？

冰鹭将毋事定天，一腔热血负奇冤。岁星小隐依金马，甘露何辜累玉川。涑水谬蒙奸党目，椒山从此姓名传。揭来千里赍磨镜，了却平生愿执鞭。

回首当年讲院中，欲从万里借长风。未如文采千元礼，只有皇元识太冲。援晚可怜成画虎，郊寒苦恨不为龙。那知无限伤心泪，积向今朝哭碧空。

十二月十九日（公历1896年2月2日）

刘人熙题《书〈兴算学议〉后》，提及“舍人、谭生，皆磊砢多节不可一世之士，岂直善人而已。”（《刘人熙集》306页）

十二月二十日（公历1896年2月3日）

谭继洵就任湖北巡抚为期六年，又届述职之期，特吁请入京陛见，奉旨：“着来见。”（《谭继洵集》757页）

十二月二十二日（公历1896年2月5日）

欧阳中鹄致先生一函，现佚。信中并寄《简明章程》，“去腊廿二日赐函中所寄简明章程一并寄呈”。

同日，御史胡孚宸上《书局有益人才请饬筹设以裨时局折》，清政府准奏，改强学书局为官书局，“专司选译各国新报及指授各种新学”。

十二月二十三日（公历 1896 年 2 月 6 日）

抵达武昌。

△回到武汉后，与英国驻汉领事贾礼士（William R. Carles）面议两次，商定成立强学会湖南分会，并推举其为会首，订立密约，假借基督名义进行宣传（《谭嗣同集》540 页）：

> 无论或开或禁，原与嗣同毫不相干，今见事理失平，转思出而独逢其祸，拟暂将孔子搁起，略假耶稣为名，推英国驻汉领事贾礼士充会首，结为湖南强学分会，已与贾领事面议二次。惟订立密约极费推敲，既欲假耶稣之名，复欲行孔子之实，图目前之庇护，杜日后之隐忧，不图西人丝毫之利，亦不授西人以丝毫之权，语语蹈虚，字字从活，须明正方能定妥。此约一定，学会随意可兴，谁敢正目视者？

冬

刘善涵从上海为先生带来康有为所赠《长兴学记》一书，先生乃不解康有为如何知他，后于《壮飞楼治事十篇》中《湘粤》一篇记载此事（《谭嗣同集》524 页）：

> 乙未冬间，刘淞芙归自上海，袖出书一卷，云南海贻嗣同者，兼致殷勤之欢，若旧相识。嗣同大惊，南海何由知有嗣同？即欲为一书道意，而究不知见知之由与贻此书之意何在。五内傍皇，悲喜交集，一部十七史苦于无从说起。取视其书，则《长兴学记》也。雒诵反覆，略识其为学宗旨。

同季，在武昌期间，通过英国驻汉口领事调查清楚了李玉成假冒武大员打着巡抚署旗号行骗一事，并将案犯李玉成人证拿获，但牵扯出卖缺、卖厘差或卖营哨弁等诸多案件，得罪了一些贪污舞弊的官员（《谭嗣同集》541 页）：

> 有李玉成者，假冒武大员，扯署中旗号，任意撞骗，詹知

事为骗去现银一千两、票银一千两。事既不验，不肯照票兑银，李遂交于比利时国人之手，由德国驻汉领事备文索讨。幸嗣同与英国领事习，极力从中排解，得以无事。并代将起事根由详细查出，立将李玉成一干人证拿获，交县讯办，登时水落石出，当不致有他变。然此案破又扯出数案，或卖缺，或卖厘差，或卖营哨弁，究之不胜究，株连又太多。廿八日张香帅受事，不识能终敷衍否？

之后不久，先生就因此案在湖北遭遇了流言攻击，险遭御史张仲炘弹劾查办，幸李昌洵托人使得先生免遭弹劾（《谭嗣同集》542 页）：

嗣同之遭谣言，旋起旋止，已数年矣，去冬尤甚，至不堪入耳。张次珊御史已将贱名登诸白简，恰李正则在京闻知，托人说转，疏稽未即上，然都中流传颇广。近又有某御史已参，交德中丞查办之说，事或不确，然无味甚矣。

案破之后，先生因而被其父谭继洵严加训责，并勒令他即赴浙江候补，不得再参与外事（《谭嗣同集》542 页）：

家严深罪嗣同不才所召，即令引见到省，久即有此意，至今始决耳。免致贻累全局。嗣同自为计，虽缘事而去，觉得不值，而因此远飏，又未尝不逍遥自得。至于候补场中之污秽，尚不足计，惟未克少襄赈务，深负恩德，又复大言不惭，终不一任事而去，愧恨交并，不知所措。又算社、金矿等事，皆弄成有始无终，恐贻累亲友，尤觉不安。

十二月二十九日（公历 1896 年 2 月 12 日）

致函欧阳中鹄，言及其妹谭嗣嘉去世，灵柩已先行运回湖南湘阴，他以未能早回照料深感内疚：“随于廿三日到鄂，舍妹灵梓已先期返湘。所幸署中自家严以次，均托安好，忧怀稍释。”先生在署中数日，因出使俄国一事而早出暮归，十分忙碌。忙完之后方才顾及赈灾一事，向湖北各界劝捐，而湖北却遭遇洪灾。鉴于此，谭继洵已向清廷奏准，正在开捐办赈。当时湖北捐例减为一成五，而湖南则为三成。因此先生在向湖北各界劝捐时，无人应捐。于是先生致信时在浏阳负责办理开捐任务的长兄谭嗣棨，并建议欧阳中鹄"核减成数"。又央求谭继洵，在湖北藩库借款二万寄回浏阳，作为办赈经费（《致欧阳中鹄八》，《谭嗣同集》538页）：

适有赞使之说，不能不暂作应酬，早出暮归及接见同事，竟无暇晷。加岁暮诸琐事猬集，只得力为了清，始能及赈事。承交下实收等三十分，自往捐局查问一切。海防例捐实官只须三成，若买盐商捐款尤便宜，大约只得一成有余。湖北亦开办赈捐，奏请虽系三成，实在只作一成七，旋因山东赈捐已减至一成六，此间遂不得已改为一成五，然虚衔封典，谁有此闲钱来捐？唐季告身至谋一醉而不可得，几似之矣。甘肃亦在此劝捐，成数尚未悉。今湖南赈捐章程系三成，如何能办？陈右帅寄到实收八百分，家严因李正则现办鄂捐，并交其办理，至应如何核减成数，尚未商定。嗣同急思揽生意归浏阳，拟径将实收三十分将来设法报销。作一成五开捐，并交正则办理。正则谓鄂捐一成五犹劝不动，惟转寄上海可求速售。嗣同屡禀家严请照办，家严终以未经贵局核减成数，未便擅减；并命以此意函知大家兄。昨日发去，务请乞速示。请专函不言他事。借款二万已筹得，即当寄回。杂粮不但极昂贵，过二十石即无可买。

王之春因官职不高，故而朝廷有改派李鸿章赴俄之议，自己或可免于此行（《谭嗣同集》539~540页）：

乃方伯正拟起程，忽奉命着暂缓交卸起程，仍在鄂候旨。因俄国嫌其官尚不大，必令加以尊爵，否则请改派。总署现有改派李傅相之议，电问方伯愿为副否，复称不愿，且看怎生发落。若能免此一行，更省却奏留一番周折矣。中外事惟傅相肯任事，余俱不理。

△因谭嗣嘉去世，先生悲痛不已，辍食哀悼，唐才质《戊戌闻见录》中载："嘉贞适湘乡刘氏，病瘵，复生往视其疾，见其瘵甚，泣数行下。及闻其物故，哭失声，终朝辍食。"（《谭嗣同研究资料

汇编》268 页）

是年

先生自 1890 年至是年，在北京、武汉、浏阳等地广交朋友，唐才常、刘善涵、欧阳中鹄、欧阳自耘、刘人熙、黄凤岐、涂儒翯、钱洵、张通典、龙璋、龙绂瑞、贝允昕、沈兆祉、李昌洵、王正谊、邹明沅、唐才质、唐才中、黎宗鋆、刘善浤、唐寿田、吴小珊、饶炳勋、王信余、陈长橿、龙爪霖、黎尚雯等均为此时期交往较多之师友。

光绪二十二年（丙申，1896 年）　三十一岁

正月

致函刘善涵，表明由李鸿章替代王之春赴俄，故而自己免去一行；邹代钧酝酿成立“强学会湖南分会”的“湘中会首”；他建议刘善涵将《湘报》设在湖南省内，并为《湘报馆章程》作跋语；刘善涵托先生请邹沅帆为《湘报馆章程》作跋，无奈先生在邹行前只与其匆匆得见一面，邹无暇作跋，于是先生将《章程》与自己所作跋语一并寄予刘善涵（《致刘善涵一〇》，《谭嗣同集》579~580 页）：

但此中形势，足下容有未悉，必面语乃得罄。今好在王公已经回任不去，朝命另简合肥傅相使俄，别有一干人同去，嗣同参随之属，自然一齐罢休，前此之是非可不论矣。

《湘报》一事，愚见仍以设在湘省为妥。右帅决于今年接设湘中电线，则亦无所谓不便也。屡经与沅帆详议，渠意即将报馆合并湖南强学会中。强学会前奉旨严禁，贻笑中外，久之自知其非，复有旨准其重开。沅帆即是湘中会首。拟先从舆地试办起，足下可就近与商之。嗣同于此事应如何办法，实难远度。惟觉足下行数千里，费数千金，孤诣苦心，不计甘苦，在寒士中可谓绝无仅有，总期事必有成，乃不负耳。

壬生处已劝其入股，渠已应允。余友倘得见，必为敦促。

汪先生尚未到鄂。章程典赡详实，竟开报馆未有之奇。勉跋数语，知无当宏旨也。

沅帆行速，仅得一面。不暇作跋，此亦可就近求之者也。汪来无期，未便久稽，兹仍将章程及新闻纸样本送还，乞察入。

附先生所作《刘淞芙〈湘报馆章程〉跋》（《谭嗣同集》179~180页）：

淞湖秀才，今开明士，被褐怀玉，郁居无聊，怆念神皋，驾言远览，竟江之委，阻海而止。奇书辐凑，佳士飞轪，逮乎来归，度识方道。江山之助，沾丐饷遗，己达达人，君子曰恕，源源不渫，《湘报》斯集。

邹友沅帆，使西访学，言彼学成，不事帨绘。地图一册，新报一纸，载披载诵，用切于时。闻见既溥，法戒乃兴，迁善塞违，教治以懋。又言西史，初无官宬，亦惟新报，公厥是非。

嗣同究之，西报何昉？云见吾华，断烂朝报。天子失官，守在四夷，蕞尔一报，亦肇自中。《大学》格致，亡曷弗补。

伟哉沅帆，图既绘成。铄哉淞芙，洞瞩幾要。开馆醵金，章程备明，大雅君子，宜有乐焉。

光绪纪年二十有二春正月　复生谭嗣同跋尾

正月二十四日（公历3月7日）

致信邹明沅。浏阳旱灾，邹协助欧阳中鹄办赈事，先生表示“恒河沙数大功德，子子孙孙永无既极”（《谭嗣同集》587页）：

具审赞画宣劳、卫摄安善为慰。

兹有恳者：致刘淞芙秀才信一件、纸包一个，务乞妥交。又致绍航世兄信一件、木匣一个、纸包三个，共一捆，并希饬交为荷。一切细情，详绍航世兄信中。

此时寒去饥来，万民托命，知必振济无数矣。恒河沙数大功德，子子孙孙永无既极。依依天末，住去两点，惟有馨香祷之而已。

同日，致欧阳中鹄一函，言及俄国要求改派李鸿章为特使，并表明自己可免于此行；将送侄传赞入都考荫；亦谈及自己在武昌遭到谣言攻击及破获李玉成案一事；预判日俄必起争端（《致欧阳中鹄九》，《谭嗣同集》541页）。

> 俄使改派合肥傅相，王布政仍回本任。嗣同不劳挽留，自然免却此行，当即飞函告知伯严转达右帅矣。沅帆在此，累述右帅之旨，敦促嗣同往湘，虽亦见许，终令缓行。故沅帆正月中旬尽室回湘，竟不克偕去。旋因舍侄传赞二月入都考荫，江海孤行，放心不下，原拟随尊驾同去，知一时不能成行，故改此议。令嗣同伴送，此自应去者也。乃事变万端，非意所及。……

同日，陈宝箴上《开办湘省矿务疏》，正式奏请开办湖南矿务。在奏议中他称谭继洵已派人勘察过湖南诸矿："上年五月，兼护督臣谭继洵遴委通晓矿事员弁查勘湖南诸矿，周历衡、永各府，所得铅、铜、煤矿已十余处，于民田、庐墓一无妨碍。"陈宝箴表示朝廷近年多开矿务并卓有成效："而近年内外臣工疏陈开矿事宜，俱蒙圣恩俯准，立见施行，如开平煤矿、大冶铁矿，尤有成效可睹，诚以今日公私匮竭，非广开利源、渐塞漏卮，无以为自强之本计。"

陈宝箴拟于长沙设立湖南矿务总局，以刘镇为总办，朱彝为会办，邹代钧、张通典为提调。在矿务局之下，还设有艺学堂（开设方言、算学、化学）和舆地图社，以推广新学，"矿产为自然之利，正宜设法经理，少佐赈需。且行之目前，既可以工代赈，如渐办有成效，尤可次第推广，以为练兵、制械之资，冀补库藏之所不逮。拟于省城设立矿务总局"，"先择铜、煤、铅、磺等矿较有把握之处试行开采，目前需费无多，可毋庸预为筹备"。并且附上《总局章程》《官办章程》《官商合办章程》《官督商办章程》《商民已开各矿分别办理章程三条》。并作出官办、官商合办、官督商办之规定："由官督办，不招商股者曰'官办'；招商入股者曰'官商合办'；由商请办，官不入股者曰'官督商办'。官办、官商合办者，由总局委员经理；官督商办者，由商人自行经理，惟分别给收砂护照，或派员抽收砂税、炉税。”陈宝箴极其重视湖南锑（旧译安的摩尼）矿，规定其必为官办：“无论何种矿质，拟请开采者，均须先行呈报总局察验，有非民间所能开采者，如硝、磺、安的摩尼、别斯末斯、臬客尔、金砂等类归官办外，其余或应归官办，应归官商合办，应归官督商办，均由总局随时相地斟酌，批示照行。”（《陈宝箴集》95 页）

春

先生被派往浙江省任候补知府，中国第一历史档案馆藏《清代官员履历档案全编》中载有改发一事：“因浙江停止分发，改指江苏，是年四月十八日引见，奉旨照例发往。”（《中国第一历史档案馆藏清代官员履历档案全编》第六册，480 页）谭恒锐《清谭复生先生嗣同年谱》中亦载：“事先敬甫公为公捐一候补知府，原拟分发浙江省，后改派江苏。”

同季，先生不愿前往就任，但谭继洵受妾室卢氏挑唆，逼迫先生成行，他深感父命难违，临行前所赋诗《丙申之春缘事以知府引见候补浙江寄别瓣姜师兼简同志诸子诗》留别师友，其中“睡触屏风是此头”句，以西汉陈万年、陈咸父子异趣之典故来比喻自己的父子关系。唐才质《戊戌闻见录》中载（《谭嗣同研究资料汇编》268 页）：

> 乙未、丙申间，复生以兴算及拟设强学会于湘，为拘虚者流所訾，复以告讦贪冒者而开罪簪缨，言官将登白简。斯时也，复生可谓穷矣。顾卢氏闻而益憎之，乃于敬帅前媒蘖其短。敬帅怒，迫复生赴京引见，且送传赞考荫。复生怏怏，然不能违父命，故借此而北游访学焉。

附《丙申之春缘事以知府引见候补浙江寄别瓣姜师兼简同志诸子诗》八首（《谭嗣同集》180~181 页）：

> 睡触屏风是此头，也曾问绢向荆州。生随李广真奇数，死傍要离实壮游。洛下埋名王货畚，芦中托命伍操舟。东家书剑

同累狗，南国衣冠借沐猴。

白龙鱼腹办轻装，紫凤天吴旧业荒。尽有乾坤容屯笑，寂无雅颂出云章。传观怕造《金楼子》，落寞兼思水部郎。去马来舟多岁月，北山翻觉稚圭狂。

海国惟倾毕士马，逢时差喜卫哀骀。风云蛇鸟堂堂陈，河洛龟龙的的才。秦粟拟因三晋泛，蜀山虚遣五丁开。禅心剑气相思骨，并作樊南一寸灰。

射虎谁言都饮羽，辟蛟何处好文身。种来天上榆将老，赋到江南草不春。为抚铜驼寻洛社，更骑银马降涛神。袁公弦上堪容我，温尉桃中别有人。

楚囚辽鹤两无归，重向危时谒帝扉。铁骑角声殷地发，玉龙鳞甲满天飞。山河风景皆殊异，城郭人民有是非。畿甸犹然况邻里，绝粮谁为解匡围？

莫嫌南宋小京都，勾践钱镠有霸图。枳棘凤鸾魂九逝，人文龙虎泪双粗。成军自是须君子，亡国偏来作大夫。剩水残山怜马远，天教留得一西湖。

大好湖山供宦学，妄凭愚鲁到公卿。生为小草柴桑愿，谁寄当归魏武情。七尺杖抛漓葛朴，八分书密愧王荆。会稽誓墓徒凄苦，回首师门感易生。

经年焚却砚君苗，何意投来策绕朝。凄矣其悲今麦秀，思之烂熟古弓招。点头自拜生公石，拗项争趋御史桥。手版倒持裘反著，是侬吴市一枝箫。

同季，改派江苏省候补知府，作《改官江苏诗》（《谭嗣同集》184页）：

乃有王郎在天壤，故令蒙叟著《逍遥》。死心越国难图霸，抉目吴门去看潮。

江东旧是他家物，垂柳丝丝尽姓杨。淮水姓秦山姓蒋，前朝寸土不曾亡。

二月

湖南设立矿务总局之后，先生致书陈宝箴，恳请成立浏阳矿务分局，并以欧阳中鹄“主其事”，这一想法得到陈宝箴的“慨然允许”，他们乐观地认为浏阳分局可与湖南总局相连相通，矿事皆可在掌握之中。唐才常于清明节前致函欧阳中鹄并言及此事，并嘱托矿师来浏时，请黎宗鋆陪同勘探（《上欧阳中鹄书五》，《唐才常集》526页）：

> 义宁公锐意办矿，千载一时。才常恐复生既去，以五金坌溢之浏阳，不获与他处并举，故缕将浏阳产矿情形及著名矿井数处，与之熟商；并详陈浏阳办矿有八便，恳其转禀义宁，于浏城设立矿务分局，即以吾师主其事。皆蒙慨然允许，谨将沅帆复语呈鉴。
>
> 将来矿师来浏，度才常已赴鄂城，尚乞格外周旋，请少谷姻丈亲陪往勘，俾矿师不虚此行，吾浏始大有起色。浏阳分局既立，则与省垣总局呼吸相通，一切矿事皆归分局控制，以上隶总局，断无棘手之理，较之一矿一帖者，利钝何如？昨伯纯云：跃龙市煤苗曾经矿师试验，云其下必有极佳之煤；而运道极便，不如先从此处下手，易于奏效。鄙意即令煤质稍逊，而西乡一带骤增此生活之计，便已功德无量。
>
> 抑尤有请者，刘蕙圃父子似矿务中不可少之人，务恳假以礼貌，平其心而柔其气，必为我用。其余富商大贾，亦宜渐次联络，为将来招股地。

月初，受父命，先生启程前往北京至吏部办理候补知府分发浙江的手续，赴京觐见。同时，因吏部于光绪二十年八月十六日恩诏准许文职在外三品以上各荫一子入国子监读书，谭继洵命先生送侄谭传赞赴京参加荫生考试，不得干预外事。借此机会，先生准备多访名人，扩展视野。先生致欧阳中鹄信中言及此事：“旋因舍侄传赞二月入都考荫，江海孤行，放心不下，原拟随尊驾同去，知一时不能成行，故改此议。令嗣同伴送，此自应去者也。乃事变万端，非意所及。”此外，因李玉成案一事，先生被谭继洵严加训责，也是令其速赴江苏就任之因。他认为算学社和开采金矿之事弄得有始无终，因此深为抱憾。

同月，由武汉至上海途中，于安徽贵池与画家黄宾虹晤面，事载于汪伯敏《黄宾虹二三事》之中，此文中记载先生与黄宾虹晤面时间为乙未年夏，有误，当时先生身在武汉，后又赴浏阳，不曾至安徽贵池，应为丙申年由武汉至上海的水路途中（《黄宾虹年谱》28页）：

> 1895年（光绪二十一年）春天，谭嗣同在浏阳与湖南士绅合股筹开煤矿，闻中日战争失败，悲愤之极，以为亡国就在旦夕，呼号“变法”，竭力提倡新学，并在浏阳设立算学格致馆，介绍西洋科学知识，因人力不足，想去上海活动。这时宾老的朋友萧辰在浏阳，并协助谭嗣同工作，于是函告宾师，约其与谭嗣同在安庆会面。这年夏天，谭嗣同由水路东下，宾师特地从歙县赶去，在贵池的一家旅社里由萧辰介绍两人见了面。下面是宾师回忆与谭嗣同见面时的一段话：“那时我们都年轻，当晚，我们三人（指和谭、萧）在一起吃饭，萧辰平素无多话，爱喝酒，他只闷着头顾自己吃。而复生呢，说是肠胃不好，既不喝酒，也不开口，只有我一个人边饮边谈。复生听着，不反对，不附和，也没有表情。我谈了个把小时，简直做独角戏，以为复生高傲，感到没趣，也就不谈下去了。谁知酒饭完毕，复生把眼睛一闭，站了起来，出我意料，他开口了，声音很洪亮，发音时，旁若无人。他说：朴存兄说得对，对有野心的列强要伸出拳头去打，可是兄亦要知道，举国上下，五个指头都不合拢，请问，力量焉在？接着，他就滔滔不绝地谈下。那晚谈话的一个重要内容是光绪十年间的中法战争，对李鸿章卖国行径，大家着实骂了一番。后来，谈到清廷顽固派的闭关政策和盲目排外。复生说：我们出生的前一年，奕䜣还算识事务，请设西学，倭仁就上疏反对，胡言天下之大，不患无才，何必师事夷人。倭仁盲目自大，是保守派中的顽固分子。吾国天下之大，然而不学，人材如何出得来。西学东传，势在

必行，如何可阻？他日吾国发达，东学亦可西传。科举取之于天地间，用之于普天下，西人既人，吾人何为不能用？如倭仁之类，简直是一堆废物。最后，他说到图强的根本在变法，把嗓子提高到像对千人演讲。他说：不变法，无以立天下。此时更鼓声再一次闻到，夜点吃过，复生还出示他的《莽苍苍斋诗草》，读了几首，不知怎的，我们把话题一转，转到了妇女的缠足。一提起缠足，复生又把声音加大了。他还风趣地说：国要开关，女要放足，只要关开、足放，吾国不强而强。后来我才知道，光绪廿三年，复生与梁启超、汪康年、龙泽厚、康广仁等在上海发起设立'戒缠足会'，会址设在《时务报》报馆内，而且还订了章程二十条……"宾师每次讲完这次会面的情况后，总要重复地说："这位复生兄弟，是个豪侠之士，不怕天，不怕地，见义勇为，维新爱国，以至不惜头颅，可敬可佩。"

约同月，先生途经芜湖。怀想曾在芜湖为官的岳父李寿蓉，作《江行感旧诗并引》四首（《谭嗣同集》183～184页）：

《江行感旧诗》，哀外舅家也。外舅李篁仙先生，以名进士官京曹，为权相中伤下狱。既昭雪，改官湖北，则十六年不奉檄，晚乃一权汉黄德道。又改安徽，两权安庐滁和道、徽宁池太广道。年既七十，行卒矣，官迹不离大江之南。嗣同流寓奔驰，辄易合并，栖止甥馆，颇遂观览。于时门祚鼎盛，饬肃穆雍。外舅暨外姑中江王夫人，恩礼稠至。内外群从，率皆豪俊，登山临水，觞咏不绝，剑客奇才，献技在门。一童工书，一仆善棋，府史吏卒，傲脱不俗，所谓卖菜佣皆有六朝烟水气矣。芳时宛谢，雨绝霜凋，子女十余辈皆前殁，外姑亦相继下世，隆隆炎炎，惟存一妾而已。昨与内子送葬归，道前外姑湘阴蒋夫人、宛平王夫人墓下，四尺封颓，夷陵于谷，更数十年，新冢行亦如斯，曷胜悼焉！青春北行，践履陈迹。丘山华屋，遇拟羊昙。茫茫百端，感深卫玠。行歌且谣，未喻衔悲。

面上青青草又生，土中玉树恨难平。西州门尚无多路，奈此江南十数程。

萧萧芦荻濡须坞，昔日清游此最佳。妄拟猿公同话旧，干将池上渺予怀。

冰玉澄鲜愧独顽，可儿豪胆镇相关。悲秋剩有桓宣武，雪涕重经战鸟山。

花落棠梨冷券台，过车谁为翦蒿莱。年时鸡酒弥珍重，曾自乔公墓下来。

二月十七日（公历 3 月 30 日）

致函龙绂瑞，信中言及“诵悉，妹倩介蕃到”。欧阳中鹄曾于本年四月十八日致信先生，并言及“顷闻又招令妹倩刘公子来署”。先生幼妹谭嗣嘉嫁湘乡刘国祉，介蕃系刘国祉表字（《谭嗣同集》626 页）：

接到来书，诵悉妹倩介蕃到。国龙自妹亡后，相见颇希，一切事均不甚悉。但知渠是庶出，其母久已亡故，昆弟五人，渠是第三，性情爽快可喜，余则不能知也。请执事再于他处采访。嗣同归后，忙得极无味，月底可到省城，余容面罄。

二月二十一日（公历 4 月 3 日）

欧阳中鹄致先生一函，言及浏阳赈务已有起色，并语及先生偕其侄传赞入都考荫均应有捐款（《欧阳中鹄书四》，《谭嗣同书简》117~119 页）：

昨得手书，具知潞孙考荫，吾弟挈以同行，将遂办引赴浙候补。行止非人所能为也，天也，岂不信然？县中顷得大雨，人心自定，振务粗有头绪，但能时和年丰，当可敷衍过去。此次别离，未知何时聚会，欲一倾吐，乃迫促无须臾暇，且不知从何处说起才好。到京晤诸旧友，若问近况，请具言办振之危之苦。外有所托，阅信自知。王铁珊恪守刘先生之学，坚忍不拔，乃天下奇士。吾弟能往通州一行最好，否则请向三益王善宝处取。善宝系铁珊堂弟，记号养泉，现为三益掌本，闻铁珊处诰轴均交彼收存。铁珊闻改外，向善宝处取为妥，持信面交，尤为明白。中鹄曾交有清单，已领去者皆有收条，请照清单领取，并将收条取出查照，共计若干分。记忆不起，对清单自悉。其捐封者皆有照，务请并照取回。捐封计二分，一刘宗球，一刘某某，记得是此两分，此外不知尚有否也。将来封固交妥人带县，惟其中有人在京师及服官直隶者，请问石帆、丙青诸君，当知应交何处。有邓姓，乃系陈荪石所托者。此事在我辈视之，若无足贵，在他人则关系紧要，请加细密为要。会馆事交铁珊管，去岁必有垫发，吾弟此行及潞孙均应有捐款，请酌付是幸。

二月二十四日（公历4月6日）

与宋恕相识于上海格致书院。宋恕日记中载："廿四日，始识浏阳于格致书院。"（《宋恕集》936页）

◎宋恕（1862—1910），近代启蒙思想家，与陈黻宸、陈虬并称"浙东三杰"。原名存礼，字燕生，号谨斋；改名恕，字平子，号六斋；后又改名衡。称赞先生"戊戌四章京，学识及文章均以浏阳为最，而诗亦然。"（《宋恕集》635页）

△在上海期间，先生曾于格致书室拜访傅兰雅。

◎傅兰雅（John Fryer，1839—1928），英国科学传播学者、翻译家，曾任北京同文馆英文教习、江南制造局翻译，一生翻译129部译著。他创办了近代中国第一份专门性科普杂志——《格致汇编》，参与创办中国第一所传授自然科学与技术的新型学堂——格致书院，创办近代中国第一家科技书店——格致书室。

◎格致书院，1876年6月由傅兰雅参与创办，位于今上海市广西北路格致中学。

◎格致书室，1885年2月由傅兰雅出资创办，地址在上海汉口路472号，后改汉口路407号，在《申报》馆西隔壁朝北门面，是清末重要的图书出版发行机构，中国近代最早的科技书店。

△先生与傅兰雅探讨了自然科学知识和宗教教理，还见到化石、计算器、X光片等物（《谭嗣同集》543~544页）：

去年底到鄂,意中忽忽如有所失;旋当北去,转复悲凉。然念天下可悲者大矣,此行何足论?且安知不为益乎?遂发一宏愿:愿遍见世间硕德多闻之士,虚心受教,挹取彼以自鉴观;又愿多见多闻世间种种异人异事异物,以自鉴观。作是愿已,遂至于上海。

于傅兰雅座见万年前之僵石,有植物、动物痕迹存其中,大要与今异。天地以日新,生物无一瞬不新也。今日之神奇,明日即已腐臭,奈何自以为有得,而不思猛进乎?由是访学之念益急。

又见算器,人不须解算,但明用法,即愚夫妇,可一朝而知算,勾稽繁隐,无不立得。器中自有数目现出示人,百试不差;兼能自将数目印成一张清单送出。此虽至奇,然犹有数可计,推测而致者也。

又见照像一纸,系新法用电气照成,能见人肝胆、肺肠、筋络、骨血,朗朗如琉璃,如穿空,兼能照其状上纸;又能隔厚木或薄金类照人如不隔等。此后医学必大进。傅兰雅言:“此尚不奇,更有新法,能测知人脑气筋,绘其人此时心中所思为何事,由是即可测知所梦为何梦,由是即可以器造梦,即照器而梦焉。”且言:“格致而有止境,即格致可废也。今虽萃五大洲人而研格致,不过百千万茧丝仅引其端焉。久之又久,新而益新,更百年不知若何神妙?况累千年、万年、十万、百万、千万、万万年,殆于不可思议。大约人身必能变化,星月必可通往来,惜乎生早,不得见焉。”因思人为万物之灵,其灵亦自不可思议,不可以形气求,乃并不可以理求;无理之中,必有至理存焉。故西人格致,依理以求,能行而不能言其所以然,是于无理之理瞢焉。西人之学,殆不止于此。且其政事如此之明且理,人心风俗如此之齐一,其中亦必有故焉,而未得察也。遍访天主、耶稣之教士与教书,伏读明辨,终无所得,益滋疑惑。殆后得《治心免病法》一书,始窥见其本原。

今之教士与教书，悉失其真意焉。

此次，先生与傅兰雅商讨浏阳锑矿销售问题。他答应写信给唐才常等人，让他们到上海与傅兰雅签订锑矿销售合同。在《傅兰雅档案》里有几封傅兰雅为锑矿销售事所写的书信，他期待先生从北京回到上海后，再次商议此事。

傅兰雅于本年 4 月 25 日致函艾力斯上尉：

前几天，一位来自一处锑矿产地的中国官员到访，谈论别的事情。话题偶然转到湖南的矿藏上，这位先生对各矿的情况，都知道得很清楚，整座出产（锑）矿的小山，属于他的一个朋友所有。这朋友要他到上海时打听市场的消息。看看若将矿石采运来上海销售，是否值得。他说不久以前，有外国人对矿石进行过化验，并且愿出价每吨 8 两收购，在上海交货。这个仅属优质白煤的价钱被认为偏低，很难归本。你所提出普通质量矿石每吨 25 元 5 角的收购价，对他们来说，无疑是有利可图的了。可惜的是这位先生当晚就要离开上海，前往北京觐见皇帝，但他答应写信给矿山主人，要他提出同意贩运普通矿石前来的最低价，当收到他的答复时，我们也许可以有点作为。

傅兰雅于 5 月 27 日再次致函艾力斯上尉：

本月 22 日来信谨复如下：抱歉得很，有关这桩锑矿的事，仍然有待收到进一步消息。我已尽力与有关人士取得联系。但那位去了北京而快将回来的先生，是惟一可以推动这事和跟矿山主人交涉的人………谭先生回来后，会直接跟我的儿子联络。我的儿子在这里代理我的事务，一有消息，他便会给你写信，目前我能够做到的，就只有这样而已，中国人就是这样难以相与。

与傅兰雅对接的艾力斯上尉，在久候还未接到其他消息之余，再度去信追问。

傅兰雅之子约翰 6 月 20 日的复信艾力斯上尉：

18日来函于昨日收到。自前次你接过我们的通知后，到现在还没有关于锑矿的进一步消息。那位叫我们相信可以达成某种协议的谭先生，还没有从北京回来。他一日不来，我就看不出我们在这里可以有些什么作为。很高兴知道你收到一批从湖南寄来的（矿石）样本。这对于你要和有关方面展开联系，可能会有帮助。如你所说，这批矿石可能来自我们正在物色的产地。

同月，先生与傅兰雅商议后，立即飞书致函唐才常、刘善涵、刘善浤等人，让其至上海与傅兰雅商议锑矿销售具体事宜。刘善涵急速赶往上海与之订立合同，原函存于刘善浤处（《唐才常集》524页）：

邹沅帆先生云此矿暂勿与洋人议妥，伊局已委曾君昭吉专司化安的摩尼事，将来收买矿沙，自有公当价值。又复生七丈飞函告知常等，云此矿欧洲已挖尽，急在中国觅取。傅兰雅先生云云。英国制造局均托傅兰雅先生于上海广收此种未化者，每年可销五千吨，已化者每年可销千余吨。七丈已与之面定办法，命淞芙急往上海订立合同，以为信据。原函存湘渠处，夫子密函往取，可知其详。

之后，约翰收到另一批寄自湖南的矿石样本，他随即转寄外国另一苏分（Suffent）先生，苏分疑是继艾力斯上尉后，对浏阳锑矿表示兴趣的外国买家。约翰于7月29日致信苏分：

日前，我收到一些从湖南寄来的锑矿石样本，现随本期邮轮寄上，供你验看。有关人士已经就这事给家父另外写信，所以对于产地、运销条件等翔实资料，恕我无可奉告。

《傅兰雅档案》再无其他信件，可辅助说明傅氏父子为销售浏阳矿石居间交涉结果，而谭、傅原先达成的口头协议，最终不了了之（《谭嗣同与傅兰雅的一次会面》）。

同月，负责湖南矿务的邹代钧认为价格太低，不准备与傅兰雅订立销售锑矿的合同，“前谭复生与傅兰雅言之，傅允每年包销八千吨，每吨给价四十元。钧等嫌价太少，未与订合同也”。先生此举还被误认为与傅兰雅私立合同，引发了陈宝箴的之不满：“安得马尼矿（即锑矿）已经少谷批定开挖，淞芙想当函陈，但恐相左。中丞独重此矿，必欲归官，后乃许官四商六合办。初谓吾弟与傅兰雅立合同，甚骇怪，后知为考校，意乃释。”

△先生此次亦于上海访康有为，不得见。他于《壮飞楼治事十篇》中《湘粤》记述：“其明年春，道上海，往访，则归广东矣。”（《谭嗣同集》524页）

三月

先生与吴樵相识于北京，见到其父吴德潚方知是“三年前对语终日而各不知姓名之季清先生也”，于是“相与抚掌大笑，剧谈略数万言不得休息”，三人时常晤面，“过从日密，偶不见，则互相趋”。《汪康年师友书札》中载，吴樵于三月十三日致汪康年信中第一次言及先生，可知相识于是日不久之前（《汪康年师友书札》486页）：

> 谭复卿精锐能任事（曾重伯者亦往还，议论甚明，而毫不能任事，殆水银质所成者），不可多得之员，初不意此君能如是也，于新学亦极能见道，吾辈又多一徒党矣。湘中人士勇挚，真不可及也。

同月，先生亦与吴樵胞弟吴以东结为忘年交，并因其早慧而戏称其为“舍利佛”。梁启超《饮冰室诗话》第十七篇中载：“以东当乙未，年仅十一，随侍入都，风采英发，遍交一时名士，浏阳戏号之曰舍利佛，以其早慧也。”（《梁启超全集》第三集175页）

同月，于北京拜王正谊（大刀王五）为师，学习武艺，谭恒辉、谭吟瑞所撰《嗣同公生平事迹补遗》中载（《谭嗣同研究资料汇编》55页）：

> 1896春，嗣同公“北游访学”至北京，居北半截胡同浏阳会馆，又拜王子斌绰号大刀王五为师（梁启超在《饮冰室诗话》中则谓嗣同公“少年尝从王五受剑术，以道义相期许”。

可能嗣同公在少年时就认识王五，看过他的武术表演）。王五直隶（今河北省）人，擅长单刀和剑。为人仗义、锄强扶弱，在华北一带颇有名声，因而当上了北京源顺标局的掌柜。那时交通梗阻，行旅不便，各省进贡北京的钱粮物资，全赖牲口车运和马驮，但只须把他的蓝底白“王”字小布旗插在车上，即便扔在旷野，也无人盗劫。

据会馆老长班（雇请的佣人）刘凤池对恒辉说：“七爷在京时，王五每天早上天刚破晓就来到会馆教七爷练剑法。有一次，他俩刀光剑影，打在一团。忽地，戛然而止，只见王五抱拳拱手说：‘七爷，受惊了’。看样子大概他们师徒俩是在比试比试哩。”

△胡致廷《谭嗣同就义目击纪》中亦载，先生结识王正谊是通过胡致廷介绍（《谭嗣同研究资料汇编》263 页）：

我名叫胡致廷，人称胡七，绰号通臂猿胡七。当谭先生在北半截胡同浏阳馆的时候，我和“单刀”王五每天必和他见面。王五比我年轻，是我介绍给他的。谭先生向我学锏、太极拳、形意拳和双刀。而我认为双刀不及单刀好，谭先生以为然。单刀是王五的绝技，所以我把王五介绍给他，我俩同时教授他的武艺。

我们为十八名兄弟（秘密组织）立志行侠仗义，打尽天下之不平。我们各人有各人的一套绝技，只是缺少一位大哥，我们为想捧出一位大哥而追随谭先生，想把各人的绝技轮流传授给他，可他是做官的人，不便结纳江湖，所以让我和王五先出面，其余十六名兄弟暗暗相随。

约同月，王正谊曾私下劝说先生与其一同在居庸关以北地区开办农场，《吴铁樵传》中载（《谭嗣同集》201 ~ 202 页）：

去年客京师，王正谊遮而说之曰：“吾子睊睊然狼顾而鹗视，夫果奚适也？吾一以子为农可乎？且子不闻燕、赵之士，任侠重然诺，勇于私斗而敢死。居平臂鹰走狗，歌声乌乌，酒酣击剑，见事风生，为闾里之患。夫彼皆农材也，而吾皆能鞭扶之，罄控之。今夫出居庸塞而北，缘边而东，满、蒙、奉、吉之原，广莫千里，芜草如毳，林莽丛灌，鸷野所都。吾将大市骆驼、牛、马、羊，召彼使牧之。逐水草而居，且耕且猎，支幕以为宫室，湩酪以御饥渴，请尽使奉吾子。不然，即蕃而息之，货其骆驼、牛、马、羊，归以其资结士子，能为马新息乎?”嗣同既不顾而去。

清明节后，唐才常致函欧阳中鹄，支持锑矿归为官办：“硝磺、锑矿概归官办，名正言顺，不得议其操切。前者夫子曲体始事者之心，谓‘官四商六’，最为平允。未识上峰俯从人愿否？如宪意难移，此后恐非口舌能争也。……邝矿师来浏勘矿，夫子特命师中吉为之前驱，甚善。”（《唐才常集》527 页）

三月十二日（公历 4 月 24 日）

与夏曾佑相识于北京。《夏曾佑日记》中载：“三月十二日，晴。访重白，晤谭复生。晚与卓如访铁樵。”（《夏曾佑集》684 页）

三月十五日（公历 4 月 27 日）

与夏曾佑、梁启超、汪大燮赴吴樵之邀约，于广和居聚饮：“晴。晚，铁樵邀，同谭复卿、庐生、任公、伯唐饮于广和居。”（《夏曾佑集》684 页）

◎广和居，位于北半截胡同南口路东，是北京名饭馆“八大居”之一。

约同日，始与梁启超相识，为吴樵所介绍。梁启超所称与先生相识于乙未年秋当属误记。

谢国桢《梁任公先生遗事》中载二人初见之情景（《追忆梁启超》142 页）：

先生少年之友最契者谭复生。某日先生访曾重伯广钧于其寓，时方盛暑，坐久觉倦，忽报客至，先生将行。重伯曰：“此异人也，不可不一见之。”则见一英锐少年，自外而入，御四品衣冠，初未之奇也，及见复生卸其冠服，高谈不偶，则甚奇之，旋见壁悬古剑，乃拔剑起舞，旁若无人者，舞罢遂相与论上下千古事，先生大惊服，遂与定交，后乃与重伯转疏。复生英敏过绝人，尤通禅喻，然自是以还，方以国事为亟，至则每与先生欧歈笑吟，痛谈国是之是非，未尝不至切齿流涕不止。

△先生与梁启超之交往事，梁所记颇多，虽日期有误，其事仍可作参考。

与先生相识后，梁启超曾在致康有为书信中赞誉："甫之子谭服生，才识明达，魄力绝伦，所见未有其比，惜佞西学太甚，伯里玺之选也。因铁樵相称来拜，公子之中，此为最矣。"此信来自"粤督谭钟麟从康有为家查钞得之，原书咨送军机处"（《觉迷要录》卷四 18 页）。

先生及夏曾佑对梁启超之影响颇深。梁启超《清代学术概论》中载：

> 启超屡游京师，渐交当世士大夫，而其讲学最契之友，曰夏曾佑、谭嗣同。……嗣同方治王夫之之学，喜谈名理、谈经济，及交梁启超，亦盛言大同，运动尤烈。而启超之学受夏、谭影响亦至巨。

先生学问突飞猛进，梁启超曾在《谭嗣同传》赞誉："君资性绝特，于学无所不窥，而以日新为宗旨，故无所沾滞；善能舍己从人，故其德日进。每十日不相见，则议论学识必有增长。"（《谭嗣同全集》556 页）先生与夏曾佑、梁启超时常晤面，探讨学问。梁启超《亡友夏穗卿先生》中载（《梁启超全集》第十七集 320 页）：

> 他（编者注：此指夏曾佑）租得一个小房子在贾家胡同，我住的是粉房琉璃街新会馆，——后来又加入一位谭复生，他住在北半截胡同浏阳馆。——"衡宇望尺咫"，我们几乎没有一天不见面。见面就谈学问，常常对吵，每天总大吵一两场。

先生对船山之学研究颇深，曾教梁启超读《船山遗书》，梁启超在《中国近三百年学术史》中记述（《饮冰室合集·专集之七十五》29、81页）：

其乡后学谭嗣同之思想，受其影响最多，尝曰："五百年来学者，真通天人之故者，船山一人而已。"

船山学术，二百多年没有传人，到咸同间罗罗山（泽南）像稍微得着一点。后来我的畏友谭壮飞研究得很深，我读船山书，都是壮飞教我。

先生时常与梁启超讨论问题、交流学术，梁启超在《校刻浏阳谭氏〈仁学〉序》中记述（《清议报》第二册）：

余之识烈士，虽仅三年，然此三年之中，学问言论行事，无所不与共。其于学也，无所不言，无所不契。每共居则促膝对坐一榻中，往复上下，穷天人之奥；或彻数日夜废寝食，论不休，每十日不相见，则论事论学之书盈一箧。

先生向梁启超提及好友唐才常。梁启超《饮冰室诗话·十九》中载（《梁启超全集》第三集176页）：

余识唐浏阳最晚。乙未秋，与谭浏阳定交，叩其友，则曰："二十年刎颈交，绂丞一人而已。"余心识之。丁酉冬，讲学长沙，谭公乃为余两人介绍焉。

先生亦向梁启超提及好友何来保，梁启超《饮冰室诗话·二十一》中载（《梁启超全集》第三集177页）：

武陵何铁笛烈士来保，余未获识面，顾夙闻谭浏阳称其为人，谓生平肝胆交，除绂丞外，君为第一，因此相神交者数年矣。

恰逢康有为已归广东，先生在京未能与之相见，但通过梁启超了解到更多康有为之思想。梁启超《谭嗣同传》中载(《谭嗣同集》553页）：

君乃自湖南溯江，下上海，游京师，将以谒先生，而先生适归广东，不获见。余方在京师强学会任记纂之役，始与君相见，语以南海讲学之宗旨，经世之条理，则感动大喜跃，自称私淑弟子，自是学识更日益进。

先生与梁启超、吴樵父子在京时过从甚密。梁启超《饮冰室诗话·十七》："余与谭浏阳及铁樵约为兄弟交，而父事季清先生。乙未秋冬间，同客京师。吾三人者，连舆接席，未尝一日相离也。"（《梁启超全集》第三集13页）

> 达县吴季清先生德潚，作令西安，庚子义和之变，为乱民所戕，阖门及难。识与不识，莫不痛心。天之报施善人，真其诬哉！先生至德纯孝，而学识魄力迥绝流俗，尤邃佛理，自号双遣居士。有子三人：长曰铁樵，名樵；次曰仲弢，名以棨；季曰子发，名以东。皆有过人之才。余与谭浏阳及铁樵约为兄弟交，而父事季清先生。乙未秋冬间，同客京师，吾三人者，连舆接席，未尝一日相离也。丙申五月，铁樵以暴病卒于汉口。浏阳时在沪，哭之恸，尝为作一传，见《时务报》中。未几，季清先生之官山阴，浏阳赠一诗云："此生当补他方佛，何意微尘补一官。□□□□□□□，延陵魂气北邙寒。"下忘。盖吊之也。以东当乙未，年仅十一，随侍入都，风采英发，遍交一时名士，浏阳戏号之曰舍利佛，以其早慧也。丙申，受学于余者一年，日读书尽十余卷，属文能二三千言，兼学英、法文字。而仲弢亦来居沪上，综核善治事。浏阳语余曰："三吴，蜀之三龙也。吾国有此等人才，岂是亡国气象！"而不意铁樵无端以死，而两弟亦随季清先生毙于毒刃也！

先生曾与梁启超、吴樵同游北京西山碧云寺，并力邀吴樵作诗。梁启超《饮冰室诗话·五十三》中载（《梁启超全集》第三集200页）：

> 余初交铁樵，在京师，实乙未冬也，与谭浏阳三人，相视如兄弟。铁樵雅不好为诗，尝偕游西山碧云寺，浏阳强之吟，成一章，乃大佳绝，今惟能诵其一联云："白云白鸟相来去，青史青山自古今。"

△除梁启超、夏曾佑、吴樵、吴德潚外，在京期间，先生亦与吴嘉瑞相识，几人均为学佛之士，先生受其影响开始研习佛学。亦

接触了一些基督教思想。他在致欧阳中鹄信中言："在京晤诸讲佛学者，如吴雁舟、如夏穗卿、如吴小村父子，与语辄有微契。又晤耶苏教中人，宗旨亦甚相合。"（《谭嗣同集》546页）

△先生亦与徐仁铸相识："去年薄上京师，获交执事，学术行谊，言论风采，若出云雾而睹青天，昭然发蒙矣。"（《谭嗣同集》216页）

约三月二十日（约公历5月2日）

唐才常致函欧阳中鹄，表示自己在先生的介绍和促成之下，在武昌与英国传教医师马尚德商定，将浏阳锑矿以每吨四十元的价格售予汉口领事贾礼士；且先生已命刘善涵前往上海与傅兰雅订立合同，然而湖南矿务总局以价格过低为由，不同意浏阳与傅兰雅的合同；并且通知浏阳，省局已委任曾昭吉专门负责提炼锑矿，以后由省局统一收购矿砂（《唐才常集》524页）：

浏东安的摩尼矿，历经西人化验，均云佳质，且用处甚多，为五洲不可多得之矿。即其价值，则未化之质，每吨约值洋银四十元；已化之纯安的摩尼，每吨约值三百余元。似此绝大利源，得之吾浏，真是奇事！顷已与马医师尚德议定，售与英领事贾君，每吨在四十元内外，决计四五月间回浏举办。而湘渠来言，邹沅帆先生云此矿暂勿与洋人议妥，伊局已委曾君昭吉专司化安的摩尼事，将来收买矿沙，自有公当价值。又复生七丈飞函告知常等，云此矿欧洲已挖尽，急在中国觅取。傅兰雅先生云云。英国制造局均托傅兰雅先生于上海广收此种未化者，每年可销五千吨，已化者每年可销千余吨。七丈已与之面定办法，命淞芙急往上海订立合同，以为信据。原函存湘渠处，夫子密函往取，可知其详。才常以谓总局既有此举，则定计与总局交易，实为楚弓楚得；然汉口、上海两处，销路未可错过，故且虚与委蛇，约于秋间带矿议立合同。默计俟矿山衰旺若何，及总局能销多少，再行定夺。总之，此矿奇货可居，势在必办；惟此时暂宜十分秘密，恐风声所播，山主抬价不肯就勒，而妒忮者又从而龋龁之。伏乞密令少谷先生速将该山买出；如不肯买，则妥速批定，俟才常与淞芙四月旋浏，酌定章程，即行开办。

并表示朝廷已有上谕要求广开格致学堂，为算学格致馆提供了政策条件。先生在京居于浏阳会馆：

今春又奉上谕，各直省建立格致学堂，已有者扩充，未有者兴办。义宁中丞兴致勃如，特函奉告，谓天下气机之动，有不期然而然者，且有隐与庙谟相吻合之语。窃以谓趁此立学，名正言顺，势成破竹，必无他虞，尚乞我师随时留意为要。复生七丈已到京，寓浏阳会馆，引见考荫，未知何时，知注并及。……

再禀者：谭大中丞因去岁中日衅起，大蒙诟耻，遂思广储武备，奏请武昌添设枪炮局。部议以与汉阳铁厂雷同，未允。嗣又经复奏，遂奉谕旨准行。中丞以曾昭吉素精此道，欲用为总办。而曾君知其事难成，雅不愿意；又奉义宁微恉，以岳州为两湖适中地，为天然讲武之所。婉讽中丞，合于义宁同修武备，庶资易集而功易成。不意中丞闻此色颇不怿，曾君遂决然辞去。昨黄君佩豹言，此事大失机会，深为扼腕，微论另立门面，显中南皮之忌；即统筹全局，非数十万金不能蒇事，安得有此巨款？如此事果成，必贻人口实。

同日，负责湖南矿务的邹代钧认为先生与傅兰雅所订销售锑矿合同价格太低，不打算应允。并请求汪康年在上海为其寻求锑矿销路，他表示锑矿“不患无货，但需销路”（《汪康年师友书札》2649 页）：

湘中产锑矿颇多，西名安的摩尼，状如石块，碎之与布来斯（西药）合，可为洋枪上自来火之用；以法提净，可合铜铅为器，诚佳品也。现归矿局采办，闻西人需此物甚多，而欧洲已乏此矿。前谭复生与傅兰雅言之，傅允每年包销八千吨，每吨给价四十元，钧等嫌价太少，未与订合同也。湖北善后局所买西人之锑，每磅价洋四角

（据去年言），湖南善后局所买西人之锑，每磅价银二钱五。磅轻于斤，即作一斤，鄂价需七百余元一吨，湘价需四百余金一吨，今西人欲以四十元购我之锑，无乃太少乎？日前已箱装数百斤，专丁送至钟鹤笙处，托其向上海各洋行出售，每吨价需百元，不知可偕否？公即往沪，祈代为助求销路。伯严云，公开报，望湘中资助。（沪馆已与伯严之，未知能偕否？上海道馆也。）刻下湘中甚贫，万无力资助。湘抚缺甚薄，每年俸九千金，尚不如鄂臬，岂能他顾？若锑确能广销，将来可酌提助。（此物不患无货，但需销路。）又硝磺湘产极多极佳，亦请打听沪上销路并价值为叩。如能得销路，即以此事属公。

三月二十二日（公历5月4日）

于吴樵寓所逢夏曾佑来访：“下午抵京寓。访铁樵，复卿在焉。”（《夏曾佑集》685页）

三月二十四日（公历5月6日）

与夏曾佑、宋育仁、吴樵、吴子发、汪大燮同聚饮于广和居，饭后邀请众人至浏阳会馆聚谈：“晴。晚访张子清，遂至广和居，复卿、罗生、芸子、铁樵、子发、伯唐均至。饭毕，共至复生寓，畅谈而别。”（《夏曾佑集》685页）

约三月

作七言绝句《题江建霞修书图》四首（《谭嗣同集》222页）：

鲁中汲汲弥缝者，误尽群乌是旧巢。公意不嫌杀风景，直须取付祖龙烧。

吏语翰林今小宋，惟应有酒一中之。江山如此尚如此，书局何因得自随。

三界惟心不等闲，圣人糟粕亦如山。众生绝顶聪明处，只在虚无缥渺间。

划尽灵根尚有余，来生忏悔又成虚。无聊躯壳相厮混，身已嫌多何况书。

约同月，作《题江建霞东邻巧笑图诗》四首，自注“图写日本女子小华生也”（《谭嗣同集》221~222页）：

散花有梦亦匆匆，八部衣云劫火红。空尽东方诸佛土，可怜粉碎不成空。

苍然一目横天下，抵死怜才得几人。太息当年兴亚会，萧寥天地此前尘。

世间无物抵春愁，合向沧溟一哭休。四万万人齐下泪，天涯何处是神州？

娟娟香影梦灵修，此亦胜兵敌忾俦。蓦地思量十年事，图作于十年前。何曾谋种到欧洲？日本伊藤侯近自英返国，大唱进种之议。黄种荏弱，远逊白种，凡欧人游其境内，辄恣令野合，将以善其种焉。

◎小华生，江标所心仪之日本女子，二人于1883年10月分别。

四月初六日（公历5月18日）

夏曾佑欲往上海，前往先生及王正谊处拜访辞行：“晴。访谭复生、王子斌。午后检书簏，甚劳。”（《夏曾佑集》685页）

四月初九日（公历5月21日）

《申报》第8293号《分发人员验看名单》中载：“知府花翎谭嗣同湖南江苏。”

四月十三日（公历5月25日）

刘善涵致先生一信。

四月十七日（公历5月29日）

欧阳中鹄致信先生，信中言及浏阳赈务，并表示申请设立“淮盐浏阳专岸”，此项税收可以保证“岁可二万余缗”，“将来办矿立学，诸事俱取资于此而有余”，希望以来解决开展“新学诸事”所需的经费问题。欧阳中鹄对矿务的态度较为消极，认为“盐事关系全局，有此机会，不能不一竭力；矿务则本系外行，拟竟置身事外”。信中亦谈及陈宝箴听闻先生与傅兰雅私自签订锑矿销售合同之后，甚为骇异，他表示锑矿极为重要，必须收为官办，经过欧阳中鹄之恳请，方才同意“官四商六合办”（《欧阳中鹄书一》，《谭嗣同书简》99~111页）：

前由尊公处转达一函，专为领诰轴事，想必察入。得尊公来书，知竹林平抵京都，住浏阳会馆，甚慰。办引考荫不知已有期日否？闻浙江已停分发，不审须改省否。昨得王君铁珊书，知已分发河南，于三月杪全眷出京。于所托代收诰轴事及会馆帐籍，均未提及。以理度，必并检交吾弟，会馆事请托石帆、丙青两比部代管。诰轴等件前铁珊交其本家王善宝处。善宝记号养泉，系珠宝市三益金店正掌柜。有信一封，请吾弟亲往养泉处领取。其从前取去之收条亦请代收，将来一并妥为寄县。此等事替人经手，实苦烦难，然在他人为重大之件，固不能稍涉疏忽。如铁珊已检交，则可省三益一行矣。

振务自中立转圜后已去骨鲠，此卢孝廉感动之功。然肆应二百九十余团，精疲力竭，皮烂骨散，至今尚不尽就绪。其尤可恶者，北乡永安团总，家本殷实，而恝然若无其事，以为取巧计。从前皆菩萨低眉，此恐须金刚努目矣。南乡刘炳堂妄造谣言，谓北洋大臣王捐县万三千金为鄙人所措隐。昌言于中立局，寄语当以铁裹首，传至局面为喻解，犹执迷不悟，挺身滋闹。此事若直达，可使倾家。姑罚振款千缗育婴田六石，从轻了之，通县之中莫不称快。除同事一二人无与缓颊者，所谓寡助之至亲戚畔之也。

省中自勒回岳米，至二月初竟不弛禁。县河亦复狠戾，米又以潮湿蒸变，不能久留，价遂骤贱，未半月复长如故。卖主绝少，青黄不接一关，未知如何过法。县中自清明后至立夏前一日，阴雨兼旬，寒气凛冽，又加雨雹二次，麦实不充，小鸟又几一网打尽，通算不及十分之二，足一月粮。豌豆尤歉，烂秧至再至三，约去籽种谷二万石。茶以过时而老，至后售卖，不敷工本。山农所损至少三十万缗，故皆无钱易米禾，或竟食粥，民不聊生，莫此为甚。最奇者，近年以来如处无雷之国，至今不发山浸。高田不能水乳交融，雨过即涸，比来旸雨尚为应时。但使天心仁爱，不至如以前尽败垂成。省中不断谷米来源，尽心力而为之，当可幸免浩劫。

湘省被灾十三州县，轻者不必论，浏阳实在最重之列。茶陵、衡山皆无条理，醴陵尤棼如乱丝，严义绅又在中搅局，通省大僚为其所苦，即江西之萍乡亦复办理不善。萍、醴两县至南乡卖室女者，盖以千计。浏阳虽食菜茹草，惟雪深七八寸时，金刚、大瑶、枫林一带有饿殍百人，或因食禾根，菜病肿死。南乡捐输为通县最，枫林又为南乡最。上半年团防捐岁租八百石者为上户，十分捐一。振捐又十分捐五，每租二十石捐钱十缗。如此搜括，尚犹不免道殣，可见生齿之繁。然比之他州县，又似人忘其灾，故浏阳独妄得令名。然当鄙人初归时，其不糜烂者已间不容发。每夕焚香告天，请削禄减寿，以拯灾黎。且矢之曰，如有一毫自私自利之心，畸重畸轻之见，神明即速诛殛。故自借二百缗及括内子簪珥倡捐外，所有办捐应得之移文费约三千缗，一切尽捐之。而犹有漠然不动，至今尚虑其扰吾全局者。此种人佛出世救不得，人心如此，天意未厌，尚不知结题如何矣。煤局因利而利，日可养二万余人。此议一出，虽死不动。向非雷厉风行，垫款开办，则去岁小年前后已无浏阳。圣人云足食，民无信不立，于此可见。现在收至三万余石，东乡窑户销去三分之一。行户既未把持，亦未运湘东煤。今年竹笋背班计新熟时停收当尚余一半，至明年春夏之交必可销罄。戳丞、淞芙极力打开汉口销路，然由南乡出渌口则可，由县城出湘则运力太贵，亏折不能行，止能守株待兔也。

自去冬办振，至今将及六月，除北乡及上东外，先后振减兼行。最久者振半年，所费皆取之就地，约计已十万外，从未一请库款协款。盖一请则计较纷争，画疆而守，究意瓜分无几，徒藉此为规避地。不请则一意督责，绝其觊觎，但视力量何如，至再至三，必穷其所能至。从初开办时即持定见如此，故虽怨谤丛集，不为稍动。然其所以有恃无恐者，则以有鄂厘二万金，及筹备公谷五千石作银六千两。当此两款借定时，即拟以抵协款。俟各团捐数大定，核计应须多少，以谷拨借。皆照银数扣算，呈明于此两项内开销，由省局以应领协款抵还，有余仍缴。

先以告尊公，复书谓须由省局划存若干，以免推展。不知右帅并二万六千金已全数应允。鄙人书到时，右师以书交庄观察，且批其上云，此人坚忍切实，应如所请。庄观察携至官厅，遍示司道，皆曰醴陵专请协款，殊为可恶。如浏阳有正绅，处处核实，又能体谅公家，令我辈甘心助之。右帅乃复书，无论省局如何为难，必为贵县划存此款，即以此书为息壤，且称之曰："坚忍切实，得张江陵曾文正一脉真传，时贤未可抗手。"又谓百世以俟圣人而不惑。此诚右帅过誉。而其开诚布公，任之专信之笃，真王先生所谓精神动众，臭味养贤。然要非尊公慨假巨款，则亦无从藉手，故知此二万金之为功伟而为福大也。现在通盘拇算，但使天心悔祸，旸雨应时，四乡一律丰熟，无水旱虫伤之患，至少可缴还万金。若谷价不耗折，鄂款或竟全行归赵。然富人则已怨之甚矣，永安团总以驰书切责，业已大相决裂。属王把总往查得实，再行办理。其余十九大团及中立均尚见谅。惟城中殷实，既不见孺子入井，无怵惕恻隐之心，又以捐钱破其悭囊，咒詈嬉笑无所不至，虽至亲密友皆不见面，惟恐事之或成而办之不坏。故愚谓吞蚀振款者其罪次若辈一等。据常理论，得右帅之至诚恻怛，及鄙人之尽心力而为之，宜可感召和气。然以此辈混处其间，无处不有，恐有浩劫加乎其身，无可末减。是以愈办愈紧，战战兢兢，傀焉如不终日也。

李勉丈捐县振六千金，族振二千金，省振一千金，又闻捐东振五千金。其孙县试得案首，人无间言。昨得贝孝廉书。近寄二百金为鄙人家用，以办振无可自活，故为大处起见如此。娄尚书由藩库取六百金，咨省局交中立散放，昨已札发下县，城乡皆鄙之，具禀缴回。人之度量相越岂不远哉？

顷大雨淋漓，雷电交至，已历六七时之久。势尚未已，大约当发山浸矣。振事百忙，作辍数日成此，不复伦次，专托，顺颂升祺。四月十七三鼓。

令侄潞生世讲并此，吴巨严仪部信收到，晤时希言之。杜乔生太史，罗石帆、王丙青两比部均致意。未另。

再，矿务一件。惟二月间南乡黄泥江开挖陶氏一煤矿，禀县饬办，此事少谷、蕙圃、瓛臣、淞芙为主，与旁人有意见，鄙人赞成之。蕙圃诸君为耘儿入一股分，鄙人因处嫌疑之间，旋退出，于合约中批注。今闻此矿尚未见大碏，蕙圃已垫用六十串，将来若力量不足，不能坚忍。陶氏甚有心计，先难后获，恐当专擅其利。此外少、蕙两君各有私矿，据云炭质甚佳，且观后效。是时言矿务者咸请设局，望鄙人上言右帅。因思此事必先有成本乃能做事，遂欲从淮盐设浏阳专岸下手，欣然韪之。继思分岸之说，屡经县人禀请，为省城八家盐行所持，不能遂垄断之计。今欲从虎口夺食，不知能得与否。果能得，专主矿务立言，矿有成效，可不需此；矿无成效，竟可提归省城，永远绝望。此项约计所入，岁可二万余缗，为浏阳莫大自然之利，自当为浏阳通筹善后之法，断须归之于公，不可专之于己。乃拟初办三年，专归盐务之用。如设局设子店建仓领帖诸务备举，提一千归算学社，二千办矿，三年即毕，核计委员司事薪水及各正杂款若干作为岁额支销。第四年起，岁额外分作二十成，以四成分城乡积谷，四成归团防局，四成为算学格致购书买器经费，四成办矿，其余四成留补各项之不足及公事之应维持者。事事著实，别类分门，廓然大公，通县永赖。先以此举函陈右帅，请其作主，又函致武昌，届时请通力合作。右复师当书，谓但得岘师允许，决非盐行所能把持。振务告毕望即来省商办。以要必成，又提及矿务当须借重长才，不能私之一乡一邑。重言申明一切须面谈乃悉。意似罗鄙人入省局者。盐事关系全局，有此机会，不能不一竭力。矿务则本系外行，拟竟置身事外。此四月十五以前事也。

安得马尼一矿，香渠信到后，少谷丈即驰往东乡批定。黻丞、淞芙到省晤沅帆、伯纯，言右帅甚重此矿，意在五金上，必须官办，后乃改官商合办之局，防贱价售与外洋。从前谈次，诧曰复生何缘与傅兰雅私立合同。沅帆解之，意即释。以询庄观察，云并未语，不知右帅何从得此消息。今庄观察入商股先交银作成本，云不日与右帅同有信致鄙人，二人遽归。阅一日十七，伯纯专信来云，右帅催速具禀，好具公牍，其意已属鄙人。自此次办振，性命已收拾大半，实不堪再劳。今青黄不接，正更吃紧，势愈不能兼顾。罗小山先生甚欲之，前已许荐，拟以为替人。黻臣谓中丞于他人不放心，其立意已久。今入股分者，亦均愿鄙人为主。闻已具禀往省，不知如何说法，必不能自脱。拟姑试数月，振务造报完毕。当在冬初，彼时请入京供职，当不能固留。且俟右帅函到时，看其意旨何若，再斟酌行止也。四月十八日中鹤又行。

再，算学社晏壬卿山长，学问精深，矜平躁释，在门之士，虽不勇于为己，却尚安静。令侄青浦，是其中巨擘，余则有近有不近，惟淞芙所立之质学社，聘善化王君晓夫为师，门弟子多轻薄之流，初入学即躐等。以不可通之算，起而相难。昌言师无门径，竟肆无礼，散而去之。予师以不能容。如逐去者，其故门人皆不平，欲兴问罪之师。此事鄙人初苦不知，补救无及，后驰书与王君，姑且缓颊。淞芙为众所不容，无以自解，欲讼诸无礼者于县君及学使，而隐有所滞碍。省中人至耻恶浏阳，中丞亦隐有所闻。晓夫先生本为学使所知，又试求贤算学第五科试时王门御侮之选，是否赴两院具控，尚未可必。去年所递一禀，此时竟不敢请右帅批示。陈曼秋所云聚浮薄之子弟，不幸言中。总社规矩，虽以极力维持未坏，然已执质学为口实。明年局面，恐遂为其所沮，南台事尤得有词。我邑人材衰歇，不足兴起，殆县运为之，殊使人寒心也，可恨可叹。姜又行。

再，鄂中自弟去后，浮议渐息，为人受过，固心所安。顷闻又招令妹倩刘公子来署。佩豹甚咨嗟太息，然不便尼之也，奈何奈何！

四月十八日（公历5月30日）

先生经吏部带领，觐见光绪帝，因浙江停止分发，奉旨改发江苏。中国第一历史档案馆藏《清代官员履历档案全编》中载有先生履历档案（《清代官员履历档案全编》第六册480页）：

十九年捐戴花翎，二十年报捐免补同知本班离任，以知府仍留浙江，归候补班前补用。二十一年经出使俄国大臣湖北布政使王之春奏调随使俄国，奉旨着照所请。二十二年奉旨改派出使大臣，仍赴部呈请到省，因浙江停止分发，改指江苏，是年四月十八日引见，奉旨照例发往。

四月十九日（公历5月31日）

《申报》第8311号“上谕恭录”载上谕“俱照例发往”名单，其中有“十九日奉旨分发直隶补用道李竟成、汤纪尚，江苏道陈桂森、吴学廉、倪世熙，江苏知府谭嗣同……俱照例发往。钦此”。

四月二十二日（公历6月3日）

李鸿章与俄外务大臣罗拔诺夫、财政大臣微德，在莫斯科签订《中俄同盟密约》六条，两国协力防御日本，俄于黑龙江、吉林建造铁路，条约有效期为十五年。

四月二十三日（公历6月4日）

于酉时之后拜谒翁同龢，畅谈洋务。《翁文恭公日记》中载：“谭嗣同号复生，行三，敬甫同年子，江苏府，卅二岁。通洋务，高视阔步，世家子弟中桀傲者也。”（《翁同龢日记》2904页）

五月初五日（公历6月15日）

致信刘善涵，关心浏阳矿务发展和算学社，并感慨和惭愧自己不能为之出力（《致刘善涵一一》，《谭嗣同集》580页）：

都门作客，忽值端阳，于蒲酒半醉间接到四月十三日赐书，诵悉一切。

《湘报》与湘矿并举，惬心贵当之作也。湘矿极佳，曾于唐绂丞书中备闻情状，深为浏民额手称庆，并安的摩尼矿，均赖阁下与诸君子独任其难而已。算社则尤盼阁下始终坚持之。嗣同如九天仙女堕落尘寰，于天上事竟无从着力，亦无颜过问矣，愧赧曷已！

并论及强学会被禁复开，并改为官书局，实为敷衍了事，李佳白、汪大燮均已辞去官书局工作：

强学会之禁也，实防吾华民之盛强，故从而摧抑之，依然秦愚黔首之故智。而当道诸公又挟一奇才之见，故禁之甚严。现今虽开，却改名官书局，不过敷衍了事，羊存礼亡矣。李佳白系美国人，汪伯唐为汪穰卿之弟，均极相契。今皆不在书局中，则其事可知矣。

对于时局，他深感失望，认为不但当道者掩饰忌讳更甚，而且京官三品以上更是毫无人才：

总之，时事较之未乱前，其苟且涂饰尤为加甚，岂复有一毫可望者哉？京官在下位者，人材极多，游士中亦不乏人，三品以上，则诚无人矣。天命如此，夫复何言！

县中麦秋受损，大为蠹然，意者天欲扬之，故先抑之耶？

瓣姜师阅尽苦辛，思之欲涕，一片血诚，鲜能知之，惟苍生阴受其福而已。

尊作甚老辣，鼠辈自必望而却步。遇事有中丞主持，如释伽无言，自为众生所皈依，湘士必无忧也。

五月初七日（公历 6 月 17 日）

谭继洵以嫡长孙谭传赞入监读书，承荫外用，上“恭谢天恩折”：“行令将应荫子孙开明年貌送部，当以臣嫡长孙传赞例得承荫，造册咨部汇题，二十二年四月考试恭阅邸钞，是月十六日奉旨：‘谭传赞着外用。’”

五月初九日（公历6月19日）

欧阳中鹄致先生一信，表示陈宝箴本打算将浏阳锑矿归为官办，后才同意官四商六合办："中丞独重此矿，必欲归官，后乃许官四商六合办。初谓吾弟与傅兰雅立合同，甚骇怪，后知为考校，意乃释。"并托付先生为同乡周泰韵之侄周安详寻一差事（《欧阳中鹄书五》，《谭嗣同书简》119~125页）：

前闻吾弟五月始得办引，于四月二十前后发一缄入京，计琐屑十数纸，顷始知贤竹林事均了妥。业经出都，而前函不能入览矣。比想安抵武昌，侍奉一二月后，再行到省，当不为迟也。王铁珊于赴河南时寄一信来，诰轴及会馆帐箱均未提及。诰轴想检交吾弟带出，此件在他人为紧要，在经手人亦实累赘，希即交妥，便寄县为要。会馆事非交石帆即交丙青，两君尚住会馆否？杜莜生尚住南半截胡同馆屋否？县中振务劳苦，不可胜言，幸均就绪。距新熟止四十日，现在雨阳时若，禾易长亩而微有虫，但不为害，早稻即可丰收。

所借鄂厘二万金，省城筹备公谷五千石，合银五千九百二十两，酌盈剂虚，全得两款之力。曾请中丞以两款将借作领，由省局于协款内划出，代为抵还。中丞回函，全数允许。且申之曰，以此函作息壤。顷已属稿，请县君具禀。约计拨谷不过四千余石，局中通前后有米二千石，谷一万二千石，米已拨完，留谷以备青黄不接。将来贵入贱出，须赔数千金。各项均有款备抵，惟此过硬亏折，大约鄂厘可如数缴回，筹备公一款须以协款弥补，然通计振十余万金，皆系取之就地所领公款，鄙人开办未请公款一文，至多不过万二千金，前共发过七千五百金。少或万金而止，视他县当为独少矣。局煤收至三万余石，顷已售出五分之三，尚有后望，纵余当亦无几。种薯卖秧，从少谷、绂丞之议，众谓必成弃物，讵病所不至。顷买者坌集，至无以应。

入夏以来，诸事顺手，但须结局安静，乃为善始善终耳。

算学馆章程禀中丞处尚未请批，鄙人于此意怠。壬卿有教无类，极为精勤。社中十六人，质地近者青浦为最，次则次丞、李养予及宋老九。然或苦体弱，勉强从事，求不为名者，尤不可得。材难一。壬卿杜门不出，可谓专矣。然授至十六人，壬卿神似受伤，将来恐不免得疾，劳苦不胜，至少须延两师。师授八人或十人而止，通计止授二十人。书院岁入不足以供之。费绌二。淞芙立质学社，延善化王晓夫主讲，仅半月，竟逐其师。此事尚在轇轕。陈曼秋所谓聚浮薄之子弟，其言立中。王氏旧徒，闻欲讼于两院。淞芙拟先发以声其罪，通县之耻，使人寒心。始基坏四。质学之衅，起于故意诘难。在事者无一明白人，皆左袒弟子，惟鄙人父子力破其非，而终不能救。总社中鄙人虽不至而力能制之，若鄙人远出，更无人能制之。纵能将书院改定，鄙人一去必坏。得人难五。拙见但得中丞一批，暂且提款，留为后图，而别从他处下手。人材盛衰有天，在天不欲兴之，非人力能为也。抑末也，本之，则无如之何。然亦不足为外人道，道则气皆馁矣。

县中矿务，谈者踊跃异常，鄙意欲得淮盐专岸，前三年专力经营盐务、算学、开矿，各提一千余缗应用。三年后盐事大定，除岁额支销外，以其余分为二十成，积谷、团防、算学、矿务各提四成，余四成留补各项不足及他公事之用。以自然莫大且远之利，通筹我邑善后，无逾于此。从前邑人屡欲垄断，为盐行所持。此则纯乎大公，无丝毫自私自利。以请中丞，属振务毕后，至省面商，以要必成。并及矿务，意似欲鄙人入省局。此本外行，又非素志，不愿承之。南乡陶氏煤矿，绂丞辈想已具告。初为耘儿入成分，以涉嫌疑退出。今闻不佳。安得马尼矿已经少谷批定开挖。淞芙想当函陈，但恐相左。中丞独重此矿，必欲归官，后乃许官四商六合办。初谓吾弟与傅兰雅立合同，甚骇怪，后知为考校，意乃释。庄心安观察以六百金交淞芙入商成，与绂丞从省归。一日伯纯专人来云，中丞速其具禀，意在鄙人。禀去廿余日，不见公事，鄙人近一月亦无信来往，不知所以然，或曰以矿师未到之故，此事鄙人决辞。绂丞云，中丞于他人不放心，意已先定，或者勉强试办。俟造报毕后，一同辞谢。且俟公事到时，再定主意。

以上各节，前信已言，兹述其略。其不欲述者，则亦不复述也。同溪之侄孙周安详，字新吾，去秋同溪携至鄂，留爪霖处，爪霖赴沙洋，未带往，留滞清雅堂将及一年，典尽当绝，家已断炊，万请吾弟为谋一厘局司事。舍弟仍在黄安，势成赔累，忽又加岁额二千，引几不能办，求量移而不可得。鄙人以办振故，家人殆要病莫能兴，李勉丈恤其私赠二百金过端节，藉度一口气。此种风义，诚不可得。舍五弟中祐，字笃吾，在壬生处不足自存。前求尊公为位置一汉口码头，尚未见报。顷笃吾因该处光景太苦，同事有他，不欲与人受过，已辞壬生赴黄安，相需比前尤急，但此甚琐屑，如割鸡用牛刀，亦不敢强耳。……

秦生好归应院试否？潞孙并贺。

△在京期间，为探究在理教秘诀，了解其真实情况，先生加入该教，并阅读其书籍：

此次在京，极力考求在理教，宛转觅得其书，乃剌取佛教、回教、耶稣教之浅者而为之。然别有口传秘诀，誓不与外人说，仍无由求之，不得已至拜一师，始得其传，则亦道家练气口诀而已，非有他不善也。赖有灵魂、轮回、果报之说，愚夫妇辄易听从。又严断烟酒，亦能为穷民省却许多闲钱。

并在《仁学》中详细讲述了在理教的情况：

天津有在理教者，最新而又最小。其书浮浅，了无精义，乃剌取佛教、耶教、回教之粗者而为之；然别有秘传，誓不为外人道。吾尝入其教以求之，盖攘佛教唵、嘛、呢、叭、咪、吽六字，借为服气口诀而已，非有他奥巧也。然且从其教者，几遍直隶。非其教主力能尔也，赖有果报轮回诸说，愚夫愚妇，辄易信从；又严断烟酒，亦能隐为穷民节不急之费。

六月十八日（公历7月28日）

是日出京。

△先生出京时借道天津，由天津乘船前往上海。在天津，参观机厂、轮船、船坞、铁路、火车、铁桥、电线、炮台等，又见城外难民之种种惨状，遂发愿“誓拯同类，极于力所可至”（《谭嗣同集》544页）：

到天津，见机厂、轮船、船坞、铁路、火车、铁桥、电线、炮台等。他如唐山之煤矿、漠河之金矿，无一不规模宏远，至精至当。此在他人，能举其一，功即不细；合肥兼综其长，夫亦人杰，惜晚节不终，弥增悼叹。继其位者，远不能逮，敷衍尚不能了，公论惭焉。及出郭，见上年被水灾之难民，栖止堤上，支席为屋，卑至尺余，长阔如身，望之如柩。鹄面鸠形，无虑数千，然能逃至此，犹有天幸者也。顺直水灾，十余年未尝间断，今夏永定河又决。河道壅塞，海口高仰，自然止有水害而无水利。大沽口虽盛涨，商轮止能到塘沽，则淤遏已可见。而中外大僚决计不疏凿，方以为幸，云：“天生奇险以卫京师，使外人兵轮不得驶入。”幸灾乐祸，以残忍为忠荩，生民殆将为鱼乎！且就彼所言，抑又左矣，外人要来，何必定由此道？独不记去年关外却不由水道耶？

见难民作种种状，悚然忆及去年家乡之灾，幸有人焉以维持之，不然，大乱一作，惨毒当不止此。办赈者真功德无量哉！又自念幸生丰厚，不被此苦，有何优劣，致尔悬绝？犹日优游，颜之厚矣！遂复发大心：誓拯同类，极于力所可至。

△至南京之前，先生途经上海再访傅兰雅，因其已赴美而不得相见。但获其所译《治心免病法》，读后大喜而“悟心源”，先生后来所著《仁学》，就受到《治心免病法》影响（《谭嗣同集》546页）：

重经上海，访傅兰雅，欲与讲明此理，适值其回国，惟获其所译《治心免病法》一卷，读之不觉奇喜。以为今之乱为开辟未有，则乱后之治亦必为开辟未有，可于此书卜之也。此书在美国已非甚新，近年宜更有长进。

傅兰雅所译《治心免病法》一书对先生影响甚大，他研习佛法并与《易经》融合，突破了其原来“专主船山”之学的状态。唐才质在《戊戌闻见录》中记述（《谭嗣同研究资料汇编》269页）：

伯兄言，复生治《易》，专主船山，以其多发前人之未发。盖船山邃于《易》，乃本乎经传，综览百家，择之甚精，断以己见，而别开生面者也。其言曰：《易》为君子谋，不为小人谋。君子之谋于占，非欲知吉凶而已，所以知忧知惧而知所择执也。又谓《易》者苟精其义，穷其理，但为一阴一阳所继而成象者，君子无不可用之以为静存动察、修己治人、拨乱反正之道。观此，则知船山之言《易》，诚非汉魏唐宋诸儒所及也。后复生读傅兰雅所译之《治心免病法》，复从杨文会游，究心佛法，遂以此二者而与《易》理融会，于是其学益臻恢宏，不执一于船山矣。

◎《治心免病法》，原名 *Ideal Suggestion through Mental Photography: a restorative system for home and private use*，作者为乌特·亨利（Wood Henry）。1893年在波士顿出版，1894年由傅兰雅译为中文，1896年由上海格致书室出版，中文译名为《治心免病法》。中译本有作者为中文版特意写的序，主要内容为：“此书原意，欲人免病，此外尚有更高大之意，即令人心力长大，剖除各难，启发真心，感动神灵，令大知觉，而显现好善厌恶，爱人如己。总之，则令人心与中所有之天心相显为人主，天人合一而收父子相和之益，为是书大意。”（坂原弘子《谭嗣同的〈仁学〉与乌特·亨利的〈治心免病法〉》）

六月二十九日（公历8月8日）

先生于是日抵达南京，寓于卢妃巷刘公祠杨鸿度公馆之中。杨鸿度为原陕甘总督杨昌浚第二子。

△抵南京之后，担任江苏候补知府一职。并由此而对官场的黑暗和世态的炎凉都有了更深的体会，他遭受冷遇，对官场颇为厌倦：

独候补官，于世间、出世间两无所处。固知官场黑暗，而不意金陵为尤甚。到此半月，日日参谒，虽首府首县，拜之数次，犹不能一望见颜色，又何论上官？及上官赐以一见，仅问一两语，而同寅早已疑之忌之矣。……尤奇者，本地知名士，曾往拜之，以求学问中之益，而人闻其候补官也，辄屏之不见，并不答拜。（《谭嗣同集》553 页）

所谓候补官者，流官、流士兼焉者也，甚则流民、流兵杂焉者也。朝廷不问其来去，疆吏或忘其姓名。循例参谒，不知何所为而乌合；俯首唯诺，不知何所为而蛙鸣。己无与于民，民亦无所于赖，徒统名之曰：官尔官尔！又况今日有不谋而合之大宗旨，日专以挫抑人才为务。他省或得其三，此间必居其七。就令小有驱使，不过奉守程期，以掩饰无过为称职，以云有为，此故难矣。（《谭嗣同集》219 页）

七月初一日（公历 8 月 9 日）

汪康年、黄遵宪、梁启超、吴德潚、邹凌瀚等人创设《时务报》于上海福州路福建路口。创办初期的办事人为：总理汪康年、撰述梁启超、英文翻译张坤德、法文翻译郭家骥、日文翻译古城贞吉、理事（管印书兼银钱事务）黄春芳（《戊戌变法史》131 页）。先生后与时务报联系频繁：曾推荐唐才常、汤蛰庵、张通典至报馆任事，向《时务报》推荐稿件，为报馆搜罗资料，为《时务报》寻找南京分销处，对《分售〈时务报〉章程》提出意见，帮助核算《时务报》账目，指出报中编校错误，发表《报章文体说》《湖南不缠足会嫁娶章程》《吴铁樵传》于报上，接受《时务报》之聘请担任报馆董理一职等。

七月

与杨文会相识，并在金陵刻经处内向其学习佛学，“幸有流寓杨文会者，佛学、西学，海内有名，时相往还，差足自慰”。他在杨文会处阅读《大方广佛华严经》《楞严经》《大乘起信论》《成唯识论》等大量内典，并在《金陵听说法诗》中称杨为其学佛第二导师，“吴雁舟先生嘉瑞为余学佛第一导师，杨仁山先生文会为第二导师”。

◎杨文会（1837—1911），字仁山，安徽池州人。原为英法两国公使曾纪泽之参赞，在欧洲时曾购得唐代散逸的佛经注疏近三百种，并在金陵刻经处刻印流通。杨文会门人众多，欧阳竟无《杨仁山居士传》云：“唯居士之规模弘广，故门下多材，谭嗣同善华严，桂伯华善密宗，梨端甫善三论，而唯识法相之学有章太炎、孙少侯、梅撷云、蒯若木、欧阳渐，亦云夥矣。”

△受聘于杨文会的苏曼殊曾于《燕子龛随笔》一书《论谭嗣同》中写道（《苏曼殊文集》384页）：

谭嗣同《寥天一阁文》，奇峭幽洁。《古意》两章，有弦外音，曰：“鳞鳞日照鸳鸯瓦，姑射仙人住其下。素手闲调雁柱筝，花雨空向湘弦洒。”“六幅秋江曳画缯，珠帘垂地暗香凝。春风不动秋千索，独上红楼第一层。”尝闻仁山老居士言：嗣同顶甚热，严冬亦不冠云。

先生于金陵刻经处收藏佛经、佛像及法器等件，谭恒锐记（《清谭复生先生嗣同年谱》，《谭嗣同研究资料汇编》17页）：

是时金陵有居士石埭杨文会（仁山），博览佛乘，且通西学，海内知名，寄寓金陵之碑亭巷（今碑亭巷屋宇，门额上有石额，题曰“金陵刻经处”）。以流通经典为己任，公时与之游，得以遍窥三藏。故吾家藏佛像、经典、法器甚多。

先生与梁启超初识之时，曾推崇耶稣基督，后因杨文会影响转而学佛，所学为华严、法相二宗，先生“日夜冥搜孔佛之书”，“遍窥三藏，所得日益精深”。梁启超在《谭嗣同传》中记述（《谭嗣同全集》546~547页）：

当君之与余初相见也，极推崇耶氏兼爱之教，而不知有佛，不知有孔子；既而闻南海先生所发明《易》《春秋》之义，穷大同太平之条理，体乾元统天之精意，则大服；又闻《华严》性海之说，而悟世界无量，现身无量，无人无我，无去无住，无垢无净，舍救人外，更无他事之理；闻相宗识浪之说，而悟众生根器无量，故说法无量，种种差别，与圆性无碍之理，则益大服。自是豁然贯通，能汇万法为一，能衍一法为万，无所罣碍，而任事之勇猛亦益加。作官金陵之一年，日夜冥搜孔佛之书。金陵有居士杨文会者，博览教乘，熟于佛故，以流通经典为己任。君时时与之游，因得遍窥三藏，所得日益精深。其学术宗旨，大端见于《仁学》一书，又散见于与友人论学书中。

七月十五日（公历8月23日）

《申报》8392号“金陵官报”载：“十五日，藩台瑞、巡道胡、厘捐局候补道穆、善后局候补道懋、木厘局候补道王、军械所候补道杨、候补道马先松、首府李、中协王、城守协杨、金陵营参将杨福田、海门同知王宝、通判丁大机、江宁县胡、知县沈启宇、州同徐宽济，奉示缮写履历，均见；知州谭嗣同奉示写履历。”

七月二十三日（公历8月31日）

书一长信致欧阳中鹄，汇报在北京期间的思想变化，名为《北游访学记》。此文与其乙未年七月所书长信《报贝元徵》为其最早发表的关于变法思想的两次论述，亦是《仁学》一书之前身。他在信尾自署“时借寓杨彦槻公馆，拟即赴苏州。九月当旋鄂”（《致欧阳中鹄一〇》，《谭嗣同集》542页）：

> 计北游迄此，几五个月，时不为不久，地不为不远，见人不为不多，于身心宜有长进。又虑不亲慈训，将入于偏妄而不觉，用敢条录所见，冒昧说之，冀加砭订。是此书为北游访学记矣。

先生感到在国难当头之际所愿皆虚，之所以所愿皆虚，是由于所学皆虚，因而领悟到心力的作用。先生领悟到心源后，便“欲以心度一切苦恼众生”，以心挽劫，“不惟发愿救本国，并彼极强盛之西国及夫含生之类，一切皆度之”（《谭嗣同集》544~546页）：

京居既久，始知所愿皆虚，一无可冀。慨念横目，徒具深悲，平日所学，至此竟茫无可倚。夫道不行而怨人者，道之不至者也；道必倚人而行者，亦自必穷之势也。因自省悟，所愿皆虚者，实所学皆虚也。……

自此猛悟，所学皆虚，了无实际，惟一心是实。心之力量虽天地不能比拟，虽天地之大可以由心成之、毁之、改造之，无不如意。即如射不能入石，此一定之理。理者何？即天也。然而至诚所感，可使饮羽。是理为心所致，亦即天为心所致矣。……

嗣同既悟心源，便欲以心度一切苦恼众生，以心挽劫者，不惟发愿救本国，并彼极强盛之西国与夫含生之类，一切皆度之。……

故凡欲为教主者，不可自说我是某国人，当自命为天人，俯视万国皆其国，皆其民也。立一法不惟利于本国，必无伤于各国，皆使有利；创一教不惟可行于本国，必合万国之公理，使贤愚皆可授法。以此居心，始可言仁，言恕，言诚，言挈矩，言参天地、赞化育，以之感一二人而一二人化，则以感天下而劫运可挽也。

并阐述自己学佛三重宗旨（《谭嗣同集》546页）：

于是重发大愿，昼夜精持佛咒，不少间断：一愿老亲康健，家人平安；二愿师友平安；三知大劫将临，愿众生咸免杀戮死亡。渐渐自能入定。能历一二点钟久始出定，目中亦渐渐如有所见。惟恨道力浅薄，一入官场，便多扰乱耳。

先生此时的思想中，亦对气一元论有了新的认知。他认为“所谓死者，躯壳变化耳；性灵无可死也”。宇宙中的成毁就是气的聚散，而气是永恒的存在，因此无生灭有无之可言。生死只是气的暂时聚散，因而先生萌发了超脱对生死之忧惧的心态，化解了从童年以来横亘在心头的死亡阴影。之后，在《仁学》的写作中，这部分思想得以深化（《致欧阳中鹄一〇》，《谭嗣同集》547 页）：

圣人之所养，死后可化为百十贤人，贤人可化为百十庸众，故善吾生者，乃所以善吾死也，亦尊诗所谓“薪火犹传死后功”也。所以第一当知人是永不死之物。所谓死者，躯壳变化耳，性灵无可死也。且躯壳之质料，亦分毫不失。西人以蜡烛譬之，既焚完后，若以化学法收其被焚之炭气、养气与蜡泪、蜡煤等，仍与原蜡烛等重，毫无损失，何况人为至灵乎？此理不深，愚夫妇亦能解。愚夫妇能常念此，则知生前之声色货利诸适意事，一无可恋，而转思得死后之永乐，尤畏死后之永苦，于是皆易相勉于善。

先生首次强烈抨击了三纲五常中“君为臣纲”这一伦。认为君主是“为天下人办事者，非竭天下之身命膏血，供其骄奢淫纵者也”，且“止有死事的道理，断无死君的道理”。这部分对于三纲五常的抨击，成为日后《仁学》写作的重要思想基础（《谭嗣同集》547~548 页）：

所闻于今之人者，至不一矣，约而言之，凡三家：一曰学，二曰政，三曰教。夫学亦不一，当以格致为真际。政亦不一，当以兴民权为真际。教则总括政与学而精言其理。至于教，则最难言之，中外各有所囿，莫折于衷。试即今日之事论之：教之真际，无过五伦。而今日君臣一伦，实黑暗否塞，无复人理。要皆秦始皇尊君卑臣，愚黔首之故智，后世帝王喜其利己，遂因循而加厉，行之千余年，至宋末，不料有入而代之者，即以其法还制其人，且以伦常字样制其身，并制其心，所谓田成子窃齐国，并其仁义圣智之法而窃之也。原夫生民之初，必无所谓君臣，各各不能相治，于是共举一人以为君。夫曰共举之，亦必可共废之。故君也者，为天下人办事者，非竭天下之身命膏血，供其骄奢淫纵者也。供一身之不足，又欲为子孙万世之计，而一切酷烈箝制之法乃繁然兴矣。而圣教不明，韩愈“臣罪当诛，天王圣明”之邪说，得以乘间而起，以深中于人心……

君臣以义合者也，人合者也。君亦一民也，苟非事与有连，民之与民，无相为死之理，则敢为一大言以断之曰：“止有死事的道理，断无死君的道理。”死君者，是以宦官、宫妾自待也，所谓匹夫匹妇之谅也。况后世之君，皆以兵力强取之，非自然共戴者乎？又况有彼此种类之见，奴役天下者乎？

先生言及进学之次序，则格致为下学之始基，次及政务，然后方可了解教务的精微。言政，言学，如果不以言教为前提，则无所用处。教中相同的公理有两个，一为慈悲，一为灵魂。以此为基础，对中西宗教和政治等问题进行了分析，许多命题及阐述，成为《仁学》的内容（《谭嗣同集》549页）：

言进学之次第，则格致为下学之始基，次及于政务，次始可窥见教务之精微。以言其衰也，则教不行而政乱，政乱而学亡。故今之言政、言学，苟不言教，则等于无用。英人韦廉臣著《古教汇参》一书，博考古今中西之教凡数十。每教复各有门户，其中亦有精微者，亦有诞谬不可究诘者。然不论何教，皆有相同之公理二：一曰慈悲，吾儒所谓“仁”也；一曰灵魂，《易》所谓“精气为物，游魂为变”也。言慈悲而不言灵魂，止能教贤智而无以化愚顽；言灵魂而不极其诞谬，又不足以化异域之愚顽。

先生对强学会之封禁颇为愤恨不平（《谭嗣同集》551页）：

故强学会诸君子，深抱亡教之忧，欲创建孔子教堂，仿西人传教之法，遍传于愚贱。某西人闻之，向邹沅帆曰：“信能如此，我等教士皆可以回国矣。”不知此举适与愚黔首之意相反，故遭禁锢。后虽名为开禁，实则止设一空无所有之官书局，亦徒增一势利场而已。此后孔子教竟不知如何结局。

七月二十八日（公历9月5日）

缪荃孙于武昌向张之洞拜寿之际拜访谭继洵，并与之长谈：

“廿八日辛酉，晴。谒南皮师，呈寿诗。拜薛次升、施鹤笙、王笃堂、殷厚培、谭静甫、朱少彤、庞絅堂，均长谈。”（《艺风老人日记》425页）

秋

作《秋海棠诗》（《谭嗣同集》184~185页）：

李少君来鬼气春，帐中非喜亦非嗔。秋怀都不容言说，冷艳幽香殢杀人。

八月初七日（公历9月13日）

离南京赴上海，此为他至南京后第一次赴沪。《申报》8424号“省官报”载：“初七日，谭嗣同禀辞回宁。”

赴沪之前曾往苏州：“七月朔到金陵，颇孤寂无俚，旋往苏州。”（《与唐绂丞书》，《谭嗣同集》190页）在苏州期间，先生或前往江苏巡抚署晤见巡抚赵舒翘，又或前往沧浪亭内五百名贤祠内一游。赵舒翘于光绪二十一年三月二十四日担任江苏巡抚，二十三年七月七日卸任（《清季职官表》406页）。

约八月间

于上海作《赠梁卓如诗四首》（《谭嗣同集》185~186页）：

大成大辟大雄氏，据乱升平及太平。五始当王讫麟获，三言不识乃鸡鸣。人天帝网光中见，来去云孙脚下行。漫共龙蛙争寸土，从知教主亚洲生。

普遍根尘入刹那，茫无绝续感川波。眼帘绘影影非实，耳鼓肖声声已过。外道顽空徒尔许，凡天执箸更如何。一真法界相容纳，海印分明万象罗。

虚空以太显诸仁，络定阎浮脑气筋。何者众生非佛性，但牵一发动全身。机铃地轴言微纬，吸力星林主有神。希卜梯西无著处，智悲香海返吾真。

祖龙罗马东西帝，万古沉冤紫与蛙。伪礼谁攻秦博士，少年今见贾长沙。斯文未丧寄生国，公法居然卖饼家。闻道潮音最亲切，更从南海觅灵槎。

八月初九日（公历9月15日）

访宋恕，《宋恕日记》中载："八月初九日，浏阳来访。"（《宋恕集》937页）

八月十四日（公历9月20日）

与孙宝瑄、梁启超、汪康年、宋恕于一品香番菜馆畅论格致学与佛学，孙宝瑄《日益斋日记》："宴复生、卓如、穰卿、燕生诸子于一品香。纵谈近日格致之学多暗合佛理，人始尊重佛书，而格致遂与佛教并行于世。"（《梁任公先生年谱长编》33页）

八月十五日（公历9月21日）

邀请宋恕、吴嘉瑞等人聚饮。是日，宋恕与吴嘉瑞初识。《宋恕日记》中载："十五日，浏阳招饮，同席有吴雁舟，始识者也。"（《宋恕集》937页）

同日，先生友人英国传教医师马尚德在武昌因救治霍乱而染病去世，终年三十一岁，葬于汉口外人坟场。谭继洵侧室魏宝珍亲为其立碑，以表纪念，碑文为："马先生为爱中国百姓朝夜奔驰，可惜善士早亡。上帝之旨也。马先生为我治病，不惜劳苦，因此痛之。立碑人谭抚台之侧室魏宝珍。"（《马尚德——谭嗣同熟识的英国传教医师》）

八月十六日（公历9月22日）

与宋恕、吴嘉瑞于胡庸家中聚谈，当时宋恕与胡庸住屋相邻。《宋恕日记》中载："十六日，晤浏、吴于胡处，畅谈。"（《宋恕集》937页）

八月十七日（公历9月23日）

宋恕宴请先生与吴嘉瑞，并同往博物院（编者注：格致书院博物馆）参观。《宋恕日记》中载："十七日，招浏、吴饮，畅谈，席散，同至博物院一览。"（《宋恕集》937页）

八月十八日（公历9月24日）

与吴嘉瑞至宋恕家中聚谈。《宋恕日记》中载："十八日，浏、吴来谈。"（《宋恕集》937页）

八月十九日（公历 9 月 25 日）

与梁启超、汪康年、宋恕、孙宝瑄、吴嘉瑞、胡惟志七人于上海光绘楼照相馆中拍一合影。孙宝瑄在相片后题一偈语："众影本非真，顾镜莫狂走。他年法界人，当日竹林友。"《日益斋日记》中记述（《梁任公先生年谱长编》33 页）：

诣谭复生，与燕生、雁舟、穰卿、仲巽、卓如及复生七人同映一像。或趺坐，或倚坐，或偏袒左臂，右膝着地，或跽两足而坐，状类不一。

孙宝瑄曾于先生遇难后作挽诗，并提及当日事（《孙宝瑄日记》286 页）：

成七绝二首挽谭复生，录之：

慷慨悲歌气若虹，志扶赤县有陈同。可怜变法须流血，莫让先生血独红。复生被逮时，有外国使馆人来，言可以保护。复生慨然曰：丈夫不作事则已，作事则磊磊落落，一死何足惜。且外国变法无不流血者，中国变法流血，请自谭嗣同始。

樽酒谈禅把臂豪，前年，与燕生、雁舟、仲巽及复生共饮于外国酒楼，共谭佛理。燕生曰：今日可称小灵山会。久于生死等鸿毛。何期当日竹林友，坐看先游法界高。丙申秋，与复生、雁舟、燕生、穗卿、卓如、仲逊合映一像。余题一偈云：幻影本非真，顾镜莫狂走。他年法界人，当日竹林友。

《宋恕日记》中亦载合影之后与先生及吴嘉瑞同去格致书室买书："十九日，浏约照相光绘楼，共七人。复与浏、吴至格致书室买书。"（《宋恕集》937 页）

八月二十五日（公历 10 月 1 日）

致函龙爪霖，信中请其为李丹农垫付在天成亨银号所借百金（《谭嗣同集》632 页）：

别来思之不置，想起居佳胜也。兹有恳者，李丹农出京缺少旅费，因在天成亨号挪借百金。京二两平足银。丹农秋末即旋湘，道过湖北，归还该号。此时暂乞阁下担承，或先行代还，丹农一到，立即交清。阁下款友谊切，当不责其多事。

九月初

宋恕题诗《赠谭复生》，此诗为仰慕原驻英法公使郭嵩焘而作（《宋恕集》802~803页）：

五十年来数壮夫，南州一郭圣人徒。神交昔堕千行泪，恕庚寅游鄂，与张尚书论治术，如子舆说齐、梁，格格不相入。将渡湖访郭作十日谈，会以事卒卒东归未果。后决计裹粮，未至而先生亡矣！同生斯世，竟不获面，西望长沙，泣涕如雨。乃为文以吊，托达江神焉！声应今传万字书。比读君上师某书，洋洋万言，虽于鄙见或有小离，而痛切之处得未曾有，于是方寸中有湖南谭子矣。重障庶空盈火后，至悲我有屈风余。洞庭如镜知何日？且喜湘阴道不孤！

海外文明望九夷，《书》终《秦誓》岂先知？微言孔去何曾绝，大义刘兴渐不支。秦以前儒自儒、法自法，世主能苦儒不能亡儒。自叔孙通首以法乱儒，媚泗上剧盗，而武帝时曲学以阿酷吏者加甚焉。于是儒法混而儒乃几亡！后世若马、郑、韩、欧、程、朱之伦，名曰"大儒"，实则"大法"，禹域愚生认贼作子，千龄长夜。酿成完颜、奇渥之祸，真可痛哭！曾著《儒法辨》极论之。彼众我寡，可若何哉！博士说行人尽婢，真儒身隐世无师。因君感触平生恕，太息神州运若斯！

九月初五日（公历10月11日）

致信梁启超，并信附题赠宋恕扇面《酬宋燕生道长见投之作即用原韵》与佛经："初五寄书梁君卓如，并扇与佛经。"此扇应作于是日前不久，为酬宋恕《赠谭复生》而于离开上海之前所作，以图答谢。该扇后被毛泽东秘书田家英收藏，现藏于田家英"小莽苍苍斋"清代学者书札中（《谭嗣同集》186~187页）：

居夷浮海一潜夫，佛肸公山召岂徒。孔后言乖犹见义，《春秋》志文俱晦，浅者或不识之。若夫见诸行事，如《论语》之深切著明，独无传者，何哉？秦还禁勉亦无书。秦变法而学与之俱变，非关挟书之禁也。居大道晦盲之际，则敢为一大言断之曰：三代下无可读之书，士读尽三代下书已不易，况又等于无读，黄种所以穷也。以三五教圣长死，伦而不言天人，已足杀尽忠臣孝子弟弟，于吞声饮泣莫可名言之中。乃复有纲之残酷济之，所谓流血遍地球，染大地作红色，未足泄数千年亿兆生灵之冤毒，悲夫！此二千年闰小余。近喜宋忠开绝学，重编《世本》破睽孤。今日急务，无有过于开学派者。

八福无闻道乃夷，悠悠谁是应先知？君修苦行甘阿鼻，其胆不敢入地狱，其才亦不堪成佛，尝以此衡人，惟燕生其两能之，前生灼然苦行僧矣。我亦多生困辟支。兀者中分通国士，卑之犹可后王师。燕生著有《卑议》。虚空一任天魔舞，高语乾坤某在斯。同志渐多，气为之壮。

丙申秋八月，偶客上海，燕生惠我以诗。人事卒卒，未有以报。及还金陵，乃克奉答，并书扇以俟指正。复生谭嗣同。

约九月初八日（公历10月14日）

吴嘉瑞由上海至南京，并带来梁启超口信，希望先生为香港《民报》写作《仁学》。先生《仁学》之构思始于此时（《谭嗣同集》591页）：

去年吴雁翁到金陵，述卓如兄言，有韩无首大善知识，将为香港《民报》，属嗣同畅演宗风，敷陈大义。斯事体大，未敢率尔，且亦不暇也。近始操觚为之，孤心万端，触绪纷出。非精探性天之大原，不能写出此数千年之祸象，与今日宜扫荡桎梏冲决网罗之故，便觉刺刺不能休。

同月，吴嘉瑞与杨文会聚于南京说法。先生所作《金陵听说法诗》提及“吴雁舟先生嘉瑞为余学佛第一导师，杨仁山先生文会为第二导师，乃大会于金陵，说甚深微妙之义，得未曾有”（《谭嗣同集》188页）。

约九月初九日（公历10月15日）

于南京致函汪康年，提及吴嘉瑞为其带来上月十九日于上海光绘楼照相馆所拍合影照片，并称之为“具种种庄严种种相”。此信末未署日期，据其信中言及“初五寄书梁君卓如”，且梁启超于本月十二日已收到初五日函，先生于九月十三日已抵武汉，而此信作于南京，可知此信约写于九月九日前后（《致汪康年一》，《谭嗣同集》588~589页）：

初五寄书梁君卓如，并扇与佛经，计达。昨雁菩萨到，带下梁寄经价十五元，除还经价及寄费外，尚多四元六角，无便寄缴，闻梁将回粤，嗣同亦即去此，无可交代，止好存于嗣同箧衍，留俟他日再算。雁菩萨又带来造像七躯拓本，具种种庄严种种相，同人咸欢喜赞叹，说雁是入正定菩萨，嗣同是菩萨傍侍者，抑亦阿那含之亚也。此与嗣同平昔师事雁菩萨之旨正尔微合。前在上海，曾嘱造像之光绘楼造像，若佳，请其将原玻璃片存留，勿遽揩去，以便购回，随时晒印，务恳即为购出。并倩其将雁菩萨与嗣同二躯另晒上一块小磁片，勿添颜色，第将余像暂用纸隔住，则所印止二像矣，亦甚易办耳。所费若干，统希代垫，容后奉缴。嗣同十月中必仍来金陵，彼时再设法互寄此像，异时流落尘寰，后之考据家将曰此大魏太和几年龙门磨崖碑也，岂不亦狡狯矣哉！足下碑中之上首，似不能不为一铭若赞以宠之，嗣同则以此书代记何如？书到，梁君必已行，仍望留此书，于其返也视之。

△照片洗出后，先生亦将此照寄予刘善涵，刘作《题谭壮飞太守小像》（《刘善涵集》158 页）：

繄何人，虚空自在，放大光明身，普照一百一十一世界，是影是形不可得而名也。然闻之佛法之身，广大无与等，焰目于此能观察杳杳，知法界无形相，今一一现世间像，不其碍与。若如来现相品十度放光口齿眉两足轮足指趺膝现种种身，是常依根摄化光也。前此误矣，今又赘。图中左肩偏袒、右膝着地，手合十而气沉肃者，其我壮飞尊者乎？高座于右方者，曰宋恕燕生，曰孙宝瑄仲瑜，曰汪康年穰卿。结伴跏坐者曰胡庸仲逊，左结跏趺坐者曰吴嘉瑞雁舟，右跪坐者曰梁启超卓如。析之则七，合之则一，道场人天大会，其适然耶！大地山河，了了到眼，见者莫不皆欢喜。

约九月

作七律《似曾诗》四首（《谭嗣同集》187~188 页）：

同住莲华证四禅，空然一笑是横阗。惟红法雨偶生色，被黑罡风吹堕天。大患有身无想定，小言破道遣愁篇。年来嚼蜡成滋味，阑入楞严十种仙。

无端过去生中事，兜上朦胧业眼来。灯下髑髅谁一剑，尊前尸冢梦三槐。金裘喷血和天斗，云竹闻歌匝地哀。徐甲傥容心忏悔，愿身成骨骨成灰。

死生流转不相值，天地翻时忽一逢。干笑东风真解脱，春词残月已冥濛。桐花院落乌头白，芳草汀洲雁泪红。隔世金环弹指过，结空为色又俄空。

柳花夙有何冤业，萍末相遭乃尔奇。直到化泥方是聚，只今堕水尚成离。焉能忍此而终古，亦与之为无町畦。我佛天亲魔眷属，一时撒手劫僧祇。

《饮冰室诗话·二》言及，此诗为先生题扇并赠予麦孟华之作，原题为《感旧》，梁启超评价此诗“其言沉郁哀艳，盖浏阳集中所罕见者，不知其何所指也。然遗情之中，字字皆学道有得语”（《梁启超全集》第三集163页）：

谭浏阳志节、学行、思想为我中国二十世纪开幕第一人，不待言矣。其诗亦独辟新界而渊含古声。丙申在金陵所刻《莽苍苍斋诗》，自题为“三十以前旧学第二种”，盖非其所自憙者也。浏阳殉国时，年仅三十二，故所谓新学之诗，寥寥极希。余所见惟题麦孺博扇有《感旧》四首之三。其一曰：“无端过去生中事，兜上朦胧业眼来。灯下髑髅谁一剑，尊前尸冢梦三槐。金裘喷血和天斗，云竹闻歌匝地哀。徐甲傥容心忏悔，愿身成骨骨成灰。”其二曰：“死生流转不相值，天地翻时忽一逢。且喜无情成解脱，欲追前事已冥蒙。桐花院落乌头白，芳草汀洲雁泪红。再世金环弹指过，结空为色又俄空。”其三曰：“柳花夙有何冤业，萍末相遭乃尔奇。直到化泥方是聚，只今堕水尚成离。焉能忍此而终古，亦与之为无町畦。我佛天亲魔眷属，一时撒手劫僧祇。”其言沉郁哀艳，盖浏阳集中所罕见者，不知其何所指也。然遣情之中，字字皆学道有得语，亦浏阳之所以为浏阳，新学之所以为新学欤。

除《似曾诗》四首外，亦作《金陵听说法诗》题于扇面以赠麦孟华（《谭嗣同集》189页）：

火劫冰期接混茫，小之陵谷巨沧桑。有形潜逐人心改，创世谁怜我主忙。明日观身已非昨，微生归命向何方。文殊师利维摩诘，随顺重开大道场。

文殊师利维摩诘，一一云中自出音。各各分途戒定慧，亭亭三界去来今。乾坤尚毁易何有，神鬼不知心所深。愿为恒沙留蒴偈，依然建业暮钟沉。

而为上首普观察，承佛威神说颂言。一任血田卖人子，独从性海救灵魂。纲伦梏以喀私德，法会极于巴力门。大地山河今领取，庵摩罗果掌中论。

厚地高天万想澄，并澄亦遣想何曾。名言景教演三一，知觉治心论级层。密印自持百鬼穴，现身犹是半跏僧。俨然未散灵山会，智者而还续此灯。

据梁启超《饮冰室诗话·十六》载，“此诗无刻本，见麦孺博箑端，浏阳手书也”（《梁启超全集》第三集174页）：

谭浏阳之有得于佛学，知浏阳者皆能言之。然浏阳之学佛，实自金陵杨仁山居士。其遗诗有《金陵听说法》一章，即居士所说也。诗云：“而为上首普观察，承佛威神说偈言。一任法田卖人子，独从性海救灵魂。纲伦惨以喀私德，法令盛于巴力门。大地山河今领取，庵摩罗果掌中论。”此诗无刻本，见麦孺博箑端，浏阳手书也。

约在此时期，先生与梁启超、夏曾佑曾提倡诗界革命，并相约作诗均用佛学典故（《饮冰室诗话·六十》，《梁启超全集》第三集206~207页）：

复生自憙其新学之诗。然吾谓复生三十以后之学，固远胜于三十以前之学；其三十以后之诗，未必能胜三十以前之诗也。盖当时所谓新诗者，颇喜挦扯新名词以自表异。丙申、丁酉间，吾党数子皆好作此体。提倡之者为夏穗卿，而复生亦綦嗜之。此八篇中尚少见，然“寰海惟倾毕士马”，已其类矣。其《金陵听说法》云：“纲伦惨以喀私德，法会盛于巴力门。”喀私德即 Caste 之译音，盖指印度分人为等级之制也。巴力门即 Parliment 之译音，英国议院之名也。又赠余诗四章中，有“三言不识乃鸡鸣”、“莫共龙蛙争寸土”等语，苟非当时同学者，断无从索解，盖所用者乃《新约全书》中故实也。其时夏穗卿尤好为此。穗卿赠余诗云：“滔滔孟夏逝如斯，亹亹文王鉴在兹。帝杀黑龙才士隐，书飞赤鸟太平迟。”又云：“有人雄起琉璃海，兽魄蛙魂龙所徒。”此皆无从臆解之语。当时吾辈方沉醉于宗教，视数教主非与我辈同类者，崇拜迷信之极，乃至相约以作诗非经典语不用。所谓经典者，普指佛、孔、耶三教之经。故《新约》字面，络绎笔端焉。谭、夏皆用“龙蛙”语，盖时共读约翰《默示录》，录中语荒诞曼衍，吾辈附会之，谓其言龙者指孔子，言蛙者指孔子教徒云，故以此徽号互相期许。至今思之，诚可发笑。然亦彼时一段因缘也。

九月十二日（公历 10 月 18 日）

梁启超将先生所题扇面《酬宋燕生道长见投之作即用原韵》转交宋恕。《宋恕日记》：“十二日，任父转送来浏阳赠诗两首，书于折扇。”

九月十三日（公历 10 月 19 日）

抵达武汉，在其二十一日至欧阳中鹄信中言：“九月十三日还鄂，署中自家严以次，一是安好。”

△抵鄂后，与吴樵会面，并谈论农学。吴樵希望开垦洞庭之南的淤积土地，开办农场，进行垦殖，先生深以为然。《吴铁樵传》中载（《谭嗣同集》202 页）：

嗣同既不顾而去，归遇铁樵于武昌。铁樵乃复大言农学。洞庭之南，有新洲焉，铁樵谋悉垦而辟之，以栖吾属同志之士。梁启超曰：“巴西亦美洲大国也，土满而不治，召我中国之农农焉。苟群而往，将以中国之农塞其国。”而朱琪闻之笑曰："奚其远适为也？迩吾粤海，有茶山焉。不惟茶山，南洋之如茶山者，不可胜计，是皆可以巴西之也。"嗣同内计吾将奚适也？俄罗斯既订约假道满、蒙，凡农矿畜牧林薮虞衡之利，彼皆将专之，固无所措吾足。巴西、茶山，远者数万里，近亦万里，非吾所得而农也。洞庭之滨，吾家在焉。铁樵能农，吾其终依铁樵，而铁樵竟死。

先生在致汪康年信中亦言及："吴铁樵仍在此，闻即赴湘，湘矿可办则办，否则鸠合同志，以极贱之值，买洞庭淤壅之洲，讲求农学，然到贵报馆亦其志也。"（《谭嗣同集》590页）

九月十四日（公历10月20日）

清政府设立铁路总公司，以盛宣怀督办（《戊戌变法史》467页）。

九月二十日（公历10月26日）

致唐才常一函。信中讨论矿务商办、官办之利弊。湖南矿务总局公布的《湖南矿务简明章程》提出官办、官商合办、官督商办三种办法。刘善涵主张商办，唐才常主张官办，二人为此产生意见。而先生认为，应当重视和发挥地方开明士绅的作用，主张"绅办"（浏阳县矿务局即以士绅为主），因而致信唐才常加以劝解，并对二人提出批评，他指出二人争论的是地球上第一件大政事，并非小事，希望二人能够放弃争执，共襄矿事（《谭嗣同集》189页）。

信中，先生就湖南矿务问题表明了自己的看法，对锑矿归为官办持反对态度（《谭嗣同集》190页）：

> 办矿坚忍绝伦，最得师门宗旨。安的马尼矿事，八月曾接淞芙书，称归官办，嗣同极不谓然。中国所以不可为者，由上权太重，民权尽失。官权虽有所压，却能伸其胁民之权，昏暗残酷，胥本于是，故一闻官字，即蹙额厌恶之。然所谓官办者，如何办法，足下淞芙皆未详言，无从臆度，则亦不能径断其是非。

在官与民的关系上，先生反对"收利于官"，主张"散利于民”，并以此作为衡量官办或商办利弊的根本标准。他认为即使所谓官办，也有多种方式，“用其善者未始不善也”。同样，即使实行商办，“一有抑勒压累”，其危害也与官办相等。他主张“所获之利，除纳税外，举归本县兴办一切有益公事”，“如学堂、团练、备荒、水利之属”（《谭嗣同集》190~191页）：

> 盖官办有数种法，权与利皆归省局，不惟商民不准过问，即县中应办之一切有益公事，皆不得分其利，县局出力承奉指挥，月酬以薪俸而已，此最不善之办法也。嗣同极不谓然者，疑是此种。或权归省局，而利与县局分之；或售矿之权归省局，办矿之权归县局，而利两分之；或权归省局，利归县局；或售矿之权归省局，办矿之权与利归县局；或权利皆归县局；或准入商股，商股多寡及商股应得之利，或有限制，或无限制：凡此皆谓之官办，其得失乃至倍蓰百十千万。不知今欲用何种法，用其善者未始不善也。至若商办亦不一法，兹不暇一二数，请以数语括之曰：归商办，亦须于本地应办之公事有益，如学堂、团练、备荒、水利之属，决不使一二家龙断其利，此必然矣。总之或商或官，有种种办法。嗣同更请括以二类：一收利于官，一散利于民。无论官商认定一途行去，皆有此二类道理，则于官办、商办皆无关系轻重。缘商办一有抑勒压累，仍然收利于官，与官办等；官办苟使本地有他项利益，仍然散利于民，与商办等也。

在省局与县局的关系上，先生反对“权与利皆归省局”，认为此系“最不善之办法”，而主张办矿、售矿之权皆由县局统揽。在他看来，“省局不过为全省矿务之总汇，存案牍、任保护而已。何可事事遥制？”他认为，为了防止官吏的蛮横干预，必须赋予县局以充分权力。“且省局办事者及官中人，日久不知更易何许人，与县局能融洽否，欲却将来之胶葛挂碍，不能不予县局以自主之全权。”在对待商办的问题上，于提出“准入商股，以联商民而鼓励矿务”的同时，又主张对其加以限制，股份中商股只“居十之三”，利润分配商股“每年照本得二分或三分”，以防止“一二家垄断其利”。并且，他提出在官办基础上的六条利民之道（《谭嗣同集》191~192页）：

今既归官办，嗣同之愚，以为应专趋散利于民一类，其道有六。一、所获之利，除纳税外，举归本县兴办一切有益公事。二、办矿之权归县局。三、售矿之权可由省局发端，终须揽归县局，此可免出省局代运之费。且省局办事者及官中人，日久不知更易何许人，与县局能融洽否，欲祛将来之胶葛罣碍，不能不予县局以自主之全权也，所谓权利皆归县局也。来书言“自家私与洋人交涉，而省局及县局皆成赘疣”云云，此则不免过虑。今日正当使民遍与洋人交涉，庶可藉洋人以伸自主之权而免压制，豪杰挺起，始得乘隙以有为。况通商本非国家之所谓交涉，又何私之可言？赘疣之说，县局则可云尔，省局不过为全省矿务之总汇，存案牍、任保护而已，何可事事遥制？直不必代为顾虑也。四、准入商股，以联商民而鼓励矿务。五、商股应立限制，约居十之三，余七或假官款，或另拨筹本县公款，或出息借贷。六、商股应得之利应立限制，每年照本得二分或三分。其刘氏已垫之款，可即酌量估价，作为股分，立限某时起利，不愿即应照收已出之矿沙，估价售还。至山之或全买或买龙口，统归县局出本。

先生所关注的核心问题是“以一县之公利办一县之公事”，以此推进维新变法活动。对于唐才常支持官办，刘善涵赞成官督商办的争议，他摆明自己的态度（《谭嗣同集》192页）：

如此，则以一县之公利办一县之公事，溥其利于一县，是不啻匀摊其利于一县之人，即不啻人人皆入股分，人人皆为有股分之商民。名为官办，其实至大至公之商办也。是故当知嗣同所谓商办，专主散利于民，绝非龙断于一二家之私办可比。然而又当知主私办者，未始非明于天下之大计也。西人于矿务、铁路及诸制造，不问官民，止要我有山、有地、有钱，即可由我随意开办，官即予以自主之权，绝不来相禁阻。一人获利，踵者纷出，率作兴事，争先恐后。不防民之贪，转因而鼓舞其气，使皆思出而任事，是以趋利若鸷禽猛兽之发，其民日富，其国势亦勃兴焉。此欧洲各国政府倚为奇策者也。夹乎各大国之间，欲与之争富强，舍此无以求速效也。此殆淞芙之所志也。而其弊也，惟富有财者始能创事，富者日盈，往往埒于其国，甚乃过之；贫者惟倚富室聊为生活，终无自致于大富之一术。其富而奸者又复居积以待奇赢，相率把持行市，百货能令顿空，无可购买；金镑则能令陡涨至倍，其力量能令地球所有之国普受其损，而小民之隐受其害自不待言，于事理最为失平。于是工与商积为深仇，而均贫富之党起矣。其执政深厌苦此党而无如何，此党亦日与执政为难。环地球各国之经济家，朝夕皇皇然，孜孜然，讲求处置此事之法，而卒莫得其要领。以目前而论，贫富万无可均之理。不惟做不到，兼恐贫富均，无复大有力者出而与外国争商务，亦无复贫者肯效死力，国势顿弱矣。然无论百年千年，地球教化极盛之时，终须到均贫富地步，始足为地球之一法。故嗣同于此矿不欲令一二家龙断其利，亦不欲分入于官，而归诸一县之公事，亦隐寓均贫富意矣。

浏阳矿务官办、私办之争，不仅使得刘善涵愤然辞职，重返两湖书院肄业，且有隐退居家之心，连唐才常也有退避之意，故先生在信中对唐才常和刘善涵提出了批评："两君见识皆有未到，而淞芙又差一重，若因此存意见，真儿戏耳。""足下不求与淞芙详剖天下之事理而进及于教务，妄欲引嫌退避，见识于此，亦差一着也。"且在信中表示自己正在撰写《仁学》："若夫近日所自治，则有更精于此者，颇思共相发明，别开一种冲决网罗之学。"

今以论于湖南之矿务，实创始而非守成，自以淞芙之说为正办。然而环顾天下大势，遂无几希之望。即湖南一切办法，以矿救垂绝之贫民则可耳，以云霸业，未见其可。且开风气，亦不在此区区一矿，毋宁散利于民，少有实济，则吾心亦以少安，此真所谓一隅之见者也。嗣同力主官办，亦审知不能有为于天下，得一隅是一隅，此又不关时之先后，而所处之势大小异也。

不谓淞芙竟昧于大小如此，两君见识皆有未到，而淞芙又差一重，若因此存意见，真儿戏耳。前上瓣姜师书，称“两君具上等根器之再来人也，若不学道，则堕地狱，亦不甚难”，彼时初不知两君之有意见也。及今果然，甚矣教务之不可不考究也。足下不求与淞芙详剖天下之事理而进及于教务，妄欲引嫌退避，见识于此，亦差一着也。嗣同深愧不能与诸君共事以成盛业，而缅想故乡矿事不能去怀，聊贡愚陋，以备采择。若夫近日所自治，则有更精于此者，颇思共相发明，别开一种冲决网罗之学。亦拟还县一游，日期又急不能定，大要归则甚速耳，彼时当畅衍，此书其先声也。淞芙处亦欲作一详信，不识写得及否，乞以此书示之。（《谭嗣同集》193~194 页）

△与此同时，湖南矿务总局的内部矛盾趋于激化。张通典因多次直言矿务办理不善，“力争宜商办”，罗正钧、黄笃恭等人趁机媒蘖其短，因而触怒了陈宝箴父子，张通典被迫辞去矿务总局职务，其他人遂“不敢复言”。张通典致函汪康年表示：“诸大绅公举秉三与弟办理，右帅将弟挑出，语诸绅曰：‘此人才大、志大，湖南断不能容。诸绅遂不敢举。’”（《汪康年师友书札》1777 页）

九月二十一日（公历 10 月 27 日）

致信欧阳中鹄，言及唐才常与刘善涵所起争执之事，虽诸事不顺，但先生依然充满信心：“一有举便多阻滞，然而皆不足虑也。”“诸事有函丈镇抚弹压，何患无功？”并表示无畏超拔之意，得出仁即无畏之结论：“无畏之源出于慈悲，故为度一切众生故，无不活畏，无恶名畏，无死畏，无地狱恶道畏，乃至无大众威德畏，盖仁之至矣”（《致欧阳中鹄一一》，《谭嗣同集》554~555 页）：

在金陵上一长书，寄陈杏畇转达。九月十三日还鄂，署中自家严以次一是安好。顷监吾世叔交下五月初九日钧谕，因恐嗣同出都，故补寄此函，其实四月十八日书已接到矣。诰轴托吴铁樵带呈，计早到。会馆事交石帆，舍侄传赞已八月入都，当可照料。杜莜生移出，另佃一闽人。嗣同踽踽独游，于家乡事虽时时在怀，而道远书迟，如在烟雾，幸赖训诲常颁，得悉梗概。

算学事竟生意外之虞，矿事唐、刘又生疑贰，抑何事机之不顺如此！人材之难，自昔所慨，矧在今日天地晦盲否塞之秋，宜乎一有举便多阻滞，然而皆不足虑也。气象将兴，其初必有无数委曲艰难，将成而复败，大为世诟，引为鉴戒，而当事者乃得因其失而疾易其法，衡度精审，用底于善。不如此，其善不善遂无由以知也。又凡人之思振作也，其争必多，苟非甚私甚贪，争固无害，疑贰亦无害。久之利明害出，是非判然，论将自定。诸事有函丈镇抚弹压，何患无功？且见为弊者亦将转而为功；就令终不一效，亦曰天也，非人也。世事更无可为，似办矿较有实济，缘随在可济贫民也。绂丞书来，亦萌退避意，昨移书勉之。佛说以无畏为主，已成德者名大无畏，教人也名施无畏，而无畏之源出于慈悲，故为度一切众生故，无不活畏，无恶名畏，无死畏，无地狱恶道畏，乃至无大众威德畏，盖仁之至矣。笃吾世叔及周新吾拟荐余尧衢，不知受否？此系私荐，聊为栖止计，若家严允位置汉口则更妙。……

牙厘局是李竹虚。嗣同日内即起身回县。

同日，动身坐船沿长江赴湘，动身之时正收到梁启超来函，并附《西学书目表》两本；吴嘉瑞与先生同行，过洞庭湖即分别。先生于十一月十三日致欧阳中鹄信中提及：“嗣同九月中到鄂时接卓如书并《西学书目表》两本，正装束往湘，故不复。雁舟同行，过洞庭即别，彼此卒卒，竟亦无从问讯。”

吴嘉瑞此行前往贵州任都匀知府，行前先生赠以《送吴雁舟先生官贵州诗叙》（《谭嗣同集》189~190页）：

《诗》何为终《商颂》？曰：先乎周。《书》何为终《秦誓》？曰：后乎周。不幸不先不后，则一衷之于《春秋》。鲁其有鸠，天下其有廖。率斯以谈，圣人其有忧矣乎？又况二千年之苍赤递嬗，以有此茫茫下土方。于嗣同所往，名之曰吴江；于雁舟禅师所往，名之曰贵阳。名之焉云尔，吾乌能详矣。为纂录旧诗，甄其关宏旨者，赠以取别。嗟乎！人羊安有穷期，文实两俱不与。前有尧与舜，后有华盛顿。惟师正法眼藏，其诸深观之哉也。

九月下旬或十月

抵浏阳。

十月中旬

梁启超赴澳门筹办《知新报》。

十月

于浏阳招聘师爷，同乡黄颖初受聘入幕。黄颖初之子黄彰健所撰《浏阳乡土志》印行后记中载："先祖妣以丙申三月逝世，享年五十有一。祖母卒年之十月，同邑谭嗣同先生归里，先父应聘，典其签记。"黄颖初之女黄慕兰所著《黄慕兰自传》中亦载："谭嗣同欣赏父亲的才华，聘其为幕友。幕友早时俗称师爷，即今之秘书，聘金比课读为丰。"

同月，为矿务之事前往长沙，并至湖南省矿务局会见该局负责人，坦率批评湖南"矿务办理不善，应行改章"，当即遭到陈三立的严词拒绝，只得"废然而返"。张通典在湖南受到排挤无法立足，遂与先生同一起返回武汉，担任湖北巡抚衙门文案。张通典在致汪康年信中言及："黄修原又来恫吓，必越境乃免，适敬帅有信来招，弟即与复生扁舟东下矣。"先生与张通典尤为陈三立前后之变化感到费解："至其入湘，矿务一切为其主持，而迂缓多疑，未做事先杜弊。复生在湘时言及矿务办理不善，应行改章，考功怒曰：'君必是为伯纯所惑，切勿信其谣言。'复生亦废然而返。与去年在鄂时议论明通相反，复生亦谓其判若两人，尤不可解。是或湖南劫运将至，不应兴旺耶？言之浩叹。”张通典亦对湖南矿务总局将矿务归为官办十分不满：“又力请设矿务公司改归商办；否则绝小民生计，而徒为洋人守财虏也。言之甚痛切。如蒙采择，实湖南之福。”张通典被逐，是湖南维新运动内部矛盾的首次表现，也是先生与陈三立交恶之始（《汪康年师友书札》1778 页）。

十月二十一日（公历 11 月 25 日）

清政府与俄国签订《中俄北京新约》。

十月二十四日（公历 11 月 28 日）

欧阳中鹄致函先生，他怀疑刘善涵插手浏阳锑矿私运一事，便托先生顺便调查（《欧阳中鹄书八》，《谭嗣同书简》129~131 页）：

前夕别后，忽然想及一事，忘与弟语，兹特抄录龙芝翁来信寄阅。兄前上中丞书，以事太忙，尚未提及，数日内当致书言之。此事颠末究竟，不得其详。吾弟谒中丞时，请将芝翁意约略一谈，至信内末后一层，可以不语，借此脱卸县中矿务，未尝不好。若一身兼之，恐难两顾，且不知章程何如，是否竟能自行其志。看来重伯集股必然无成。若欲入京考差，年前须销假，始得与考，不能久留，或当自行告退耳。中丞密示一节，惟召甘知之。所有办法，暗时切勿语及。以所拟尚在未定之天，恐漏泄，或滋纷扰。惟浏矿尽缴劣质，须详细告之，以庄款曾经费词屡属照拂，召甘为人长厚，明白得此中所以然，乃知兄再取化验，实不得已也。此颂行祺，诸惟心照不宣。……

再，密查盘斗山锑矿质，上中两等，业已私运净尽。用篾篓盛贮，每担八十觔，用矿夫等于夜间潜挑出江西袁州府连界属县。局中不过失察，初无所损于我，所惜放言高论，自命隽才者，行事居心，竟至如此。鄙人于诸后进，辄不敢轻许，可谓老成之见。吾弟至汉时，到亨达利马洋人等处一查，便知所为底蕴矣，人材如此，可哀也夫。

十月三十日（公历 12 月 4 日）

离开长沙，张通典同行。

十一月初二日（公历12月6日）

抵达湖北。

十一月上旬（公历12月）

与叶瀚相识。叶于十一月十二日致汪康年信中言及（《汪康年师友书札》2573页）：

> 谭福生已见过，此人乃康、夏之使徒也，天分极高，热力亦足，惜尚性情未定，涵蕴未深。然贵介得此已难，且敬老何人，而生此宁馨，可见体质传于父母之说，亦未尽是。

十一月初六日（公历12月10日）

致函欧阳中鹄，言及《中俄北京新约》已刊入时务报。且经过密访，先生并没有找到任何关于刘善涵插手私运锑矿之证据，于是前往两湖书院去询问刘善涵，然而刘表示自己对浏阳矿务，很久不曾过问，近来发生的私运问题也确不知情。先生相信他对私运锑矿一事不曾插手，于是在信中向欧阳中鹄阐明此事，以消除谤议。并且，刘善涵表示近日本预备前往上海购买排版的铅字，谁知股分难招，只得作罢。先生决定聘请刘善涵前往南京教授小侄传炜读书，并将接自己家人至南京（《致欧阳中鹄一二》，《谭嗣同集》555~556页）：

> 在长沙凡上两书，旋于卅日展轮，初二日到鄂，命带周清雅箱箦函件及邱菊圃函，均即分别妥交。署中自家严以次，皆一律安好。李竹虚处容托人致意。湘轮事家严虽不以为然，而自愿不管，行否均任湘人，但香帅阻之甚坚耳。中俄新约已刊入第十一册《时务报》，大约直隶、东三省以及黄海、山东海面及险要，乃不割之割，而中分中国矣。而任大仔肩者，尚欲拘文牵义，瞻前顾后，徒以防弊为务者，不亦怪乎！香帅之文网渐密，私意更多，大率类此。
>
> 安得马尼曾经密访，确未到汉，如绕江西，自必出九江径赴上海矣。然折阅亦必甚矣。惟淞芙尚在两湖书院肄业，访查实未他往。前言欲赴上海，缘办报须购铅子，旋以股份难招，

竟作罢论，亦无他往之意，与论安得马尼，亦深知自己从前见左，此刻毫无系恋之意。许久不复与闻。则此次之私运，淞芙实不知情，自属可信而无可疑。嗣同半月后赴南京，奉嫂挈侄儿女同去。侄儿觅师甚不易，拟约淞芙暂用新法教授一两月。淞芙亦不能久在外，二三月即归；一面再访能用新法之师。若日内即能得，淞芙更省此一行矣。

十一月十三日（公历 12 月 17 日）

致函汪康年，推荐唐才常至时务报馆任事，“唐生绂丞，其文笔敏速，精力充满，实不多见；至若学识宏通，品行卓越，尤在洞鉴之中，无俟鄙人之琐琐”；汪康年托先生寻求湖北厘金局章程，以备“考察天下厘章”，先生随信寄去《湖北厘金章程》一本，《局卡清册》一本，至于牙厘抽查办法，他考求多年，虽然知道“值千抽一十二，又加杂捐二十，又加赈捐十，共计千抽四十二”，但另外的串子费、补数、补底、茶资等，“均无由考其实数”，他指出这些抽取的税额出入甚大，因此认为章程与实际相距颇远，“官样文章，以备尘牍而已”；先生亦探听英俄领事在上海开捐之事，乃是以保护华人官员免于被诬为会党而平白被冤杀，先生准备买捐受外国人保护，同时想代为劝捐（《致汪康年二》，《谭嗣同集》589~591 页）：

报馆若需人者，弟前云之唐生绂丞，其文笔敏速，精力充满，实不多见；至若学识宏通，品行卓越，尤在洞鉴之中，无俟鄙人之琐琐。独惜其本年不暇外出，明年又迫试事，惟春间必作海上之游。若趁彼时，勉强挽留数月，使摅谋虑成文章，想当不至坚拒。我公若有早为延揽之意，嗣同愿为先容，以书商之。吴铁樵仍在此，闻即赴湘，湘矿可办则办，否则鸠合同志，以极贱之值，买洞庭淤壅之洲，讲求农学，然到贵报馆亦其志也。香帅拟聘沅帆主讲两湖，不识肯来否？伯纯已入幕中，可喜之至。嗣同九月中到鄂时接卓如书并《西学书目表》两本，正装束往湘，故不复。雁舟同行，过洞庭即别，彼此卒卒，竟亦无从问讯。嗣同于月初仍返鄂，月底当赴南京，顷料简正忙也。

前命访鄂厘章程，谨上章程一本，局卡清册一本。至于牙厘如何抽查之法，嗣同亦极意考求有年矣。但知值千抽一十二，又加杂捐二十，又加赈捐十，共计千抽四十二。此外更有串子费，有补水，有补数，有补底，有茶资，皆舞弊之私章，尤取之无艺，亦无由考其实数。盖各局不同，即一局亦各人不同，即一人亦前后不同也。与局卡之大小，委员之明暗，天气之早晚，风之顺逆，时之寒暑，商民之强弱，船之坚楛，货之高下，皆有相关，而等差生焉，夫孰能知其所以然乎？且所谓值若干者，何人所定之值，据何时之值而定，种种货如何差别，如何用丈量，如何用权衡，如何计算，虽久办厘局之委员无能知焉。一把持于长老司事之手，由其选择而吞噬，不尤可大哀乎！公思考察天下厘章，嗣同以为止能得官样文章，以备尘牍而已，其所以办法，初不符合。一言以蔽之曰：强盗中之虎狼。纵公勤勤编辑，为书为表，卒与实迹相去甚远，毋乃疑误后学，转无由得其真，不亦可以已乎！质言之，如此黑暗地狱，直无一法一政足备记录，徒滋人愤懑而已。

传闻英、俄领事在上海开捐“贡”“监”，捐者可得保护，藉免华官妄辱冤杀，不识确实否？保护到如何地步？价值若干？有办捐章程否？嗣同甚愿自捐，兼为劝捐，此可救人不少。湖北近有一大冤狱，因有人谋奸实缺官之妾，遂诬此实缺官为会匪，派勇拿获，而先刺瞎其目，断其手若足，淫其妾，掳其财物，到案后复被以非刑，贿买剧盗使诬证之，职则革矣，命亦将尽矣，恐终不免于一杀。横天地，纵古今，岂有如此之不平事耶？嗣同求去湖北，如鸟兽之求出槛絷；求去中国，如败舟之求出风涛；但有一隙可乘，无所不至。若英、俄之捐可恃，则我辈皆可免被人横诬为会匪而冤杀之矣。伏望详查见复，可寄南京庐妃巷刘公祠杨公馆转交为荷。卓如处如有信去，望为致声。

十二月初九日（公历 1897 年 1 月 11 日）

致函刘善涵，表明自己明日将登舟前往南京（《致刘善涵一二》，《谭嗣同集》581 页）：

准明日乘楚材兵轮行。今特遣戈什奉迎，即于本日登舟。嗣同明日登舟。

昨接题外之文数大张，赐也贤乎哉！夫我则不暇。容晤罄一切。

同日，刘善涵先登舟。

十二月初十日（公历 1897 年 1 月 12 日）

偕妻李闰、二嫂黎氏、侄传炜、侄女传瑾及黄颖初、刘善涵由武昌搭乘张之洞提供的“楚材号”兵轮出发至南京，同行者共七人。黄颖初之女黄慕兰曾记述（《黄慕兰自传》6 页）：

当谭嗣同调往南京候补知府时，父亲与之一同前往，经长江乘船顺流而下，在舟中各有唱酬诗词多首。父亲将自己所作辑为《中路集》，后因避祸出走，这部分诗稿不知去向。现在出版的《聿园诗稿》中，仅有集名，内容缺失。近年见谭嗣同遗集中却有部分收录。父亲除处理日常文书外，还帮谭整理《仁学》；谭也为我父所著《传音快字简法》一书撰序表扬。谭并嘱其爱子怀生（编者注：淮生），对家父执弟子礼，可见相知之深。

同日，张通典于致函汪康年并言及“复生今日赴金陵，知念并及”。

十二月十四日（公历 1897 年 1 月 16 日）

与刘善涵、黄颖初一行因兵船搁浅而被阻于九江，行程迟滞，先生遥望庐山而作《由武昌而建业诗》（《谭嗣同集》230 页）：

我与黄刘共三笑，匡庐使者近如何？欲回飞瀑千年后，奈此狂澜九派多。道术将为天下裂，云山况是客中过。无端却到坳堂上，空复将军下濑戈。

同日，刘善涵和诗两首《谭复生太守丈乘楚材兵轮，由湖北之官金陵，余与黄颖初随行。至九江，舟胶累日，迄不得行，太守以诗见示，勉酬二律，籍以自广，时十二月十四日也》，诗中“十月十日武昌发”系谬误，应为腊月十日（《刘善涵集》13~14页）：

十月十日武昌发，五日仍滞浔阳湄。主官郁郁苦不乐，景物凄凄吁可悲。佽卒如群驭风火，司空愕目礼龙龟。舱楼掩抑凄禅定，乃识人间跬步危。

不信庐山真面难，迷离云树镜中看。烟发洲渚仙心幻，砥柱江河道力艰。策世有官休郄落，救贫无术况年残。讲经幸赴同舟约，门外飘萧雪正团。

另作一首步韵七律（《刘善涵集》15页）：

司马江州今在否？将军楼橹意云何。途穷禹步经流乱，沙入恒河凸力多。风伯肖人烟际立，电光如水眼边过。行行莫问轮消息，遏日由来是倒戈。

十二月十七日（公历1897年1月19日）

先生偕一行人初抵南京，并于十九日上岸，入住东关头新租公馆。

同日，到达后，书《上张孝达督部笺》以表示对于张之洞提供的“楚材号”兵轮之感谢，盖楚材兵轮系鄂总督部堂所辖（《谭嗣同集》235页）：

往承清燕，侍言笑，撰杖之上仪未娴，去棹之孤心弥厉。遂乃潜横海之戈船，御棼轮而东迈。将校之精勤，部伍之严整，驶驭之巧捷，服趋之微至，私幸托体于安便，而皆我公盛德所惠被矣。

顷于十七，径达金陵，永惟吴楚之青苍，益用溯风而僾唈。辄用回舟，奏记申谢。淼淼江水，耿此心光！

△抵达南京后，聘刘善涵为小侄传炜之师，刘以新法教之。

十二月二十三日（公历1897年1月25日）

《申报》第8554号“金陵官报”载：“二十三日，知府谭嗣同由鄂催银元回并禀。”

十二月二十六日（公历 1897 年 1 月 28 日）

《郑孝胥日记》：“过谭复生、易实甫、陈立堂，皆不晤。”（《郑孝胥日记》585 页）

是年

为刘善涵书斋“蛰云雷斋”亲手篆刻一“云雷”石章相赠，刘善涵作《蛰云雷室额题跋》（《刘善涵集》159 页）：

《易·系辞》曰：“龙蛇之蛰，以存身。”《屯》象曰：“云雷屯，君子以经纶。”又曰：“雷雨之动满盈。”惟蛰乃定，惟雷乃奋，衡阳王子康之，壮飞先生从而炀之，愈益广之，出所刻画，胜载以石，肤寸而合。文曰：尊耶？鼎耶？瓶耶？其象形耶？晶天炯日，龙蛇遵陆。滂沛雨施，百昌甲宧。至矣乎！开达丰隆，而受施无终穷也！喜惧不自戢，乃所以名吾室。

刘善涵遂作诗《谭壮飞太守惠手刻云雷石章，副以汉碑二种，既据以名斋，复诗谢之四首》以谢先生（《刘善涵集》10~11 页）：

医无闾产珣玗琪，罽宾犹重碧流离。贲然一物来天上，吻合冥冥谁与期。

不信图雷椎鼓文，冰斯篆刻藻缤纷。苍麟已渺赤虹远，报道山中又出云。

吐气山川舒以长，崇朝普遍几沧桑。到门乞得恒河水，胜似琼英万斛浆。

去人滋久想滋深，枯坐惟闻足外音。毕竟虚空难捏碎，终葵三尺费摩寻。

同年，与唐筠庐诉说对于官场的种种厌弃，表示自己愿将为官的“无思无为”当作修道，唐说先生此为“隐吏”，先生遂作《吏隐诗并引》（《谭嗣同集》182~183 页）：

昔共唐筠庐说尘中扰扰，积厌苦之，复不知所由然，惟羁旅荒榛，无思无为，转以为适。此亦人世燕息时矣，然遂道长焉。筠庐笑谓涂隐，隐涂犹尔，况隐吏者乎？作《吏隐诗》。

铁肝将去世中磨，笑看堂堂岁月过。但见郑公殊妩媚，颇哀新息使婆娑。卖痴犹恨餐符少，入梦俄成呼栗多。奇伟何缘便流露，忽添一剑比摩诃。

四大从何著悲悯，哀哉天下国家身。禅深渐喜魔来扰，力定行看帝返真。婚宦轮回皆饿鬼，虚空粉碎有完人。紫阳夜半闻钟候，苦恼居然一众生。

约同年，先生赠唐筠庐一方菊花砚，并题写砚铭《菊花石砚铭为唐筠庐作》，亦提及“身将隐”：“身将隐，焉用文。然其笃实之辉光，终不以磨涅掩其真。以赠唐筠叟而铭云云。盖曰如其人，如其人！”（《谭嗣同集》114页）梁启超亦记先生“未尝与俗吏一相接。君常自谓‘作吏一年，无异入山’”。

◎唐筠庐，宁乡人，清秀才，曾在甘肃为官。（《宁乡文史第11辑：沩宁耆旧联选》228页）

同年，遇一江湖卖艺人，并为其作《赠舞人诗》（《谭嗣同集》185页）：

二十年来好身手，于今侠气总萌芽。终葵入道首殊钝，浑脱观君剑欲花。太一神名书五夜，无双帘影第三车。冶城片土萧闲甚，容得干将与莫邪。

快马轻刀曾遇我，长安道上老拳工。粗枝大叶英雄佛，带水拖泥富贵穷。归些游从三岛外，忽然走入众狙中。散官奉职真无状，输汝江湖卖舞容。

同年，游南京秦淮河并作《集词赋题秦淮画舫联语》及《集华严题秦淮水榭》（《谭嗣同集》188页）：

《集词赋题秦淮画舫联语》：

画里移舟，鸥边就梦；镜中人影，衣上天香。

《集华严题秦淮水榭》：

秦淮水榭，为江南官吏征歌之地，偶拈《华严》第五大愿，颜曰“了非”，复集第二行第五愿作两楹联语：

天女姝丽，皆于五欲善行方便；妓乐聚会，当愿众生以法自娱。

光绪二十三年（丁酉，1897 年）　　三十二岁

年初

在唐才常及欧阳中鹄的努力下，在原先算学社之基础上，“易社曰馆”，成立浏阳算学馆。欧阳中鹄将筹赈所余抽出八千两，作为常年经费，并分得南台书院一部分膏火银，充实算学社，正式将算学社更名为算学馆。南台书院亦增设算学、史学、舆地、掌故等课程：

其明年，先生遂别筹巨款，为常年经费，易社曰馆。于是浏阳始有所谓算学馆者，而南台书院亦议改师课为史学、掌故、舆地诸门（《唐才常集》285 页）。

缘振事亟，未及批示。然至次年算学社之效已大著，风气已大开。瓣姜师已筹得巨款，兼废经课，分南台书院膏火，别创一算学馆，而南台书院亦增课算学、时务云。

夫以一县蕞尔，絜诸地球，奚啻黑子之著面，然谋举一事，乃复崎阻百出，经年而始成。此以见任事之难，无惑乎当官者相习为退避，望望然去之也。顾自用兵以后，增设西学学堂之谕旨，申降叠沛，卒无有议兴革者。惟《东山书院章程》见于上海《时务报》，而浏阳又在其先焉，故不可以不记也。（《谭嗣同集》281 页）

先生亦在正月十八日致汪康年信中言及，湘乡东山书院即为援浏阳之例而兴办，于是“浏阳可云为天下先”，他预备撰写《浏阳兴算始末记》记述算学馆兴办之始末（《谭嗣同集》592 页）：

渠又言《浏阳算学社章程》一通，曾经寄上，不识收到否？此章程亦嗣同违众硬做者。去年尚系私结之社，极有效验；今年风气愈开，竟动本县公款，特设一书院，名算学馆，千回百折，始做到如此地步。任事之人，如欧阳节吾师，可谓难矣，然居此时，能成一事，亦是大奇。湘乡东山书院，亦援

浏阳之例而兴，浏阳可云为天下先。拟撰《浏阳兴算始末记》一首，殆欲《民听报》中见之。曹子桓有言：“君知我喜否?”思至此不觉起舞矣。

约正月

为上海农学会拟定《农学会会友办事章程》，该章程共有十八条。鼓励会友翻译国外农学刊物、摘抄农学理论书籍、记录本地天气以及农业物产等情况。先生于正月十八日致汪康年信中所提及“农学会章程若何”，则《农学会会友办事章程》应作于是时前不久（《谭嗣同集》216~218 页）。

◎《农学报》为上海务农会所办之报。务农会成立于 1896 年冬，由罗振玉等发起，总会设于上海，并有分会，有《务农会章》，以“农学为富强之本”，而“农学不讲已久”，所以“拟复古意，采用西法”，讲求农学，以“广树艺，兴畜牧，究新法，潜利源”（《戊戌变法史》190 页）。根据谭恒锐记载，先生与罗振玉有过书信往来。

正月十五日（公历 2 月 16 日）

致龙湛霖一电：“元宵前曾上尊公一禀，已呈电否，来书未见齿及，故冒昧一致询。”（《谭嗣同集》627 页）

正月十七日（公历 2 月 18 日）

徐乃昌招饮，先生与缪荃孙、陈昌昙、易顺鼎、蒯光典、王仁东、顾云、章华、刘世珩同席。缪荃孙《艺风老人日记》中载：“十七日丁未，阴。谒刘岘帅。拜中协赵子方、部荻洲两年丈。蒯礼卿、陈伯雅、吴仲伊来。徐积余招饮，陈粒唐、易硕甫、蒯礼卿、王旭庄、顾石公、谭伏生、章曼先、刘聚卿同席。晚雪。”（《艺风老人日记》451 页）

正月十八日（公历 2 月 19 日）

致函汪康年，言及自己与张通典、吴樵商议于汉口开设《民听报》，计划用美商招牌，读者范围定为商人，目录分为三宗十目，三宗即名、形、法，十目则分别为：名宗下有纪、志、论说、子注，形宗下分图、表、谱，法宗下分序列、章程、计。他们还撰写了集股章程。然而先生在南京为此报募捐却并不理想，“顷来金陵，四处多方诱惑，竟不能招一人，集一钱，或反从而笑之”（《致汪康年三》，《谭嗣同集》591 页）：

昨刚由郑苏龛兄带上一函，并致梁卓如兄买经余款数元数角，计收到矣。过年颇复忙否？兴居万福为慰！去岁在鄂时，湘乡吴季甄来言，闻公云前者我辈同照之像，不能分别晒印，嗣同初不过高兴语耳，不必妄生分别也。能否再印一全张见寄否？乞留意。

嗣同前与伯纯、铁樵商量，于汉口设一《民听报》，每日一张，但筹款大难。顷来金陵，四处多方诱惑，竟不能招一人，集一钱，或反从而笑之。六朝名胜地，乃尔俗陋耶！此事全仗鄂中筹款矣。嗣同谬拟一张报式寄上，希酌之。

信中还提及《仁学》的写作动因，该书构思于光绪二十二年，本是受梁启超委托，为香港《民报》而作，此时已经写成数十篇；随信附寄黎宗鋆《浏阳土产表》及己为其所作之序，期汪康年登载《时务报》并转付农务会（《谭嗣同集》591～592 页）：

去年吴雁翁到金陵，述卓如兄言，有韩无首大善知识，将为香港《民报》，属嗣同畅演宗风，敷陈大义。斯事体大，未敢率尔，且亦不暇也。近始操觚为之，孤心万端，触绪纷出。非精探性天之大原，不能写出此数千年之祸象，与今日宜扫荡桎梏冲决网罗之故，便觉剌剌不能休，已得数十篇矣，少迟当寄上。居今之世，吾辈力量所能为者，要无能过撰文登报之善矣。而遇乡党拘墟之士，辄谓报章体裁，古所无有，时时以文例绳之。嗣同辨不胜辨，因为一《报章总宇宙之文说》以示人，在湘中诸捷给口辨之士，而竟无以难也。今捡以寄呈，可登诸贵报否？又同县黎少谷者，一生考究农学，大有所得，著有《浏阳土产表》。曩与公言之，今始录得，亦寄上，请转付农务会。仍发还则愈好。表言土产及货物，于农学亦微有别，依嗣同之见，亦请登贵报何如？使天下人皆知考察之道，亦大开风气之法。

刘善涵同在南京，先生尚觉“不寂寞”。此信亦寄上先生为黎宗鋆《浏阳土产表》所作之叙（《谭嗣同集》592~593页）：

刘淞芙同到此间，共学良不寂寞，渠二三月间必来上海奉谒也。……

此信收到，望寄一回信。

卓如先生同此未另，又致孙仲瑜一纸，乞交之。

正封函间，叶君交下尊函，内信一纸，时事二纸，新印地图一纸，今择欲复者条列于后：合肥与摩根所立合同，去年在鄂曾细阅之，立意极灵巧，毫无流弊，亦开矿之良法也。且年限满后，机器及矿学堂，一切均归为中国独有，不意政府中故意与合肥为难，故有此变。

《农学报》出时，务乞见寄，《广时务报》亦希寄。农学会章程若何？考究各处土产，须有简要之法，此次寄上嗣同所为土产表叙，自视亦殊不菲薄也。

顾瑗殆仰承徐掌院之意旨，豫藩则真无赖矣，将来终属可虑。故嗣同去春会议时，主请外国招牌，正为此也。《民听报》若成，竟是美商矣。铁樵深怪贵馆不当与广时务馆粘连一片，恐一被弹而两俱废也。此其关键甚微而甚大，高明宜早筹之！

正月二十一日（公历2月22日）

《知新报》在澳门创刊，康广仁、何廷光任经理，梁启超、韩文举、徐勤等为撰述。

正月二十五日（公历2月26日）

谭嗣同致函欧阳中鹄，信中言及其托刘长佑四子刘思训为欧阳某戚属谋一优差，被其复信以官话拒之。且他对官场已属非常失望（《致欧阳中鹄一三》，《谭嗣同集》556页）：

去腊在鄂曾上一笺，以事迟延至初十日始克启行。沿途兵船浅搁，至十七日到金陵，十九日起坡，住东关头公馆。腊尽春回，瞬目一月有余，虽有委筹防局提调之说，然无味甚矣。伏维道履春和为颂。

鄂岸督销委刘彝庭观察思训，为武慎之子，既有年世谊，又旧交也。尚未接事，而嗣同已将去鄂，乃为函留以畀之，谆托为世叔调一优差。今春在此间接其复书，不过官话而已，谨将原信寄呈。渠昨到此，又托彦槻面恳，且看以后何如。嗣同在此，用度一切亦全恃彦槻接济也。

函丈今年行止如何？毋任慕念，然非有大本钱，官场万难驻足矣。刘嘉树得补首府，尚未接印，亦时相过从。

正月二十六日（公历2月27日）

致函汪康年，随信附寄自己所创之《管音表》，此表“法至简至易，而可尽通中国各处之语言，又至便也”，是各地方言语音声调之规律汇总（《致汪康年四》，《谭嗣同集》593~594页）：

十九寄上长信十几叶，并《土产表》《报章说》《民听报式》等件，计达。顷撰《管音表》，管音者何？平上去入是也。窃谓可为快字之辅，今将其叙寄上，可否登报？兼请质之沈学先生。其法甚易，作一六层之表，随所闻之语音，照之填写。今画一式于后……

表中皆以长沙之四声为准，如长沙之阳平，即京话之上之类。反而观之，则公解京话，即可由京话推诸表中各处之语音，一展卷即皆可效其言。又如公浙人，即可以浙语为主，以各处方音编列于后。无论何省人，皆可与接谈。编某处之方音，即用某处人之耳，吾诵我之土音，令彼听之。彼以为适当彼之某声，则异同差数，毕可得矣。公如编表，嗣同他日会晤，即可由公之浙音，遍通公所编之方音。公于嗣同所编者亦然，法至简至易，而可尽通中国各处之语言，又至便也。尽通中国语言，而后传音快字之用乃日宏矣。嗣同创此法颇自得，公意以为何如？

昨接伯纯信，《民听报》款未筹得，铁樵又须赴浙，竟不能办，且看他日何如，为之怅然。家严二月中旬入都陛见，嗣同当送至上海，伯纯亦同去，彼时可图一良晤也。顷见《申报》载澳门《知新报》告白，莫是《广时务报》改名否？如此计良得也。叶君曼卿极明通，诚难得之士，此后多一痛谈处矣。

△先生作《〈管音表〉自叙》（《谭嗣同集》196页）：

治学之时，当力求学习方法的简而易行。只有这样，才能畅通无阻学习科学知识。在先生看来，中国人要提高科学文化水平，必须进行文字改革："今中国语言、声音，变既数千年，而犹诵写二千年以上之文字，合者由是离，易者由是难，显者由是晦，浅者由是深。"而解决这个问题的关键在于："求文字还合乎语言声音，必改象形字体为谐声，易高文典册为通俗。"《〈管音表〉自叙》中，他提出了两个值得注意的问题。第一，对于汉字由原来的能够记录语言的声音而逐渐与之背离的现象，是不好的趋势。这种形和音的矛盾，是形声文字的无法弥补的缺憾，它不仅给学习带来了严重的困难，致使学子掌握其准确的读音必须付出很大的精力。关于这种形和声的矛盾所产生的消极影响，他在文中指出："百为所以不振而易察，而读书识字者所以戛戛而落落焉。"第二，他肯定了汉字改革的方向。由于汉字中的绝大多数的形声文字的声符不能同变化很大的语音保持一致，造成认识的困难，因而主张将汉字改为"谐声"，即改为拼音文字。

先生提出的上述两点，接触到汉字改革的基本问题，也就是他强调的改进学习方法的关键。他之所以称赞黄颖初所编的《传音快字简法》，就是认为运用速记符号拼音，可为汉字改革提供一种方案，同时黄氏又将蔡锡勇的《传音快字》的某些近于烦冗的规定作了较大的改进，形成一个相当简明的拼音方式。因此，他便视《传音快字简法》为最先进的学习方法，认为它是能够使人们"遍学夫群学"，从而提高文化科学水平（《谭嗣同研究资料汇编》191页）。

二月初一日（公历3月3日）

缪荃孙拜访先生："二月庚申朔，晴。拜庄和庵、张友松、鲍

云壑、敖季和式金、胡森卿、曹巽甫、章曼先、孔祥霖、谭复生嗣同、吴枚岑康。"（《艺风老人日记》453 页）

二月初二日（公历 3 月 4 日）

《申报》第 8582 号"江督辕抄"中载："初二日，知府谭嗣同谢委筹防局提调。"

二月初四日（公历 3 月 6 日）

领筹防局提调差。《申报》第 8591 号"江宁官报"中载"二月初四日，首府柯禀知甄别凤池书院，知府谭嗣同禀知到筹防局提调差，又沈承德由江西催提南洋防费银两回。"先生被委任此职，且力辞不得："月初奉委筹防提调，极无赖，力辞不可得，暂当几月再说。"（《谭嗣同集》616 页）另推荐黄颖初任文牍。筹防局清末设立，江南筹防局总管长江江防，设有总办，提调承总办命办事。谭恒锐记："公奉委后，有信上欧阳师云：'筹防局今无事可办，容俟秋后或有事做。'今全集中未列此信。"（《清谭复生先生嗣同年谱》，《谭嗣同研究资料汇编》21 页）

二月初七日（公历 3 月 9 日）

致函汪康年、梁启超，表示自己"月半前后必赴上海"且"刘淞芙同行或先数日去尚未定"；他表示不愿领筹防局提调差，力辞再三而领；并夸赞时务报新聘章太炎（《谭嗣同集》615～616 页）：

> 前得卓如先生湖北寄书，嗣同早已有书寄去，乃到在卓公行后，昨仍寄回，然亦无他要语也。顷得穰公廿九日复书，敬悉。嗣同月半前后必赴上海，函中一切应商之件，统俟面议。刘淞芙同行或先数日去尚未定，倘晤淞芙，凡非常要语皆莫令知，缘渠近日似有心疾也。此意请告之铁樵。有信与张伯纯否？亦请带一笔。嗣同前数日方致书伯纯，而忘说此层，缓日更当函致。卓公不应鄂聘极是，嗣同前所寄书，亦正为此也。属查售报之事，容详查面复。月初奉委筹防提调，极无赖，力辞不可得，暂当几月再说。贵馆添聘章枚叔先生，读其文，真

巨子也。大致卓公似贾谊，章似司马相如，惟麦孺博先生之作尚未见，然读其《四上书记序》，亦周之南华山人也。其余著作及译文，均非寻常肺腑所有。贵馆如大海，为众水所归，贞下起元，殆恃兹一线矣。第十一册报东文报译，第二段论英国殖民政策，末行注“未完”二字，迄今未见续译，毋乃误衍“未完”二字乎？查系译《国民报》，下注西九月十一日，如果未完，似不宜延如许久也。是否有当，希酌察。此候止观，并候各位报身佛。

二月初九日（公历 3 月 11 日）

郑孝胥已至上海，拜访先生，不晤：“午后，过谭复生，不遇。”（《郑孝胥日记》592 页）

约二月

与杨文会、徐乃昌、缪荃孙、蒯光典、叶意深、刘世珩、茅谦发起成立金陵测量会，会址设于南京花牌楼杨文会公馆内。郑孝胥辞未参加，谭恒锐曾见郑来信，书法精妙，信中云：“旧学英测未成，俟异日到沪。与英人研习，再图入会。”（《清谭复生先生嗣同年谱》，《谭嗣同研究资料汇编》21 页）先生撰《金陵测量会章程》，分别为练习仪器、专精一门、测立距、测平距、分测、会测、绘图、定尺、日记、著说十条。全文如下（《谭嗣同集》199~201 页）：

一、练习仪器。先将同人所有各种仪器凑集一处，每日一聚，各述所知，互相传习。不出一月，可期精熟。聚集之处，择藏仪器多者，自以杨仁山先生贵宅最为妥便。

每日上午九十下钟到，下午一二下钟散。测天最重午前、午后，望勿到迟。惟历时既久，须备便餐一顿及茶水等项。愿入会者，请先交自身一月火食钱十元。仆从等须自给钱，令在外买熟食充饥，尤应戒令安静毋哗。

演习虽止一月之久，仍恐主人过于劳费，约定除供茶水之外，不用点心。便餐亦宜极从俭约。且此会既为学问起见，尤不应有迎送寒暄种种虚文应酬，方为实事求是。倘若入会人数过多，则应分日轮班聚集。每日一班，班以七八人为度。班期既分，则非一月所能蒇事，而伙食亦应按日另核。

一、专精一门。各种仪器皆已演习精熟，则各择其性近而喜习者，别为专门之学，庶几精益求精。专门总门有二：曰测天，曰测地。测天分门有二：曰测日，曰测星。测地分门有二：曰测立点相距，若测山、测岸之类；曰测平点相距，若测路、测河之类。各占一门，暂勿贪多。所用仪器，若天文镜、子午仪、经纬仪、纪限仪、叠测仪、全圜圈、墙环、半圜仪、十字仪、象限仪、地平仪、夺林仪、测向仪、罗盘、行船记里轮、陆地记里轮、水准钢链、带尺度时表、带佛逆之寒暑表、水银风雨表、空气风雨表、燥湿表、量风器、量雨器、量潮器，均应各人专心考究一器，合之则成用。器余于人，则兼习数器，亦应此器既精而后及彼器；人余于器，则同习一器。器有未备，容它日集资购置，此时暂互相借用。各人在家专习，以俟定期会测。倘借用仪器稍有损坏，亟应赔修还原。

一、测立距。须求此处高于海面若干，则应集资公聘二人往吴淞口，雇民船溯江递测而上，至金陵为止。兼带测向仪、行船记里轮，顺便绘成长江下段之粗图。

一、测平距测求经纬度。纬度测日躔高弧，按气节即可得此处天顶为若干纬度。惟经度难测，则应于本城公同测准定点一处，再集资公聘二三人，赴此定点之东数百里、西数百里，各测别准一定点，以度时表较两定点之时差。他日再证诸师观象台经度中线之时差。然后可得此处地点为若干经度。数百里之往返，亦非甚难，糜费亦自无多。有志之士，当不惮其繁琐。

一、分测。地平与定点胥测准后，则各挟其器，或一人，或数人，专测一门，以便互相印证。测地者兼练步法，练定每步若干尺寸，则随便可绘草图。

一、会测。择天气和煦清朗之时，定期会测，藉收观摩荟萃之益。是日醵酺，所以合欢也。

一、绘图。各人分测者，各绘于图，互相传观临摹，俟会测时公同覆验，集为总图。惟初次绘图，部位宜求极塙，宁略无详。俟集为总图后，再行分测、会测，再绘为加大之总图，一次密于一次，永无止息，庶几终臻完善。

一、定尺。测量之尺，应公同酌定用某尺为准，以归一律。其绘图之纸，即以此尺一寸，画为方格，纸旁仍画此尺数寸，以免涨缩异度。初次测绘，假使以方格一寸当十里，二次即当五里，三次当一里，所谓一次密于一次也。

起首数次，专以测绘陆地为主。至于水之深浅及沙线、暗礁等须用别法探测者，暂以盖阙，以俟它年。

然水程远近、源流高下及水面盛涨极涸之宽狭足备陆军之用者，仍应详测。由此类推，应兼习一种行军之图，系从天空下视者，以细线相距之远近疏密，分地势之斜坦，可用小比例尺量出平图之斜度。

一、日记。各人分测者，各记其时与地。专管度时寒暑风雨燥湿等表者，尤应逐日详记昼夜早暮之差，而取其中数，编之为表。遇会测，即各出以相较。

一、著说。有图无说，读者断难取益，因能读说者多，而能读图者寡也。况古今沿革，山川形势，险要厄塞，兵家所重，尤非说不能明。

以上章程十条，先联合同志数辈试行之，暂勿邀请外人。俟成效既著，徐图扩充，然后劝捐购器，刻图出报，联为公会。洪由纤起，高以下基，孚甲培养，轮囷离奇，雅思渊才，傥或许之？

《知新报》亦对金陵测量会进行报道（《知新报》第二十册）：

金陵新设测量会，由杨君仁山文会、谭君复生嗣同倡议，草定章程九条，曰练习仪器，曰专精一门，一测立距，一测平距，一分测，一会测，一绘图，一定尺，一日记，一著说。暂假花牌楼池州杨公馆为会所，会中所需各种仪器，若天文镜、子午仪、经纬仪、纪限仪、叠测仪、全圜圈、墙环半圜仪、象限仪、夺林仪、测向仪、罗盘、行船记里轮、陆地记里轮、水准钢链、带尺度时表、带佛逆之寒暑表、水银风雨表、空气风雨表、燥湿表、量风器、量雨器等，皆粗已备具，拟每人先习一器，各专一门，先联合同志数辈行之，俟成效既著，徐图扩充云。

二月初十日（公历3月12日）

晚间，先生应刘世珩之邀约，与郑孝胥、杨文会、蒯光典、缪荃孙、徐乃昌、茅谦同席而饮，并观看刘世珩所藏书画经册："风雨不止。诣局。晚，应刘聚卿之约，坐中有谭复生、杨仁山、蒯、缪、徐、茅诸人。观何子贞篆四幅，极佳；吴让之折枝，亦甚妙；又徐文长书册、唐会昌写经册。"聚会人等均为金陵测量会成员，聚会内容应是围绕测量会而进行。此亦是第一次记载关于金陵测量会人员之聚会。（《郑孝胥日记》592页）

又缪荃孙亦载："十日乙巳，雨，冷。聚卿招饮，谭苇生、郑苏堪、蒯礼卿、徐积余、杨仁山、茅子贞同席。"（《艺风老人日记》454页）

二月十一日（公历3月13日）

将《金陵测量会章程》寄予郑孝胥："得谭复生来书，并示测量会章程十则。"（《郑孝胥日记》592页）

二月十四日（公历3月16日）

致信汪康年、梁启超，信中言及已成立金陵测量会。且作为学会所用，请汪康年为其代购"《行海通书》英文一分"、"英文八线表、英文对数表、英文八线对数表、英文开方表，共四种，各一册"，并向汪康年询问英国人所测上海之经纬度数据；并称黄颖初"近造传音快字简法，将蔡氏字母减去一倍，而其用转加数倍，是近日一大奇事"（《谭嗣同集》616~617页）：

前寄书当达，顷接鄂信，张伯纯家遭火，书籍、衣服扫荡无存，伯纯跄踉而归。同志之士不幸如此，汉报何日能成乎？嗣同须月底方能到沪。顷与同寅郑苏龛、徐积余，山长缪小山、蒯礼卿，叶曼卿亦愿来，惟惜郑、蒯二公皆将去。又流寓杨仁山丈、刘聚卿、茅子贞诸公，结一测量会，仪器大约可敷用。惟须买《行海通书》英文一分；要本年者。请向别发洋行代购一本，更请向制造局代购华文一本；亦本年者。向格致书室代购英文八线表、英文对数表、英文八线对数表、英文开方表，共四种，各一册。必须洋文者，华文不足用。购交刘淞芙带回南京，其价值请暂垫，嗣同即来沪面缴也，叩托叩托。同县有黄颖初，精韵学，近造传音快字简法，将蔡氏字母减去一倍，而其用转加数倍，是近日一大奇事，容嗣同带沪面谈也；然大略问淞芙亦可知。蒯礼卿将为两湖书院监督，尊经山长聘吴清帅，亦大奇。《知新报》第一册到，吴介石乃似龚定庵，其中颇具微言大义，而妙能支离闪烁，使粗心人读之不觉，亦大奇。翻西报以美、法列前，尤见匠心。卓公叙例于录上谕一条，嗣同百思不能措词，而竟以“大哉王言，如丝如纶”八字轻轻了之，其狡狯真匪夷所思矣。仪器不厌其多，两公于上海各知旧处，请为采访，有藏仪器而肯出借者否？务早为介绍，俟嗣同到沪面借。谬拟章程十一条，蒙同志均极见赏，大致是如此，惟小节处尚待详细会议，日内即将开议议定，一俟书到即举行，章程先寄上，希同酌，然暂勿示人，缘小节须增损也。近又刻一日记样式，颇有用处，尚未刻完，容他日就政。

Nautical Almanac for 1897，此摹西文《行海通书》字样，以便访购，然不知下笔之颠倒顺逆，恐不免讹误。再者：上海之西人，久已测得上海在英经度之某度某分某秒，此数何处可查，望留意，于测量省得许多繁苦也。

△在南京期间，黄颖初协助先生对《仁学》进行了校勘和润饰工作，先生还与之共同研究文字学与音韵学。黄颖初对原驻美公使

馆翻译官蔡锡勇所著《传音快字》进行详细研究，并在该书基础上编成《传音快字简法》，先生为其作《黄颖初〈传音快字简法〉叙》（《谭嗣同集》198~199页）。

△先生曾为黄颖初、唐才常、刘善涵作联语（《谭嗣同集》194页），亦约在此时：

赠唐才常联语：

皇皇思作众生眼；板板知为上帝形。

赠刘善涵联语：

道行孤乘莽眇鸟；声疑同订盱呼乌。

赠黄颖初联语：

去天尺五城南杜；如月之初江夏黄。

△姜泣群记述，先生状唐才常两次，皆用"狼顾鹗视"一词，据前后引用先生诗词皆无误，当可信据（《朝野新谭·丁编》75页）：

> 唐才常文有雄直气，高洁则不及。谭嗣同有一篇发端曰："唐才常瞁瞁然狼顾而鹗视，剌剌然强聒天下。"曰又有一篇，发端曰："唐才常既堕尘球，燹燹靡所骋，瞁瞁然狼顾鹗视。"作而言曰，两篇皆用"狼顾鹗视"四字，试摹其形，未有不哑然笑者。

二月十五日（公历3月17日）

晚间，应缪荃孙之约，与蒯光典、郑孝胥、张受之、傅春官、徐乃昌、茅谦、方燮尹于缪荃孙宅中云自在龛同座而饮。《郑孝胥日记》中载："晚应缪小山之约，坐中有张受之者，制造局提调。"缪荃孙《艺风老人日记》中亦载此事："十五日甲戌，微雨。约谭芾生、蒯礼卿、郑苏堪、张受之、傅苕生、徐积余、茅子贞、方燮尹小酌云自在龛。"

同日，刘善涵由上海抵达南京，并为先生带来汪康年信件一封。刘善涵随即辞馆赴沪告归。临行惜别，先生将自己镌刻珍藏的二十六枚石印章"出以志别"，并将所有印章逐一印成一幅《廖天一阁印录》，题跋语后赠予刘善涵留念，刘善涵《寥天一阁印录序》中载此事。文中记有此二十六枚石印章形状及所刻内容，其中正方形印章十三枚，长方形印章九枚，横式印章一枚，形体残裂印章两枚，铜钱形状一枚（《刘善涵集》160页）：

> 《寥天一阁印录》谭子复生所自镌造者也。余自金陵告归，谭子出以志别。计石二十六，形正方者十三：曰“谭嗣同著”，“复子艺文”，曰“楚天凉雨之轩”，曰“松言室”，曰“同”，曰“嗣同”，曰“寥天一阁”，曰“莽苍苍”，曰“谭嗣同作”，曰“复”，曰“寸碧岑楼”，曰“石菊景庐”，曰“夷白”。形长方形者九：曰“吾谁与玩此芳草”，曰“同治四年生”，曰“嗣同印”，曰“太华峰尖见秋隼”，曰“通眉生”，曰“海枯石烂”，又曰“同”，曰“复子”。其一横式，中镌一“同”字，两旁镌“复子”二文，一翻一正，体势微衰，如鸟张翼。形体残裂者二：曰“抱残守缺”，其一则科斗文，不复能辨。又其一，态康肃穆，边角类上等之矿石，曰“谭嗣同雠书之印”。其一如钱之轮廓，中文“检点自己”，边周有子丑寅卯辰巳午未申酉戌亥十二文，盖谓十二时中检点自己也。

先生作《寥天一阁印录跋》（《谭嗣同集》645页）：

> 《华严经》五地菩萨为利益众生，故世间技艺靡不该习，所谓文字、算数、图书、印玺、地水火风种种诸论，咸所通达，文笔、赞咏、歌舞、妓乐、戏笑、谈说，悉善其事。金刚藏菩萨说颂曰：“善知书数印等法，文词歌舞皆巧妙。”
>
> 继丁丙之春，伏遇大善知识刘淞芙者，笃嗜愚鄙所造语言，虽我亦不能名其故，殆灵山法会早种此因耶？偶又索手镌印章，印之此幅，兼令跋其意。
>
> 大地山河，了了到眼，更无处可容言说。因为谨录摩诃衍大方广唐译《华严》一小品，以见印玺亦佛所用心者也。淞芙慧眼如炬，端能洞悉厥旨，则庶几乎我说未曾有法学者佛声。谭嗣同造此。

此文亦载，先生居京时，曾国荃之孙曾广汉曾赠刻其“芬芳悱恻”及“勇猛精进”印章两枚，先生将其印于《寥天一阁印录》底部（《刘善涵集》161 页）：

濒行，复印二石于纸尾，严整似六朝人书，一文“芬芳悱恻”，一文“勇猛精进”，申之曰：“此嗣同居京时，湘乡曾慕陶侍郎广汉所赠刻也。”按谭君所造印石，特其余艺，严毅清妙，肖其为人，跋语亦赞叹欢喜，无有呆滞，置行箧三年，未尝一寓心目，家居无事，忽得之败纸堆中，因笔而存之，了著形象，显触跋旨，然自今以往，更不复时常省览矣。

△关于先生篆刻治印，谭恒辉、谭吟瑞曾记述，除上述《寥天一阁印录》列举外，亦有“学书不成去学剑，学剑又不成”等，以寿山石、桃源石刻成（《谭嗣同研究资料汇编》56~57 页）：

在金石雕刻方面，嗣同公镌刻的图章很多，除他自己的各式各样的名章外，有楷、隶、篆等字体的书斋名章和藏书章，“莽苍苍斋”“寥天一阁”“秋雨年华之馆丛脞书”“浏阳谭氏藏书之章”等。还有一些其他图章，如“芬芳悱恻”“勇猛精进”“学书不成去学剑，学剑又不成”等等。有的是用寿山石、桃源石刻的，少数是用象牙和水晶石刻的。其中有两对“鸡血冻”和“艾叶绿”的篆、隶体的名章，系代曾祖继洵公镌刻的，字迹刚劲隽永，颇为名贵。

二月十六日（公历 3 月 18 日）

致函汪康年，信中言及汪康年托其为《时务报》寻找南京分销处，先生多方找寻，但“两处所问者皆不愿”，其原因在于“恐此后销数无多，不足给其跑街送报之费”。先生建议汪康年委托全泰盛信行帮其分销《时务报》并分析原因（《致汪康年五》，《谭嗣同集》594~595 页）：

昨由淞芙带上一书。顷杨仁山先生交下来函一件，令觅代售报处，嗣同所知，靠得住者止两家，仁翁所识者较多，当即分途往问。今日会商，则两处所问者皆不愿，其故由既有钟山书院江义和等，恐此后销数无多，不足给其跑街送报之费。仁翁谓送《申报》处本有跑街之人，可托其并送，然不知为何许人、身家如何、究竟可靠否？两处皆无从确探，万一将卖价骗去，如何是好，是以又不能即行。仁翁又谓信行必可托，闻全泰盛信行与尊处有往来，想必应允。惟此间之全泰盛，必须上海之全泰盛作主，应请就近与该信行商之，即由该信行函知此间该信行，无不行者。该信行断不至亏短，一便也；本有跑街送信之人，顺便送报，二便也；此事所以繁者，除跑街外，又须一写帐人，售出之款，即由上海该信行汇兑，免得许多转展，三便也。具此三便，而贵馆尤应立一份售报章程，其故详于别纸。由专立章程而推行，贵馆尤应专用人，主勾稽校核之事，皆条陈于后。念海纳百川，积小以高大，必不以鄙言为多事，嗣同亦借以效其千虑一得，思裨高深之忱，惟垂察焉。

属查江义和松茂室之事，尚无私加售价之弊，想系误传也。

先生亦就其所拟《分售〈时务报〉章程》提出意见并附录信后。其提议大致有几点：《章程》历经几次修改，对于代售处之经费提成数额及时间、方式等亦存在语焉不详、逻辑混乱的问题，易使人思绪混乱；《时务报》上年账目已有亏损、入不敷出，应当早作筹谋，并应雇请专人来做会计工作；《时务报》中有编校错误，应雇请专人来做校对工作；订阅《时务报》即可赠阅《知新报》之优惠政策前后不一、出尔反尔。

二月二十四日（公历3月26日）

郑孝胥拜访先生："复过谭苇生。余谓苇生曰，有政令乃可以保国家，有学有艺乃可以保种类。德之不能灭法者，以法人有学有艺者多，终不为奴隶故也。今日中国望国家之兴，难矣，毋亦姑从事于学艺，为他日人将奴隶我之庇已乎。"（《郑孝胥日记》594页）

二月二十五日（公历3月27日）

致函龙绂瑞，称其"隽才渊识，师门之俊，尔时想益为道自爱，藏器待时”，并希望他致力于时局：“弟以盛德大业期阁下，非似龌龊名利期阁下也”，并表示欧阳中鹄还在浏阳办理矿务（《谭嗣同集》627页）：

顷奉来教，欣悉壹是。盛怀谦下，奖饰逾恒，使弟益愧悚不自聊耳。弟于时事，虽略见一二，此无异泰山之毫末，其于当世，恐仍无所裨益，惟望世之大贤，匡所不逮，庶或不囿于小成。若其化民成俗，自非常人之举，天爱黄种，当有人焉起而肩之，非弟之所克任。吾子隽才渊识，师门之俊，尔时想益为道自爱，藏器待时。中人近况，原不堪设想，言之令人沉哀。来教云云，诚为确论。脱得假手执事予以全权，当大有造于生民。机事不常，瞬息千变，可卜之执事，不可必之当涂，堪为三叹。然心固不可灰，一庐蛰伏，心在桃源，阁下之所期独善，则诚善耳。倘云兼善，方将为阁下靳之。弟以盛德大业期阁下，非似龌龊名利期阁下也。且世局如许，岸谷谷陵，意中事亦目中事，更何处觅深山以诵读自娱？春酒一杯，秋琴一曲，于胥乐兮！求之今日，乌可得耶？“人生行乐耳，须富贵何时”，弟屡诵斯言，觉陶渊明尚为大福，犹得作羲皇上人，脱生今日，益饥驱无状而已。不先不后，生吾与子，以身丁其厄，天实为之，谓之何哉？愿阁下益自广，尽其所得为，而以不可知者听老天分付，是或一道也。否则非弟之所能及。辱厚爱，故胪其一知。以将有沪上之行，他皆不缕缕。瓣姜师仍在乡里办矿，音问辽阔，其详不可得闻，大要亦不能尽其才耳。元宵前曾上尊公一禀，已呈电否，来书未见齿及，故冒昧一致询。不时幸赐教。春已六十，寒尚尔许，极懊侬。

二月二十六日（公历3月28日）

谭继洵交卸鄂抚职务，启程航海北上，先生送父至上海。此次为先生来南京为官后第二次赴沪。

△在沪期间，先生与梁启超商讨自己在撰写过程中的《仁学》一些问题和看法，梁在《三十自述》及《谭嗣同传》中记述：

时谭复生宦隐金陵，间月至上海，相过从，连舆接席。复生著《仁学》，每成一篇，辄相商榷，相与治佛学，复生所以砥砺之者良厚（《梁启超全集》第四集109页）。

以父命就官为候补知府，需次金陵者一年，闭户养心读书，冥探孔佛之精奥，会通群哲之心法，衍绎南海之宗旨，成《仁学》一书。又时时至上海与同志商量学术，讨论天下事，未尝与俗吏一相接。君常自谓“作吏一年，无异入山”。（《谭嗣同全集》553~554页）

在沪期间，与狄葆贤晤面，并言及长沙某照相馆摄入鬼影事（《平等阁笔记》113页）：

且有某博士创制一新法——照相镜，能摄鬼之影以验其形状。噫嘻！鬼神之说，孔子不言者，犹之六合之外，存而不论之意。佛氏乃畅意言之，而诋佛氏者，遂斥此以为迷信之据。吾知经西书发明之后，则此惑可以解矣。

丁酉春间，谭壮飞君过沪，言及长沙某照相店一日为一人摄照，忽人侧多现一影。其影较人短而怪，盖鬼影，偶不及避，为镜光所摄得也。当时同人均研究其理由，壮飞谓既能摄一鬼之影，则凡鬼必皆可摄，日后必有人能制镜，专为摄鬼之用者。其时人颇疑其言，不意仅隔十年，此言竟验。今壮飞已宿草，惜不复见吾之草此记也。

在沪期间，将旧作《丙申之春缘事以知府引见候补浙江寄别瓣鄙师兼简同志诸子诗》示梁启超，《饮冰室诗话·五十九》中载（《梁启超全集》第三集205~206页）：

昔在上海，谭复生尝以其旧作八律见示，盖丙申春就官浙江留别湘中同志者也。余读而爱焉，顾此后茫不复忆得一字。此诗未见于《莽苍苍斋诗》中，无刻本也。故每念及之，辄养养若有失。顷邱菽园以其近著《挥麈拾遗》见寄，中乃有其全文，吾喜可知矣。……复生自刻《莽苍苍斋诗》，题曰“东海褰冥氏三十以前旧学第二种”，盖断自乙未前也。此八章即其所谓“三十以后新学”之初唱矣，沉雄俊远，诚在《莽苍苍斋》之上。但篇中语语有寄托，而其词瑰玮连犿，断非寻常所能索解。唐绂丞尝语余云：“此诗惟我能解之。”余时匆匆未暇叩绂丞也。而今绂丞亦云亡，诵元遗山“独恨无人作郑笺”之句，又怆然涕下矣。

三月初二日（公历4月3日）

至孙宝瑄住处，并于下午与孙宝瑄、汪康年于一品香番菜馆聚饮并纵言佛理：“日中，谭甫生至，纵言佛理。甫生小坐去。晡，诣一品香，坐有汪穰卿、谭甫生等四人。”（《孙宝瑄日记》94页）

同日，访宋恕，《宋恕日记》：“三月初二日，浏阳来，枚叔是日始来访。”（《宋恕集》938页）

三月初四日（公历4月5日）

孙宝瑄前往长发栈拜访先生，《孙宝瑄日记》中载：“晨诣长发栈，访谭甫生谈，即归。”

◎长发栈，原位于上海洋泾浜与四川路交口处，现延安东路110号位置，为清代上海著名豪华客栈。

三月初五日（公历4月6日）

于胡庸住处与其及宋恕聚谈，并言及于汉口开办民听报馆之事。《宋恕日记》：“初五日，浏阳晤于胡寓，言欲开民听报馆于汉口，有三宗十目之说。三宗者：名、形、法也；十目者：名宗下分纪、志、论说、子注，形宗下分图、表、谱，法宗下分序列、章程、计，极精!”（《宋恕集》937页）

三月初六日（公历4月7日）

宋恕至先生住处与之聚谈。《宋恕日记》中载：“初六日，候晤浏阳。”（《宋恕集》937页）

三月上旬（公历4月）

离沪赴宁。

三月十一日（公历4月12日）

致函梁启超，对其所拟《试办不缠足会简明章程》提出两点意见，一是筹款不可在章程中涉及，二是副册万万不可行。先生在信中问安汪康年、汪诒年、麦孟华、章太炎诸人，似可表明先生或与章太炎认识（《谭嗣同集》619页）：

会章小有增删，另录寄上，请觅原章比勘，自知其用意矣。筹款虽以开标为最妙，章程中却不可说，防小分会效尤也。副册之说，万万不可行，缘一经刊发，则身家不清白之名，虽孝子慈孙百世不能改也，吾辈岂忍出此乎？此章亦乞邹殿书速定，以期风行。谭嗣同合掌顿首，三月十一日。

穰卿、颂穀、孺博、枚叔诸先生同乞以此讯起居。

三月十四日（公历4月15日）

致函唐才常，与其探讨今日学术思想，并言及自己身体有恙，但正在撰写《仁学》，“别开一种冲决网罗之学”（《谭嗣同集》582~584页）：

拟即奉复，不意二竖相嬲，神志荒耗，未克秉笔，幸连服归脾养心汤，已霍然愈矣。勿念。

来书所示，若出诸嗣同胸臆，而其微有不同者，非异趣也。乃嗣同蒿目时艰，亟欲如前书所云，别开一种冲决网罗之学，思绪泉涌，率尔操觚，止期直达所见，未暇弥纶群言，不免有所漏耳。

并表示自己对康有为之说，并非全部赞同：

嗣同自束发治经学，好疏析章句，而不知拘于虚也。迩闻梁卓如述其师康南海之说，肇开生面，然亦有不敢苟同者。戋戋之见，蕴而未发。今来书及此，不宜复默，请略陈固陋。

先生亦言及荀子、韩愈虽主张君尊民卑，但亦有可取之处：

荀卿生孟子后，倡法后王而尊君统，务反孟子民主之说，嗣同尝斥为乡愿矣。然荀卿究天人之际，多发前人所未发，上可补孟子之阙，下则衍为王仲任之一派，此其可非乎？唐之韩愈，倡君尊民卑之邪说，宜膺笔伐。然韩愈于中唐板荡黤黮之时，嫉中官之狼戾，诛其无良；愤藩镇之狓猖，躬从天讨。且立朝蹇愕，不附壬人，其节有足多者，而其跻工商于四民之列，不以为末而抑之，奏请勿困辱之，则庶几乎近世扶掖工商之道。

并对唐才常来书盛赞永嘉学派表示赞同：

来书盛称永嘉，以为可资经世，善哉言乎。往者嗣同请业蔚庐，勉以尽性知天之学，而于永嘉则讥其浅中弱植，用是遂束阁焉。后以遭逢世患，深知揖让不可以退萑符，空言不可以弭祸乱，则于师训窃有疑焉。夫浙东诸儒，伤社稷阽危，蒸民涂炭，乃蹶然而起，不顾瞀儒曲士之訾短，极言空谈道德性命无补于事，而以崇功利为天下倡。揆其意，盖欲外御胡虏、内除秕政耳。使其道行，则偏安之宋，庶有豸乎。今之时势，不变法则必步宋之后尘，故嗣同于来书之盛称永嘉，深为叹服，亦见足下与我同心也。

他还言及其在南京期间，“悟于华严唯识”，“而尤服膺大鉴”，并于庄子之说甚为认同：

远羁金陵，孤寂无俚，每摒挡繁剧，辄取梵夹而泛观之，虽有悟于华严唯识，假以探天人之奥，而尤服膺大鉴。盖其宗旨岂亶，无异孟子性善之说，亦与庄子于道之宏大而辟、深闳而肆者相合。至于陆子静、王阳明，其有所发，尤章章也。嗣同以为苟于此探其赜，则其所以去尔蔽、祛尔惑、浚尔智、成尔功者，诚匪夷所思矣。足下好学深思，必于此有喻，无待嗣同之啁嘐也。

三月十八日（公历 4 月 19 日）

至郑孝胥处拜访，并与郑孝胥同步吴鉴泉的吴园：“午后，谭复生来，与同步吴园，鉴泉适在，登台眺山，良久乃去（《郑孝胥日记》597 页）。

往缪荃孙处拜访。缪荃孙记：“十八日丁未，晴。上海寄《时务报》补报来。谭茀生来。”（《艺风老人日记》459 页）

三月十九日（公历 4 月 20 日）

章太炎是日于《致谭献书》中记载他与梁启超、麦孟华等在时务报馆内争论情形，并言及先生将梁启超文比贾谊，将章太炎文比司马相如，而未言及麦孟华，因而引发麦之不满（《章太炎政论选集》上册 14 页）：

麟自与梁、麦诸子相遇，论及学派，辄如冰炭。仲华亦假馆上，每有论议，常与康学牴牾，惜其才气太弱，学识未富，失据败绩，时亦有之。卓如门人梁作霖者，至斥以陋儒，诋以狗曲，面斥之云狗狗。麟虽未遭谿诟，亦不远于辕固之遇黄生。康党诸大贤，以长素为教皇，又目为南海圣人，谓不及十年，当有符命，其人目光炯炯如岩下电，此病狂语，不值一笑。而好之者乃如蛣蜣转丸，则不得不大声疾呼，直攻其妄。

尝谓邓析、少正卯、卢杞、吕惠卿辈，咄此康瓠，皆未能为之奴隶。若钟伯敬、李卓吾，狂悖恣肆，造言不经，乃真似之。私议及此，属垣漏言，康党衔次骨矣。会谭复生来自江南，以卓如文比贾生，以麟文比相如，未称麦君，麦忮忌甚。三月十三日，康党麇至，攘臂大哄，梁作霖复欲往殴仲华，昌言于众曰：昔在粤中，有某孝廉诋諆康氏，于广坐殴之，今复殴彼二人者，足以自信其学矣。噫嘻！长素有是数子，其果如仲尼得由，恶言不入于耳邪？遂与仲华先后归杭州，避蛊毒也。

三月二十日（公历 4 月 21 日）

先生约郑孝胥、刘世珩、徐乃昌等人于二十二日在杨文会家中观看仪器："谭复生约廿二日午饭，在杨仁山宅中。"（《郑孝胥日记》597 页）

三月二十一日（公历 4 月 22 日）

《湘学报》（又名《湘学新报》）在学政江标的发起之下创刊，分为史学、掌故、舆地、算学、商学、交涉六门。唐才常、蔡钟濬为编辑。此报为湖南首创之报刊，是畅言维新运动之言论阵地。

三月二十二日（公历 4 月 23 日）

与郑孝胥、刘世珩、徐乃昌、黄颖初于杨文会宅中观看其从欧洲所购之仪器（《郑孝胥日记》597 页）：

午后，赴谭复生之约于杨仁山宅中，观仪器数事，在坐者聚卿、积余，又浏阳黄颖初，谭之友也。谈及李洛才，复生言："似即武陵县令。李君以赃败，素有才名，湖南藩台极为担保，陈幼民毅然劾罢之是也。"《知新报》言余辞参赞，兼及梁卓如，以为难能。

△黄颖初逢其母祭日，伏地大哭以至精神失常，先生延医为其疗治未愈，于是派遣仆人将其送回浏阳家中治疗，归乡不久即病愈。黄彰健所撰《浏阳乡土志》印行后记中载：

丁酉三月，祖妣小祥祭日，先父怆怀身世，念养育深恩，未能报答于万一，伏地恸哭不已，忽精神错乱，并执笔作诗数十首，乱墨淋漓，中多呓语不可解。谭氏亟延医诊治不愈，遂遣价送归，而归浏不久，疾有瘳。说者谓，此或先祖妣有灵，不欲其从谭氏冒戊戌变政之危难也。

三月二十四日（公历 4 月 25 日）

致信汪康年，信中言及对严复的《辟韩》一文大加赞赏。同时询及《铸银条陈》作者是否为宋育仁（此文作者实为陈炽，为维新运动的积极参与者，曾在维新运动期间上过三个条陈：《上清帝万言书》、《茶务条陈》和《铸银条陈》，得到朝野重视）。先生亦提及唐才常为江标所聘，已办《湘学报》（《致汪康年六》，《谭嗣同集》597~598 页）：

前寄《戒缠足会章程》与卓如，计见之矣。兹有欲言之事，划一于后：

一、收到寄来《知新报》四五、六七、八九三本。原说即在缪小翁处领取，尊处不必再寄，故有两册，缪已送来，兹又重复。若缪仍代办《知新报》事，尊处即不必寄，否再函索。现存重复之本，四月亲赴上海缴还。

一、《时务报》二十三册《辟韩》一首，好极好极！究系何人所作？自署观我生室主人，意者其为严又陵乎？望示悉。

一、去年十二册报《铸银条陈》，亦未署名，语气颇似宋芸子，是否？并望示悉。

一、二十四册报《心力说》，洞见本原，自署心月楼主，竟不能揣为何人也，并望示悉。

一、唐绂丞应江建霞之聘，办《湘学报》，即当出报矣，可喜可喜！

一、嗣同赴上海当在四月二十前后。

一、《公论日报》究竟办否？

三月二十七日（公历4月28日）

谭继洵在京访翁同龢，《翁文恭公日记》中载："谭敬甫中丞来访，此人拘谨，盖礼法之士，从前不知。"

三月二十八日（公历4月29日）

蒋德钧与熊希龄为请两江总督刘坤一批拨时务学堂经费，由武汉抵达上海。二人在上海采购时务学堂所需仪器、图表时，曾由先生负责推荐需购物品。

三月二十九日（公历4月30日）

缪荃孙拜访先生："廿九日戊午，晴。拜徐积余、张季直、张叔常、谭苐生。"（《艺风老人日记》461页）

三月三十日（公历5月1日）

《郑孝胥日记》中载："午后，过谭复生，不遇。"

三月

将《仁学》上卷寄予梁启超。梁启超在致严复信中言及（《饮冰室合集·文集》第一册110页）：

侪辈之中，见有浏阳谭君复生者，其慧不让穰卿，而力过之，真异才也。著《仁学》三卷，仅见其上卷，已为中国旧学所无矣。此君前年在都与穰卿同识之，彼时觉无以异于常人，近则深有得于佛学，一日千里，不可量也。并以奉告。

约四月

先生在南京完成《仁学》的撰写。

《仁学》撰成的具体时间，今已不详。大致时间当在丙申年冬至丁酉年春。从各种记载来看，《仁学》于丁酉四月前已经完成。在光绪二十三年四月十一日出版的《时务报》第26册中梁启超所撰《说群序》一文中，梁称自己已阅读过《仁学》，可看出《仁学》在此前当已撰成："既乃得侯官严君复之《治功天演论》，浏阳谭君嗣同之《仁学》，读之犁然有当于其心。"

丁酉年夏，唐才常发表《质点配成万物说》中，多次提及"仁学"，如在《各国政教公理总论》中称："若夫轨唐、虞之盛心，绵仁学之公理者，其华盛顿、林肯之为君乎！""华盛顿以其公天下之心，一涤争权陋习，此盖太平之公理，仁学之真铨。"

在撰写《仁学》的过程中，先生受到了梁启超、吴樵、孙宝瑄等人的影响，并采纳了他们一些见解。梁启超称："时谭复生宦隐金陵，间月至上海，相过从，连舆接席，复生著《仁学》，每成一篇，辄相商榷，相与治佛学，复生所以砥砺之者良厚"，"铁樵算学，并世无两，喜以算学谈哲理，浏阳《仁学》多采其说"；孙宝瑄称："余昔年在海上，与同志诸人论乾卦，自谓颇有精理，壮飞先生竟载其说于《仁学》中。"（《绍介新著〈仁学〉》，《新民丛报》创刊号；《孙宝瑄日记》光绪二十八年二月十二日，525页）

△《仁学》著成后，由于言论激进，并未出版，手稿仅在友朋间小范围内传播：

> 著成后，恐骇流俗，故仅以示一二同志，秘未出世。

《仁学》序言《仁学界说》二十七界说第二十五条：

> 凡为仁学者，于佛书当通《华严》及心宗、相宗之书，于西书当通《新约》及算学、格致、社会学之书，于中国书当通《易》《春秋公羊传》《论语》《礼记》《孟子》《庄子》《墨子》《史记》及陶渊明、周茂叔、张横渠、陆子静、王阳明、王船山、黄梨洲之书。

从中可以看出，先生之思想包罗经学、理学、佛学、诸子学和西学。经学提倡今文经学，理学提倡王阳明、陆九渊的心学，佛学提倡禅宗、华严宗、唯识宗，诸子学提倡庄子、墨子以及明末遗民王船山、黄宗羲等的思想，西学提倡格致、数学、社会学、天文学、生命科学、舆地学等。既有唯物主义也有唯心主义，既有自然科学又有社会科学，既有宗教、哲学又有政治思想。故而，《仁学》成为一部包罗儒、释、道、墨各家和西方资产阶级自然科学、社会政治经济学说的集大成著作，并形成了独特的哲学体系。《仁学》是维新运动中的第一部哲学著作，也是中国近代思想史中的重要著作。因《仁学》的撰成，先生得以位列戊戌启蒙四大家之一，并成为近代著名思想家。

李泽厚于《中国近代思想史论》中评价先生（《中国近代思想史论》198 页）：

> 改良派变法维新的经济政治思想到谭嗣同这里算是达到了最高的哲学升华。梁启超的《变法通议》强调了一个“变”字，康有为的公羊三世说，突出了进化发展，然而只有在谭嗣同这里，所有这一切才被抽象概括为“仁—通”的宇宙总规律。从而在哲学上，谭嗣同比康有为也就具有了更高的代表性。

冯友兰于《中国哲学史新编》中评价先生（《中国哲学史新编》第 6 册 148 页）：

> 谭嗣同回答了当时时代提出的问题，指明了时代前进的方向，就这两点上说他不愧为中国历史中的一个大运动的最高理论家，也不愧为中国历史中一个代表时代精神的大哲学家。

梁启超于《清代学术概论》中评价先生（《清代学术概论》27 页）：

> 晚清思想界有一彗星，曰浏阳谭嗣同。嗣同幼好为骈体文，缘是以窥“今文学”，其诗有“汪（中）魏（源）龚（自珍）王（闿运）始是才”之语，可见其向往所自。又好王夫之之学，喜谈名理。自交梁启超后，其学一变。自从杨文会闻佛法，其学又一变。尝自哀其少作诗文刻之，题曰《东海褰

冥氏三十以前旧学》，示此后不复事此矣。其所谓“新学”之著作，则有《仁学》，亦题曰“台湾人所著书”，盖中多讥切清廷，假台人抒愤也。书成，自藏其稿，而写一副本畀其友梁启超；启超在日本印布之，始传于世。

嗣同遇害，年仅三十三，使假以年，则其学将不能测其所至。仅留此区区一卷，吐万丈光芒，一瞥而逝，而扫荡廓清之力莫与京焉，吾故比诸彗星。

梁启超又于《〈清议报〉一百册祝词并论报馆之责任及本馆之经历》中评价《仁学》(《清议报》第一册)：

其内容之重要者，则有谭浏阳之《仁学》，以宗教之魂，哲学之髓，发挥公理，出乎天天，入乎人人，冲重重之网罗，造劫劫之慧果，其思想为吾人所不能达，其言论为吾人所不敢言，实禹域未有之书，抑众生无价之宝。此编之出现于世界，盖本报为首焉。

胡适于《近五十年来之中国文学》中从文学角度评价《仁学》(《胡适学术文集——新文学运动》112~115页)：

谭嗣同的《仁学》，在思想方面固然可算是一种大胆的作品，在文学方面也有代表时代的价值。……这一节不但材料可以代表当时的科学知识，他的体例也可以代表当时与二十年来的“新文体”。谭嗣同自己说的骈文的体例与气息，在这里也可以看得出来。但我们拿文学史的眼光来观察，不能不承认这种文体虽说是得力于骈文，其实也得力于八股文。古代的骈文没有这样奔放的体例，只有八股文里的好“长比”有这种气息(上例中，水与烛一比及陶埴与饼饵一比，最可玩味)。故严格说来，这一种文体很可以说是八股文经过一种大解放，变化出来的。

四月初一日（公历5月2日）

与汪康年、梁启超、康广仁、邹凌瀚、张通典等人发起成立上海不缠足会，会址在上海泥城桥西（今西藏路桥）附近（《戊戌变法史》191页）。吴樵、梁启超起草《试办不缠足会简明章程》，说明："此会之设，原为缠足之风，本非人情所乐，徒以习俗既久，苟不如此，则难以择婚，故特创此会，使会中同志可以互通婚姻，无所顾虑，庶几流风渐广，革此浇风。"邹代钧、龙泽厚有所增补。不缠足会的理事除先生外，还有邹凌瀚、吴樵、龙泽厚、康广仁、汪康年、张通典、赖振寰、张寿波、梁启超、麦孟华等。先生亦拟在南京推广不缠足会。

四月初二日（公历5月3日）

拜访郑孝胥，并对其言及时务报馆内章太炎与麦孟华、梁启超等康党意见不合并引发纠纷之事。《郑孝胥日记》中载："傍晚，谭复生来，谈时务报馆中黄公度欲逐汪穰卿。汪所引章枚叔者与粤党麦孟华等不合，章颇诋康有为，康门人共驱章，狼狈而遁。"

四月十二日（公历5月13日）

致龙绂瑞一函，信中言及小侄谭传炜无师，希望同乡邱惟毅来此教读（《谭嗣同集》628页）：

> 昨托致教乐之邱菊圃并唐君一函，计早收到转交。小舍侄无师，望邱来甚切，兹有一函与之，乞饬交，并乞代催为叩。

△先生有一与邱惟毅、谭传炜之合影，摄于南京二我轩照相馆，当为邱惟毅来金陵之后所摄。二我轩照相馆位于南京利涉桥附近，利涉桥为桃叶渡上一桥，后被拆除。谭恒锐记（《清谭复生先生嗣同年谱》，《谭嗣同研究资料汇编》18页）：

> 越年公居金陵，又有一照片，公中立，外着长衫，内着武士装，左方立者为邱菊圃先生，手执洞箫，右方双手捧剑者为先父也，时方九龄。此像乃郑世伯（晟礼）见贻，郑为时务学堂学生。时余旅居首都，特将公照映出，分赠亲友，今人间流传武士装像，即此照也（像后有"金陵利涉桥二我轩"戳记）。

四月十五日（公历5月16日）

先生赴沪，此次为他来南京为官后第三次赴沪："归来见穰公初十日书，嗣同十五日行。”

四月二十一日（公历5月22日）

致函徐乃昌，替时务学堂验看仪器，表示“显微镜上两个螺丝均坏，并螺眼亦坏，不易修理”（《谭嗣同集》623~624页）：

测高表甚精，惜显微镜上两个螺丝均坏，并螺眼亦坏，不易修理。若另钻眼，恐于本体有伤，又修不及原来之件之牢固。故仍以送还，乞转交。

同日，吴樵卒于汉口。

△先生时在上海，闻之悲痛万分，作《哀吴樵联语》（《谭嗣同集》214页）：

达县吴樵，死于湖北，其父季清先生，知县钱塘，因葬诸西湖之上，新会梁启超铭之曰：天民吴樵之墓。嗣同将往会葬而哀以联语：

魂气无不之，人因季札思观葬；华阳渺何许，鹤到林逋更合铭。

后又作《吴铁樵传》，并刊于《时务报》中，梁启超《饮冰室诗话·十七》中亦载此事，其中“丙申”当为“丁酉”：

丙申五月，铁樵以暴病卒于汉口。浏阳时在沪，哭之恸，尝为作一传，见《时务报》中。未几，季清先生之官山阴，浏阳赠一诗云：“此生当补他方佛，何意微尘补一官。……延陵魂气北邙寒。(下忘)”盖吊之也。以东当乙未，年仅十一，随侍入都，风采英发，遍交一时名士。浏阳戏号之曰舍利佛，以其早慧也。

△张通典曾致信先生，以伤吴樵之死，并附挽联。谭恒锐记：“是年四月，吴君铁樵病殁，公撰有《吴铁樵传》，文载公集中。湘乡张通典有函致公，伤吴君之死，并附其所挽联，文长余今不能忆及。”（《清谭复生先生嗣同年谱》，《谭嗣同研究资料汇编》24页）

吴樵去世后，梁启超曾对先生言及欲亦为其作传，《饮冰室诗话·五十三》载此事，“丙申”为误记（《梁启超全集》5320页）：

丙申间，曾语谭浏阳曰：“吾欲为《三亡友传》以志哀。三亡友者，一南海陈君通甫（千秋），二南海曹君著伟（泰），三达县吴君铁樵（樵）也。传至今未成，而当时所与语之人，墓木亦将拱矣。追思昔游，犹在心目，可胜悼哉！

四月二十二日（公历5月23日）

离沪赴宁。

同日，致函汪康年、蒋德钧、陈三立，提及为时务学堂购买仪器之事，表示自己将去南京杨文会寓所亲自验看仪器，并称当由时务学堂先行选购，再将其余售予龙泽厚（《谭嗣同集》598~600页）：

今日返金陵，即往杨仁山先生处，穰公嘱带信件交讫。阅所存仪器，另纸详录，应用某件，祈速覆，因常有人来买也。此间西人所设之学堂，已买去不少，并称其价廉。前龙积之兄属购仪器，嗣同应以嗣同湘人，于湘事不无私见，俟时务学堂择购之余，方能相让。此单请酌定某宗应买，用笔圈出，余乞转交积之兄择购，见示并乞致意，未另作函也。单中皆赘以鄙说，乞酌之。机器木样据称无有，即在外国亦不易买。惟博物院中有之，亦不卖。

并表示自己将各类图纸为时务学堂悉数买下，以防售罄。并代时务学堂订购几何模型，如学堂订完，方请龙泽厚选购：

机器图及各种格致之图、各种货物图，兼有农学器具图。约计不下千数百张，惟现在尚未清出，俟五六月渠之新屋造成，地方较宽，方能检齐。嗣同念所费无多，已代订全买之说，以免分卖与人。

算学形体方圆尖斜等木块样式，可数百件，亦须五六月方能检齐，嗣同亦允全买。

以上二宗，所费不多，故能代决，如湖南不用，则请转问积之要否。因二宗皆未取出，不肯言价，以愚意度之，当不过百数十元耳。

并提议通过上海洋行订购各类测量仪器：

此外尚有甚精之小仪器数件，自己留用，坚不肯卖。嗣同商以托购于外洋，据云，现亦无熟人可托。不能用仪器者，即不能辨识也。拟俟杨将各图检齐后，看少若干，再行设法添购图器。寻常画图仪器，能有多分，然上海洋行家家有卖，每分至贵不过十数元，似不必于此间买也。

其余应添买之件，似可商之钟鹤笙、贯步伟诸人，应添购何件，即托上海洋行往外洋订购。然以愚意计之，仅用以测天、测地而著之于图，则所差亦自无几，约须添购夺林仪、带测向盘者价二三十元。度时表、价必需三百金者方合用，测量家最不可少，且须两具比较。带佛逆之寒暑表、水银风雨表、空气风雨表、测高空气风雨表、燥湿表、以上均须两具。量风器、量雨器，每件精者数十元，或数元。测量家皆不可少者。

先生在信中推荐蒋德钧、陈三立为时务学堂购买杨文会所制地球仪，建议邹代钧担任仪器管理员，并以其丰富的经验列举出近二十余种所需于上海购买之图纸、教具：

嗣同于仪器亦颇考究，然不过知测天、测地、绘图三种，杨所藏亦止此三种，若仅以测地绘图，则所用不多。亦须测天，不过可少粗耳。至于测天以及行海，则必须至精者。精者颇难辨识，嗣同亦不敢自信，惟知其价皆甚廉，较之买于外洋，可省十之三四不等。惟少旧，然无碍也。如欲买，则须觅一精解仪器之人来此细看，兼令携带回湘，以便途中照料。否则函商沅帆，杨所有仪器，沅帆均见过，且用过。令其决择亦可。收藏仪器，时常需人管理收拾，沅帆处当可得此等人也。杨自制之天地球，要几对？每对十数元。必应买。天地球图，嗣同昨带交穰公一卷，可择取。图有廉者，上海买者除地图外，尚有天文图、地学图、矿石图、水学图、火学图、电学图、化学图、全体图、医院中颇多，皆极佳。百鸟图、百兽图、百虫图、百鱼图、重学图、植物图等，皆华文。矿石图嗣同亦要二分，乞穰公代买寄下为叩。

洋笔、洋墨等可多买，不但供学洋文之用，兼备画图也。

嗣同自刻《测量日记》样式寄上一纸，记得报馆中尚存有一本，故得抽出，缘信太厚也。以备采择。惜所撰《测量会章程》，于测量颇详实，方取回又遗失矣。然有沅帆之专门名家在湘中，不患不得法也。……

再者：归来见穰公初十日书，嗣同十五日行，此书尚未到，可谓迟矣。祝心渊寄来信件均收到。《中日战事》一册，从来未见，何以在上海时公竟未言及此事也？穰公北行定否？

四月二十六日（公历 5 月 27 日）

访缪荃孙："廿六日乙酉，早阴。诣章蔓仙贺喜。谭复生来。"（《艺风老人日记》465 页）

五月初一日（公历 5 月 31 日）

缪荃孙记："五月朔乙丑，晴。读《湘学新报》，即还谭复生。"（《艺风老人日记》465 页）

五月初五日（公历 6 月 4 日）

午后，与徐乃昌、刘世珩、傅春官、张謇、缪荃孙、顾云、邓熙之、茅谦、王豫熙、杨文会、郑孝胥于秦淮河同船而饮。《郑孝胥日记》载："午后，徐积余、刘聚卿、傅苕生共请河船，在席者张、缪、顾、邓、茅、王欣甫、谭复生、杨仁山、余及稚星。子朋强欲呼伎，众多散，余亦先返。"

五月初八日（公历 6 月 7 日）

访缪荃孙："八日丙申，阴，凉。……谭复生来。"（《艺风老人日记》466 页）

同日，致函汪康年之弟汪诒年，称陈三立电催熊希龄，而熊未到南京（《谭嗣同集》622~623 页）：

接初四日手示，诵悉。卓如所寄信并铁樵小照幸俱觅得，可释远怀。并乞转语卓公，显微镜无小者，应复卓如各件，均于前致尊兄函中详之矣。又接伯严电，令催熊秉三，熊竟未来此间，当即电报贵馆，计已见之。……

尊兄处致意。

前由信行寄孺博函件，到否？乞代问。

五月十一日（公历6月10日）

《时务报》刊先生之文《报章总宇宙之文说》上半部分，题为《报章文体说》。

五月十二日（公历6月11日）

缪荃孙拜访先生：“十二日庚子，晴。出拜谭复生、况夔生。”（《艺风老人日记》467页）

同日，致函汪康年，告知其时务学堂所采买南京杨文会的仪器需有专人来取，望其与陈三立、蒋德钧商定（《致汪康年八》，《谭嗣同集》600页）：

前上二书，一言购仪器事，一言造天文台事。旋又寄令弟仲穀一信，不识收到否？兹致卓如兄一纸，乞转交。闻渠将往山阴，果否？亦有一信致山阴吴小村先生，请速为寄去，是所叩祷。湖南仪器，月内必检不齐，他日如何寄法，似应有人来取，我公当早与陈、蒋商之也。

五月十四日（公历6月13日）

致信汪康年，表明其因公务缠身而无法参加吴樵葬礼，诉其难言之隐，寄哀思于信中；并提及杨文会次子杨自超将携时务学堂所订购之仪器前往湖北与邹代钧碰面，可将各种仪器使用方法悉数告知邹代钧；鉴于杨自超恰好赋闲，先生致信邹代钧，建议聘请杨自超前往时务学堂管理仪器（《致汪康年九》，《谭嗣同集》601~602页）：

接十一日手书，承招邀恳切，心怦怦然动；况铁樵丧将至，尤迫欲一哭奠。铁樵丧何以不还蜀而至上海？此大可怪，望即示知。然嗣同实有至难之处，万不能自由者。恐湖北知之，责其游荡，此又断乎瞒不住，因时有函电往来，无人作答，即露马脚，一也。假期太多，恐本局总办说话，而六月当送舍侄女往扬州出嫁，耽延多端，于公事上不好看，二也。尤有难者，□用不足，一动足即要拉债，三也。嗣同到此间，如仙人降谪，困辱泥涂，此类是也。知其无可奈何，而安之若命，愧负无既而已。计惟有催苏龛，而渠言督院行知将到，须上衙门销差，不能定计也，容再催之。

顷杨葵园自鄂来，系沅帆令其来买仪器，即为时务学堂买。出沅帆之单，与伯严兄圈出者大致相符，多测地经纬仪、测经纬小器、白金度纪限仪、圆□□玻璃借地平、大十字仪，凡五宗。而少水银借地平、大子午仪、测高酒准、大天文镜、回光天文镜、干湿寒暑表，凡六宗。嗣同令葵园将沅帆与嗣同前后两单之器，一齐交带湖北，听沅帆决择。并作书与沅帆，详商一切，好在既是葵园之物，有不合式，仍交其退回，已与说明矣。嗣同正虑仪器难寄，寄到又难用，间有沅帆亦不习者，拟同仁山先生逐件作一篇用法说，头绪太多，不胜繁苦。今喜沅帆自己在鄂兑收，又使葵园亲手送去，两下接头，千妥万当，则用法说亦可不作。且沅帆专在鄂等候，亦来不及，葵园十九即行，即影镫片粘一纸条，书写名目，亦赶办不及，然葵园当面与沅帆说知，亦可不必矣。葵园仪器之学极精，现在闲居觅事，嗣同函商沅帆，即聘葵园同往湖南，作为学堂中管理仪器之人。此人万不可少，沅帆虽解仪器，亦不暇管理仪器，别处又难寻觅，何不就便请葵园同去乎？他日亦可令其造天文台，此亦千妥万当之事也。惟须伯严兄或少穆兄速作一信与沅帆，方能定计。至要至要！刻不容缓。电致沅帆更好。余容续罄。明日衙参，百忙中作此，已四鼓矣。……

报后添学堂报极好，余若农会、女学等，可函商一切也，然不若俟苏龛到。

五月十五日（公历 6 月 14 日）

是日为衙日，先生至长官衙门排班参见。

约五月中旬

致函唐才常，并将自己在金陵刊刻的《东海褰冥氏三十以前旧学》中的前两种，即《寥天一阁文》和《莽苍苍斋诗》一并寄去

（《谭嗣同集》203~205页）：

昨寄近刻，到否？

三十以前旧学凡六种，兹特其二，余待更刻。三十以后，新学洒然一变，前后判若两人。三十之年，适在甲午，地球全势忽变，嗣同学术更大变，境能生心，心实造境。天谋鬼谋，偶而不奇。故旧学之刻，亦三界中一大收束也。

并且，他回顾了自己以前爱好诗文、训诂、考据的状况，表示自己因甲午战败与旧学决裂，今后当致力于“有用之学”：

嗣同不慧，早为旧学所溺，或饾饤襞积，役于音训；或华藻宫商，辱为雕虫。握椠则为之腕脱，雒诵则为之气尽，夫亦可谓笃于文矣。往年罗穆倩谓嗣同：“子通眉，必多幽挚之思。”饶仙槎则亦谓：“惨澹精锐，吾惟见子。”故偶然造述，时复黝然深窅，而精光激射，亦颇不乏苍郁之概，峭蒨之致。其于哀乐，煎情锻思，昼夜十反。一丝潜引，无首无尾，溶裔长怀，若弥万仞而莫之竟。顾纡徐愈婉，斯激出弥劲，忽便任之，遽有慓疾廉悍恣睢不可控制之观，孰使令之欤？由其性情与所遭遇在焉。过此以往，方当金篦利目，慧剑剚胸，上九天而下九地，魄万生而魂万灭，长与旧学辞矣，又放笔为直干者乎！所谓心计转粗，不能复从容唱《渭城》矣。

…………

虽然，三十曰壮，坐此萦缭迟回，卒不克自致于当世有用之学。苟非幽挚之思，钩深索隐，于格致差易入，见幾自拔，劣得睹于经纶。天下之大经虽无，今日理亦宜之。更何一惭之可忍，百悔之可追！然则持此湮梏其支官、薶葬其精灵者，何可胜道？吁可畏也！贻此亦以为吾党戒也。

抑嗣同怖头狂走，经岁经年，于世间众生之异同攻取，参伍错综，出定入定，澄念以观，殊自谓少审其曲折，则匪直文艺之无当于行也。即恃以办事之才智，比及事临，皆廓落不切所用，而涣然无所凭依，是其办事者何哉？一至诚无妄之局量而止矣。

同时，先生对清政府在甲午战败以来仍固守八股取士旧制，使无数英才不能展其抱负，表示了极大愤慨：

东征负创，不为不深；北邻要盟，不为不厉；变法三四年，不为不久。不惟大体了不更张，而犹以科目取士，资格用人。待其人自以时积累之，时久否耳，人贤否不问也。是惟恐其人所阅之时，不瞬疾以逝，而设成格以促之。是不惟人贱，时又甚贱也。生时贱时，虽有经天纬地之文，澄清天下之志，天民大人之学，孔、墨、曾、史之行，横绝一世之才，辟易万夫之气，炙輠雕龙之辩，翘关扛鼎之勇，将焉用之！将焉用之！

五月十七日（公历6月16日）

郑孝胥访先生于住处，《郑孝胥日记》中载："过谭复生。"

△先生参与女学堂筹办事宜，曾与郑孝胥共同商议女学堂的功课设置问题，他在致汪康年信中言及（《谭嗣同集》603页）：

女学堂事，略与苏龛商之。学堂功课，嗣同谓自从方言、算学入手之外，惟有医学一门，与女人最相宜，他学皆今时所不能用，苏龛甚以为然。至其中条理办法，苏龛到沪，自必能摅所见也。闻其到月底乃能成行。

同日，致函欧阳中鹄，表示兴民权应当先兴绅权，如绅权得兴，则"不必有议院之名已有议院之实"；如果不能兴民权，也应当保证绅士的议事权湖南时务学堂创办即得力于绅权；他已与蒋德钧及陈三立晤面，并请求欧阳中鹄函请陈宝箴，为浏阳学子多留名额（《致欧阳中鹄一四》，《谭嗣同集》557页）：

连接友人书，得谂道履绥和，潭祜安吉。而敷布本县新学诸事，尤为宏远而精实。中国全局断无可为，而能用之于一县，亦自足以开风气，苏近困，育人材，保桑梓，即阴以存中国，甚盛德也。庆忭无已。

嗣同尝私计，即不能兴民权，亦当畀绅耆议事之权。办其地之事，而不令其人与谋，此何理也？夫苟有绅权，即不必有议院之名已有议院之实矣。是以合十八行省日日谈变法，而所事尚不逮吾浏阳，固存乎其人，亦由有绅权无绅权之故也。湖南绅士议创时务学堂，右帅既允助力，又于两淮盐务中筹得巨款，蒋少穆东来正为此事，陈伯严旋亦来，嗣同均晤之。议从方言、算学入手，暂招学生二三十人试办，伏恳函托右帅及沅帆诸君早为浏阳多占名额，并乞精选十五六岁聪颖而能通中文之子弟，以备送往肄业，亦功德也。

五月十九日（公历6月18日）

致信汪康年，对为吴樵设乩坛之事极为不满，他认为扶乩“久之将化为邪魔入人之藏识，或眩乱而成疯颠，或夺惑而致凶死，或流衍而成信鬼之俗，数世不绝，害将不可胜言”，表示这种行为“辱吾铁樵甚矣”；并且，《吴铁樵传》不宜登报；先生已与郑孝胥相商女学堂之事，拟“从方言、算学入手”；他重提筹办《民听报》事，之前因经费无法筹集而决定缓办《民听报》，但他终不甘心，认为随着铁路的开通，武汉的地理位置日益重要，《民听报》不宜缓办，先生请《民听报》可从《时务报》盈余中借贷，希望汪康年考虑从《时务报》的盈余中提一专款来办《民听报》，两报联为一气，《民听报》可作为《时务报》之分馆（《致汪康年一〇》，《谭嗣同集》602~603页）：

奉十六日所寄手书，并《乩坛铁语》一纸，此事切不可信。沅帆、伯纯、浩吾皆明伟渊通之士，何遽为此？岂非于教务未甚考察耶？沅帆极不信教，公亦不信教，试一信教，即能见此事之本原，必不为所惑矣。凡乩者皆人之意识练而成神，名曰识神，故有时极灵验；久之将化为邪魔入人之藏识，或眩乱而成疯颠，或夺惑而致凶死，或流衍而成信鬼之俗，数世不绝，害将不可胜言。原纸缴上，并批其后。如有书往鄂，请力阻诸君勿复为此，且其中无一语能知鬼神之情状者，岂吾铁樵乃弇陋如此哉？辱吾铁樵甚矣！固知诸君悲铁樵之不复见，聊以此自解。然要见铁樵，何不于定中见之？若其不能入定，便当自悲，何暇悲铁樵！故扶乩断乎不可为也。乩语尤望仲弢勿说与其家方好，徒乱人意，而又有害也。卓如深明生死之说，试以此语之，必有会也。

…………

农会事反复思之，竟无推广之法，大要此事非官为助力不可也。闻张季直欲拉新宁入会，若能成则妙矣。

《吴铁樵传》，甚罣尘上，登报恐人窥破密谋，请卓如改之乃可，然易伤文气，不登报为是。若与铁樵之状、志、哀挽等汇而别刻则可，因不似报之张扬也。

《民听报》事，前答卓如意主缓办。今重思之，汉口他日为铁路之发端，且当展至广东，则上海之生意皆将夺归汉口，即时务报馆亦几有迁都之势矣。拟请俟今年年底，报馆出入账目结清，如果赢余甚多，可专提一款往汉口办《民听日报》。每年归息，视同放债一般。其名当各办各报，渺不相涉，即借款亦当密之，而其实乃贵报之分馆，阴为他日推广生意之地也。为贵报计，实无有工于此者，但当早物色办报之人。积之能去则大佳，请商之卓如。伯纯可任主笔，兼联络宾客。

此时凡言商务，皆当注意汉口，公以为何如？

△张通典在五月二十七日致汪康年信中提及先生有将《民听报》与《时务报》《知新报》联为一气的打算，然而此事未成。又提及先生曾举荐龙泽厚为《时务报》经理（《汪康年师友书札》1768 页）：

顷复生来信，言《民听报》应归时务报馆并办，联为一气，而外面却分门立户，若不相谋，将来渐推渐广，能与《知新》鼎峙而三，则《时务报》更冠绝中国矣。其论甚有识，请公与卓如共斟酌之。此仍须集股，其力乃厚，拟八九月间开办，复生举龙积之经理，主笔有何人？公与卓如更物色之。

同日，赴张謇为郑孝胥饯行之约，与郑孝胥等前往，《郑孝胥日记》："午后，季直招饮，谭复生遗诗文。"

同日，李经羲就任湖南按察使（《清季职官表》590页）。

五月二十一日（公历6月20日）

《时务报》刊先生之文《报章总宇宙之文说》下半部分，题为《报章文体说》。

五月二十二日（公历6月21日）

谒郑孝胥（《郑孝胥日记》604页）。

五月二十四日（公历6月23日）

与顾云、徐乃昌前往郑孝胥住处为其送行："午后，复生、子朋、积余来。"（《郑孝胥日记》604页）

同日，欧阳中鹄致函先生，告知曾经兴盛一时的浏阳矿务如今十分萧条，几乎无矿可办；黄颖初归浏阳后，疯病已然好转；欧阳托付先生为其侄周泰韵安排鄂厘局差事（《欧阳中鹄书二》，《谭嗣同书简》111页）：

别来日月易得，淞芙归，询悉近况，候补官无能为，藉差事糊口，与就馆无异。而呕气则尤甚于就馆，此是天下同一印板，不独一省为然。且居今之世，即俨然得实缺，无能为仍同候补。陆放翁诗云："人生乞食原多术，最下方为禄代耕。"慨乎其言之矣。比惟名德日昌、撰箸益富为慰。舍弟辱承说项，闻刘益廷观察极赏其可靠，特加另眼，许直陈该局所不便，而决志久任，不予迁移。

昨得家书云，总办新章运费减二成给领照。去年运盐，计一岁须裁七百二十串，处此三年无一钱寄归。间或拨家中应付，不裁尚恐不能了，何况裁此巨款，其何能赔。求调不行，止有辞差一法矣。然又将从何处觅食也？县中善后公事，做到十二分好处。舍间私事，做到十二分苦处。然做到如此，尚不能满嫉怨者之意，遽数之不能终其物，悉数之更仆未可终。再过两月，可一切了结。武昌已一年未上书，是时当撮大略往告，另作详信与弟，备述此中委曲，于家信内寄呈。若为代鄙人申叙者，或得释然，知天下尚有此种人物也。

县中矿务无可办，仅开北乡曾家洞铜矿，矿师视之遂废。煤则省局不办白煤，专炼焦炭。产既不佳，间有运道又远，利薄不能容局。其余若安得摩尼五金之属，茫乎未有闻矣。矿务非鄙人所长，尤非所愿。擻丞、淞芙率尔呈请，强令承乏，遂致专与刘氏结怨。凡事强勉，必至合之两伤，真属无味。其实不过照章办事四字，并无不近人情。但不便人之私，便成仇敌。上年所封蕙圃安得摩尼矿，质寥寥无几，顽石尤多，至今渠未问及。敝处亦未请总局作何办法，将来缴还关防时，止好往县一移，以不理了之而已。

黄君归后，疯疾未有所闻，亦幸未至敝处。爪霖调宜昌，邀舍亲周君同溪往。以志趣不侔，辞不赴。沙洋遂未得仍旧。昨函请仍向吾弟求荐，论其境遇，盖不得已，戚谊亦不能却。鄂厘局面较广，当有可为力者。吾弟其推爱谋之，否则又增鄙人一累赘也。寿诗附览，此好事之作，亦不慊之徒执为口实而肆轻薄者，然词皆举实，自反固无愧也。专此敬颂潭祺。淮生读书当有新功。

五月三十日（公历 6 月 29 日）

致函汪康年，望其代售徐乃昌所著之书。但又因其为旧学之书，似不适合刊登于《时务报》之上（《致汪康年一一》，《谭嗣同集》604 页）：

前托买《算学报》，易得否？又二月间，曾托印去年所照之像，前月又托买矿石图要着色者，俱何如矣？

兹者徐积余乃昌欲托先生代售其所刻丛书，寄上四部，并原信寄上，乞酌办。嗣同以为渠于报事曾效力，似不便却，然似此旧学之书，登报则断乎不可，指告白言之。高明以为如何？切毋言嗣同饶舌。

五月

《农学报》第三册刊载先生《黎少谷〈浏阳土产表〉叙》一

文。该文包括《办赈条陈十二条》《严禁灾民逃荒告示》《晓谕待振各贫户告示》《保护金厂告示》《保护金厂章程六条》《浏阳利弊论》。蔡元培曾赞誉该文："风气大开，名论迭出，自强之基，基于是矣，谭叙文笔尤古雅。"（《蔡元培年谱》30 页）叙文为（《谭嗣同集》406 页）：

浏阳山川匝合，坟壤沃腴，峻坂叙至四十度，犹胜稷麦，杂产饶裕，枲布之精，至乃名于天下。往年湘中号为大县，必首浏阳。夫家岁登民食视前渐不给，不三十年，积至今乃复大贫。然吏治亦愈弛惰，都不以册籍为意，凡户口、农田、百产之数，无得而详也。

光绪二十一年，日本和议既成，嗣同归，以算学、格致詸说于县之人，四乡颇有集者。时涉秋不雨，农民或以旱灾告，咸不之信，惟深识之士稍稍忧之，而黎君少谷言之独危切。嗣同殊不寤其旨，以谓浏阳田皆再熟，夏既丰获，仅半岁不刈，何至是？且县官报旱，曾不及五分以上，例不得蠲缓，号不成灾。无何，赤贫下户渐有饿死者，丁壮渐有逃亡者，官犹弗省。至冬十月，饥民蜂起求赈，喧哭于县官之堂。西南乡时闻聚众强夺，多者至数千人。事岌岌将乱，官乃始大惶，不知所为。会新抚部义宁陈公莅湘，专注意赈恤，奏委欧阳瓣姜师总办县赈，人心始定。嗣同念有事服劳之义，佐师为理，为办赈条陈十二条。

同月，先生与梁启超议办女学堂事。梁启超《致盛宣怀书》："女学一事，实今日中国开民智之根本，超于五月间，与陈伯严吏部、文芸阁学士、谭复生太守诸君，有意于是，嗣以力量绵薄，未克即举，今得莲山太守主持，实可望致大成。"（王尔敏、陈善伟《近代名人手札真迹》1624~1627 页）

六月初四日（公历 7 月 3 日）

杨文会举家由花牌楼搬迁至延龄巷，并正式命名"金陵刻经处"。杨步伟记述（《一个女人的自传》55~56 页）：

提起延龄巷这地名来，我现在还觉得是很亲切的呢。房子到现在还在那儿，在日本占领南京时候曾经一部分失过火，后来都修理好了。房子和花牌楼的差不多一样多，可是地皮大多了，所以宽敞多了。靠南的围墙长得街名都由“杨公井”走走变成了“龚家桥”了。近西南角有个池塘，里头的鱼大得说了你都不相信，我们常常捉了来做晚饭菜。祖父总照“网解三面”的规矩，只许钓不许网。

正房院子一进一进地从中间往后头排。大门向东开，从前还没有所谓门牌几号，后来是延龄巷四十九号，就在花牌楼西边隔一条街。我们那条街已经是进城出城的一条大马路，从我们家经过鼓楼到下关差不多有十二里路的样子。我们大门右上边有“池州杨寓”四个字，我们原籍是安徽池州石埭人煞。门框上头写的是“金陵刻经处”，因为搬家的时候，祖父把正在整理刻印的大藏经和其他佛学书的印刷所都搬去了。光是经版贮藏在架子上的就满满占了西边的一进房子。

可是我们第二年六月里搬进去的是簇崭新的一百三十间的新房子，还没有油漆我们就等不及地搬了进去，因为曾祖母等不及了。那时曾祖母病重了，她一定要死在自己造的房子里，所以房子没有全部完工，我们在一个大热的六月初四搬进去了。用藤椅子给曾祖母半躺半坐地抬着看了一转，她就没有机会再看第二遍，六月十四就死了。

六月初五日（公历7月4日）

致函汪康年，向汪汇报所托探听水师学堂杨寿南“名声甚好”；并打听不缠足会草籍款式，请汪邮寄不缠足会草籍及章程，准备加以推广（《致汪康年一二》，《谭嗣同集》604~605页）：

奉初一日书，谨悉。杨寿南名声甚好，近回籍，无从访晤。顷问徐积余，复信呈上。于水师测绘等事，去信曾详问之，今复信未及此，而亦未言其不能，想既在水师学堂，宜无不能者。嗣同尚不放心，因仁山先生与水师学堂中人多习，因托其再为密访，须三五日始有回信，容再奉闻。徐信所云敝局，谓洋务局，徐现为局提调，故云敝，合并代为声明。复仁山先生各事，已为达到矣……

不缠足草籍，是何款式，已印有印根否？乞速寄下多分，以便开办，至盼至盼！章程有另刻之单张否？乞多寄，盖必须手中持有章程册籍等物，方好去劝人也。

《女学歌》成否？乞并寄。

六月初十日（公历7月9日）

致函汪康年，向汪汇报所托探听水师学堂杨寿南水准甚佳。先生亦于信中猜测《时务报》中所刊登署名为“求在我者”之文《论枪炮》作者为马相伯（《致汪康年一三》，《谭嗣同集》605页）：

探听杨寿南事，今据仁山丈复称，杨既回里，学堂中熟人亦皆去，无从查悉，惟知其仍兼制造局差，各处争延，则其本领已可想见矣。

何诗生来信，乃复嗣同屡问其代送之报收到否之信也。公阅之，止好付诸一笑，渠流品不过江湖上卖手艺之人耳，固宜村陋若此。除知会缪小山即停止送报外，仍将原信寄呈。

求在我者之《论枪炮》甚精，玩其文笔，殆马相伯兄弟所为乎？此次暗中摸索，不识中否？望便中示悉。

◎马相伯（1840—1939），江苏丹阳人，别号求在我者，中国著名教育家、复旦大学创始人。

六月十一日（公历7月10日）

接到张通典来函，称张之洞与盛宣怀“锐意欲修汉口至长沙铁路”，随即致函汪康年、梁启超，提议粤汉铁路可绕道广西，“将三省一线连串，以湖南、广西为农矿之场，以广东为商务马头”，他提议广东招股由梁启超负责，“广东多富商”，故“股款千万亦不难筹”，广西由龙泽厚担任，至于湖南，“筹款固难，而煤铁甚便；若愚民梗阻，则嗣同能设法开导而弹压之，敢具保结者也。”并请黄遵宪到上海后与张之洞、陈宝箴修建湘、桂、粤铁路，招股开办（《谭嗣同集》618 页）：

顷复有一大事，试与两公商之。张伯纯来信曰，张香帅与盛京卿锐意欲修汉口至长沙铁路，伯纯谓何不由长沙走郴州达广东海口，开通一路，尤为远图？广东多富商，闻芦汉铁路不肯入股，即鄂湘铁路亦未必肯入股，若汉粤铁路，则股款千万亦不难筹。西人估计粤汉铁路不过二千万可办成，一年之后即可归还本银，本银不为多，而利厚如此，信不可不早图之也。但此公司宜别立于芦汉公司之外，得数千金赂朝贵，并烦一御史论奏，即可行矣。以上皆伯纯语。嗣同意谓何不绕道广西，广西既开通，西江又开通，龙州转瞬即繁盛矣，不可视为冷淡之地也。若安轨经此，可阴夺英、法西江轮船、龙州铁路之利，似无有便于此者。且尤有要者，近日广东、广西、湖南三省学派极相同，此亦天地间一大奇。若将三省一线连串，以湖南、广西为农矿之场，以广东为商务马头，志同道合，复何为而不成？公度到沪，请切托之，试与张香帅、陈右帅商定，会衔具奏，即可招股开办，不必俟芦汉铁路之成，并不必请一御史论奏也。盛京卿既与卓公有介然之知，卓公何不甘言诱之，令与香帅、右帅同奏，岂不更妙乎？广东招股，卓公宜任之；广西则请积之画策；湖南筹款固难，而煤铁甚便；若虑愚民梗阻，则嗣同能设法开导而弹压之，敢具保结者也。似此大举，时乎时乎，机不可失，望熟筹之。

六月十四日（公历 7 月 13 日）

杨文会母亲去世于延龄巷金陵刻经处内。先生十月十九日有信致汪康年，表示“仁翁光景，万难万难，又遭母丧，我辈能为收齐账目，是即助之也”。

六月十五日（公历 7 月 14 日）

访缪荃孙：“望日癸酉，晴，大风。……敖和翁、张受之、徐积余、谭复生、况夔生来。”（《艺风老人日记》471 页）

六月十六日（公历 7 月 15 日）

致函汪康年，托其购买《利济学堂报》及《算学报》（《致汪康年一四》，《谭嗣同集》605 页）：

接颂縠书，诵悉。卫足会草籍五本收到。温州利济学堂所出报，乞订购一分，按期仍由钟山书院寄下，兹寄上洋四元，所以为《利济报》之价也，乞察收代办为祷。黄氏所出之《算学报》，屡托代购，可否？并希示复。

六月二十四日（公历 7 月 23 日）

致函汪康年，表明《利济学堂报》多涉及阴阳、五行、风水、壬遁、星命之说，与守旧党观点无二，实为荒谬之说（《致汪康年一五》，《谭嗣同集》606 页）：

利济学堂报，乃缘《时务报》已登告白，故买阅之。今寄到，不意中多迂陋荒谬之谈，直欲自创教，不关于学术。彼既刊本，自可拆购，现寄到四本即请自此截然而止。若不许拆购，是否可全退。四本共价若干，请于前奉之四元内划出，余以订购《算学报》。《算学报》则诚佳矣，乞常寄为叩。至于承寄下之利济医院收条，仍以缴还注销为叩。非嗣同敢为反复，致劳清神，实虑此报为害不浅。其阴阳、五行、风水、壬遁、星命诸说，本为中学致亡之道，吾辈辟而辟之犹恐不及；若更张其焰，则守旧党益将有词，且适以贻笑于外国，不可不察也。彼欲为教主之私意犹其小焉者也。伏望我公谨之远之！千虑一得，思补高深，惟察是幸。信到并望示复。

同日，偕徐乃昌拜访郑孝胥，筹设办《矿学报》："午后，过洋务局，复过叶、林、谭。谭复生、徐积余来，议欲设《矿业报》，余亟赞之。"（《郑孝胥日记》609 页）

同日，缪荃孙拜访先生："廿四日壬午，晴。诣张受之、谭复生、徐积余谈。"（《艺风老人日记》472 页）

六月二十七日（公历 7 月 26 日）

偕徐乃昌至刘世珩宅共进晚餐，郑孝胥亦来："午后，过雪门、

康安，并过刘聚卿，留夜饭，谭、徐皆在坐。”（《郑孝胥日记》609页）

六月

送二侄女谭传瑾（族谱名裕英）出嫁江西补用同知扬州魏慕陶（族谱名业镕），魏家来南京就婚。后二人生一女，名魏诗庾：

> 近为二侄女出阁事，忙碌一晌。幸亲家来金陵就婚，故免却扬州一行，然已疲倦极矣。（《致汪康年一八》，《谭嗣同集》608页）

> 同年六月，公侄女（嗣襄公次女）出嫁扬州魏慕陶，了公一件心事。（《清谭复生先生嗣同年谱》，《谭嗣同研究资料汇编》24页）

七月初

先生拟办《矿学报》，该报计划介绍中国矿务，翻译外国有关矿务的报纸及书籍。并草拟《创办〈矿学报〉公启》一文，明确提出了关于发展矿务的具体设想，从办报宗旨、版面设计、人员配置、经费来源等方面多方筹划。《公启》提出中国矿务之得天独厚之条件以及办矿于国于民之益处：“通商者，两利之道也，客固利，主尤利也”，“中国之矿，甲地球也”。但矿务之所以办理不善，其原因有三：“不知开矿之利，不知不开矿之害；知其利与害矣，又不知所以开之之法。”他提出发展矿务应遵循“由报馆而学会，而学堂，而公司”的路线：“报也者，矿务之起点也；报出而学会可联，则点引而线矣；学会联而学堂可立，则线合而面矣；学堂立而公司可纠，则面积而体矣。”先生设想由《矿学报》发展到矿学会，由矿学会发展到矿学堂，再由矿学堂发展到矿务公司：“矿学会力量稍充，即可纠集股本，禀请设立开矿公司，拣炼矿质，方为今日办报之归宿。”本文原定刊发于《知新报》中，但最终由于《矿学报》创办无果而终未刊发（《谭嗣同集》211~212页）。

《矿学报》原定由刘世珩担任总理。《公启》后附章程十二条：

> 此启成后，议久不决，事以未果。然当时并为章程十

二条。

一曰：本报专报矿务，于谕旨、奏折以及公牍、私著，惟关涉矿务者，始敢登录，余悉不得阑入。

二曰：四方会友论著、函牍，谨择要编为博议。有不编录者，亦不得催问。至原稿则不论编录与否，概不检还。

三曰：本报用白纸石印，半月一本，本三十叶，零售一角，全年二元。自五册后即不零售，愿阅者请先交一年之资。

四曰：代售本报逾十本以上者，则于售价十成内提二成作为送报之费。

五曰：本馆出入帐目，年终编列简表，刊诸报末，以昭信实。凡捐款诸君可随时到馆查帐。

六曰：凡捐款百元以上，按期送报，永不取资。十元以上，送报十年。收到捐款，即由本馆总理填给收条为据。此外并无人在外劝捐。其外省代收捐款各处，另详报末。

七曰：本馆公举刘聚卿观察世珩为总理。又请编校二人，皆不受薪水。翻译二人，绘图一人，缮写一人，校刊一人，会计一人，薪水视事之繁简为率。工役人等，临时另议。

八曰：本报既出，一面即联矿学会以讲求矿务。愿入会者请将台衔、爵里详细函示，以便登报。《矿学会章程》俟续拟。

九曰：俟捐款稍裕，即就产矿之地建设矿学堂，广购书器，陈列各种矿质及开矿机器样式，延聘矿学、化学各门名师，招集聪颖有志之士，以肄矿学而储矿材。矿学堂章程容缓拟。

十曰：矿学会力量稍充，即可纠集股本，禀请设立开矿公司，采炼矿质，方为今日办报之归宿。开矿公司章程另拟。

十一曰：学堂、公司，所有一切利益，会中人皆得一体均沾。

十二曰：本报章程有未详备者，皆与《时务》《农学》两报大致相同，通例具在，无取冗沓。

七月初六日（公历8月4日）

致函汪康年，论及《算学报》的情况；信中支持梁启超前往杭州休养；询及《矿学报》聘请美报翻译以及酬金等具体问题；表明自己已将《矿学报》章程拟出，一并附寄（《致汪康年一六》，《谭嗣同集》606~607页）：

得初二日所寄书，如获异宝，方喜之不暇，何暇骂乎？所欲言者，亦遵条列：

一、徐托售书事已转达。

一、卫足会草籍已到。

一、《算学报》或谓不佳，然首册皆言至浅者，实无从判断佳否。嗣同颇喜其不厌烦琐，甚便初学耳。或谓其抄袭，然首册仅及加减乘除，试思加减乘除何须抄袭，且亦不能另生一新法也，但观此后如何。

一、秉三何以尚未到，意者不来金陵乎？

一、筱村先生邀卓如往西湖读书，此事嗣同极以为然，何也？嗣同常虑卓如揽事太多，又兼两馆主笔，内外夹攻，实于身命有碍，能往西湖清养，可保不致如铁樵之超然竟去。即仍兼主笔，亦自无妨，然而却止宜小住数月，或归而再往，不宜久住，因恐自为太多而为人太少也。兹有函致卓如，亦论及此事，乞转交为荷。

一、论湘粤铁路事，诚然诚然！

一、《矿报》若得施君翻美报，请令弟润色之，真乃《矿报》之福也。请即代为定夺。译出之美报系何名？须写西文来，恐重复购译也。如何寄？若干日可到？每月可得华字若干字？月备脩金及寄费共几何？翻译人润色脩金并允分书各应若干？伏乞详细查明见复为明。此非嗣同之私计，实中国之大计，千万勿疏略为祷！千万应见复！大凡六条，皆已著圈。

一、《矿报》章程，嗣同虽拟出，尚须同人斟酌。

致颂阁书一纸乞交。

同日，先生另附致汪康年之弟汪诒年一函，请汪康年代为转交，信中请其代购《格物质学》《决疑数学》及茅谦所需《算学报》（《谭嗣同集》623 页）：

接来示，谨悉。嗣同既尚有二元存贵处，请代饬纪去买《格物质学》一部、《决疑数学》一部，如不敷，仍乞代垫，容后缴。买就，乞即寄下，寄费由嗣同出，至祷至祷！丁宅信及报均照送，收片寄上……

《算学报》茅子贞要一分，请寄缪小山处转交。

七月初九日（公历 8 月 6 日）

黄遵宪与先生商议，将为《时务报》馆改订章程："公度昨来言，将为时务报馆改订章程，专为公省去许多烦劳，嗣同闻之，不胜其喜，想尊处必乐用新章也，嗣同当即画押矣。"（《谭嗣同集》608 页）

七月初十日（公历 8 月 7 日）

致函汪康年，告以《矿学报》不成。因发起此事的徐乃昌害怕上司知道此事，责怪他不该办报，首先取消了这一打算，致使办报未成，先生遂请汪康年转告梁启超、龙泽厚等，不要在《知新报》登载《创办〈矿学报〉公启》（《致汪康年一七》，《谭嗣同集》607~608 页）：

昨复一笺，计达。《矿学报》事恐无成，因徐积余怕上司闻之，以为不应为也。此事本自彼发端，仍自彼收之，嗣同复何憾！世故深者，思虑真多，此官场所以相率为泄沓也。请知会卓如、积之等，勿令《知新报》登报，事既不成，反以贻笑，直如初无是议可耳。

七月十八日（公历 8 月 16 日）

访郑孝胥于其住处，对郑言及《矿务报》已被搁浅："夜，谭复生来，言《矿务报》事已不果。"（《郑孝胥日记》613 页）

七月二十六日（公历 8 月 24 日）

致函汪康年，信中言及《时务报》将康有为《圣学会后序》

作者刊错一事（《致汪康年一八》，《谭嗣同集》508页）：

连得赐书、照像、《光绪会计录》等件，均收。又颂公函及《格物质学》《决疑数学》等，亦收到。近为二侄女出阁事，忙碌一晌。幸亲家来金陵就婚，故免却扬州一行，然已疲倦极矣。是以久未上书。今已完竣，乃得略致数语。

洋员克驰马上两江禀，顷从旧案中抄出，亦可见机局炮台之毛病；惟尚有整顿章程，已无从寻觅矣。此件可入文编否？抑散列报前，统希裁夺，惟千万勿说是某寄来者，至要至要！公事场中，动辄有关碍也……

顷见《申报》登有告白，《圣学会后序》乃是康南海所作，而误以为岑大理作，此显系贵报有误，今既为人挑剔，何不于贵报上自行更正，发明缘由，庶比于自首减等之例。康南海海内贤达，必不至为嫁名诬人之事，非贵报执其咎，谁执其咎者？此于贵报体面声名大有妨碍，请与卓公酌之。

七月二十八日（公历8月26日）

夜晚冒雨拜访缪荃孙，并托付缪荃孙为其代售《湘学报》："廿八日乙卯，晴，热甚。晚大雷雨。谭复生来，寄售《湘学报》。"（《艺风老人日记》476页）

七月二十九日（公历8月27日）

陈庆年往东关头寓所拜访先生，先生对其言及南洋兵轮裁人之事。据陈庆年记载（《横山乡人日记》选摘，《近代史资料》总76号201页）：

七月二十九日，薄晚，过东关头谭复生处（名嗣同，江苏候补知府，现为筹防局提调），渠言南洋兵轮裁人极多，蚊艇仅有五人，至不能驶行。今年苏抚赵展如（名舒翘）大阅，檄调会操，至不能应。狼福、苏、松三镇巡洋大兵轮如登州、瀛洲之类，以存人过少，遇海盗无人追逐，皆不敢随巡。往年尚派水师学生至练船操演，巡至新加坡；今年刘岘帅（坤一）核算各轮需煤至七千金，遂决不举行，可惜也。

◎陈庆年（1826—1929），字善余，号横乡山人，江苏丹徒人，近代史学家、教育改革家。肄业于江阴南菁书院，应张之洞聘至湖北武昌两湖书院任教（《谭继洵集》678 页）。

七月（公历 8 月）

致函涂儒翯，在信中向他倾诉候补官场的黑暗以及候补官制度之各种弊端，“所谓候补官者，流官、流士兼焉者也；甚则流民、流兵杂焉者也。朝廷不问其来去，疆吏或忘其姓名，循例参谒，不知何所为而乌合俯首唯诺?”并在信中阐明变法之急务在于开学会，“国存而学足以强种，国亡而学亦足以保教”（《谭嗣同集》219~220 页）：

适莽苍者，愁如稠饥；逃空虚者，跫然则喜。于风尘澒洞，八表同昏之日，为官府走趋，焦诟无耻之行久矣。夫拚为同学所弃，而高节者所不齿，放废孤羁，宁有他冀？不图被其垢于千里而遥，三薰而三沐之，碧霄黄垆间，乃复有吾子翩然贲书，情文周挚，言之不已，复长言之，长言之不已，乃至作为歌诗以咏叹之。《缁衣》无此好，《白茅》无此诚，溟渤渟容无此宏量，文字死生无此气谊。走也不力，当之惶惑！但觉江云四帀，绪风一号，万思驰肠，千悲掩涕，积念所激，若趋承左右，而听受话言。如有所誉，则非凉德能可暂任矣。勤勤药石，敢不拜嘉！然而似尚有不深悉此间情事者，聊复一言，匪敢谁诿。

古者政散民流时，则有流民，今不惟流民，又有流兵，又有流士，又有流官。所谓候补官者，流官、流士兼焉者也；甚则流民、流兵杂焉者也。朝廷不问其来去，疆吏或忘其姓名。循例参谒，不知何所为而乌合；俯首唯诺，不知何所为而蛙鸣。己无与于民，民亦无所于赖，徒统名之曰：官尔官尔！又况今日有不谋而合之大宗旨，日专以挫抑人才为务。他省或得其三，此间必居其七。就令小有驱使，不过奉守程期，以掩饰无过为称职，以云有为，此故难矣。

窃就尊论，自敕厥躬，高固不敢，然亦无可再下；激固不能，然亦无可更随。至若肃乂内治，辑穆外交，苟得一州斗大，自当禀承尊公在昔之训，推行仁兄斯今之箴，黄河之清，姑妄俟焉，以为非所当急也。

今之急务，端在学会。明知琯惟孤奏，无当于昭华；艾不三年，讵神于痼疾。其势至涣，其效至迂。然群圣之灵，六经之经，震旦之菁英，黄种之娉婷，寄斯焉耳，他无幸矣。尝妄谓何故变法、兴学而已，上即不变法，而终不能禁下之不兴学，锲而不舍，金石为开。国存而学足以强种，国亡而学亦足以保教，有学斯有会，会大而天下之权力归焉，复何为而不成乎？此其所志，亦正与来书以拙制诡、用诚驭巧之云密合无间。

足下《议学》一刻，最为远大之图，寓言、诗说，尤觉洞达本原，字字皆宝。威凤延咮，万音翕合，以嗣同之詹詹，但有服膺，却忘拟议。闲有足为互证者，别纸疏出，借备省观。兼使据此以施督教，奢望无已。惟诗不及酬，请于异日。

嗟乎！此去故乡，鸟飞道曾不千百耳，山泽通气，沆瀣不绝，何为使我思君至于无时自释哉？非地之果远也，亦时日迭更，疾逝不少留耳。然则两勉交进，胡可忽诸？

伏维葆此爱力，施诸无穷，繄岂故人之惟幸。甚感甚感！叩头叩头！

八月初一日（公历 8 月 28 日）

编修徐仁铸任湖南学政。

△先生从邸钞中获悉此事，欢喜之至，于是疾致徐仁铸一函。信中，先生介绍了湖南本以守旧而闻名，后学政江标以及巡抚陈宝箴“一意振兴新学”，两年以来，新政发展非常之顺利；并向徐仁铸介绍了时任《湘学报》主笔的唐才常；对于徐将来湘，他“笑乐不能自禁焉尔”，愿“与乡之人延颈拭目，喁喁企之而已”（《谭嗣同集》214~216 页）：

顷阅邸钞，欣悉皇华使节，督学吾湘，天末馨闻，笑乐不能自禁。匪以为彼此交谊之私，漫然欲称贺也，乃所以庆吾湘人焉。不然，吾砚甫亦何患不大用于时，顾于一学政沾沾为砚甫喜哉？

别国方言，辅轩是采，询谋咨诹，使乎使乎！援据往例，请得择言：

溯自三十年来，湘人以守旧闭化名天下，迄于前此三年犹弗瘳，此莫大之耻也。愚尝引为深痛，而思有以变之，则苦力莫能逮。会江建霞学政莅湘，遂以改本县书院请，欣然嘉许。而他州县亦即相继以起。未几，义宁陈抚部持节来，一意振兴新学。两贤交资提挈，煦翼湘人，果始丕变矣。至今日人思自奋，家议维新，绝无向者深闭固拒顽梗之谬俗，且风气之开，几为各行省冠。

两年间所兴创，若电线、若轮船、若矿务、若银圆、若铸钱、若银行、若官钱局、若旬报馆、若日报馆、若校经堂学会、若舆地学会、若方言学会、若时务学堂、若武备学堂、若化学堂、若藏书楼、若刊行西书、若机器制造公司、若电灯公司、若火柴公司、若煤油公司、若种桑公社，农矿工商之业，不一而足。近又议修铁路及马路。其诸书院亦多增课算学、时务，乌睹所谓守旧闭化者耶？此其转移之机括，厥惟学政一人操之。何则？以督抚之位尊权重，宜乎无不可为，及责以学校之事，何以教育，何以奖掖，何以涤瑕，何以增美，则其位其权，皆成渺不相涉。学校废则士无识，士无识则民皆失其耳目，虽有良法美意，谁与共之？此故非学政莫能为力矣。

方江学政之至也，谤者颇众。及命题，喜牵涉洋务，所取之文又专尚世俗所谓怪诞者拔为前茅，士论益哗，至横造蜚语，箝构震撼。而江学政持之愈力，非周知四国之士，屏斥弗录，苟周知四国，或能算学、方言一技矣，文即至不通，亦褒然首举之。士知终莫能恫喝，而己之得失切也，乃相率尽弃其俗学，虚其心以勉为精实，冀投学政之所好，不知不觉，斩然簇然，变为一新。虽在僻乡，而愚瞽虚骄之论，亦殆几绝矣。班孟坚曰："利禄之途使然，在上者其慎所以导之之具。"《传》曰："上有好者，下必有甚焉者矣。"顾意诚否耳，何患民弗从哉？

诸新政中，又推《湘学报》之权力为最大。盖方今急务在兴民权，欲兴民权在开民智。《湘学报》实巨声宏，既足以智其民矣，而立论处处注射民权，尤觉难能而可贵。主笔者为同县唐绂丞拔贡才常，嗣同同学，刎颈交也。其品学才气，一时无两，使节抵湘，行自知之，要皆江学政主持风会之效也。

嗣同尝眷眷深念，以为湘学之任难乎其继。去年薄上京师，获交执事，学术行谊，言论风采，若出云雾而睹青天，昭然发蒙矣。仰悦之下，辄私谓顾安得吾砚甫为吾湘学政乎？别后犹念之不能忘。若有天幸，竟塞此望。可知他日吾湘教化之美，殆于不可思议，请纪使节之出以为息壤。

若夫所以嘉惠吾湘之道，执事救世心殷，讲之夙矣。又得陈抚部及李仲仙按察、黄公度盐道相为夹辅，复何俟愚鄙之喋喋为哉。谨与乡之人延颈拭目，喁喁企之而已。

兹仅稍举已然之事，云备观风，亦其笑乐不能自禁焉尔。诜征在即，疾为此函，冀于未出都时见之，故草略不暇检。

八月初七（公历9月3日）

缪荃孙拜访先生："七日甲子，晴。接《农学报》。出拜谭复生、邓石瞿。"（《艺风老人日记》478页）

八月初八（公历9月4日）

缪荃孙拜访先生，并将售卖《湘学报》所得七千文钱交与先生："八日乙丑。还《湘学报》费七千文与谭馥生，又还学报五分。"（《艺风老人日记》478页）

△先生在收到《湘学报》售资之后致唐才常一函，并报款以及信件一并托熊希龄带予唐才常。他言及南京风气不开，只售出《时

务报》两百余份，而长沙却售出一千余份，并盛赞《湘学报》为“中国第一等报”，尤其对唐才常于五月初一至五月二十一日发表于《湘学报》第五、六、七号上的《质点配成万物说》一文评价极高（《谭嗣同集》206~207页）：

前售《湘学报》资，交熊秉三带上矣。闻湘中长沙一城，销千数百分；销《时务报》又千余分。盛矣士之好学也。金陵销《时务报》仅及二百分，盖风气之通塞，文化之启闭，其差数亦如此矣。嗣同以各新闻纸为绝精之测量仪器，可合测其国，兼可分测其人。国愈盛者，出报必愈多，美利坚是也；人至极暗陋，必不阅报，中国之守旧党是也。合数国数人相较，以得其比例，若一之与二、三之与四，不难偻指数，而报之美恶亦因之。《湘学报》愈出愈奇，妙谛环生，辩才无碍，几欲囊古今中外群学而一之，同人交推为中国第一等报，信不诬也。

《质点配成万物说》竟明目张胆说灵魂、谈教务矣，尤足征足下救世盛心，于世俗嫌疑毁誉，悍然置之度外，可谓难矣。得此则嗣同之《仁学》殆欲无作，乃足下于《湘学报》一则曰“绵《仁学》之公理”，再则曰“《仁学》之真铨”，三则曰“《仁学》大兴”，四则曰“宅于《仁学》”，五则曰“积《仁学》以融机械之心”，六则曰“《仁学》大昌”。转令嗣同惭惶，虑《仁学》虚有其表，复何以副足下之重许？然近依《仁学》之理衍之，则读经不难迎刃而解，且日出新义焉。

在信中，先生将孔教分为八类，并一一做以阐释：“今将区为八类：曰微言、曰雅言、曰大义、曰小学、曰大同、曰小康、曰阙疑、曰伪窜。”他表达自己愿为救人而“不惜躯命”，并希《湘学报》增加经学版面，以此弘扬孔教。张灏曾这样评价其对传统的态度：“谭嗣同和五四知识分子虽然同样攻击礼教，但他们对传统的态度却彼此很不相同。五四知识分子由攻击三纲进而彻底否定传统的价值，造成一种极端的反传统主义。谭嗣同虽然批判三纲，却并不全面否定传统。他深知在儒家的礼教之外，儒家的其他思想以及儒家以外的传统思想尚有许多精神价值值得发掘和肯定。”（《烈士精神与批判意识》94 页）

吾湘魏默深本之以谈洋务，今四川廖季平、广东康长素及其门人弥宏斯旨，蔚为大国，皆与湘学派合者也。若夫《周礼》，足下不攻其伪，特定为姬氏一朝掌故之书，尤为平允不激，而含意未伸之贬辞亦即寓乎其中。如三夫人、九嫔、二十七世妇、八十一御妻与夫饮食衣服之属，独纷然侈汰，以恣肆于万民之上，最为显悖公理；又如议亲议贵之条，尤乖于平等，所当剔出分观者也。天假之缘，吾二人同堂讲习，得践此约，足下固精力过绝人，嗣同亦不惜躯命，即不能遍治十三经，当亦思过半矣。惜乎足下为饥驱，嗣同为纲伦驱，风劲草而著疾，薪劳轴而陨涕，各有兼营，不遑宁处。嗣同又骛事太广，役志太烦，血气倘或不副，将有危身之虑。然念蠢尔躯壳，除救人外，毫无他用。昔德公主见俄彼得，怪其面黑目深，则自言由于用心太苦。彼得霸者，不过自私自利，犹尚不自吝惜如此，况其在吾党也。但不知此愿何日可偿？聊复书之，留为异时之券。倘得径归，则拟于《湘学报》竟增经学一门，本群教群国之义理、掌故、时事，汇而以澄吾已亡之孔教，仍依原例，逐条设为问答，俾皆晓然于莫不尊亲之非诬，自谓为经传别开生面矣。（《谭嗣同集》209~210 页）

在信中，先生言及好友沈兆祉并加以赞赏，唯独认为其“不脱经生气”。并表示沈兆祉已看到梁启超在《时务报》上言及其著成《仁学》（《谭嗣同集》210~211 页）：

南昌沈小沂兆祉，吾瓣姜先生弟子也。于考据学致力颇深，词章绵缈处大似嗣同，亦好格致算学，时时谈西法。往与同学京师，渠治目录，嗣同治纬，相得欢甚。但稍觉其不脱经生气。东事后，久不相闻，迩忽得其书，言于《时务报》见嗣同著有《仁学》，为梁卓如所称，不知中作何等语。渠意以为学西法，惟平等教公法学最上，农矿工商有益于贫民者，亦不可缓，兵学最下，不审《仁学》颇及上一路否。此正嗣同早暮惓惓焉欲有事者也，不图小沂猛进乃尔。

八月初十日（公历9月6日）

接受《时务报》之聘请，担任报馆董理一职，并致信汪康年，信中言及对汪康年于一年内使报馆盈利两万元之钦佩，并将自己大费周章所觅得的《金陵水师学堂规条》《金陵陆师学堂章程》《金陵陆师学堂规条》《金陵储材学堂章程》寄予汪康年，嘱其刊入《时务报》中（《致汪康年一九》，《谭嗣同集》609页）：

正拟裁笺奉上，忽接初七日赐书，慰甚！《圣学会序》事，因人多为此而訾议，康南海心甚不平，故移责贵馆，既别有曲折，则自不必言矣。又承赐书，使充董理，董理本应有，何则？在今日有穰卿在馆，所以千妥万当，一切尽善尽美，但日后接办者安得人人皆穰卿乎？故不得不举董理、定章程矣。然嗣同却不足膺其选，此后有一知半解，无不竭忠尽言，亦不在乎董理不董理。承示章程，极周详细密，一字不必增改，请即以此信作为画押之据。季直处容与面商，另由渠自行作答可也。

读三十七册报中所列之账目，更与十八册中之账目参看，始知穰公之贤劳独任，办理已到绝顶好处。现在虽立董事，不过为将来之用。在今日循览账目，吾知游、夏不能赞一辞矣。请详言之：计自去年七月朔起至本年六月底止，整整一年，售报约计一万二三千分，每分每年四元，应入售价约五万元，查两册账目，仅共收售价二万五千余元，是尚有二万五千元未寄到也。然虽未寄到，终必寄到，是与存于馆中无异也。而馆中仅将收到之二万五千余元动用，尚能存银约六千元，是未收到之二万五千元，并此存银六千元，共三万一千元，皆所获之余利矣。即将各处捐款约一万余元作为本银，以减三万一千元，尚能得利银近二万元。一年之功效如此，实出意外，安得不拜服穰公综核之才乎！然仅以赢利而论，吾知尚不是穰公极得意之笔，嗣同沾沾以此为喜者，获此实利益，足令不知者心服也。此后开列账目，何不照此分别，某为本，某为利，比较而出之，则穰公之功，不益表著于天下乎？公事公办，在穰公亦不必过存谦让，而口不言功也。以上所言账目，若非嗣同细心，他人亦不能知，故必须分别本利，然后方不致埋没。

金陵凡三学堂：曰水师，曰陆师，曰储材。经嗣同费许久之力，皆觅得其章程，今以寄上，绝好之报料也。虽是刊本，却甚难得。中国习气如此。若暂不及登报，请珍重视之，嗣同亦再无第二本也。但勿说是某人所寄为要。计《水师学堂规条》一本，《陆师学堂章程》一本，又《规条》一本，《储材学堂章程》等共一本，总共四本，乞察收为荷。

八月十八日（公历9月14日）

回函欧阳中鹄，言及未能为其侄周泰韵安排差事，于是留他在府上暂住；还言及《湘报》创办乃是湖湘风气之开（《致欧阳中鹄一五》，《谭嗣同集》558页）：

前奉五月廿四日赐书，并寿诗一卷，适值事冗，加之五中郁弗，意兴颓唐，虽欲上书，苦于无所可言而罢。县中公事好到极处，久即知之，被斯遐福，何止万家，舍身救人，必无吝焉。恭览诗篇，而叹起化之有本也。惜嗣同乞食千里，未亲叩贺，此为歉耳。至于不知者之诋议，则终无不诋议之时，亦诚不足道矣。同溪到此，嗣同苦于无可推荐，暂留在公馆居住，以俟机会，他日必有以报命。湘人风气果开，自《湘学》出报，读者咸仰湘才若在天上矣。浏阳自必有日新之象。

八月二十一日（公历9月17日）

《时务学堂招考告示》刊于《湘学报》第16册。此告示亦在长沙大街小巷予以张贴。

八月二十三日（公历9月19日）

汪康年至郑孝胥处，言及先生“强邀”梁启超及李维格为湖南时务学堂教习之事。《郑孝胥日记》中载："雨。汪穰卿来，谈南皮忽使钱念劬作书与报馆，言欲使汤蛰仙寿潜来报馆主笔。湖南时务学堂欲强邀李一琴为教习。因言中国习气多是不恕。汤，绍兴人，安徽知县。湖南学堂即熊秉三、蒋少穆所经理也。"

八月二十八日（公历9月24日）

湖南时务学堂举行第一次招生考试，报考者4000人，最终确定各课学生共27人。中文内课生19人，中文外课生8人，中西文留课生14人。蔡锷、李炳寰、唐才质、杨树达等均在该批次（《湖南时务学堂研究》105页）。

八月二十九日（公历9月25日）

致信汪康年，言及湖南时务学堂欲聘请李维格为教习事，作为替代，先生推荐汤寿潜作为《时务报》主笔；并寄给汪康年克驰马各条陈，但无从找到附图，他希望汪康年刊入《时务报》当中；还谈及《算学报》潦草抄袭且"于谈算时阑入谈教之语"，指出"谈教时尽可牵引他专门之学，谈专门之学时则必不可谈教"，否则"徒费纸墨，既荒其学，又适同谤教，学与教两无所处也"（《致汪康年二〇》，《谭嗣同集》610~611页）：

> 得廿五日书，领讫。湘延李一琴兄，似当从其请。公度过此时，曾谈及此，盖报馆之事，犹不足尽李君之才，不如请其往湘教育人材，其功德尤大也。且卓既不往湘，而李又不往，亦似乎下不去。尊处之抄本，从来未得见。
>
> 汤蛰庵，嗣同素欣慕其人，而不曾一见，主笔一席，应否延请，悉出钧裁。至谓此事关涉外人干预报馆，所虑极是。复钱信虚与委蛇，极得体。大抵贵人好以权势迫人，而应之者惟以拖延二字，绝不与之触迕，彼自无可如何，此官场之秘诀也。今不惜以语公，亦可谓大公无私矣。然而嗣同不过泛论如此，究竟汤君之应延与否，嗣同皆不赞一词，幸勿误会，谓嗣同不愿延聘也。
>
> 克驰马各条陈，宛转从营务处抄得一本，其图式则竟无从

访觅矣，请刊入报何如？

《算学报》见三册矣，前蒙公垂问此作到底何如，时甫见一册，不敢率尔妄对。今渐窥见底蕴，似乎不佳。盖算学之粗浅者，本不能更出新奇，则抄袭亦自不足怪，并且不能免。第一册、第二册之图尚有心得之处，至三册，则潦草抄袭而无味矣。然此犹得曰取便初学，无贵精深也。独何以于谈算时阑入谈教之语，夫非欲以教之虚无恍忽而文饰算之浅陋耶？嗣同亦酷好谈教者，乃忽作此语者，何哉？盖谈教时尽可牵引他专门之学，谈专门之学时则必不可谈教，此一定之体例。其故，则因教能包括各专门之学，而各专门之学不能包括教，于此而谈教，除非有特识为古今人所见不到者乃可。不然，则徒费纸墨，既荒其学，又适同谤教，学与教两无所处也。

九月初六日（公历10月1日）

致信汪康年，敦促其放行梁启超、李维格，使二人速往湖南时务学堂任教，并附寄湖南《不缠足会嫁娶章程》（《致汪康年二十一》，《谭嗣同集》612~613页）：

昨寄上克驰马条陈一本，并函计达。顷拟《不缠足会嫁娶章程》一通，因湘中已成一会，在吾县则由唐绂丞、黎少谷辈主持，适有书来商量办理之法，故为此章程寄去。今仍录呈台鉴，乞核酌是否可行；若尚堪改削，即乞改削后著为会中通例何如？卓如兄何日返沪，并乞商之。然不论通行与否，大约湘中必将照此行之矣。郑苏龛前有改衣服之议，细思实不可行，但可望诸异日，渐渐转移，若此时遽入章程，必无益也。公以为何如？

湘中时务学堂告示，大有可观，今将原张寄上，另作一包，同日寄，乞察收。请刊之报上为祷！熊秉三来书，言湘中官绅决计聘请卓如、一琴两君为时务学堂总教习，黄公度尤极力赞成。诸绅皆谓卓如虽在湘，仍可寄文稿至贵馆，而特虑公不肯兼放两位俱去，因公恳嗣同亲到上海哀吁，我公如更不肯，将不恤与公迕而豪夺以去。嗣同窃计，遽用霸道，似乎使公太难堪，今为公计，不如自劝两君往湘，则尚不失自主之权，而湘人亦铭感公之大德矣。嗣同为乡人所迫，万分无可如何；兹先与公婉商，不遽作赴沪之举，所以为公地，使此事若出于公自己情愿者，可作一完全之人情也。公即不令卓如往湘，渠亦必往西湖，宁能终绊之耶？一琴兄在馆，公度久即不以为然，谓屈抑其长才，仅得为翻译也。公即不令一琴往湘，公度及与公度知好者，亦必别为谋置一地，又宁能终绊之耶？反复思之，终乞公勿强留之之为愈也。一琴兄前未及致信，望为致意速驾。致卓如书乞转交。嗣同非不时时刻刻为贵馆计算，但事势所迫，不得不如此，惟公当能谅我，必不至使我往上海，又奔波一回也。翘首云天高谊，感祷实深。

案湘中时务学堂招考才数日，已逾二千人，而后至者犹以未与考为恨，此其机亦诚不可失也。又湘信言，南皮强令湘学报馆改正素王改制之说，自己认错，而学使不敢不从，南皮词甚严厉，有揭参之意，何其苛虐湘人也！湘人士颇为忿怒。甚矣达官之压力，真可恶也！

九月初八日（公历 10 月 3 日）

筹防局总办增广照去世，先生因此事至两江总督署禀刘坤一。《申报》第 8795 号《金陵官场纪要》：“候补道曾广照观察向办筹防局差务，谙练老成，素为上游器重，忽于本月初八日溘然长逝，旋由知府谭嗣同太守赴督辕禀知。”

九月初九日（公历 10 月 4 日）

因筹办时务学堂经费遇阻之事致信龙绂瑞，恳请其父江苏学政龙湛霖致信刘坤一，施以援手，以此挽回七千金之拨款（《谭嗣同集》628 页）：

久不奉书左右，伏惟侍奉清娱为慰。兹有恳者：湘中绅友来函，言时务学堂经费，曾由熊秉三太史、蒋少穆观察面恳刘岘帅，允于湘岸盐务中分款，每年七千金，而易实甫观察止拨五千金，岘帅将为所摇，故特函商令速转恳尊公大人致书岘帅，争回此款，以为开办学堂之用。嗣同念既系一省紧要之公事，非同寻常请托者比，应请转禀尊公大人，略一援手何如？毋任拜祷，并希示复。

九月初十日（公历 10 月 5 日）

致函汪康年、梁启超，表示自己因筹防局总办曾广照病故而不能至浙江参加吴樵葬礼，并随信附寄挽联一副（《谭嗣同集》517 页）：

> 嗣同原拟秋间赴沪，以便往浙去会吴樵之葬，乃本局总办病故，新旧交代之时，局中公事万分纷杂，竟不能不爽约，负负而已！兹寄上送吴樵挽联一首，请转致。仲弢、锡雄仍在沪否？乞为通意。卓公倘赴浙，望于季清丈前，代达鄙意。挽联可折阅之，久不作大书，殊欠自然。

并附所作《哀吴樵联语》：“魂气无不之，人因季札思观葬；华阳渺何许，鹤到林逋更合铭。”（《谭嗣同集》214 页）。

九月二十七日（公历 10 月 22 日）

先生因自己九月初六日信中强令汪康年放行梁启超、李维格之事而深感歉意，向汪康年写信致歉，并在信中推荐张通典前往时务报馆任职（《致汪康年二二》，《谭嗣同集》613 页）：

> 顷奉二十三日手教，庄诵一过，始知我公所遇之难，与事之曲折层累，实有不可解者。而嗣同前书之孟浪唐突，无状已极，虽加扑责，不敢辞罪。惟公慈悲如佛，曲宥愚顽，不遽与之绝，而犹拨冗为长书，以牖其茅塞之下怀，使之启悟，不终于蒙暗回惑，则又我公莫大之赐也。但此后嗣同若更有过失，仍望我公不屏弃于不屑教诲之列，而时时如此诱掖之，则又嗣同莫大之益也。然此事始末，嗣同不忍辩，而又不敢不微辩者，实为熊秉三所迫。而熊书又未明言聘陈聘李之始末，第云公不放梁、李，令嗣同往上海去蛮拉硬做耳。此信行即亲携呈览，以见非嗣同之敢于生事。然嗣同既不悉此中始末，遽信秉

三一偏之言，以致身为董事，全不知为报馆计，无故移书备责我公，此则虽有万口，不能为嗣同曲解也。终夜傍徨，又不知所以自赎之道，恰张伯纯到此，因劝其往贵馆办事，而可否备用之处，仍决之于公，庶几为公之助，而嗣同亦借是效其区区之愚也。日间即当偕伯纯亲到上海，在嗣同之意，则专为负荆请罪来也。惟公曲鉴之！然又有一语为公进箴者，此后倘遇更有如嗣同与诸湘人之无理取闹者，愿公毅然决然不允所请，如谓公不放某人，即从此不放某人矣。人须具横强之气，而后可以有为。于事既不能自主，亦止可坦然置之，而徒为郁郁不自得，是无益而又自伤也。公谓然否？

九月

先生所撰《浏阳麻利述》刊发于《农学报》第12、13册上。该文分为述意、辨种、种麻、地势、时令、培壅、去虫、刈麻、刮麻、烘麻、漂麻、开麻、绩麻、经紾、浆经、纬紾、织布、漂布、四宜、春布、麻线、麻绳、麻菌二十三篇。此文原署“邱惟毅、周泰韵同述，谭嗣同属草”，是先生询问二位友人及僮仆而成之文，先生在开篇记述：“浏阳家家种麻，独嗣同未尝亲其事。适同县邱君菊圃、周君同溪同客金陵，得备询其法，同溪尝自种麻，道之尤悉，并著诸器用于图。嗣同所携僮仆，皆乡农也，兼采所说，为麻利述。”（《谭嗣同集》418~426页）

同月末，先生偕张通典由南京抵达上海，此次为他任职南京期间第四次也是最后一次到上海。在上海期间，他与康有为首次会面。先生早年通过邸钞始知康有为其人，先后读过其《新学伪经考》《广艺舟双辑》《长兴学记》等，从梁启超等人处了解到康有为的为学宗旨，并对其钦佩有加。乙未冬，康有为托刘善涵为先生带来其《长兴学记》一卷，先生十分惊讶。后又从他人处得知康有为十分看重他，并于是年秋末始得一见。先生于《壮飞楼治事十篇》中《湘粤》一篇中记述与康有为相识之经过（《谭嗣同集》524~525页）：

嗣同昔于粤人绝无往来，初不知并世有南海其人也。偶于邸钞中见有某御史奏参之折与粤督昭雪之折，始识其名若字。因宛转觅得《新学伪经考》读之，乃大叹服。以为扫除乾、嘉以来愚谬之士习，厥功伟；而发明二千年幽蔀之经学，其德宏。即《广艺舟双辑》亦复笼罩古今中外，迥非耳目近玩。由是心仪其人，不能自释。然而于其微言大义，悉未有闻也。旋闻有上书之举，而名复不同，亦不知书中作何等语。乃乙未冬间，刘淞芙归自上海，袖出书一卷，云南海贻嗣同者，兼致殷勤之欢，若旧相识。嗣同大惊，南海何由知有嗣同？即欲为一书道意，而究不知见知之由与贻此书之意何在。五内傍皇，悲喜交集，一部十七史苦于无从说起。取视其书，则《长兴学记》也。雒诵反覆，略识其为学宗旨。其明年春，道上海，往访，则归广东矣。后得交梁、麦、韩、龙诸君，始备闻一切微言大义，竟与嗣同冥思者十同八九。上年梁君告嗣同，有朱菉荪者，闻嗣同前在上海，问今去否？将不远数千里见访。嗣同益不测何因至前，旋即澹然置之。次年春，到上海，果晤菉荪，问其见访之故。曰南海教之也。以嗣同粗陋不学，而厚被知遇如此，古称神交，宁复过之？直至秋末，始得一遂瞻依之愿，而梁、韩及嗣同亦先后俱南矣。夫即以彼此交谊之私，妄测时局，其亦有非偶然者乎？

△谭恒锐曾于先生遗物中见一梁启超所写短笺，言及康有为在其寓所，要先生前来会见，应为是时（《清谭复生先生嗣同年谱》，《谭嗣同研究资料汇编》18页）：

是时梁氏居沪，康南海亦来沪，公识康氏当在是年。余曾见梁氏一短简："南海先生将归，顷在寓下，仁者能来此否？"余在故物堆中，发现梁致公三简，上称"复生仁者"，下款"超合十"。可能均居沪时作。时梁住沪上跑马厅泥城桥西新马路梅福里，梁氏识谭从梁氏自所记计有四年，康氏识谭仅有三年。

先生与康有为此次会面，据康有为后来回忆，是要先生弃官回湘筹划湖南自立，康有为在致赵必振信中叙述（《戊戌变法史研究》2页）：

因陈右铭之有志，故令卓如入湘。当时复生见我于上海，相与议大局，而令复生弃官返湘。以湘人材武尚气，为中国第一，图此机会，若各国割地相迫，湘中可图自主。以地在中腹，无外人之交涉，而南连百粤，即有海疆，此固因胶旅大变而生者。诚虑中国割尽，尚留湘南一片，以为黄种之苗。此固当时惕心痛极，斟酌此仁至义尽之法也。

吴樵之父吴德潚葬子之后返山阴知县任，先生至杭州送行并为其作《杭州赠吴季清先生诗》，此诗三联本名为《送吴季清德潚之官山阴》，并注："时季清子铁樵卒于汉口"（《谭嗣同集》221页）：

此生当补他方佛，何意微尘补一官。湖水部民西子病，延陵魂气北邙寒。先生方葬其子樵于湖上。君如归隐还思鹤，我为伤时欲控鸾。悲极翻今成独笑，死前来看越中山。

△在上海期间，先生决定接受盛宣怀委托，返湘协助其办矿。梁启超于离沪赴湘前致函陈三立、熊希龄称："复生将归湘，缘为盛杏荪聘请办矿，可为一喜。"康有为、梁启超与盛宣怀熟识，并在上海频繁应酬，先生赴湘办矿一事应为康梁极力促成之结果。但其在沪期间是否会见盛宣怀尚未见明确记载。

△湖南巡抚陈宝箴亦屡次催促先生辞官返乡参与湖南新政。据梁启超记载："陈公父子与前任学政江君标，乃谋大集豪杰于湖南，并力经营，为诸省之倡。于是聘余及某某等为学堂教习，召某某归练兵，而君亦为陈公所敦促，即弃官归，安置眷属于其浏阳之乡，而独留长沙，与群志士办新政。"（《谭嗣同传》，《谭嗣同全集》554页）为此，先生曾作诗《江上闻笛诗奉怀陈义宁公连辱见招竟不自拔》（《谭嗣同集》182页）：

亡命向江海，柯亭十六椽。世无马南郡，黄鹤自翛然。夜久风嬉水，天寒月吊烟。自为厨下爨，太息累名贤。

十月初

梁启超偕韩文举、叶觉迈、欧榘甲及李维格从上海动身启程前往湖南长沙，先生为其饯行。

十月初一日（公历 10 月 26 日）

《国闻报》在天津创刊，该报为维新派在华北地区出版的唯一报纸。创办者为严复、王修植、夏曾佑。《国闻报》与上海的《时务报》、湖南的《湘报》三足鼎立，同为维新运动进行舆论宣传。

十月初三日（公历 10 月 28 日）

《郑孝胥日记》中载："谭复生来，未晤。"

同日，访宋恕于其住处。《宋恕日记》中载："初三日，见薇君论一首，浏阳来。"（《宋恕集》940 页）

△宋恕曾在《又致次饶书》中言及其与先生讨论《仁学》内容，先生颇为虚心采纳建议之事："谭氏《仁学》，惟心派之哲学也，故其大处与衡不合，昔曾与面争屡矣。谭颇能虚心，惜天不假之年也！"（《宋恕集》652 页）

十月初四日（公历 10 月 29 日）

《郑孝胥日记》："诣谭复生，不遇。"

十月上旬

先生离沪返宁。

十月十八日（公历 11 月 12 日）

由南京出发前往武汉，并致函汪康年，附寄《敬炮章程》于时务报登载，并询问自己之前所寄《水师学堂章程》仍未刊登之原因，亦言及自己将归湘（《致汪康年二三》，《谭嗣同集》614 页）：

> 顷又于尘牍中抄出《敬炮章程》一通，亦交涉中之大掌故也。寄上，应请登报。再者，储材、陆师两章程已登报，而《水师学堂章程》尚未登报，幸勿忘却，则江南之学堂体段完全矣。嗣同本日南归，此后通信较难矣，怅怅无已！

十月十九日（公历 11 月 13 日）

致函汪康年，因念及杨文会遭遇母丧且光景万难，于是极力促成时务学堂向杨文会购买仪器并支付价款之事（《致汪康年二四》，《谭嗣同集》513 页）：

> 杨仁翁先生问从前经价，因以片纸嘱寄上，渠正在衰绖之中，不便公然通信也。湖南买仪器价，请转向蒋少穆兄一问，速即寄来。仁翁光景，万难万难，又遭母丧，我辈能为收齐账目，是即助之也。沅帆地图股分，嗣同曾在沅帆手买得全分，其图是否即在尊处领取？然股票无妥人，不便寄至，是否可先交梁卓兄将图带下，即由卓兄在股票上书一笔，以为已经发交头批地图之据？统俟核夺。

同日，缪荃孙拜访先生："十九日乙亥，晴。出拜黄介庭在福、徐积余、何诗余、孙仲隅、郭月楼、谭苐生。"（《艺风老人日记》487 页）

同日，胶州湾事件爆发。三艘德国军舰突然驶进胶州湾，在不到 24 小时内，舰上官兵顺利登陆并占领青岛。

十月二十日（公历 11 月 14 日）

梁启超偕韩文举、叶觉迈、欧榘甲及李维格从上海抵达长沙，受到湖南各界的一致欢迎。湖南巡抚陈宝箴之子陈三立、湖南学政江标、湖南盐法常宝道兼署按察使黄遵宪、时务学堂代总教习皮锡瑞及湖南官绅邹代钧、熊希龄、唐才常等前往迎接，学堂全体师生齐集学堂门前燃放鞭炮予以欢迎。

十月二十一日（公历 11 月 15 日）

是日抵达武汉，并在武汉逗留十余天。在武汉期间，多次面见盛宣怀，商讨湖南矿务问题。

同日，经元善在上海一品香番菜馆大宴宾客，商讨女学堂创办事宜，筹备活动正式启动。先生虽未参加，但为女学堂捐百金，名标第一，并有捐册寄来，因而先生及夫人李闰均名列女学堂创办董事。谭恒锐记："公为夫人捐款百金，每年经常费十金，名标第一。女学堂等办事，由经元善前辈（前中委经亨颐之父）主持，有石印捐册寄来，捐册于民国十九年遗失。"经元善亦载："光绪丁酉十月，上海有中国女学堂之设……其先后助资助力者，则有若江苏补用知府谭嗣同，吏部主事陈三立，江苏候补道蒋德钧，礼部右侍郎志锐，前翰林院侍读学士文廷式……”（《中国女学集议初编》，《中国近代思想家文库·经元善卷》68页）《中国女学堂捐款章程》中女学堂捐款人名册内列举捐款人四十二人，李闰的格式为“赏花翎江苏补用知府浏阳谭嗣同之妻，诰封恭人长沙李闰捐助开办常年经费洋银壹百拾圆”。除此之外先生应另有捐赠记录方可达“捐款百金”及“名标第一”（《晚清女权史》168页）。梁启超《谭嗣同传》中亦载：“妻李闰，为中国女学会倡办董事。”（《谭嗣同全集》557页）

同日，众湘绅在长沙湘春门内左文襄公祠为梁启超一行设宴洗尘。章士钊有诗《题徐善伯见视戊戌湘报全册四十韵》记之（《国闻周报》八卷二十七期）：

> 新会乍入湘，举邦争迎逢。祠堂一夕宴，裘带绝从容。任公初至，全省官绅在左文襄祠宴之，盛极一时。

十月二十三日（公历11月17日）

致函欧阳中鹄，信中表明自己受盛宣怀嘱托将至湘与陈宝箴禀明矿务之事；未能为周泰韵安排差事，于是予其路费及五十元寄至其家；德国已强占胶州湾（《致欧阳中鹄一六》，《谭嗣同集》558页）：

> 江南乞食，困乏无聊，不能不别图生食之计，遂于廿一日暂一还鄂。且将为盛杏苏太常赴湘与义宁公论说矿事，日内即行，惟恐匆匆不及还县，故为此书以叩起居。周同溪久候无事，除赠路费外，仍以五十元寄其家。恰遇蒋少穆得上海机器制造局总办，荐其前往，派洋枪厂司事，月廪十二金，在该局已为稍优矣。知念附陈。德兵舰窜夺山东之胶州湾，势甚凶猛，兵衅已开，恐不易了。政府拟请俄国调停，然舍此亦不得言有他策也。

十月二十八日（公历11月22日）

为使先生顺利完成任务，盛宣怀致函黄遵宪以及陈三立说明情况。在致黄遵宪信中，盛宣怀解释必须派洋矿师赴湘勘察的原因，并表明自己已与蒋德钧商定，先派先生赴长沙请示陈宝箴、黄遵宪，请其批准汉阳铁厂派洋矿师赴湘潭小花石煤矿勘探（《盛宣怀未刊信稿》45 页）：

铁厂望湘煤，如婴儿之望乳食。小花石闻有肯招股之说，各国煤窑本无官办者，但集股必遣矿师勘估，方有把握，与蒋少穆兄面商，先派谭复生太守赴湘请示右帅与尊处。此矿能否大举，总以矿师能否往勘为断。如矿师不能去则铁路亦何能为？湘中自强，迟速之机，似可于此卜之，余嘱复生面告，想卓如亦已略言矣。

同日，盛宣怀亦致陈三立一函，解释了汉冶萍公司需要湘煤的实情（《盛宣怀未刊信稿》44 页）：

铸铁日盼湘煤，而煤矿不用机器，难得深处佳煤；欲用机器，必须设法准令矿师勘度。小花石距湘潭咫尺，小轮一水可驶到。此间有矿师能华服，略解华语，特属谭复翁赴湘禀商帅座，可否准往一勘，以定大局？将来果欲造路，亦须用洋匠。且小花石有定所，不必听其乱走。乞趋庭时一言及之。余由复生面述。

同日，梁启超已到时务学堂任教。皮锡瑞《师伏堂日记》中载："下午，赴黄公度廉访饮席，梁卓如、蒋少穆、熊秉三在，胡明蕴亦在。梁貌不甚扬，亦不善谈，已到馆。初六上学，额共百名，现取四十名，留三十名归山长调取，三十名归新学使调取。"

十月二十九日（公历 11 月 23 日）

盛宣怀致函陈宝箴商议派洋矿师至湖南勘察小花石煤矿事，表明如获陈之批准，即请先生折回鄂中，然后率同"一熟悉中国情形之矿师改装易服，坐小轮船至小花石，驻勘数日，鄂派一员，湘派一员，并知会湘潭县暗中派人照料，不必大张旗鼓"（《盛宣怀未刊信稿》46 页）：

敬帅之世兄谭复生太守，年壮才明，在公赏鉴之中，愿任小花石之役，特嘱驰诣台端，面商一切。出咨呈外，伏乞俯赐妥筹示复。如属可行，或请复生兄折回鄂中，率同矿师往勘，较为妥协。

同日，盛宣怀亦致函蒋德钧、熊希龄，信中称赞先生“慷慨任事，实所难得”，且因德国强占胶州湾，德使于二十八日派人到鄂与张之洞商议修筑铁路，并询问何处铁路华商尚未议造，有窥探粤汉铁路之意。张之洞紧急召见先生与盛宣怀磋商对策，决定立即发动鄂、湘、粤三省绅商联名奏请修筑粤汉铁路，先行呈报铁路总公司立案。因而先生的返湘任务，于办矿之外，又增加了铁路一项（《盛宣怀未刊信稿》48页）：

昨德使派人至鄂与香帅议造铁路，询何处华商有未造者可与彼造，他日难保不向总署要挟。顷商香帅拟将粤汉铁路即由各绅商联名具呈总公司先行奏明立案（粤中列名绅士甚多）。湘中二公及复生、季棠（王方伯堂弟）二观察外，尚有何人可列名，乞电示。一切章程均可续议，止须先立案以免德人向总署饶舌而已。其详细已嘱复生兄面谈。此事顷始商定，故右帅与公度兄各函未详及也。花石煤矿能否大举，须于矿师勘度卜之。复生兄慷慨任事，实所难得。但恐官绅再有拘泥，则湘省煤利失之交臂矣。能否设法成斯一矿，在大力左右之耳。银行事已详复禹翁，来春开办犹未迟也。

△陈宝箴既已同意“清溪官办，小花石商办”，因此“小花石可集公司，先尽湘中官绅筹款集股（即公款即可并入一律取利），不足再令外省凑股，以便迅速开成大煤矿”。而先生在此公司将担任何种职务，盛宣怀并未明言。但从张通典的来信中可知，此一拟设中的公司名为“湖南煤务公司”，属汉阳铁厂经理，先生将出任总办，张通典欲为其副，双方或在武汉期间就此交换过意见。

十月

在陈宝箴以及盛宣怀的催促下，先生独自回湘。

十一月初六日（公历11月29日）

抵达长沙，并以“职道嗣同”的名义电告盛宣怀，暂“寓小东街相府蒋公馆”（《汉冶萍公司》924 页）。此次赴湘，先生亦偕杨文会之子杨自超同往。杨自超在时务学堂中担任总务长以及测量教员。杨自超之女杨步伟记述（《一个女人的自传》52 页）：

甲午之战以后，我们家里有些革新的思想渐渐具体化了。我七岁时我父亲就到湖南去办一个时务学校，这个学校虽然办得不久，可是办的人和出的人才，都在中国革命史上占重要的地位的。校长（那时叫督办）是熊希龄，后来做民国的国务总理、财政总长；总务长是我父亲，并兼测量教员；中文教师是梁启超，中国大著作家，以后是交通部长，又是进步党的主脑；英文教授是李一琴，以后汉阳铁厂总办，所以我父亲以后做大冶矿务局协办就是从他那儿去的。学生中，唐才常及十四个在武昌起义前革命殉难的在内。还有范源廉，后来做教育总长；蔡锷是云南起义反袁主要人物；蒋百里，后来做陆军大学校长等等。出了这样多的人才，并且都是民国以来好的官员，可惜都是早死了。这个学校因革命嫌疑只开了两年多就被封了，校长下了狱，其余解散了，我父亲就回家赋闲。

同日，时务学堂开学，暂租用长沙小东街（今中山西路至三贵街一带）刘权之旧邸为校舍。湘抚陈宝箴委熊希龄担任学堂总理，主持校内一切行政事务。另委绅董九人，即谭嗣同、熊希龄、王先谦、蒋德钧、李维翰、黄自元、张祖同、陈海鹏、邹代钧等组成时务学堂的董事会。梁启超担任中文总教习，谭嗣同、韩文举、叶觉迈、欧榘甲、周大列为中文分教习；李维格担任西文总教习，王史、许应垣为西文分教习，许应垣为数学教习，邹代钧为舆地分教习，杨自超为管堂兼测量分教习，杨福严为管仪器兼体操分数习。先生亦负责筹划时务学堂各项事务，谭恒锐记：“秋季时务学堂成立，其时吴县江建霞任湖南学政，江公聘公与凤凰熊公希龄分任总理绅。校务由熊负责主持，公负赞划之责。总理绅一职即今日之校长。”（《清谭复生先生嗣同年谱》，《谭嗣同研究资料汇编》22 页）

同日，先生为时务学堂撰联（《谭嗣同集》650 页）：

揽湖海英雄，力维时局；勖沅湘子弟，共赞中兴。

△时务学堂的筹办，至少在光绪二十三年三月初二日前就已开始，熊希龄在当日致汪康年信中，就已提及湖南绅士议设学堂事。在时务学堂筹办过程中，先生曾协助杨自超等人为学堂代办仪器，并寄时务学堂告示给汪康年，请其在《时务报》上发表，同时还为时务学堂筹措经费、聘请教习等事出力。因为先生入湘，湖南维新运动进入了新阶段："卓如与复生入湘，大倡民权，陈、黄诸公听之，故南学会、《湘报》大行。湘中志士于是靡然发奋，人人种此根于心中。"（《戊戌变法史研究》2页）

△先生任教于时务学堂，并在课堂阐发民权民主思想，学生受其影响颇深，梁启超回忆（《梁任公先生年谱长编》42页）：

> 及进到时务学堂以后，谭壮飞先生嗣同、唐绂丞先生才常和我都在堂中教授。我们的教学法有两面旗帜，一是陆王派的修养法，一是借《公羊》《孟子》发挥民权的政治论。从今日看起来，教法虽很幼稚，但是给同学们的"烟士披里纯"却不小。开学几个月后，同学们的思想不知不觉就起剧烈变化，他们像得了一种新信仰，不独自己受用，而努力向外宣传。记得初开学那几个月，外面对于我们那个学堂都很恭维，到了放年假回家去，把我们那种"怪论"宣传出去，于是引起很大的反动，为后来戊戌政变时最有力的口实。

△时务学堂开学后，中文总教习梁启超日夜授课、批阅札记。先生曾与之暗印《明夷待访录》《扬州十日记》等书，并加以案语，在学生中传布，启发其反封建思想（《清代学术概论》25页）：

> 已而嗣同与黄遵宪、熊希龄等，设时务学堂于长沙，聘启超主讲席，唐才常等为助教。启超至，以《公羊》《孟子》教，课以札记，学生仅四十人，而李炳寰、林圭、蔡锷称高才生焉。启超每日在讲堂四小时，夜则批答诸生札记，每条或至千言，往往彻夜不寐。所言皆当时一派之民权论，又多言清代故实，胪举失政，盛倡革命。其论学术，则自荀卿以下汉、唐、

宋、明、清学者，掊击无完肤。时学生皆住舍，不与外通，堂内空气日日激变，外间莫或知之。及年假，诸生归省，出札记示亲友，全湘大哗。先是嗣同、才常等，设“南学会”聚讲，又设《湘报》（日刊）、《湘学报》（旬刊），所言虽不如学堂中激烈，实阴相策应。又窃印《明夷待访录》《扬州十日记》等书，加以案语，秘密分布，传播革命思想，信奉者日众，于是湖南新旧派大哄。叶德辉著《翼教丛编》数十万言，将康有为所著书、启超所批学生札记，及《时务报》《湘报》《湘学报》诸论文，逐条痛斥。而张之洞亦著《劝学篇》，旨趣略同。

梁启超批阅札记时，受先生之影响，多有排满及倡言革命之批语，唐才质《戊戌闻见录》中记述：“新会于札记上加批，多述南海先生之学。……皆阐南海先生之学也。然新会间有排满及倡言革命之批语，似有异于南海。予以此叩于伯兄，伯兄曰：此卓如秉复生意而偶引发之耳。”（《谭嗣同研究资料汇编》270 页）

十一月初七日（公历 11 月 30 日）

与谭钟麟长子谭朴吾、肖大猷、皮锡瑞至陈宝箴处议事。先生表明自己此次回湘目的在于劝说陈宝箴速办铁路、轮船，是张之洞“遣来促办铁路、轮船者”，忽接电报，他即刻与黄遵宪、蒋德钧、熊希龄相商。皮锡瑞《师伏堂日记》：

略坐，即到右帅处。萧希鲁、谭朴吾、谭佛生已先到。复生乃香帅遣来促办铁路、轮船者。席间右帅出示电报，德人已占秦岛，设关税，以六事要中国：一、李秉衡永不叙用；二、济宁教堂上匾额；三、严办凶手，并抚恤银；四、以后中国永不得有此事；五、山东铁路矿务归彼承办；六、议赔偿。

香帅恐德人更窥南边铁路，佛生云：德人已向香帅开口，法人亦有由龙州开铁路过湘到汉之议，故宜赶急自办。倭有十轮到内江开行之说，小轮亦宜赶办，今小轮初九借官轮先行，铁路亦即挂牌开局，徐议章程筹款。请黄公度总办。

未终席，电报又至，佛生即起身，到公度、少穆、秉三诸人处议，时事之急如此，岂吾辈宴饮时乎？而“长信”又做寿，二百万修圆明园，宜为外人玩视，并非洲黑人不如也！

鉴帅有清望，乃援刘秉璋例，黜涉之权，倒授于彼，右帅谓即鲁连云夺其所谓不肖，而予其所谓贤，诚然。

十一月初八日（公历 12 月 1 日）

偕汪诒书、赵启霖、熊希龄、黄忠浩、蒋德钧、左孝同等人呈请设立湘粤铁路公司，并公举黄遵宪为总办（《湖南维新运动史料》193 页）：

顷据湘绅前山东布政使汤聘珍，翰林院编修汪诒书、赵启霖，庶吉士熊希龄、戴展诚，内阁中书黄忠浩，分部郎中曾广江，江苏候补道王澧、蒋德钧、谭嗣同，分省补用道朱恩绂，候选道左孝同，前甘肃宁夏府知府黄自元等，呈请创立湘粤铁路公司，集股开办，公举现署臬司长宝道黄道遵宪为总办，以将事权而通湘粤之气，并请转咨电奏，先行立案等因。宜如何会同谭敬宪、盛京堂并挚衔电奏，及电告南、北洋，俾得周知之处，伏候钧裁。该绅录原呈，容由驿递。

△陈宝箴同意，并呈请张之洞上折奏请，但张认为此事困难重重，并非湖南士绅所设想的那么简单。他于十一月十五日回电陈宝箴（《湖南维新运动史料》193 页）：

湘绅呈请创立湘粤铁路公司，集股开办，公举黄道总办，具见湘绅卓识远虑，台端提倡宏力，欣慰之甚。惟湘绅尚未悉铁路甘苦曲折，朝廷于铁路一举，招商、借债绝不担肩。

经过陈宝箴解释后，张之洞于十一月十七日回电，赞成先立案抵制，无须现有巨款，但须由陈宝箴派熊希龄、蒋德钧赴鄂面商（《张之洞全集》7433 页）：

目前固为立案抵制起见，然就此即可筹办实事，事机甚急，一议定即可布置矣。大约此事甚易商，电函板滞难详，面谈话便易了。总之，只定大概主意，无须现有巨款也。熊、蒋似仍以来鄂一商为佳，请酌。此事利国利民过于小轮远矣，且小轮事亦非熊、蒋来不能商妥也。

十一月十一日（公历 12 月 4 日）

促办铁路之事进展不顺，先生与谭世熏、于秉郇、汪颂年至皮锡瑞处议事（《师伏堂日记》）：

> 久安先生、于秉郇、谭复生、汪颂年来，询谭铁路事如何，云右帅已电咨香帅，彼已可以销差，其如何办法，看右帅与公度商酌。予云事蹈空，恐情见势绌，外夷又将生心，彼云既已电奏，或可杜其觊觎，惟中国事非一时能办，湖南不筹款，惟恃粤人耳。

十一月十三日（公历 12 月 6 日）

欧阳中鹄由浏阳抵达长沙。

△先生随即与欧阳中鹄商议矿事，决定趁此机会大力开发浏阳煤矿。据唐才质《戊戌闻见录》所述（《谭嗣同研究资料汇编》269 页）：

> 盛杏荪接办汉阳炼铁厂，亟需焦炭，欲于毗邻之地开矿供之，以省运输之费，乃命矿师外出探寻。渠闻吾湘产矿丰衍，遂托复生回湘，与义宁筹画。适瓣姜师至省垣，复生往谒之，拟凭杏荪之力，运进机器，物色矿师，杏荪虽允遣矿师至湘，然恐于浏矿不能专于意而一于心。以期事半而功倍。二人谈至深宵，擘画周详，咸以事之可成，若操胜券。

同日，经元善所创办的女学堂在上海张园举行盛大聚会，到会中西女士 121 人。先生曾参与此学堂前期筹备活动，但此次他及夫人李闰均未能参加。

十一月十五日（公历 12 月 18 日）

欧阳中鹄至皮锡瑞处，言及浏阳赈灾以及算学馆之事。《师伏堂日记》："欧阳节吾夜至，谈其在浏办赈，如何尽心，款十五万，尚有余款，归团防局，开公钱店以便民，以防后饥荒，兴算学馆，为桑梓计极详悉。"

十一月二十一日（公历 12 月 14 日）

禀请开南学会，地址选在湖南巡抚署孝廉堂，且拟于二十四日为学政江标离湘饯行。《师伏堂日记》：“谭复生等禀请开学会，黄公度即以为议院，中丞已牌示，以孝廉堂为公所，开化可谓勇矣。闻祭酒复知照廿四请江建霞饯行，而梁、李二人已先请陪，江岂有分身术耶?”

十一月二十三日（公历 12 月 16 日）

俄国舰队入侵旅顺口，强占旅顺、大连（《中国近代海军史事编年》564 页）。

十一月二十五日（公历 12 月 18 日）

两江总督刘坤一考核江苏监生出身各官员，先生名列一等第一名。中国第一历史档案馆馆藏刘坤一奏折如下：

> 臣考试得候补知府谭嗣同、候补知县汪如瀚取列一等试用；同知万贤钵、朱宝莹，试用通判程埏、丁帮榕，候补知县舒霈阁，曾试用知县袁国钧取列二等试用；同知常陛、试用通判丁大椽取列三等。以上十一员，应准留省，照章补署差委，除咨部查照外，理合会同署理江苏巡抚臣奎俊附片陈明，伏乞圣鉴，谨奏。
>
> 光绪二十三年十一月二十五日奉朱批：吏部知道。钦此。

十一月二十六日（公历 12 月 19 日）

学政江标卸任，将归苏州，先生与皮锡瑞、王先谦、陈海鹏、叶德辉、易顺鼎、熊希龄同赴梁启超、李维格之邀约，在时务学堂内为江标饯行，且与新学政徐仁铸晤面，徐仁铸之父内阁学士徐致靖与皮锡瑞为同年。江标召学生讲学以话别。先生拟与熊希龄同随江标至湖北。聚会即将结束时，唐才常与欧阳中鹄到场。事载于皮锡瑞《师伏堂日记》：

> 席散，归。遂赴时务学堂。
>
> 梁卓如、李一琴招饮，在坐新学使徐研甫，称予年伯，云乃翁癸酉同年。

江建霞至，召诸生讲学留别。予窥之，两学使、两院长四人共坐，诸生彬彬列坐，所讲亦是寻常发落语。在坐益吾先生、陈程初、叶焕彬、易实甫、邹沅帆、谭复生、熊秉三，谭、熊将同江建霞到湖北。谈及留予学会之事，予意俟伯严归。熊抄德使领之语云："胶州筑铁路至济南，可夺烟台之利，不必自筑，迫使中国筑，工本铁线并购之，彼中国当苦工，我受利益，铁路所到之处，即管辖所及之处，如英国之于印度。"如此邹鲁危矣哉！彼亦知读孔书，或不敢动孔林耳。

闻右帅将会合诸人，谓废八股必不行，王、徐皆谓洋人入中国，当仍用八股愚弄人，予谓势所必然。

右帅赠江学使诗，予未见，见公度诗，慷慨淋漓。节吾与唐继客将散始到。

约同日，先生介绍梁启超与唐才常相识，唐赠予梁一方菊花砚以订交，先生为其题写砚铭。江标临行前一日来此话别，将铭刻于砚上，之后三人送别江标于舟上。梁启超《饮冰室诗话》第三篇载此事（《梁启超全集》第三集 163~164 页）：

戊戌去国之际，所藏书籍及著述旧稿悉散佚，顾无甚可留恋，数年来所出入于梦魂者，惟一菊花砚。砚为唐浏阳所赠，时余承乏湖南时务学堂讲席，初与绂承定交也。谭浏阳为之铭曰："空花了无真实相，用造莂偈起众信。任公之砚佛尘赠，两君石交我作证。"其时江建霞方督湘学，受代去，濒行前一日来作别，见研与铭，乃为余刻之。今赠者、铭者、刻者皆已没矣，而此砚复飞沉尘海，消息杳然。恐今生未必有合并时也。念之凄咽。

梁启超《石醉六藏江建霞遗墨》中亦载此事，且更为翔实（《梁启超全集》第十七集 563 页）：

余生平所历，镂刻于神识中最深者，莫如丁酉、戊戌间之在长沙。时义宁陈公为抚军，其子伯严随侍，江建霞、徐研父先后督学，黄公度陈臬，谭壮飞、熊秉三、唐绂丞以乡党之秀，左右其间，咸并力一致以提倡当时所谓新学，而余实承乏讲席。未几，建霞受代去，舣舟待发，来时务学堂与余别，绂丞方赠余一菊花砚，壮飞为之铭，铭曰：“空华了无真实相，用造莂偈起众信。任公之砚佛尘赠，两公石交我作证。”建霞睹之曰：“此铭镌刻，岂可委石工，能此唯我耳。我当留一日了此因缘。”速归舟脱冠服，向夕褐裘抱一猫至，且奏刀且侃侃谈当世事，又泛滥艺文，间以诙谑。夜分余等送之舟中，翦烛观所为日记，忽忽将曙，建霞转相送于江岸，濛濛黄月与太白残焰相偎煦，则吾侪别时矣，自尔竟不复相见。今遂二十六年，建霞墓木既拱，同人亦零落略尽，余研固早已殉戊戌之难，而此情此景，犹萦旋吾脑际如昨日也。

约同日，先生作《送江建霞归苏州诗》以赠江标（《谭嗣同集》222页）：

君归邓尉花无那，我忆沧浪梦有余。五百名贤香火坐，平添双席又何如？

十一月二十七日（公历12月20日）

先生与熊希龄改变计划，不随江标北上而留湘，且汪颂年对皮锡瑞言及欲开医学堂之事。皮锡瑞《师伏堂日记》：“汪颂年来，云学会、铁路，亦邀彼列名。熊、谭留办事，彼欲北上，未之应，故未拜地方官。现议开医学堂，此举甚是，今良医实不可得也。”

十二月初（公历1898年1月）

上书陈宝箴，提出湖南救亡之策以及亡后之事，一为国会，二为公司。为写此信，他“长夜漫漫，披衣秉烛，笔秃纸尽，腕脱声嘶。哀痛迫切，其情一也”（《谭嗣同集》223~226页）。

首先言及湖南之时务倡办较晚、起点较低，三五年之内方可见成效：

惟念铁路、商轮、煤矿诸端之于保国，其事固至急，而其效亦至缓。假使十年五年前早筹议及此而毅然举办，则至今日，汽车已飞腾于骑田之岭，火船已络绎于洞庭之湖，矿山即不得遍开，亦必已用机器，已成巨产，以之图内治，恢远略，岂不甚善甚善。无如矿务之说，自我公始发其端，计开采以来，曾不满两年耳，商轮才具萌芽，铁路尚如梦幻。就令并日而食，兼程而进，人无旷工，工无旷事，亦必须三年五年，乃著成效。

又谈及如今各国瓜分之势已成定局，中国局势危如累卵，已不容三五年时间以自强：

夫以各国之挺剑而起，争先恐后，俄、法、德暗有合纵之约，明为瓜华之举。德据胶州、即墨，俄军旅顺、大连，法又以强占琼州见告矣。英、日恐三国之崛起出其上也，谋与中国连横以抵御三国，即以自卫其权利。而政府拒之，是激之使怒，以速其屠灭我也。今已西正月矣，在西二月分割之期，直不瞬息耳，危更逾于累棋，势将不及旋踵，复安能宽我以舒徐闲暇之岁月，俾得从容布置，以至于三五年之久哉？

他提出练兵之提议，但又言及练兵条件不成熟，难当大任，并请求陈宝箴“一面练兵以救亡，仍当一面筹办亡后之事”：

外而祸变之速也既如彼，内而程功之迂也又如此，是以不恤违背教旨，弃俎豆而言军旅，坏佛法而破杀戒，睊睊然长顾而不已，遂遽有练兵之请也。

……是故练兵固所以救亡，而非能决其不亡也明矣。于不能决其不亡之中，而作一亡后之想，则一面练兵以救亡，仍当一面筹办亡后之事。

先生首先提出力保国会，不失民权，中国即可免遭厄运：

亡者地亡耳，民如故也，岂忍不一为之计耶？语曰：“善败者不乱。”嗣同请赓之曰：善亡者亦不乱。善亡之策有二：曰国会，曰公司。国会者，群其才力以抗压制也。湘省请立南学会，既蒙公优许矣，国会即于是植基，而议院亦且隐寓焉。……无论如何天翻地覆，惟力保国会，则民权终无能尽失。于有民权之地，而敢以待非、澳棕黑诸种者待之，穷古今，亘日月，可以断其无是事矣。

随后又提出设公司，因为根据《万国公法》，外人不得侵夺私人公司所拥有之财产，因此设公司可有效避免外人褫夺和控制中国财产，并言明即使只有一商入股，公司亦可成立：

公司者，群其资产以防吞夺也。万国公法：凡属公产，其转移授受，一视其君与官，民不得保而有之；惟民产为民所独有，君与官亦不得转移而授受之。凡此界限，各国守之最严，未尝一淆乱。夫公司，民产之大者也。盛大理言：胶州电报局既见夺于德人，盛电其外部，称系公司，德提督果谢不敏，而予以厚值，且正其名曰借用。此公司之明效也。湘省商轮以及铁路，皆议立公司之名，姑无论其成否，然亦谓深明大计者矣。独已开之矿，其设分局者，无虑十数处，乃尚不名公司，则他人入室，必以公产视之而据为己有，亦殊可虑也。以公之综核精密，具有条流，嗣同非敢议公之办法，而特欲改易其名目，请概改分局之名而为公司，办法一切仍旧。惟须略附商股，以符公司之实。若虑开源未畅，招商不来，分息难期，诳民实甚，何妨虚设商股之名，以俟获利后陆续补入，或股额极少，聊作公司之凭据。但使有商一人、有股一金，即不得谓我非公司也。

先生同情百姓之悲苦遭遇，谈及因阐发兴民权之论已与张之洞产生矛盾，并对陈宝箴抱以厚望，望陈能早作“覆巢完卵”之打算，不致因亡国而生灵涂炭：

此日下民，譬如病至垂危，国医束手，而病者所宛转呼号，不求不死，但求为任殡敛掩埋之事，毋使暴露，喂狐狸，饱乌鸢，自非不共戴天之仇，夫孰能恝而置之？是故言兴民权，于此时非第养生之类也。是乃送死之类也！而动辄与言民权者为敌，南皮督部于此为大不仁矣。

且南皮抑又暗于自计矣。夫民何为而乐有权乎哉？……南皮则悍然不顾，负万钧，走千里，骨散气尽，敝敝然立槁矣，而犹不得休止。或哀而拥助之，方且大怒曰："是争吾权也。"呜呼！是能保中国之必无割灭也，是能保生民之必无遭杀虏也，是能保四万万人之身家性命而代尸其饔飧也……

方今海内能兴民权者，繄惟我公……迩为国会、公司之深切著明，远拟复巢完卵之侥幸万一，则无有便于兴民权者，而遂以善亡之说进。

十二月初一日（公历 12 月 24 日）

先生及熊希龄欲留皮锡瑞讲学，皮锡瑞《师伏堂日记》：

至颂年处……伊云谭复生、熊秉三欲留我讲学，已将我不可无馆情形，略为二人言之。彼云现往湖北，俟归后再议。我问学会局面如何，云右帅许将书尽量捐入，起藏书楼，立讲学者一人，即以见属。其章程甚繁，以此为议院规模，利权尽归于绅，即右帅去，他人来，亦不能更动。似此举动，未免太怪。中国君主国，绅权太重，必致官与绅争权；且恐洋人来，愚民无知，与之争斗，难以调停。学会议院诸人，必受其咎。俟伯严归，看光景再斟酌。

△先生与熊希龄、蒋德钧一起由湘抵鄂，与张之洞、盛宣怀面商粤汉铁路事。经过将近一个月的努力，陈宝箴终于勉强同意盛宣怀带矿师赴湘勘察，然而此时盛宣怀却推说洋矿师已外出勘探，尚无回音，要先生等候。他因而在武昌等待十余日。

十二月初八日（公历 12 月 31 日）

缪荃孙于武昌拜访谭继洵："八日癸亥，阴。拜王胜之、朱少桐、谭静甫、唐葆丹监金、李竹虚、岑尧阶。"（《艺风老人日记》494 页）

十二月十四日（公历 1898 年 1 月 6 日）

致函盛宣怀，问及矿师是否有信，表示浏阳最近开采煤矿由唐才常负责，已运来煤炭 222 石进行试验，请求盛宣怀接洽（《谭嗣同集》585 页）：

矿师有回信否？念念！

此间折差须二十日后方能启行。浏阳近得大煤矿，虽用土法开采，而办事之人尚极认真，唐绂丞拔贡才常即其一也。顷接唐信，已将该处之煤运来二百二十二石，欲交铁政局试验，是否合用，其信一并呈阅。煤船现在此间，其煤应交至何处何人领收，应有何等凭据方能照收，统希详示，不胜盼祷之至。

同日，盛宣怀即复先生一信，命煤船开往铁厂卸载。

十二月十五日（公历 1898 年 1 月 7 日）

致函盛宣怀，表明煤矿股东刘善浤已运煤至汉阳铁政局，试验是否合用。并表示自己接到陈三立急电，转达令其回湘，因而无暇渡江拜谒盛宣怀。先生此举，乃力图将开发浏煤列入湘煤发展的全局之中，并为浏阳在湖南矿务中赢得一席之地（《谭嗣同集》586页）：

昨奉复谕，敬悉煤船已饬令开往铁厂卸载矣。刘湘蕖名善浤，浏阳附生，亦即此煤矿之股东也。煤如合用，尽可札委其专办转运。

顷晤陈伯岩，言湘电催归，即将去此，无暇渡江展谒，深抱不安，而属嗣同专函致意。用商务联英、日，诚救急之上策，不识尊处可即电禀否？又练兵之禀，亦不可缓。又云：长庆轮船现托铁厂修理，务乞饬催，赶于二十四日停工以前一律修完，庶足备急切之用等语，谨照转，伏希鉴察。

十二月十六日（公历 1898 年 1 月 8 日）

时务学堂学生开始放年假。

十二月十八日（公历 1898 年 1 月 10 日）

皮锡瑞于时务学堂中观看李维格放映幻灯片。《师伏堂日记》：“晚间到时务学堂，袁叔瑜亦至。一琴云学徒大半已去，因诸君欲看，特演之。看二十来纸，皆英国伦敦王宫、街道、桥梁、饭店、马车、小轮船、军器库及狮、象、海马、驼鸟之类，维多里亚象甚肥泽。光照布上，与在京劳凯臣处所看无异。”

十二月十九日（公历 1898 年 1 月 11 日）

致欧阳中鹄一函，告知其矿事因盛宣怀出尔反尔而落空，自己亦即将启程前往南京（《致欧阳中鹄一七》，《谭嗣同集》559 页）：

到鄂后，原定即旋湘，忽因矿师事，盛大理反复不决，嗣同亦决意舍去之。明后日即赴南京，且到明年再议。时事日棘，不识如何变证。事忙心繁，不及多述。致绂丞信乞转交。

同日，另托欧阳中鹄转交唐才常一函，言及盛宣怀忽然变卦，以“天寒水浅”作为借口，拒绝再派矿师赴湘。先生为此愤愤不平，对盛宣怀极为不满，只好前往南京过春节（《谭嗣同集》585 页）：

煤船到，俟试验兑价后，再上详函达听。嗣同与矿师已将同行矣，乃盛杏荪忽然变卦，言天寒水浅，且到明年再议，嗣同亦遂决意舍去矣。伥伥无所之，止好到南京去过年，明春再作归计。盛狡诈纤巧，不可捉摸类如此。煤银如兑来，即托人寄回。嗣同明后日即行。忙泐，百不尽一。

盛宣怀因出尔反尔，突然改变计划，致使先生湖北之行无功而返，所有努力皆前功尽弃，先生因而十分愤恨，唐才质《戊戌闻见录》载（《谭嗣同研究资料汇编》269 页）：

迨复生赴鄂，将偕矿师速回湘，讵意杏荪变卦，尼其行。复生愤然曰：“事垂成而公举棋不定，嗣同庸劣，不能复为公效驱驰矣。”复生每言及此事，常为之扼腕。

十二月二十日（公历 1898 年 1 月 12 日）

于是日或翌日由武昌启程前往南京。此行目的为迎眷返乡。

十二月二十四日（公历 1898 年 1 月 16 日）

刘坤一夸赞先生“器识深稳、时务留心”。《申报》第 8893 号“刘坤一片”载：

再，前准部咨道府州县，无论何项劳绩，保奏归入候补班人员以到省之日起，予限一年详加察看，出具切实考语，分别繁简，奏明留省补用等因，历经遵办在案。兹据江宁藩司将到省一年期满，在江宁差委之道府直隶州知州等官，照章甄别详情加考具奏前来。臣察看得候补道陈桂森禀宇清华、办事敏练，候补知府谭嗣同器识深稳、时务留心，候补直隶州知州陈锡纯官方谨饬、人亦安详，候补知县张绍棠年富才优，候补知县王以采年壮才长，候补知府舒霈阁年健才明，候补知县何亮棐年强才裕，均堪以繁缺，留省补用。除咨部查照外，谨会同署理江苏巡抚臣奎俊附片陈明，伏乞圣鉴，谨奏。

奉朱批：吏部知道。钦此。

约十二月

康有为呈送《上清帝第五书》，请采法俄、日以定国是，大集群才而谋变政，听任疆臣各自变法，并正式吁请国事付国会议行，请颁行宪法。

是年

先生所著《东海褰冥氏三十以前旧学四种》在金陵以木刻版刊印。包括：《寥天一阁文》二卷（第一种），《莽苍苍斋诗》二卷补遗一卷（第二种），《远遗堂集外文初编》一卷、《续编》一卷（第三种），《石菊影庐笔识》二卷（第四种）。是本半叶十六行、行二十八字，前有牌记，前两种刘善涵署，后两种唐才常署。从墨色特别是书名页等笔画较粗的墨色来看，隐约可见木纹肌理，当是木刻本刷印所致。此后，该本被以石印技术翻印过。

同年，为顾云作《题顾石公所编〈顾氏忠贞录〉兼答其见赠诗》（《谭嗣同集》214 页）：

文章出离乱，当代顾黄公。独行何铿尔，由来有父风。当时竞云靡，处士自完忠。持此硁硁节，绵山火来红。石公之考长庚，洪秀全陷金陵，自燔死。

战血江南满，天高热泪浑。一身障颓俗，九死护清门。不肯书顺字于门，遂被逼。显晦存公论，襟期到后昆。磨笄山近远，冰焰有余温。

亦有娶婉子，高怀世所惩。夫何论贞女，独不见延陵。心许犹难负，闻丧况未曾。廉顽慰吾友，百世傥堪凭。石公之姊字袁，遭乱失音耗，守贞终于室。每读归震川《贞女论》，辄思作驳议。

区区抱微尚，孤介乃其天。见子论家世，于心有慨然。龙蛇自潜伏，吾道任屯邅。谁省《忠贞录》，乾坤方倒悬。

同年，游南京莫愁湖并作《莫愁湖联语》（《谭嗣同集》214页）：

身是六朝人，依然乐府江山，谁数匆匆后来事；家临九江水，为忆洞庭烟雨，可怜惘惘昔年游。

同年，作《丁酉金陵杂诗》（《谭嗣同集》195页）：

吴淞半江水，湘中一尺天。年来都翦得，持入秣陵烟。

云外钟声暮，人间晚照多。江南盛文物，孤感动山河。

衮带文章灿，壶歌礼乐娴。何如抛节钺，来看六朝山。

山远自苍翠，山势亦嵚崎。山外已如此，山中知有谁。

约同年，作《和友人诗》二首（《谭嗣同集》195页）：

上德阿罗本又东，胡泥胡露不空空。一官狂走求贫贱，八表同春有聩聋。荀子学传君统贵，瞿昙女去佛情钟。怪卿何事恋茎发，薙此乃为天下雄。

大弟子中舍利佛，霎时平等见文殊。丧心谁妒龙归海，捏目浑忘豕负涂。揖让征诛忠质并，圣贤仙佛帝王俱。鲲身鹿耳皆天上，可有云霓下太虚。

约同年，多次请示陈宝箴，允商民招股开矿，以防他国插手得利，且煤、铁、硝、磺等矿可由商民自行开采，而金矿和锑矿则应商采官收，得以陈宝箴认可，唐才质记述（《谭嗣同研究资料汇编》271页）：

复生数请于义宁，允商民招股开矿，设厂制造，并准其专利若干年。义宁有犹豫意，复生曰：湖南通商，乃旦夕间事，苟不先谋乎此，则外人将尽得之矣。义宁然之。后数日，复生谒义宁，谓帑藏不给，煤、铁、硝、磺，宜任商民自行开采；至金、锑之类，则宜商采官收。义宁深韪其言。

1896年至是年，在北京、南京、上海期间，梁启超、杨文会、夏曾佑、吴嘉瑞、汪康年、汪诒年、宋恕、吴樵、吴德潚、王正谊、孙宝瑄、郑孝胥、刘世珩、徐乃昌、缪荃孙、茅谦、经元善、刘善涵、黄颖初、麦孟华、狄葆贤、康有为、康广仁、罗振玉、顾湄、蒯光典、朱葆三、袁昶、蒋德钧、杨鸿度、胡惟志、唐筠庐等都是他在沪宁期间经常往来之友人。谭恒锐曾见其遗札及门薄，并记述“门簿中所接见人士，系在乙未、丙申两年间，公在京、在沪、在宁所见也。簿中所列人名甚多，其余记忆不清者，余不敢记”（《清谭复生先生嗣同年谱》，《谭嗣同研究资料汇编》15页）：

> 此书余曾于家信见之，先人手泽现无片纸存留，余家居时，发现一批信件，及会客门簿。除大束家信外，信札中有郑孝胥、徐仁铸、江标、王之春、陈宝箴、陈三立、丁惠康、熊希龄、梁启超、陶浚宣、钱恂、张通典、龙璋、龙绂瑞、徐乃昌、左孝同、宋恕、黄遵宪、罗振玉、言敦源（言为袁世凯幕友）、沈兆祉（后入袁世凯幕，有小诸葛之称）、汪诒书、易顺鼎、吴铁樵、樊锥等，以及学生林圭、范源廉二人联名信；方外人有释敬安（八指头陀）信，邑人有欧阳师（瓣姜）、贝元徵、唐才常、刘善涵、李正则等，其中以欧阳师及张通典、黄遵宪、刘善涵四人为最多。门簿中，有旧党领袖满人荣禄，帝傅翁同龢（差贴拜会），以及沈曾植、张孝谦、容闳、杨锐、郭之全（字友琴，河南人，袁世凯之友）等。时罗良鉴方在稚年，随其父罗维垣来谒（罗良鉴光绪二十九年应经济特科考中式，晚年任中国国民党中央委员）。在沪接见人士，有汪康年、梁启超、经元善、顾湄（顾维钧父，顾父时任顺昌洋行买办）、朱葆三（亦买办人物）等。在宁有袁昶、杨文会、蒋德钧、杨鸿度等。此门簿原弃于破书簏中，今已遗失可惜。

光绪二十四年（戊戌，1898年）　三十三岁

正月初三日（公历1月24日）

光绪命王大臣延见康有为于总理衙门，康有为驳斥荣禄、李鸿章的保守思想，提出变法具体措施。

正月初七日（公历1月28日）

致函刘世珩，送上古琴一把作为留念，并送还所借刘之二百元

（《谭嗣同集》630 页）：

顷走候未晤，怅惘殊甚！呈短琴一，留为他日相思之资，缘手边更无长物，故菲陋乃尔。去年承慨假二百元，本亲带送交，因无人可交，仍携回，兹特遣仆持呈，乞察收赐复为荷。

正月初八日（公历 1 月 29 日）

复刘世珩之函，感于其深情厚谊，并约定当晚于刘处小聚（编者注：刘宅位于南京殷高巷）。信中表明自己已将书捐予南学会，“甚至所藏书籍，亦一并捐诸南学会中。我辈本倚书籍为性命，此而能忍，弟视兄于他复何如哉？”并言及已为江标之画题诗（《谭嗣同集》630~631 页）：

行色倥偬间，忽接弟函，展读之下，伏见弟用情真挚至此。彼此交谊既深，本可浑去投赠之迹，故兄渥承厚爱，终年未备樽酒，通勤勤之欢，良以贤豪之相与，一见即有正气之感通，必不在此形迹粗末中，此意自同之也。然迹既化去矣，则或取或与，又不妨率意行之，所谓施者不以为德，受者不以为惠，纯任自然，初无矜心作意于其间。以今日弟之所惠，本可受之而不言谢，惟兄决意归心大道，所处只求目前敷衍得去，更不愿留存有余，自增重膇。年来嗜好，自觉日有贬损，甚至所藏书籍，亦一并捐诸南学会中。我辈本倚书籍为性命，此而能忍，弟视兄于他复何如哉？迩因归计，固不能不少费筹画，然数日即已腾挪妥帖，可以一航直到家门。陶征君云：“少许便有余。”一有余即是龟毛兔角，执妄为真，学道人所不愿出此也。故弟虽迫以深笃情谊之词，终不敢受，仍令来人带还，弟当知绝非寻常硁硁辞却，妄欲示简介于弟也。然夙感弟之深情，将有以报，报亦非他，学术之间尚须商量者，此亦非一二日所能罄，恃他日笺函往复耳。

明日兄将出拜客，弟来恐不及迎，不如傍晚兄到弟处便饭，藉可久谈。临颖心驰，不尽千一……

昨在湘题江建霞修书图诗，今录上一首，亦可见迩日之胸怀。其诗曰："刬尽灵根尚有余，来生忏悔又成虚。无聊躯壳相厮混，身已嫌多何况书。"

同日，致函汪康年，表明自己即将归湘（《致汪康年二五》，《谭嗣同集》615页）：

久不通信，亦大怪事。《蒙学报》友来函由鄂折回云，公有专函寄鄂，而到在嗣同去后，不知书中作何语。浩、甘两兄，欲家公提倡蒙学事，嗣同极愿怂恿，但不识能听否。即如农学会，请入会终不允入。又如贵馆捐项，亦是嗣同贴出，故甚属为难。鄙意极欲设法助蒙学，而力所限，有种种为力不到，但略与公言之耳。嗣同即日携眷归湘，将不复出，此后通信殆不易，言之怅怅！时事真可哭也。

同日，康有为上"统筹全局"疏（《上清帝第六书》），吁请光绪决定变法，并请：一、在天坛或太庙或乾清门召集群臣，宣布维新，"诏定国是"；二、在午门设立"上书所"，派御史二人监收，准许人民上书，有"称旨"者，召见察问，量才录用；三、在内廷设制度局，订立各种新章，下设法律、税计、学校、农商、工务、矿政、铁路、邮政、造币、游历、社会、武备等十二局。

正月初九日（公历1月30日）

在南京受徐乃昌招饮，缪荃孙、龙继栋、顾云、蒯光典、章华、刘世珩、茅谦同席："徐积余招饮，龙松岑、谭复生、顾石公、蒯礼卿、章曼仙、刘聚卿、茅子贞同席。"（《艺风老人日记》499页）此次筵席应为徐乃昌为先生所设之饯行宴。

或于临行前，先生赠杨文会以红檀木家具，杨置之于深柳读书堂中，后于1937年焚毁（《杨仁山居士年谱》35页）：

一九三七年十二月十三日，日本侵略军占领南京。第二天，深柳堂及谭嗣同赠送给居士的一套红檀木家具被日寇焚毁，深柳堂后的塔和院也同时被损。此事引起日本佛教界有识之士的责难。

正月初十日（公历1月31日）

于是日或翌日偕夫人李闰及家人由南京启程返回武昌。

同日，林旭与张亨嘉等开闽学会于福建会馆。

正月十三日（公历 2 月 3 日）

张之洞致电陈宝箴，请其从湘省选派一人与湖北所派人一同赴日。此次赴日行动当属保密，未携带官方文书，使日目的在于考察日本学校，并计划派遣留学生前往日本学习（《张之洞全集》第九册 7486 页）：

选人就学日本之举，闻湘省亦同此意，而先派一人偕宇都往察度办法甚善。宇都本定十七日由鄂启行，鄙意恐湘人赶不及，商留三五日，彼亦允。望速派来鄂，借敝处所派之员同往。盼即复。元一。

正月十九日（公历 2 月 9 日）

因水陆途中逆风，先生是日方抵武昌。并接到刘世珩十七日来信。

正月二十一日（公历 2 月 11 日）

复信刘世珩，言自己奉张之洞、陈宝箴之命，本欲与姚锡光秘密赴日，考察日本学校状况，但因迟到未能成行，谭继洵饬令他迅速回湘（《谭嗣同集》631~632 页）：

别后风水俱逆，直至十九始行抵鄂渚。因此迟误，遂得接弟十七日所寄书，诵悉一是，具审厚爱之情，有加无已。然因此迟误，又误却一大事。南皮、义宁会派姚石泉及兄密赴日本，此事乞密之，定今日行，兄到迟检点不及，家严遂不允许，饬令即速还湘。失此大事因缘。明日即急装返里。英索长江，进而未已；德案翻而又翻，而福建复有杀毙德教士之事。接西友密电，尚不知确否。岳州允许开码头，湘潭或可避免。上江一带民气甚浮动，但弹压内乱尚不疏懈，日后何如，则真不可知矣。百忙中倚装草此，百不尽一，俟到湘再详达一切也……

积余仁弟前忙不及另作函与之，乞为道意，亦俟到湘再致专函也。

正月二十六日（公历 2 月 16 日）

时务学堂开学，学生放假归来。放假期间，学堂学生将带有抨击君主专制思想意味的札记批语携至校外，致使时务学堂教学理念在整个湖南快速传播，并产生巨大影响，家长震动，官府震惊，全湘大哗，掀起轩然大波。梁启超在《湖南教育界之回顾》中记载（《湖南时务学堂历史文献选编》118页）：

当时时务学堂学生四十人中，最大的是戴修礼，最少的是蔡艮寅，所讲的经是《春秋公羊传》，每天除教授这些学术外，学生须备两本札记，发表感想，隔日轮流交教师批评。我就借题发挥，宣传主义，而学生发愤求学，又很守规矩，两三月后，就得舆论赞许。王湘绮先生来考试学生《公羊传》，也颇称赞，以为读书得间。学生因在学堂天天所研究的，都是政治上的学问，所谈论的都是很新奇的理想，过了半年，皆已同化。不过在学堂时，未与外界亲近，校外的人不知内容，故不发生什么影响。及至年假放假后，学生回家发狂似的宣传起来，风声所播，全湘人皆知道了，于是目为大逆不道。有的攻击我们，有的劝诫我们，当时王葵园、叶奂彬皆攻击我们，作我们的劲敌。那种奋斗精神都是我所佩服的，假满开学，学生家庭就不准他们再来时务学堂，而学生与家庭奋斗，比老师与社会奋斗更烈。

正月底

于汉口会见神尾光臣、梶川重太郎、宇都宫太郎，谈及中日关系以及加强中日之间联系，日使表达出希望先生赴日之意愿，先生在南学会第一次演讲《论中国情形危急》中言及此事（《谭嗣同集》429页）：

鄙人顷在湖北，晤日本政府所遣官员三人，言中日唇齿相依，中国若不能存，彼亦必亡。故甚悔从前之交战，愿与中国联络，救中国亦以自救也。并闻湖南设立学会，甚是景仰。自强之基，当从此起矣。

唐才常《论中国应与英日联盟》中亦载此事（《唐才常集》增订本278页）：

日本知其然也，故遣其参谋部三人来华密筹焉。曰神尾光臣，曰梶川重太郎，曰宇都宫太郎。正月之杪，谭复生见三人汉口，神尾言曰："彼我本兄弟国，贵国遇我良厚，不意朝鲜一役，遂成仇衅。又不意贵国竟不能一战，挫衄不可收拾。嗣兹以来，启各国心，危若朝露，每一回首，悔恨何及。然贵国亡必及我，我不联贵国，将谁联？今大地师舰，麇集鳞萃，吮血磨牙，眲眲相向。不于此时薪胆为雄，练兵兴学，更优游卒岁，安乎？时乎时乎不再来。愿君熟思，同往我国，谋定后动。凡振兴诸端，皆能相助为理，至救目前瓜分之急，尤怀至计，将遂续陈，幸图利之。"又曰："侧闻湘省风气大开，钻研政学，无任钦迟，尤愿纳交，相为指臂。且振兴中国，当于湖南起点。如联盟计成，吾当为介于英，而铁轨资焉，国债资焉，兵轮资焉，一切政学资焉。吾又当与英尽收亚细亚东煤块，断绝各国轮船之用，使近无可屯，远难速运。铁舰来多，则不能持久，少则尾之，轰之立碎。此不战而屈人之兵；而以悉网煤矿，制太平洋死命，便甚，君谓何如矣？君不遗我国，率众至，请馆之上宾。"其言之痛切肫挚，盖如此。非逆知大厦倾危，燎原祸急，何故反向地球至柔至脆至老至疲之国，为此迂远不切事情之举？

先生送姚锡光和日使时，在船舱的分配上，日本居上而中国居下的遭遇令他十分愤慨。唐才常听闻后亦觉耻恨愤慨：

复生又语才常曰："顷姚石荃与日使同赴日本，余送之轮船，则日使居最上舱，姚居其下，相顾失色。盖各国轮船公司之例，凡国于地球而有自主全权、得平等交涉者，皆居最上舱，中国则不与焉。"才常闻之，傍徨惊顾，耻恨欲死，反袂掩面，不知所云。

正月三十日（公历 2 月 20 日）

自武汉归抵长沙，并与皮锡瑞、熊希龄、邹代钧、唐才常同在梁启超房中商议南学会明日开讲之事，且言及上折请旨废除妇女缠足陋习一事。《师伏堂日记》：

> 下午，秉三约到时务学堂议开讲事，至则诸君未到，卓如病痁不出，见韩素枚、杨葵园久谈，同吃晚饭。秉三共公度廉访、沅帆、复生、唐黻丞先后至，即在卓如房中共谈，见卓如头名共数十人请南北洋、两湖总督及右帅出奏，为妇女裹足伤生，请旨禁革，立定分限。此举若行，功德无量矣。
>
> 开讲仍无定章。

正月

八指头陀释敬安在长沙为湖南巡抚陈宝箴诵经，先生或与之相见。先生曾对其曰："吾辈此后当以热血相见。"（《八指头陀诗文集》552页）

约同月，先生于深夜访唐才常，请其至时务学堂任教，以此声援势单力孤的梁启超，唐才常欣然允诺。后梁启超离湘，唐才常始入学堂任教，唐才质《戊戌闻见录》记述（《谭嗣同研究资料汇编》269页）：

> 复生七丈深夜访伯兄，谓时务学堂宗旨迂谬，且王益吾、张雨珊以倡办者自居，意欲操纵。秉三循义宁意，遇事多首鼠，故卓如势孤，不能畅行其志，奈何！伯兄答以事不能缓，非改弦更张不可，七丈谓非伯兄往任教习，殆不足有为。伯兄以兹事义不容辞，允之，七丈始有喜色。

二月初（公历2月）

梁启超因病卧床，先生前来探望，并与之谈法。并于第二日致函梁启超，继续与之辩论佛道。狄葆贤评价先生"浏阳宿根人，语非泛泛，对于《净名》一经，是能实行体解者"（《谭嗣同集》620~621页）：

> 湘中南学会，聚一时之俊杰。任公忽病，复生来视疾，谈法竟日。次日复生与任公书云：
>
> 昨言化身菩萨为魔，魔皆化身菩萨。细想世间究竟无魔，魔必化身菩萨，何以故？菩萨与魔，皆众生自心所现，上等根

器见之为菩萨，下等根器必见之为魔。佛说法度众生，亦可以误众生，如仁说信不信二蔽。在得度者见佛为佛，在被误者即不得谓佛非魔也。波旬劝佛入涅槃，亦不足异。当佛灭度时，尚有许多外道婆罗门不肯皈依，故六师终未闻得度，即已被剃为僧者，且嫌戒律太严，深以佛灭度为幸，虽大迦叶亦无可如何，以上见《般涅槃经》。此即请佛入涅槃之魔也。可见世间断断无魔，即众生也；亦可见世间断断无佛，即众生也。

魔佛众生，亦如品字，是一非三，魔安得不为化身菩萨乎？且必须如此，乃足以为不思议。今更以小事喻此深理。我辈以根本智生大爱力，由爱力又生许多牵挂，不能自断，仅凭此即足以致疾。夫爱力岂非佛性乎哉？然而已稍魔矣。即谓数日来所谈之佛法皆魔可也。故力劝公断绝爱根，方能入道。骨肉不易言，请先从朋友断起，深望公信此言。然恐以信此言，而爱根即从此言生长，则此信皆魔说、非佛说，嗣同亦一大魔矣。由此益知法真无可说，有说即非法。不立文字，道断语言，禅宗诚非诸家所及矣。昔雁舟先生说心法于上海，公惟恐蹈空，惊惧不敢受，嗣同深以为怪，盖公之病已萌芽于此矣。公誓不成佛，固是精进，然窃欲更进一辞，誓不成佛，尚有佛在。何不竟说无佛，岂不直截了当？且竟不说佛，岂不更直截了当？无佛无魔，公尚有何事不了，而劳心思口说乎？

观公两年来，只因言外不能领悟，错过机会，谓此言为劝公入禅宗是一执著，但甚怪公当时何以不承当。此后便生出疑虑不少。自度乎？度人乎？此等商量之语，不一而足。究竟谁为自、谁是人？谁度、谁不度？公试觅来与我看。业识未断，本性不出，但恃一生一灭之心，自相补救，公殆欲以补救者为功德乎？已往所办之事，未来思办之事，何一非自相补救乎？欲以此为度众生，必不然矣。公见此信而起念欲写回信者，是又错过矣。

二月初一日（公历2月21日）

在湖南巡抚陈宝箴支持下，先生与唐才常、皮锡瑞正式创办南学会。南学会主要活动方式为讲演，兼备学会与地方议会之功能。先生曾参与南学会具体筹划工作，并计划将学会与地方议会相结合，以在湖南所办之事为起点，联络南方各省。南学会将讲期定于每月的房、虚、星、昴之日。所定讲演范围，共分四门，为学术、政教、天文、舆地，并固定主讲人。其中，先生主天文，皮锡瑞主学术，黄遵宪主政教，邹代钧主舆地。讲演盛况非常，“其中青年相聚，谋开一会，名曰南学会，公推谭君为会长，任演说之事，大讲时事问题，每大会多至千余人。君登坛演说，慷慨激昂，议论晓畅，每说至国事之颠危，外患之频迫，不觉声泪俱下。举座莫不感激自奋”（《朝野新谭》383页）。

同日，为南学会第一次开讲，陈宝箴、徐仁铸、黄遵宪均到场，共五位主讲人。其中，皮锡瑞所讲题目为《论立学会讲学宗旨》（发表于《湘报》第二号），黄遵宪主讲题目为《论政体公私人必自任其事》（发表于《湘报》第五号），先生主讲题目为《论中国情形危急》（发表于《湘报》第三号），乔树枏主讲题目为《论公利私利之分》（发表于《湘报》第二号），陈宝箴主讲题目为《论为学必先立志》（发表于《湘报》第一号）。《开讲盛仪》载于《湘报》第一号（光绪二十四年二月十五日出版）：

> 本年，湘士大夫创设南学会，假孝廉堂为会所，每月以房、虚、星、昴之日为讲期。二月初一日为南学会开讲第一期，陈大中丞、徐学使、黄廉访咸会，官绅士民集者三百余人。堂上设讲座，下排横桌，听讲者环坐焉。初会时，舄履交错，士大夫周旋问答，言笑晏晏，在所不免。钟十二下，主讲诸公就坐，会者毕坐。堂上铃声作，执事者唱毋哗，咸屏息敬听。首皮鹿门学长开讲，继之者黄廉访、乔茂萱比部、谭复生观察，最后陈大中丞宣讲。讲毕，堂上铃声作，众皆起，鱼贯趋出。于是，士大夫啧啧称美，以为贤长官用平等之仪，讲会学之旨，情比于家人、义笃于师友，此事为生平所未见，不图今日见三代盛仪也。闻湘省之风者，可以兴起矣。讲义列后。

先生讲义《论中国情形危急》如下（《谭嗣同集》428～429页）：

今日所以立学会之故，诸公已讲清白。愚再就中国现在情形论之。

溯自道光以后，通商诸事，因应失宜，致酿成今日之衰弱。日本乃亚细亚之小国，偶一兴兵，即割地偿款，几不能国。而德国又起而乘之，瓜分豆剖，各肆侵凌，凡有人心，其何以堪？

即如土尔其国，居欧、亚之间，不修政学，不入公法。中国昔日亦轻视之。或以土尔其比中国，中国辄以为耻。乃自俄、土战后，略有变法之意，其教宗以战死为登天堂，民心因而固结，同仇敌忾，颇似联合学会光景，故前年遂能战胜希腊，六大国皆为之震动。此其胜于中国者一也。土尔其陆军既强，海军亦具规模，中国乃无一任战之船。此其胜于中国者二也。尤可骇者，中国胶案既出之后，六大国皆移师，而各欲因利乘便，冀得土地，土尔其亦攘臂于其间，明目张胆而言曰："我情愿少索希腊赔款，速了此案，以便我亦往中国，分一块土地也。"夫以素为中国所轻所耻之土尔其，转而凌驾中国之上，至为分中国之谋，我中国之可耻、可危，为何如哉？

暹罗者，亦亚洲弱小之南国也，土地、人民、财赋，远不及中国，自从翻然变化，国势居然日盛。昔薛叔耘《钦使日记》中，已称为宇内第三等国，今其国君游历泰西各国，共倡实学，各国爱之重之，国势由此更见兴盛，且将升为第二等国矣。我中国以十八省之大，乃不能比一暹罗，其耻又何如也？

诸君素怀忠君爱国之忱，谅必同深此耻。故愿与诸君讲明今日危急情形，共相勉为实学，以救此至危急之局。

且不惟中国当知其危也。鄙人顷在湖北，晤日本政府所遣官员三人，言中日唇齿相依，中国若不能存，彼亦必亡。故甚悔从前之交战，愿与中国联络，救中国亦以自救也。并闻湖南设立学会，甚是景仰。自强之基，当从此起矣。

夫日本席全盛之势，犹时恐危亡，忧及我国，我何可不自危而自振乎？

演说之时，听者如云，先生“慷慨论天下事，闻者无不感动”，湖南风气为之而大开。梁启超在《谭嗣同传》中描述（《谭嗣同全集》554页）：

于是湖南倡办之事，若内河小轮船也，商办矿务也，湘粤铁路也，时务学堂也，武备学堂也，保卫局也，南学会也，皆君所倡论擘画者，而以南学会最为盛业。设会之意，将合南部诸省志士，联为一气，相与讲爱国之理，求救亡之法，而先从湖南一省办起，盖实兼学会与地方议会之规模焉。地方有事，公议而行，此议会之意也；每七日大集众而讲学，演说万国大势及政学原理，此学会之意也。于时君实为学长，任演说之事。每会集者千数百人，君慷慨论天下事，闻者无不感动。故湖南全省风气大开，君之功居多。

二月初三日（公历2月23日）

俞廉三任湖南布政使（《清季职官表》526页）。

二月初七日（公历2月27日）

南学会第二次讲演，共有五位主讲人，其中皮锡瑞所讲题目为《论讲学之益》（发表于《湘报》第六号），黄遵宪主讲题目为《论政体公私人必自任其事》之续（发表于《湘报》第五号），先生主讲题目为《论今日西学与中国古学》（发表于《湘报》第七号），邹代钧主讲题目为《论舆地经纬度之理》（发表于《湘报》第十号），杨自超主讲题目为《论地球行星绕日》（发表于《湘报》第十七号）。

先生讲义《论今日西学与中国古学》如下（《谭嗣同集》429~432页）：

今日开学会是第二次。头次所讲，云中国艰危，曾土耳其之不若，真是古今奇变。然吾约计开辟以来，战国与今日遥遥相印，时局虽皆极危，却又是极盛之萌芽。何也？绝大素王之学术，开于孔子。而战国诸儒，各衍其一派，著书立说，遂使后来无论何种新学、何种新理，俱不能出其范围。盖儒家本是孔教中之一门，道大能博，有教无类。太史公序六家要旨，无所不包，的是我孔子立教本原。后世专以儒家为儒，其余有用之学，俱摈诸儒外，遂使吾儒之量反形狭隘，而周秦诸子之蓬蓬勃勃，为孔门支派者，一概视为异端，以自诬其教主。殊不知当时学派，原称极盛：如商学，则有《管子》《盐铁论》之类；兵学，则有孙、吴、司马穰苴之类；农学，则有商鞅之类；工学，则有公输子之类；刑名学，则有邓析之类；任侠而兼格致，则有墨子之类；性理，则有庄、列、淮南之类；交涉，则有苏、张之类；法律，则有申、韩之类；辨学，则有公孙龙、惠施之类。盖举近来所谓新学新理者，无一不萌芽于是。以此见吾圣教之精微博大，为古今中外所不能越；又以见彼此不谋而合者，乃地球之公理，教主之公学问，必大通其隔阂、大破其藩篱，始能取而还之中国也。《传》有之：“天子失官，守在四夷。”譬如祖宗遗产，子孙弃之，外人业之，迨其业之日新月盛，反诧异以为奇技淫巧、机钤诡谲之秘术。呜呼！此可谓数典忘祖者矣！

昔郯子夷人也，而孔子尚学之。古人有言曰：“询于刍荛。”又曰：“谋及庶人。”又尝见飞轮而作车，见蜘蛛而作网。是圣人不论何人何物，惟知学以取其长而已。

然今日欲讲各种学问，宜从何处讲起？则天地其首务也。夫人生天地之中，不知天何以为天，地何以为地，且地是实物，尚可目见，天是空物，不可窥测。于不可窥测者，遂置之不讲，则人为万物之灵之谓何矣？

尝考《素问》曰：“地在天中，大气举之。”《列子》曰：“虹霓也，云雾也，风雨也，四时也，此积气之成乎天者也。”张子《正蒙》曰：“夫天，气也，自地以上皆天。”可见天地交界，以地面为之，此天是气之明证。《列子》又曰："夫天地，空中之一细物。"是明知地为行星之一矣。至其为地圆地动之说，则亦确有明征。《大戴礼》曾子曰："如诚天圆而地方，则是四角之不掩也。"此地圆之铁案也。且《周髀算经》亦曰："地如覆槃。"盖仅举东半球言之。若合之西半球，则为圆形无疑。

西人谓亚美利加洲与亚细亚洲人足心相对，遂知为圆形。其说果何所凭？试于海面上观之，有海船来，始见其船之烟，既见其船之烟筒，至前始见其全船之身。是明明从下而上，而为圆形矣。又以日月食验之：日食，乃日行入月度，为月所掩，而成圆形，人人知之；若日在地下，月在天上，而成月食，假使地球不圆，则掩月之形必不圆矣。此又地圆之确证也。且地动之说，亦非始自西人，《易》曰："天地以顺动，故日月不过，四时不忒。"又曰："夫坤，至柔，而动也刚……承天而时行。"又曰："夫坤，其静也翕，其动也辟。"是地动之理，大《易》已详哉言之。又《易乾凿度》："坤母运轴。"《仓颉》云："地日行一度，风轮扶之。"《尚书考灵曜》："地恒动不止。"《春秋元命苞》："地右转以迎天。"《河图括地象》："地右动起于毕。"凡此诸说，不一而足。

但地既绕日而转，何以日不可以绕地而转？盖日为八星之中心，其体积大于地球者一百四十万倍；乌有大至一百四十万倍，而反绕一小星之理？且八星皆绕日而成一世界，又安能撇却地球以外诸星，而如最小之月之自绕星球乎？此所以知地球绕日而转，日断不能绕地球而转也。

诸君但先讲明此理，则知吾身所附丽之地球，本变动不居，而凡泥不变之说者为逆天矣。又以知吾身所处之地球，原天空中不大之物，则凡附丽斯球者，可作同里同闬同性命观，而不必惊疑骇异，夜郎吾国而禽兽他人矣。诸君勉乎哉！

二月初八日（公历2月28日）

李维格对郑孝胥言及其即将往湖南时务学堂任教。《郑孝胥日记》载："诣公司，李一琴来，即往湖南。"

同日，康有为上清帝第七书。

约二月初十日（公历3月2日）

梁启超因病离开长沙，至上海调养。梁启超于《湖南教育界之回顾》中记载（《湖南时务学堂历史文献选编》118页）：

> 我在时务学堂，每天除讲三四点钟的学外，还要同学生谈话，及作种种运动，一天到晚忙个不停，因此成病，就往上海就医。本拟病好后再回湘讲学，因病好时，北京有维新的动机，我们就乘这个机会把大本营移到北京，我同谭复生都到北京去了。

二月十四日（公历3月6日）

南学会第三次讲演，主讲人皮锡瑞，其所讲题目为《论朱陆异同归于分别义利》（发表于《湘报》第十三号）。

同日，清政府派李鸿章、翁同龢与德国驻华公使海靖签订《胶澳租界条约》，将胶澳之口南北两面租与德国99年（《中国近代海军史事编年》567页）。

二月十五日（公历3月7日）

《湘报》创刊，报馆位于省城小东街，是日发刊，同年九月初一日停刊，每日出版一号，前后共出版一百七十七号。《湘报》之作用"盖实为南学会之机关报也"（《朝野新谭》383页）。《湘报》办事人员中，谭嗣同、蒋德钧、王铭忠、梁启超、李维格、邹代钧、唐才常、熊希龄为八大董事，戴德诚、梁启超、樊锥、何来保、谭嗣同、唐才常为撰述，李维格为西文翻译，刘善浤、王兆元为总理兼总校。先生共在《湘报》中发表文章16篇，第五十三号之后再未见先生之文。

同日，唐才常所著《湘报序》刊发于《湘报》第一号，先生认为此文尚不足以成变法之势，于是作《湘报后叙》，唐才质记述："复生七丈谓伯兄所撰《湘报叙》犹有未尽，不足以破迂儒之说，通闭塞，合群力，而成变法之势，乃为后叙，以弥缝其阙焉。"

（《谭嗣同研究资料汇编》271 页）

二月十七日（公历 3 月 9 日）

致函徐乃昌，言及自己在南学会中开讲之事，并以史可法墨迹对联、《辋川图》手卷、墨玉印章三枚、于阗玉根印章二枚、郑板桥画兰石四帧寄送徐乃昌，并以钱坫篆屏六幅、古铜镜大小九具、汉铙一具、汉弩机一具、新莽钱范一具寄送刘世珩，托徐乃昌代为转交（《谭嗣同集》624 页）：

> 自别芝仪，弥切驰仰，诸承青睐，感不可言。伏维行道有福，著书等身，为祝无量！
>
> 兄于二月朔得戾长沙，回忆薄宦年余，于学无益，于道有退，仅以身免，如脱拘挛，良为厚幸。惟不得与弟共学，时收他山之助，又以怃然耳。
>
> 长沙开南学会，适逢其盛，抗颜而讲，自省多惭，坚辞未获，亦只得日作老生常谈。顷以事暂还浏阳，仍即赴省。时事奇艰，所怀万绪，咫进之效，云胡可期？惟弟时有以教之！
>
> 兹检出史忠正墨迹对联一付，《辋川图》一手卷，墨玉印章三枚，于阗玉根印章二枚，郑板桥画兰石四帧，聊以伴函，伏乞哂纳。又寄赠刘聚卿弟钱献之篆屏六幅，古铜镜大小九具，汉铙一具，汉弩机一具，新莽钱范一具，所谓投其所好，伏希转交。聚卿计已入都，兄暂不作专函与之，请便中代达下怀，毋任恳祷！

同日，先生在南学会第一次讲义刊发于《湘报》第三号，同报亦有樊锥所著《开诚篇》，先生对此文赞誉有加，唐才质记述："复生见《开诚篇》，深叹美之，盖能言人之所不敢言也；且谓语若风霜，凌厉无前，方之吕伯恭，何多让焉。"（《谭嗣同研究资料汇编》270 页）

二月十八日（公历 3 月 10 日）

《延年会叙》及《延年会章程》刊发于《湘报》第四号。

二月二十一日（公历 3 月 13 日）

南学会第四次讲演，共两位主讲人，其中皮锡瑞所讲题目为

《论学者不可诟病道学》（发表于《湘报》第二十一号），欧阳中鹄所讲题目为《论辨义利始自有耻》（发表于《湘报》第十九号）。

二月二十四日（公历3月16日）

《试行印花税条说》刊发于《湘报》第九号及第十号。本文就印花税之适用种类、造票方法、实行办法、弊病预防方法、推广方法进行分析，并阐述应以印花税代替厘金之缘由，提出印花税八利（《谭嗣同集》445~446页）：

> 无抑勒冤辱，一也；局员、司巡无中饱，二也；自买印花税票于行店，无交纳轇轕之弊，三也；货无隐匿，四也；沿途省去立局卡之劳费，五也；惟于出口及到埠一查验而已，事简易办，六也；无留难阻滞，时速而商利自捷，七也；票轻于携带，无补水补数诸挑剔之弊，八也。八利具而厘金之弊去，弊去而上下交足焉。

二月二十六日（公历3月18日）

《改并浏阳城乡各书院公启》（原刊题为《改并浏阳城乡各书院为致用学堂公启》）刊发于《湘报》第十一号，文中拟将浏阳旧有南台、狮山、洞溪、浏西、文华、文光六所书院及新设立的算学馆合而为一，改建学堂于县城。并根据各书院产业的多寡，确定肄业生的比例（《谭嗣同集》454页）：

> 今议将旧有之六书院，及新立之算学馆，并而为一，改建学堂于县城，视各书院产业之分数，为其乡肄业生之额数。丰啬多寡，各不相侵，其名虽合，其实仍与分建者无异。功效既均，利益尤溥。然后广造斋舍，择聘名师，品学兼综，中西并茂。经义治事，各彻一门；格致方言，咸臻绝诣。行睹力合而巨，业专而精。征吉之占，茅以汇拔；匡时之杰，史不绝书。文致太平，光复区宇，夏声必大，造端靡微。后世推原其功，必曰："微诸君子之力不及此。"下走不敏，与有荣施。惟诸君子好行其德，实慎图之。

同日，《湘报后叙》（上、下）亦刊发于《湘报》第十一号，文中提出民权三要：创学堂、改书院，学会，报纸。并就《湘报》创办目标“日新”作出阐述（《谭嗣同集》450～451页）：

日日使新人阐新理、纪新事，而作为新书。不俟其书之成也，而十日一出之，名之曰《湘学新报》，其助人日新之意至切也。然而则既已十日矣，昨日之新，至今日而已旧；今日之新，至明日而又已旧。然而则既已十日矣，谓之新可也，谓之日新不可也。于是同志诸友，复创为《湘报》。日一出之，其于日新之义庶有合也。

二月二十七日（公历3月19日）

康有为在北京倡保国会，梁启超、林旭、宋伯鲁、杨锐、刘光第、徐仁录、麦孟华、陈虬、傅增湘等一百八十六人均列名。

二月二十八日（公历3月20日）

南学会第五次讲演，共三位主讲人，其中皮锡瑞所讲题目为《论交涉公理》（发表于《湘报》第二十五号），先生所讲题目为《论学者不当骄人》（发表于《湘报》第二十号），李维格所讲题目为《论译书宜除四病》（发表于《湘报》第三十二号）。

先生讲义《论学者不当骄人》如下（《谭嗣同集》432～434页）：

记得第二次开会时，曾与诸君讲明地圆的道理。诸君既知地圆，便从此可破中外之见矣。

地既是圆的，试问何处是中？除非南北二极，可以说中，然南北极又非人所能到之地。我国处地球北温带限内，何故自命为中国，而轻人为外国乎？然而此亦不可厚非也。中者，据我所处之地而言。我既处于此国，即不得不以此国为中，而外此国者即为外。然则在美、法、英、德、日、俄各国之人，亦必以其国为中，非其国即为外。是中外亦通共之词，不得援此以骄人也。而我国不惟好以中国骄人，且又好以夷狄诋人，《春秋》之所谓夷狄、中国，初非以地言，故进于中国则中国之，流于夷狄则夷狄之，惟视教化文明之进退何如耳。若以地言，则我湘、楚固《春秋》之夷狄，而今何如也？

且我国之骄又不止此，动辄诋西人无伦常，此大不可。夫无伦常矣，安得有国？使无伦常而犹能至今日之治平强盛，则治国者又何必要伦常乎？惟其万不能少，是以西人最讲究伦常，且更精而更实。即如民主、君民共主，岂非伦常中之大公者乎？又如西人招民兵，有独子留养之例，又最重居丧之礼，岂得谓其无父子乎？西人自命为一夫一妻世界，绝无置妾之事，岂非夫妇一伦之至正者乎？何得动诋西人无伦常？即令伦常中之礼文小有不同，要不过是末节耳，不妨各安其风俗，无所用其诋也，无所用其骄也。况伦常者，人人当尽之分，纵令做到极处，亦不过是分内之事，并算不得甚么本事，何得持此以骄人乎？

我国又好诋西教为邪教，尤为不恕！我诋他的耶稣，他就可以诋我的孔子，是替我孔子得罪人而树敌招怨也。且我既恨他传教，我为何不传我的孔子教？今耶教之盛遍满地球，而我孔教则不过几个真读书人能传之，其余农工商亦徒闻其名而已，谁去传孔教教他？每一府厅州县止有一座孔子庙，而一年中祭祀又只有两次，又惟官与阔绅士方能与祭，其余皆不许进去，孔子庙徒为势利场而已矣，岂有一毫传教之意哉？是我孔教尚不能行于本国也，奈何不自愧自责，而反以奉行无实之孔教骄人哉？

鄙人今日所以反覆戒一骄字者，因为学会上所重的是“学人一骄便不能为学”，是以第一要去骄字。不骄方能师人之长，而自成其学，有学而国乃可以不亡矣。

今向人说学问可以保国，人往往以为迂腐而不敢信。我今试举一确凿凭据与诸君说之，此事中国翻译书所不载，我曾闻一德国人亲向我言。其事维何？即普、法交战之事也。师丹一役，法国国破君擒，已万无图存之理矣，使普国稍逞其兵力，法国必灭。而普终许其和者何也？则普相毕士马克之识伟矣。

当法国请和之际，普之诸将皆以为必不许，而毕士马克有许和意。诸将皆愤怒曰："我等背乡井，弃妻子，忘性命，出万死不顾一生之计，国家费饷千万计，战死士卒十数万，始有今日，今日法国垂灭，公复舍而与之和，此何理也？"毕士马克曰："公等毋躁，且细权其利害。我且问公等，试思我德国人之学问，比法国人之学问何如？"则皆曰："不如也，且远不如也。"毕士马克曰："由此即可知法国之不可灭矣。大凡有学问之人必能制伏无学问之人，而无学问之人自然不能不受制，此世界上之公理也。即如乡间农夫，遇事必唯唯听命于读书人，无他，以有学问无学问之故也。我德国既自知学问不如法国，则不灭其国，两国犹有界限，我德国犹可防守；我虽不如，犹无大害。若径灭其国，则法、德两国浑而为一，无复防守之界限；以法国人之学问驾驭我德国人，我德国人之权将尽为法国人所夺，而我德国无噍类矣。公等要灭法国不难，速与之和，趁早回国，讲究学问，且待学问可以胜法国人矣，然后兴兵灭之，未为晚也。"而法国遂赖以不亡。此法国以学问保国之凭据也。

鄙人深愿诸君都讲究学问，则我国亦必赖以不亡。所谓学问者，政治、法律、农、矿、工、商、医、兵、声、光、化、电、图、算皆是也。

同日，讲演完毕，杨昌济提问先生，例举四种民主之法则，请先生甄定何种最好，答问记录刊发于《湘报》第二十八号，先生答曰（《谭嗣同集》437页）：

于圣贤微言大义晦盲否塞之秋，独能发此奇伟精深之问，此岂秦以后之学者胸中所能有哉？勉之乎，公羊氏之非常异义，其必有所得矣，斯事愚亦何敢论断。总之，眼光注定民身上，如何可以救民，即以如何为是，则头头是道，众说皆通矣。

同日，毕永年亦两度提问先生，答问记录刊发于《湘报》第二十九号（《谭嗣同集》439~440页）：

毕永年敬问主讲先生：永年三莅会矣，聆雅颂之音，足令筝琶息响，佩诵良切。但今日设会盛心，一在保种，一在保教。盖民权不振，则必日危日险，终任人之印度我，而种不能保。然学业不精，则虽日言民权，日言保种，徒启草莽窥窃之念，并无自立不拔之基，将保种而适足灭种。永年居恒悲咤，大惧覆巢之下将无完卵。辄念吾湘风气已开，人知向学。举凡汉、宋学派以及西学各书，幸已家置一编，士手一册。本末具在，循迹可求。抑亦非片时指陈，可卒而尽，东鳞西爪，可括而全也。伏愿先生捐弃陈言，益宏远略，愓以印度之辱，镜以日本之兴，诰群士以憔悴专壹之方，示群民以人皆读书之益。俾知通商之局，终此不更，则中西聚处日繁，不必再作闭关之想。中西日聚，则必中人果能日兴己学，日尊己教，日泯文武秀顽之见，日除操戈同室之羞，而后可绝西国之觊觎，而后可生西人之敬爱。庶不至野番我，即不至印度我。否则愈厉以亲上死长之义，则客气愈深；愈激以自强卫国之功，则偾事愈甚。终以保教为奴隶基督，终以保种为割地自王，终以民权为洒耻雪愤。一旦天崩地圻，万险环生，求如今日之文恬武嬉，将为六朝五代之局，恐终不可得矣！岂诸君子设会之盛心哉？鄙人固陋，不知所裁，惟垂教幸甚。

先生答以“众生根器不齐”：

所言抑何痛快也。然佛说众生根器不齐，故说佛乘外，复说若萨缘觉声闻三乘种种法。夫岂不惮烦哉？亦以众生根器不齐，不得不如此耳。假如人皆如君之高明，此会几欲不设矣。

毕永年再问：

永年谨再问：顷闻复生先生讲义，声情激越，洵足兴顽起懦。但今日之局，根本一日不动，吾华不过受野番之虚名；銮舆一旦西巡，则中原有涂炭之实祸。所谓保种保教，非保之于今日，盖保之于将来也。此时若不将此层揭破，大声疾呼，终属隔膜，愈欲求雪耻，将愈畏首畏尾。或以西学为沽名之具，时务为特科之阶，非互相剿袭，则仅窃皮毛矣。质之高明，当有良法。

先生答以“以热血相见”：

王船山云：“抱孤心，临万端。”纵二千年，横十八省，可与深谈，惟见君耳。然因君又引出我无穷之悲矣！欲歌无声，欲哭无泪，此层教我如何揭破？会须与君以热血相见耳。

同日，《师伏堂日记》中亦载南学会开讲之事：

梦来与萧仰乔先到，俄而秉三、复生、唐绂丞、樊春渠、何来保同来。二点钟登堂宣讲。秉三未说。复生、李一琴各说一遍。廉访至，说日本、台湾、印度，极透彻痛切，云法人又有邀索两广利益、云南铁路之事。讲后，与吉儿共阅卷二十来本。夜大风。

二月二十九日（公历3月21日）

至皮锡瑞处商谈，提及南学会听讲时秩序不佳，为维持秩序，应当提前分发并编定座号，皮锡瑞于《师伏堂日记》中载（《师伏堂日记》）：

阅卷卅余本。李复翊至。秉三、复生同来，称予昨日讲义之善。云昨规矩不肃，须改章，编定坐号。本日《湘报》已刻十四讲义矣。有王学海拟策，深明大略，志之。汤孝常来，呈文一篇，云乃翁已辞退保卫局，有改派左子翼之事。前与颂年见廉访，彼曾问及子翼，颂年称其近日打起精神做人，事或然也。孝常要坐近处，当为先报名领单。晚间，杨辅仁送束脩五十金来。本月已讲五次，每次十金，较十三旦登台十六金远不及矣。

二月

涂启先创围山书院于浏阳大围山（《围山书院记》）。

约三月

参与创办湖南不缠足总会。《湘报》第二十五号（光绪二十四年三月十四日）《湖南开办不缠足会》称："总会设于《湘报》报馆内，不日开办，由董事刘善涵具各。"并有《湘报》第二十八号董事题名：黄遵宪、徐仁铸、熊希龄、梁启超、谭嗣同、邹代钧、唐才常、毕永年、蔡钟濬、樊锥、罗棠、张通典、曾广榜、易鼐、杨毓麟、刘善浤等。《湘报》第五十三号（光绪二十四年闰三月十六日）刊布《士绅刘颂虞等公恳示禁幼女缠足禀》，请通谕"痛戒"。黄遵宪通谕各府厅州县一体张贴劝禁妇女缠足，以"开一乡一邑之风气"。先生又拟订《湖南不缠足嫁娶章程十条》，规定"凡同会皆可互通婚姻，除会外人亦系不缠足者仍通婚姻外，余不得与通婚姻"。市肆亦有定做不缠足云头方式鞋的，有印送《不缠足歌》的。省属各地亦设有分会，邵阳、新化县令有劝禁缠足谕批；善化、衡山且厘订章程，湘乡有王端明、萧礼衡等发起倡立，徐仁铸且为宝庆府不缠足分会撰序（《湘报》第一四九号，光绪二十四年七月二十三日）。

三月初一日（公历 3 月 22 日）

时务学堂于南学会中举行第二次招生考试，投考学生共 150 多名，初选 55 人，后初步确定内课生 30 人，外课生 18 人，附课生 7 人。考题为《论黄老之学最能害事》《论孟子恶乡愿》《论南学会有益》。林圭、梁焕均、范源廉等均在此批次（《湖南时务学堂研究》109 页）。皮锡瑞在《师伏堂日记》中载：

> 招考时务学堂诸生于学会讲堂中。中丞齿痛不来，委廉访来。考生一百余人，一早即闹起，不能睡。七点钟起来，甚寒。饭后，廉访请到堂上，谈性理，极聪明，有心得。考生分甲、乙。乙部皆幼童，有不能作文者，其中才俊想亦不乏也。

△先生对第二期学生林圭格外关注，唐才质曾记载："林圭素仰慕谭嗣同之为人，谭亦甚器重之。"（《湖南历史资料》1958 年第 3 期 105 页）先生尝许其为造世之英雄："岁戊戌，投入时务学堂。以清政日非，愈倡民族主义，谭公嗣同常许为造世英雄。其年八月，清政变，嗣同死难。君不胜痛愤，而种族革命之志益坚。"

（《林烈士圭革命事迹纪略》，《自立会史料》224页）林圭所作《古人惜寸阴今人当惜分阴说》后留有先生批语："侃侃而谈，深中时弊。"（《湖南文史资料》1981年第1期30页）

同日，先生第一次为南学会捐书目录刊于《湘报》第十四号：

《捐助南学会书籍题名》，谭观察嗣同捐入：

《御纂七经》十八函，《律音汇考》四本，《仪礼图》一函，《丁祭礼乐考》一本，《同治上江两县志》十二本，《文庙舞谱》一本，《安吴四种》十六本，《岳阳风土记》一本，《明季稗史》二函，《汉学商兑》四本，《王右丞集》二函，《孙子十家注》四本，《余冬叙录》十三本，《拙尊园丛稿》二本，《读书丛录》八本，《骈雅训纂》八本，《三礼图》一函，《历代帝王年表》四本，《诗触》一函，《阴符经》二本，《淮海集》六本，《百战经》二本，《易知录摘要》十二本，《火龙经》二本，明板《通鉴前编》十本，《望溪集》十六本，《壮悔堂集》六本，《白茅堂集》二十本，《翰苑集》八本，《皇极经世》十六本，《大云山房集》十本，《刘忠宣集》六本，《台湾图说》一函，《筹海图》八本，《杜诗镜铨》一函，《史略》二本，《琴箫合谱》一函，《唐宋文醇》十六本，《平番奏议》四本，《岳忠武集》四本。

△为捐书事，先生曾与父亲谭继洵发生误会，因此他特意写信给夫人李闰，解释所捐书籍全是自己的，与谭继洵藏书无关："我捐的是自己的书，和父亲大人书无涉。大人的书全存在梅花巷祠堂楼上，已禀派员检点。"（《谭嗣同集》633页）南学会藏书处被查封后，遂在原址基础上建立湖南省图书馆。谭恒锐记："南学会藏书后被查封。光绪三十年满人端方（午桥）抚湘，遂以此书为基点，设立图书馆。清亡，设立湖南省立图书馆，馆址在教育会右侧，左方增设博物馆。民国十九年因战火两馆全毁。余忆最后图书馆长为醴陵傅君剑（南社中人物），博物馆长则为同邑曾君省斋。曾君毕业于武汉高级师范学校，研习博物。曾君仍健在，住台北市

新店镇。”（《清谭复生先生嗣同年谱》，《谭嗣同研究资料汇编》23页）

三月初三日（公历3月24日）

与熊希龄至陈宝箴处，深谈至四更，他们表达了对中国的形势十分担忧。陈宝箴痛哭，言及所上条陈皆被人所阻：“秉三、复生云昨见右帅，谈至四鼓，右帅痛哭，其所上条奏，皆为人所阻，不得上，电奏上又减易其字，几不可通。”（《师伏堂日记》）

同日，康有为的第五次上书《南海康工部有为条陈胶事折》刊发于《湘报》第十六号，此系先生从友人处得见，即刊于《湘报》之上，折后有先生所作《读南海康工部有为条陈胶事折书后》。此文指出时势危迫，但依然有不少人安于现状，并对康有为为民请命、勇于上书的行为大加赞扬（《谭嗣同集》454~455页）：

> 此南海先生第五次上书也。
>
> 先生前上四书，鞋塞填置，以酿成今日之奇祸。象环行鼺，牺纽垂绝，梦天压己，蹐地横摧。乃我三事大夫，邦人庶士，犹复处燕于焚幕之上，翼卵于覆巢之下，甚乃甘鸩羽于不渴，啖漏脯而非饥。铸鼎象饕餮，口未入而身已亡；磨刀向牛羊，命尚悬而神先泣。卧尸坐冢，祢正平将不胜悲；天青人病，刘子政迫欲为传。大臣不言而小臣言之，此赤芾之辱也；今人不言而后人言之，亦儒冠之羞也。
>
> 先生于是愤不顾身，伏蒲而谏，敬王莫如我敬，言人所不敢言，其心为支那四万万人请命，其疏为国朝二百六十年所无也。适从友人处得见其草之半，亟登报首，不复拘论说冠前之常例。上以著继绝存亡之伟画，下以标起懦廉顽之正鹄。其半续获，当遂联书。
>
> 呜呼！六张五角，事至今而更危；万死一生，气薄天而弥厉。真宰上诉，我生不辰；然而世之昏骄悍陋、邪曲畏死之小夫，方且荧目咋舌，哶狺涩獿，呰呰然议先生矣！

三月初三日至初十日间

先生因在《读南海康工部有为条陈胶事折书后》一文中对康有

为勇于上书的褒扬以及在文中称呼其为“南海先生”之举动，引发了陈三立、邹代钧等人的不满，被陈、邹二人攻讦为“党援推奉”，钻营康门。欧阳中鹄在看到三月初三日报纸刊载之前就已知晓，他将此事转告先生及唐才常，二人又复信给欧阳中鹄，反驳陈、邹等人的攻击，言辞极为激烈。先生在信中表示出对康有为大同学说、微言大义的认同与赞美，认为欧阳中鹄阻止其赞美康有为系受陈三立之压力，对其表示十分不满，并解释自己在该文中称呼康有为为“南海先生”之缘由。先生请欧阳中鹄转告陈三立，请他毋受邹代钧及梁鼎芬之蛊惑及压力（《致欧阳中鹄一九》，《谭嗣同集》560~561 页）：

接读来谕，不胜骇异！所谓詈骂者曾未吐其千一万一，何况于过？然此犹得曰恶恶从短不欲闻人之恶也，岂赞美二字贤人君子之所用心，而亦悬为禁令乎？既不许骂，又不许美，世间何必有报馆？第相率缄口为乡愿足矣。揆其命意，不过因南海先生传孔门不传之正学，阐五洲大同之公理，三代以还一人，孔子之外无偶，逆知教派将宏，垂泽必远，自揣学不能胜，而又不胜其忌妒之私，于是谤之讪之，妄冀阻其教力；及终不能阻，则禁人之赞美，而斥之以为过，其用心何其艰深而迂苦也？然向之所赞，不过只就其一疏而言，于其微言大义，一字不曾赞及，既以为非，此后只好专赞其大处耳。

犹有持不通之说者，谓嗣同等非其门人，何为称先生？不知一佛出世，旷劫难逢，既克见圣，岂甘自弃，不以师礼事之，复以何礼事之？且普观世间，谁能禁嗣同等之不为其门人者，忌妒者又将奈之何哉！请转语伯严吏部，远毋为梁星海所压，近毋为邹沅帆所惑，然后是非可出，忌妒之心亦自化。即从此偶有异同，亦可彼此详商，不致遽借师权以相压。嗣同等如轻气球，压之则弥涨，且陡涨矣！

唐才质亦记述，陈三立认为先生《读南海康工部有为条陈胶事折书后》一文中“昏骄悍陋、邪曲畏死之小夫”所指为詈骂自己，因而怂恿欧阳中鹄责难先生及唐才常，此举导致其师徒关系几近决裂。先生坚持己见，将易鼐、樊锥、毕永年、何来保等人言辞激烈之文继续刊发报上，继而招来更大非议，维新阵营内部因此发生重大分歧。先生力主《湘报》为南学会喉舌，陈宝箴要其慎重，并毋要“矫激而贾怨也”（《谭嗣同研究资料汇编》271 页）：

复生七丈将南海先生《条陈胶事折》登于报首，且在跋语中赞美南海，而于昏骄悍陋邪曲畏死者则贬之。闻伯严吏部阅而狷忿，疑为詈己，乃怂恿瓣姜先生责让七丈与伯兄。斯时也，师弟龃龉，几将决裂。然七丈与伯兄皆勇于任事，不以受压受谤而畏葸。遂将易睿无、樊春徐、毕松琥、何铁笛立论甚激之文，陆续登报，而非议者益籍籍矣。……复生七丈力主《湘报》为南学会喉舌，商之义宁。义宁曰：君自为之，第慎之而已，毋以新奇而骇众，尤不宜以矫激而贾怨也。

约同月，先生通过唐才常介绍与学生石陶钧相识，石在回忆录《六十年的我》中记述：“我尝因唐才常得交谭嗣同，谭正为学堂学监，他的言论六通四辟，小大精粗都备世之急，性行尤为坚贞，不因慷慨流血始震动以世。”（《石醉六墨迹诗文选集》72 页）

三月初四日（公历 3 月 25 日）

与熊希龄、皮锡瑞、戴德诚共至南学会商议如何保湖南之计，皮锡瑞记述（《师伏堂日记》）：

旅顺、大连湾已竖俄旗，英将占长江，法将占两广，瓜分在即。电旨询陕帅云：“长安古宫殿尚存若干？”魏午庄复奏云：“惟府城隍庙犹有规模。”盖其地即古宫殿处也。夫长安宫殿，唐末之乱，焚毁无存，今又千年，安得尚有故宫可住？且即弃宗社，不得已而西迁，当仿卫文公之布衣、越勾践之尝胆，岂宜先问宫殿？秉三云今欲西幸，尚不知外国允许否，彼如以债项未清，扣留不放，将若之何？谭、熊二公请予等共议保湖南之计，惟有先于各府、州、县求访人才，举办一切，计此一二年内，西人未必即窥湖南，将来诸事办成，民智开通，或可冀其不来，即来而我属文明之国，不至受其鱼肉，特不可以闹教，一闹则彼必至，我事尚未办好，大势去矣。闻江西又有闹教事，不知何如。诸公各举所知。予于外府人所识甚少，不敢妄举。归会后，钞出批答语。

△先生提出“保湖南之计”即为“湖南自立”。此提议梁启超亦提出过。早在梁入湘之始，正值德国强占胶州湾，列强瓜分中国之说甚嚣尘上，梁即在《上陈中丞书》中提出实行“湖南自立”（《梁任公先生年谱长编》45页）：

鸣呼！今日非变法万无可以图存之理，而欲以变法之事，望政府诸贤，南山可移，东海可涸，而法终不可得变。……故为今日计，必有腹地一二省可以自立，然后中国有一线之生路。若使德人胶州之祸不息，今岁即成瓜分之势，斯无可言矣。……若能假以五年，则湖南或可不亡也。然明公必于他日自立之宗旨，树标既定，摩之极熟，不令少衰，然后一切条理乃因而从之。

三月初五日（公历3月26日）

先生及唐才常、龙绂瑞一人各分管南学会数十座位号，为翌日讲演做准备。编发座号后，南学会听讲秩序有了明显好转。《师伏堂日记》中载：“谭复生、唐绂丞、龙萸溪来清坐号，共十余人，各分管数十号。鹿泉、宣翘诸人大发奇论，皆小儒咋舌者。”

三月初六日（公历3月27日）

南学会第六次讲演，主讲人皮锡瑞，所讲题目为《论保种保教必先开民智》（发表于《湘报》第四十四号）。南学会因先生、龙绂瑞等人妥善分管座位号而秩序井然，座无虚席。《师伏堂日记》：

值讲期，饭后即有客至。讲堂易新章，编坐号，人尚整肃。分查坐号者共十余人，萸溪亦在内。人尚整，而坐已满矣。二点钟开讲。予讲保种保教。廉访说教旨，略异。一琴说波兰事，娓娓可听。

同日，欧阳中鹄致信先生与唐才常，此信系回复三月初来函。

信中“天下惟不知赞詈人为无心肝”系对先生前信“既不许骂，又不许美，世间何必有报馆。第相率缄口为乡愿足矣”之语之回复（《致欧阳中鹄书十》，《谭嗣同书简》132页）：

伯严于康先生五体投地。谓中国有此人，即亡如不亡。其论报馆两语，未尝要鄙人用压力，鄙人自述之耳。天下惟不知赞詈人为无心肝，知赞詈则足与于君子。朱陆异同，相争如水火，至王阳明亦比之洪水猛兽，究竟何一非君子乎？方今吾道大孤，通地球止有此数，吾非斯人之徒与而谁与？日者复弟论曼秋，曾言之矣。喜怒哀乐之未发，谓之中；发而皆中节，谓之和。致中和，天地位焉，万物育焉。愿两弟益大吾力、宏吾量，以固吾群可也。顷得岳生书，学堂一事，果系东乡鲠议，刘弼臣已有信坚持不可。兄拟作函致东门市，要其来县，更乞中丞数行以迫之。但是否能成，究未可必耳。此致复生、绂丞两弟。

同日，沙俄强迫清政府在北京签订《旅大租地条约》。条约规定：沙俄租借旅顺口、大连湾，租期25年，旅顺口为军港，只许中俄船只使用；租借地内行政完全由沙俄官吏管理；沙俄有修筑中东铁路支线特权。

三月初七日（公历3月28日）

《论湘粤铁路之益》刊发于《湘报》第十九号（《谭嗣同集》455~456页）。先生在文中强调当今世界铁路之重要性，可决定一国之强弱。先生以俄罗斯西伯利亚大铁路引而分析中国铁路规划，计以北京芦沟桥至汉口段铁路及汉口至广东段铁路相连，以此构成今京广铁路之雏形：

今日之世界，铁路之世界也。有铁路则存，无则亡；多铁路则强，寡则弱。西人为统计之学者，校稽环球各国铁路之长短，列为图表，惟美国最长，惟中国最短，而各国安危盛衰之数，率以是为差。问国富，亦辄举铁路以对，其效莫铢发爽也。俄人注全力于亚洲，于是经营西伯利亚大铁路，自森彼得罗堡以达海参崴，绵亘三万余里。美人将从而拓之，复由海参崴而东至于卑令海峡，渡海以达于美洲。曩之苦美洲孤立于西半球，由欧、亚而往，非数十日海程莫达者，今且陆行不二十日可周绕地球，而美、欧、亚三洲遂接轸，如在户庭间。壮哉观乎！是于地球寒热温五带之外，加束一铁路之带矣。

然彼之大铁路自西而东，横铁路也。吾中国将由奉、吉筑铁路以达于京师，复由京师之芦沟桥展筑以达于汉口，复由汉口展筑以达于广东，自北而南，纵铁路也。以纵敌横，其两路之相遇，作斜交形，锐角在西而钝角在东，隐示争先趋重太平洋之意。以征调，则旦暮可集；以飞挽，则饱腾可券；以商战，则灌输可速；以农战，则荒漠可穰；以矿利，则瑰异可出；以游学，则见闻可广。无疲工，无滞物，无弃地，无聋乡。条条鬯布，节节灵通，有如常山率然，蜿蜒连蜷，偃卧于亚洲大陆之上。此路成，然后分筑枝路，与相衔接，如虫之有足，如蛛之有网，如鸷鸟之有羽翼，诚具席卷九州、囊括四海、鞭笞六合之概，不世之伟烈，经国之至计也。奉、吉以有俄约，暂置弗论。今首筑芦汉铁路，所以拱卫神京，绾毂诸夏，名“北干路”。次筑汉粤铁路，所以长驱岭峤，吞纳沧溟，名“南干路”。而南干路由汉达粤，取径有二：一道江西，一道湖南，孰为便利，议反覆不决。

并且，先生力倡粤汉铁路途经湖南而非江西，并指出取道江西，对于铁路而言有“弧而迂、阻而劳、梁而费、需而窘、扰而败、冷而涣”六不利；取道湖南，对于铁路而言则有“径直、坦易、免造巨桥、易招劳工、产煤足以行车、产木足以垫道、有能任事之官、有能分任之民、力争形胜之地”九利；取道湖南，对于湖南而言有“复固有之利权、杜觊觎之外患、收百粤之海口、作全湘之士气、振疲顿之商务、运重滞之矿砂、尽耕耘之地力、起组练之新兵、兴精巧之工艺、拯困乏之穷黎”十利。并且，除此之外还有“干路既成，可由此广筑枝路，遍于全省，则十利可化为千百利”

之益处，可使“物丰财阜，政通人和，民艰无壅于远闻，吏治可借以详察”，并表示“犹有持旧日用夷变夏、风水龙脉诸说以自外生成者，吾不信也”。

同日，此报亦载先生第二次为南学会捐书目录。

《捐助南学会书籍题名》，谭观察嗣同捐入：

《诗古微》八本，《楚辞章句》四本，《朱慎甫四种》四本，《说文系传》十本，《王阳明集》十六本，《国朝诗别裁集》十六本，《国朝学案小识》十二本，《西域闻见录》四本，《茶香室丛钞》六本，《大清通礼丧礼传》一函，《人谱》二本，《滇黔奏议》六本，《张船山集》八本，《钦定诗义折中》十二本，《燕泉集》四本，《武英殿丛书》三柜。

三月初八日（公历 3 月 29 日）

南学会会员易鼐于《湘报》第二十号发表言辞激烈的文章《中国宜以弱为强》。他主张“改法以同法”，即以“西法与中法相参”，“改正朔，易服色”；“通教以绵教”，即“西教与中教并行”；“屈尊以保尊”，即“民权与君权两重”；“合种以留种”，即“黄人与白人互婚”，此文引发轩然大波（《湘报》153 页）。

△陈宝箴因易鼐此文甚为激烈，因而命欧阳中鹄致书湘报馆责难。先生与唐才质为之愤慨，复信为易鼐辩解，书为唐才质主稿，先生润色：“义宁见睿无诵言通教合种，以为害道，命瓣姜师致书报馆责之。予与复生愤甚，乃复书为睿无道其丹府，使其免受构陷。书为予主稿，而复生润色之。”（《谭嗣同研究资料汇编》271 页）

三月初十日（公历 3 月 31 日）

因《读南海康工部有为条陈胶事折书后》一文，陈三立对先生不满。先生下午前往欧阳中鹄处，遇到陈三立在座，刚欲与之言语，陈对其避而不语。

同日，回邸后，先生偕唐才常复欧阳中鹄三月初六日信，此信言辞激烈。因《读南海康工部有为条陈胶事折书后》一文中末句

“然而世之昏骄悍陋、邪曲畏死之小夫，方且荧目咋舌，栄猜涩獠，訾訾然议先生矣”，引发了陈三立等人之不满，认为似有所指，先生加以辩解，认为此语系“词章家咏叹之习气”。此信中表达出对陈三立诋梁启超、唐才常，并力阻不许聘康有为来湘之不满。陈三立、邹代钧等与先生、唐才常、梁启超的关系逐步恶化。并且，先生亦表示自己愿为维新而献身，“果视此躯曾虮虱千万分之一不若”，“方欲弃此躯而游于鸿濛之外，复何不敢勇不敢说之有”（《致欧阳中鹄一八》，《谭嗣同集》559~560页）：

前奉赐函读悉。仁人之言，委曲引喻，若忘嗣同等之狼嗥豕突，而一以慈心视之，自不觉默然而俱化。当拟作复陈谢，又有深于自得而忘言之妙。今试言此事之由来，乃不止一端，虽累牍不能尽，亦自不欲言矣。言其近者，是日上午已有人来告某之丑诋，并谓先生之称谓，为嗣同等钻营康名士，自侪于门人之列；又谓湖南不应有此，意在设法阻压。及下午到尊处，见某在座，神色颇异，方欲与言，旋即避去，固疑所谓设法者，必于函丈处设法，而已进有言语矣。归途内念，报中小引，不过就奏折论奏折，并未誉及其人品学问一字。惟“其疏为二百六十年所无”一语说得太阔，然亦止就奏折论奏折，于其人品学问亦无与。且“长安布衣”“煤山”等语，实在未经人道过，谓为“二百六十年所无”，亦非过誉。康某果何罪于天下，乃不许人著一好语耶？至于末数语似是骂人，然实无意指定某人，不过词章家咏叹之习气，词章家遇被谤最多之人，照例为之发牢骚。即梁星海之流亦尚未想到，何况时常相见之人乎？乃彼则自出承当，谓为詈彼，证以平日诋卓如、诋绂丞，及力阻不许聘康南海来湘。则其人亦太不测矣。而又往函丈处陈诉，岂欲出死力钤束嗣同等而后快耶？归未旋踵而赐函适至。

才常横人也，志在铺其蛮力于四海，不胜则以命继之。嗣同纵人也，志在超出此地球，视地球如掌上，果视此躯曾虮虱千万分之一不若。一死生，齐修短，嗤伦常，笑圣哲，方欲弃此躯而游于鸿濛之外，复何不敢勇不敢说之有！一纵一横，交触其机括，是以有前书，却非敢抗函丈谓不当教训之而已决意不受教也。今事已过往，聊复述之，祈函丈亦勿以此示伯严。

三月十一日（公历4月1日）

先生第三次为南学会捐书目录刊发于《湘报》第二十三号。

《捐助南学会书籍题名》，谭观察嗣同捐入：

《万红友词律》十二本，《素问》六本，《灵枢》四本，《列女传》二本，《陶渊明集》二本，《纬捃》八本，《北九宫谱》一函，《古微书》六本，《日知录》十六本，《古文苑》三本，《困学纪闻》十本，《隋经籍志考证》四本，《汉学师承记》四本，《精华录》十本，《所安遗集》一本，《脉经》一函，《三二家宫词》二本，《历象考成后编》一函，《郎潜纪闻》六本，《孙可之文集》一本。

同日，与熊希龄、唐才常、樊锥等在湘报馆内议事，恰逢皮锡瑞来访："到湘报馆见熊、谭、唐、樊诸公，略谈时事。"（《师伏堂日记》第三册，95页）

同日，唐才常所撰《中国宜与英日联盟》发表于《湘报》第二十三号。该文引来陈宝箴责问，唐才常后上书解释，言及刊发此文之前，已与先生熟商（《上陈宝箴书》,《唐才常集》539页）：

闻命悚切，以后当谨守机事必密之，但英、日此谋，已属不行，因中国以开平煤矿予俄，故愤然改其初心，日本参谋部已昌言之矣。《汉报》有购煤不易一节，久泄破此层，故受业与七丈熟商之，始形诸笔端，亦以见中国之失策也。以后遇此等处，自当恪遵师训，千万放心。

三月十三日（公历4月3日）

南学会第七次讲演，共两位主讲人，其中皮锡瑞所讲题目为《申辨孔门四科之旨》（发表于《湘报》第三十七号），陈宝箴所讲题目为《论不必攻耶教兼及周汉事》（发表于《湘报》第三十一号）。

同日，开讲前，先生与熊希龄、唐才常致皮锡瑞处，皮锡瑞《师伏堂日记》：

熊、谭、唐来，以梦来文示之。二点钟后宣讲。廉访说天主教必无剖心挖眼睛事。其说始于《天下郡国利病书》，伊在东西洋考之最详。中丞说周汉事，令人失笑。讲后，询中丞江西学堂章程如何，云可不必，务实学堂已有端绪，请黄幼农、陈乐安办，江建霞主讲，若别议立，恐此事反松懈。

三月十四日（公历 4 月 4 日）

《记官绅集议保卫局事》刊发于《湘报》第二十五号（《谭嗣同集》460~461 页）：

今夫舍其官权，略其势位，决弃其箝轭民、刀俎民之文若法，下与士民勤勤然谋国是，共治理，以全生而远害，初若不知己之为官，而官之可以箝轭、刀俎民也者，世必曰："天下乌有此不智之官矣?"然而舍其官权，略其势位，决弃其箝轭民、刀俎民之文若法，下与士民勤勤然谋国是，共治理，以全生而远害，初若不知己之为官，而官之可以箝轭、刀俎民也者，而士与民方窃窃焉疑之议之，远避之，曰："奈何不箝轭我而刀俎我也?"则宁得曰此天下之智士之智民乎？善乎唐才常之论保卫局也，曰："泰西、日本之有警察部也，长官主之，与凡议院章程不同。平心而论，此事本官权可了，而中丞、廉访必处处公之绅民者，盖恐后来官长视为具文，遂参以绅权，立吾湘永远不拔之基。此尤大公无我至诚至信之心，可以质鬼神，开金石，格豚鱼。"夫欲兴绅权，遂忘其为削己之官权，为人而遗己，宁非世俗所谓愚者乎？而廉访黄公与观察况公桂馨、黄公炳离，则犹恐绅之弗受其权也，而集诸绅士于保甲局，反覆引喻，终日不倦。且任之曰："某为董事，某为董事。"听者感动兴起，皆思有以自效，摅虑发谋，各陈其臆，盖罔不动中机宜矣。顾嗣同尤有大忧奇惧，腐心泣血，不忍言而又不忍不言者，遂扬言曰：保卫局之善，唐氏言之详矣，吾不赘言，言其大者。事之大有如国之存亡乎？则胡不见台湾乎？一旦割弃，所谓官者，皆相率内渡矣。又不见山东乎？虽巡抚、总兵之尊，且褫职去位矣。故世变至无常，而官者至不可恃者也。官以遵奉朝旨为忠，以违抗朝旨为罪，不幸复有台湾、山东之事，官惟有襆被而去耳，岂能为我民而少迟回斯须哉？斯时也，则任外人之戎马蹴踏我，任外人之兵刃脔割我，谁为我父母而护翼我？谁为我长上而捍卫我？虽呼天抢地于京观血海之中，宛转哀号，悔向者之不早自为谋，而一听之官之非计。岂有及哉！岂有及哉！然则乘此崦嵫之短景，豫防眉睫之急焰。官又假我以有可为之权，我不速出而自任而谁任矣？夫当速出而自任，宁止保卫一局？而保卫局特一切政事之起点，而治地方之大权也。自州县官不事事，于是有保甲局之设。其治地方之权，反重于州县官。今之所谓保卫，即昔之所谓保甲，特官权、绅权之异焉耳。夫治地方之大权，官之所以为官者此而已。今不自惜若此，岂真官之不智哉，亦诚自料不能终护翼我、捍卫我，又不忍人之蹴踏我、脔割我，而出此万不得已之策。以使我合群通力，萃离散，去壅蔽，先清内治，保固元气。庶几由此而自生抵力，以全其身家，此其用意之深而苦，亦至可感矣。且闻之公法家，凡民间所办之事，即他人入室，例不得夺其权，是则历常变而不败者，又舍是末由也。议既终，吾请濡笔记之，且正告吾绅吾士吾民曰：吾愿睹吾属之智何如矣。

先生文中“湖南地方自治”的观点与黄遵宪不谋而合，黄遵宪认为他理解了设立保卫局的真正用意，但却并不适宜公之于众，并在致梁启超信中言及：“仆怀此意，未对人言，无端为复生窥破，仆为之一惊，恐此说明而扰阻之者多耳。”（《黄遵宪全集》443 页）其中，所言及唐才常之语“泰西、日本之有警察部也，长官主之，与凡议院章程不同。平心而论，此事本官权可了，而中丞、廉访必处处公之绅民者，盖恐后来官长视为具文，遂参以绅权，立吾湘永远不拔之基。此尤大公无我至诚至信之心，可以质鬼神，开金石，格豚鱼”，出自唐才常发表于《湘报》第二号的《论保卫局之益》一文。

同日，陈宝箴拟派先生出任武备学堂提调，《师伏堂日记》：“右帅开时务、武备学堂，已出奏。武备学堂，夏子新官提调，谭复生绅提调。复生论保卫局事，可谓明目张胆而言之矣。”

同日，张之洞致电陈宝箴，催促其派员赴日，并言及先生有事难以分身，不能赴日，建议派黄忠浩赴日（《张之洞全集》第九册7541页）：

> 委员自东洋电询，湖南究派武备学生往否？须与彼国一实信。鄙意熟察时局，非急练兵不可，练兵非赴外洋学习不可。东洋路近费省，而彼意诚切，尤为有益。湘军加以洋学，真无敌矣！此为今日保湘省、筹大局、备援应第一策。湘省如有意遣学生往，似宜趁此时鄂有委员在彼，先派一两员往看，询商大略，诸事较便。但此次派人，须即派带兵勇、管学堂之员，尤为有益。官大小不拘，窃谓黄中书忠浩最好。并须派一武官同往，不拘大小，有武官方能看营垒。谭道恐有事不能分身，且不如黄，乃自己所办之事也。鄂拟派学生百人，分两起往。湘约派若干人？并祈酌定。每人岁需费四百元，较西洋所省过半，照料委员须一两人。总之，湘自湘，鄂自鄂，分为两局，各办各事也。祈速酌复。元。

三月十五日（公历4月5日）

与熊希龄、左孝同至湘报馆，遇到皮锡瑞来访，左孝同称保卫局事他已请求官方做主：“到湘报馆，见复生、秉三。适左子异在坐，言局事，彼推官作主。诸公言此事章程极严，恐亦非书生所能办也。”（《师伏堂日记》）

同日，先生第四次为南学会捐书目录刊发于《湘报》第二十六号。

《捐助南学会书籍题名》谭观察嗣同捐入：

《郎潜二笔》八本，《郎潜三笔》四本，《两汉金石记》八本，《小蓬莱阁金石》六本，《直斋书录解题》一函，《激素飞青阁摹古碑》五本，《文庙礼乐考》四本，《阮氏钟鼎》四本，《养素堂文集》十六本，《金石契》四本，《仪礼章句》四本，《瓶水斋诗》八本，《甲乙经》四本，《金石索》一函，《焦氏遗书》四十本，《湖北舆地图》四本，《莫氏遗书》六本，《湖北舆地图记》二十四本，《行素堂书目》一函，《抚吴公牍》十本，《李义山集》二函，《纪效新书》二函，《杜诗五家注》十本，《西清古鉴》二十四本，《薛氏钟鼎》四本。

同日，陈宝箴致电张之洞，称黄忠浩难以分身，姚锡光表示可以不另派员赴日（《陈宝箴集》1589页）：

元电谨悉。湘省议送学生事，黄中书另招新勇六旗甫就，尤难派往。前已电托宪委姚锡光一并商办，学生约五十名为度，已得复电云："可不另派人往日矣。"承示感佩。

△期间，先生一直在等候赴日之令，得知消息后，他在致夫人李闰信中言及："东行须俟姚锡光（石泉）电，大约可以不去矣。"

然而根据日本防卫省国家防卫研究所所藏的陆军省大日记（贰大日记—明治31年3月31日）《外国人接待用品支办的防卫省防卫研究所》中载："同二十一日清国江南道台谭嗣同、知府用姚锡光、连队长张彪、武学堂教官吴殿英、大队副官黎元洪、通译官瞿世锳以上十六名来省……"可看出日方接待名单上已有先生及姚锡光在册，后未果（日本国立公文书馆《陆军省大日记—贰大日记》M31-4-22，文件编号C06082833900）。

三月十六日（公历4月6日）

与皮锡瑞、熊希龄等人于南学会中共享筵席。皮锡瑞《师伏堂日记》："是日中丞不来，廉访点名亦去。办有筵席，予与熊、谭、黄、戴诸人享之。"

三月十八日（公历4月8日）

南学会会员加入会籍，先生及唐才常、熊希龄到会。先生言及

《字林西报》刊载瓜分已成定局。《师伏堂日记》：

本日邀同会诸君入会籍，到者惟熊、谭、唐。会籍先右帅，次公度，乃主会者；次即予，乃主讲者。谭复生云李一琴译《字林西报》，瓜分之局已定，两湖、江、浙、江西、四川属英，云、贵、两广属法，山东、河南、安徽属德，东三省、直隶、山、陕属俄，福建属日本。惟甘肃无明文，或以予中国乎？

同日，《论电灯之益》刊发于《湘报》第二十九号，文中记述长沙通电灯之事："抚部陈公，悯吾湘人，慨然思有以易之。于是命宝善成公司，创造电灯，自于抚署试然之，数月而善，乃令民间皆得同其利。取费又甚廉贱，由是长沙一城，自学堂报馆以逮通衢之大商肆，咸入夕炳炳然矣。"（《谭嗣同集》463 页）

三月十九日（公历 4 月 9 日）

皮锡瑞在致叶德辉函中言及，其子《醒世歌》乃受先生影响而作："小儿作《醒世歌》，因见学使札谕而戏为之，报馆遂付刊刻。小儿学识谫陋，不晓地学，地球云云，乃听讲窃闻之谭复生者。"（《师伏堂日记》）

同日，《湘报》第三十号刊载《湖南不缠足总会简明章程》（《湘报》237 页）。

三月二十日（公历 4 月 10 日）

南学会第八次讲演，共两位主讲人，其中皮锡瑞所讲题目为《论孔子创教有改制之事》（发表于《湘报》第三十五号），先生所讲题目为《论全体学》（发表于《湘报》第四十二号）。

先生讲义《论全体学》如下（《谭嗣同集》434~437 页）：

人在世界上，有几件事不可不知：一曰天，二曰地，斯二者前次已言之详矣。今日所讲，更有切要者，则为全体学。在天地间不知天地，已为可耻；若并自己之身体不知，不更可笑乎？

然全体学又极难讲。何则？无图以供指点也，无蜡人以为模样也。骨节如何承接？血脉如何周流？脑筋如何散布？肌肉皮肤如何层叠束固？则皆不能言矣。试仅即脏腑言之，亦只能言其部位功用，不能将其形状曲曲传出。部位功用，中国医书亦言之最详，然必不如西国所言之确而可信者，则以彼有剖验之术可凭也。今乍与人言剖验，必诧以为怪，不知彼皆剖验死后之尸，或医生请剖，或病人遗嘱。故剖验之事常常有之，医学遂因之日精。亦有危险之证，必须剖腹洗涤始能疗治者，则考验尤为亲切。吾故以为可凭也。

今先言心：中国言心主思，西国则谓心不能思，而思特在脑。脑分大小。大脑主悟，小脑主记及视听之属。脑气筋布满四肢百体，则主四肢百体之知觉运动。所谓心者，亦徒主变血之事而已。夫中西论心，不同如此，愚谓其理实亦相通。思固专在脑，而脑之所以能思者，全赖心能变血以养脑，是心与脑交相为用也。故思字从囟、从心。脑之主思，古人盖已知之矣。心之所以变血，因血历周身，而后化红色为紫色，养气之功用已竭，血中含足炭气。如不将炭气放出，其毒立刻足以杀人，赖由回血管仍回至心中，由心入肺，有呼吸以吐故纳新；俟再经心中，即复为红色，毒去而可以养人矣。故心之时时跃动，皆为上下四房红紫血出入之故，信足为生命之本矣。

古人谓肝左肺右，心居中央，此说实误。心虽居中，而心尖略斜向左。肺则左右各一大块，每块分六叶，左右共十二叶。肺中大小管极多，酷肖树木枝干，其为用有三：一主呼吸，二主变血，三主声音。肝则在右边肺下，其用亦主变血。凡新生之血，必经肝家一过，方由淡红色变成红色，而有甜味；有甜味乃能养人。故西人或称肝为造糖公司。

脾在左边肺下，中国言脾主消食，其实非也。脾与胃不相连，于消食之事绝不相干。脾惟主生白血轮。然白血轮之为用，西国历来名医皆不能知，直至去年《知新报》载有某医士始考出白血轮为杀虫之用。但白血轮虽有此用，却不宜多；白血轮一多，即成疟疾。按此说中国亦有之，江南一带，呼疟疾为“打脾寒”，可知疟疾果由于脾家也。

胆与肝近，主出酸汁入胃，以助消化；其间复有甜肉一块，为中国医家所未知闻，亦主出汁入胃，以助消化。

胃在心下，专主消化；胃中有一种消化之汁，能化食物，几如强水；而胃又时时动摇，使消化愈速；胃中又有无数微管，能取饮食中之精华以成血。饮食既消化后，变成糜粥，然后入小肠。

小肠长可二丈余，专主取饮食中之精华以成血。饮食过小肠后，精华略已取尽，其糟粕遂归入大肠，而清水亦入小便。此脏腑之大略也。

大抵全体竟是一副绝精巧之机器，各司其职，缺一不可，与天地之大机器相似。

独是天必造此一种全体之精巧机器，果何为也哉？原是要使人顶天立地，做出一番事业来，所谓赞天地之化育与天地参也。诸君当知此堂堂七尺之躯，不是与人当奴仆、当牛马的。

诸君诸君！我辈不好自为之，则去当奴仆、当牛马之日不远矣！时事我更不忍言。然求能与外人一战，无论智愚皆知其不可。为今之计，惟有力保莫内乱，尚可为河西遗种处耳。

保之之法，无过于保卫局。保卫局即是团练之意。各府州县能遍设保卫局，乡间又清查保甲，则耳目灵通，匪类自无从窃发；即使乡僻之区或有聚众等事，而保卫局之巡查既经训练，聚之即可为兵，息事安人，无过于此。如欲别为团练之举，亦须变通旧法，整齐画一，聘武备学堂中之粗谙武事者为之教习；又须就地筹有的款，方可举办。然乡兵之额，亦自不能多。即以百人论，每年需钱三千数百串；而百人之用，仍与保卫局之巡查无异。故不如径办保卫局，而寓团练之意于其中，乃为经久之道。

今欲人人皆明此理，皆破除畛域，出而任事，又非学会不可。故今日救亡保命，至急不可缓之上策，无过于学会者。吾愿各府州县，就所有之书院概改为学堂、学会，一面造就人材，一面联合众力，官民上下，通为一气，相维相系，协心会谋，则内患其可以泯矣，人人之全体其可以安矣。

同日，讲演两点开始，戴德诚与熊希龄论述保卫局及团练之事，黄遵宪评价易鼐之文，认为太过激烈，应当循序渐进。戴德诚言及龙湛霖欲使陈宝箴保其为团练大臣，先生言及邀请知单上，龙湛霖为头名，并问及众人是否愿入，《师伏堂日记》中载：

二点钟开讲，说《春秋》大义，绂丞与欧云樵等以为善。宣翘与秉三说保卫、团练事，非不欲办团练，但欲章程画一，事权归一，不欲如前日之旧章敷衍耳。公度未讲，而讲毕谈易鼐事，亦以为骇俗，谓日本有渐进、顿进二党，今即顿进，亦难求速效，不若用渐进法，报文勿太激烈，渠官府且不免畏首畏尾，况吾辈耶？宣翘言龙芝老以秉三批驳团练为不然，意欲办团，使右帅保彼为团练大臣，如曾文正公故事。复生言外出知单，芝老头名，问愿入否，伊等书愿入，再议办法。此老向不好事，恐有主使之者，何不以鸦片、麻雀娱老，而必自苦为耶？问者此次不多，沅璞、俞绰、张通焕皆有见解。

三月二十一日（公历 4 月 11 日）

与唐才常于熊希龄处拟定时务学堂学生的品学凭单，并且，先生希望皮锡瑞或欧阳中鹄开导龙湛霖不要参与兴办团练事（《师伏堂日记》）：

下午到时务学堂，见李一琴，已将出门，与欧云樵、韩澍园略谈时事。遂至秉三处，见谭复生、唐绂丞方拟品学凭单。绂丞为毕松甫作《公法学会序》。已刻有《皇朝经世文新编》，文颇该备。携《春秋董氏学》一部，将归阅之。谈及团练一事，复生云芝老持之甚坚，且要官筹款，伊以晚亲不便力争。予云亦属晚辈，可属节吾往开悟之。

三月二十二日（公历 4 月 12 日）

《群萌学会叙》刊发于《湘报》第三十二号，讲明群萌学会之宗旨："群学可由此而萌"，"他日合群既广，即竟称为群学会"，"以辅仁益智为主义，而兼敦友睦任恤之风。"并刊载《群萌学会章程》（《湘报》249页）。

三月二十三日（公历4月13日）

湘省禀请举办团练，先生及熊希龄名列其中："省中请行团练禀，于前日递入，禀内列弟及熊太史名。"

同日，《湘报》第三十三号刊发《南学会告白》："本学会二十七日讲期改演影灯，特请时务学堂教习按图讲论，于晚间八点钟入坐，坐位可容二百六十人，坐满截止。原来听者须先一日领取凭单。此后每月演影灯二次，特此告白。"（《湘报》263页）

三月二十四日（公历4月14日）

《湘报》第三十四号刊发《南学会大概章程十二条》（《湘报》268页）。

三月二十五日（公历4月15日）

欧阳中鹄致信先生，言及见到请办团练禀，并指出欲防内匪，舍此别无他法，但在禀内要题明以此为主，以免让人怀疑是为御外侮而设。欧阳中鹄亦赞扬先生所作《群萌学会叙》"日光玉洁，应有尽有"，并请他为龙绂瑞之子与其次孙女做媒（《欧阳中鹄书六》，《谭嗣同书简》125页）：

> 昨得岳生书，并致用学堂章程一分，并送上。章程不知何人手笔，或质初草创，而涂先生改定乎？请与绂丞并酌之……细思欲防内匪，舍此别无他法，不过要提明此层为主，使人不疑为御外侮之用耳。初时学会答问，有言团练决不可办，曾文正所带兵，并非出于团练一条，外间大哗，谓专信口搪塞，实则湘军皆用团勇挑选。此事当时错误，以后却须慎之，总不可一字不实也。
>
> 《群萌学会序》，日光玉洁，应有尽有，抬高浏阳处亦得体，当是报中第一篇文字。昨见报内列龙萸溪为不缠足会董事，是其家以后当不缠足矣。渠有一子，去年冬所生，兄拟以

次孙女字之，系前年四月所生，长一岁，性颇聪颖可爱，老弟试为作伐何如？

兄比为课卷所困，须再六七日始能蒇事。演影灯恐不能到。老弟得暇，或偕绂弟过我何如？绂弟处并此。

同日，先生致函龙绂瑞，邀请其第二日来湘报馆面议婚事（《谭嗣同集》629 页）：

顷有极要之事，奉吾辦姜师之命，须与君面议。务乞明日午前贲临湘报馆，至以为盼，不任钦迟。

同日，《治事篇第一・释名》《治事篇第二・辨实》《治事篇第三・学会》《治事篇第四・通情》刊发于《湘报》第三十五号（《湘报》273 页），并刊载《南学会总会章程二十八条》（《湘报》277 页）。

三月二十六日（公历 4 月 16 日）

《治事篇第五・平权》《治事篇第六・仕学》《治事篇第七・法律》刊发于《湘报》第三十六号（《湘报》281 页）。

同日，该报刊发《南学会入会章程十二条》（《湘报》283 页）。

三月二十七日（公历 4 月 17 日）

偕唐才常、李维格、杨自超、皮锡瑞等同至南学会观看幻灯（《师伏堂日记》）：

下午到学会。再请鹿泉改一方，服一帖。萧仰乔偕其亲戚来听光学。汤孝常亦至。谭复生、唐绂丞、李一琴、杨葵园同来。七点钟试演，幸未作闹，惟多拥挤向前，人气殊不可当。此事本近戏，势不能如讲学之整肃也。演毕，与陆子敏、黄达生谈。

三月二十八日（公历 4 月 18 日）

《治事篇第八・财用》《治事篇第九・群学》《治事篇第十・湘粤》刊发于《湘报》第三十七号，至此，《壮飞楼治事十篇》全部刊完（《湘报》289 页）。

△皮锡瑞评价先生《治事》十篇："谭复生《治事篇》十篇已毕，论极平正，然明说一切皆归入学会，人必疑学会之权太重。伊又云洋人甚佩服湖南，人闻之，又必以为与洋人交通。此等语，皆但可为知者道耳。"（《师伏堂日记》）

同日，致函陈宝箴，表示新任浏阳县令为原湘潭县陈宇初，既不肯考时务，讯断又最糊涂，终日坐堂而并不能结一案，如果来浏阳就任，将不利于地方发展，他请求陈宝箴莫要调离浏阳县令黎墉，"不如留黎大令万万矣。昨日已将此意函告中丞"（《谭嗣同集》562页）。

三月二十九日（公历4月19日）

致书戴德诚，请其预防岳州诸生在县试时闹教。皮锡瑞《师伏堂日记》中载："至复生处，已作书致宣翘，将发，云岳州通商在即，而诸生约县考时毁教堂，校经堂岳州人请急开学会，嘱宣翘往，而不知岳州绅士开通者何人。复生以此事关一省之存亡，予谓毁教堂亦八股先生之讏言，未必真有此事，然宁可信其有，不可信其无，以豫防为是。"（《师伏堂日记》）

同日，致函欧阳中鹄，言及自己与唐才常致函邹明沅，令师襄率浏阳百余人往黄忠浩营中学习，先生已与黄忠浩面商两次，达成共识，并预期闰三月师襄即可率人前往，拟请刘昆山为绅董，师襄为哨弁；关于湘潭陈宇初调至浏阳事，先生请欧阳中鹄再次向陈宝箴进言（《致欧阳中鹄二〇》，《谭嗣同集》561~562页）：

> 前商团练事，绂丞所拟之办法正与尊意同，而师中吉所拟之办法又与绂丞同。师说在绂丞前，唐说在夫子前，而彼此暗合如此，亦一奇也。绂丞及嗣同于前七八日已函商岳生，请由县送百人至省，即令师中吉统之往泽生营中学习。面商泽生两次，大以为然，并极赏识。师中吉闰月即可率百人住其营中，渠必加意训练云云。按前所商拟请刘昆山可为绅董，哨弁必须师中吉为之，且昆山尚不知有暇来省否，其中又多犯忌之处。依愚见既得师为哨弁，昆山可不至省矣。岳生来信呈上，难得

大家兄以为可办，大约岳生已办有头绪矣。或四乡都来，或中立独任，均听岳生去办。若四乡愿意分任，亦止可任饷，不宜由各乡送人，恐选择不精，强弱不齐，转是费事。嗣同等及师中吉所知之勇力果敢之士不下数十人，即可由师中吉一手招募百余人，而请各绅选试，可选得百人，师中吉带至省城，再由泽生选试，必易精矣。不审尊意如何？拟日内即令师中吉还县招募，闰月半间即可到省，兵贵神速，此之谓也。

湘潭县官陈宇初大令不肯考县试。时务，似此守旧之官，讯断又最糊涂，终日坐堂并不能结一案。而补吾浏阳之缺，如之何其可也？不如留黎大令万万矣。昨日已将此意函告中丞，便中乞更为一言。

◎师襄（1857—1900），字中吉，原为谭继洵都司，长年追随先生。“师中吉者，浏阳西乡人也。为人朴忠多力。尝从谭继洵仕清，以军功保都司。继洵子嗣同重其质直，遇之厚。弃官随嗣同奔走陕、甘、闽、浙、宁、皖、湘、鄂间。戊戌嗣同死难，中吉从唐才常谋革命，图复嗣同仇。”（《师中吉李和钦合传》，《自立会史料》264 页）

三月三十日（公历 4 月 20 日）

《湘报》第三十九号刊发《不缠足会助资诸君续题名》，其中张通典捐银十元，刘国祉捐银十元，唐才常捐银三元，刘善浤捐银两元（《湘报》310 页）。

约三月

与黄遵宪一同观看狄葆贤所藏《维摩说法图卷》（《平等阁诗话》38 页）：

“无端重话旧因缘，说法维摩等画烟。何处身心现离合，天华来去自年年。”先生此次来函，追述七年前病榻说法事。时在湘中，同人皆病，先生与复生同观余所藏之《维摩说法图卷》，因亦相对说法各数千言。

闰三月初一日（公历 4 月 21 日）

《湘报》第四十号刊发《延年会告白》（《湘报》320 页）：

本会现设小东门湘报馆内，定期于闰月初五日开会，照章先以知单布劝各官绅戚友书知入会。自初五日起，凡一切酬应，谨守会规，彼此共谅为要。延年会董事熊希龄、谭嗣同白。

闰三月初二日（公历 4 月 22 日）

时务学堂聘唐才常、欧榘甲为教习。《湘报》第四十一号刊发《学堂添聘教习》告示："武备学堂添聘天津黄君殿臣为教习，时务学堂添聘广东欧君榘甲、湘潭周君大烈、浏阳唐君才常为教习，日内闻可定期启学矣。"唐才常与欧榘甲入时务学堂任教，是在梁启超离湘之后。在学堂内，唐才常纵论时政、无所顾忌，因而被王先谦、叶德辉诟病攻讦，唐才质《戊戌闻见录》中记述："追新会离湘，伯兄始与云樵师至学堂任教习。伯兄刚棱疾恶，又得复生七丈之助，故讲述西学，兼议时弊，踔厉风发，无所顾忌，而王益吾及叶麻闻之，乃悍然攻学堂矣。"（《谭嗣同研究资料汇编》270 页）唐才质又于《唐才常烈士年谱》中记述："未几，梁启超因事赴沪，聘公与欧榘甲二人继其任。公素服膺王船山之学说，及主讲时务学堂，日以王船山、黄梨洲、顾亭林之言论，启迪后进。又勉励诸生，熟读《黄书》《噩梦》《明夷待访录》《日知录》等书，时共研习，发挥民主民权之说而引申其绪，以启发思想，为革命之先导。"（《唐才常集》571 页）

△唐才常被聘为时务学堂教习后，时务学堂诸教习拍一合影。照片中左起依次为：叶觉迈、谭嗣同、王史、欧榘甲、熊希龄、韩文举、唐才常、李维格（见本书插页）。

同日，光绪帝召张之洞进京陛见，由谭继洵兼署湖广总督（《清季职官表》373 页）。

闰三月初四日（公历 4 月 24 日）

南学会第九次讲演，皮锡瑞所讲题目为《论不变者道必变者法》（发表于《湘报》第五十七号），先生讲论治兵，内容不详，讲毕聚谈时事（《师伏堂日记》第三册 141 页）：

二点钟开讲。李一琴讲通商事，云我设巡捕，则操纵由我；彼设巡捕，则操纵由彼。此极破的之论。谭复生讲治兵，亦切实。廉访未讲，询迁善所，云有三数人，较独当一面为易。方伯亦未讲。讲毕久谈时事，议论通达，甚以近日所办为然，云过南京见岘帅，彼谆嘱不可办铁路，留湖南一片干净土，与文帅所见合，岂皆所谓老成之见耶？香帅入京陛见，或入枢辅。

皮锡瑞本次讲演内容多涉及君臣平等、男女平等之论调，皆源于先生之影响。据唐才质记述，南学会每次开讲前，先生皆走访黄遵宪、皮锡瑞、邹代钧等主讲人，就讲题进行交流，面对保守中立者，先生“争之益力”。二月间皮锡瑞等人讲演尚停留在“非议西学”之层，至三月及闰三月间，在先生影响下，讲演已多有人人平等之论调，众人“皆为倾倒”（《谭嗣同研究资料汇编》270 页）：

南学会每开讲前数日，复生走访公度、鹿门、沅帆，就所以宣讲者切磋。鹿门、沅帆辄不怿，盖持中和而畏以凌厉滋物议也。复生争之益力。虽不尽纳，然亦稍徇其意。伯兄又言：鹿门于二月间尚非议西学，其驳辜天祐专重西学之言，通达之士，皆啧有烦言。然鹿门于孟子称孔子圣之时者也，殊有领解，故三月及闰三月间，其宣讲多可取者。所言“君为臣纲，不尽在尊君卑臣”。又谓“尊夫卑妻与尊君卑臣，皆起于秦而盛于宋”云云。一时传布，皆为倾倒。然此实受复生之濡染，特其辞婉约，未能如复生之昭晰而激切也。鹿门讲义，刊于《湘报》，叶麻见之，肆意诋諆。鹿门恐以此贾祸，遽萌退志。

闰三月初五日（公历 4 月 25 日）

与熊希龄于长沙创办湖南延年会，撰《延年会叙》并附录《章程》，刊发于《湘报》第四号，此会的宗旨在于“天无年，无可延也；人有年，可自人延之也”，要人充分利用时间，去除生活交际中的繁文缛节。在《延年会叙》中，先生提出“延年益寿”之法（《谭嗣同集》442 页）：

虽然，无能延于所得之年之外，自可延于所得之年之中；无能延年于所阅之时，自可延年于所办之事。则惟有明去其纷扰以耗吾年者，即以所腾出闲暇之年，为暗中增益之年。少一分之纷扰，即多一分之闲暇。无纷扰，有闲暇，则一日可程数日之功，一年可办数年之事。统合算之，将使一世之成就可抵数世，一生之岁月恍历数生，一人之才力若并数人。志气发舒，智虑兴起，境象宽衍，天和充畅，谓之延年，岂为诬乎！

附《延年会章程》（《谭嗣同集》444页）：

一、每日六点半钟起，学习体操一次，七点钟早膳，八点钟至十一点钟办各事，十二点钟午膳，一点钟至二点钟见客拜客，三点钟至六点钟读书，七点钟晚膳，八点钟至九点钟办杂事，十点钟睡。

一、无故不得请客，无暇不得赴席，不赴不请，彼此皆不得见罪。

一、至熟之友来拜者，均不答拜，彼此谅之。惟外来生客则可答拜一次。

一、每日非值见客之时，客来拜者可不请见。

一、如客有要事来商者，可先以函约定钟点聚晤，过时迟到者不候亦不见。要事者，关系应办之正事；其请托私事，皆不得约期来商。

一、客以某事来商者，见时只可言某事之本末，言毕即行，不得牵引他事及无聊闲谈，致延时刻。若刺刺不休者，主人可请茶送客。

一、定房、虚、昴、星日为休息日，遇休息日可请客、可游行。

一、彼此往来，非遇冠、昏、丧、祭大事不着冠带，平时虽生客亦以便衣接待。

一、请客筵席只准五簋八碟，不得奢侈无度。

一、非遇紧要面商之事，彼此皆以函闻。

一、凡办公之地不见客、不饮酒。

一、逢五日腾出三点钟时刻复远方各处函件。

一、生客来拜者即遣人持章程一本送阅。

一、凡以情面请托者，事不能行则直复之，彼此不得见罪。

一、章程分散各友，另用知单，劝其入会。书知者即作为入会，以后照章程办事，其不书知者，非其时而来，显与章程相违，不见不理可也。

一、入会者非遇休息日不得博弈、听戏、撞诗钟。

一、贺节贺喜及虚文酬答之信函皆宜免绝。

一、办公事时，本不可会客，然遇客若有事必须晤商，自愿坐候者者，可请之旁坐，一面自行办事，事毕再议。

一、此会专立自主之权，即有官府因事来请来会，亦须照定例而行，断不能以势乱章。

一、居处不净，衣服不洁，皆在禁例。

皮锡瑞称："阅《湘报》，见复生延年论，所说甚是，然恐彼自己亦未必能受此约束也。"（《师伏堂日记》）

同日，《湘报》第四十三号刊发《不缠足会续题名》，谭嗣同名列其中（《湘报》350页）。

闰三月初六日（公历4月26日）

先生及熊希龄、毕永年等函请岳麓书院山长王先谦赴时务学堂讲学，王先谦谢绝。

同日，谭嗣同、熊希龄至南学会与皮锡瑞商议阅卷事。先是城南、求是两书院诸生，请官课勿考时文，但欧阳中鹄和陈三立认为阅卷无人，不愿改变考试内容。他们商议先由巡抚派人阅卷一次，再由南学会会友复阅，并借机开通诸人，因此在南学会章程里又加入"愿阅课卷"一条（《师伏堂日记》）：

遂至学会，风雨不止，来者亦近四十人。复生、秉三来，告以节吾、伯严以为阅卷无人之意，共议云仍使委员阅过一次，一则复阅较易，二则藉此开通诸公。复阅即以南学会友分任之，章程添入愿阅课卷一条。节吾至，以告之，请其万勿批驳。惟书院分立数门，当请山长共议，或仿岳麓章程亦可。熊、谭与毕松甫皆函请祭酒过江讲学，以副诸生之望，祭酒辞以难。此公讲学实不为难，特不耐此劳耳。入会者有武备教习王、武两君，又黄策生营官陶、田等三人，可谓文武不分矣。

同日，《湘报》第四十四号刊发《南学会藏书处章程二十四条》（《湘报》358页）。

闰三月初七日（公历4月27日）

先生至皮锡瑞处，见刘颂虞驳易鼐、熊崇煦驳罗棠二人之文已刻成书，对二人之顽固不化“甚为太息”：“现在所捐书，以谭复生为最多。吉儿送来刘颂虞驳易鼐、熊崇煦驳罗召甘二书，刻成。此二人皆号开通，而意见犹不化，徒费笔墨，何苦操入室之戈？复生来，纵谈此等事，甚为太息。”（《师伏堂日记》第三册143页）

闰三月初八日（公历4月28日）

时务学堂于南学会中举行第三次招生考试，初步确定内课生46人，外课生52人，备送北洋学生10名。先生与皮锡瑞为此次考试主考官。考题为《无敌国外患者国恒亡论》《汉光武治天下亦以柔道行之论》（《湖南时务学堂研究》110页）。

《湘报》第49号载时务学堂第三次招考题全文：丙字棚，“问古者以三十年之通制国用，今泰西诸国有大兴作，则下之议院，计其所费之数，以征于国中，而事立办，民不违其道，何由”；甲乙两棚，“汉光武谓吾治天下，亦有柔道行之论”；元字棚，“无敌国外患者国恒亡说”。

同日，约皮锡瑞次日下午与李维格晤谈。并且，皮锡瑞见到《皇朝经世文新编》内刊有先生所著《报贝元徵》，位于卷一通论中。皮锡瑞称赞其“说变法极晓畅，此才可爱”（《师伏堂日记》）：

晴。考时务学堂。……复生至，见面云明日下午可到彼处，约李一琴共谈。《文编》中载复生致贝元徵书，说变法极晓畅，此才可爱。本日题为“无敌国外患者国恒亡论”，“汉光武治天下亦以柔道行之论”，“三十年之通制国用，泰西”云云。出监场，见于钺文颇佳，可取。汪守逵大致尚合，间有数虚字不合法。谭先適亦可望取。余沃文气颇畅，必云敌国外之患，则不可解。此皆予所保举者也。

◎《皇朝经世文新编》，由麦仲华主编，1898年于上海大同译书局刊行。其中载有先生《思纬壹壹台短书》，包括叙言、《报贝元徵》，后附《治言》。

闰三月十一日（公历5月1日）

南学会第十次讲演，主讲人皮锡瑞，题为《论胜朝昭代之兴亡原因》（发表于《湘报》第六十五号）。

闰三月十二日（公历5月2日）

皮锡瑞至先生及唐才常住处，将昨日所收攻击南学会的问答展示给他们，他们认为对这种无理取闹者可不予理睬。皮还请先生致书谭继洵，以备其子前去拜见。之后，皮锡瑞及先生共至熊希龄处，检阅时务学堂诸生试卷，共同商定招生考试考生名次（《师伏堂日记》）：

> 饭后到复生、绂丞处，以昨所得问答妄詈者示之，彼云无理可不答。属致函乃翁，使吉儿往见。遂到秉三处，正在检阅时务诸生卷，一、二名杨德钧、张协元，皆浏人，极佳。于钺本可列第三，因亦浏人，置第七，批云：“纵横一万里，上下五千年，不凡之才也。”汪守逵批“有可采语”，与余沃、谭先適皆在挑列。复生亦至，共定甲乙。予见有公事，遂行。

闰三月十四日（公历5月4日）

任武备学堂绅提调，皮锡瑞认为先生前发表之《记官绅集议保卫局事》为“明目张胆”之作：“右帅开时务、武备学堂，已出奏。武备学堂，夏子新官提调，谭复生绅提调。复生论保卫局事，可谓明目张胆而言之矣。”（《师伏堂日记》）

闰三月十五日（公历5月5日）

由长沙归浏阳。路上感染风寒："嗣同归来，感受风寒，疲顿已极，何时到省尚不能定。"（《谭嗣同集》562页）

同日，皮锡瑞《师伏堂日记》："宣翘云复生、秉三共禀请书院改章，提所加钱粮为经费。"

闰三月十六日（公历5月6日）

《以太说》刊发于《湘报》第五十三号（《湘报》445页）。

同日，《湖南不缠足会嫁娶章程十条》亦刊发于《湘报》该号，该文原题为《湖南不缠足会嫁娶章程》，最初发表于丁酉年十月、十一月出版的《时务报》第四十五、四十七号。《湘报》第五十三号亦刊发《士绅刘颂虞等公恳示禁幼女缠足禀》，请通谕"痛戒"，黄遵宪通谕各府厅州县一体张贴劝禁妇女缠足，以"开一乡一邑之风气"。《湖南不缠足会嫁娶章程十条》全文内容如下（《谭嗣同集》427~428页）：

第一条　本会所以立会之旨，原为同会之人互通婚姻，不致以不缠足之故，为世俗所弃。故会籍以姓分册，男女注明年岁，正以备同会择妇相攸之用。今依此意，定为同会嫁娶章程。

第二条　凡同会皆可互通婚姻，除会外人亦系不缠足者仍通婚姻外，余不得与通婚姻。

第三条　同会虽可互通婚姻，然必须年辈相当，两家情愿方可。不得由任指一家，以同会之故，强人为婚。

第四条　同会人籍贯非一，苟平素两家相得，而两家中有一家力能远就者，即可为婚。有志之士，必能破除不肯远嫁之俗见。

第五条　订婚之时，以媒妁婚书为凭，或略仿古礼奠雁之意，随意备礼物数色。无论家道如何丰富，总以简省为宜，女家不得丝毫需索聘礼。

第六条　女家置备嫁奁，亦应简省，男家尤不得以嫁奁不厚，遽存菲薄之意。

第七条　婚姻之礼久矣废绝，古礼既不适于今，能依大清通礼固亦可矣；有时不能不从俗从宜，总择其简便者用之。

第八条　不缠足之女，其衣饰仍可用时制。惟着鞋袜与男装同式，此节凡同会皆宜一律，不可独为诡异，致同会惊诧，难与为婚。

第九条　凡人莫不愿其女之贤，则女学万不可不讲。己即无女，亦莫不愿其妇之贤，则应出资，随地倡立女学塾。塾之大小惟其力，以助人之女为学，安知非即助己之妇为学。盖必女学昌明，而后婚姻之本正矣。

第十条　以上章程，但择其易于遵行者，胪列质实，屏弃华藻，务使人人皆解。若并此而不能遵行，又复入会何为？故初入会时，即当揣量及此，自无后悔也。

闰三月十七日（公历5月7日）

谭继洵上《恭报兼署督篆日期叩谢天恩折》，并于是日接收张之洞之湖广总督关防等件（《谭继洵集》546页）。

闰三月十八日（公历5月8日）

城南书院诸生请改章，条陈通过先生递交陈宝箴，《师伏堂日记》："复生亦归浏阳去矣。有城南书院生李某来，欲入会看书。人颇开通，曾到上海，极称巡捕之善，城南诸生请改章禀帖有名，上次有条陈交复生，未知递否。"

闰三月、四月左右

归浏期间，与黎宗鋆、唐才常、欧阳自耘成立群萌学会，会址设于浏阳营盘街黎宅，先生作《群萌学会叙》。因省城长沙已然多有学会，唯有浏阳尚未成立学会（《谭嗣同集》464页）：

然而湖南省会，既大张新学，有若南学会，有若校经学会，有若时务学堂，有若武备学堂，有若方言学堂，有若课吏馆，有若保卫局，有若机器制造公司，有若旬报馆，有若日报馆，有若各书院之改课，骎骎乎文化日辟矣。独吾浏阳乃至今而不有学会。不有学会，是新学无得而治也。

唐才质于《唐才常烈士年谱》中记述（《唐才常集》57页）：

是年三月，公与黎少谷、欧阳自耘诸同人，创办群萌学会于浏阳，会址设于邑城营盘街黎宅，广储书报以备邑人浏览。邑中人士，聚集于此，讲学论政，亦学会而兼议会之意也。

先生在《群萌学会叙》中强调“群”之重要性，因团结力量、集力成群而成立群萌学会（《谭嗣同集》464~465页）：

今夫有物百钧，一人举之不足，数人、数十人举之，斯举之矣。有草一莛，孺子折之有余，束数十、数百万莛，壮夫莫谁何焉。有书万卷，十年读之，莫能通其义，数十、数百人分任之，可计日而毕业矣。万事万物，莫不以群而强，以孤而败，类有然也。独吾浏阳，至今而不有学会，发议方在人前，而征实转居人后，能言而不能行，毋亦多士之耻辱矣乎！

黎君少谷、唐君绂丞、欧阳君笠耕诸君子乃愤然曰：“独吾浏阳至今而不有学会，吾过矣！吾过矣！夫奚辞？”走书腾说，搜伦索偶，相地筮日，鸠资简器，臭味翕袭，图册奔会，于是遂有群萌学会。

并表示自己在浏阳时恰逢群萌学会成立，自己不胜欢喜，于是作叙：

不图偶尔假归，适值群萌学会之成，此所以为群喜，为智喜，为浏阳喜，为湖南喜，为中国喜，更私为吾所从事之南学会喜，而奋笔鼓舌，乐叙其缘起如此。

同月，约在归浏期间致函徐乃昌，以回复其来函所作之词。他赞徐词“清词丽句，楚楚动人，风调高奇，不在北宋以下”，并作诗一首和之。此信未署日期，信中言及“去年有《江上闻笛诗》”，彼诗乃丁酉年所作，可知此信为戊戌年所作；又云“日来殊有深念，端居无事”，先生自归湘以来一直忙于新政，唯有归浏阳期间颇得空闲，此信疑为是时所写（《谭嗣同集》625页）：

顷奉惠笺，得诵清词丽句，楚楚动人，风调高奇，不在北宋以下。惜嗣同于词学全未究心，既不作，亦不读，但能吟咏低回，爱不忍释，知其绝好而已，不能名其为某家某派也。粗陋可笑如此。此后如更有佳什，尤望不遂鄙其愚，而时时示以教之，则茅心庶有顿开之日，幸甚幸甚！

日来殊有深念，端居无事，颇以小诗写之，录上斧削，非敢云报。跛者不忘履，眇者不忘视，布鼓雷门，所不遑恤，惟容众矜不能之贤者哀怜之可耳。

吴淞半江水，湘中一尺天。年来都翦得，持入秣陵烟。

云外钟声暮，人间晚照多。江南盛文物，孤感动山河。

裘带文章灿，壶歌礼乐娴。何如抛节钺，来看六朝山。

山远自苍翠，山势亦嵚崎。山外已如此，山中知有谁。

尔为诗太奇诞，至不敢以示人，此故矫之，以力趋昌和，然其讽刺可于言外得之。又去年有《江上闻笛诗》，差平易近人，其诗曰：

亡命向江海，柯亭十六椽。世无马南郡，黄鹤自翛然。夜久风嬉水，天寒月吊烟。身为厨下爨，太息累名贤。

约同月，先生常帮助浏阳农民妇孺，谭恒辉、谭吟瑞记述（《谭嗣同研究资料汇编》76页）：

嗣同公在佐陈宝箴推行新政时，多次回浏阳，居于“大夫第”，他对于农民挑柴卖的，从不还价，遇有妇孺至傍晚……还没卖掉柴的，他一起买下，使之早点赶回家门。这表现了他对农民群众的同情与体恤。

约同月，先生于浏阳家中自撰桃符，姜泣群记述：“谭浏阳家居时，尝自撰桃符，有‘大陆龙方蛰，中原鹿正肥’之句，此尽人知之。旋家计北上，终日奔走，形势风雨如晦，恒郁郁不自得，尝作联榜其寓斋曰：‘家无儋石，气雄万夫。’康南海一见惊诧，谓此联圭角太露，无静穆之致，劝更易之。乃作集句联曰：‘视尔梦梦，天胡此醉；于时处处，人亦有言。’康点首称善者再。若辈胸怀大志，益谨细行，惧撄异己者忌者。”（《朝野新谭·丁编》75页）

闰三月二十日（公历5月10日）

抚宪官课，仍出时文题目。先生、唐才常及皮锡瑞等人疑为欧阳中鹄所出，并认为他的所作所为，“令守旧者鼓舞欢欣，维新者扼腕叹息”（《师伏堂日记》）：

> 抚、宪官课。昨已与节吾、伯严说明，不知何以仍出时文。城南分六门，而岳麓、求忠无之，只有“湖南水利”“湖南险要策”，此乃数百年陈腐之物，不知何以至此。观诗题，似节吾所拟。不知此等题出自何人，令守旧者鼓舞欢欣，维新者扼腕太息。如此办法，必无振起之。

闰三月二十五日（公历5月15日）

南学会第十一次讲演，主讲人皮锡瑞，所讲题目为《论变法为天地之气运使然》（发表于《湘报》第七十二号）。

同日，皮锡瑞与戴德诚议及欧阳中鹄入陈宝箴幕，是由黄遵宪、梁启超极力促成，本以其为维新派内援，但实则归入守旧党阵营，唐才常曾表示反对，但先生坚持行之，黄遵宪等均有悔意。《师伏堂日记》：

> 予与廉访讲毕，曾某接讲保种、保教，人一哄而去者大半。左四先生来，谈保卫、迁善事，五月初开办，而把持者至不肯以房子佃作局，可谓奇矣！宣翘云节吾力阻新政，非但时文一事。彼入幕由公度、卓如推毂，使为维新内应。彼到省并无异论，乃为维新党所援，复为守旧党所煽。绂臣本不愿其入，以此归咎复生。公度亦甚悔之，将赶卓如来一决此议。如不胜，则维新事成画饼矣，可叹！可叹！香帅打长电报，说《湘报》非是，不应说孔子改制，而易鼐尤非所宜言。习俗限人，贤者不免，争学派尤文人陋习。予以为在下之锢蔽终可开通，在上如此，终无开通之日，殆中国无转机乎？

闰三月下旬

被张之洞委为湖南制茶公司总办，公司全称为“长江机器焙茶公司湖南省分公司”。他负责纠集绅商，购买机器以及寻找合适的厂房。谭继洵致电并通知先生此事（《谭嗣同集》558页）。先生因父亲与张之洞的关系，难以推辞，即主事其间，谭恒锐记：“张督深爱公才，特委公主办湖南机器制茶事，创立‘焙茶公司’。鄂省委候补道员朱滋泽筹备，湘省委公，盖欲公不参与党争（张督与公父敬甫公同寅，时敬甫公任湖北巡抚）。时公主持南学会，又任时务学堂总理绅，奉委之后，以父执之意难却，即开始筹划。此戊戌年闰三月时事。”（《清谭复生先生嗣同年谱》，《谭嗣同研究资料汇编》25页）

闰三月二十六日（公历5月16日）

唐才常致函欧阳中鹄，信中言及先生已向浏阳士绅以保卫局事而劝捐，除涂启先外均已认捐（《上欧阳中鹄书八》，《唐才常集》530~531页）：

> 奉钧谕，具识吾师调剂之苦心，感悚无地。然他处所不敢知，若我浏阳士绅，塙知此举为保万民身家起见，则断不至别生事端。复生已与邑绅披沥言之，皆云：“若抚部果有是意，我辈何敢有违！”虽大围曾有不缴之说，岂能以一人之私，坏合邑公事乎？
>
> 且大围前欲以此款作为昭信股票，岂昭信股票可办，而为一邑之身家性命独不可办乎？况岳生来函云：“前与邑君提及此款，邑君则以书办太苦，将分润之。”则此款纵不归公，其能实惠及民者无几矣。

同日，欧阳中鹄致先生一函，言及陈宝箴已得知张之洞将委任其为湖南焙茶公司总办，并预计该公司将来可能“局面大，薪水优”，“用人必多”，特向先生推荐公司有关人选（《欧阳中鹄书九》，《谭嗣同书简》131页）：

> 南学会票阻力太多，强行之恐当肇衅，盖已大张告示，与之而复取之也。虽西人重取民财以办民事，而中国风气未开，办团练民犹知之，然良民所喜，即不良民所恶。若学堂学会，则若辈全不解何谓，抗而不从，政体一亵，以后他事将尽狃

玩，故不敢轻发。本日有函已略言之，兹又补所未备云。顷中丞在校场阅操，驰告，得芗帅咨，委朱滋泽办湖北招茶局，设公司购办机器，湖南则委吾弟。不审已由尊公处寄到公牍否？

此事用人必多，兄荐三人，其二义不得已，另单开记，若将来局面大，薪水优，须得力人用，则舍弟现于盐务已有退志，不知赫德接手后何如？渠于茶庄办过一年，大致明白，或令其辞归，亦未尝不可也。

同日，在浏阳与熊会亭晤面："昨晤熊会亭，言江西学堂事甚着急，其意终望伯严再赴江西一行，方有成议，不然将不堪设想，并希转达。"（《谭嗣同集》562页）

闰三月二十七日（公历5月17日）

谭继洵致电先生，认为湖南以漕项减款办理团练之举甚善，令其在浏阳劝官绅照办。电文中另有关于机器制茶事，先生一方面将电文寄给熊希龄，与之商量机器制茶事，一方面回电称将努力筹办。

同日，先生在致欧阳中鹄信中言及，请其向陈宝箴进言，尽力办成此事（《致欧阳中鹄二一》，《谭嗣同集》562页）：

奉到赐谕谨悉。顷奉家严电谕云，闻湘以漕项减款练团，此举甚善，令在县劝官绅照办。其电顷已寄熊秉三，因电中另有机器制茶事，须与一商也。当复以"乡绅多不以为然，现拟在省进禀，前已与中丞说通矣"云云。此事终望办到方好，请力与中丞言之为叩。嗣同归来，感受风寒，疲顿已极，何时到省尚不能定。所言地事，他日路过其处，必当详细一看。

闰三月二十八日（公历5月18日）

皮锡瑞《师伏堂日记》中提及先生被张之洞委任为湖南焙茶公司总办："复生，香帅委办湖南焙茶公司。香帅廿二起程。樊春徐归宝庆办学会。予到会，则午饭已过，竹竹吃饭，将焙茶事续上，属寿人誊来。"

闰三月二十九日（公历5月19日）

致函欧阳中鹄，主张将漕项结余用于办理团练，并已与涂儒翯相商，拟请其父涂启先办理。他认为如若不如此办理，不过让粮差发财，民间并不能得到实惠。先生还答应欧阳中鹄在机器制茶机构帮助他安置人员（《致欧阳中鹄二二》，《谭嗣同集》563页）：

除已寄复一函外，又接两书均悉。漕项即改入团练一节何如，已有函与南学会，商之质初，言涂师意亦愿办矣。且此项不取，不过粮差发财耳，民间何能沾实惠？抗拒之说，可保其必无也。机器制茶事，且看商情如何，属件自可如命也。

同日，《湘报》第六十四号刊发《湖南分设制茶公司》，表明张之洞已委任先生为湖南焙茶公司总办，并负责“纠集绅商，领本购办机器，建立厂基”（《湘报》561页）：

香帅今春在鄂创立制茶公司，业委穆和德为督办，而湖南茶务实为大宗，长沙亦须分设公司，昨香帅由驿排递公文，已札委本馆谭复生观察嗣同总办湖南焙茶公司，纠集绅商，领本购办机器，建立厂基，将来茶务可望振兴也。

贾维《谭嗣同戊戌四月行踪考辨》中对此作出分析，先生应与制茶公司督办穆和德有过交往：

穆和德（R. B. Moorhead），英籍税务员，一八六八年入中国海关，一八七七年升任江汉关税务司，一九零零年调离江汉关，获清廷授予三品衔、双龙三等第一宝星。穆氏在汉口海关任职二十多年，熟悉各方面情况，在历次湖北对外交涉中都有所表现，深得督抚张之洞、谭继洵的信任。朱滋泽，卸署汉阳县知县，湖北候选道，曾经专办马鞍山煤务，帮办湖北铁政局和汉口铁路分局事务，是张之洞信任的洋务官员。既然由穆和德全权筹办两湖机器制茶事宜，那么作为其下属办理湖北、湖南机器制茶事务者，应为穆氏所熟悉的洋务官员。谭嗣同历来以“通洋务”而闻名，通过其父谭继洵等关系，很可能与穆和德有过交往，由他出任湖南制茶事务，也是比较合适的。谭氏主张：“尤须研覃税务之学，缕析中外税则，查验章程，始可夺回税务司包办海关之权。”说明他对海关事务也并不陌生。

文中并对湖南焙茶公司做出一些分析，考定先生在担任焙茶公司总办时所应做的工作：

> 综合上述材料，可以看出以下情况。第一，湖南焙茶公司同样属于官督商办企业，与湖北制茶公司之间是分公司与总公司的关系，有关业务须与江汉关税务司穆和德磋商。第二，购办机器和建造厂房所需资本，主要以合股集资的方式解决。第三，湖南焙茶公司的当务之急，是纠集绅商，领本购办机器，建立厂基。第四，搞机器制茶，须到上海去买机器。

同日，叶德辉刊刻《〈辅轩今语〉评》，将徐仁铸的《辅轩今语》逐条批驳，又将诋毁南学会和《湘报》的书牍刊刻印发，广为散播。

△在浏期间，先生兴办浏阳不缠足分会，具体时间不可考，谭吟瑞记述："我们县里是祖父兴起女子不缠足的。为了宣传天足的好处，还从亲友家中觅得大脚女佣游街示范，奖给她们每人一块银牌或几块银元，让各大家族的内眷垂帘观看。后来在长沙成立了不缠足会，各县设分会。"（《谭嗣同研究资料汇编》90页）

△先生归浏期间，陈宝箴调阅时务学堂学生札记，分教习惶恐无措，熊希龄令其于一夜之内更换札记以应对检查，将激烈言辞之札记更换为"正平之作"，并临时加批语。

四月初三日（公历5月22日）

离浏赴长，恰逢结婚十五周年纪念日，作《戊戌北上留别内子》（《谭嗣同集》232页）：

> 戊戌四月初三日，余治装将出游，忆与内子李君为婚在癸未四月初三日，恰一十五年。颂述嘉德，亦复欢然，不逮已生西方极乐世界。生生世世，同住莲花，如比迦陵毗迦同命鸟，可以互贺矣。但愿更求精进，自度度人，双修福慧。

并为李闰作诗：

> 婆娑世界普贤劫，净土生生此缔缘。十五年来同学道，养亲抚侄赖君贤。

谭恒锐释义（《清谭复生先生嗣同年谱》，《谭嗣同研究资料汇编》27页）：

婆娑世界善贤劫，"善贤"二字应作"普贤"。普贤，文殊佛门两大尊者，地位崇高。普者行弥法界，贤者位邻极圣；"劫"字指劫数言；"婆娑世界"言众生能忍受世界间苦毒烦恼，"劫数"与"婆娑世界"，皆佛门中语。此句中所言，生在此苦毒世界中，虽得道者亦有劫数。公盖先知此行之艰巨，事不易办。净土今生（亦作"生生"）此缔缘。十五年来同学道，养亲抚侄赖君贤。全诗之意，言劫数乃人所难免，你我今生得在净土结缘，度过十五年一同学佛之生活，真是幸事。今后奉老亲，抚孤侄全仗你的力量（净土本指佛土，公用此二字代替中国）。细味此诗，实含有付家托孤之意。时公学佛，故诗中常用佛语。

△此次"北上"计划，实为前往上海采购制茶机器。贾维在《谭嗣同戊戌四月行踪考辨》一文中对先生四月北上计划作出如下分析：

谭嗣同戊戌四月北上计划很可能与创办湖南焙茶公司有关。其目的大致有二：一到武汉拜会江汉关税务司穆和德，并了解汉口茶市商情（汉口是当时华中地区茶叶运销集散中心）；二到上海去购置制茶机器。《皮锡瑞日记》中就有关于"复生上海办机器去"的记载，也可以作为佐证。除此之外，谭氏戊戌四月北上计划，可能还有两个隐蔽的目的，一到武汉与湘鄂哥老会首领会面，协商双方合作事宜；二到上海会晤康门同人，商讨下一步维新运动的策略问题。

△先生出发前，曾向浏阳的浏通银号借银四百两作为旅费，并留有借据，析产后方才还清（《清谭复生先生嗣同年谱》，《谭嗣同研究资料汇编》27页）：

公五月中旬往长沙，行前于浏通银号借银四百两作旅费。公素无私财，又不敢向敬甫公请款（敬甫公对成年儿女均有一定之日费，不多予也)，公借据用印有直条之信笺亲书写未加印章。至析产后始还清，祖母加批注，本利清楚日期，此据子孙应永远保存。祖母殁后，余于皮匣中发现，今已遗失。

△离浏后，李闰曾听闻厅堂上有人大呼“老七晋京不好!”然未见人影，谭恒锐记(《清谭复生先生嗣同年谱》，《谭嗣同研究资料汇编》42页)：

戊戌年四月公由长返里，时公应征召。离浏后，一日天刚昧旦，突闻厅堂上有人大呼曰：“老七晋京不好!”夫人惊寤，启户出视，则内庭阒然无人，对外庭门户紧闭。夫人即呼杨媪(杨媪金陵雷氏女，佣余家将四十年，年八十余岁病殁于浏阳，葬浏邑郊外)，命其出外观察。则外庭寂寂无人，仆人均未起床，夫人不怡多日。已而闻公拖病留鄂，以为梦兆在是，不虞其他。六月公由鄂入京师，七月二十日召见，八月十三日死国难。居军机章京职约十七日，谢恩折尚未呈上，公竟死矣!

同日，南学会第十二次讲演，主讲人皮锡瑞，所讲题目为《论洋人来华通商传教当暗求抵拒之法》(发表于《湘报》第七十九号)。

四月初五日(公历5月24日)

先生抵长沙。

同日，《湘报》第六十八号刊发《不缠足会捐款续题名》，并载：“浏阳谭嗣同之妻长沙李闰捐银十元。”(《湘报》602页)

四月初六日(公历5月25日)

《湘报》第六十九号刊发《群萌学会公致南学会函》，拟将群萌学会改为浏阳南学会分会：“本学会谊属附庸，拟即改名浏阳南学分会，分归划一。”

四月上旬至中旬

先生回长沙之后，以湖南维新局势紧张，守旧力量强大，转而开始联络秘密会党，以此来奠定维新派的武力基础。先生委托唐才常、毕永年前往汉口，秘密会见哥老会首领。唐才质《戊戌闻见录》（《谭嗣同研究资料汇编》271 页）：

毕松琥数于复生七丈前述哥老会之宗旨，七丈为之向往，遂托毕与伯兄往汉口见其酋，察其意向。数日，毕与伯兄归。予见伯兄喜形于色，若得珍宝。叩之，始知结纳哥老会，可望有成也。

贾维在《谭嗣同戊戌四月行踪考辨》中分析，与先生参与会党谋划者有唐才常、毕永年、张通典、师襄、沈荩等人：

四月五日，谭嗣同从浏阳抵达长沙，发现形势比他想象得还要严重，已非口舌之争所能解决，于是立即与唐才常等人进行紧急磋商，商讨挽救之策。他们痛感新旧势力对比悬殊，维新派力量薄弱，无所依靠，难以自立。于是加快了联络秘密会党的步伐，企图奠定维新派的实力基础。如果说此前湖南激进派主要依靠合法手段的话，那么现在他们也开始重视非法手段。“从事联络大江南北之会党与游勇”，成为他们当时的中心活动之一。

谭氏在长沙积极“擘画联络哥老会事”，参与决策谋划者有唐才常、毕永年、张通典、师中吉、沈克诚等人。他们决定“慎密接纳之，勿为仇我者侦知”：并委托唐才常和毕永年前往汉口，秘密会见哥老会有关首领。

查《湘报》戊戌四月四日刊登“日本聘请湘人主笔”的消息，称“现定议公推丁酉拔贡毕君永年、樊君锥前往，日内即须启程”。另查《皮锡瑞日记》四月六日之后，唐才常亦不见踪影。由此推断，湖南维新派联络秘密会党之决策，以及毕、唐汉口之行均在四月上、中旬之间，正是谭嗣同自浏返长之后。谭、唐等人的这一活动在当时具有极大风险，故必须秘密行之，以致文献阙如也。

四月

严复《天演论》译本正式出版。

四月初九日（公历 5 月 28 日）

皮锡瑞在《师伏堂日记》中表示《湘报》所刊《论支那之不

可分》其义与先生所言俾斯麦不敢灭法国之意相合（先生此言论可见本年二月二十八日南学会第五次讲演《论学者不当骄人》）：

> 阅《湘报》，有《国闻报》载国运论一篇。严复译之。彼以支那为不可分，分据支那，以西法治之，支那人惊悟，而开其聪明，欧洲商务必坏。此与谭复生言毕士麻克不敢灭法国之意正合。据此，足知中国人不愚，西人甚畏之。而中国君若臣必设法愚之，致成今日局面，士大夫名为有识者，犹以讲学、开民智为非，独何心哉！

四月十二日（公历5月31日）

张之洞返回湖广总督本任，谭继洵即日卸兼署事（《谭继洵集》759页）。

四月十三日（公历6月1日）

南学会刊发《申订章程》，以天气炎热为由，宣布讲学暂时休会。

四月十五日（公历6月3日）

皮锡瑞《师伏堂日记》中记载熊希龄已经气馁，先生亦不曾露面，恐大局将变：

> 秉三欲将报馆移到学会，且拟改名《湘会报》。鹿泉云移到学会，则封报馆，并学会亦封矣，加一字有何益处，岂欲学会为分谤耶？予谓欲更名，俟封后再开更名不迟。熊气馁，谭不来，大局恐翻，望卓如来，或能壮胆。

四月二十日（公历6月8日）

皮锡瑞辞去南学会讲席，离湘返赣。

四月下旬

先生在赴湖北之前，哥老会首领来湘与其晤面，先生劝其精习武艺，并愿出资助之，但又认为时机未到，有举棋不定之意。唐才质《戊戌闻见录》（《谭嗣同研究资料汇编》271页）：

> 逾旬，七丈将赴鄂，适其酋以仟来，与七丈商略。予诇其事，莫得其详，乃叩之伯兄。伯兄曰：其酋允择其中年壮勇悍

者数十名，听复生使。复生劝其姑精习刀棒，乃出资助之。盖复生以时未至，欲俟而图之，且欲于京师结纳有志之士，以为策应，然后凭此二者之力而建功业。然复生不知如此稽延，已灰彼酋之心矣。

贾维在《谭嗣同戊戌四月行踪考辨》中作出以下分析：

谭、唐等人对湖南维新运动出现停滞和逆转感到痛心疾首，但无力扭转这种局面。他们虽然决定联络湘鄂会党，但除了积蓄力量以备来日外，一时也提不出切实可行的具体目标。所以当湘鄂会党主动要求联合行动时，他们却无以应之。……这反映了当时湖南维新派在政治上进退两难的境地。对于谭、唐等人来说，关于下一步维新运动采取何种策略的问题，变得十分迫切起来。

四月二十三日（公历6月11日）

光绪帝颁布明定国是诏，宣布变法，百日维新始于此时。

四月二十四日（公历6月12日）

皮锡瑞致函先生与熊希龄，讲明时局艰辛，“变法之初，必有一番风波”，并勉励其镇静以待、持之以恒，不要灰心失望，亦不可急于求成，《师伏堂日记》：

拟函寄熊、谭诸君云：“别后轻舟反溯，衡流方羊，启行七日，已抵江右。陈编盗窃，无谓应酬，纷纷扰扰，良足愧笑。湘中方伯已到，公度回任，保卫、迁善一切新政，有无阻碍？学会停讲，外间浮议何似。窃意天下无不可为之事，特视为之者如何。少见多怪，人情之常。变法之初，必有一番风波。任事者当待以镇静，持以坚忍，久之风气渐开，风波自息。望诸公以维持之苦心，运通变之大力。不必因彼挠乱，退求周全；亦不必过于张惶，激而更甚。要在集思广益，开诚布公而已。若虎头蛇尾，有始无终，中国之死灰不然，朝鲜之覆辙将蹈。已矣，复何望乎！岳州租界将开，省城新政初立，又值考试、赛会，尤事机吃紧之时，所冀阴雨绸缪，保全桑梓，此一时之至计。至于将来布置，尚可缓也。”

四月二十五日（公历6月13日）

翰林院侍读学士徐致靖上《谨保维新救时之才请特旨破格委任折》，向光绪帝保举康有为、梁启超、谭嗣同、黄遵宪、张元济五人，先生位居第三。徐致靖在《保荐人才折》中对先生的评语如下（《戊戌变法资料》二，336页）：

> 天才卓荦，学识绝伦，忠于爱国，勇于任事，不避艰险，不畏谤疑，内可以为论思之官，外可以备折冲之选。

△此次保举，系由徐致靖之子湖南学政徐仁铸拟定简历寄给徐致靖，徐致靖再行上奏。先生与徐仁铸平素交好，最为投契，往来信札颇多，徐致靖外孙许姬传曾回忆此事经过（《许姬传七十年见闻录》15页）：

> 梁启超是谭嗣同向湖南巡抚陈宝箴（右铭）、学使徐仁铸推荐，而被聘为长沙时务学堂总教习的。研舅曾把梁启超所著《輶轩今语》颁示学宫。长沙进士叶德辉是研舅的门生，和老师唱反调，作《今语评》，同时王先谦等反对研舅的革新主张。在湖南地方势力守旧派的掣肘下，推行新政遇到阻力，于是改变方针向中枢发展，研舅将谭、康、梁、黄等简历寄给仅老，这就是《保荐人才折》的经过。
>
> ……谭嗣同是湖北巡抚谭继洵的儿子，应湖南巡抚陈宝箴之招，回家乡办新政。如内河小轮、商办矿务、湘粤铁路、时务学堂、保卫局、南学会等，都是他倡议策划的。他与研舅最为投契。我幼年在杭州徐家读书时，曾看到研舅遗物中，有六本粘贴信札的簿子，内中有黄遵宪、熊希龄、陈三立、郑孝胥等人的来信，谭嗣同的信有十几通，内容大半谈新政，也有学术商讨，可惜多次动乱迁徙，这些珍贵文献全部散失了。

《谨保维新救时之才请特旨破格委任折》系康有为、梁启超合拟，由徐致靖代奏。孔祥吉在《康有为戊戌年变法奏议考订》一文中考证其事。

△除徐致靖外，礼部尚书李端棻亦曾举荐先生及康有为等人，保荐类型不详。李端棻在政变后八月十九日上《滥保匪人自请惩治折》，为保荐过谭、康请罪："窃因时事多艰，需才孔亟，臣或谬采虚声而以为足膺艰巨，或轻信危言而以为果由忠愤，将康有为、谭嗣同奏保在案。"（《戊戌变法》第 2 册 297 页）

同日，光绪帝明发上谕，宣布召见先生与黄遵宪，由督抚送部引见；召见康有为、张元济；梁启超由总理各国事务衙门察看具奏（《戊戌变法资料系日》686 页）：

谕内阁：翰林院侍读学士徐致靖奏保通达时务人材一折，工部主事康有为、刑部主事张元济，均着于本月二十八日豫备召见。湖南盐法长宝道黄遵宪、江苏候补知府谭嗣同，着该督抚送部引见。广东举人梁启超，着总理各国事务衙门察看具奏。

接到电旨后，先生内心颇为担忧，对入京为官之事表示出矛盾情绪，唐才质《戊戌闻见录》（《谭嗣同研究资料汇编》272 页）：

复生七丈奉电旨，同心者皆庆之。然七丈忽忽若不怿者，殆遇泰思否而情不能已欤？伯兄与之擘画联络哥老会事，七丈嘱缜密结纳之，毋为仇我者侦知。……伯兄谓复生虽役其身于清廷，从事维新，而其心实未尝须臾忘革命。

四月二十七日（公历 6 月 15 日）

光绪帝下诏罢免翁同龢（《戊戌变法文献资料系日》692 页）。

四月二十八日（公历 6 月 16 日）

光绪帝命崇礼署理荣禄所遗之步军统领；召见康有为、张元济，并授二人为总理衙门章京。

四月三十日（公历 6 月 18 日）

南学会第十三次讲演，主讲人为先生与曾广钧，先生主讲《新学益处及吾人当遵奉谕旨力振新学》，曾广钧于讲演中提及该事。曾所讲题目为《论开矿当不惜工本》（发表于《湘报》第九十二号）。《湘报》第八十八号载其告白："现在天气凉爽，本学会定于

本月三十日宣讲，愿来听者请先期领取凭单。”（《湘报》800页）

五月初二日（公历6月20日）

先生由长沙写一家书致时在浏阳的李闰，信中嘱托其寄送功名保札、部照及一切公文和捐纳道员的实收等件，并且将一些衣服物品，整理成一包一同寄来。先生称本次保举进京实为“出人意外，绝处逢生”，并嘱其看淡生死荣辱（《谭嗣同集》633~634页）：

正欲起程赴鄂，忽然记出一件至要之事：我既保举进京，而功名保札、部照及一切公文，均未带来，兹特专人来取。请详细捡出来，并捐道员之实收，一一点清，封作一包，外加油纸，即交送信人带下，万不致误。

又单纱蟒袍各一件，挖云抓地虎新快靴一双，伽楠十八子香珠及镶金伽楠搬指去年所买者各一个，天球、地球、团扇各一柄并纸盒，香末数珠一串，好红烧料鼻烟壶二个，均请捡作一包，一同寄来为要。

我此行真出人意外，绝处逢生，皆平日虔修之力，故得我佛慈悲也。

夫人益当自勉，视荣华如梦幻，视死辱为常事，无喜无悲，听其自然。惟必须节俭，免得人说嫌话。至要至要！

廿九日信收到，诸事即照办。

同日，皮锡瑞闻先生及黄遵宪等均被保荐入京，表示出了对湖南维新运动人才流失之忧虑。《师伏堂日记》：

徐致靖保康有为、张元翰，着引见，黄遵宪、谭嗣同着该省督抚送部引见，梁启超着总理衙门查看具奏。观此等旨意，意在维新，大有开通之象。然诸公皆去，湖南事将谁属？保卫、迁善、课吏初办，公度尤不可去也。

五月初四日（6月22日）

致信邹明沅，谈及因被保举，致使湖南焙茶公司之事被迫中止。并拟近日起程前往武昌，在武昌小住数日后，再到南京领取咨文，随即北上。又称收到邹所寄二百两银子，并附借据（《谭嗣同集》588 页）：

到省后，颇为俗务所缠。机器制茶事，方弄得有头绪，而忽被保荐，即须入京引见。横生事端，无过于此。只好暂将诸事搁起，一意收拾行李，日内起程，过鄂小住数日，便往江南领取咨文，随即北上。他事尚不要紧，但为此增出无数“背弓”，大为可恼。所寄二百金，幸已收到，得以稍松，感激之至。借券一纸附呈，乞察收为要。

同日，皮锡瑞《师伏堂日记》：“京中议论大谬，云湖南欲杀谭复生，可笑！公车归，将争窠，却不可不防也。”

五月初五日（6 月 23 日）

拜谒欧阳中鹄，恰逢龙绂瑞、沈兆祉亦在此，遂默然离去：“昨趋谒，有怀欲陈，适龙、沈诸君到，故默然而去。”（《谭嗣同集》563 页）

同日，欧阳中鹄致信先生，指责维新派为了应付陈宝箴调阅时务学堂学生札记，对之进行涂写删改。谓诸“分教皇遽无措，问计秉三，乃尽一夜之力统加抉择，匿其极乖谬者，就正平之作临时加批。”此信已佚。

同日，回信欧阳中鹄，将出时文题之责任归咎于欧阳中鹄，并言及皮锡瑞指责欧阳中鹄事。此信佚。

△此时，陈宝箴的立场已逐渐偏向王先谦及叶德辉，欧阳中鹄因先生及唐才质赞誉康有为而心生不满，维新派阵营内部冲突频起。唐才质记述：“王益吾、叶麻攻学堂，而瓣姜师以复生与予赞美南海先生而觖望，故于义宁前不无微词。闻义宁欲将王益吾代秉三，以叶麻为总教习，则义宁已与之握手言欢矣。”（《谭嗣同研究资料汇编》271 页）

五月初六日（6 月 24 日）

欧阳中鹄致信先生，称“出题事甚小”，但对皮锡瑞指责自己“品行日卑一日”之事深表震惊，言及自己与皮锡瑞“二十七载同年至交”，从未加以贬损，即使龙湛霖贬之，自己亦为其圆转，自觉“彼此毫无嫌隙”，并询问先生“从何得闻，望以实告”，此信自署“初六早”（《欧阳中鹄书十三》，《谭嗣同书简》136页）：

昨得还书，具承一是。所言与兄无涉，外间未有闻见，同室不必固争。惟鹿门为二十七载同年至交，从前极知其专一读书，稍不谙达世故。近见于宋学时务，一切开通，自愧弗如，益深佩服。经训掌教九载，系兄举为替人，昨小宜谋江西学堂总教习，兄意尚欲推荐，俾收驾轻就熟之功，至诚相与，终始如一。乃闻衔兄甚深，至斥兄品行日卑一日，惊心动魄之言，使人芒刺在背，汗下涔涔。离群索处，径情直行，竟不觉堕入下流，为天下至不肖。兄于鹿门与人言，从未加贬词，即芝翁诋之，尚为圆转，自信彼此毫无嫌隙。今既为此鄙夷之词，乃直谅之友，意深惋惜，其必确有所指，非凭空臆撰可知。出题事甚小，其批何卷与其平等宗旨相违耶？渠是经生知辨驳乃例有之事，何至遽尔负气，生平不敢以小人之腹度君子之心，想来决不为此。吾弟从何得闻，望以实告。吾辈缔交，原取规劝。武侯下教曰：“愿诸君勤攻吾短。”周子曰：“人之生，不幸不闻过，大不幸无耻。”幸闻过矣，而耻即随之。苟得求遗行所实在，勉附昔人有则改之之义，力图自克，不终摈弃于贤者，则攻错之益，拜赐实多，直当永矢弗谖。书绅志戴，若存卞急之私，启阋墙之衅，自孤其德，致以后绝不闻忠告之言，流为无忌惮之小人而不返，此则私心所大惧。自信断断乎不出此也。

同日，先生回函欧阳中鹄，提及外间对其之流言，其中出题事最动公愤，谓新党对欧阳“衔之深者不止一人，诱之从者不止一事”，此信自署“初六日”（《致欧阳中鹄二四》，《谭嗣同集》564页）：

晨奉赐谕谨悉。外间浮言，何所蔑有？嗣同等一闻此等语，即为力辩，然却未究其为何所指也。出题事极动公愤，其余谣言虽多，殆不足道。批何卷事，外间绝无所闻，可决其不为此。总之，衔之深者不止一人，凡新党无不如此，其中有极冤者，剖白几至舌敝唇焦。谤之丛者不止一事。牵涉赈事，新旧两党皆然。此嗣同所以不能不欲有所陈也。然事既过往，亦不欲遍述，第言其大略而已。

同日，欧阳中鹄回函先生，就出时文题、赈务等事进行辩解，称“出题事不过尔尔”，此信自署“初六”（《欧阳中鹄书十一》，《谭嗣同书简》133页）：

得复书，具悉出题事不过尔尔，当日城南进禀不过数人，闻其中尚有龃龉者，六门自在，仅加出一时文题，有何妨碍。即以事理论，藩臬以下卷不请我辈看，何能往揽。此亦一定分际也，此谣之起，兄知之矣。其事因南乡枫林团陶子恪诬控张苍岩一案。关涉赈务，出钱在省买批，要牵振局，经兄发觉，须打一当道人饭碗，其人似亦在新党之内。现已拿一向住书院之攸县秀才，又牵出一臬署书办，渐逼渐紧。先此福源巷陈宅有一案，其批前后不符，兄发觉陶案时，并举以为证，而两案又均长沙承审，此则种下刺骨之仇，无可解释，诋之将无所不至，并赖、陈两处，亦必雌黄矣。其事甚长，非楮墨所能尽，姑言其略，令吾弟知之。

同日傍晚，先生再次致函欧阳中鹄，说明出时文题事为何引起“群然愤怒”，陈宝箴在南学会讲演时曾言及时文无用，然而随后不久却又出现时文题，这将“置中丞之言于何地?”并谓新党对欧阳中鹄十分不满，认为其“把持一切，新政不得展布”，并有“浏梦成颠，抚幕招摇”等言论，此信自署“初六夕”（《致欧阳中鹄二五》，《谭嗣同集》564~565页）：

顷又接赐书，极论出题之事，此中别有曲折，今一并陈之，亦即前书所谓中有极冤者也。当在南学会议此事时，适请诸友入会，到者数十人，群属耳目焉。及闻经鹿门诸公再三乞请，而后允许不出时文题，即已有不悦者。又恰于后数日，在出题之前。中丞到会讲学，极力讥诋时文题，形容尽致，并自言我亦时文出身，所以无用云云。听者皆以为中丞非不愿废去书院时文题矣，乃一出题又是时文，将置中丞之言于何地？于是群然愤怒，以为中丞之恩意非不周挚，特为函丈把持耳。故是次开会，博问匭中即有“浏梦成颠，抚幕招摇”等语，可知所愤者初非区区一题，盖愤把持一切，新政不得展布，即由此一事而类推者也。外间人安知其中之底细，而事会之巧有绝相类者，古来冤案盖皆如此。嗣同所以重言之者，所见所闻并非无根据之言，而指出所以被冤之缘故耳。

同日夜，欧阳中鹄回函先生，再次解释出时文题原因，称“此次系因盐道出示在先，须顾住彼面，故为此调停之法，下次便可先行告知，使归一律……诸君何必如此动愤，怒不可遏？”此信自署“初六夜”（《欧阳中鹄书十二》，《谭嗣同书简》134页）：

舍弟闻为刘总办坚留，若尚未辞准，办法不异从前，稍留未尝不可；若辞准，则毋庸议矣，晤时乞弟语之。出题一事，极动公愤，毋乃太过。鹿门等请去时文，系未成之私议；盐道令分别报名，乃已出之官示。若官示不为凭，则学堂学会诸告示章程，皆不为凭矣。天下事本不止一面，但畸重则未著想耳。城南原禀，定六门分类犹是，不过多一时文题。若岳麓则本未请改，求忠虽具禀，而其旨不同，亦未批准，时文时务并出，听其自为，亦不碍事。且此次系因盐道出示在先，须顾住彼面，故为此调停之法，下次便可先行告知，使归一律，亦易转圜。事非干犯大不韪、无可补救，诸君何必如此动愤，怒不可遏？此事处如日月之食，昭昭共见，兄固自反，而此心坦然矣，因便故又及之。

同日，先生再次致函欧阳中鹄，对欧阳指责熊希龄涂改时务学堂学生札记一事代为抗辩，表示自己深信熊希龄等人不至如此胆小，并表明“平日互相劝勉者，全在‘杀身灭族’四字，岂临小小利害而变其初心乎”，“今日中国能闹到新旧两党流血遍地，方有复兴之望”，已有为新政献身之打算，此信未署时间（《致欧阳中鹄二三》，《谭嗣同集》563~564页）：

昨趋谒，有怀欲陈，适龙、沈诸君到，故默然而去。顷奉详谕，谨悉。得此正好力为雪清此谤，惟学堂事则有传闻不确者。姑无论功课中所言如何，至谓“分教皇遽无措，问计秉三，乃尽一夜之力统加决择，匿其极乖谬者，就正平之作临时加批”云云等语。嗣同于调札记时虽未到省，然于秉三及分教诸君，深信其不致如此之胆小。宗旨所在，亦无不可揭以示人者，何至皇遽至此？平日互相劝勉者，全在“杀身灭族”四字，岂临小小利害而变其初心乎？耶稣以一匹夫而撄当世之文网，其弟子十二人皆横被诛戮，至今传教者犹以遭杀为荣，此其魄力所以横绝于五大洲，而其学且历二千年而弥盛也。呜呼！人之度量相越岂不远哉！今日中国能闹到新旧两党流血遍地，方有复兴之望。不然，则真亡种矣。佛语波旬曰：“今日但观谁勇猛耳。”秉三及分教虽不勇猛，当不至此，此嗣同可代为抗辩者也。

同日，唐才常致信欧阳中鹄，称外界谣传，陈宝箴将以王先谦取代熊希龄总提调之位，叶德辉取代梁启超总教习之位：“外间攻学堂事，三月即有所闻。或谓中丞已厌卓如，或谓日内将使祭酒公代秉三，叶奂彬为总教习。”听闻此信，韩文举、叶觉迈、欧榘甲本欲辞职，自己极力挽留方才留下，但“其愤懑之心，未尝一日释也”。并力辩绝无涂改札记之事，“亦绝不料中丞已有疑心，果如外人所云也。来谕云‘分教等皇遽无措，及尽一夜之力统加抉择，匿其极乖谬而临时加批’等语”。他质问“果谁见之，而谁闻之？其中涂改处，韩树园极多，即卓如亦常有之”。自己并不可能“竭一夜之力通行涂改”，并表示陈宝箴不曾因此事而责问许奎垣，因为“若中丞诘责奎垣，奎垣何以不向秉三及受业说？而惟终日吃闷葫芦耶？容俟奎垣来湘时，当以不告之罪责之”。并称自己对康有为非常拜服，因其屡次上书，“言人所不能言，足愧尽天下之尸居无气而窃位欺君者”，并表示“为学宗旨各有不同”，自己“何敢以一日之微名微利，致负初心！若夫地球全局，则非发明重民、恶战、平等、平权之大义，断断不能挽此浩劫！受业宁能杀身以成仁，不能曲学以阿世！”此信自署“初六灯下”。

五月初七日（6月25日）

欧阳中鹄致信先生及唐才常，为陈宝箴父子调阅礼记一事辩护，称：“前此外侮实多，中丞与伯严为诸君子却四方之敌，昕夕不遑，实劳且苦。至调取札记，乃自加检点，备豫不虞，有不得不急救正者。”并劝谭唐“亦但平其心，养其气，敛其才，藏其智，以俟积厚流光，异日出而昌其学”。自署“初七早”（《欧阳中鹄书七》，《谭嗣同书简》126页）：

> 昨得两弟书，始如发蒙，凡事总以直说为好，若愈隐则愈误矣。学会聚集之日，记鹿门止说求忠改章，请即批准。以其事烦难，故加审慎，似并未语及不出时文题。果尔，亦甚易事，岂兄性善忘，竟不记及耶？把持之谣，不一而足，南学会请将漕减立学堂，即其一端，同志中已有疑者，不知此系官绅皆不谓然。中丞亦自昭慎重，盖今日一胥吏之天下，有例存便不能径行其志，老于宦途者，自然多见一层。昨夕得电报，香帅所请漕减作学堂之疏，已奉部驳，湖北此事，将成画饼。此间幸未先准，尚不至劳转圜，闹到不好缩脚。以此推之，我县团练一禀，恐又滞碍，或者由花户自请，较有分别，然须奏明，则费烦矣。
>
> 依附康学，猎取微名微利，乃指课作而言，诸卷于时务诸题，千手雷同，已觉异常讨厌，乃至时文亦复变易体裁，摄取附会，愈觉使人难受。姑匿改札记之说，亦正与之相等，此等枝节，应概一笔删除，以免徒增嫌隙。惟前此外侮实多，中丞与伯严为诸君子却四方之敌，昕夕不遑，实劳且苦。至调取札记，乃自加检点，备豫不虞，有不得不急救正者，此中委曲，兄尚不尽得所以然，即间露一二，亦志在扬水之卒章，不敢以告。
>
> 弟等亦但平其心，养其气，敛其才，藏其智，以俟积厚流

光，异日出而昌其学，不必凭虚逆亿，别检两卷呈览，仍恳交仆带还，此等如何安置，思之尚未得法，故心恶之。两弟乃真新学，志趣力量，夙所深信，如何以此见疑，使兄以后转难坦白耶。省中谣言如海，兄遇之过境辄忘，又平日简出，所闻不过一二端，如祭酒代秉三、从前尚称熊太史，稍存客气，今不复尔矣。吏部当总教习，及兄批抹《湘报》、把持去时文题、不批南学会禀，非复弟言一无所闻。既皆子虚，则增疑团，然则兄处此间，有如贯彪西行，方扶持调护之不暇，遑敢以无据之言，自腾口实，授人以攻击之具，使吾党阋墙构衅，自立孤子无助之地乎？兄自信待人以诚，表里如一，而谨言慎行，近尤从事斯语，今既涣然冰释，故遂一揭其隐，望告秉三知之。至外间诋兄无所不至，悠悠之口，自问不能持兄短长，不屑校亦不屑辩。日昨各信，非同志，兄决不写，但一笑置之。

同日，先生回函欧阳中鹄，拟与唐才常到其住处面谈学术宗旨，以解除彼此之间的误会，并就此辞行。为缓解师生间矛盾、避免再度引发争议，他提前约定了七条谈话原则（《致欧阳中鹄二六》，《谭嗣同集》565~566页）：

奉环谕谨悉一切，从此自可省得许多笔舌。但谓凡事总以直说为好，若愈隐则愈误。嗣同自始至终，初无所谓隐，不过言有详略，各函皆就已问及者言之，其余自无暇多及。然此尚是小事。至于学术宗旨，则非面谈不能尽；不然，则满腔热血不知洒向何地。拟即邀佛尘同诣尊处，作竟日谈，嗣同亦即就此辞行，不识函丈有此闲暇否？伏乞见示为盼。但有数端不能不豫先约定：一、以前所言一切谤议，彼此均已剖明，从此一笔勾销，不必深论，免使近于争论是非；二、系专讲明学问宗旨；三、所言既长，颇消时刻，不识能不厌倦否；四、学问宗旨要从源头说起，不免有宽泛之语；五、有应驳者，请暂用笔录记，俟说完时一总指驳，使其讲时得以一气贯注，庶毕其词；六、来讲之意，宗旨既明，志气相通，以后即有异同，各不相碍，其余是非事亦不辨自明；七、来讲系剖明自己之志愿，并非强人从己。所云如何，望示为荷……

学会聚集日，实已请不出时文题，当是函丈偶然忘却。其时函丈颇以无人看卷为疑，同座皆愿代任。又及。

五月初九日（公历 6 月 27 日）

先生及唐才常至欧阳中鹄处谈论时事，他提出“亡后之图”。此次会面，先生身体状况极为不好：“是时，见其晦气满面，又内伤症已见，干咳不能寐，肝气横烈，知必有祸”（《谭嗣同研究资料汇编》250 页）。

五月初十日（公历 6 月 28 日）

欧阳中鹄早上致函先生，劝诫其“善藏其用，留俟彼时为四万万黄种立命”，落款初十早（《欧阳中鹄书十四》，《谭嗣同书简》138 页）：

轮船到否？今日能成行否？昨弟言“亡后之图”四字，使人凄然欲绝，不知所届。兄衰矣。办赈负重谤，毫无足校，惟此生已伤，恐不足用于世。望弟善藏其用，留俟彼时为四万万黄种立命，千万至祷。警部一事，弟到京后能设法令明诏天下以行，此间自无阻力。此外强兵铁路，似为重要，果办到，国犹足以自立矣。弟道员若为例格，竟难核准，其款当可转移千数百金，兄或可以借贷，就此过班，望为兄留之。若不能，则亦不强，兄于此无成心也。

同日，从总署奏，将广东举人梁启超在上海所办译书局改为译书官局，先译法律、政治、史传诸门。

△先生动身北上之前，曾为唐才质题扇“我不病，谁当病者”（《湖南历史资料》1958 年第 3 期 104 页）：

至于当时与梁启超感情最深厚、主张维新变法最坚决的谭嗣同，虽没有在时务学堂任职，但他对时务学堂是极力支持的，对学堂的学生，也很爱护。光绪二十四年夏，我偶患病，而他将赴北京参预新政，我持一团扇，请他留言以作纪念，忆有二句云“我不病，谁当病者”，就是“我不入地狱，谁入地狱”的微意，这也可以看出他伟大的自我牺牲的精神。

五月十一日（公历 6 月 29 日）

先生奉旨北上，动身离湘赴鄂。

同日，与唐才常于长沙话别，嘱其联合哥老会以备不测，并于酒酣时口占一绝，唐才质记述（《谭嗣同研究资料汇编》272 页）：

> 其北上也，伯兄为饯行。酒酣，复生七丈口占一绝，有云：“三户亡秦缘敌忾，功成犁扫两昆仑”，盖勉伯兄结纳哥老会，而复于京师倚重王五，助其谋大举也。

△上半年在湘期间，梁启超、唐才常、徐仁铸、江标、皮锡瑞、陈宝箴、陈三立、黄遵宪、熊希龄、欧阳中鹄、左孝同、八指头陀、邹代钧、樊锥、涂儒翯、蒋德钧、李维格、欧榘甲、叶觉迈、林圭、范源廉、李炳寰、易鼐、何来保、毕永年、秦力山、沈荩、唐才质、杨昌济、杨毓麟、师襄、黄忠浩、汪诒书等均为先生在此时期经常往来之师友。

五月十四日（公历 7 月 2 日）

陈宝箴免去熊希龄时务学堂总理职，委派他护送学生出洋留学，札委黄遵宪总理时务学堂（《湖南时务学堂研究》315 页）。

五月中旬（公历 7 月上旬）

先生抵达武汉，在抚署卧病多日。面对欧阳中鹄之前劝诫其“自爱其身，善藏其用”，先生回其一函，其中有言“此生犹赘，当力疾一行”，已为变法做好了毫不顾惜自己之准备（《谭嗣同研究资料汇编》250 页）：

> 被召将行前数日，约来论为学作别，以宾客缠扰不果，遂以书箴之。谓吾儒是礼、是文家兼质家；汝学是墨、是释、是耶、是纯乎质家。然流弊太多，不能自立；尤戒以自爱其身，善藏其用。是时，见其晦气满面，又内伤症已见，干咳不能寐，肝气横烈，知必有祸。闻到鄂卧病十余日，以为缓往，或彼之福。及书来曰：此生犹赘，当力疾一行。则知必不免矣。

同月，先生于鄂谒见湖广总督张之洞，并言及若皇上有权则变法可成。康有为在致赵必振信中载此事（《戊戌变法史研究》2页）：

复生之过鄂，见洞逆，语之曰："君非倡自立民权乎？今何赴征？"复生曰："民权以救国耳。若上有权能变法，岂不更胜？"复生至上海，与诸同人论。同人不知权变，犹为守旧论。当时《知新》亦然。复生到京师，即令吾晓告《清议》《知新》诸报，然当时京师之哗谤，文悌攻我保国会，谓吾欲为民主，保中国不保大清，致荣禄得藉此以报那拉，于是圣主几弑，而令中国几亡，酿至今八国入京，东三省被割。虽诸贼之罪，而亦吾党当时笔墨不谨，不知相时而妄为之，有一致之。

五月下旬（公历7月中旬）

岳麓书院学生宾凤阳在接触到时务学堂学生札记之后，联合杨宣霖、黄兆枚、刘翊忠、彭祖尧、张砥中等，上书山长王先谦与叶德辉，抨击先生赞美康有为之言论，要求"函达中丞，从严整顿，辞退梁启超等"，声称先生、熊希龄、戴德诚、樊锥、唐才常、易鼐等人"欲倾覆我邦家"。信后并附时务学堂札记批答的摘录（《翼教丛编》349页）：

《湘报》刊浏阳谭嗣同之言曰："南海康工部精探道奥，昌明正学，其徒梁孝廉克肩巨任，一洒俗儒破碎拘挛之陋，而追先圣微言大义之遗。吾湘人士，闻风兴起，怀德慕思"云云。吾不知康所探者何道，而谭所怀者果何德也！吾人舍名教纲常，别无立足之地。除忠孝节义，亦岂有教人之方？今康、梁所用以惑世者，民权耳、平等耳。试问：权既下移，国谁与治？民可自主，君亦何为？是率天下而乱也。平等之说，蔑弃人伦，不能自行，而顾以立教，真悖谬之尤者！戴德诚、樊锥、唐才常、易鼐等承其流风，肆行狂煽，直欲死中国之人心，翻亘古之学案。上自衡、永，下至岳、常，邪说浸淫，观听迷惑不解。熊、谭、戴、樊、唐、易诸人，是何肺腑，必欲倾覆我邦家也！

五月二十二日（公历7月10日）

叶德辉领衔并联络十人向湖南巡抚陈宝箴递呈《湘绅公呈》，要求撤换教习，并表明了他们自己坚决维护传统纲常的立场，《公呈》中对先生、梁启超、韩文举、叶觉迈、唐才常、樊锥、易鼐、皮锡瑞等时务学堂教习进行大肆攻击、谩骂：

> 梁启超及分教习广东韩、叶诸人，自命西学通人，实皆康门谬种，而谭嗣同、唐才常、樊锥、易鼐辈，为之乘风扬波，肆其簧鼓。学子胸无主宰，不知其阴行邪说，反以为时务实然，丧其本真，争相趋附，语言悖乱，有如中狂。始自会城，浸及旁郡，虽以谨厚如皮锡瑞，亦被煽惑，形之论说，重遭诟病。而住堂年幼生徒，亲承提命，朝夕濡染，受害更不待言。是聚无数聪颖子弟，迫使斫其天性，效彼狂谈。他日年长学成，不复知忠孝节义为何事，此湘人之不幸，抑非特湘省之不幸矣。

最后，《公呈》请求陈宝箴对时务学堂严加整顿，辞退主张维新诸教习，自此两派纷争已达白热化（《翼教丛编》149页）：

> 从前士绅公议，拟俟梁启超此次来湘，禀请钧夺。昨闻其留京差委学堂，自必另聘教习。窃以为本源不清，事奚由治？伏乞大公祖严加整顿，屏退主张异学之人，俾生徒不为邪说诱惑，庶教宗既明，人才日起，而兼习时务者，不至以误康为西，转生疑阻，学校幸甚，大局幸甚。

同日，清政府命改各地书院为兼学中学、西学之学校，省会之大书院为高等学堂，郡城之书院为中等学堂，州县之书院为小学，地方捐办之为义学、社学，亦令中西兼学，奖励绅民兴学。中学应读之书由官书局颁发，民间祠庙之不在祀典者，由地方官晓谕，改为学堂（《戊戌变法史》472页）。之后，欧阳中鹄有“南、算合并，为束脩及购书之资，四乡出钱若干串，准送学生一名”之议，计划将南学会、算学馆合并为一（《唐才常集》534页）。

五月三十日（公历7月18日）

《湘报》第一百十四号《湖广总督委办茶务札》中登载任命先生负责在湖南的招商事宜（《湘报》1084页）：

前来本部堂查有候选道朱道滋泽，堪以委办湖北招商事宜，江苏试用谭道嗣同堪以委办湖南招商事宜，除分札外，为此仰该道即便遵照迅即分赴湖北、湖南地方，广为劝集茶商，早日兴办，一切均须会商该税务司妥筹办理。

六月

欧阳中鹄致函先生，表示其与唐才常已议定，将更名为南学会浏阳分会的群萌学会开设于兴贤祠内，并将仿照南学会订立章程（《欧阳中鹄书三》，《谭嗣同书简》114~117页）：

自驾行甚念。兄从端阳前二日，因寒食角黍，滞气腹泄，至今未愈，故彼日未走送也。

卓如办理译书局，南海想主持其间，弟赴引能得异数更好，否则暂与康梁同事合群，以大更新之力，嘉谟入告，雷厉风行，比诸一手一足之为勤，为一人树立计，其功伟矣。

时文毅然废去，是天下第一耸动事，吾辈乙未发议，不图果于今日见之。此殆非康梁之力不至此，鼓舞奚似！但新政应急行不可须臾缓者，尚难更仆。趁此一切改图，刻期课绩，或可合朝野奋发，稍戢狡焉思启之谋，容吾着手。若其间又生阻力，观望迟回，则名变而实未变，旦夕祸机一发，而事无可为矣。

漕减一节，虽香帅所请被驳，县中是办团练，又出自花户自愿，事体不同，故得照准。惟盐价一禀，因枪厂已议奏加每觔二文，恐其相妨，批县核明再禀。实则枪厂是奏加，一省皆加，以办一省之事；学堂是自加，一县独加，以办一县之事，且有宾馆商学二成在内。现各省奉设商务局，尤关紧要，又况所加止每觔一文，比枪厂仅及其半，为数甚微，而一举两得，商民无不乐从，绝无妨碍。以此禀覆，明白切当，自然照行。

但批由藩司转饬，黎县君不能禀复，须俟代任，多此周折，须缓办一月有余，此却出乎意外。中丞间有慎重处，于公事不得不然，本县事尚不能相强，南学会请提漕减未允，非由旁人尼止可知矣。

县中学堂虽有成说，必得盐价，乃有恃不恐。日前南乡已具禀另办，此系张见三一人意气，黎公未准。但学堂系造就人才之地，非为科名计，仅能择教数十人，为额有限。今时文既废，骤改论策，生童不知如何做法。欲开风气，俾得遵循，恐非另设月课，使合县咸来应课不可。因时制宜，此为题中应有之义。

兄拟于八月秋祭时回县，再与厘定。佛尘放暑假必归，兄昨与商量，将南学会分移在兴贤祠开设，仿省城学会办法，立定章程，招人看书。现在振局将拨振鄂蜀，两项卖款所入及截存用费节省所余，可得四百金。兄自赔饭吃，一概不要。以三百金增买书籍，一百金为目前请司事经理及……（原信未完）

同月，先生于武昌与程颂万晤面，并题诗《题程子大横览图诗》以赠。此诗刊本题为《戊戌六月武昌别程子大》（《谭嗣同集》226 页）：

家国两愁绝，天人一粲然。只余心独在，看汝更千年。世事几痕梦，微尘万座莲。后来凭吊意，分付此山川。

昨为江倚雯即建霞题《东邻巧笑图》四首，今移此二题，亦殊有合之。子大仁兄先生教之。散花有梦亦匆匆，八部衣云劫火红。空尽东方诸佛土，可怜粉碎不成空。

梁启超在《饮冰室诗话》第九十八篇中亦有记载（《梁启超全集》第三集 233 页）：

有自南昌以谭壮飞遗诗一章见寄者，盖戊戌入都留别友人之作云。吉光片羽，愿与来者共宝之。

六月上旬

韩文举、叶觉迈、欧榘甲请辞时务学堂分教习职（《湖南时务学堂研究》315页）。

唐才常送别三人离开长沙，并作《侠客篇》（《唐才常集》478页）。

六月初六日（公历7月24日）

康有为女儿康同薇、梁启超夫人李蕙仙于上海创刊《女学报》，开创妇女报刊之先河。先生常为其妻订阅该报。事载于七月十一日致李闰家书中："寄上《女学报》及女学堂书共一包，此后如欲看《女学报》，可开出卖报之处，请唐次丞托人去买。唐如不能，可径托大兄设法在上海购买也（或函托秦生弟更好）。"

六月初七日（公历7月25日）

清政府命将张之洞所撰《劝学篇》颁发给各省督抚、学政各一部，俾得广为刊布。该书力主忠君，反对民权；赞成"中学为体，西学为用"，虽有维新之心，仍存卫道之想。张之洞以体为道、以用为器的思想与先生倡民权、道器应配合之论大相径庭（《戊戌变法史》473页）。

六月十二日（公历7月30日）

光绪帝电寄两江总督刘坤一，再次令先生尽快进京陛见。

> 谕军机大臣等：电寄刘坤一等，湖南盐法长宝道黄遵宪、江苏候补知府谭嗣同，前经谕令该督抚，送部引见，着刘坤一、张之洞、陈宝箴，即行饬令该二员迅速来京，毋稍迟延。

六月十三日（公历7月31日）

于武昌写一家书予李闰，信中言及朝廷催其入都，自己将于三日后赴南京领取咨文。并将电旨抄录信中（《谭嗣同集》634页）：

> 总理衙门有文书来，系奉旨，又有电报。催我入都引见，可见需人甚急。虽不值钱之候补官，亦珍贵如此。圣恩高厚，盖可知矣。现定本月十六日乘轮赴南京领取咨文，赶速入都，途中别无耽阁，亦甚忙碌。此后暂不写家信，实因无暇，幸勿悬盼为要。
>
> 闻湖南今年又是荒年，浏阳可住则住，万一有土匪等可怕

之事，即可雇一船迅速来鄂，且看五嫂回家何如，再与之商量。至要至要。

现在署中均相安，甚和平无事。

父亲慈心更甚于昔，亦甚惦念我等，曾问我家眷到底在何处住好，我对云：暂在浏阳住甚好；若浏阳不安静，即可令其来署中住。大人深以为然，请临时自酌可也。若世界平静，总以住浏阳较为方便。

前在省托唐佛尘寄回书箱等件，其中皆是要物，想均收到矣……

附录　电旨

湖南盐法长宝道黄遵宪、江苏候补知府谭嗣同，前经谕令该督抚送部引见，着刘坤一、张之洞、陈宝箴即行饬令该二员迅速来京，毋稍迟延。钦此。

六月十六日（公历 8 月 3 日）

自武昌启程，乘坐轮船前往南京领取咨文，“在鄂连寄数信，嗣于六月十六日起程，本月初五日到京，事之忙迫，殆不胜述”。出发前，先生因国事而苦恼，谭恒锐记（《清谭复生先生嗣同年谱》，《谭嗣同研究资料汇编》28 页）：

公七月初间病始渐瘳，遂于十八日离鄂乘轮东下，至金陵督署领取咨文后赴京师引见。公在离鄂之时，精神苦恼，因关怀家国，何去何从。细读致夫人信，字里行间隐隐有哝托。因电旨催促，遂决意入觐。

六月十八日（公历 8 月 5 日）

皮锡瑞《师伏堂日记》言先生“已办机器去”：“熊秉三《湘报》痛王、张、叶诸人，仇隙更深。保卫局将开办。观《日报》，岳州亦将设巡捕矣，长沙码头尚无定议。公度此刻不行，复生上海办机器去。出洋学生已招考矣。”

六月十八日（公历 7 月 28 日）

陈宝箴保荐杨锐、刘光第等十七员（《戊戌变法史》474 页）。

六月十九日（公历7月29日）

《申报》第9099号“金陵官报”载：“知府谭嗣同到湖北来。”

六月二十二日（公历8月9日）

先生已抵达南京，《申报》第9101号“金陵官报”载：“六月二十二日，知府谭嗣同、北捕通判吴瞻文、通判李士彦均见。”

同日，《时务报》改为官报，着照官书局例，电两江总督月拨银一千两，另拨筹办经费六千两（《戊戌变法史》474页）。

六月二十五日（公历8月12日）

王先谦、叶德辉、孔宪教等湖南保守派鼓动岳麓、城南、求忠三书院的山长及部分学生。聚集长沙学宫订立《湘省学约》，草稿中有“驱逐熊希龄、唐才常”等语，后来王先谦恐此语激起省内学界和群众公愤，因熊、唐名声很好，颇受人们敬重，于是删除此语。但《学约》中攻击维新派的语言相当激烈。并在“辟异端”一节中，守旧派攻击先生赞成康梁之学：

> 今梁启超乃煽其师《孔子改制考》之邪说，谭嗣同和之，谓其精探道奥，昌明正学。

在“辨文体”一节中，守旧派抨击湘报常用言论以及新兴名词，矛头直指先生之主张、观点：

> 观《湘报》所刻诸作，如热力、涨力、爱力、吸力、摄力、压力、支那、震旦、起点、成线、血轮、脑筋、灵魂、以太、黄种、白种、四万万人等字眼，摇笔即来，或者好为一切幽渺怪僻之言，阅不终篇，令人气逆。若不共惩此弊，吾恐朱子欲废三十年科举之说，将行于今日。

约六月二十五日（公历8月12日）

由南京出发至上海，并计划由上海乘船至北京。约于是日抵达上海。

六月二十六日（公历8月13日）

访宋恕于其住处，并言及自己将入京之事。《宋恕日记》中载：“廿六日，浏阳来谈，将入都。”（《宋恕集》940页）

先生为宋恕留名片并附语："请致意孙、胡二仲先生，此来匆匆，未及走谒也。"（《东瓯三先生集补编》327页）

六月二十七日（公历8月14日）

离开上海，宋恕为其饯行，《宋恕日记》中载："廿七日，送浏阳行。"（《宋恕集》940页）送别时，宋恕劝阻他勿参政（《宋恕集》690页）：

> 浏阳应召入京，来辞别，且访谋天下事。弟送之行，再三讽以时局之难，不如早归。此公精研佛理，素能打破生死关头，慨然见上，纵论时弊。未几，四卿参政诏下，上以手谕缄黄匣，授之曰："与朕实心实力救中国。"四卿感激，奋不顾私，卒未至十日而君臣同难，遇数千年罕有之变矣。

七月初四日（公历8月20日）

过天津，经谭延闿介绍与林旭相结识。在龙伯坚所藏《近代湘贤手札》中，谭延闿跋于先生致龙绂瑞八封书信尾处："余于戊戌七月初四过天津，与林暾谷饮酒楼间，闻隔座叹息声曰：'有君无臣，奈何。'窥之，复生也，亟呼入，与暾谷不相识，余为之介，高睨大谈，一座尽倾，明日别去，遂及于难。"（《谭嗣同研究资料汇编》84页）

七月初五日（公历8月21日）

抵京，居于浏阳会馆内。

△抵京后，先生曾邀涂启先同至北京共襄变法。涂启先因年事已高，遣其子涂儒翯代为前往。涂焕陶《涂启先简介》中载："1898年秋，涂启先应谭子之邀赴北京协助变法，因年届64岁且体弱多病，遣长子儒翯（字质初）赴京。"（《父亲涂经俊遗留的先祖资料》2页）

在京期间，常与康有为等维新派友人至上斜街徐致靖宅中商议变法。先生爱好昆曲，常请徐致靖唱《长生殿》，许姬传记述（《许姬传七十年见闻录》22页）：

> 谭浏阳因病，外祖去电催促，直到七月才入京，他几乎天

天到我家来商量变法的事。他还喜欢听昆曲，常请外祖唱《长生殿》的《酒楼》一折，洪昇的原本叫《疑谶》，情节是郭子仪在酒楼上看到众朝臣到杨国忠家贺新居，又看到安禄山封东平郡王走过楼下的飞扬跋扈情状，引起他的愤慨。康南海则喜欢听《刀会》“大江东去浪千叠……”

七月初八日（公历8月24日）

光绪谕知九月间偕同慈禧太后诣天津阅兵日程。

七月十一日（公历8月27日）

先生写一家书予李闰，对朝廷变法充满希望，“朝廷毅然变法，国事大有可为”，信中附寄《女学报》及女学堂书（《谭嗣同集》635页）：

在鄂连寄数信，嗣于六月十六日起程，本月初五日到京，事之忙迫，殆不胜述。朝廷毅然变法，国事大有可为。我因此益加奋勉，不欲自暇自逸。幸体气尚好，精神极健，一切可以放心。此后太忙，万难常写家信，请勿挂念。

寄上《女学报》及女学堂书共一包，此后如欲看《女学报》，可开出卖报之处，请唐次丞托人去买。唐如不能，可径托大兄设法在上海购买也。或函托秦生弟更好。我十七八可引见。此上，即颂坤安。

复生手草七月十一日住浏阳会馆

七月十四日（公历8月30日）

因光绪皇帝诏命裁撤督抚同城之湖北、广东、云南三省巡抚，谭继洵卸湖北巡抚任，上谕如下（《戊戌变法文献资料系日》909页）：

又外省如直隶、甘肃、四川等省皆系以总督兼管巡抚事，惟湖北、广东、云南三省督抚同城，原未画一。现在东河在山东境内者已隶山东巡抚管理，只河南河工由河督专办。今昔情形确有不同，所有督抚同城之湖北、广东、云南三省均着以总督兼管巡抚事。

七月十九日（公历9月4日）

先生经吏部带领引见，吏部奉交片谕旨，令其于二十日预备召见。中国第一历史档案馆藏《光绪宣统上谕档》中有载："交吏部：本日贵部带领引见之江苏候补知府谭嗣同，奉旨着于二十日预备召见。钦此。相应传知贵部，钦遵转传可也，此交。"（《光绪宣统上谕档》第24册344页）

《中国第一历史档案馆藏清代官员履历档案全编》中载有先生预备召见前的履历（第六册479页）：

> 谭嗣同，现年三十二岁，系湖南浏阳县人，由监生报捐同知，指分浙江试用。光绪十年，因在甘肃新疆粮台效力，经前新疆巡抚刘锦棠奏保，奉旨俟补缺，后以知府仍留原省候补班前补用，先换顶戴。十九年捐戴花翎，二十年报捐免补同知本班离任以知府仍留浙江归候补班前补用。二十一年经出使俄国大臣、湖北布政使王之春奏调随使俄国，奉旨着照所请。二十二年奉旨改派出使大臣，仍赴部呈请到省，因浙江停止分发，改指江苏，是年四月十八日引见，奉旨照例发往。七月到省，二十四年五月奉两江总督刘坤一饬知，奉旨翰林院侍读、学士徐致靖奏保举通达时务人才一折，江苏候补知府谭嗣同着送部引见。旋复奉两江总督刘坤一饬知，承准总理各国事务衙门电开，奉旨湖南盐法长宝道黄遵宪、候补知府谭嗣同前经谕令该督抚送部引见，着刘坤一、张之洞、陈宝箴即行饬令该二员迅速来京，毋稍迟延。遵即起程北上，于本月初五日到京，十九日吏部带领引见，奉旨着于二十日预备召见。

同日，光绪帝明发上谕，罢免阻碍礼部主事王照上书的礼部六堂官怀塔布、许应骙、堃岫、徐会沣、溥颋、曾广汉（《戊戌变法文献资料系日》921页）：

> 礼部尚书怀塔布、许应骙，左侍郎堃岫、署左侍郎徐会沣，右侍郎溥颋、署右侍郎曾广汉均着即行革职。至该主事王照不畏强御，勇猛可嘉，着赏给三品顶戴，以四品京堂候补，

用昭激励。特谕。

同日夜，先生在吏部带领下，由东华门入宫，同入宫者张荫桓、郑孝胥，并在乾清宫廊下板屋内候召至翌日。《郑孝胥日记》中载：

有军机苏拉杨姓者来，云今夜召见。祁君阜来。……夜二点，入东华门，月明。至景运门侧九卿朝房小坐。昧爽，入乾清门，同入者张荫桓、谭嗣同。至乾清宫廊下板屋中候召，俄而天曙。

七月二十日（公历9月5日）

光绪帝召见先生，他纵论时弊："嗣同既得见上，慷慨论列当年之利弊，上大悦。"（《清国殉难六烈士传》，《知新报》第75册）并面问光绪帝身体是否有恙，对曰无病："谭嗣同召见时，当面询皇上病体如何，皇上言朕向未尝有病，汝何忽问此言。谭乃惶恐免冠谢云。"（《戊戌政变记》63页）梁启超、王照《致伊藤博文、林权助》函："志士谭嗣同觐见时，曾面问'御躬安否'。寡君告以无病。"（《饮冰室遗珍》259页）先生在光绪帝面前推荐唐才常："唐才常者，宏才通学，有名于楚，向为《湘报》主笔，而陈右铭中丞延访新政之贤士，与王祭酒同在十人之列者，而李苾园尚书、张冶秋侍郎交经济特科，谭复生在京卿特荐于上者也。"（《康有为全集》第五集314页《与张之洞书》1900年11月）

同日，光绪帝以口谕示先生，要其"欲变者俱可随意奏来"，口谕内容载于《知新报》第73册铁冶生《书今上口谕军机章京谭嗣同语后》一文中（《知新报》1012页）：

口谕军机章京谭嗣同曰：我为二十三年罪人，徒苦我民耳，我何尝不想百姓富强，难道必要骂我为昏君耶？特无如太后不要变政，又满洲诸大臣总说要守祖宗之成法，我实无如之何耳。又谕曰：汝等所欲变者俱可随意奏来，我必依从，即我有过失，汝等当面责我，我必速改也。论载《天南新报》。

《郑孝胥日记》载同日被光绪帝召见时之场景："日出，召入，奏对约二刻，并呈说帖，上色甚霁。圣躬似颇瘦弱。余对时音吐稍响。上谦挹异常，呈说帖尚未及案，上引手受之，略批览，即欠身曰：‘可留览之。’余乃起退下。”

《申报》第9130号“光绪二十四年七月二十日京报全录”载：“宫门抄：谭嗣同、郑孝胥预备召见，召见军机张荫桓、谭嗣同、郑孝胥。”

同日，召见之后，光绪帝对先生之任用，在短暂的一天内发生了重大变动。原本命令“以知府仍发江苏”，后变为“在军机章京上行走”，任命他为参预新政的四品军机章京之一。中国第一历史档案馆保存的档案里有两份召见后的任用意见，“光绪二十四年”军机处录副胶卷第431卷里，第2181件内容为：“明保江苏候补知府谭嗣同旨著以知府仍发江苏，尽先即补，并交军机处存记。”第2182件的内容为：“内阁候补侍读杨锐、刑部候补主事刘光第、内阁候补中书林旭、江苏候补道恽祖祁、江苏候补知府谭嗣同。”《上谕档》中有此名单：“内阁候补侍读杨锐、刑部主事刘光第、内阁候补中书林旭、江西候补道恽祖祁、江苏候补知府谭嗣同”，并在杨、刘、林、谭名上有朱圈（《谭嗣同与晚清社会》114页）。

同日，光绪帝着赏加杨锐、刘光第、林旭、谭嗣同四品卿衔，在军机章京上行走；李端棻署理礼部尚书，徐致靖署理礼部右侍郎，王锡蕃署理礼部左侍郎（《戊戌变法文献资料系日》928页）。当时军机大臣为礼亲王世铎、刚毅、钱应溥、廖寿恒、王文韶、裕禄（《清季职官表》41页）。

上谕：内阁候补侍读杨锐、刑部候补主事刘光第、内阁候补中书林旭、江苏候补知府谭嗣同均着赏加四品卿衔，在军机章京上行走，参预新政事宜。

上谕：礼部尚书着裕禄、李端棻署理，礼部左侍郎着寿耆、王锡蕃署理，礼部右侍郎着萨廉、徐致靖署理，正红旗汉军副都统着英年补授。

七月二十一日（9月6日）

四章京入值第一天。

同日，光绪帝颁布朱谕，令新任军机四章京据实条陈对新政的看法，通过军机大臣代递。“昨已命尔等在军机章京上行走，并令参预新政事宜，尔等当思现在时务艰危，凡有所见及应行开办等事，即行据实条例，由军机大臣呈递，候朕裁夺，万不准稍有顾忌欺饰。特谕。”（《杨参政公家书》，《觉迷要录》卷四）先生与林旭、刘光第、杨深秀谢恩。军机处《早事档》有：“军机四卿各谢恩，朕知道了。”

△关于军机四章京工作内容以及权限，梁启超《戊戌政变记》中有载，但此说法夸大了军机章京之工作权力：

> 皇上至是时，亦知守旧大臣与己不两立，有不顾利害誓死以殉社稷之意，于是益放手办事，乃特擢杨锐、林旭、刘光第、谭嗣同四人参预新政。参预新政者，犹唐之参知政事，实宰相之任也。命下之日，皇上赐四人以一密谕，用黄匣亲缄之，盖命四人尽心辅要新政，无得瞻顾也。自是凡有章奏，皆经四人阅览。凡有上谕，皆由四人拟稿。军机大臣侧目而视矣。

康有为亦在《康南海自编年谱》中称：

> 上以枢臣老耄守旧，而又无权去之，乃专用小臣，特加侍读杨锐、主事刘光第、中书林旭、知府谭嗣同，以四品卿衔，为军机章京，参预新政。上以无权用人为大臣，故名为章京，特加“参预新政”四字，实宰相也。即以群僚所上之折，令四人阅看拟旨，于是军机大臣同于内阁，实伴食而已。

刘光第亦在其家信中提及四章京工作内容为“分看条陈时务之章奏”，并表明需在三更天入值（《刘光第集》287页）：

> 二十日得被恩命：“赏给四品卿衔，着在军机章京即俗称小军机是也上行走，参预新政。钦此。”此同杨锐、谭嗣同、林旭共四人，不过分看条陈时务之章奏耳。因有“参预新政”四字，遂为嫉妒诟病，势如水火，将来恐成党祸。兄本拟明岁节省余钱为买山之资，便可归田。乃无端被此异遇羁绊，且人情不定，新旧两党，互争朝局，好在兄

并无新旧之见，新者、旧者均须用好人，天下方可久存。兄实寒心，惟圣恩高厚，急切不忍去耳。……现在皇上奋发有为，改图百度，裁官汰冗，节费练兵，改科举之文，弛八旗之禁，下诏求言，令州县市民均得上书言事，决去壅蔽，民气大振。但学术不明久矣，上书者多可笑，且有讦告恶习，斯为流弊耳。汝于交游中，如见有欲上书者，必须真有建白方可，否则不如其已也。盖目下条奏既多，即好者亦多与人雷同，便无足观。……兄二日一班，每日须于三更后入值，忙迫极矣。

茅海建在《戊戌变法史事考》中言明军机四章京的工作任务是：司官士民的时务条陈由皇帝直接下发给新进的军机章京，由其加签语。并将上书中的某些他们认为有价值的内容，交给某一部门“议复”。由此不难看出康有为、梁启超所言军机章京之权力“实宰相也”确为夸大其辞：

杨锐、刘光第均是在入值之后写给亲人的私信，言词中没有避讳。他们称自己的工作是“分看条陈时务之奏章”，“每日发下条陈，恭加签语，分别是否可行，进呈御览”。而在当时的公文用语中，“条陈”与“奏折”“附片”是有区别的。前者多指没有上奏权的司官士民进呈之件，后者已有固定的书写格式以及对应的处理方式。从上引私信可见，司官士民的时务条陈并未由皇帝亲拆并伴随旨意下发军机处，而直接下发给新进的军机章京，由其加签语，其工作方式与内阁的“票拟”大体相同。（《戊戌变法史事考》74页）

现存的14件新任军机章京的签条，只有一条最后形成谕旨，由此似可以得出结论：虽说后期上书得到处理的只是少数，但新章京已拟签条的上书很可能不是少数。其未能形成谕旨，另有原因。

从新任四军机的签条来看，他们的处理方法与先前光绪帝的处理方法是一致的，即不是根据上书的内容直接发出谕旨，而是将上书中的某些他们认为有价值的内容，交给某一部门

"议复"。当一个具体部门收到"交议"的谕旨后，实际上也知道了皇帝的倾向性态度。一旦光绪帝同意他们的"拟签"时，他们实际上是在行使着皇帝的权力，工作性质与明代的内阁很相似。尽管他们在工作中很难对此时进行的改革做一些建设性的工作，但要拖延、阻碍那些反对改革的条陈，仍能起到不小的作用。其中最明显的是，湖南举人曾廉弹劾康有为、梁启超的条陈，最后不了了之。(《戊戌变法史事考》244 页)

王夏刚将军机章京的主要职责归纳为如下三个方面：

1. "拟签"司员士民的上书。谭嗣同四人在任职期间的职责是专门负责司员士民的上书，由他们对这些条陈添加"签语"后，奏明光绪帝，形成旨意。

2. 恭拟谕旨。梁启超称七月二十七日上谕为谭嗣同草拟。光绪帝拟开设懋勤殿的谕旨亦通过内监令谭嗣同草拟。(参见梁启超撰《戊戌政变记》中《新政诏书恭跋》、《谭嗣同传》)

3. 在光绪帝和康有为之间传递消息。梁启超、康有为记载说四章京的一个职责是在光绪帝和康有为之间传递消息。康有为说："上意有所欲传，吾有所欲白，皆借谭、林通之。上以忌西后，未敢显然用，故用谭林杨刘代之，上之意极苦矣。"在康有为自编年谱中，记载了两则通过谭、林传递奏折的事。(1)"又交复生递密折，请抚袁以备不测"；(2)"草密折谢恩并誓死救皇上，令暾谷持还缴命"。(《谭嗣同与晚清社会》115~119 页)

同日，司员士民的上书仅 6 件，即总理衙门代奏张元济、谢希傅、刘庆汾、洪涛条陈，工部代奏汪赞伦条陈，军机处代奏章京继昌条陈。其中张元济条陈奉旨"留中"，洪涛条陈奉旨"暂存"，谢希傅、刘庆汾、继昌条陈交总理衙门"议复"，汪赞伦条陈交农工商总局"议复"。这样的处理与先前的做法并无二致，可以说是新任四章京的学习日(《戊戌变法史事考》240 页)。

七月二十二日(9 月 7 日)

新任四军机章京正式当值。

同日，户部代奏条陈共9件，宗人府代奏条陈1件，国子监代奏条陈1件。当日除户部主事程式谷的条陈作了处理，即交农工商总局“议复”外，其余的条陈还没有形成处理意见（《戊戌变法史事考》240页）。

同日，谕着李鸿章、敬信毋庸在总理各国事务衙门中行走，命礼部尚书裕禄充之（《戊戌变法史》476页）。

七月二十三日（公历9月8日）

先生与刘光第军机处轮值。他们的任职指明是“参预新政”，所以并未在原有军机章京中排班。他们实行轮班制度，先生与刘光第为一班，单日入值；杨锐与林旭为一班，双日入值。

△杨锐致弟肖岩信中言及军机章京工作任务以及排班之事（《戊戌四子集》270页）：

> 乃十三日因湘抚陈公保荐，奉旨召见。逮夜始知于十五早进内预备，改于十六日卯刻在西苑勤政殿西暖阁召对，面奏数百言，大概详陈用人、武备各事，天颜甚霁。二十日遂奉命与刘光第、林旭、谭嗣同三人在军机章京上行走，即日入直。朱谕云……圣训煌煌，只增战悚。每日发下条陈，恭加签绎，分别是否可行，进呈御览，事体已极繁重，而同列又甚不易处。刘与谭一班，兄与林一班。

杨锐在信中谈及其与先生、林旭政见不合，并表达出对政局的担忧，准备俟机抽身而退：

> 谭最党康有为，然在直尚称安静，林旭则随事都欲取巧，所签有甚不妥当者，兄强令改换三四次，积久恐渐不相能。现在新进喜事之徒，日言议政院，上意颇动，而康、梁二人又未见安置，不久朝局恐有更动。每日条陈争言新法，率多揣摩迎合，甚至有万不可行之事。兄拟遇事补救，稍加裁抑，而同志已大有意见。今甫数日即已如此，久更何能相处？拟得便即抽身而退，此地实难以久居也。

△先生曾致函唐才常，言及杨锐嚣张跋扈且谄媚旧派，先生与

之发生争执，唐才质记述（《谭嗣同研究资料汇编》272 页）：

> 复生七丈赴京，致书伯兄，予未之见，乃叩之伯兄。伯兄曰：复生入值，与刘裴村为一班。刘愿者，虽不奋发，而心无他。然可虑者，杨叔峤跋扈，媚旧党而排南海，复生愤与之争，叔峤不纳。

同日，因下令裁撤督抚同城的湖北、云南、广东三巡抚，光绪帝于是日下达电旨："湖北巡抚关防着交张之洞收缴。谭继洵来京听候简用。"（军机处《电寄档》）

七月二十四日（公历 9 月 9 日）

杨锐、林旭军机处轮值。

七月二十五日（公历 9 月 10 日）

先生与刘光第军机处轮值。

同日，总理衙门、户部代奏了条陈 5 件，另书 2 种，当日全部处理完毕（《戊戌变法史事考》241 页）。

七月二十六日（公历 9 月 11 日）

杨锐、林旭轮值。

同日，徐致靖呈上《边患日亟宜练重兵密保统兵大员折》，向光绪帝保举袁世凯，该折系康有为代徐致靖拟（《戊戌变法文献资料系日》960 页）。关于奏保袁世凯，应为先生之提议。盛宣怀档案中有一题名为《虎坊摭闻》的抄件，是其所收电报集录。其中有一条："十一日荣中堂入都，以袁世凯护理直督。或言袁入见时，康有为诣之，使以兵胁颐和园，袁许之，于是有开缺以侍郎候补之命。袁谢恩后，使密告礼王而行。故再得护理直督之命。或曰其议发于谭嗣同，奏保之者，徐致靖也。"（《上海图书馆藏盛宣怀档案萃编》上册 17 页）许姬传亦回忆："艺舅回京后，盛称袁的治军才能，康南海、谭浏阳主张由外祖密折保袁，得到外祖同意，折稿是大家商量起草的。"（《许姬传七十年见闻录》23 页）

同日，光绪帝电谕荣禄，要袁世凯来京陛见："电寄荣禄，着传知袁世凯，即行来京陛见。"《国闻报》载：直隶按察使袁慰廷廉访二十六日由北洋大臣荣中堂饬知，奉总署电咨，奉旨饬令来京陛见。廉访即于是日下午谒见中堂，不日内即当乘坐火车晋都（《戊戌变法文献资料系日》967 页）。

七月二十七日（公历 9 月 12 日）

先生与刘光第军机处轮值。

同日，内阁、吏部、兵部、翰林院、都察院代奏了条陈 23 件，另样图 2 张、绘图 1 张、气枪 1 杆，当日处理了 1 件，三十日处理了 4 件，八月初一日处理了 3 件，八月初二日处理了 7 件，八月初三日处理了 2 件，八月初五日处理了 1 件，最后还有 5 件始终未处理（《戊戌变法史事考》242 页）。

同日，根据军机处当日《随手档》，湖南举人曾廉上书光绪帝，提出“养圣德、去邪慝、留正学、择将帅、慎财用”五条，借此攻击以民权平等之说狐惑人心（《曾廉应诏上封事》，《戊戌变法文献资料系日》949 页）：

> 查梁启超并无学术，惟恃康有为无父无君之邪说，广诱人心，为乱臣贼子布置徒党，以遂其私图。即在学堂所著学生日记等类，悖谬之言，不一而足。其大可惶骇者，如言君统太长，又言今变法必自天子降尊始；其令人万不敢述而不忍不言者，如论《孟子》则指本朝轻赋为大貉小貉，论《扬州十日记》则指本朝用兵为民贼，令人发指眦裂等语。

（1）曾廉上书弹劾康有为、梁启超二人：“梁启超少领乡荐，自其祖父食毛践土，二百余年，何至仇视本朝，发指眦裂，及于祖宗，非康有为邪说蔓衍，决无丧心病狂至此者也。”附片一件，攻击康有为以民权平等之说蛊惑人心，并摘引了梁启超在时务学堂课卷上的批语四条以攻击之（《曾廉应诏上封事》，《戊戌变法文献资料系日》944~950 页）。

（2）曾廉的封事指出，可以变法，但不可用小人变法，而“康有为、梁启超乃舞文污圣、聚众行邪、假权行教之人”，并请杀康、梁：“皇上当斩康有为、梁启超以塞邪慝之门。”该封事给予维新派致命一击（《梁启超年谱长编》493页）。梁启超《戊戌政变记》中载曾廉上书请杀二人之事：“七月二十三四日之间，有湖南守旧党举人曾廉上书，请杀康有为、梁启超，摘梁在《时务报》论说及湖南时务学堂讲义中之言民权自由者，指为大逆不道，条列而上之。”（《梁任公先生年谱长编》63页）

（3）光绪帝看到曾廉上书后，“恐西后见之，将有不测之怒”，将其折交军机大臣裕禄，命转交先生按条详驳。先生之驳语今已不存，据说他“乃逐条批驳廉流，约四卿联名，保有为忠直无他”（《戊戌履霜录》卷四，“党人列传”）。同时，根据曾廉《应诏上封事》，先生曾请以毁谤新政罪杀曾廉，却并未获准（《曾廉应诏上封事》，《戊戌变法文献资料系日》949页）：“疏既奏，党人谭嗣同之属，方居军机用事，将坐以毁谤新政当斩，德宗蹙然不许，曰：‘朕方求言，乃以言罪人乎？’明日嗣同复请刑，上卒格不下，廉始得全。”

梁启超《刘光第传》中载有“臣嗣同以百口保康、梁之忠，若曾廉之言属实，臣嗣同请先坐罪”的记录（《饮冰室合集》专集之一105页）：

> 七月二十六日有湖南守旧党曾廉上书请杀南海先生及余，深文罗织，谓为叛逆。皇上恐西后见之，将有不测之怒，乃将其折交裕禄，命转交谭君按条详驳之。谭君驳语云：“臣嗣同以百口保康梁之忠，若曾廉之言属实，臣嗣同请先坐罪。”君与谭君同在二班，乃并署名曰：“臣光第亦请先坐罪。”谭君大敬而惊之，君曰：“即微皇上之命亦当救志士，况有君命耶？仆不让君独为君子也。”于是，谭君亦大服君。

康有为记述：“湖南举人曾廉上书，请杀吾及卓如，上特发交谭嗣同拟旨驳之。时谭复生实馆于吾，林暾谷亦日日来，上意有所欲传，吾有所欲白，皆借谭、林通之。”康有为说法不准，根据《光绪二十四年京官召见单》来看，军机四章京平时并没有与光绪帝见面的机会。七月三十日，杨锐被召见一次，八月初二日林旭被召见一次，先生与刘光第当值后再未被光绪帝召见过，所以亦不存在“上意有所欲传，吾有所欲白，皆借谭、林通之”之可能。

梁启超《戊戌政变记》：皇上非惟不加罪二人，犹恐西后见之，乃命谭嗣同将其原折逐条驳斥，然后以呈西后，盖所以保全之者无所不至矣（《梁任公先生年谱长编》63页）。

（4）先生在驳斥过程中，可能将曾廉奏折的部分内容焚毁。江西道监察御史熙麟在光绪二十四年十月十九日（1898年12月2日）的奏折中称“闻此折留中之后，有已为谭嗣同等焚毁不全之说”（《江西道监察御史熙麟折》，《戊戌变法档案史料》，493~494页）：

> 甲午科举人曾廉深烛其隐，皎然不滓，当诏许士民言事之日，郁其孤忠，累牍万余言，伏阙上陈。其折内去邪慝一条，及附片所载，既请斩康有为、梁启超以塞邪慝之门，而于其学则曰迂谬，于其才则曰诡诞，于其行则直斥为无君无父，于其罪大恶极则且直拟以曾静、吕留良。是诚足诛奸邪未死之心，定千秋之铁案，而能独烛奸谋于机先者。闻谭嗣同等尝力请诛之，皇上特以恐塞言路宥之……闻此折留中之后，有已为谭嗣同等焚毁不全之说，是该逆等非不自知罪恶难掩，而将藉焚毁以掩天下人之耳目也。

（5）茅海建考证，曾廉的条陈并未送达慈禧太后，应是被先生或其他军机章京压了下来，这一点体现了军机章京的一项重要作用，即拖延、阻碍那些反对改革的条陈，并让其最后不了了之（《戊戌变法史事考》26页）：

> 曾廉的条陈由此似乎在空气中蒸发了。我在档案馆也没有发现该折片的原件或抄件。
>
> 光绪帝有没有看过或仔细看过曾廉的条陈，从档案中很难得出印象。如此重要的条陈在军机章京的提示下光绪帝应当看到，其中有无梁启超等人所称光绪帝让谭嗣同拟稿驳斥事，现在还不能完全否定，但光绪帝在此期间未与谭嗣同见面，却是

事实。

百日维新期间，代奏的司员士民条陈，虽有相当大的数量上呈慈禧太后，但也不是全送。送哪些不送哪些，本是光绪帝有权选择之事。但曾廉条陈是一份重要的文件，按照重要折片上送的制度是应上送的。我个人以为，光绪帝看到了这份杀伤力极大的文件，为保全康、梁，也为保护其政策，选择了不送。这么做，当然会有风险，但若上送，立即会有实际的危险。而这样的事情对光绪帝说来也不是第一次了。

但从光绪帝送慈禧太后重要奏折的全部情况来看，这种隐瞒是极个别的，若没有特殊的情况，他是不会甚至也不敢这么做的。

同日，先生代拟上谕一道，重申变法本意，并进一步开放言路，并着令各省督抚迅速照录新政谕旨。梁启超在《新政诏书恭跋》中对这一上谕做如下评价："此诏为国朝第一诏书，恻怛爱民，饥溺自任，以变中国二千年之散政，定开懋勤殿选通才入直之旨，为谭嗣同所草。"（《戊戌政变记》52页），但此诏并无言及开懋勤殿事，是否专指此诏，待考。

附《代拟上谕》（《谭嗣同集》654页）：

戊寅，谕内阁：国家振兴庶政，兼采西法，诚以为民立政，中西所同，而西人考究较勤，故可以补我所未及。今士大夫昧于域外之观者，几若彼中全无条教，不知西国政治之学，千端万绪，主于为民开其智慧，裕其身家，其精者乃能美人性质、延人寿命。凡生人应得之利益，务令其推扩无遗。朕夙夜孜孜，改图百度，岂为崇尚新奇，乃眷怀赤子，皆上天之所畀、祖宗之所遗，非悉使之康乐和亲，朕躬未为尽职。加以各国环处，陵迫为忧，非取人之所长，不能全我之所有。朕用心至苦，而黎庶犹有未知。职由不肖官吏与守旧之士大夫不能广宣朕意，乃反胥动浮言，使小民摇惑惊恐。山谷扶杖之民，有不获闻新政者，朕实为叹恨。今将变法之意，布告天下，使百姓咸喻朕心，共知其君之可恃，上下同心，以成新政，以强中国，朕不胜厚望。

着查照四月二十三日以后所有关乎新政之谕旨，各省督抚均迅速照录，刊刻誊黄，切实开导。着各州县教官详切宣讲，务令家喻户晓。各省藩臬道府饬令上书言事，毋事隐默顾忌。其州县官应由督抚代递者，即由督抚将原封呈递，不得稍有阻格。总期民隐尽能上达、督抚无从营私作弊为要。此次谕旨，并着悬挂各省督抚衙门大堂，俾众共观，庶无壅隔。

同日，光绪帝以历朝圣训授以先生，令其草拟开设懋勤殿之谕旨，预备开懋勤殿。经此一事，先生遂意识到皇帝无权（《谭嗣同传》，《谭嗣同全集》554 页）：

初，君之始入京也，与言皇上无权、西后阻挠之事，君不之信，及七月二十七日，皇上欲开懋勤殿设顾问官，命君拟旨，先遣内侍捧历朝圣训授君，传上言谓康熙、乾隆、咸丰三朝，有开懋勤殿故事，令查出引入上谕中，盖将以二十八日亲往颐和园请命西后云。君退朝，乃告同人曰："今而知皇上之真无权矣。"至二十八日，京朝人咸知懋勤殿之事，以为今日谕旨将下，而卒不下，于是益知西后与帝之不相容矣。

七月二十八日（公历 9 月 13 日）

杨锐、林旭军机处轮值。

同日，光绪帝决心开懋勤殿以议新政，康有为称"时复生力欲荐吾入军机，吾自避"，应为不实之词，又称先生及宋伯鲁召对时请开懋勤殿，光绪帝遂请先生拟旨"以请于西后"，先生因而察觉"上无权"。然而是日光绪帝并未有任何召见先生的记录（《康南海自编年谱》56 页）：

时复生力欲荐吾入军机，吾自避。徐学士力欲荐吾直懋勤殿，吾因为行新法不为富贵，又以触西后之忌，辞之极力，而两君者犹强牵不已。时吾观复生及林暾谷之相，谓卓如曰："二子形法皆轻，不类开国功臣也。今兹维新，关中国四千年大局，负荷非常，而二子起布衣而骤相，恐祸将至矣。昔何晏、邓飏执政，而管公明谓其鬼幽鬼躁，必及于难，吾今惧矣。”以徐莹甫及徐毅甫形相甚好，可入军机，谓卓如福气过人，或可消弭，并欲为沈子培夺情，举吴德潚小村及孺博数人，又留黄公度勿出。于时复生、暾谷又欲开议院，吾以旧党盈塞，力止之。而四卿亟亟欲举新政，吾以制度局不开，琐碎拾遗，终无当也，故议请开懋勤殿以议制度，草折令宋芝栋上之，举黄公度、卓如二人。王小航又上之，举幼博及孺博、二徐并宋芝栋。徐学士亦请开懋勤殿，又竟荐我。复生、芝栋召对，亦面奏请开懋勤殿。上久与常熟议定开制度局，至是得诸臣疏，决意开之。乃令复生拟旨，并云康熙、乾隆、咸丰三朝有故事，饬内监捧三朝圣训出，令复生查检，盖上欲有可据以请于西后也。先是，语复生以上无权，荣禄不臣。复生不信，至是乃悟。是日拟旨枢垣传出，京师咸知开懋勤殿矣，是月为七月廿八日也。是时，以天津阅兵期迫，收兵权则恐警觉，不抚将帅则恐不及事，日夜忧危。复生至是知上果无权，大恐惧。

△西文报纸《字林西报》曾于九月初六日刊出懋勤殿人选，称“接北京访事来信”，先生名列十位顾问官当中（《从甲午到戊戌：康有为〈我史〉鉴注》713 页）：

前者皇上简派十人，在懋勤殿参预新政，第一系礼部尚书李端棻，二是署理礼部侍郎、翰林院侍读学士徐致靖，三系工部主事、总署章京康有为，四系江南道监察御史杨深秀，五系山东道监察御史宋伯鲁，六系湖南学政徐仁铸，七系刑部主事张元济，八系举人梁启超，九系康有为之弟康广仁，十系翰林院编修徐仁镜。近日各人所得罪名……本馆又接北京访事来信，所称懋勤殿十人姓氏，间有不符，第一系李端棻，二系徐致靖，三系康有为，四系杨深秀，五系康广仁，六系梁启超，七系谭嗣同，八系林旭，九系杨锐，十系刘光第。

同日，杨崇伊至天津见荣禄（《戊戌变法史》477 页）。

七月二十九日（公历 9 月 14 日）

先生与刘光第军机处轮值。

同日，因先生禀开懋勤殿，康有为请徐致靖及毕永年推荐懋勤殿顾问官十人。戊戌变法失败后，王照逃亡日本，在与犬养毅笔谈中曾提及："二十九日午后，照方与徐致靖参酌折稿，而康来，面有喜色，告徐与照曰：谭复生请皇上开懋勤殿用顾问官十人，业已商定，须由外廷推荐，请汝二人分荐此十人。"（《关于戊戌政变之新史料》，《中国近代史资料丛刊·戊戌变法》第 4 册，32 页）

同日，先生拖延和阻碍反对改革的庶吉士缪润绂本日的条陈，缪曾在戊戌政变后上书中称（《戊戌变法档案史料》464 页）：

> 谭嗣同、刘光第、林旭、杨锐托通达事务预枢要，实皆逆党。凡臣工条奏乙览不遵者，悉归四人披阅，签拟以奉。有"参预新政事宜"之旨，目无枢总，奇悍无伦。异己者摈之，有论及康有为罪状者匿之，而不以上告。奴才曾于七月内两次上封事，由都察院代递，为所抑格不报。皇上广开言路，若辈乃凭藉权势，任喜怒而弃取之，一似都察院专为若辈设者。群小蜂起，致变法之令日下日急，浮言骚动，民不聊生，盖使直言不得闻于皇上。而圣聪益为摇惑者，皆四人朦蔽之罪也。并请罢斥究问，原保大臣连坐其罪，庶荐主知所警惕，而言路不致混淆。

缪润绂所称两次上书为七月十九日、二十九日。十九日上书不是由新任四章京处理，当日奉旨"存"，并报慈禧太后；二十九日上书没有处理意见。

同日，御史杨深秀弹劾谭继洵："湖北巡抚谭继洵守旧迂拘，虽人尚无他，要非能奉行新政者。此等即不逢裁缺，亦当分别罢斥，或优之听其告休。兹既被裁，即请任其归去，勿汲汲别议擢用，庶免阻挠新政，实疆场之大幸。"（《戊戌变法档案史料》182 页）

同日，袁世凯由天津乘火车抵京，居于报房胡同法华寺内。《戊戌日记》中载此事："光绪二十四年七月二十九日。予奉召由天津乘第一次火车抵京，租寓法华寺。上驻跸颐和园，即托友人代办请安折膳牌，定于八月朔请安。"

同日，光绪帝召见北洋候选道严复，询办理海军、开设学堂及变法事（《中国近代海军史事编年》570页）。

七月三十日（公历9月15日）

杨锐与林旭军机处轮值。

同日，光绪帝召见杨锐，赐密诏，令他与先生、林旭、刘光第妥筹善策，如何既能进用新人，推进变法，又不触怒慈禧太后。密诏由杨锐带出，据《清史稿·杨锐传》杨锐之子杨庆昶在宣统元年向都察院所呈的原诏为如下内容（《赵柏岩集》239~240页）：

> 近来朕仰窥皇太后圣意，不愿将法尽变，并不欲将此辈老谬昏庸之大臣罢黜，而用通达英勇之人，令其议政，以为恐失人心。虽经朕累次降旨整饬，而并且有随时几谏之事，但圣意坚定，终恐无济于事。即如十九日之朱谕，皇太后已以为过重，故不得不徐图之，此近来之实在为难之情形也。朕亦岂不知中国积弱不振至于阽危，皆由此辈所误，但必欲朕一旦痛切降旨，将旧法尽变，而尽黜此辈昏庸之人，则朕之权力实有未足。果使如此，则朕位且不能保，何况其他？今朕问汝，可有何良策俾旧法可以全变，将老谬昏庸之大臣尽行罢黜，而登进通达英勇之人，令其议政，使中国转危为安，化弱为强，而又不致有拂圣意。尔其与林旭、刘光第、谭嗣同及诸同志等妥速筹商，密缮封奏，由军机大臣代递，候朕熟思，再行办理。朕实不胜十分焦急翘盼之至。特谕。

七月

据说，谭继洵曾令人携奏折三本北上，奏折内容言先生不堪军机章京之任，谭恒锐记（《清谭复生先生嗣同年谱》，《谭嗣同研究资料汇编》35页）：

余曾闻宗老言：戊戌年七月，公命亲随四川人陆和（玉生）怀奏章三本北上，言其子少不更事，不堪军机章京之选。至京刚上两本，值政变作，陆被缇卒搜身询质，陆言我乃谭巡抚之人，入京呈递章奏，随即以章奏出示，陆得免于搜索。盖先曾祖知朝廷党争日亟，舐犊之情，油然而生，故有此举。

八月初一日（公历9月16日）

先生及刘光第军机处轮值。

同日，光绪帝于颐和园玉澜堂内召见袁世凯，破格加封其为候补侍郎，责成其专理练兵事宜，并随时具奏应办事宜（《戊戌变法文献资料系日》1017页）：

上谕：现在练兵紧要，直隶按察使袁世凯办事勤奋，校练认真，着开缺以侍郎候补，责成专办练兵事务，所有应办事宜着随时具奏。当此时局艰难，修明武备实为第一要务，袁世凯惟当勉益加勉，切实讲求训练，俾成劲旅，用副朝廷整饬戎行之至意。

光绪帝擢用袁世凯，乃与先生之推介有关："上以变法故，自知不容于太后，结怨诸臣，浸润于己，其最甚者，荣相庆邸为最，端邸、刚相等次之。自荣相请训出京后，益不自安，日夜忧惧，密谋于康有为等，皆以形迹可疑忧之。谭嗣同请上恩结袁世凯，可为天津阅兵时保护之地，今见事迫，乃召来京，将厚结其心。召见后，乃有擢用侍郎之旨。"（苏继祖《清廷戊戌朝变记》，《戊戌变法》第一册344页）

同日，康有为与梁启超听闻光绪帝加封袁世凯后十分欢喜，认为"天子真圣明"，正是联袁好时机，决定请袁世凯勤王，而先生却并不赞成联袁，他认为"此事甚不可，而康先生必欲为之"。康有为、梁启超、康广仁、毕永年共至先生处商议此事，先生决定飞电唐才常迅速入京。毕永年《诡谋直纪》中载（《秦力山集（外二种）》346~347页）：

仆见谭君，与商此事。谭云："此事甚不可，而康先生必欲为之，且使皇上面谕，我将奈之何？我亦决矣，兄能在此助我，甚善。但不知康欲如何用兄也。”午后一时，谭又病剧，不能久谈而出。夜八时，忽传上谕，袁以侍郎候补，康与梁正在晚餐，乃拍案叫绝曰：“天子真圣明，较我等所献之计，尤觉隆重，袁必更喜而图报矣。”康即起身，命仆随往其室，询仆如何办法。仆曰：“事已至此，无可奈何，但当定计而行耳。然仆终疑袁不可用也。”康曰：“袁极可用，吾已得其允据矣。”乃于几间取袁所上康书示仆，其书中极谢康之荐引拔擢，并云：“赴汤蹈火，亦所不辞。”康谓仆曰：“汝观袁有如此语，尚不可用乎？”仆曰：“袁可用矣，然先生欲令仆为何事？”康曰：“吾欲令汝往袁幕中为参谋，以监督之，何如？”仆曰：“仆一人在袁幕中，何用？且袁如有异志，非仆一人所能制也。”康曰：“或以百人交汝率之，何如？至袁统兵围颐和园时，汝则率百人奉诏往执西后而废之可也。”仆曰：“然则仆当以何日见袁乎？”康曰：“且再商也。”

正谈之时，而康广仁、梁启超并入坐。梁曰：“此事兄勿疑，但当力任之也。然兄敢为此事乎？”仆曰：“何不敢乎？然仆当熟思而审处之，且尚未见袁，仆终不知其为何如人也。”梁曰：“袁，大可者，兄但允此事否乎？”仆此时心中慎筹之，未敢遽应，而康广仁即有忿怒之色。仆乃曰：“此事我终不敢独任之，何不急催唐君入京而同谋之乎？”康、梁均大喜曰：“甚善！甚善！但我等之意，欲即于数日内发之，若俟唐君，则又多需时日矣，奈何？”

踌躇片刻，乃同至谭君之室商之。谭曰：“稍缓时日不妨也，如催得唐君来，则更全善。”梁亦大赞曰：“毕君沉毅，唐君深鸷，可称两雄也。”仆知为面谀之言，乃逊谢“不敢”焉。康曰：“事已定计矣，汝等速速调遣兵将可也。”乃共拟飞电二道速发之，而催唐氏。

同日，先生遂急电唐才常偕哥老会成员进京，然而彼辈“骁勇而寡谋”，唐才质在《戊戌闻见录》中载：“八月初，伯兄得复生七丈急电：‘速偕同志来京相助。’伯兄知有非常，乃往汉口与哥老会豪酋谋之。然彼辈皆乌合，骁勇而寡谋，事猝而未豫，何能贸然首途。”（《谭嗣同研究资料汇编》272 页）唐才质在《唐才常和时务学堂》中亦载此事：“时务学堂被顽固派勒令改组的前夕（1898 年 9 月下旬），先长兄应谭嗣同电召，将赴北京参与机要，才抵汉口，忽闻政变发生，万分骇愕，折回湖南。”先生此举，或与在入京前与哥老会会首接触有关，彼时先生曾令其会首“择其中年壮勇悍者数十名，听复生使”，并“劝其姑精习刀棒，乃出资助之”（《谭嗣同研究资料汇编》272 页）。

八月初二日（公历 9 月 17 日）

杨锐、林旭军机处轮值。

同日，袁世凯谢恩召见，《戊戌日记》中载：“次早谢恩召见，复陈无尺寸之功，受破格之赏，惭悚万状。上笑谕‘人人都说你练的兵、办的学堂甚好，此后可与荣禄各办各事’等语。”

同日，光绪帝明谕康有为迅速出京，前往上海督办官报（《戊戌变法文献资料系日》1021 页）：

> 工部主事康有为前命其督办官报局，此时闻尚未出京，实堪诧异。朕深念时艰，思得通达时务之人与商治法，闻康有为素日讲求，是以召见一次，令其督办官报，诚以报馆为开民智之本，职任不为不重。现既筹有的款，着康有为迅速前往上海开办，毋得迁延观望。

同日，毕永年不愿往袁世凯处，遂与康广仁及康有为发生矛盾。当晚有旨令康有为出京，康计划“将令谭、梁、徐三人往袁处明言之”（《秦力山集（外二种）》347 页）：

> 早膳后，仆终不欲诺此事，又不知康氏如何令我见袁之法。且为时甚迫，而尚不令我见袁，则仓猝之间，彼此交浅，何能深言，又何能行事耶？心中不决，乃与广仁商之。广仁大怒曰：“汝等尽是书生气，平日议论纵横，乃至做事时，乃又

拖泥带水。”仆曰：“非拖泥带水也。先生欲用我，须与我言明办法，我一命虽微，然不能糊涂而死也。且事贵审谋熟虑，先生既令我同谋，何以我竟不能置一辞乎？且先生令我领百人，此事尤不可冒昧。盖我系南人，初至北军，而领此彼我不识之兵，不过十数日中，我何能收为腹心，得其死力乎？即起孙、吴于九原，而将此百人，亦无十数日即可用之理。况我八岁即随父叔来往军中，我知其弊甚悉。我以一有母丧之拔贡生，专将此兵，不独兵不服，即同军各将，皆诧为异事也。”广仁不悦，冷笑而出。

夜七时，忽奉旨催康出京。仆曰：“今必败矣，未知袁之消息如何？”康曰：“袁处有幕友徐世昌者，与吾极交好，吾将令谭、梁、徐三人往袁处明言之，成败在此一举。”仆乃将日中与广仁所言告康，康亦盛气谓仆曰：“汝以一拔贡生而将兵，亦甚体面，何不可之有？且此事亦尚未定，汝不用先虑也。”仆知广仁谮我，盖疑我为利禄之徒，以为我欲得官也，可笑，可笑！

同日，谭继洵交卸职务，准备进京陛见候命（《谭继洵集》760页）。

八月初三日（公历9月18日）

先生及刘光第军机处轮值。

此时的司员士民上书的处理方式有了重大改变，即由新任军机四章京向光绪帝负责的“拟签”制，改为四章京向慈禧太后负责的“拟签”制。其具体程序为：早朝时奉旨“留”的代奏条陈，或各地方官代奏的条陈，交由四章京“拟签”；军机处将已“拟签”的条陈原件呈送慈禧太后；由慈禧太后审定发下后，军机处才能送光绪帝发旨。这是戊戌政变前慈禧太后采取的重大措施之一，光绪帝与慈禧太后的关系已处于极度紧张之中（《戊戌变法史事考》247页）。

同日，杨崇伊赴颐和园，上折《掌广西道监察御史杨崇伊折》，奏请慈禧太后训政。庆王、端王亦请慈禧太后训政，此次请训应是慈禧训政的主要原因，而非袁世凯告密：“是日杨崇伊等赴颐和园，奏请训政。是日庆邸、端邸同赴颐和园，哭请太后训政；且言伊藤已定初五日觐见，俟见中国事机一泄，恐不复为太后有矣。”（苏继祖《清廷戊戌朝变记》）其奏折内容如下（《戊戌变法档案史料》461 页）：

今春会试，公车骈集，康有为偕其弟康广仁及梁启超来京讲学，将以煽动天下之士心，幸士子读书明理，会讲一两次，即烛其奸诈，京官亦深知其妄，偶有贪鄙者依附之，而骂者十居八九，不知何缘引入内廷，两月以来，变更成法，斥逐老成，借口言路之开，以位置党羽。风闻东洋故相伊藤博文即日到京，将专政柄，臣虽得自传闻，然近来传闻之言，其应如响。伊藤果用，则祖宗所传之天下，不啻拱手让人。

同日，光绪帝令林旭传出密诏，令康有为“即速出外”。康有为在《康南海自编年谱》中记载，当日早上，林旭持密诏到康有为处，并带来七月三十日光绪帝赐杨锐密诏。先生与林旭、康有为、梁启超、徐仁铸、徐仁镜、康广仁商议联合袁世凯事，康有为嘱托先生说服袁世凯起兵勤王。据康氏记载，徐世昌亦在场，徐世昌与徐致靖交情素厚，故不被疑。此事确否，尚有待考证：

初三日早暾谷持密诏来，跪诵痛哭激昂。草密折谢恩并誓死救皇上，令暾谷持还缴命，并奏报于初四日启程出京，并开用官报关防。二十九日交杨锐带出之密诏，杨锐震恐，不知所为计，亦至是日，由林暾谷交来，与复生跪读痛哭，乃召卓如及二徐、幼博来，经划救上之策。袁幕府徐菊人亦来，吾乃相与痛哭以感动之，徐菊人亦哭，于是大众痛哭不成声，乃嘱谭复生入袁世凯所寓，说袁勤王，率死士数百扶登午门而杀荣禄，除旧党。（《康南海自编年谱》59 页）

君与康先生捧诏恸哭，而皇上手无寸柄，无所为计。时诸将之中，惟袁世凯久使朝鲜，讲中外之故，力主变法。君密奏

请皇上结以恩遇，冀缓急或可救助，词极激切。（《谭嗣同传》，《谭嗣同全集》555 页）

毕永年亦记载联袁想法为康有为所提出：“谭曰：‘此事我与康争过数次，而康必欲用此人，真无可奈何！’”（《秦力山集（外二种）》348 页）

然而据胡思敬记载，联袁想法为先生提出，而林旭并不赞成，且“言世凯巧诈多智谋，恐事成难制”，作一小诗反对联袁：“伏蒲泣血知何用，慷慨何曾报主恩。愿为公歌千里草，本初健者莫轻言。”

嗣同捧诏大哭，奔告有为。有为曰：“太后当国凡四十年，是变更多而猜忌甚，未可口舌争也。”嗣同曰：“是不难，当为主上了之。”引有为入卧室，取盘灰作书，密谋招袁世凯入京，用所部新建军围颐和园，以兵劫太后，遂锢之。有为执嗣同手，瞪视良久曰：“母后固若是其可劫耶？”嗣同曰：“此兵谏也，事成请自拘于司败，古人有行之者矣。”次日，以告梁启超、林旭，启超称善。旭言世凯巧诈多智谋，恐事成难制，请召董福祥，嗣同不可。（《戊戌政变月纪》，《谭嗣同研究资料汇编》267 页）

此说法不完全可信，联袁应为康有为提出。梁启超《林旭传》载：“初二日，皇上赐康先生密谕令速出京，亦交君传出，盖深信之也。既奉密谕，谭君等距踊椎号。时袁世凯方在京，谋出密诏示之，激其义愤。而君不谓然，作一小诗代简致之谭等云云，盖指东汉何进之事也。”

同日午后三时，康有为谒伊藤博文于公使馆。

同日当晚，先生及康有为、梁启超于报房胡同法华寺访袁世凯，劝袁“杀荣禄”“围园锢后”，以此作为康党的最后一搏。出于政治目的，康有为、梁启超及袁世凯均记载先生一人独往，然而，根据先生与袁世凯关系来看，他与袁并不认识，应不是游说袁的最佳人选。袁世凯《戊戌日记》长期以来被视为自辩的不实之作，多不被采信。但对照毕永年《诡谋直纪》，可以认定袁氏记载较为可靠。据《戊戌日记》，先生着便服于夜半前来，称其“有大将格局”，并告知袁世凯已被荣禄暗中压制，以此离间二人关系。他说荣禄将废立弑君，导致光绪帝位不能保。他要求袁世凯回小站后，立即带兵到天津，杀荣禄，然后带兵入京围颐和园，诛慈禧。先生说：“我雇有好汉数十人，并电湖南招集好将多人，不日可到”，因而诛杀慈禧太后，“在我而已，无须用公”，袁世凯只需诛荣禄、围颐和园二事。并且先生威逼其：“如不许我，即死在公前。公之性命在我手，我之性命亦在公手，今晚必须定议。”此计划被袁改为在天津阅兵时，由光绪帝下一朱谕来发动政变，他说：“九月即将巡幸天津，待至伊时，军队成集，皇上下一寸纸条，谁敢不遵，又何事不成?”以等到天津阅兵时再采取行动来搪塞，实际是间接否定了先生立刻采取行动的计划（《戊戌日记》，《戊戌变法》第一辑550~553页）：

正在内室秉烛拟疏稿，忽闻外室有人声，阍人持名片来，称有谭军机大人有要公来见，不候传请，已下车至客堂。急索片视，乃谭嗣同也。

余知其为新贵近臣，突如夜访，或有应商事件，停笔出迎。渠便服称贺，谓有秘语，请入内室，屏去仆丁。心甚讶之，延入内室，叙寒暄，各伸久仰见晚周旋等语。谭以相法，谓予有大将格局，继而忽言：“公初五请训耶?”告以现有英船游弋海上，拟具折明日请训，即回津。谭云：“外侮不足忧，大可忧者，内患耳。”急询其故。乃云：“公受此破格特恩，必将有以图报，上方有大难，非公莫能救。”予闻失色，谓“予世受国恩，本应力图报称，况己身又受不次之赏，敢不肝脑涂地，图报天恩，但不知难在何处?”谭云：“荣某近日献策，将废立弑君，公知之否?”予答以在津时常与荣相晤谈，察其词意，颇有忠义，毫无此项意思，必系谣言，断不足信。谭云：“公磊落人物，不知此人极其狡诈，外面与公甚好，心内甚多猜忌。公辛苦多年，中外钦佩，去年仅升一阶，实荣某抑之也。康先生曾先在上前保公，上曰‘闻诸慈圣，荣某常谓公跋扈不可用’等语。此言甚确，知之者亦甚多，我亦在上前迭次力保，均为荣某所格，上常谓袁世凯甚明白，但有人说他不可用耳。此次超升，甚费大力。公如真心救上，我有一策与公商之。”

因出一草稿，如名片式，内开荣某谋废立弑君，大逆不道，若不速除，上位不能保，即性命亦不能保。袁世凯初五请训，请面付朱谕一道，令其带本部兵赴津，见荣某，出朱谕宣读，立即正法。即以袁某代为直督，传谕僚属，张挂告示，布告荣某大逆罪状，即封禁电局铁路，迅速载袁某部兵入京，派一半围颐和园，一半守宫，大事可定，如不听臣策，即死在上前各等语。予闻之魂飞天外，因诘以：“围颐和园欲何为？”谭云：“不除此老朽，国不能保。此事在我，公不必问。”予谓：“皇太后听政三十余年，迭平大难，深得人心。我之部下，常以忠义为训戒，如令以作乱，必不可行。”谭云：“我雇有好汉数十人，并电湖南招集好将多人，不日可到。去此老朽，在我而已，无须用公。但要公以二事，诛荣某，围颐和园耳。如不许我，即死在公前。公之性命在我手，我之性命亦在公手，今晚必须定议，我即诣宫请旨办理。”予谓：“此事关系太重，断非草率所能定，今晚即杀我，亦决不能定，且你今夜请旨，上亦未必允准也。”谭云：“我有挟制之法，必不能不准，初五日定有朱谕一道，面交公。”

予见其气焰凶狠，类似疯狂，然伊为天子近臣，又未知有何来历，如显拒变脸，恐激生他变，所损必多，只好设词推宕。因谓：“天津为各国聚处之地，若忽杀总督，中外官民，必将大讧，国势即将瓜分。且北洋有宋、董、聂各军四五万人，淮泗各军又有七十多营，京内旗兵亦不下数万，本军只七千人，出兵至多不过六千，如何能办此事？恐在外一动兵，而京内必即设防，上已先危。”谭云：“公可给以迅雷不及掩耳，俟动兵时，即分给诸军朱谕，并照会各国，谁敢乱动？”予又谓：“本军粮械子弹均在天津营内，存者极少，必须先将粮弹领运足用，方可用兵。”谭云：“可请上先将朱谕交给存收，俟布置妥当，一面密告我日期，一面动手。”予谓：“我万不敢惜死，恐或泄露，必将累及皇上，臣子死有余辜，一经纸笔，便不缜密，切不可先交朱谕。你先回，容我熟思，布置半月二十日方可复告你如何办法。”谭云：“上意甚急，我有朱谕在手，必须即刻定准一个办法，方可复命。”及出示朱谕，乃墨笔所书，字甚工，亦仿佛上之口气，大概谓“朕锐意变法，诸老臣均不顺手，如操之太急，又恐慈圣不悦，饬杨锐、刘光第、林旭、谭嗣同另议良法”等语。

大概语意，一若四人请急变法，上设婉词以却之者。予因诘以：“此非朱谕，且无诛荣相围颐和园之说。”谭云：“朱谕存林旭手，此为杨锐抄给我看的，确有此朱谕，在三日前所发交者。林旭等极可恶，不立即交我，几误大事。谕内另议良法者，即有二事在其内。”予更知其挟制捏造，不足与辩，因答以：“青天在上，袁世凯断不敢辜负天恩，但恐累及皇上，必须妥筹详商，以期万全。我无此胆量，决不敢为天下罪人。”谭再三催促，立即会议，以待入奏，几至声色俱厉，腰间衣襟高起，似有凶器，予知其必不空回，因告以：“九月即将巡幸天津，待至伊时军队咸集，皇上下一寸纸条，谁敢不遵，又何事不成？”

谭云：“等不到九月即将废弑，势甚迫急。”予谓：“既有上巡幸之命，必不至遽有意外，必须至下月方可万全。”谭云：“如九月不出巡幸，将奈之何？”予谓：“现已预备妥当，计费数十万金，我可请荣相力求慈圣，必将出巡，保可不至中止，此事有我，你可放心。”谭云：“报君恩，救君难，立奇功大业，天下事入公掌握，在于公；如贪图富贵，告变封侯，害及天子，亦在公：惟公自裁。”予谓：“你以我为何如人？我三世受国恩深重，断不至丧心病狂，贻误大局，但能有益于君国，必当死生以之。”谭似信，起为揖，称予为奇男子。予又说：“以我二人素不相识，你夤夜突来，我随带员弁必生疑心，设或漏泄于外人，将谓我们有密谋。因你为近臣，我有兵权，最易招疑，你可从此称病多日，不可入内，亦不可再来。”谭甚以为然。

又诘以两宫不和，究由何起？谭云：“因变法罢去礼部六卿，诸内臣环泣于慈圣之前，纷进谗言危词。怀塔布、立山、杨崇伊等，曾潜往天津，与荣相密谋，故意见更深。”予谓：“何不请上将必须变法详陈于慈圣之前，并事事请示；又不妨将六卿开复，以释意见；且变法宜顺舆情，未可操切，缓办亦可，停办亦可，亦何必如此亟亟，致激生他变？”谭云：“自古非流血不能变法，必须将一群老朽，全行杀去，始可办事。”予因其志在杀人作乱，无可再说，且已夜深，托为赶办奏折，请其去。反复筹思，如痴如病，遂亦未及递折请训。细想如任若辈所为，必至酿生大变，危及宗社，惟有在上前稍露词意，冀可补救。

梁启超在《谭嗣同传》中亦有记述，与袁世凯记述大致相同，略有不同（《谭嗣同全集》555页）：

初三日夕，君径造袁所寓之法华寺，直诘袁曰：“君谓皇上何如人也？”袁曰：“旷代之圣主也。”君曰：“天津阅兵之阴谋，君知之乎？”袁曰：“然，固有所闻。”君乃直出密诏示之曰：“今日可以救我圣主者，惟在足下，足下欲救则救之。”又以手自抚其颈曰：“苟不欲救，请至颐和园首仆而杀仆，可以得富贵也。”袁正色厉声曰：“君以袁某为何如人哉？圣主乃吾辈所共事之主，仆与足下同受非常之遇，救护之责，非独足下，若有所教，仆固愿闻也。”君曰：“荣禄密谋，全在天津阅兵之举，足下及董、聂三军，皆受荣所节制，将挟兵力以行大

> 事。虽然，董、聂不足道也，天下健者惟有足下。若变起，足下以一军敌彼二军，保护圣主，复大权，清君侧，肃宫廷，指挥若定，不世之业也。”袁曰：“若皇上于阅兵时疾驰入仆营，传号令以诛奸贼，则仆必能从诸君子之后，竭死力以补救。”君曰：“荣禄遇足下素厚，足下何以待之？”袁笑而不言。袁幕府某曰：“荣贼并非推心待慰帅者。昔某公欲增慰帅兵，荣曰：‘汉人未可假大兵权。’盖向来不过笼络耳。即如前年胡景桂参劾慰帅一事，胡乃荣之私人，荣遣其劾帅而己查办，昭雪之以市恩；既而胡即放宁夏知府，旋升宁夏道。此乃荣贼心计险极巧极之处，慰帅岂不知之？”君乃曰：“荣禄固操莽之才，绝世之雄，待之恐不易易。”袁怒目视曰：“若皇上在仆营，则诛荣禄如杀一狗耳。”因相与言救上之条理甚详。袁曰：“今营中枪弹火药皆在荣贼之手，而营哨各官亦多属旧人。事急矣！既定策，则仆须急归营，更选将官，而设法备贮弹药则可也。”乃丁宁而去，时八月初三夜漏三下矣。

关于先生并非独自访袁，王照亦有类似说法：“梁启超、谭嗣同于初三夜往见袁，劝其围太后，袁不许。”（《关于戊戌政变之新史料》，《戊戌变法》第 4 册 333 页）

另外，康有为在《谢奉到衣带密诏折》里，也透露出自己亦曾参与夜访法华寺之事。康有为承认见到朱谕后，曾于八月初三日与先生及袁世凯商讨对策：（《谢奉到衣带密诏折》，《戊戌变法史研究》547 页）

> 初三日，杨锐、谭嗣同交奉到朱笔密谕，乃惊悉大变。皇上以变法救中国之故，触怒宫庭，致位几不保，令臣等密筹救法。捧读涕泣，惶恐震骇，相聚谋议。是日，林旭又交到朱笔密谕，令臣迅速出外，令爱惜身体，以图将来，共建大业。圣意补全，过于家人，臣愚但有感涕，不知所云。经交谭嗣同代递复陈密折，未知上递否？此事荣禄与其腹心李盛铎同谋，臣早已窥测，预为布置，故与徐致靖及门人举人梁启超、徐仁录

分画筹策，以袁世凯拥兵而忠勇可用，故特请皇上破格擢用，温意抚慰。是日与袁世凯、谭嗣同密谋，不意杨锐畏怯，意皆不宣，致为日无几，不及措手。

康有为亦在政变后致袁世凯信中言及初三夜情景时，说到“仆犹忆之”，依此可推断康氏本人当时亦在场（《康有为全集》第五集 39 页）：

八月初三夜之言，仆犹忆之，忼慷而许诛尔朱。中间之变，殆出于不得已。盖闻尔朱已先调董、聂之军，无能为役。杀身无益，不若留以有待，此实志士之苦心也。百日新政，冠绝古今，非圣人安能救中国哉？公受知遇，同衔衣带，当别有苦衷，以救圣主而救中国，但需时耳。

毕永年亦记载康、梁、谭三人一夜未归，翌日先生亦对其云“康尽言之矣”，由此亦可看出先生并非一人独往法华寺（《秦力山集（外二种）》347～348 页）：

但见康氏兄弟等纷纷奔走，意甚忙迫。午膳时，钱君告仆曰：“康先生欲弑太后，奈何？”仆曰：“兄何知之？”钱曰：“顷梁君谓我云：先生之意，其奏知皇上时，只言废之，且俟往围颐和园时，执而杀之可也，未知毕君肯任此乎？兄何不一探之等语。然则此事显然矣，将奈之何？”仆曰：“我久知之，彼欲使我为成济也，兄且俟之。”是夜，康、谭、梁一夜未归，盖往袁处明商之矣。

康有为、梁启超曾在记载中极力否认“围园锢后”的说法，他们认为此系袁世凯编造。梁启超认为要坐实加在他们以及军机四章京头上的“围园锢后”的罪名，必满足四项条件（《戊戌政变记》93 页）：

是说也，欲成其谳，须有四证，一康之奏文，二袁之告辞，三皇帝之谕旨，四同谋杨刘林谭之供状。度新闻报馆，必有真凭的据，可以证成其词者。不然则与八月十三日上谕谋围颐和园五字，前不见来踪，后不见去影，冥冥九阍，茫茫中古，长留此不明不白一种疑案而已。

八月初四日（公历9月19日）

杨锐、林旭军机处轮值。

同日辰时，先生致电谭继洵，称“英俄开战，各国兵船布满北洋，恐有奇变，缓行为妙”，此为先生为阻其父谭继洵进京的欺瞒之辞。此报被王之春抄录，并示于陈庆年等人。陈庆年《横山乡人日记》中载：“八月五日，晚间，至王息存处谈宴。同座者为姚石荃、梁节庵、陈叔伊诸君。席上得王芍棠方伯抄示谭复生自京来电与其尊人敬甫抚帅，云：‘英俄开战，各国兵船布满北洋，恐有奇变，缓行为妙。’此昨日辰刻电也。”（《谭继洵集》679页）此应为先生感知京城政局难测，为阻谭继洵进京而欺瞒之辞。

同日，先生从袁世凯处还寓之后，毕永年早上即行与其见面，毕意识到将要事败后由南海会馆迁寓宁乡会馆，并试图说服先生亦毋要徒死，毕永年《诡谋直纪》中记述（《秦力山集（外二种）》348页）：

早膳后，谭君归寓。仆往询之，谭君正梳发，气恹恹然，曰：“袁尚未允也，然亦未决辞，欲从缓办也。”仆曰：“袁究可用乎？”谭曰：“此事我与康争过数次，而康必欲用此人，真无可奈何！”仆曰：“昨夜尽以密谋告袁乎？”谭曰：“康尽言之矣。”仆曰：“事今败矣，事今败矣！此何等事，而可出口中止乎？今见公等族灭耳。仆不愿同罹斯难，请即辞出南海馆而寓他处。然兄亦宜自谋，不可与之同尽，无益也。”午后一时，仆乃迁寓宁乡馆，距南海馆只数家，易于探究也。

同日，康有为等走访李提摩太、伊藤博文，请其相助新政（《戊戌变法史》477页）。

同日，康有为离城，居于城外，先生微服访之，旋返，谭恒锐记：“四日晚康氏离京师内城，住郊外金顶庙，以观变化，传我公亦微服与康处相晤，公旋返内城。”（《清谭复生先生嗣同年谱》，《谭嗣同研究资料汇编》31页）

八月初五日（公历9月20日）

先生及刘光第军机处轮值。

同日，康有为于清晨离家出逃，由永定门火车站乘火车至天津，再至塘沽。

同日，情势已大变，先生由南海会馆迁寓浏阳会馆。梁启超希望毕永年为他和李提摩太的谈话作笔录，被其拒绝。出京之前，毕永年留书先生，"劝其速自定计，无徒死也"，《诡谋直纪》（《秦力山集（外二种）》348页）：

> 天甫明，仆即往南海馆探之，康已急出京矣。探谭君，则已迁寓浏阳馆。午十二时，广仁及梁君两降阶迎仆，携仆手曰："兄来甚善，我等欲荐兄往李提摩太之寓，为其笔述之任，可乎？"仆咤曰："我非来京觅食者，因先生命我留京，欲令我助彼，故我滞此多时。今先生既出京，而前事已作罢论，则仆亦须东往日本，践徐君之约矣。仆岂来京觅食者乎？"即愤然辞出。夜十时，即致一书与谭，劝其速自定计，无徒死也；并致一书与梁作别。梁复书，欲仆于次日午十二时在寓候彼，尚有多事相商，并云："公行何神速也！"

同日，袁世凯请训上奏，向光绪帝暗示慎重用人，以防酿生大变。《戊戌日记》载（《戊戌变法》第一辑553页）：

> 初五日请训，因奏曰："古今各国变法非易，非有内忧，即有外患，请忍耐待时，步步经理，如操之太急，必生流弊。且变法尤在得人，必须有真正明达时务老成持重如张之洞者，赞襄主持，方可仰答圣意；至新进诸臣，固不乏明达猛勇之士，但阅历太浅，办事不能慎密，倘有疏误，累及皇上，关系极重，总求十分留意，天下幸甚。臣受恩深重，不敢不冒死直陈"等语。上为动容，无答谕。请安，退下。

同日，召见完毕后，袁世凯乘11时40分火车，于下午3时抵达天津，谒见北洋大臣直隶总督荣禄，向其告发。

同日，伊藤博文觐见光绪帝于西苑勤政殿。光绪谓："我中国近日正当维新之时，贵侯曾手创大业，必知其中利弊，请为朕详晰言之。并祈与总署王大臣会晤时，将何者当兴，何者当革，笔之于书，以备观览”，“愿嗣后两国友谊，从此益敦”。伊藤表示：“敬遵宠命，他日猥承总署王大臣下问，外臣当竭其所知以告。”（《戊戌变法史》361页）

八月初六日（公历9月21日）

杨锐、林旭军机处轮值。

同日，慈禧太后回宫发动政变，宣布“训政”，并以光绪帝名义下达上谕，将康有为革职，并下令逮捕康有为及其弟康广仁，罪名为“结党营私，莠言乱政”。百日维新至此失败。上谕中并未涉及先生，可证明此次政变的发生与袁世凯之告密暂无关系（《戊戌变法文献资料系日》1046页）：

谕军机大臣等：工部候补主事康有为，结党营私，莠言乱政，屡经被人参奏。着革职，并其弟康广仁，均着步军统领衙门，拿交刑部，按律治罪。

同日，毕永年一早离京，十时南海会馆即被步军统领崇礼包围：“早七时，仆急驰出京，而十时即有围南海馆之事。”（《秦力山集（外二种）》34页）因康有为已出逃，故而逮捕康广仁：“先是，吾以五日行，伪临朝于六日废上，午命步军统领崇礼率缇骑三百，围吾所居南海馆，捕幼博及门人程式穀子良、钱维骥君白并仆人王升、王贵、田叔以去。”据康有为记载，康广仁入狱后，先生及龙焕纶负责其狱中饭食：“狱中饭食铺盖，皆复生与赞侯任之也。”（《康南海自编年谱》61页）

同日，南海会馆被围时，先生正与梁启超对坐浏阳会馆榻上，先生建议梁启超入日本使馆，请求伊藤博文保护康有为，梁启超《谭嗣同传》中载（《谭嗣同传》，《谭嗣同全集》556页）：

至初六日变遂发！时余方访君寓，对坐榻上，有所擘划，而抄捕南海馆康先生所居也之报忽至，旋闻垂帘之谕。君从容语余曰：“昔欲救皇上既无可救，今欲救先生亦无可救，吾已无事可办，惟待死期耳。虽然，天下事知其不可而为之，足下试入日本使馆，谒伊藤氏，请致电上海领事而救先生焉。”

同日，先生偕梁启超至李提摩太住处相商，并遇到留美教育家容闳，他们决定三人分头奔走，请容闳去见美国公使，梁启超去见日本公使，李提摩太去见英国公使，一同设法保护皇帝。李提摩太记述（《亲历晚清四十五年》247 页）：

九月二十一日，以皇帝的名义发出谕旨，说国家大事对于他太沉重了，皇帝请求慈禧来帮助他，并且在二十三日那天皇帝盼各大臣朝见，并遵奉慈禧重行摄政。

同一天，梁启超及谭嗣同私自见我，对我说，已经有谕捉拿他们。我们商讨办法保护皇帝，他的性命是在极危险之中。我们决定了容闳去见美国公使，因为他是美国籍民。梁启超去见日本公使，而我自己去见英国公使，使他们立刻设法保护皇帝。但是不幸得很，美国公使已去西山，而英国公使在北戴河。

为了防止维新党逃脱，城门都闭关起来，但是梁启超设法到了天津，上了一只日本轮船。虽然有一只中国政府的汽船追赶着，他逃避了捉拿，平安地上了船去到日本。

为了遇见英国公使，我也去到天津，他是从北戴河回来的。我恳求他竭力营救皇帝及已被拿获的维新党人的性命。但是他对于他们已经有了偏见，他的态度和他的前任者欧格讷爵士十分的不同，他的偏见主要由于无知。因为我后来听他告诉一位朋友说，在他由北戴河回来以前，他从来没有听说过康有为这个人。

《刘人熙未刊日记稿本》中亦记载，据欧阳中鹄所言，李提摩太曾劝说谭嗣同至英国使馆避难：

英教士李提摩太故与生善，属迎其至英使馆避乱，固不往，坐待引颈，临刑谈笑自若，可谓壮，惜乎未闻道也。余闻而悲之，因悼以诗，亦为子弟前车之鉴云：“谭生意气横天下，不忍逋逃累老亲。他日老韩漫同传，董狐良史要分明。”闻生谢李提摩太之言：“余父受国厚恩，位至巡抚，且中国之法，臣子之与君父，生死惟命，则岂可逃乎！”此与康有为有别，瓣翁书所未详。生谢李提摩太招入英使馆，又在县馆焚往来信札，惟留其父训诫之书，故其父仅免官。

许姬传于《徐致靖密保袁世凯的悔恨》一文中亦载此事，提及徐仁镜与梁启超同到李提摩太处，之后又与梁启超同到先生处，先生许诺其翌日将赴日本使馆求见伊藤博文。此说法不完全准确，李提摩太说法较为可信（《许姬传七十年见闻录》24 页）：

初六日下午，莹舅与梁启超同到李提摩太处，告以慈禧垂帘，朝政大变，康已离京，光绪帝已处于危境。说毕，两人抱头痛哭。李提摩太说：“英、美公使都到北戴河避暑，局势急转直下，我打电报给上海英领事，相机营救康先生。”莹舅与梁启超又到谭嗣同处，谭说：“我欲救皇上，已不能救，欲救康先生，亦无能为力，我已无事可办，等死而已。”莹舅对谭说：“你要拿个主意，岂可束手就缚。”谭沉吟了一下说：“我听伊藤博文的口气，似乎愿意帮忙，明天，我和任公、艺甫同到日本使馆商量一下，看还能做些什么事。”于是黯然分手。

同日午后二时，梁启超至东交民巷日本使馆，并与日本驻华大使林权助笔谈，表明自己“三日内即须赴市曹就死”，“我的生命早就准备献给祖国，毫无可惜”，希望日方出面救助光绪帝及康有为，林权助劝其出逃，毋作徒死。梁启超下午离开日本使馆后，又于当晚回到日本使馆，并在日使帮助下于翌日乔装出逃。林权助在其回忆录《谈谈我的七十年》中载此事，但本文是其晚年口授，并于 1935 年整理出版。回忆内容多有不确之处，如称先生被捕、荣禄为军机大臣等，均非初六日下午之事，但明确说明了梁启超于当日下午两点和晚上两次进入日本公使馆，是切实可信的（《追忆梁启超》159 页）：

梁启超跑到公使馆来，说一定要会见我，这时正是午后二时。我和伊藤公吃完饭正在谈话，无论怎样，让梁到另室会面。一见，他的颜色苍白，漂浮着悲壮之气。不能不看出事态之非常。

梁直截地说：请给我纸。马上自己写出下面的文句："仆三日内即须赴市曹就死，愿有两事奉托。君若犹念兄弟之国，不忘旧交，许其一言。"

当我要叫通译官的时候，他便赶快在纸的余白处写道："还是笔谈好，不要通译。"又写："皇帝以变法之故，思守旧老耄之臣，不足以共事，思愿易之，触太后之怒，宾（实）……"

正拼命写着的时候，因为我刚才按了铃，通译出来了，在这场合，事必须快速，所以停止笔谈。

"皇帝的意思是：用西太后的旧作法，无论怎样，不能改革现在的中国。所以开始改变了种种法规。老耄的大官只要墨守旧套，不足共事，因此想要换这些人。这个运动做了以后，果然触怒西太后，而且同谋者……"

"谭嗣同、杨锐、刘光第、林旭等志士，都被逮捕。其首领是康有为，想也快要被捕被杀头！皇帝不用说已被幽闭。"

"西太后一派为袁世凯和军机大臣荣禄。如果我也被捕，最迟在三天内也将被杀。我的生命早就准备献给祖国，毫无可惜。请解皇帝之幽闭，使玉体安全，并救康有为氏。所说奉托之事，只此二端。"

我决断地说："可以。君说的二事，我的确承担。"

我又说："你为什么要去死呢？试好好想一想，如果心意改变，什么时候都好到我的地方来。我救你啊！"

梁听了我的话，暗暗落泪，同时仓皇而去，想也有种种应该准备的事吧！我直接回到伊藤公的屋里，叙述事情的始末。

伊藤公说："那么一切明白了。虽然如此，姓梁的这青年，是个非凡的家伙啊！真是个使人佩服的家伙。"

当梁归去的时候，我说要是他回来，我要救他，这事到底将如何，我实在不知道，所以没向伊藤公说。到了夜晚，公使馆门口骚闹着。我正在奇怪的一刹那，梁飞快地跑了进来！那么这个问题便搁在我们身上了。我无论如何，把梁放进一个屋子里。没有办法，所以把这件事的经过告诉伊藤公！

伊藤公说："这是做了好事。救他吧！而且，让他逃到日本去吧！到了日本，我帮助他。梁这青年对于中国是珍贵的灵魂啊！"

当时门房报告：门前不安。好像是捕手觉着康或是谁逃进公使馆似的。所以决定在麻烦还没发生前，急速让梁出发。

把梁交给恰巧从天津来正逗留中的郑领事（编者注：郑永昌），让二人都化装打猎的样子。扮好了真像打猎的模样，打发他们走，但是不幸在天津车站月台上行走的时候，好像被梁的友人发现了似的。据说他们赶快隐藏到人多的地方去，但还是因被友人看见作了报告，捕手的手下人追跟着梁。二人马上跳进帆船，夜十二时下白河逃向塘沽。那里的上流有日本的军舰碇泊着。捕手乘小蒸汽船，又追了来。而且据说，就向河的下流有日本商船的方面下驶，并在这船的舷侧等待着。但是二人乘搭的帆船，则走近在河上流的日本军舰，摇手帕作信号。

根据梁启超等多人记载，先生于初七日至日本使馆与梁启超告别，并劝其出逃日本，然而在当事人林权助的回忆中，却并未涉及先生入日本使馆一事，林权助甚至在回忆时错记"谭嗣同、杨锐、刘光第、林旭等志士，都被逮捕"，可见如若先生来过日本使馆，林权助当不至在记忆中将他忽略。因而可推断先生或许并未至日本使馆，而是于初六日当晚与梁启超诀别，之后梁再回到日本使馆并准备出走。

同日，梁启超在第一次离开日本使馆后，至浏阳会馆与先生会面，先生将诗文信稿托付梁启超保管，并劝其出走日本，毋作徒死："不有行者，无以图将来；不有死者，无以酬圣主。今南海之生死未可卜，程婴、杵臼、月照、西乡，吾与足下分任之"，并慷慨表示："各国变法，无不从流血而成。今中国未闻有因变法而流血者，此国之所以不昌也。有之，请自嗣同始！"之后大开中门，静候捕者（《谭嗣同传》，《谭嗣同全集》556页）：

余是夕宿日本使馆，君竟日不出门，以待捕者。捕者既不至，则于其明日入日本使馆与余相见，劝东游，且携所著书及诗文辞稿本数册家书一箧托焉。曰："不有行者，无以图将来；不有死者，无以酬圣主。今南海之生死未可卜，程婴、杵臼、月照、西乡，吾与足下分任之。"遂相与一抱而别。初七、八、九三日，君复与侠士谋救皇上，事卒不成。初十日遂被逮。被逮之前一日，日本志士数辈苦劝君东游，君不听。再四强之，君曰："各国变法，无不从流血而成。今中国未闻有因变法而流血者，此国之所以不昌也。有之，请自嗣同始！"

梁启超后来将先生《仁学》在日本印行，但是否为此时所托付文稿中之一部分，难以确考。谭恒锐记（《清谭复生先生嗣同年谱》，《谭嗣同研究资料汇编》32页）：

在七日公居浏阳会馆，整理文件，将友朋来书尽行焚化，仅存老亲告诫手谕，并将重要文稿及重要家信另贮一筐中，遂赴日使馆访梁氏，以文稿、家书奉托。此类文件多已遗失，梁氏仅将《仁学》二卷在日本付印。余家所藏之印本，封面印用国民出版社印行，右上角印有"谭壮飞先生著"。有人谓余言，第一次印本，无谭公别号，印有"台湾人著书"五字，以免清廷注意。

据许姬传记载，徐仁录曾回忆，先生当时即表明"我义不应避死"，并称先生"侃侃而谈，神态坚定"，"是一位言必信、行必果、重然诺、明大义的豪杰，联合袁世凯乃是知其不可为而为之"（《徐致靖密保袁世凯的悔恨》，《许姬传七十年见闻录》24页）：

初七日，艺舅与谭、梁同乘骡车到了日本使馆，谭与日本参赞笔谈，写道："梁启超君应避死，留为大用，托君重义，使之不死。"参赞点首承诺，写道："吾将使梁君化装成打猎

> 者，离京赴津。”又写道：“君亦可留此不归，可免于难。”谭摇首写道：“我义不应避死。”参赞肃然起敬。谭对梁任公说：“不有行者，无以图将来，不有死者，无以酬圣主，程婴、杵臼，分担其任。”即将手稿一包交梁带走，与艺舅同离使馆，参赞送至门外，恭敬告别。艺舅云：“谭浏阳侃侃而谈，神态坚定，梁任公面色灰白，说话不多，亦未问谭的行动。”关于艺舅看操保袁事，当时以为轻率之举。但艺舅云：“欲倚靠袁之兵力救光绪、诛荣禄，乃谭浏阳、康南海与我合谋，诚为孤注一掷。我与谭最投契，他是一位言必信、行必果、重然诺、明大义的豪杰，联袁乃知其不可为而为之。

孙宝瑄对此亦有记载：“复生被逮时，有外国使馆人来，言可以保护。复生慨然曰：丈夫不作事则已，作事则磊磊落落，一死何足惜。且外国变法无不流血者，中国变法流血，请自谭嗣同始。”（《孙宝瑄日记》286页）

康有为亦记载先生“劝卓如东行，而自誓就死”：“卓如与复生谋所以救我者，皆以必无生理矣。复生促卓如入日使馆，姑请伊藤设法救之。伊藤博文闻而顿足，电沪中日领事小田切，然无能力也。特捕卓如甚急，复生乃劝卓如东行，而自誓就死。卓如遂以七日行。”（《康南海自编年谱》62页）

同日当晚，先生与梁启超“知事已不可为，通宵率多言佛喻，超脱之说”，梁启超曾在晚年对学生谢国桢回忆（《梁任公先生遗事》，《追忆梁启超》141页）：

> 八月初旬傍晚，先生由南海馆步至浏阳馆，访谭复生作竟夕谈，凌晨而南海馆被围之报至，复生惊走，访大刀王五，欲脱德宗于厄，先生则往日使馆，访伊藤博文，博文劝之留不可，乃为驾使馆骡车以出，并约先生夜归（时京仅有骡车）。是夕复生来访，时局益急，复生劝先生行尤甚，强之不可。复生厉声曰：“吾父服官湖北，安能背弃而行，吾志在必死，继此志者非子而谁？吾子行矣！”乃立出剪刀，为先生削其辫发，

以促之行。又二日使为先生易和服，便道乘京榆车赴津（时火车仅达榆关）。

……

乃至戊戌，浏阳馆夜谈之夕，则知事已不可为，通宵率多言佛喻，超脱之说，岂先生处之以静，而御之以阔耶！

与梁启超分别之前，先生曾以“我既不会讲英语，又不会讲粤语”、“我有肺病，寿命不会很长了”、“我父亲在官，我跑了，一定株连家属”等理由作为托词，宽慰并说服梁启超出走。梁启超胞弟梁启勋于《梁启超逃亡日本的经过》一文中载此事（《谭嗣同研究资料汇编》307页）：

一八九八年戊戌变法失败后，政局紧张。维新党人提议康有为离开北京，康乃于九月中旬出京。同仁计算康之行程仍在中途，未到香港，梁启超于是到日本使馆请求援救康有为。日本公使说：“保护政治犯是国际法规定，是我们的义务。只要在可能范围内，无不尽力。”梁启超听后即欲告辞。日本公使说：“你还能出去吗?”梁说：“政府所恨的就是康有为，我们其他人无所谓。”日本公使说：“错了。据我所闻，这回政府对于维新党人要一网打尽，你暂时在这里听消息吧。”一会儿，谭嗣同也来了，目的与梁相同。日本公使同样劝他留下，梁亦劝他稍留。谭嗣同说：“我与你不同。理由是：一、大概往后十年八年，国内没有我们的立足之地。逃亡的话，我既不会讲英语，又不会讲粤语，而华侨多是广东人，我的一切活动能力都会消失，成为废料。二、我父亲在官，我跑了，一定株连家属。三、我有肺病，寿命不会很长了。四、世界史先例，政体转变，无不流血，让我来做个领头人吧。你该逃生，我则待死。”说完，和梁一拥抱，扬长而去。那时，他的父亲谭继洵是湖北巡抚。

约同日，先生将随身佩戴的凤距剑赠送王正谊，并模仿其父谭继洵的笔迹写下训斥自己的书信，以此来保全父亲不被株连。最后，先生与梁启超“相抱饮泣，三去三回首”。梁启超曾对刘海粟回忆（《忆梁启超先生》,《追忆梁启超》245 页）：

戊戌年九月廿一日，康先生已经离京出走，他住的南海会馆被查抄，我对壮飞放心不下，便跑到浏阳会馆去看他，要他立即出走，以避那拉氏的加害。他昂首望天，慨然有赴死之志，说话一片赤忱，闻之使我泪下。大意云：“吾辈前日欲救皇上，铁错铸成，无法可救；今日复欲救康师，虽已出京，生死未卜，再见无期。忧愤填膺，唯死而已！”谈到天黑才匆匆告别，我没有回到下榻之处，住进了日本使馆的一间密室，次日壮飞提着一箱手稿来看我。我说：“日本友人希望你东渡避难，徐图后举。”他说：“任公请携吾文稿去东京，以图将来，吾一死以报圣主。各国变法，皆曾流血，中国不能例外，请从弟始，唤醒同胞则国事有望焉！”我说：“君死固重泰山，而株连伯父，长者无辜，于心何安?”对曰：“昨晚兄去，即仿吾父笔迹作书，叱弟不忠不孝，从此断绝往来。信置于枕下，故意使荣禄鹰犬获得，当不致牵累老父。身后之事已托付大刀王五，平素爱佩之凤矩宝剑，亦赠王君。此公任侠，可以信赖。诸事就绪，无所萦怀，长为别矣！”乃相抱饮泣，三去三回首。

陈叔通《谭嗣同就义轶闻》亦载先生代父为书事（《谭嗣同全集》560 页）：

谭嗣同惧罪连其父，方代父作责子书，为父解脱。书未就，不从王五请。逮书就，而捕者已至，书被抄。嗣同遇害，继洵未获谴。

约同日，先生或与王正谊谋救光绪帝，未果。彭泽周《梁启超逃亡日本始末》载（《大陆杂志》第三十七卷第十一、十二期合刊）：

他（指谭嗣同）岂止抱了最大的觉悟，且说：“这次自己非死不可，已托王五爷（北京的侠客）带出光绪帝，若去时请关照。”接着谭嗣同托了给同志毕永年的信。

先生的武术老师胡致廷时在北京，亦有相关记载（《谭嗣同就义目击记》，《谭嗣同研究资料汇编》263 页）：

刑部案发生，西后懿旨将下时，我们早一天打听得明明白白。当晚我跑到浏阳会馆送信说："懿旨一下，人马立即刻发动；人马一发动，你就插翅难飞！"谭先生听了这个惊人消息，若无其事地把红漆枕头箱打开，里面藏着七封家信——他父亲寄来的信。他摹仿父亲的手笔，写好一封假信就烧掉一封真信，只留信封不烧，把假信套在信封里面，每封假信都写着父亲训斥儿子的内容。

八月初七日（公历 9 月 22 日）

先生及刘光第军机处轮值。

同日，慈禧太后再次下达上谕，着令步军统领衙门追捕已经出逃的康有为。军机处《电寄档》记寄荣禄旨（《戊戌变法史事考》124 页）：

工部候补主事康有为，现经降旨革职拿办。兹据步军统领衙门奏称，该革员业已出京。难免不由天津航海脱逃。着荣禄于火车到达及塘沽一带，严密查拿；并著李希杰、蔡钧、明保于轮船到时立即捕获，毋任避匿租界为要。"

同日下午三时，梁启超在日本使馆的帮助下，乘火车前往天津。

同日，先生继续与王正谊谋划，欲派人潜入西苑瀛台，营救光绪帝出险，护送其南下，但事终不成。此时京津铁路停驶，城门关闭，兵弃入城搜捕，风声鹤唳，一派恐怖景象。王正谊催促先生："君行，五从保无他；君死，五收君骨，君请自择。"先生对曰："死耳，何行为？"执意不肯走。此事待考（《中华大典·历史典·人物分典·请总部》751 页）。

同日，先生至皮库营胡同林旭宅，并与林旭相约不走。又至上斜街徐致靖宅，对徐表明"变法、革命，都要流血，中国就从谭某开始"。徐致靖赞美先生："谭先生在临危时，谈笑自如，慷慨激昂，真豪杰之士。”许姬传《徐致靖密保袁世凯的悔恨》一文中载此事（《许姬传七十年见闻录》25页）：

被捕的前一天，谭嗣同先到皮库营看林旭，林问：“你走不走？”谭答：“我不走。”林云：“我亦不走。”随即由后门到上斜街徐宅。仅老（编者注：徐致靖）留他吃饭、饮酒，他对仅老说：“变法维新失败了，任公我已托日本使馆掩护他到津，由海道赴日，贼党追捕康先生甚急，吉凶未卜。”仅老问：“你作何打算？”谭用筷子在头上敲了一下说：“小侄已经预备好这个了。变法、革命，都要流血，中国就从谭某开始。”仅老常对我说：“谭先生在临危时，谈笑自如，慷慨激昂，真豪杰之士。”又说：“我对不住谭浏阳，如不保他内调，不致被害。”

在林旭寓所，先生曾对其表示“吾决死此矣”，朱德裳著《戊戌四军机章京之死及株连》载此事（《三十年闻见录》96页）：

政变起，帝被囚。嗣同至旭寓，意态甚激昂。谓：“我辈之头颅可断，中国之法不可不变也。”旋谓：“吾素善日使馆中人，君如欲行，当为绍介至日使馆，蕲其保护出险。”旭曰：“君如何？”嗣同泫然曰：“天下岂有无父之国乎？吾决死此矣。”旭亦不肯行。遂均被逮。

约同日，先生劝说跟随自己的杨文会的长子杨自新离开北京避难，据杨文会孙女杨步伟记载（《一个女人的自传》53页）：

被害的所谓“六君子”中谭嗣同是跟我祖父学佛的，受职时还有报单贴在我家大门口写的“受业门生”。大伯也在北京那儿，是被捕了是被杀了也不知道。现在南京派兵来搜我家里有没有犯嫌疑的宣传品。幸祖父久有学佛之名，而地方官多半是有交情的。其时卫戍总司令是我父亲的好朋友，先来通了消息，以后再来搜，所以什么都没有搜到就完事了。以后家中人心惶惶的好久，一直等到后来才知道，谭嗣同在第一天晚上就知道有变，叫大伯到天津办一样事，并对大伯说：“若是有什么事，你不要顾一切，回南京侍奉老师去，我们是身受皇恩不得不报，你不必贴在里面，对老师说西方再见了。”大伯初不肯走，他再三说你死无名，万一不变你再回来。所以大伯到天津只一天，谭就被杀了。大伯又偷回北京，叫谭的下人设法收了尸才南下。这就是所谓戊戌政变。

约同日，曾国荃之孙曾广河曾与先生议及留京之事，先生遇难后，曾广河亦服毒自尽。朱德裳著《三十年闻见录》中《戊戌四军机章京之死及株连》一文亦载此事：

> 又尝闻人言，嗣同先以行止谋之于其友曾某（官某部员外郎，其名失忆待考），曾曰：“君逃固善，惟今上能偕逃乎？”曰：“不能也。”曾又曰：“老伯（指同父继洵）能偕逃乎？”曰：“亦不能也。吾知所以自处矣。”留京之意遂决。六君子遇害之日，曾闻菜市口杀人，虑嗣同难免，亟往观。嗣同瞥见之，以目未意告别。曾归而大恸，谓复生之死，实我杀之也。遂仰药而死云。

同日，改归知县庶吉士缪润绂上折攻击杨锐及先生：“近闻其联孙逆于日本，招伊藤来，嗾其党荐为客卿，变乱朝纲，颠倒国是，张羽翼，植腹心，结谭嗣同、杨锐为内援，倚张荫桓、徐致靖为外助。”（《改归知县庶吉士缪润绂折》，《戊戌变法档案史料》462页）

同日，陈庆年《横山乡人日记》中载英俄并未开战，上一封电报为先生阻父入京之托词：“八月七日，梁节庵来书云：初六日逆贼康有为革职，天下快心。英、俄并未开战，此贼党嗣同欺其父之词也。”（《戊戌变法的另面》394页）

八月初八日（公历9月23日）

先生于浏阳会馆莽苍苍斋被捕。捕者至时，先生延请其入客厅，于怀旧雨轩从容被捕。谭恒锐记：“九门提督翼尉率缇卒来，公延翼尉入客厅，相见即曰：‘吾知之矣！’同翼尉乘车去。旋即缇卒入内室大索，取公文件而去。同邑前辈李君鸿球言，北半截胡同浏阳会馆，内进有寥天一阁，公读书治事处，又有莽苍苍斋，是公

憩息处；外进有怀旧雨轩，是公见客之所，被逮时即在此处。”（《清谭复生先生嗣同年谱》，《谭嗣同研究资料汇编》33 页）

《万国公报》记载先生被捕时卧病在床，猝不及防：“谭嗣同病卧在床，即在寝所拘入刑部监，并被褥无所得。”（《万国公报》117 号）关于先生病历，先生曾于本年闰三月十五日致欧阳中鹄信中言及：“嗣同归来，感受风寒，疲顿已极”；欧阳中鹄又于五月初九日与先生晤面时看到“其晦气满面，又内伤症已见，干咳不能寐，肝气横烈，知必有祸”；先生至武汉后，又曾“卧病十余日”，却依然致函欧阳中鹄表示愿意“此生犹赘，当力疾一行”；八月初一日毕永年又记：“午后一时，谭又病剧，不能久谈而出”；先生与梁启超分别时，又曾以“我有肺病，寿命不会很长了”作为劝其出逃的托词。可见此症由闰三月至八月一直未曾见好。

同日，被捕后，其仆佣亦被逮，被问讯先生是否与洋人往来，后被释放。皮锡瑞在九月二十五日日记中记述：“复生仆亦被拿去，问洋人与其主人来往否，讯之再三，亦以无据得免。然则诸人及祸，盖疑彼交外洋以胁君母之故。”（《师伏堂日记》）

同日，杨锐、林旭军机处轮值。林旭于任上被捕。康有为记四章京被捕为初九日，但查林旭轮值时间为今日，又是“入直就缚”，且是日有魏允恭致汪康年信，可证明四章京乃是初八日被捕，并于初九日再下达逮捕上谕（《康南海自编年谱》63 页）：

> 是时，上幽南海瀛台中，王小航与日人谋逾南苑救上，谭复生与京师侠士大刀王五亦谋救上，皆未及事。九日谭复生被捕，小航被逮甚急，日人劝之东行，遂以十日行。八日杨漪川递折请伪临朝勿训政，遂被逮。昔郅寿奏请王莽归政汉室，退就臣列，其戆不可及，今漪川复类之。然郅寿不死，王莽真大度哉！呜呼，漪川可谓古之遗直矣。
>
> 九日早逮捕杨叔峤，在床未起，单衣就缚。林旭入直就缚，刘光第、徐子静闻捕，乃自投狱中。是日缇骑遍地，人人震慑，时又欲捕保国会，则株连遍天下矣。朝士纷纷恐祸及，

多避而南下，铁车、轮船挤拥甚，各直省闻之，亦虑会事株累。又传闻上已有不测，各国纷纷调兵，咸恐惧国变，或奔走避匿，有若大乱者。

时在北京的魏允恭在致汪康年的信中，称亲眼看到先生等人于八月初八日被捕。“今早五更又奉密旨拿杨锐、刘光第、谭嗣同、林旭等四人，弟亲见步军统领监送登车，想已发交刑部。”（《汪康年师友书札》第4册3116页）

张荫桓亦记载其于初八日被捕事：“初八日辰刻，提督崇礼遣翼尉率缇骑至我宅，邀我赴提督衙门接旨。我知有变，因尚未用饭，令其稍待。”（《驿舍探幽录》，《张荫桓日记》558页）

八月初九日（公历9月24日）

慈禧太后下达逮捕上谕（《戊戌变法文献资料系日》1061页）：

光绪二十四年八月庚寅（初九），谕军机大臣等：张荫桓、徐致靖、杨深秀、杨锐、林旭、谭嗣同、刘光第均着先行革职，交步军统领衙门，拿解刑部治罪。

刑部山东司正主稿唐烜曾记载（《唐烜日记》136页）：

在署闻步军统领衙门奉旨，查拿康有为之党，指名搜索六人：御史杨深秀，四品卿衔军机章京杨锐、谭嗣同、刘光第、林旭及户部侍郎张荫桓，均交刑部治罪。张自四月间，都下讹言，奉旨拿问，不知因何而起，至是果然。

杨锐弟子黄尚毅《杨叔峤先生事略》中载：“九日晨起，先生被逮。庆昶及毅亦同被拘。至坊上，先生曰：‘彼公车也，何故拘之?’故毅及庆昶得释。”

同日，《申报》中亦载：“是日（初九）黎明，步军统领崇大金吾复率弁兵出正阳门，至宣武门外南街，将新授军机章京内阁侍读杨锐、刑部主事刘光第、内阁中书林旭、知府谭嗣同，并其家丁等一并拿解。闻是日刘、林二人方在内廷值班。既已拿获，复至其家搜查往来信函，及其家丁等同解入城。”

同日，徐致靖亦被捕，许姬传在《徐致靖密保袁世凯的悔恨》

一文中载："初九日，搜捕维新党人，上斜街被围，仪老正乘车外出拜客，外祖母朱太夫人对九门提督署吏卒说：'徐大人回来即自行投案，无须追捕。'未几，仪老回家，即赴刑部投到。"（《许姬传七十年见闻录》25页）

《康南海自编年谱》："九日，谭复生被捕。……八日，杨漪川递折请伪临朝勿训政，遂被逮。……九日早，逮捕杨叔峤，在床未起，单衣就缚；林旭入值被缚；刘光第、徐子静闻捕，乃自投狱中。"

同日，被捕后，居于九门提督衙门内，并于狱中致浏阳会馆谭家人胡理臣、罗升一函，请其送来日常用品（《谭嗣同集》636页）：

北半截胡同浏阳会馆谭家人胡理臣、罗升：送来厚被窝一床，洗脸手巾一条，换洗衣裤并袜子脚布一套，紫棉马褂一件，棉套裤一双，笔墨信纸并白纸等件，枕头一个，呢大帽一顶，靴子一双，扣带一根，均同来人送来为要。

主人谭复生字

又取铜脸盆一个，筷子一双，饭碗一个。

张荫桓记载狱中状况："次日有旨拿交刑部审讯，入监住，与叶曙卿军门邻，然不敢聚语，狱卒代备酒食被褥甚丰洁。"（《驿舍探幽录》，《张荫桓日记》558页）

同日，李鸿章宴请伊藤博文，企图通过伊藤"执获康有为回国惩办"。

八月初十日（公历9月25日）

先生等七人由步军统领衙门解刑部，分别监禁。先生被关押于南所头监。刑部尚书崇礼奏请会审（《戊戌变法档案史料》465页）：

经该衙门遵将官犯张荫桓等七名悉数拿获，于初十日一并解送到部。臣等当饬提牢厅员将该官犯等分别收监。查臣部向办重大案件，均经奏派大学士、军机大臣会同审讯。今此案该革员康有为结党营私，莠言乱政，牵涉大小臣工多名，案情极为重大，相应援案奏请钦派大学士、军机大臣会同臣部审讯，以昭慎重。

同日，先生于刑部狱中致浏阳会馆谭家人胡理臣、罗升一函，称已收到送来物品，表示谢恩折不必呈递，并嘱托王五设法通融饭食（《谭嗣同集》636页）：

来信知悉。尔等满怀忠爱，可嘉之至！谢得军机折，不用递了。

昨送来各件，都不差缺。我在此毫不受苦，尔等不必见面，必须王五爷花钱方能进来；惟王五爷当能进来。并托其赶快通融饭食等事。

湖北电既由郭寄，我们不必寄了。戈什可回湖北。昨闻提督取去书三本，发下否？

张荫桓曾记载狱中状况："又次日，狱卒叩喜，谓奉旨出狱看管，须臾司官至，遂带赴看管所。在狱门西屋三间，住二日，并未提讯。"（《驿舍探幽录》，《张荫桓日记》558页）

谭恒锐记："被逮后，系刑部狱，公居南所头监（刑部狱，即明代锦衣卫狱，俗称天牢）。明代杨继盛（椒山）左光斗（遗直）曾系狱中，狱院中有榆树，云明代杨椒山先生手植。清宣统时，汪兆铭早年从事革命，谋刺摄政王（载沣），亦系此狱中，自言囚在南所头监。"（《清谭复生先生嗣同年谱》，《谭嗣同研究资料汇编》33页）

同日，清政府以光绪"病重，布告天下"。

同日，慈禧太后命荣禄"即刻来京，有面询事件"；以袁世凯护理直隶总督及北洋大臣事务。

八月十一日（公历9月26日）

先生于狱中致浏阳会馆谭家人胡理臣、罗升一函，表示自己关押在刑部大牢南所头监，并请郭之全电告其父谭继洵（《谭嗣同集》637页）：

速往源顺标局王子斌五爷处，告知我在南所头监，请其设法通融招扶。

再前日九门提督取去我的书三本：一本名《秋雨年华之馆丛脞书》；二本《名称录》，现送还会馆否？即回我一信。

我遭此难，速请郭之全老爷电告湖北。此外有何消息，可顺便告我。

主人谭复生字

先生在狱中从容自若，绕室而行，拾取煤灰题壁作诗。汪精卫称曾看守过先生等人的狱卒刘一鸣描述了他在狱中情状（《南社诗话两种》22 页）：

有老狱卒刘一鸣者，戊戌政变时，曾看守谭嗣同等六人。其言曰：谭在狱中，意气自若，终日绕行室中，拾取地上煤屑，就粉墙作书。问何为，笑曰作诗耳。可惜刘不文，不然，可为之笔录，必不止“望门投止思张俭”一绝而已也。林旭美秀如处子，在狱中时时作微笑。康广仁则以头撞壁，痛哭失声曰：“天哪！哥子的事，要兄弟来承当！”林闻其哭，尤笑不可抑。既而传呼提犯人出监，康知将受刑，哭更甚。刘光第曾在刑部，习故事，慰之曰：此乃提审，非就刑，毋哭。既而牵自西角门出，刘知故事缚赴市曹处斩首者，始自西角门，乃大愕。既而骂曰：未提审，未定罪，即杀头耶？何昏愦乃尔！同死者杨深秀、杨锐，无所闻。惟此四人，一歌一笑，一哭一骂，殊相映成趣。

关于先生狱中情状，亦有其他记载。据《中外日报》载，先生被移交刑部后，“慷慨大言，谓丈夫做事，自愿以一身当任，何必牵涉株连云云”（《中外日报》1898 年 10 月 11 日）。同在监狱的张荫桓回忆：“谭嗣同入狱狂呼，出言无状，余众闻之骇甚，知皆不免矣。杨锐入狱，谓众曰：我当差方五日，而又未上一折，同遭祸，岂非冤孽乎？”（《驿舍探幽录》，《张荫桓日记》562 页）

先生留下狱中题壁诗一首。此诗有多种流传版本，梁启超《谭嗣同传》里所录，是流传最广的一种（《谭嗣同全集》556 页）：

君既系狱，题一诗于狱壁曰：“望门投宿思张俭，忍死须臾待杜根。我自横刀向天笑，去留肝胆两昆仑。”盖念南海也。

光绪三十四年（1908）出版的《绣像康梁演义》中所记版本如下，且为材旭所吟，黄彰健较认同此版本（《戊戌变法史研究》531页）：

望门投止怜张俭，直谏陈书愧杜根。手掷欧刀仰天笑，留将公罪后人论。

刑部官员唐烜《留庵日钞》中记载的狱中题壁诗与上两种版本均有不同，其中“树根”为笔误，应为“杜根”，此记载最为真实可靠（《唐烜日记》140页）：

望门投宿邻张俭，忍死须臾待树根。吾自横刀仰天笑，去留肝胆两昆仑。

许姬传曾在《狱中生活》一文中回忆，先生被害后，乔树楠曾将狱中题壁诗抄出给徐致靖（《许姬传七十年见闻录》27页）：

六君子被害后，乔茂萱曾把谭浏阳狱中题壁诗抄给仅老看：

望门投止思张俭，忍死须臾待杜根。我自横刀向天笑，去留肝胆两昆仑。

这首诗是传诵一时的绝笔，刑部的重犯是没有纸笔的，据说是用碎煤片写在门上的。外祖对我解释了诗中的涵意：

“张俭是后汉人，字元节，汉桓帝时，太守翟超保举张俭做吏部督邮。他上本参劾中常侍（太监）侯览违法乱纪，侯览捏造事实，派人拘捕。张闻讯逃亡，望门止宿，有些人不怕耽破家的风险收留他。避到东莱李笃家，外黄令毛钦带兵到李家捉拿张俭，李笃对毛钦说：‘张俭知名天下，而亡非其罪，岂忍执之乎？’毛钦叹息而去。这句诗指康南海，希望他像张俭那样，有人掩护他脱离险境。

“杜根在后汉安帝时官居郎中。当时邓太后临朝，有如慈禧的垂帘听政，她的亲戚专权枉法，杜根联合郎中上书请太后归政。太后大怒，逮捕杜根等，在金殿上用酷刑弄死他们。杜根搭出去后又醒过来，隐居做酒保。邓氏外戚被诛后，杜根做了侍御史，汉顺帝时升济阴太守。外祖说：'这句诗是希望被捕的维新党人像杜根那样，毙于杖下而复苏，看到后党被诛戮。'

"第四句'去留肝胆两昆仑'指康南海、大刀王五。王五是精通武术的侠客。"

同日，慈禧太后谕令军机大臣会同刑部、都察院严行审讯军机四章京。高燮曾等以害怕张荫桓、康有为等勾结洋人，发生意外为借口，请速行处决被捕诸人（《兵部掌印给事中高燮曾等折》，《戊戌变法档案史料》466页）：

除恶宜速，缓恐生变……昨阅天津《国闻报》，有西人定将干预之语，臣等且骇且惧，查康有为至今尚未拿获，其死党梁启超亦改洋装潜遁，若辈党与众多，难保不混造谣言，诬谤宫廷，致西人借口平难，震惊辇毂。从前朝鲜被倭人戕妃逼王，其明证也。拟请皇太后、皇上当机立断，将张荫桓、徐致靖、康广仁、谭嗣同、林旭五人速行惩办。

同日，兵部掌印给事中高燮曾、掌广西道监察御史杨崇伊、福建道监察御史黄桂鋆均请杀狱中众人。掌广西道监察御史杨崇伊请召荣禄入京。杨的理由是未杀所逮捕众人，梁启超在逃，害怕康有为勾结外人："梁启超未拿，康广仁、谭嗣同等未决，深恐康有为煽惑洋人，以兵轮相胁，应请即日宣召北洋大臣荣禄来京，以资保护。"（《掌广西道监察御史杨崇伊折》，《戊戌变法档案史料》466页）福建道监察御史黄桂鋆攻击先生、林旭为康党重要成员，请将已抓获的人迅速处治，以免康有为等人铤而走险："外间传说纷纷，皆谓康有为弟兄所犯案情重大，其党之同谋者，在内则以张荫桓、徐致靖、谭嗣同、林旭为渠魁，而杨深秀、宋伯鲁等扶助之。在外则以黄遵宪、熊希龄为心腹，而陈宝箴、徐仁铸等附和之。"（《福建道监察御史黄桂鋆折》，《戊戌变法档案史料》467页）

同日，清廷命恢复詹事府、通政司、大理寺、光禄寺、太仆寺、鸿胪寺等已裁衙门，禁官民擅递封章，罢《时务官报》，除大学堂及各省会业已兴办学堂外，各府州县议设之小学堂听民自便，祠庙非淫祠者仍毋庸改为学堂。

同日，张之洞电请盛宣怀营救杨锐。

八月十二日（公历9月27日）

梁启超乘坐日本“大岛”兵船出走，在船上致函伊藤博文、林权助，请求日方设法营救先生与徐致靖、康广仁等人。梁启超《致伊藤博文、林权助》（《饮冰室遗珍》261页）：

> 再，数日以来，闻北京志士被逮下狱者不乏其人。敝邦风气初开，人才甚少，今被逮者，多血性男子，一网打尽，敝邦元气无复振之时矣。且彼之捕志士也，并非奉有诏书，特出提督府满洲数人之意而已。如此肆意荼毒，未知底止，真令人发指眦裂。狱中人士如谭嗣同、徐致靖、徐仁镜、康广仁等，皆豪杰之士也，不识大国能仗义设法救之否？或在总署恫喝胁制之，或就中有西乡隆盛公其人者，脱于死而佐大业，未可知也，并乞留意焉。

八月十三日（公历9月28日）

清廷命荣禄在军机大臣上行走，以裕禄补授直隶总督兼充北洋大臣；所有北洋各军，仍归荣禄节制，并着裕禄帮办。

同日，本定于是日会审，但又“恐中有变”：“钦派会审大臣定于是日会审。午正有旨，言有人奏，若稽时日，恐中有变，即行正法。太后深恶张侍郎蛊惑皇上，定欲杀之。上代白非康党，庆邸亦奏并非康党，始获生全。……徐仁镜、徐仁铸革职，永不叙用。”（《戊戌变法》第一册349页）

同日，慈禧太后于下午二时谕军机大臣等：“康广仁、杨深秀、杨锐、林旭、谭嗣同、刘光第等，大逆不道，着即处斩，派刚毅监视，步军统领衙门派兵弹压。”（《戊戌变法》第二册102页）

同日，刚毅为监斩官，步军统领崇礼调兵在前门一带布防，刑部预备囚车及刽手、青衣等差，提六人至提牢厅跪听上谕。刑部山东司正主稿唐烜记载（《唐煊日记》136~137页）：

正絮话间，忽秋审处满汉提调上堂，举止惊惶，嘱各司回公事者咸退，并厉声唤堂书吏速出。予回司向同人讥笑，秋谳诸君有何事而致作如是举措。方谈次，闻大门呵导声，司役报刚中堂到，则愈知为会商讯犯，别无他异也。然署门外人声喧噪，大门皂役拦阻闲杂人等，不许阑入，并向门外观者大声云"汝等候差事出来再看可也"，予始疑讶，忽鲍荟人同年到司具言，谕旨已到，除张、徐两人另候谕旨，刘、杨、谭、林四章京及杨、康六人，均即行处斩，始知所谓军机交片者，乃军机司员亲赍此旨来也。刚中堂派为监斩大臣，故先到。时步军统领崇公，已调京旗各营健卒，在署外巡缴，前门、顺治门一带，皆派兵防护不测。而刑部亦传齐五城司坊官，预备囚车、剑手、青衣等差各到。满汉提调分班赴南、北所监视缚犯出。南所三人，为谭及二杨，北所则刘、林、康广仁也。北监犯先绑讫，候南监三犯出，至提牢厅，跪听宣读上谕毕，即饬青衣带赴法场矣。

先生"气未降，余怒冲冠发"，唐烜作诗《戊戌纪事八十韵》记述（《唐烜日记》382~383页）：

须臾各就缚，衣冠尚綷縩。峨峨四新参，入朝三旬劣。辄思大厦扶，竟触天柱折。其一职监察，抗疏气郁勃。同官侧目久，飞语相诋讦。更有粤布衣，未膺簪与绂。壮志不一伸，连坐太突兀。我时迫近前，木立若朽质。故人乃面之，颜怛心忉怛。六人中，予与林、谭、康皆不相识，杨叔乔锐则乙酉同年，杨殷存深秀则己丑同年兼同门，刘培村光第则刑部同官也。传诏官人来，天宪口为述。尔等皆逆党，左右皆曰杀。跪听宣读毕，臣当伏斧锧。林君最年少，含笑口微吷。谭子气未降，余怒冲冠发。二杨默无言，俯仰但蹙额。刘子本讷人，忽发大声诘。何时定爰书，何人为告密。朝无来俊臣，安得反是实。抗辩语未终，群隶竞牵捽。

但闻官人言，汝去不得活。相将赴西市，生死此决绝。扬扬如平常，目送肠内热。步骑夹道拥，阛阓车填咽。丞相亲莅刑，事与往昔别。并有覆巢惧，妻孥不敢诀。引领就白刃，夏侯色可匹。携手入黄泉，夕阳照碧血。今日身横尸，前朝语造膝。幸赖乔公贤，为收无家骨。吏人讫事返，流涕向我说。役卒呈数纸，云是狱中笔。杨、谭入狱后，均有诗。

同日，六人约在午后四点左右押往刑场，当日《申报》载：

京师访事人云，本月十三日刑部署前站有营兵三百数十人，禁止书差人等不得出入，观者人山人海。俄由内廷传旨将官犯杨深秀、杨锐、刘光第、林旭、谭嗣同及康有为之弟康广仁等六犯一并正法。午后四点钟时，步军统领三堂宪传集刽子手并囚车六辆将六犯由狱中提出装入车内，督带官兵护解至宣武门外菜市口处决时，被康诱惑之各官绅及保国会中人皆栗栗危惧。幸朝廷政存宽大，不予深究，得免株连。先是，十二日晚，步军统领传谕点派绿步各营兵丁若干名，于次早齐赴刑部伺候。十三日钦派会审官犯之某大臣等齐集刑部秋审处提讯，徐致靖等七犯各递亲供，诸大臣立刻复命，旋于三点钟后奉谕旨只留徐致靖一犯永禁囹圄，其余杨深秀等六犯立即处决。当行刑时有某犯官之弟呆立人丛中，见兄俯首就戮，悲痛迫切，如醉如痴，幸经家人极力唤醒，扶之而去。移时各犯亲属闻信俱至，将尸首缝合，舁回棺验。康之害人亦甚矣哉！

许姬传在《狱中回忆》一文中记载（《许姬传七十年见闻录》26页）：

仪老入狱后，自以为必死，他的官职比六君子高，又保举康、梁、谭……还上了许多变法改制的奏折。刑部司官乔树楠（茂萱）是仪老的年侄，拘押的要犯，由他监视。从乔的口中知道八月十三日要处决一批犯人，仪老穿了官服候提讯，莹舅、艺舅及其他亲友则在菜市口（在宣武门外，西鹤年堂药铺附近，至今地名未变）等候。只见第一辆囚车是谭嗣同，第二辆是杨深秀（漪村），第三辆是杨锐（叔峤），第四辆是林旭（暾谷），第五辆是刘光第（裴村），最后一辆是康广仁（幼博）。莹舅等知道第一批里没有外祖，认为是万幸，但何以能免于难，则真相莫明。

张荫桓记载："监中提杨深秀、杨锐、林旭、谭嗣同、刘光第、康广仁六人出，有肆口骂詈者，谭嗣同语尤悖戾；六人遂骈首西市矣。"（《驿舍探幽录》，《张荫桓日记》558 页）

同日，先生及康广仁、杨深秀、杨锐、林旭、刘光第六人于北京菜市口刑场就义，史称"戊戌六君子"。先生临终有语："有心杀贼，无力回天。死得其所，快哉快哉！"（《戊戌变法史料档案》465 页）

临刑，监斩者令先生北跪谢恩，先生睁目叱曰："其奚恩之足谢也！"梁启超《谭嗣同传》："以八月十三日斩于市，春秋三十有三。就义之日，观者万人，君慷慨神气不少变。时军机大臣刚毅监斩，君呼刚前曰：'吾有一言！'刚去不听，乃从容就戮。呜呼烈矣！"（《谭嗣同全集》556 页）

谭恒辉在《嗣同公生平事迹补遗》记载（《谭嗣同研究资料汇编》73 页）：

嗣同公英勇就义后，我们家乡浏阳就盛传他是被"腰斩"的……不过，嗣同公并不是腰斩的。1926 年恒辉在北京大学读书时，曾居住浏阳会馆，特就此事问过当年为嗣同公收殓遗体的会馆老长班刘凤池老人。他当时年已七十，双目失明，但神志尚清。他对我说："的确不是'腰斩'，而是'枭首'（砍头）的，殡殓时还给缝上了。"

谭延闿在《跋语四则》中记载（《谭嗣同研究资料汇编》84 页）：

余于戊戌七月初四过天津，与林暾谷饮酒楼，闻隔座叹息声，曰："有君无臣，奈何！"窥之，复生也，亟呼入。与暾谷不相识，余为之介。高睨大谈，一座尽倾。明日别去，遂及于难。临刑神采扬扬，刃颈不殊，就地上劙之三数，头始落，其不恐怖，真也！

谭吟端在《记祖父嗣同公二三事》中记载（《谭嗣同研究资料汇编》89页）：

祖父就义于菜市口刑场，围观者万余人。祖父神色自若，临刑赋诗云："有心杀贼，无力回天，死得其所，快哉快哉！"时年仅三十有三。当时亲友故旧，恐受株连，都避而不出，独有老长班刘凤池在场，他痛哭流涕，不忍目睹。后有传祖父是被腰斩的，其实是枭首，不过杀大臣的刀，多少年才用一次，比较锈钝，所以死得更惨。等到暮色苍茫，行人稀少的时候，老长班不避风险，拿了一铺芦席将遗体盖上，午夜扛回会馆，花费他自己私蓄纹银六十两购棺殡殓，厝于会馆正厅。次年我父亲才晋京换棺运回故乡，葬于南乡牛石岭的石山之下。

胡致廷在《谭嗣同就义目击记》中记载（《谭嗣同研究资料汇编》264~265页）：

谭先生有着过人的学识，并非愚孝愚忠。我明白他的意思是要以一死来唤醒当时醉生梦死的士大夫阶级，我们劝亦无益，所以那时我和王五抱着劫法场的一线希望。我们离开浏阳会馆后，找到十六名兄弟，兄弟们个个泣莫能仰。我们指定顺治门城窟窿为动手地点，等到临刑的那天，我们在城楼及附近一带准备一场苦斗。

可是糟了，那天步兵统领衙门派出重兵沿途警戒，队伍直排至菜市口刑场，惶惶然如临大敌，这种排场是平时行刑所未有的；而且把谭先生绑在囚车上，也是一个例外。大概刑部堂官知道谭先生颇有本领，也许还知道有我们这般聚会人物，所以防护得特别严密。我们面面相觑，血管像冻僵了一样。

我站在王麻子的屋顶上，那里黑压压挤满了看热闹的人，脸上都露出非常凄惨的颜色。头一刀杀康广仁，轮到第五刀，天哪！才轮到我们谭先生的头上。前清杀官员的刀和杀平民的刀不同，官越大刀越钝。那天用的刀叫什么“大将军”，一刀飞去，鲜血汩汩然冒出，脑袋还装在颈脖上哩。这不叫砍头，叫锯头，锯头比砍头的痛苦要添上几十百倍的。而对这痛入骨髓的惨状，第五个受刑的谭先生，一直是若无其事的样子。

我们目击了这幕惨剧，心里晃晃荡荡象踏着一片虚谷。日子一天天过去，这幅悲惨图画无时无刻不深嵌在我心田中，我越想扔开，越扣得紧紧的，常使我透不过气来。

当日，浏阳会馆老长班偕其子前往菜市口收殓遗骸，谭恒锐记：“公被难后，罗、胡二仆会同浏阳会馆老长班（守会馆工人）刘凤池之父（刘凤池于民国时任长班）同往刑场殓收遗骸，刘为之涤血缀元，殓后棺存僧寺。”（《清谭复生先生嗣同年谱》，《谭嗣同研究资料汇编》34 页）

八月十四日（公历 9 月 29 日）

慈禧太后发布上谕，将“纠约乱党谋围颐和园劫制皇太后”之罪名公之于众，并下令缉拿康有为（《戊戌变法文献资料系日》1094 页）：

内阁奉朱谕：近因时事多艰，朝廷孜孜图治，力求变法自强，凡所施行，无非为宗社生民之计。朕忧勤宵旰，每切兢兢，乃不意主事康有为首倡邪说，惑世诬民，而宵小之徒群相附和，乘变法之际，隐行其乱法之谋，包藏祸心，潜图不轨。前日竟有纠约乱党谋围颐和园劫制皇太后及朕躬之事，幸经觉察，立破奸谋。……康有为实为叛逆之首，现已在逃，著各直省督抚一体严密查拿，极刑惩治。举人梁启超与康有为狼狈为奸，所著文字语多狂谬，著一并严拏惩办。康有为之弟康广仁及御史杨深秀、军机章京谭嗣同、林旭、杨锐、刘光第等实系与康有为结党，隐图煽惑。杨锐等每于召见时欺蒙狂悖，密保匪人，实属同恶相济，罪大恶极，前经将各该犯革职，拿交刑部讯究。旋有人奏，若稽时日，恐有中变。朕熟思审处，该犯等情节较重，难逃法网，倘语多牵涉，恐致株累，是以未俟复奏，于昨日谕令将该犯等即行正法。

同日，皮锡瑞听闻先生及徐致靖等均获罪，新政破产，痛心疾首，并作诗两首（《师伏堂日记》）：

少村来，云见电谕，消息甚恶，徐致靖、谭嗣同皆交刑，康党免株连。汪鸣銮、文廷式等访拿。所裁官仍复，新政一切全反。予闻大骇，归更不适，所饮酒皆呕出。枕上用前韵云："妖孛横侵白日阴，老蟾跳出照深林。汉家玉玺无完璧，唐代金轮有嗣音。虎鼠又成今日变，龙蛇方识古人心。黄尘碧海须臾事，多恐神州付陆沉。""神虬失水厄池中，猛虎毛间困毒虫。党锢人才尊狱吏，皇舆成败问天公。他时白马多冤鬼，异代元鼋兆女戎。野老何心听时事，只愁雷响耳难聋。"

同日，徐致靖着刑部永远监禁，其子徐仁铸革职永不叙用，张荫桓发往新疆（《戊戌变法史》478页）。

八月十六日（10月1日）

皮锡瑞听闻变法形势，十分担忧，并梦到先生，但此时他并未得知先生已遇难（《师伏堂日记》）：

风愈大，屋瓦皆飞。现在局面，朝不保夕，天变如此，不知时事变到何等境界？干臣至，云见赞云，伊前月廿日外出京，势已岌岌，先时维新亦禀命长信，后渐生意见，革礼部六堂未先请示，拟旨乃告，长信掷之地下，以后不再告长信，两宫隙愈深，不能相容，母欲废子，子亦欲废母，卒之权力不敌，刚毅等拟旨临朝。康广仁久在宫中，近旨皆其所拟。康出京，事已变，恐是放其生路，或奉密旨索救。今必到东洋请援，当今未知存亡。康、徐诸人并提家属，然则研甫亦危矣。波及者尚未知几人，幸特科尚迟耳，否则予辈亦未能免矣。康、梁、谭复生皆负经济才，不知办事何以大谬？……圣躬无恙，必有勤王救驾之师，如有意外之虞，必将声罪致讨。文、康到日本必请兵，是尔朱荣河阴覆辙矣。即幸而不动，以后变法维新，亦无人敢再说，坐以待毙而已。前尚有策，而为庸人所误，今则真无策矣，令人气噎！溪云来谈，予觉不适。夜不饭而寐，腹痛作呕。恶风声摇摇，五鼓时梦见复生，问彼实情，讶其何以得出，且云由何人误事，彼云有李同康者作祟。怪哉！怪哉！

八月十七日（公历10月2日）

政变后，谭继洵连坐革职，勒令回籍，交地方官吏管束。是日奉上谕："裁缺湖北巡抚谭继洵，毋庸来京，即日回籍。"

△戊戌政变后，谭继洵之所以得免罪戾，约有以下数因（谭恒辉《嗣同公生平事迹补遗》，《谭嗣同研究资料汇编》73~74页）：

嗣同公殉难后，敬甫公仅被开缺而没有受到其他处分，也没有株连全家，据祖母、母亲所告，其原因在于：一、当九门提督派兵逮捕嗣同公时，抄走了他仿照父亲的笔迹而写的训斥自己不忠不孝、要脱离父子关系的一封信，清廷信以为真。慈禧对群臣说："湖北巡抚谭继洵，原非平日不训斥儿子者。"遂有开缺回籍之命。二、清廷在"庸中堂"（档案馆）查出继洵公于光绪帝电召嗣同公进京引见时，以嗣同公年轻缺少经验，不足以胜重任为辞，婉言谢诏的一个奏折，因而慈禧太后没有加罪于继洵公。三、据说，张之洞、谭钟麟两个总督上奏折营救继洵公，才使之幸免于难。四、因继洵公"笃守旧学，不崇新知"，且杨深秀于是年七月劾公，谓其"守旧迂拘，虽人尚无他，要非能奉行新政者"（这条至关重要，得免罪戾，就在于此）。

八月十九日（公历10月4日）

皮锡瑞闻六君子殉难之讯息，悲痛欲绝，遂作诗五首以祭先生（《师伏堂日记》）：

干臣、少村至，出十四谕，明言康等有围园刺驾之谋，当是莫须有。而杨深秀、杨锐、林旭、刘光第、谭嗣同、康广仁已正典刑，伤哉！十六夜梦复生，是魂来告我矣。"当君白首同归日，是我青山独往时。"此变与甘露同，而彼时无外侮。

今闻俄兵船已云集，京师闭城大索三日，统兵官皆易满人。有云上逃，有云大行，立者又是一人。如此讹言，必将致乱。又闻召香帅入，不知是福是祸？敬帅难保，右帅亦不能安其位。不知诸公将廷尉望山头乎？抑山头望廷尉乎？我辈竹茅之士，够不上入《党锢传》中，特恐内外交讧，无容身之地，又不知湖南近日有无变动，心甚摇摇。

同日，礼部尚书李端棻尝保荐康有为，上《滥保匪人自请惩治折》，谕着即行革职，发往新疆，交地方官严加管束，以示惩儆（《戊戌变法史》479页）。

八月二十一日（公历10月6日）

慈禧太后以光绪帝名义发布上谕，责令陈宝箴、陈三立、熊希龄即行革职，并裁撤南学会、保卫局：

谕内阁：湖南巡抚陈宝箴，以封疆大吏滥保匪人，实属有负委任。陈宝箴著即行革职，永不叙用。伊子吏部主事陈三立招引奸邪，著一并革职。候补四品京堂江标、庶吉士熊希龄，庇护奸党，暗通消息，均著革职永不叙用，并交地方官严加管束。

又谕：电寄张之洞，湖南省城新设南学会保卫局等各目，迹近植党，应即一并裁撤。会中所有学约、界约、札说、答问等书，一律销毁，以绝根株，着张之洞迅即遵照办理。

同日，出使日本大臣黄遵宪被开去差使（《戊戌变法史》479页）。

八月二十七日（公历10月12日）

皮锡瑞《师伏堂日记》中载其阅看《中外日报》，言及先生最为慷慨不惧死，康广仁至今无人收尸：

见《中外日报》，右帅保二十六人，湖南曾重伯、欧节吾、易实甫、邹沅帆、罗顺循及予六人，无鹿泉，此外有寿富、陈骧、孙诒让、钟天纬、俞明震、江瀚诸人，江西五人，外有剪发之周泰瀛生，乃与哙等为伍，无怪谓其滥保匪人也。各报言各不同，有谓圣躬无恙者，有谓已上宾者。谓上面谕袁世凯，加以官职，欲其感恩，谓调兵即来。袁唯唯，而到津意变，反告荣禄。荣为长信内侄，遂致全局尽翻。此人罪不容诛。当时盖以李多祚待之，其如袁非其人何？王照与梁同逃，其折已刻，颇激昂，并无改服色、从西教之说。恭惟长信，亦能逢时，似可以不逃也。报深责康之逃，此人极似张俭。报又言谭最慷慨不畏死，康广仁至无人收尸，哀哉！报又云右帅奏四小军机年少望轻，请召香帅入枢府，未知确否，果尔，又牵及香帅矣。

八月二十八日（公历 10 月 13 日）

皮锡瑞《师伏堂日记》：“云生云传闻请仿张柬之事召袁世凯之奏出谭复生手，杨叔乔不谓然，以为事不成必泄，谭不听，或并列杨名，同受祸，未知是否。”

九月十六日（公历 10 月 30 日）

皮锡瑞与欧阳中鹄谈及先生遇康有为后思想大变，几乎与之决裂。《师伏堂日记》：“右老去后，与节吾谈复生事。节吾言彼丙申入都见康而议论一变，颇不信其师说，今年几决裂矣。”

九月十八日（公历 11 月 1 日）

先生灵柩已到湖南。皮锡瑞记：“右帅来辞行，已去顶戴矣。望之来，云谭复生灵柩已到省，其仆言初六夜捕拿入朝，即下刑部。阅《湘报》，七月二十日谕四人入军机，然则在枢廷止半月耳。”（《师伏堂日记》）护送灵柩者应为谭传炜等人（《谭嗣同研究资料汇编》75 页）。

此时，谭继洵正罢官在家。其子谭嗣冋及其孙谭传赞在《申报》看到先生殉难噩耗，谭继洵方才知晓。棺椁归来，暂放于郊外茅坪墓庐之中，开吊当日，仅有十余人前来参加。三年后下葬，先生墓碑刻有“清中宪大夫谭公复生府君之墓”，石柱有对联，谭恒锐记（《清谭复生先生嗣同年谱》，《谭嗣同研究资料汇编》35~36 页）：

我公还榇返浏时，敬甫公正罢职居浏城北城永清街（旧名永清街，后改名为北正街），公自置产业。公于戊戌年秋冬间尚不知子死，是时敬甫公门生某适有书来，云“七公子党祸婴身，从容就义。”公责季子（嗣同）长孙（传赞）交出全部《申报》，细阅始末。时家人尚以我公系狱闻，报章亦剪呈送阅，言其年迈应以保身为第一义。至此已无法隐秘。公细阅后，用手抵书案，长噫垂泪，更无他语。事后仅言事须秘密，畏吾祖母知道。此段记载，见《近代湘贤手札》中茶陵谭公延闿题敬甫年丈致龙侍郎（芝生）信之跋语，谭自言此语闻于十弟秦生（嗣冏）。

公榇归浏，权厝于郊外茅坪之墓庐中。开吊之日，一切简略，吊者亦寥寥，仅挚友唐才常烈士及亲戚辈与时务学堂学生共十余人而已。

公墓在浏南崇丰乡南流桥唐家铺前石山下，有碑记，题曰“清中宪大夫谭公复生之墓”（公虽杀身，因未经法司审判，官职已罢，官位犹存）。墓前竖立二石柱（即华表），旁列石马二，石虎二，依清代品官制（中宪大夫为四品）。石柱上有隶书联语，邑人宋君渐元（伯琪）作（宋君后任广东防城县知事，光绪三十三年死难）。联云：

亘古不磨，片石苍茫立天地；一峦挺秀，群山奔赴若波涛。

△先生殉难之后，有亲友先后作挽诗挽联。

开吊之日，唐寿田、邱惟毅、邱文阶有联挽先生（谭传赞编《秋雨年华之馆丛脞书·兴算学议》12页）：

天事也难凭，人事也更难凭，落落孤踪，今若此谁能遣此；生才者造物，忌才者亦造物，茫茫事故，已焉哉谓之何哉！

谭继洵有联挽先生（《谭继洵集》762页）：

谣风遍万国九州，无非是骂；昭雪在千秋百世，不得而知。

李闰有诗挽先生（《谭嗣同研究资料汇编》99页）：

盱衡禹贡尽荆榛，国难家仇鬼哭新。饮恨长号哀贱妾，高歌短叹谱忠臣。已无壮志酬明主，剩有臾生泣后尘。惨淡深闺悲夜永，灯前愁煞未亡人。

又有联自题：

今世已如斯，受人间百倍牢骚，一死怎能抛恨去；他生须记着，任地下许多磨折，万难切莫带愁来。

唐才常有联挽先生（谭传赞编《秋雨年华之馆丛脞书·兴算学议》12页）：

与我公别几许时，忽警电飞来，忍不携二十年颈交，同赴泉台，漫赢将去楚孤臣，箫声呜咽；近至尊刚十余日，被群阴构死，甘永抛四百兆为奴种，长埋地狱，只留得扶桑三杰，剑气摩空。

又有诗《和逋仙哭六君子诗原韵》（《唐才常集》477页）：

欲策飞霆入九阍，狂呼帝子诉沉冤。苍天岂为童谣死，白昼何堪妖氛昏。冻雀山头空屑涕，烂羊关内竞承恩。燕云十六无男子，遂使狐狸踞地尊。

一朝尸六士，苍帝失其仁。市上相惊魅，芦中犹有人。铜刀辞世运，铁血洗儒巾。霄汉迢迢路，梦魂拥玉宸。

又有诗《感事》（《唐才常集》475页）：

沧海横流万顷波，中原无地泣铜驼。秦庭虚下孤臣泪，燕市难闻壮士歌。剩好头颅惭死友，无真面目见群魔。纥干冻雀生飞苦，况是瀛台秋水多。

飞轮直到夕阳昏，碧雾沉沉蜃市吞。已分乾坤同橘奕，翻将海国作桃源。人文龙虎双行泪，楚粤江关万里魂。寂寞汉家思麦饭，分明文母拜新恩。

梁启超有《亡友谭浏阳遗像赞》挽先生（日本《东亚时论》2号）：

呜呼！噫嘻！此为谁？荦荦其骨，棱棱其威，平生所志所学，百未竟一，而以身为国牺。四百兆同胞生命，系兹一发，公今已矣，吾又谁与归？公为天下流血，吾宁为公悲？但将倾之大厦，折此隆栋，其何以支？虽后有继起，吾乌从而知之。呜呼噫嘻！如此头颅，如此须眉，海枯石烂，肝胆不移。五日不相见，今公竟如斯。呜呼！噫嘻！

皮锡瑞有诗挽先生（《师伏堂日记》）：

竟洒苌弘血，难完孟博躯。南冠已共惜，西市更何辜？浊世才为累，高堂泪定枯。荣华前月事，缓步入中枢。

同归首未白，相见眼常青。访我来南学，看君上大廷。枫林忽魂梦，天道有神灵。一自沉冤后，朝朝风雨冥。

嵇康养生戮，何事说延年？杳然匡时略，凄其怀旧篇。孝忠难喻俗，成败总由天。自古如弦直，纷纷死道边。

九关屯虎豹，一夜变龙鱼。李杜死何憾，伾文谤是虚。焙茶嗟未试，芳竹痛先除。尚有湘人士，来披邺架书。

君非求富贵，富贵逼人来。讵意山公启，翻成党祸胎。曾无纨袴习，竟枉栋梁材。沧海横流酷，人间大可哀！

宋恕有诗挽先生（《宋恕集》815页）：

悲哉秋气怨扬尘，命绝荆南第一人。空见文章嗣同甫，长留名字配灵均。

灵均岂忍忘天下，壮士终期得海滨。遗恨沅湘流不尽，何年兰芷荐芳春。

又有《寄怀饮冰子》刊于《清议报》第三十一册（《宋恕集》823页）：

块独伤心阮嗣宗，竹林旧梦了无踪。死生离合人间世，中散琴声落海东。

浏阳《仁学》足千古，表章幸有今潜夫。大苦大乐饮冰室，盖天盖地《自由书》！

六烈沉冤那得伸，大魔颠倒是非真。千钧一发存《清议》，珍重同胞托命身。

孙宝瑄有诗挽先生（《孙宝瑄日记》286页）：

慷慨悲歌气若虹，志扶赤县有陈同。可怜变法须流血，莫让先生血独红。复生被逮时，有外国使馆人来，言可以保护。复生慨然曰：丈夫不作事则已，作事则磊磊落落，一死何足惜。且外国变法无不流血者，中国变法流血，请自谭嗣同始。

樽酒谈禅把臂豪，前年，与燕生、雁舟、仲巽及复生共饮于外国酒楼，共谭佛理。燕生曰：今日可称小灵山会。久于生死等鸿毛。何期当日竹林友，坐看先游法界高。丙申秋，与复生、雁舟、燕生、穰卿、卓如、仲逊合映一像。余题一偈云：幻影本非真，顾镜莫狂走。他年法界人，当日竹林友。

刘人熙有诗《瓣翁寄我谭生狱中题壁诗云："望门投止思张俭，忍死须臾待杜根，我自横刀向天笑，去来肝胆两昆仑。"盖止二仆相随也。又云英教士李提摩太，故与生善，屡迎其至英使馆匿避。固不往，坐待引颈，临刑谈笑自若，可谓壮矣。惜乎未见其止也。余闻而悲之。因悼以诗，亦为子弟前车之鉴云》（《刘人熙集》85页）：

谭生才气横天下，不忍逋逃累老亲。生既谢李提摩太之招，又在县馆焚往来信札，惟留其父训诫之书，故其父得免于难。他日老韩漫同传，董狐良史要分明。

夏曾佑有诗挽先生（《夏曾佑集》430页）：

大招无效又青春，愁踏宣南十丈尘。禹域兴亡完信史，文王陟降看成仁。丹书附骥归同学，□□沉河誓大神。我识英灵闻我哭，未归净土弃君亲。

康有为于日本东京曾举行追悼六君子大会时，有联挽先生（《清谭复生先生嗣同年谱》，《谭嗣同研究资料汇编》38页）：

岳于惨戮，逢比孤忠，古人尚迩，于君何尤，魂魄如有灵，应同孝孺先生，矢口问成王安在；唐代清流，宋朝党祸，自昔已然，而今犹烈，沧桑正多事，愿效子胥相国，留眸看越寇飞来。

又有诗挽先生（《朝野新谭·丁编》58页）：

澧兰沅芷思公子，桂酒琼茅祭国殇。绝世英灵魂魄毅，鬼雄常在帝天旁。

孙诒让有诗《浏阳二子歌》挽先生（《汤老钧史学论文集》120页）：

岂愿区区王佐学，苍鹅哀怨几人知。流离幸早一年死，不见天骄平郑时。

万里文明空烈火，人间尚有采薇篇。临风掩卷忍长叹，亡国于今三百年。

八指头陀释敬安有诗《纪事十八韵》挽先生（《八指头陀诗文集》237页）：

蜃气楼台新更新，惊涛滚滚浩无垠。辟邪孰起孟夫子，乱世胡生鲁闻人？岂有忠忱忧社稷，但凭游说作经纶。烧天欲纵焚书火，折槛谁为请剑臣？御史青骢皆避路，郎官粉署复何论？思莼张翰求为发，抗疏匡衡耻与邻。密树阴林巢党弱，敢从贤路植荆榛。去腊乩仙诗云："新旧相争党祸作，荆榛满地海氛恶。"盖预知有今日之变也。弄权竟使朝纲紊，变法徒伤风俗沦。将见明时成暗夜，可堪白足混红尘！琳宫梵刹资王化，明宋濂云：深山大泽无琳宫梵刹，必为虎狼盗贼之薮。而二氏亦有资于王化矣。败种蕉芽断善因。未必文章成弃物，休嗟象教绝传薪。凤毛麟角谁能贱，贝叶昙花世所珍。皎月暂藏圆照影，浮云讵损太虚真。冤禽枉自填沧海，热血旋看化碧磷。某甲谓某乙曰："吾辈此后当以热血相见。"及甲伏诛，乙往视，血犹未冷。其言竟成谶矣。忍背君恩沉鬼窟，幸承帝力转祥轮。涸鳞再跃昆池水，枯树重回柰苑春。铸错宁收九州铁，怀柔终使四夷宾。愿垂佛日光辉大，长颂尧天雨露匀。

曾习经有诗《有感》挽先生（《光宣诗坛点将录笺证》165页）：

兰风伏雨作新凉，历历秋星礼国殇。别后书斋谁料理，重来燕子说兴亡。招魂正则心先死，乞食黔敖事可伤。惭谢亲朋迟蹈海，天涯遥为一沾裳。

蔡锷有诗《杂感十首》挽先生（《蔡锷集》14页）：

前后谭唐殉公义，国民终古哭浏阳。湖湘人杰销沉未，敢谕吾华尚足匡。

先生去世后，李闰将其遗物封存于阁楼上，后被谭恒锐发现，记述如下（《清谭复生先生嗣同年谱》，《谭嗣同研究资料汇编》17页）：

余于祖母居室楼上，发现公遗物，用大小木箱数十件，又有用藤箱竹篾贮藏者。木箱中内贮瓷器、书籍、砚石、字画、古钱、古代刀剑及仪器、乐器、昆曲抄本等，并有旧式手枪等物。藤箱中则为佛像、法器（佛经佛像多“金陵刻经处”刻本）。竹篾中所藏计有六七只，多系刊物，计有《申报》《时务报》《湘报》《湘学报》《知耻报》《知新报》《农学报》《算学报》等等，及英人丁韪良译《万国律例》、公演算草稿数十本（用毛边纸毛笔演算）、英日文《字典》、《新约全书》，及当日所谓格致书籍。木箱中书有湘乡曾国荃刊行之《王船山全书》，公亲批点，盖有“浏阳谭氏复子雠书”篆文印。观此可知公之嗜好与兴趣。先祖母深闭楼门将三十年，裱褙之件及书册，多被虫蠹，盖不愿重睹故物。

十月初十日（公历11月23日）

皮锡瑞《师伏堂日记》：“夜间钱硕人至，云并未拿获毕松甫，往日本亦无翦发事，皆楚人谣言耳。又云复生诸人见杀，乃黄策安奏促，是楚人杀楚人。大局之翻，由上面谕袁世凯杀荣禄，复生等争之，而谕已下，袁以告荣，遂有围园之谤。荣本无人臣礼，出督直隶，于上并无谢恩折。是可忍也，孰不可忍！圣躬无恙，即不豫，亦群小诬之。”

十一月初六日（公历12月18日）

皮锡瑞《师伏堂日记》：“至马家巷回二人看，复询彼外国事。云彼信甚速，初五已得消息。复生曾到津，袁不奉诏。有与松甫诀别书，云本初不可恃，携有照象文见示。闻康有上手谕二通，则彼所云非全乌有。示《亚东报》一册，言中国事甚详。彼无忌讳，大约比此间为确。予复节吾书一函，托二人转交。”

十一月二十一日（公历 1899 年 1 月 2 日）

皮锡瑞《师伏堂日记》："见《电报》，谭瞎子又落井下石，呈康书札，称谭复生为伯理玺之选，不知何故独注意同乡同宗之一人？《左氏》所谓修旧怨乎？黄薏丞至，谈左子异事，为之太息。谭攻谭，左攻左，真同室操戈无独有偶矣！"

同日，梁启超创办的《清议报》第二册开始连载《仁学》，并有梁启超所撰《校刻浏阳谭氏仁学序》（《清议报》第二册）：

> 呜呼，此中国为国流血第一烈士、亡友浏阳谭君之遗著也。烈士之烈，人人知之；烈士之学，则罕有知之者。……余之识烈士，虽仅三年，然此三年之中，学问言论行事，无所不与共。其于学也，无所不言，无所不契。每共居则促膝对坐一榻中，往复上下，穷天人之奥；或彻数日夜废寝食，论不休，每十日不相见，则论事论学之书盈一箧。……《仁学》何为而作也，将以会通世界圣哲之心法，以救全世界之众生也。南海之教学者曰：以求仁为宗旨，以大同为条理，以救中国为下手，以杀身破家为究竟。《仁学》者，即发挥此语之书也；而烈士者，即实行此语之人也。……烈士发为众生流血之大愿也久矣，虽然或为救全世界之人而流血焉，或为救一种之人而流血焉，或为救一国之人而流血焉，乃至为救一人而流血焉，其大小之界，至不同也，然自仁者视之，无不同也。何也？仁者平等也，无差别相也，无捡择法也。故无大小之可言也。此烈士所以先众人而流血也，况有《仁学》一书，以公于天下，为法之灯，为众生之眼，则烈士亦可以无慊于全世界也夫！烈士流血后九十日，同学梁启超叙。

△《清议报》自第 2 册开始连载《仁学》，到第 14 册未作任何说明突然中断。从第 44 册室 46 册又予以连载，随之又被中断。到第 100 册（1901 年 12 月 21 日）将《仁学》剩余部分一次刊载完毕。综上《清议报》共刊载《仁学》13 次，前后历时将近三年。关于其断载原因，冯自由称："出版数月，除歌颂光绪圣德及攻击

西太后、荣禄、袁世凯诸人外，几无文字；所载谭嗣同著《仁学》……内有排斥满清论调，为康有为所见，遽命撕毁重印，且诫梁勿忘今上圣明，后宜谨慎从事。"（《革命逸史》上册 56~67 页）

十二月初十日（1899 年 1 月 21 日）

先生挚友唐才常至上海参与《亚东时报》编辑工作，该报从第 5 号起连载《仁学》14 次，至光绪二十六年正月二十九日（1900 年 2 月 28 日）刊完，为最早刊发《仁学》全文之出版物。

谱后

光绪二十五年（己亥，1899年）

正月二十一日（公历3月2日）

慈禧太后以光绪帝名义发布上谕，再次责令裁撤南学会与保卫局。

湖广总督张之洞等奏，遵旨裁撤湖南南学会，销毁会中各书，并撤保卫局，仍办保甲情形。得旨，即着严饬湖南保甲局认真办理，勿得有名无实。

正月二十五日（公历3月6日）

慈禧太后以光绪帝名义发布上谕，着令将皮锡瑞驱逐回籍（《戊戌变法文献资料系日》1315页）：

又谕军机大臣等：有人奏，湖南举人皮锡瑞品行卑污、学术乖谬，前主讲江西经训书院，自号经师，倡为邪说。去年该举人回湖南主讲南学会，与梁启超、熊希龄等宣演平权民主之说，明目张胆，侮乱经常，自知不容于乡，仍潜投江西，钻营讲席等语。举人皮锡瑞离经叛道，于康有为之学，心悦诚服，若令流毒江西、湖南两省，必致贻害无穷。着松寿严饬地方各员，确查该举人现在江西何处，迅速驱逐回籍。到籍后即由俞廉三饬令地方官严加管束，毋任滋生事端，原片着抄给阅看。将此各谕令知之。

二月初八日（公历3月19日）

《师伏堂日记》：“到经济书局问《泰西新史》，亦是翻原刻，非删本，删本或是谭复生为之，不知板本在何所矣。”

三月二十二日（公历5月1日）

《刘人熙未刊日记稿本》中载：

……闻生谢李提摩太之言：“余父受国厚恩，位至巡抚，且中国之法，臣子之与君父，生死惟命，则岂可逃乎！”此与康有为有别，瓣翁书所未详。生谢李提摩太招入英使馆，又在县馆焚往来信札，惟留其父训诫之书，故其父仅免官。

七月三十日（公历9月4日）

皮锡瑞《师伏堂日记》：“实甫赠所刻书，有《董皇后行状》、《影梅庵忆语》合装一本，不解其意，岂一人乎？复生云小宛曾入宫，《忆语》不云小宛何病，死似有可疑，不知复生所言出何书也。”

八月十三日（公历9月17日）

先生一周年忌辰，皮锡瑞悼念：“下午又微雨。去年今日，白首同归，如果复生，又周晬矣。”（《师伏堂日记》）

十月二十日（公历11月22日）

《师伏堂日记》：“杨佑孙处假来谭佛生诗文集，阅之，叹为才人。运极道消，碎此明月，不能不为才人惜也！”

十一月十一日（公历12月13日）

《清议报》第三十二册《饮冰室自由书》载《谭浏阳遗墨》三则：

一

静观断念，动成匠心。静观断念者何也？业识流注，念念相续；惟余般若，无不能缘；由此之彼，因牛及马；如树分枝，枝又成干；急遇崎挠，中立亭亭，悬旌无薄，是名暂断。乘此微隙，视其如何复续，若竟不复续，意识断矣。动成匠心者何也？道绝言思，遇识成境；境无违顺，遇心成理。闻歌起乐，见泣生悲，非歌泣之足凭，有为悲乐之主者也。然则苟变其主，必得立地改观，所谓三界惟心，即匠心也。

二

曾重伯言："舟中闻桨击水，心之知识即逐声而往。桨自桨，水自水，声自声，心自心，何以遽相凑泊？因有悟于中阴入胎之理。"余谓中阴凑泊之机信是如此。所可惧者，非具甚深智慧，转世之后，德业一时坠失，何其无记性也。及重思之，知识本来无记性。后境而思前境，今日而思昔日，似有记性矣。然必置此思彼而后得，非不待更端而同时并得也。然则知中识中，仅能容得一事，其余皆谓之遗忘可也。生人知识，有体魄之可寄，尚自无有记性，复何论于凭虚无著之中阴？此成大圆镜智者，所以无后无前，无今无昔，容则并容，得则同得，一多无碍，不在两时。

三

夫万善之首必曰信，万恶之首必曰不信。于耳目所不及接而生疑想者，是为不信；于过去未来而生久远想者，是为不信；于大小长短多寡而生容积想者，是为不信；于一念顷而自放逸者，是为不信；于常精进而生退转想者，是为不信；于少有所得而生自足想者，是为不信；于一乘中而生二想者，是为不信。广说虽累大万不能尽也，譬如盲人而与说日，彼终不信。以不信故，虽佛威神力，终无能使彼知日。

光绪二十六年（庚子，1900年）

闰八月十一日（公历10月4日）

《清议报》刊发"伤心人"之《浏阳二杰遗文序》，序言称（《清议报》第五十九册）：

呜呼，世界各国之文明，孰非义烈之志士，流铁血以购得之者哉！……戊戌政变，谭烈士与诸君子，首流血以为之倡，海内之士，闻风蹈厉。于是唐烈士才常等睹朝局之颠倒，痛国事之阽危，发愤尊王，仗义救国，卒复遭遇凶暴，从容就义，距谭烈士流血之日，才二年耳！……谭、唐二烈士，博学多才，议论文章，类能冠绝一世。……以不忍于天下之故，粉骨碎身，倡明大义，甘以一身为国民之牺牲，视死如归，计不返顾，呜呼，何其烈也！抑吾闻之，三楚之地，山川雄伟，卓荦权奇之士，往往生于其间，故湘中人士，类多怀抱忠义之气，有雄毅不可遏抑之风。以区区浏阳一隅之地，而英豪总起，义声振动，呜呼，抑又何其盛也！……我中国四百余州奥旷之区，四百余兆神明之胄，岂无英俊奋起，忘身赴义，足以竟二士之志业，争浏阳之光烈者乎？……二烈士，少同乡，长同学，生同志，死同烈。同人乃将其遗集刊行，复缀其文之散著各报者，排比纂辑，合为一编，颜之曰《浏阳二杰集》。

△《浏阳二杰遗文》为辑先生及唐才常文章而成，由“伤心人”辑成并在长沙出版。其中篇目大多数为已在《湘报》刊过，《零墨三则》亦在《清议报》上刊过，只《吴铁樵传》为首次发表。先生生前曾将《吴铁樵传》一文寄《时务报》，后未予刊登。由此推测，“伤心人”应为梁启超。

光绪二十七年（辛丑，1901 年）

六月初一日（公历 7 月 16 日）

清议报社拟将《仁学》全稿重新校印，凡连载时删节、误植、重复之处均予改正，单行出版。并刊《新刻谭壮飞仁学全书出售》广告，称《仁学》为吸收泰西诸学精髓之书（《清议报》第八十五册）：

是书成于丁戊之间，时先生服官金陵，常至海上，得博览泰西格致学、法律学、政治学、社会学、哲学、神学、数学、计学以及声、光、化、电各种专门名家之书，荟萃精英，成此鸿宝，其脑电忽腾九天，忽蛰九渊，可谓思想自由之极，洵中国二千年以来未有之硕学也。鄙人三年以来，但闻此书之名，惜其秘而不传，今复得之友人之手，焚香诵之，如读龙威秘书，若苏子所谓不厌百回读者，其中新理，虽西方学子，多有未经发明，急付枣梨，以饷同志，异日更当以西字译之，俾文明国见此，应知吾国之大有人也。寄售处在横滨清议报馆，四合主人谨白。

八月

上海国民报社首次出版《仁学》单行本。

光绪二十八年（壬寅，1902年）

正月初一日（公历2月8日）

梁启超创办《新民丛报》第一号“绍介新著”栏目介绍《仁学》一书，该书由横滨清议报馆印刷，东京国民报社再印：

此书为浏阳谭氏丙申、丁酉间在金陵所著，分上下二篇。前有《界说》，后有《自序》，盖精心结撰之作也。著者在吾国政治界学术界思想界，皆为开山擘石之原动力，其人物之伟大，稍有识者皆能知之，无待赘言。此书以佛学、格致学二者为根，凝合一炉而治之，而归之于实用，故其中有魂学，有伦理学，有政治学，有理财学，寻常人所视为各不相属之学科，淆杂并陈，而以一大理贯之。盖著者之眼中，见天下事物，无精无粗，无大无小，皆一切平等故也。其思想出乎天天，入乎人人，殆有非钝根众生所能梦见者。著成后，恐骇流俗，故仅以示一二同志，秘未问世，及其为民流血，功成身退，同人乃谋弘布之。吾国人于形质上精神上，有种种奴隶根性，积之数千年，非有狮子吼之说法，不足以震荡之而涤除之。若《仁学》者，真宜家置一编，日读一过，以自解释而自警策者也。或病其言太庞杂，忽彼忽此，未能首尾完具，成一家纯全之哲学，斯固然也。然著者未通欧美一国之语言文字，未尝一读他国之书，毫无凭借，而能发此无上之思想，此岂略览一二家之学说，摭人牙慧以自炫者所能雌黄哉？著者至诚之人也，诚积于心而形诸言，此书非徒教授学者以理论，而感化学者以精神也。读其书，当学其为人，则浏阳死而未死也。

《新民丛报》亦刊登梁启超就《仁学》一书答读者问。

宣统二年（庚戌，1910年）

章绛编辑的《章谭合钞》，由上海国学扶轮社出版发行，该书包括章太炎文钞及谭复生文钞两部分。

宣统三年（辛亥，1911年）

李闰通过搜集整理先生遗著，与谭传赞在长沙重刊其《旧学四种》（《寥天一阁文》《莽苍苍斋诗》《远遗堂集外文》《石菊影庐笔识》）。次年，又于长沙出版《浏阳兴算学议》及《〈秋雨年华之馆丛脞书〉补遗》等著作。谭传赞撰跋语（《谭嗣同研究著作述要》104~105页）：

右《旧学四种》，先叔父复生公作也，幽邃沉雄，意境独辟，如神龙之不可方物，繫剑气之咄咄逼人，允堪饷遗士类，故久为海内所钦佩矣。在昔印刷无多，尚未足以厌求者；旋因三弟传炜家不戒于火，其版亦与燬焉。噫！岂造物之忌斯文欤？然先叔所著书亦多矣，自《仁学》外，尚有《兴算学议》一卷、《思纬壹壹台短书》一卷、《壮飞楼治事》十篇、《秋雨年华之馆丛脞书》一卷、《剑经衍葛》一卷、《印录》一卷，要不仅所传四种已也。惟自京师被难，至今未尽珠还耳。稿多散佚，叔母李夫人因憾版之亡而谋重刊，乃出其手所搜集之遗文为《补遗》一卷，先付手民，以寿梨枣，余稿寻获，再为续刊焉。呜呼！人以书传乎？书以人传乎？一俟世之论定者。

1914年

六月十八日

《新闻报》刊载《谭嗣同专祠告成》一文："庚子倡议变政湘故绅谭嗣同先生惨遭杀戮，前经政府令，饬原籍浏阳县知事建设专祠以崇先导之功。现汤公据该县知事，呈报谭故绅专祠落成，造具事实清册，呈恳转请颁定春秋祀典，以慰幽魂。当已准予咨请内务部查核议恤，并呈大总统颁定祀典，以凭遵行。”谭嗣同专祠神龛上题“俎豆馨香”，牌位上题“中华民国烈士谭公讳嗣同字复生之神位”（据湖南省文物局所藏老照片）。谭恒锐记，此地由李闰购得，她变卖家产建成祠堂（《清谭复生先生嗣同年谱》，《谭嗣同研究资料汇编》36页）：

> 公祠在浏邑西城正街，祠宇仅两楹，屋后进宇及大楼，乃浏阳图书馆旧址。民国十九年兵燹，后进屋宇全毁于火，公祠幸未波及。其地原系清典史署，左侧杂屋，则由先祖母购得，以作宾客休息之所。民国二年，谭公延闿督湘，将典史署前楹地专案拨给，未核拨建筑费，先祖母鬻产成之。祠宇大门有大石刻，颜曰“谭烈士专祠”。

1917年

张元济主编《戊戌六君子遗集》由商务印书馆出版。内收先生旧学三种：《寥天一阁文》，《莽苍苍斋诗》，《远遗堂集外文》初编、续编；林旭《晚翠轩集》；杨锐《说经堂诗草》；刘光第《介白堂诗集》；杨深秀《雪虚声堂诗钞》《杨漪春侍御奏稿》；康广仁《康幼博茂才遗稿》。因限于体例，该书未收《仁学》及《石菊影庐笔识》，《远遗堂集外文》初编所收欧阳中鹄《清故直隶州知州谭嗣襄墓志铭并叙》、涂启先《谭子泗生哀辞并叙》亦未予收录。张元济为本书撰序。

同年，陈乃乾编订《谭浏阳全集》由上海文明书局出版，内有陈乃乾编《浏阳谭先生年谱》。该书为民国时期出现的第一部谭嗣同全集。包括文集、诗集、专集、续编三部分，文集分卷上、卷中、卷下。卷上包括叙跋、书牍，卷中为传状，卷下包括墓铭、记、铭、赞、杂著、逸文。诗集分五古、七古、五律、七律、五绝、七绝，并附录词及联语。专集包括《仁学》卷上、卷下，《笔识》卷上、卷下，续编包括《治事篇十篇》《治言》《思纬壹壹台短书》《论电灯之益处》《论湘粤铁路之益》《报章文体说》《以太说》《试行印花税条说》《延年会叙》《群萌学会叙》《湘报后叙》《与刘淞芙书》《报贝元徵书》《改并浏阳城乡各书院为致用学堂启》《记官绅集议保卫局事》。

1927 年

二月

许啸天编《谭嗣同集》由上海群学社出版，分为文集、诗集、论著、笔记四个部分，其中文集又按照文体分为序跋、书牍、传状、墓志铭、记、铭赞、杂著、逸文等。并有序言（《谭嗣同研究著作述要》109~110 页）：

在我十一二岁的时候，政治上和社会上的黑暗龌龊，已达到极点；稍有思想的人，受这腐败环境的刺激，便要不安。幸得这目光如电、胸襟如海的谭嗣同先生来登高一呼，揭穿了这种种社会黑暗制度的假面具而给吾人以思想上一剂补药。而谭嗣同先生却被这黑暗社会所杀！——断头死——但是，思想和事实，总是出于一元的；谭先生虽死，而谭先生所主张鼓吹的学理，在今日已有大部分实现了。还有一小部分还未实现，这是因为谭先生的思想太敏锐，还是社会的进步太迟缓？这却无从推测。但将来终是也要实现的。我个人思想的变迁和身心的得益，却得力于谭先生思想的不少；想世上和我一样得到谭先生思想暗示的人，和急欲得谭先生思想指导的人，一定也是不少；何况还有一小部分思想还未实现呢？我所以把谭先生的集子整理刊行出来，以证明思想和事实是出于一元的。

1936 年

一月

汪精卫辑《谭复生唐佛尘先生墨迹》由上海宣和印社用珂罗版

影印刊行，纳先生《北游访学记》一信，唐有壬于信末题："此卷为浏阳谭复生烈士需次金陵时上其师欧阳瓣姜先生书。其人其文皆旷世无俦。……民国二十三年春，壬重获是卷，谨跋末为献。"汪精卫赋七绝一首："慷慨从容作国殇，大名千古两浏阳。淋漓楮墨痕犹湿，中有孤儿泪万行。"又题跋语（《谭嗣同研究著作述要》114页）：

谭复生先生之诗文及其殉国大节，兆铭幼时固已知所服膺矣。及庚戌（1910）三月初七日，革命事败，系北京刑部狱中。狱卒有刘一鸣者，独善视余，为言此即谭浏阳曾居之室。余闻而欣然以为幸。一鸣又言先生系狱中，意气自若，绕室闲行，屡拾取地上更香余煤，就壁上作字。问何为，笑曰：作诗耳！惜刘不解文字，不然，浩气还太虚，丹心照千古，椒山之后必有嗣响，正不止"望门投止思张俭'一绝而已也。兆铭当日向壁摹拟，仿佛如见兴酣落笔情状。今何幸乃得此万言书，灯下展卷，万感交集矣！

1943年

一月

欧阳予倩编《谭嗣同书简》由桂林文化供应社出版，该书共有先生之书札27封，唐才常书札9封，欧阳中鹄书札14封，大多为此前未刊者。

1954年

《谭嗣同全集》由生活·读书·新知三联书店出版，分四卷，卷一为论文，卷二为散文，卷三为书信，卷四为诗及其他韵文。

同年，文操编《谭嗣同真迹》由上海出版公司出版。

1981年

蔡尚思、方行编《谭嗣同全集（增订本）》由中华书局出版，包括《寥天一阁文》二卷，《莽苍苍斋诗》二卷、补遗一卷，《远遗堂集外文》初编一卷、续编一卷，《石菊影庐笔识》，《兴算学议》一卷，《思纬壹壹台短书》一卷，《秋雨年华之馆丛脞书》二卷，《仁学》、《报章文辑》、《壮飞楼治事十篇》、书简、拾遗、附录等。此书后曾两次重印。此后，岳麓书社、天津古籍出版社亦先后在此基础上出版“湖湘文库”本《谭嗣同集》、《谭嗣同全集》。

2018 年

九月

鉴于各版本谭氏著述集整理本尚存在不少疏误，浙江古籍出版社出版新编《谭嗣同集》，列入“新编戊戌六君子集”。

附录

附录一　谭嗣同参办学会统计表

名称	发起或创办人员	成立时间	地点	谭嗣同参与概况
强学会湖南分会（未果）	谭嗣同、William R.Carles	光绪二十一年十二月（1896年2月）	武汉	继北京、上海两地强学会相继被封禁后，谭嗣同与英国驻汉领事贾礼士（William R.Carles）面议多次，商定成立强学会湖南分会，并商讨创办章程，推举其为会首，订立密约，假借耶稣名义进行宣传，设立一免受朝廷干预的之会，未果
务农会	罗振玉、徐树荣、朱祖荣、蒋黼、谭嗣同	光绪二十二年冬（1896年冬）	上海	谭嗣同为务农会拟定《农学会会友办事章程》十八条，鼓励会友翻译国外农学刊物、摘抄农学理论书籍、记录本地天气以及农业物产等情况
金陵测量会	谭嗣同、杨文会、徐乃昌、缪荃孙、蒯光典、叶意深、刘世珩、茅谦等	光绪二十三年二月（1897年3月）	南京花牌楼杨文会公馆	谭嗣同撰《金陵测量会章程》，旨在测绘天、地、日、星、山、岸、路、河等门类，学会提供仪器，并自刻《测量日记》样式，最终汇总绘制成图，以此说明古今沿革、山川地形等

续表：

名称	发起或创办人员	成立时间	地点	谭嗣同参与概况
上海不缠足会	谭嗣同、汪康年、梁启超、康广仁、邹凌瀚、张通典	光绪二十三年五月初一日（1897年5月31日）	上海泥城桥西	学会旨在倡导女子不缠足，宣传维新思想，并使会中同志可互通婚姻，谭嗣同为梁启超所拟章程提出意见，并在南京推广不缠足会
南学会	谭嗣同、皮锡瑞、唐才常、熊希龄、黄遵宪、邹代钧、戴德诚等	光绪二十四年二月初一日（1898年2月21日）	长沙湖南巡抚署孝廉堂	旨在联合全省官绅，讲求地方自治，救亡御侮。谭嗣同为南学会首倡者，主讲天文，听者如云，并答提问者杨昌济、毕永年等人；为南学会藏书处捐赠书籍500余册，奠定湖南省图书馆之基础。光绪二十四年八月二十一日裁撤
湖南不缠足会	黄遵宪、徐仁铸、谭嗣同、唐才常、毕永年、刘善涢等	光绪二十四年三月（1898年3月）	长沙湘报馆	谭嗣同拟定《湖南不缠足会嫁娶章程》，旨在革除缠足陋习
延年会	谭嗣同、熊希龄	光绪二十四年闰三月初五日（1898年4月25日）	长沙湘报馆	谭嗣同拟定《延年会序》《延年会章程》，旨在省去繁文缛节之应酬，移风易俗，珍惜时间，多做实事，以此延年益寿
群萌学会	谭嗣同、唐才常、黎宗鋆、欧阳自耘等	光绪二十四年闰三月（1898年5月）	浏阳营盘街黎宅	谭嗣同拟定《群萌学会序》及《群萌学会章程》，旨在集合众力，启发群学之萌芽。政变后与南学会同被解散

附录二　谭嗣同参办报刊统计表

名称	发起或创办人员	成立时间	地点	谭嗣同参与概况
时务报（旬刊）	汪康年、黄遵宪、梁启超、吴德潚、邹凌瀚	光绪二十二年七月一日（1896 年 8 月 9 日）	上海福州路福建路口	谭嗣同推荐唐才常、汤寿潜、张通典至报馆任事，向时务报推荐稿件，为报馆搜罗资料，为《时务报》寻找南京分销处，对《分售〈时务报〉章程》提出意见，帮助核算《时务报》账目，指出报中编校错误，发表《报章文体说》《湖南不缠足会嫁娶章程》《吴铁樵传》于报上，接受《时务报》聘请担任董理
民听报（未果）	谭嗣同、吴樵、张通典等	光绪二十三年正月（1897 年 2 月）	汉口	谭嗣同拟定报式，在南京募捐集股，提议汪康年从《时务报》盈余中提一专款开办《民听报》，两报联为一气，《民听报》可作为《时务报》之分馆，最终因经费问题未能如期开办
农学报（半月刊）	罗振玉	光绪二十三年四月（1897 年 5 月）	上海	为务农会主办，谭嗣同发表《黎少谷〈浏阳土产表〉叙》及《浏阳麻利述》两篇文章于报上，亦与罗振玉有书信往来
矿学报（未果）	谭嗣同、徐乃昌、刘世珩、郑孝胥等	光绪二十三年七月初（1897 年 7 月）	南京	谭嗣同首倡《矿学报》，计划介绍中国矿务、翻译国外有关报纸书籍。谭嗣同草拟《创办〈矿学报〉公启》及《章程》。最终因参与者退缩未能创办

续表：

名称	发起或创办人员	成立时间	地点	谭嗣同参与概况
湘报（日刊）	熊希龄、蒋德钧、谭嗣同、王铭忠、梁启超、李维格、邹代钧、唐才常	光绪二十四年二月十五日（1898年3月7日）	长沙湘报馆	宗旨为开风气、拓见闻、开民智、救亡图存，与南学会互为表里，宣传维新救亡。谭嗣同任《湘报》八大董事之一，并任撰述，在《湘报》发表文章共计26篇
湘学报（旬刊）	江标、唐才常、徐仁铸、蔡钟濬等	光绪二十三年三月二十一日（1897年4月22日）	长沙	本名《湘学新报》，后更名《湘学报》，为湖南首创之报刊，畅言维新运动之言论阵地。谭嗣同于南京请缪荃孙在钟山书院代为销售，在他提议之下，《湘学报》增加经学版面，以此弘扬孔教

附录三　谭嗣同参办学堂统计表

名称	发起或创办人员	成立时间	地点	谭嗣同参与概况
算学馆	谭嗣同、欧阳中鹄、唐才常、涂儒翯、刘善涵等	光绪二十一年八月（1895 年 10 月）	浏阳文庙奎文阁	谭嗣同与唐才常首在武汉提出兴算想法，谭又撰万言书予欧阳中鹄请开算学馆，并拟章程，后欧阳中鹄将此信刊为《兴算学议》。经学政江标支持，谭嗣同、欧阳中鹄、唐才常、涂儒翯召集十同志，每人捐款五十缗集资先行设立小型浏阳算学社，成为湖南维新运动之滥觞，后又于 1897 年初成立算学馆
女学堂	经元善	光绪二十三年十一月十三日（1897 年 12 月 6 日）	上海张园安垲第	女学堂为晚清创办女子教育之起步，促进男女平权。谭嗣同代夫人李闰向女学会捐款百金，名标第一，因而李闰名列女学堂创办董事之一
时务学堂	熊希龄、蒋德钧、王先谦、张祖同、汤聘珍、黄遵宪、谭嗣同等	光绪二十三年十一月初六日（1897 年 11 月 29 日）	长沙小东街刘权之旧邸	谭嗣同协助学堂从杨文会处购置科学仪器，并邀其子杨自超赴湘亲自教习。谭嗣同说服汪康年为学堂聘请梁启超、李维格为教习，函请龙绂瑞帮忙向刘坤一争回筹办经费。谭嗣同任学堂绅董，又任中文分教习，为学生批阅札记，传布科技、民主、民权思想，并为招生考试出题、阅卷，培养了蔡锷、林圭等矢志改革的青年学子。在陈宝箴调阅学生札记时，谭嗣同据理相抗。后被王先谦、叶德辉等人攻讦为“乘风扬波，肆其簧鼓”

续表：

名称	发起或创办人员	成立时间	地点	谭嗣同参与概况
湖南武备学堂	陈宝箴、黄遵宪	光绪二十四年初（1898 年初）	长沙	陈宝箴以政府拨款将求贤书院改为湖南武备学堂，演习新式武器装备，讲求舆算测量，是湖南实行近代军事教育的开始，至戊戌政变而停办。陈宝箴拟任谭嗣同为绅提调

附录四　谭嗣同参办实务统计表

名称	发起或创办人员	成立时间	地点	谭嗣同参与概况
浏阳筹济总局	欧阳中鹄、涂启先、谭嗣同、谭嗣棨	光绪二十一年十一月（1895年12月）	浏阳	为负责浏阳赈灾，欧阳中鹄奉陈宝箴之命成立筹济总局，并担任总办。谭嗣同草拟《办赈条陈十二条》《严禁灾民逃荒告示》《晓谕待赈各贫户告示》。谭嗣同为解决钱荒问题，在湖北为浏阳赈灾劝捐、筹款、购粮。并劝说谭继洵，在湖北藩库借款二万寄回浏阳，作为办赈经费
浏阳官煤局	谭嗣同、唐才常、黎宗鋆	光绪二十一年十一月（1896年1月）	浏阳南乡	因浏阳遭遇旱灾，开官煤局所为利用灾民运送南乡煤矿滞销之煤而“以工代赈”“博施济众”，谭嗣同主持其事
浏阳金矿	谭嗣同、唐才常	光绪二十一年十一月（1896年1月）	浏阳西乡	因浏阳遭遇旱灾，开采金矿所为“以工代赈”，谭嗣同草拟《保护金厂章程六条》且主持其事
浏阳矿务分局	欧阳中鹄、谭嗣同、唐才常、刘善涵	光绪二十二年二月（1896年3月）	浏阳	湖南设立矿务总局之后，谭嗣同致书陈宝箴恳请成立浏阳矿务分局，并以欧阳中鹄主持其事，陈宝箴批许
浏阳锑矿	谭嗣同、唐才常、刘善涵	光绪二十二年二月（1896年4月）	浏阳	唐才常在谭嗣同的介绍和促成之下，将浏阳锑矿以每吨四十元的价格售予汉口领事贾礼士，谭嗣同又命刘善涵前往上海与傅兰雅订立合同。然而湖南矿务总局以价格过低为由，不同意合同；并通知浏阳，以后由省局统一收购矿砂

续表：

名称	发起或创办人员	成立时间	地点	谭嗣同参与概况
小花石煤矿	谭嗣同、唐才常、刘善浤	光绪二十二年五月(1896年6月)	湘潭	盛宣怀主办汉阳铁厂、卢汉铁路公司，急需煤矿。谭嗣同与盛宣怀在上海、武汉面商多次，并应盛宣怀之邀，赴湘请示陈宝箴、黄遵宪，促使汉阳铁厂派遣矿师勘探湘潭小花石煤矿，获准。然而盛宣怀出尔反尔，此事终未果
粤汉铁路	熊希龄、蒋德钧、谭嗣同	光绪二十二年九月(1896年10月)	长沙	光绪二十二年九月，清政府拟筑卢汉铁路，总理衙门亦奏请修筑粤汉铁路，取道江西。谭嗣同撰《论湘粤铁路之益》，最终促使粤汉铁路取道湖南。光绪二十三年十一月，谭嗣同偕熊希龄、左孝同等人呈请设立湘粤铁路公司，提出湘绅集股，自主修路，并公举黄遵宪为总办
江南筹防局	刘坤一、沈秉成、李鸿章等	约光绪七年(1881年)	南京	江南筹防局为负责筹建长江江防，包括江南水师和沿江炮台之机构。设总办、会办，提调承其命办事。谭嗣同于光绪二十三年二月初四日领提调差，且“力辞不可得”。九月初八日总办曾广照去世，谭嗣同赴两江总督署禀报。之后“公事万分纷杂”
保卫局	黄遵宪	光绪二十四年二月(1898年2月)	长沙府城中央	保卫局以去民害、卫民生、检非法、索罪犯为宗旨。谭嗣同撰写《记官绅集议保卫局事》并发表于《湘报》上，并向浏阳士绅为此劝捐。光绪二十四年八月二十一日裁撤
长江机器焙茶公司湖南省分公司	张之洞、穆和德、谭嗣同	光绪二十四年春(1898年春)	长沙	又称“湖南焙茶公司”，官督商办企业，为湖北制茶公司之分公司。谭嗣同被张之洞委为公司总办，负责纠集绅商，赴上海置办机器，以及寻找合适的厂房，建立厂基

附录五　谭嗣同生前发表文章汇总表

序号	文章篇名	发表日期	刊物	地点
1	《谭复生观察第一次讲义:论中国情形危急》	1898 年 3 月 9 日	《湘报》第 3 号	长沙
2	《延年会序》	1898 年 3 月 10 日	《湘报》第 4 号	长沙
3	《谭复生观察第二次讲义:论今日西学与中国古学》	1898 年 3 月 14 日	《湘报》第 7 号	长沙
4	《试行印花税条说》	1898 年 3 月 16 日	《湘报》第 9 号	长沙
5	《试行印花税条说》续前稿	1898 年 3 月 17 日	《湘报》第 10 号	长沙
6	《湘报后叙》	1898 年 3 月 18 日	《湘报》第 11 号	长沙
7	《改并浏阳城乡各书院为致用书院公启》	1898 年 3 月 18 日	《湘报》第 11 号	长沙
8	《读南海康工部有为条陈胶事折书后》	1898 年 3 月 24 日	《湘报》第 16 号	长沙
9	《论湘粤铁路之益》	1898 年 3 月 28 日	《湘报》第 19 号	长沙
10	《谭复生观察第五次讲义:论学者不当骄人》	1898 年 3 月 29 日	《湘报》第 20 号	长沙
11	《记官绅集议保卫局事》	1898 年 4 月 4 日	《湘报》第 25 号	长沙
12	《论电灯之益》	1898 年 4 月 8 日	《湘报》第 29 号	长沙
13	《群萌学会叙》	1898 年 4 月 12 日	《湘报》第 32 号	长沙
14	《治事篇第一·释名》	1898 年 4 月 15 日	《湘报》第 35 号	长沙

续表：

序号	文章篇名	发表日期	刊物	地点
15	《治事篇第二·辨实》	1898 年 4 月 15 日	《湘报》第 35 号	长沙
16	《治事篇第三·学会》	1898 年 4 月 15 日	《湘报》第 35 号	长沙
17	《治事篇第四·通情》	1898 年 4 月 15 日	《湘报》第 35 号	长沙
18	《治事篇第五·平权》	1898 年 4 月 16 日	《湘报》第 36 号	长沙
19	《治事篇第六·仕学》	1898 年 4 月 16 日	《湘报》第 36 号	长沙
20	《治事篇第七·法律》	1898 年 4 月 16 日	《湘报》第 36 号	长沙
21	《治事篇第八·财用》	1898 年 4 月 18 日	《湘报》第 37 号	长沙
22	《治事篇第九·群学》	1898 年 4 月 18 日	《湘报》第 37 号	长沙
23	《治事篇第十·湘粤》	1898 年 4 月 18 日	《湘报》第 37 号	长沙
24	《延年会告白》	1898 年 4 月 22 日	《湘报》第 41 号	长沙
25	《谭复生观察第八次讲义:论全体学》	1898 年 4 月 23 日	《湘报》第 42 号	长沙
26	《以太说》	1898 年 5 月 6 日	《湘报》第 53 号	长沙
27	《报章总宇宙之文说》上	1897 年 6 月 10 日	《时务报》第 29 册	上海
28	《报章总宇宙之文说》下	1897 年 6 月 20 日	《时务报》第 30 册	上海
29	《湖南不缠足会嫁娶章程》上	1897 年 11 月 15 日	《时务报》第 45 册	上海
30	《湖南不缠足会嫁娶章程》下	1897 年 12 月 4 日	《时务报》第 47 册	上海
31	《黎少谷〈浏阳土产表〉叙》	1897 年 6 月	《农学报》第 3 册	上海

续表：

序号	文章篇名	发表日期	刊物	地点
32	《浏阳麻利述》上	1897 年 10 月	《农学报》第 12 册	上海
33	《浏阳麻利述》下	1897 年 11 月	《农学报》第 13 册	上海
34	《思纬壹壸台短书》	1898 年	《皇朝经世文新编》卷一中《通论》	上海
35	《湖南不缠足会嫁娶章程》	1898 年	《皇朝经世文新编》卷十七《会党》	上海
36	《报章文体说》	1898 年	《皇朝经世文新编》卷二十一《杂纂》	上海
37	《吴铁樵传》	1898 年	《皇朝经世文新编》卷二十一《杂纂》	上海

主要参考文献

一、基本史料

谭嗣同著，《谭嗣同集》整理组整理：《谭嗣同集》，浙江古籍出版社，2018 年。

谭嗣同著，蔡尚思、方行编：《谭嗣同全集》，中华书局，1981 年。

中华书局编辑部编，刘泱泱审订：《唐才常集（增订本）》，中华书局，2013 年。

贾维、谭志宏编：《谭继洵集》，岳麓书社，2015 年。

梁启超著：《饮冰室合集》，中华书局，2015 年。

梁启超著：《梁启超全集》，中国人民大学出版社，2018 年。

刘豫璇、刘良建编，夏剑钦笺注：《刘善涵集》，岳麓书社，2017 年。

胡珠生编：《宋恕集》，中华书局，1993 年。

张玉亮整理：《戊戌四子集》，浙江古籍出版社，2019 年。

杨琥编：《夏曾佑集》，上海古籍出版社，2011 年。

李寿蓉撰，袁慧光校点：《李寿蓉集》，岳麓书社，2011 年。

中华书局编辑部编，刘泱泱审订：《秦力山集》，中华书局，2015 年。

周寅宾编：《刘人熙集》，湖南人民出版社，2009 年。

张之洞著：《张文襄公全集》，中国书店出版社，1990 年。

王先谦著：《葵园四种》，岳麓书社，1986 年。

姜义华编：《康有为全集》，上海古籍出版社，1990 年。

杜宏春校证：《刘锦棠奏稿校证》，中华书局，2019 年。

陈宝箴著，汪叔子、张求会编：《陈宝箴集》，中华书局，2003

年。

黄遵宪著，陈铮编：《黄遵宪全集》，中华书局，2005 年。

刘坤一著，陈代湘校点：《刘坤一集》，岳麓书社，2018 年。

马以君编注：《苏曼殊文集》，花城出版社，1991 年。

梅季坤点辑：《八指头陀诗文集》，岳麓书社，1984 年。

《中华大典》工作委员会、《中华大典》编纂委员会编：《中华大典·历史典·人物分典》，上海古籍出版社，2016 年。

梁启超著，舒芜校点：《饮冰室诗话》，人民文学出版社，1959 年。

狄葆贤著，段春旭整理：《平等阁诗话·平等阁笔记》，凤凰出版社，2015 年。

苏舆编：《翼教丛编》，上海书店出版社，2002 年。

叶德辉编：《觉迷要录》，文海出版社，1987 年。

石景作主编：《石醉六墨迹诗文选集》，中国社会科学出版社，2013 年。

汤志钧、汤仁泽编注：《饮冰室遗珍》，中国人民大学出版社，2016 年。

唐烜著，赵阳阳、马梅玉整理：《唐烜日记》，凤凰出版社，2017 年。

童杨整理：《孙宝瑄日记》，中华书局，2015 年。

中国国家博物馆编，劳祖德整理：《郑孝胥日记》，中华书局，1993 年。

缪荃孙著，张廷银、朱玉麒主编：《艺风老人日记》，凤凰出版社，2014 年。

皮锡瑞著：《师伏堂日记》，国家图书馆出版社，2009 年。

汤志钧编：《章太炎政论选集》，中华书局，1977 年。

任青、马忠文整理：《张荫桓日记》，上海书店出版社，2004 年。

翁同龢著，陈义杰整理：《翁同龢日记》，中华书局，2006 年。

谭延闿著：《谭延闿日记》，中华书局，2019 年。

政协长沙市委员会文史资料研究委员会、政协浏阳县委员会、谭嗣同纪念馆合编：《谭嗣同研究资料汇编》，1988年。

黄颖初著：《浏阳乡土志》，光绪三十三年编，台湾“中央研究院”，1967年。

《谭氏族谱》，民国三年续修本。

清华大学历史系编：《戊戌变法文献资料系日》，上海书店出版社，1998年。

《清实录》第五十六至五十七册，中华书局，1987年。

中国第一历史档案馆编：《光绪朝上谕档》，广西师范大学出版社，1996年。

“台北故宫博物院”文献编辑委员会编：《宫中档光绪朝奏折》第八至十二辑，1974年。

秦国经主编：《清代官员履历档案全编》，华东师范大学出版社，1997年。

朱寿明编：《光绪朝东华录》，中华书局，1958年。

杜迈之、刘泱泱、李龙如编：《自立会史料》，岳麓书社，2009年。

刘人熙著：《琴旨申邱》，光绪十五年刻本。

杨廷福著：《谭嗣同年谱》，人民出版社，1957年。

楼宇烈整理：《康南海自编年谱》，中华书局，1992年。

王夏刚著：《戊戌军机四章京合谱》，中国社会科学出版社，2009年。

王中秀著：《黄宾虹年谱》，上海书画出版社，2005年。

陈善伟著：《唐才常年谱长编》，香港中文大学出版社，1990年。

丁文江、赵丰田编：《梁任公先生年谱长编》，中华书局，2010年。

李开军著：《陈三立年谱长编》，中华书局，2014年。

陈庆年著：《戊戌己亥见闻录》，《近代史资料》81号，中国社会科学出版社，1992年。

许姬传著:《许姬传七十年见闻录》，中华书局，2007年。

夏晓虹编:《追忆梁启超》，生活·读书·新知三联书店，2009年。

黄濬著:《花随人圣庵摭忆》，上海古籍书店，1983年。

杨步伟著:《一个女人的自传》，广西师范大学出版社，2014年。

朱德裳著:《三十年闻见录》，岳麓书社，1985年。

黄慕兰著:《黄慕兰自传》，中国大百科全书出版社，2016年。

梁启超著:《戊戌政变记》，中华书局，1954年。

龙永宁著:《从绅士到革命家：我的祖父龙璋》，荣宝斋出版社，2011年。

中国人民政治协商会议文史资料委员会编:《辛亥革命回忆录》，文史资料出版社，1981年。

上海图书馆编:《汪康年师友书札》，上海古籍出版社，1986年。

日本国立公文书馆:《防卫省防卫研究所陆军省大日记》，1898年。

（美）戴吉礼主编:《傅兰雅档案》，广西师范大学出版社，2010年。

北京大学历史系近代史教研室整理:《盛宣怀未刊信稿》，中华书局，1960年。

欧阳予倩编:《谭嗣同书简》，桂林文化供应社，民国三十二年(1943)。

魏秀梅编:《清季职官表》，中华书局，2013年。

国家档案局明清档案馆编:《戊戌变法档案史料》，中华书局，1958年。

尹飞舟编:《湖南维新运动史料》，岳麓书社，2013年。

中国史学会:《戊戌变法》，上海人民出版社，1961年。

冯自由著:《革命逸史》，新星出版社，2016年。

汪辟疆撰:《光宣诗坛点将录笺证》，中华书局，2000年。

姜泣群著:《朝野新谭》，上海光华编辑社，1914年。

陈虬、宋恕、陈黻宸著，胡珠生编：《东瓯三先生集补编》，上海社会科学院出版社，2004年。

曼昭、胡朴安著：《南社诗话两种》，中国人民大学出版社，1997年。

王汝惺、邹焌杰修纂，汤锐点校：《同治浏阳县志》，岳麓书社，2018年。

《湖北通志》，民国十年影印本。

陈先枢选编：《湖南时务学堂历史文献选编》，2017年。

中国人民政治协商会议宁乡县委员会学习文史委员会编：《宁乡文史第八辑：沩宁耆旧联选》，1994年。

二、报纸期刊

《湘报》《时务报》《湘学报》《农学报》《知新报》《申报》《万国公报》《清议报》《新民丛报》《亚东时报》《皇朝经世文新编》《国闻周报》《点石斋画报》《湖南历史资料》《船山学刊》《近代史研究》等。

三、研究著作

邓潭洲著：《为改革而献身的谭嗣同》，岳麓书社，1998年。

贾维著：《谭嗣同与晚清士人交往研究》，湖南大学出版社，2004年。

王夏刚著：《谭嗣同与晚清社会》，中国社会科学出版社，2015年。

邓潭洲著：《谭嗣同传论》，上海人民出版社，1981年。

汤志钧著：《戊戌变法人物传稿》（增订本），中华书局，1982年。

汤志钧著：《戊戌变法史》，上海社会科学院出版社，2015年。

张灏著：《烈士精神与批判意识》，广西师范大学出版社，2004年。

黄彰健著：《戊戌变法史研究》，上海书店出版社，2007 年。

陈宇翔著：《谭嗣同唐才常与维新运动》，湖南大学出版社，2012 年。

李喜所著：《谭嗣同评传》，河南教育出版社，1986 年。

贾维著：《谭嗣同研究著作述要》，湖南大学出版社，2010 年，

彭晓玲著：《寻访谭嗣同》，岳麓书社，2019 年。

郑大华主编：《湖南时务学堂研究》，民主与建设出版社，2015 年。

戴维等著：《湖南历代文化世家：浏阳欧阳氏卷》，湖南人民出版社，2010 年。

魏义霞著：《谭嗣同哲学思想研究》，中国人民大学出版社，2017 年。

丁平一著：《谭嗣同与维新派师友》，湖南大学出版社，2004 年。

茅海建著：《戊戌变法史事考》，生活·读书·新知三联书店，2005 年。

茅海建著：《戊戌变法的另面》，上海古籍出版社，2014 年。

茅海建著：《从甲午到戊戌：康有为〈我史〉鉴注》，生活·读书·新知三联书店，2009 年。

坂元弘子：《中国近代思想的“连锁”——以章太炎为中心》，上海人民出版社，2019 年。

姜鸣编著：《中国近代海军史事编年》，生活·读书·新知三联书店，2017 年。

唐连成著：《如烟往事堪回首》，内部印刷。

四、论文

邝兆江：《马尚德：谭嗣同熟识的英国传教士医师》，《历史研究》1992 年第 2 期。

邝兆江：《谭嗣同和傅兰雅的一次会见》，《近代史研究》1994 年第 6 期。

张玉亮：《谭嗣同出版实践活动的当下启示》，《湖南科技学院学报》2019 年第 4 期。

张玉亮：《谭嗣同著述版本与刊行考述》，《解放日报》2018 年 12 月 7 日。

张玉亮：《谭嗣同著述新考》，《湘学研究》2019 年第 2 辑。

贾维：《谭嗣同与盛宣怀》，《近代史研究》1999 年第 1 期。

贾维：《关于谭嗣同戊戌北上的两个问题》，《船山学刊》2006 年第 1 期。

贾维：《谭嗣同早年及其家族资料》，《近代史资料》总 101 号。

贾维：《刘人熙与谭嗣同——谭嗣同早期思想演变初探》，《台湾中华仁学会丛书》第七集。

王夏刚：《谭嗣同致刘淞芙书札编年商榷》，《船山学刊》2017 年第 6 期。

夏剑钦：《谭嗣同致刘淞芙书札编年辨证》，《船山学刊》2016 年第 6 期。

坂元弘子：《谭嗣同的〈仁学〉与乌特·亨利的〈治心免病法〉》，《中国哲学》第十三辑，人民出版社，1985 年。

后　记

从二十六岁到三十岁，经过了资料收集、实地踏访、写作和不下十次的校稿，这部《谭嗣同年谱长编》终于即将付梓。这是我青春的见证，也是我对一个百年先贤羹墙之思的寄托。

十七年前，十三岁的我在初中历史课本上第一次了解到谭嗣同先生其人其事，他成了我真正意义上的第一个“偶像”。高中毕业，亦是为了他，我把所有大学志愿都填到了他的故乡湖南。后有幸被湖南大学录取，先生执教的时务学堂曾为这所高校的前身，传承先生思想，实我终生之幸。

在建筑系读研期间，因导师柳肃教授之缘故，我有幸参与设计了浏阳谭嗣同故居纪念广场。这个广场于先生诞辰 150 周年（2015 年）之际正式建成，先生像立于其中，后植以雪松，每每使我凝立其间而忘归。在湖南的七年间，我屡赴浏阳为先生祭扫。在先生故居，我购得 1981 版《谭嗣同全集》及《谭嗣同真迹》等书籍，方才了解先生之思想与学养。

先生之诗文俊逸秀美，笔法纯熟却又不故作卖弄，尤以《似曾诗》《城南思旧铭并叙》为最；先生琴艺精湛，自斫崩霆、残雷，并在岳山内雕有梅花，焦尾雕灵芝云纹及藤蔓纹，高洁雅致；先生之思想深邃幽远，将今文经学、大乘佛学、自然科学熔于一炉，今人犹不能及；先生人品贵重，于友朋无分贵贱均坦诚相待，倾囊相助，于妻子则磐石不移，伉俪情深，于兄姊则关爱有加，情真意切；先生性情温柔而凌厉，兼备“芬芳徘恻”与“勇猛精进”，纯洁如雪，热烈如火，纯粹而富赤子之心；先生笔耕不辍，勤奋有加，虽生而三十三载，却学养深厚，中西文理皆有造诣……

在阅读较多史料之后，我决心动笔撰写《谭嗣同年谱长编》。然而写作的初衷却近乎荒谬——我虽不能出席他生前的每一个日夜，那么就希望能在120年后，尽我所能为他悉数回顾记录。三年内忙碌、劳累而又充实的以日编谱，使得许多史实自动浮出水面，我亦深觉受益匪浅。年谱梳理是一个痛并快乐的过程，所要阅读之史料浩如烟海，许多史事扑朔迷离，各方记载又不尽相同，需耐心甄别、辨伪。加之先生不记日记，信札又多不署日期，诗文亦较难系年，只有反复考证，方能使疏误稍减，使内容更为完备。我本出身工科，文史基础薄弱，许多功课要从头补起，不得不说是一个极为艰辛的历程。并且，在写作年谱的同时，我又同时承担了湖南电视台纪录片《我们的谭嗣同》撰稿、浏阳谭嗣同纪念馆的布展撰稿、新编《谭嗣同集》整理以及一些报刊的约稿……白天上班，只能依靠所有的晚上和节假日来完成。虽日日熬夜，年节无休，几乎付出了一个年轻女孩所能付出的一切青春时光，但为先生，我别无怨言，甘之如饴。

写作过程中，我与中国社会科学院近代史研究所贾维研究员相识，他三十年以来深耕谭嗣同研究，成果斐然，令人敬佩，他的著述《谭嗣同与晚清士人交往研究》《谭嗣同研究著作述要》史料极丰，对我的资料收集以及史实考订起到了极大的启发作用。并且，得知我正在创作《年谱长编》，他把几乎所有研究资料倾囊相赠，这足足四箱资料让我有如站在巨人之肩上，却又如履薄冰，生怕辜负。

之后，我又与湖南作家彭晓玲女士相识，她在浏阳市政协从事文史工作多年，对谭嗣同研究极富热情，当时正在创作《寻访谭嗣同》（已出版）与长篇历史小说《谭嗣同》和《谭嗣同传》。在她的热心促成下，浏阳市政协领导非常认可我的研究工作，主动为我资助此书出版经费。我亦与彭老师成为忘年挚友，一同寻访先生履痕，共享研究资料成果，这段情谊我将终生珍藏。

2016 年 9 月，我又与先生的曾侄孙、谭嗣同爱国公益基金会理事长谭志宏先生相识，他以一己之力促成了浏阳会馆腾退改建工程，其中艰辛及带给我的感动与震撼，绝非言语所能尽。2018 年 9 月 28 日，他所筹拍的四集电视纪录片《我们的谭嗣同》上映，我应邀担任该片历史顾问与学术统筹，为之深感荣幸。

大连大学王夏刚教授亦为深耕谭嗣同研究为数不多的佼佼者之一，他所著《谭嗣同与晚清社会》及《戊戌军机四章京合谱》史料翔实、论证严谨，为本书写作提供了极大帮助。2018 年 9 月，我与王教授会晤浏阳，得蒙赐教，获益匪浅。之后，他又主动帮我校阅书稿、更正谬误，感激之情溢于言表。

2017 年 11 月，我有幸与中华书局编辑张玉亮先生相识，他帮我校阅《谭嗣同年谱长编》书稿数次，更正谬误，并于诗词系年方面条分缕析，逐一推断排序，考证出我以往未能考订出的编年依据。之后我们又合作重新整理新编《谭嗣同集》，他专业而严谨地进行了各版本的梳理，更正旧版谬误颇多，我亦参与了篇目考订、佚文搜集与文字释读等工作。在这个戊戌年，先生之著述得以在浙江古籍出版社重新整理并再次出版。同时，他又整理《戊戌四子集》（已出版）和《刘光第集》《欧阳中鹄集》《涂启先集》《仁学》等与先生相关者之文献，并带领我与青年诗人李让眉着手《谭嗣同诗注》的撰写。玉亮先生对于近代文献以及谭嗣同研究的贡献，未来将难以估量。他不计回报的付出与热情、坚持和孜孜以求，令我既自惭形秽，更满怀感动与钦佩。

在本书写作过程中，亦有多位学者、师长无私为我提供帮助，在诸位不辞劳苦的反复审订下，历经了十几个校次，《谭嗣同年谱长编》终得付梓：中华书局编辑白爱虎先生为我逐字逐句校阅书稿，每处均核原文，提出诸多问题与建议，并润色行文语句，使我并不完备的书稿更为严谨，我亦为他在语言文字与古籍文献方面的深厚造诣而深感钦佩；岳麓书院陈宇翔教授，在极为繁忙的工作之余与只有电子稿的条件下，为我从头至尾审阅书稿并纠正谬误，使我深受教益；浏阳博物馆副馆长林洪先生，亦于通读书稿后，提出一些较容易忽视的逻辑问题与史料排比问题；岳麓书院吴仰湘教授在得知我创作《年谱长编》的第一时间，即将他最新整理而其时尚未出版的《师伏堂日记》电子版给我，使我顿解燃眉之急，故而本书中所引《师伏堂日记》均未注明页码与版本，吴教授这份信任与无私使我铭感五内。

我的责任编辑，岳麓书社的诸位编辑为本书付出了大量的努力，反复核查引文、逐条核实史料，不惜牺牲自己的休息时间来校阅书稿。对他们的专业、严谨与负责我深表感谢，无以为报。

在本书写作过程中，我衷心感谢我的父母与祖父对我的勉励与支持；感谢浏阳市政协、谭嗣同爱国公益基金会、浏阳市博物馆、谭嗣同故居、浏阳谭嗣同文化研究会、浏阳市文联、浏阳市档案局、湖南时务学堂研究会对我的大力协助与研究过程中的帮扶。感谢夏剑钦编审、柳肃教授、郑大华教授、张求会教授、潘信之先生、周秋光教授、郑佳明教授、吉辰博士、杨锡贵先生、陈书良教授、梁晓新女士、林利女士、涂逸群先生、吕存凯博士、坂元弘子教授、刘传吉先生、李雨薇博士、贾浩博士、肖雅文老师、谭士恺先生、刘珏女士等诸位专家、学者、谭嗣同后裔为我提供的珍贵资料，以及启迪、帮助与鼓励。

石书宸先生是谭先生时务学堂学生石陶钧的玄孙，在我写作过程中，他为我“上天入地”查找资料，并对我的研究、演讲、文章都提供了极大帮助与支持；我曾经的挚友唐清明先生第一个鼓励我动笔写作《谭嗣同年谱长编》，亦为我誊录部分书稿并加以整理，在写作过程中给予我大量支持、勉励与陪伴，我将铭记于心；胡可人女史是梁启超先生的青年研究学者，我们携手并肩共同挖掘史料、探索近代哲思，她之于我的意义绝不仅是同好，更是知己与最亲密的伙伴；张晓静女史是我研究道路上的引路人，她的热情、真挚、善良与才情绝似谭先生本人，她不仅为我提供多则史料，更是我的灵魂伴侣与最珍惜的同道好友之一。纸短情长，除却上述之外，还有我的好友林洪先生、汤锐先生、齐慧超女史、周丽雯女史、李让眉女史、梁雪如女史、于鹏远先生、汤易女史、李双女史、刘琴女史、柳树伟先生、高翔宇先生等帮我或提供资料，或审订文稿，文笔稚拙如我，断难表达我对诸位之深厚谢忱。

在我写作过程中，谭嗣同先生微信粉丝群“七公主的小粉裙”的群友们对我给予了极大的鼓励与精神慰藉，我们互相砥砺、日求精进。这些畏友，让我深刻体验到先生笔下“友群”之可贵。深情厚谊难诉万一，我将永远珍视之、珍藏之。

但我最要感谢的，依然是复生先生。我爱重和敬仰先生，视之为我之师长与引路人，绝非仅仅因为他的就义精神，他的一生也绝非只此一事熠熠生辉。我心底对先生之情谊，并非高山仰止，更多的是亲切与触动。先生是一个被历史尊崇而又忽视的人，人们提起他，首先提及者就是他的就义，其次再提到他的政治主张与哲学思想，却往往失之片面，甚至曲解。至于他剑胆琴心的才情、冰雪情操的品格、率性可爱的个性则鲜有人关心。“质本洁来还洁去”，我希望这个传奇的“翩翩浊世佳公子”，不要仅仅成为一张单薄的烈士脸谱，不要被人记起的只有就义这一件事，因为他是如此磊落无瑕、动人心魄。

我生于当代，他死于清末，分隔我们的是一百多年的沧桑和无法倒退的时间。然而宇宙浩淼，光阴悠长，一百年的时间真是沧海一粟，微乎其微。他如我身边之人，与我面对面坐着，在万籁俱静而草长莺飞的世界中，细细讲述着一个人所愿诉说的一切。我用我全部的青春与爱，感谢和致敬这位陪伴我十七载的青年思想家，感谢他让我于弱水三千与滚滚尘世之间，找到了我人生最大的意义。

先生之英风毅魄，必将长留于天地，化为清风皓月，与浩瀚的历史星空与奔涌的万里山河同在。

“后来凭吊意，分付此山川。”

“洞庭波兮湘水流，思公子兮夷犹。”

张维欣于北京桐杺斋

2019 年 5 月 20 日初稿